DÉBATS

DU PROCÈS INSTRUIT

PAR LA HAUTE-COUR DE JUSTICE,

SÉANTE A VENDÔME,

Contre DROUET, BABŒUF, *et autres;*

RECUEILLIS PAR DES STÉNOGRAPHES.

TOME DEUXIÈME.

À PARIS,

Chez BAUDOUIN, Imprimeur du Corps législatif, place du Carrouzel, N°. 662.

Nous prions le lecteur de bien vouloir considérer
que les éventuels défauts apparents de ces
microfiches ne sont dûs qu'à l'état de conservation
du livre original.

(N°. 31.)

DÉBATS ET JUGEMENS
DE LA HAUTE-COUR DE JUSTICE.

Séance du 21 ventôse.

La séance s'ouvre à dix heures un quart.

Le président : Quelqu'un demande-t-il la parole ?

Ballyer : Voulez-vous bien faire passer la trente-quatrième pièce de la huitième liasse ?

(Le président la fait remettre au citoyen Guillaume.)

Ballyer : Citoyen Guillaume, lorsqu'on vous a présenté la trente-quatrième pièce, la première ligne étoit-elle rayée ?

Guillaume : Oui, citoyen; le mot *rayé* n'est pas celui que j'ai employé; j'ai eu l'honneur de vous observer que les caractères étoient entachés par une fermeté.

Ballyer : Je vous demande si, lorsqu'on vous a présenté la pièce, elle étoit rayée ?

Guillaume : Elle étoit dans l'état où elle est.

Ballyer : Conséquemment oui. Puisque vous ne connoissez pas Babœuf, qui vous a appris ou dit quel étoit son paraphe, car la pièce est de Darthé ? Qui vous a dit, et comment avez-vous appris que c'étoit le paraphe de Babœuf ?

Guillaume : Voilà un *B*.

Ballyer : Qui vous a dit qu'un *B* étoit celui de Babœuf, car je m'appelle Ballyer, moi ?

Guillaume : On m'a donné pour vérifier les pièces du citoyen Babœuf, d'abord les signatures *Babœuf* qui étoient à ses déclarations : on m'a donné toutes les pièces signées de lui, et paraphées de lui, qui lui appartenoient, qui lui étoient attribuées. J'ai bien reconnu là le *B* de Babœuf, d'après les autres signatures.

Ballyer : Avez-vous vu cette pièce-là au nombre des pièces de Babœuf ?

Guillaume : Oui, ... je crois que oui; je crois l'avoir vue au nombre des pièces de Babœuf.

Débats & jugemens de la Haute-Cour. Tome IIe. A

Ballyer : Qui vous a dit que c'étoit en paraphant que Babœuf avoit effacé la ligne de deux traits de plume ?

Guillaume : Je vois qu'il y a deux traits de plume.

Ballyer : Qui vous a dit que c'étoit en paraphant que Babœuf avoit fait ces traits ?

Guillaume : Cela fait partie de mon état. Je vois qu'il y a deux traits de plume : ces deux traits sont tellement unis, qu'ils ont l'air d'avoir été faits dans le même temps.

Ballyer : Rappelez-vous ce que vous avez dit lorsque vous avez fait votre rapport, que c'étoit en paraphant la pièce que Babœuf avoit fait les deux traits. Je vous demande comment vous avez pu distinguer ? Votre science n'est qu'une science conjecturale ; vous n'avez pas le don de deviner : comment l'avez-vous appris ?

Guillaume : Je ne prétends pas deviner ; j'ai prétendu dire que cette pièce avoit été paraphée par Babœuf : du moins je l'ai crue telle, parceque on ne me l'auroit pas donnée sans cela.

Ballyer : Vous l'avez crue telle ! vous avez cru que les deux traits de plume avoient été faits lors du paraphe ! Je prie les citoyens jurés de vouloir bien se souvenir de toutes ces circonstances, parce qu'elles sont imposantes.

Puisque, lors de la représentation de la pièce, les mots étoient rayés, qui vous a dit d'en vérifier l'écriture ?

Guillaume : On a présumé que les mots. . . . .

Ballyer : Qui a présumé cela d'abord ?

Guillaume : Permettiez. . . . .

Le président : Citoyen Ballyer, il faut lui laisser faire sa réponse.

Ballyer : Oui, citoyen.

Guillaume : Le directeur du jury m'a dit de remarquer l'état de ces trois mots, de faire attention s'il restoit suffisamment de ces trois mots pour en faire la comparaison avec les autres mots ou les autres caractères de la pièce, et si je pouvois dire qu'ils étoient ou qu'ils n'étoient pas émanés du même auteur. D'après cela, j'ai fait l'examen ; et il m'a paru, comme je crois le voir encore, que ces mots ont été écrits par la même main. C'est le directeur de jury qui m'a dit de m'expliquer particulièrement sur ceci, pour en informer le jury.

Ballyer : Etiez-vous alors en présence d'Harger ?

Guillaume : Non, citoyen.

Babœuf : Je demande qu'il répète la réponse.

Ballyer : Puisque, lors de la représentation de la pièce, les mots étoient rayés, qui vous a dit d'en vérifier l'écriture ? Voulez-vous bien répéter.

Guillaume : Le directeur de jury m'a dit de m'assurer si ces mots rayés étoient ou n'étoient pas de la main qui a tracé les autres caractères. Je les ai examinés avec l'attention dont je suis capable, et je crois avoir reconnu qu'ils avoient été tracés avec la même plume, la même encre, et par la même main.

Ballyer : Comment et par quel art pouvez-vous vérifier un caractère surchargé d'encre, et qui paroît, à tous ceux qui voudront être de bonne foi, illisible ? Je me répète : Comment et par quel art pouvez-vous vérifier une écriture qui est surchargée ?

Guillaume : Mais, d'après mon art; je n'en ai pas d'autre.

Ballyer : C'est donc un art conjectural.

Guillaume : Vous savez bien ce que c'est qu'un témoin expert. Un témoin expert n'est pas témoin de fait ; c'est un témoin d'opinion. Il donne son opinion sur une chose, et cette opinion est trouvée bonne ou mauvaise.

Ballyer : C'est donc conséquemment par opinion.

Guillaume : Certainement ; ce n'est pas autre chose. Le témoignage d'un expert n'est jamais vu autrement.

Ballyer : Avez-vous des règles certaines dans votre art ?

Guillaume : Nous avons les règles de la tenue de la plume, de la tenue de la main, etc.

Ballyer : Quand c'est effacé, vous ne pouvez avoir la tenue de la main, etc. Avez-vous des règles ?

Guillaume : Dans cette pièce 34, ces mots-ci ne sont pas entièrement effacés ; il en reste encore des parties.

Ballyer : Je sais ce qu'il en reste.

Guillaume : Si vous le savez, il reste des parties suffisantes pour faire voir que la plume qui a tracé ces mots étoit la même qui a tracé les autres.

Ballyer : Comment avez-vous pu deviner les mots rayés, ou qui vous a dit qu'il y avoit, *tuer les cinq* ? On vous avoit donc prévenu de ces mots ?

Guillaume : Par exemple, je ne peux pas dire que je les ignorois.

Ballyer : Comment le saviez-vous ?

Guillaume : Je l'ai su par les affiches, de différentes manières ; je ne peux rendre de quelle manière je l'ai appris. Quand on a une idée, il n'est pas possible de savoir comment elle est venue dans l'esprit.

Ballyer : N'auriez-vous pas eu cette idée par le directeur de jury, qui vous auroit dit qu'il y avoit, *tuer les cinq* ? Rappelez-vous de cela.

Guillaume : Il est possible que je l'aie su avant de voir la pièce. Je crois l'avoir su avant ; je crois même que c'est moi qui ai averti le directeur de jury, que cette pièce-là n'étoit pas émanée de Gracchus-Babeuf. Je ne pourrois l'affirmer.

Ballyer : Puisque les deux traits de plume ont été faits l'un après l'autre, voudriez-vous bien nous dire d'abord quel est le premier trait qui a été fait ?

Guillaume : Par exemple, c'est difficile, cela. Celui qui pourroit avoir le plus de suite avec le trait précédent, est celui qui est le plus oblique, le plus horisontal. Je l'estimerois avoir été fait le second; cependant il seroit possible qu'il eût été fait le premier, et que l'autre ait passé par-dessus. Cela ne seroit pas impossible.

Ballyer : Voudriez-vous nous dire si ces deux traits se tiennent ?

Guillaume : Ils ont une naissance absolument commune, qui empêche de distinguer celui qui a été fait le premier.

Ballyer : Se tiennent-ils ?

Guillaume : Oui, ils se tiennent à leur naissance; ils se tiennent aussi vers la fin; dans le milieu, il y a quelques interruptions.

Ballyer : Voudriez-vous bien me dire s'ils tiennent tous les deux au paraphe ?

Guillaume : Tous les deux tiennent au paraphe.

Ballyer : Voudriez-vous dire s'ils ont été faits avant ou après le paraphe ?

Guillaume : Le *B* a été nécessairement fait le premier, en présumant qu'ils y tiennent. On porte la main par un mouvement de droite à gauche, et ensuite de gauche à droite.

Ballyer : Vous présumez donc que le paraphe et les deux traits ont été faits ensemble ?

Guillaume : Successivement dans le même temps. Il faut supposer que les deux traits se tiennent, et qu'il y en a un fait successivement et dans le même temps.

Ballyer : Voudriez-vous dire si l'encre du paraphe et l'encre des deux traits de plume est la même ?

Guillaume : Je l'estime la même.

Ballyer : Si l'on vous eût présenté la pièce sans vous avoir prévenu de rien, qu'est-ce que vous y auriez lu ?

Guillaume : La manière de lire est extrêmement variée. Il y a des choses que l'on lit, il en est d'autres que l'on devine. Je vois le mot *cinq* suffisamment pour le lire; je vois le mot *les* suffisamment encore pour le lire. Je ne vois pas aussi bien le mot précédent; mais comme il arrive que, par le sens, on devine quelquefois, il y a lecture et en quelque sorte devination : au moyen de quoi il seroit possible que j'eusse employé les deux moyens. Je ne le sais pas.

Ballyer : C'est-à-dire que vous ne pouvez dire si vous auriez lu autre chose; *tous*, ou autre chose.

Guillaume : Je n'aurois pas lu *tous*.

Ballyer : Et pourquoi ?

Guillaume : Parce que je vois trois jambages, un *t*, un *u*, et une rondeur. On voit le commencement et la fin du *t*; on voit deux jambages qui annoncent un *u*, et une rondeur à la suite de cet *u*, qui rend impossible l'idée que ce soit le mot *tout*.

Ballyer: Une rondeur peut s'adapter à un *u*, à un *c*, à un commencement de *d*, à toutes les lettres, à un *z*: ainsi vous ne pouvez pas dire, vous n'affirmez pas que ce soit un *o*, un *u*, un *e*.

Guillaume: Pour la forme, je ne l'affirmerai pas; je présume que c'est un *e*. Pour la forme, je ne l'affirmerai pas, attendu qu'il ne reste que la fin, l'extrême fin du plein, et puis un petit trait de côté qui annonce une liaison.

Ballyer fils: Comment avez-vous pu dire que ces mots-là étoient de la même main, de la même encre, de la même plume; qu'ils avoient la même pente, les mêmes dimensions, que le reste de la pièce, puisque vous confessez qu'elle est tellement altérée, qu'il est impossible de la lire?

Guillaume: J'ai l'honneur de vous dire que ce qui reste des caractères est suffisant pour les juger. Il reste deux parties du *t*: cela annonce très-bien la pente d'un *t*, telle que celui du mot *ministre*. On voit encore une partie du tranchant; on voit les deux traits de l'*u*, qui sont absolument égaux en pente au *t* précédent; on voit une rondeur qui, comparée à celle des *e* des autres caractères, peut s'adapter à leur ressemblance.

Ballyer fils: On peut donc les lire; car, d'après ce que vous dites-là, s'il reste suffisamment de caractères pour qu'on puisse les reconnoître, il est indubitable qu'on peut lire les mots.

Guillaume: J'ai eu l'honneur de vous dire, et aux citoyens jurés tout à l'heure, qu'un mot se lit et se devine tout ensemble.

Ballyer fils: Avez-vous deviné ce mot-là, ou l'avez-vous lu?

Guillaume: Je n'en sais rien. Si vous parlez de l'exactitude des caractères, il est illisible, parce qu'on ne sait pas si, comme l'a observé le citoyen défenseur, on ne sait pas si c'est un *c*, un *e* ou une autre lettre, on n'en voit pas de commencement. Ne voyant pas une lettre toute entière, on ne peut pas dire c'est telle lettre. Je ne peux dire que c'est un *e*; je ne vois pas un *e* en entier. Je vois une partie qui me fait deviner que ce peut être un *e*.

Ballyer fils: Ne pourroit-il pas y avoir le mot *tirer*, car alors les trois premiers caractères seroient les mêmes?

Guillaume: Cela ne seroit pas impossible; je ne peux pas le dire.

Ballyer: Si ce n'est pas impossible, cela doit être possible; il n'y a pas de milieu.

Guillaume: Il y a possibilité pour les deux mots.

Ballyer: Vous avez dit tout-à-l'heure, citoyen Guillaume, que ce qui restoit des lettres étoit suffisant pour faire voir la pente, la nature des lettres, et les mêmes dispositions de la plume. Cependant, sans trop vouloir dire que je m'y connois, je crois que tous ceux qui verront la pièce, diront qu'il n'en reste pas assez, puisqu'il ne reste que des points, et vous sentez bien qu'un point n'a pas de direction; qu'une ligne est composée de points; ainsi, s'il ne reste qu'un point, vous ne pouvez lui donner de pente : comment pouvez-vous dire que les caractères qui sont sous l'encre, que vous dites qu'on ne voit pas; comment pouvez-vous dire qu'ils ont la même direction?

Guillaume : On ne le voit pas tout entier.

Ballyer : Je vous observe qu'on n'en voit pas assez pour dire qu'ils ont une direction.

Guillaume : Vous avez vu la pièce, et vous devez trouver aux caractères une direction.

(On fait voir la pièce aux jurés.)

Guillaume : Je prie les citoyens jurés d'observer le *t* et l'*r* du mot *ministre*, car la fin de ce *t* et de cette *r* peut indiquer s'il y a quelque analogie entre le premier jambage de l'*u* et la fin de l'*r*.

Biauzat, juré : Je prie le citoyen témoin d'expliquer aux jurés successivement les caractères qu'il apperçoit; notamment, de déclarer si le caractère qu'il appelle le *t* n'est pas semblable aux *i* qui sont dans le surplus de l'écriture; secondement, si ce premier caractère dont il fait, lui, la première partie d'un *u*, n'est pas suivi d'un second caractère qui descend plus bas que le premier, et d'examiner dans le corps de l'écriture si tous les *u* ne sont pas formés de deux caractères dont la base est absolument horisontale.

Le président : Voulez-vous avoir la bonté, citoyen juré, de répéter la question alternativement.

Biauzat : La première question est de savoir si le caractère qui fait la lettre *t*, n'a pas la base semblable aux bases des *i* qui sont dans l'écriture.

Guillaume : Oui, citoyen, le caractère qui fait la lettre *t*, a sa base semblable à celle des *i* du corps de l'écriture.

Biauzat : La seconde question est de savoir si le troisième caractère du mot, c'est-à-dire le caractère dont l'expert forme la seconde partie de l'*u*, ne descend pas plus bas et beaucoup plus bas que le premier caractère.

Guillaume : Dans le mot *tuer* ou *tirer*, le caractère qui suit l'*i* descend plus bas.

Biauzat : La troisième question est de savoir si dans les *u* du surplus du corps de l'écriture, les deux caractères qui forment les *u* n'ont pas deux bases, si on peut parler ainsi, absolument horizontales?

Guillaume: Citoyen, j'en cherche plusieurs, et partout je trouve que la base des *u* est absolument horizontale.

Bauzet: Je prie, en conséquence, le témoin de dire comment il a pu trouver la lettre *u* dans deux caractères, un desquels ressemble à la lettre *i*; l'autre descend beaucoup plus bas, à la différence des *u* de tout le corps d'écriture, dont la base est absolument horizontale.

Guillaume: Il y a quelquefois des accidens de cette espèce: je n'en ai pas fait la remarque; si je l'eusse faite, je l'aurois dit.

(*Maurice Roy* demande la parole.)

Germain: On remarque sur le revers la cessation de la fermeze.

(On passe la pièce au Citoyen Réal.)

(Le citoyen Réal s'entretient avec l'expert: il prie qu'on n'ait aucun égard à ce qu'ils diront entre eux, parce qu'il a besoin de lui faire observer parfaitement cette ligne et ces traits avant de lui faire des interpellations.)

Réal: Citoyen Guillaume, existe-t-il, oui ou non, entre les traits de la fermeze qui va de droite à gauche et le trait que je soutiens moi avoir été fait après, un intervalle qui est dans l'extrémité gauche de ce trait-là?

Guillaume: Citoyen, non.

Le président: Ne vous trompez-vous point quand vous dites de droite à gauche?

Réal: Non; c'est cette partie-ci. Y a-t-il à ce bout-là un petit intervalle?

Guillaume: L'encre n'a pas marqué; mais je n'y vois pas d'intervalle.

Réal: L'encre n'a pas marqué; mais vous n'y trouvez pas d'intervalle!..... Y a-t-il entre le bec, la partie de la fermeze que je crois lui appartenir, et celle que je soutiens ne pas lui appartenir, une différence dans la teinte de l'encre?

Guillaume: Dans la partie que vous soutenez lui appartenir, il y avoit plus d'encre dans la plume, ce qui donne une teinte plus noire.

Réal: Cette déclaration-là est saisie par les jurés; c'est que dans la partie que je soutiens ne pas appartenir à Babœuf, il y avoit plus d'encre dans la plume. Je vais faire une autre question: puisqu'il y avoit plus d'encre dans la plume, c'est qu'on avoit cessé d'écrire là et qu'on avoit repris de l'encre dans cette plume. Il est clair que si on avoit pris de l'encre dans cette plume; il est donc évident que l'on en avoit repris à deux fois, et cela expliqueroit la distance qu'il y a entre le premier trait et le second, et pourquoi il y a cette espèce d'ouverture, de solution de continuité.

Guillaume: Je crois avoir dit qu'il y avoit deux traits en-dessous qui alloient de gauche à droite.

Réal : Il est certain qu'il y a deux traits de gauche à droite : il est bien reconnu, d'après la déclaration du témoin, que ces deux traits ont été faits après coup et après, qu'il y a eu reprise d'encre.

Guillaume : Non pas le premier. Voilà mon idée : le premier trait a été fait à la suite de la fermeté ; il y a, si vous voulez, interruption de l'encre, mais cette interruption n'est rien. Le second trait peut avoir été fait après avoir repris de l'encre ; et je crois que les deux traits ont été faits ensemble, parce qu'à l'endroit où vous remarquez le commencement du second, les teintes d'encre sont mêlées, l'encre s'est confondue, et là la teinte est égale.

Réal : Je voulois vous faire une autre question : je crois que cette question est bien entendue, je ne répète pas même l'observation du témoin. Auriez-vous dans votre art quelques règles pour affirmer : je suppose, par exemple, qu'il y eût quinze jours que ces traits fussent tracés avant le paraphe de Babœuf ; je suppose que cela fût, auriez-vous dans votre art des règles assez sûres pour affirmer même que cette partie que vous attribuez à Babœuf n'auroit pas été faite déjà ?

Guillaume : Non, citoyen.

Réal : Ainsi vous ne pouvez pas affirmer ?

Guillaume : Non, citoyen : c'est mon opinion ; mais cette opinion n'est pas une loi ; cette opinion est susceptible d'une infinité de modifications qui la rendent en quelque sorte nulle.

Réal : Je crois vous avoir entendu dire, dans une de vos réponses au citoyen Ballyer père, que vous n'avez pas de règle certaine pour affirmer lequel des deux traits de dessous ou de dessus auroit été fait le premier.

Guillaume : Non : il y a eu deux traits faits l'un après l'autre ; lequel a été fait le premier, je n'en sais rien.

Réal : Voilà ce que j'avois à dire sur cette pièce-là. Je voudrois aussi demander à l'expert s'il pourroit examiner cette pièce à la loupe, et s'il ne pourroit l'examiner par dessus et par dessous.

Guillaume : Je puis l'examiner au jour, mais je ne saurois faire usage de loupe.

Réal : J'ai sur la déposition une observation générale à faire.

Le président : Voudriez-vous qu'il eût fini son examen au verso ?

Réal : Il me semble que le témoin l'a examiné.

Jaume : Je prierai le témoin de me dire s'il n'y a pas d'autres ratures dans le cours de la pièce.

Ballyer père : Cela viendra après.

Guillaume : Il y a des mots rayés.

Ballyer père : Ne répondez pas ; cela viendra dans les autres questions.

Réal : Les jurés n'auront pas perdu de vue, et le Tribunal lui-même se rappellera que nous nous sommes plaints, dans la séance du 18, de la rapidité avec laquelle s'étoit faite la première opération. La première opération, qui n'avoit duré que deux minutes, s'est faite depuis et recommencée solemnellement dans la séance de hier. Certes, la discussion qui a eu lieu hier prouve combien nous avions eu raison de nous plaindre de la facilité avec laquelle l'expert faisoit cette espèce de répétition. Cette observation, je la fais, je pourrois l'etendre davantage.

Quant aux accusations dirigées contre nous, je les foule aux pieds: quant à celles dirigées contre les accusés, ce qui arrive aujourd'hui les venge assez des injures que leur a prodiguées le citoyen Viellart.

Je pourrois actuellement faire répéter au témoin tous les aveux qu'il a faits dans cette séance du 18; mais comme il est inutile de rappeler même des aveux utiles aux accusés, quand ces aveux pourroient rappeler quelques scènes désagréables, je crois qu'ils sont assez entrés dans l'ame et la conviction des jurés pour que le bien puisse y rester sans que le mal fasse impression.

Mais, je le répète, ces aveux sont trop bien dans la conscience des jurés pour que je les recommence inutilement, sauf cependant à faire les mêmes questions au citoyen Harger quand il paroîtra. Je fais des observations sur la déposition.

Il est clair que les dépositions d'hier et d'aujourd'hui ne ressembloient en aucune manière à celles faites le 18. Il est encore évident que le témoin a erré d'abord lui-même sur plusieurs faits; il est constant aussi qu'il est tombé dans beaucoup de contradictions avec le citoyen Harger. Lui-même, dans la lecture des pièces, se trompoit à chaque instant sur les noms: je pourrois citer une infinité de traits; mais il me semble que les jurés, qui auront vu ce qui étoit imprimé avec ce que lisoit l'expert, auront vu que lui-même, en lisant les pièces, prenoit à chaque instant un mot pour l'autre. Ceci n'est pas contre le moral de l'expert, mais au moins c'est contre la confiance que l'on peut avoir dans une science déja par elle-même si conjecturale, et ensuite exercée par un homme qui se trompe en lisant seulement les pièces qu'on lui donne à vérifier.

Les contradictions, je dois en relever d'abord quelques-unes. D'abord, contradiction avec lui-même: vous l'avez entendu dire d'abord que les deux traits qui tenoient au paraphe avoient été successivement faits; disoit-il, et dans le même temps; et quoique ces deux idées se heurtassent, il les a répétées. Maintenant vous l'avez vu dire que c'étoit absolument la même teinte d'encre; convenir cependant, d'après mes observations, que la teinte étoit différente, mais alors expliquée. Vous l'avez vu dire qu'on pouvoit lire le mot *tuer*, et cependant convenir qu'on peut lire aussi *tirer*: et je vous observerois encore que le citoyen Harger, interpellé si l'on ne pourroit pas lire aussi bien le mot *tirer*, déclara positivement que le mot ne peut être *tirer*; vous vous rapellerez encore que le même citoyen qui vient de dire que peut-être on auroit pu aussi bien lire *tirer* que *tuer*, est en contradiction avec le citoyen Harger qui, lui-même, déclara par inattention qu'on appercevoit facilement la lettre *o*; et sur l'interpellation faite de quel mot, il répondit, du mot *tous*. J'observerois que ce n'est pas une simple erreur du moment, puisqu'il y a ici deux combinaisons dans la pensée; il dit qu'on voyoit l'*o* du mot *tous*. Il y avoit combinaison de jugement: l'idée que donnoit d'abord l'*o*; la seconde idée qui donnoit le mot *tous* et le jugement qui prononçoit. Il n'y avoit pas erreur; mais à coup sûr contradiction avec lui-même, et contradiction qui ne vous aura pas échappé.

Il y a d'autres contradictions que je releverois. Je rappelle ici l'observation faite par le citoyen Eiauzat, qui a lui-même converti, à ce qu'il paroit, le témoin; car il est convenu que si cette observation lui étoit venue, il l'auroit saisie et en auroit fait son profit : et vous n'aurez pas manqué d'observer que d'après les dépositions de l'expert pour lire le mot *tuer*, il faudroit que l'écriture eût été différente de ce qu'elle est ordinairement : or on ne me fera pas concevoir comment on pourroit, sur des pièces de comparaison, prouver que c'est *tuer* qu'il doit y avoir, parce que la lettre *u* y est absolument différente des pièces de comparaison; c'est tirer un sens inverse de celui qu'on doit tirer.

Sur la 24 p. intitulée, *République*, je ferois une question au témoin, au Tribunal et à l'accusateur public. Il est dit, dans la copie des pièces, page 5, dans une note au bas: « Les 1, 2, 3, 4, 5, » 10, 14, 15, 16, 17, 18, 22, 26, 27 pièces ont été cons- » tatées par l'expert être de la main de Darthé. »

Je n'ai pas vu qu'on ait vérifié la 26 p. qu'on prétend lui appartenir; on a au contraire vérifié la 24 p. qui n'est pas dite dans cette note lui appartenir. Est-ce erreur d'impression ? est-ce erreur de calcul? est-ce erreur d'expertise? c'est ce que je demande à celui qui aura fait imprimer ces pièces-là; car si l'imprimé a raison, et si la 26 p. qui appartient à Darthé, et si la 24 p. n'est pas comprise dans les pièces qui lui appartiennent, on auroit donc mal à propos déclaré lui appartenir une pièce qui ne lui appartiendroit pas.

C'est le livre à la main que je fais cette question; et j'en demande la réponse.

Le président: Je n'en sais rien; mais je présume que c'est une faute d'impression.

Réal: On n'a pas trouvé la 26 p.; il est possible que l'expert ne se soit pas trompé, et que ce soit une erreur d'impression, et qu'on ait mis 26 pour 24; je le crois.

Le président : La 26 p. est évidemment, selon mon opinion, de la main de Babœuf.

Réal : Il faudroit la montrer à Babœuf.

On présente la pièce à Babœuf qui, après l'avoir examinée, dit : — Elle est de moi.

Réal : Je le crois ; mais il falloit nécessairement que cela fût su.

Il me semble que dans l'examen de la 19 p. de la 2 l., autant qu'on peut saisir à la promptitude de la dictée, le témoin a reconnu que les mots 2 à 300 *chevaux* n'étoient pas de la même écriture que le corps de la pièce ; il me semble qu'Harger n'avoit pas fait la même déclaration.

Une observation générale se retire toujours de la discussion que nous venons d'avoir sur la 34 p. de la S L. C'est qu'au moins d'abord, il y a difficulté pour lire ; la seconde, que cela est actuellement plus que difficile ; car d'après l'observation du citoyen Biamzat, saisie par l'expert et adoptée par lui, il est aussi possible de lire *tirer* que de lire *tuer* ; et de là il résulte au moins que le mot est difficile à lire ; de là il résulte que si la prévention a pu lire *tuer*, que si la même prévention a ajouté que c'étoit un peu lisible, il n'y a que la partialité qui a pu écrire, je ne dis pas *lisible*, mais TRÈS LISIBLE.

Je demanderai aussi à l'expert (et c'est une note qu'on me remet à l'instant) si l'on ne pourroit pas aussi bien lire *tenir*, que *tirer* ou *tuer*.

Guillaume : Non, citoyen.

Réal : Je vous demanderai votre raison ; car il faut que vous donniez une observation.

Guillaume : La raison est que l'habitude de la main est de donner une certaine étendue à la rondeur des *e*, et il faudroit que ce fût une rondeur à côté du *r*, et qu'il y eût ensuite un *e* ; car pour faire *tenir*, il faut cinq lettres, dont celle du milieu, l'*n*, a deux jambages. Or je ne vois pas là que cela puisse faire *tenir* ; je ne vois pas la lettre *e* suffisamment marquée par la rondeur qui est à côté du *t* ; je ne vois pas de lettre *n* dans les deux traits qui suivent.

Réal : Citoyens jurés, une observation a dû vous saisir au moment où le citoyen Ballyer a adressé la première question au témoin : *Lorsqu'on vous a présenté la 34 pièce, la première ligne étoit-elle rayée ?* J'ai admiré, et j'ai été étonné en admirant pourquoi le citoyen Guillaume avoit répondu sur-le-champ : *Je n'ai pas pu dire rayée, j'ai bien dit qu'elle étoit entachée d'encre ; mais je n'ai pas dit rayée.*

Plus bas encore. Puisque ces mots étoient rayés, etc. — *Je n'ai pas dit que les mots fussent rayés, mais qu'on m'avoit dit de remarquer les taches*. Cependant, peû après le mot *rayé* lui échappe. Je l'avance dans mon ame et conscience ; c'est que cette précaution que pût alors le témoin pour échapper au mot *rayé*, mot qui determinoit la moralité de la question qu'on lui faisoit, me paroit à moi une précaution apprise ou suggérée. Voilà ce que dans ma conscience j'ai vu : cette précaution n'appartient pas du tout au témoin ; cette question étoit toute simple. A coup sûr la radiation existe ; car qu'est ce que rayer ? c'est passer une plume sur un trait. Ainsi il commence par prendre des précautions, dire que ce n'est pas *rayé*, mais seulement *entaché*.

Cette première observation-là, je crois, mérite d'être saisie par les jurés.

Guillaume : Citoyen......!

Le président (au témoin) : N'interrompez pas le défenseur.

Réal : Je lui adresse une question, je desire qu'il y satisfasse.

Le président : Si vous lui faite une question, à la bonne heure.

Guillaume : Citoyens jurés, je puis vous certifier que nulle indication ne m'a été donnée quand j'ai dit *rayé* ; si j'ai répondu à *rayé*, c'est parce que je crus être suffisamment informé des caractères, dont on parloit ; je n'ai pas entendu dire que ces mots-là étoient rayés, quand dans le fait on ne m'a pas dit que ces mots-là étoient rayés ; on m'a simplement dit de prendre garde aux caractères sous ce trait, et de voir si je pourrois ou non les attribuer à la main qui a écrit le reste de la pièce.

Réal : Votre réponse mène à la seconde question. Vous dites, et c'est une précaution que vous avez eu soin de mettre en avant dans votre réponse, on ne m'a point demandé, disiez-vous hier, si les mots étoient ou rayés ou effacés ; il n'étoit point question de cela : mais on me demanda seulement si les mots étoient de la même pente, de la même main que celle qui avoit tracé le reste. J'observerai encore aux jurés que cette précaution-là annonce nécessairement, si ce n'est suggestion, au moins travail de l'expert avec lui-même, et qui venoit ici, en méditant quelle étoit la réponse qu'il pourroit faire : car comment pourroit-on vous persuader que le directeur du jury, lorsque le mot *tuer* est, de l'aveu même du témoin, *illisible* ; lorsque, de son aveu actuellement, il est impossible, sans une exception particulière, qu'il y ait le mot *tirer* ; comment ce témoin pourra-t-il vous persuader, citoyens jurés, que le directeur du jury Gérard ait commencé par lui dire : il n'est pas question de savoir si ces mots sont lisibles ou non ; il faut examiner seulement si les lettres qui sont sous cette rature, sont de la même main que celle qui a écrit le reste de la pièce.

Je demande au témoin, y a-t-il d'autres mots rayés dans la pièce?

Guillaume: Voici ici, *s'emparer du télégraphe du Louvre*; il y a des mots rayés: au-dessous du mot *Louvre*, il y a *jour*.

Réal: Il y avoit donc une rature, et vous dites que le directeur Gérard ne vouloit pas savoir si les mots premiers étoient lisibles, mais s'ils étoient du même caractère que ceux qui étoient dans le courant de la pièce rayée, et nous expliquons pourquoi, dans cette hypothèse, le directeur du jury Gérard ne vous demandoit pas également, ou s'il vous a demandé si les mots qui étoient rayés dans le cours de la pièce étoient aussi de la même main.

Guillaume: Il ne m'a pas dit de le dire; il m'a seulement dit de m'expliquer sur un mot, parce que je ne sais pas. . . .

Réal: Croyez-vous que cela soit plus raturé que les autres mots dans le cours de la pièce?

Guillaume: Les autres mots sont des mots supprimés; ce sont des mots supprimés, si vous voulez, par une volonté quelconque; ce ne sont pas des mots supprimés dans la rédaction des pièces.

Réal: Étiez-vous dans vos fonctions pour juger le sens des mots, l'importance ou l'existence des lettres? Vous avez dit ce qu'on vous a dit de lire.

Guillaume: On m'a dit d'examiner si ces caractères étoient de la main qui a tracé la pièce: j'ai examiné, et j'ai trouvé qu'ils en étoient. Du reste, je n'ai aucun intérêt à leur existence. Qu'est-ce que cela me fait à moi en mon particulier? Cela ne me fait rien. On n'a pas cherché à influencer mon opinion; on m'a laissé l'alternative. J'ai pu mal faire: vous pouvez le trouver mauvais; il est certainement libre à tout le monde de trouver mauvais ce que j'ai dit; mais je crois avoir fait ce que j'avois la liberté de faire.

Réal: Je crois devoir rappeler aux jurés que je crois que le citoyen Harger n'a pas déclaré comme le citoyen Guillaume, sur cette espèce de travail-là. Le citoyen Harger convient que ce fut lui qui, le premier, parla au citoyen Gérard de ce qu'il appercevoit et de ce qu'il soupçonnoit dans cette pièce; que le citoyen Gérard lui dit: Eh bien! mettez-le dans votre procès-verbal. Je vous demanderai si cela vous a été dit de même.

Guillaume: Je viens de vous rendre compte, je ne dis pas dans les mêmes termes; je ne m'en souviens plus: je viens de vous rendre l'idée qu'il m'a suggérée d'établir ou non l'identité de main entre ces mots-là et les autres caractères. Il ne m'a pas dit autre chose; il m'a dit que je m'expliquasse comme je voudrois sur toutes les pièces, mais que j'y joignisse des observations sur les caractères de ces mots, pour savoir s'ils étoient ou n'étoient pas de la même main.

Réal: Je voudrois vous demander ensuite si, dans le cours de cette déposition, vous n'avez pas vu le citoyen Harger ?

Guillaume: Du tout.

Réal: Demeurez vous ensemble ?

Guillaume: Du tout : mais vous avez nos dépositions imprimées, vous devez voir de quelle manière a été faite l'opération : tandis que le citoyen Harger travailloit sur les pièces attribuées au citoyen Babœuf, qui étoient en grand nombre ; moi, on m'a donné celles attribuées au citoyen Buonarotti.

Réal: Je ne vous demande pas si c'est à Paris que vous demeuriez ensemble ; et je vous demande si ici, à Vendôme, vous avez revu le citoyen Harger, depuis que vous êtes en déposition ?

Guillaume: Nous sommes ensemble, nous vivons ensemble.

Réal: Vous demeurez aussi avec le citoyen Harger ?

Guillaume: Oui, nous sommes dans une chambre, dans laquelle il y a deux lits ; nous mangeons ensemble.

Réal: Ceci, je ne veux pas en faire un autre usage contre vous ; il est nécessaire d'éclaircir le fait. Avez-vous conféré avec lui sur l'objet à l'effet de votre déposition actuelle, depuis que vous déposez ? Je vous déclare encore que nous ne voulons pas vous faire de surprise, et que nous allons demander que le citoyen Harger comparoisse.

Guillaume: Vous ne m'avez pas fait d'interrogations, vous ne m'avez fait de question qu'aujourd'hui, je n'ai pu lui en parler.

Réal: Ce n'est pas cela ; permettez.

Guillaume: Harger sait comme moi sur quelles pièces j'ai travaillé ; nous avons le livre ; nous avons été à portée de le lire.

La suite au Numéro prochain.

On souscrit chez BAUDOUIN, Imprimeur du Corps législatif, Place du Carrousel, N°. 662.

Le prix de l'abonnement pour soixante feuilles in-8°, petit caractère, est de 10 francs, pour les départemens, franc de port, et de 8 francs pour Paris.

A PARIS, chez BAUDOUIN, Imprimeur du Corps législatif.

(N°. 32.)

DÉBATS ET JUGEMENS
DE LA HAUTE-COUR DE JUSTICE.

Suite de la Séance du 21 ventôse.

Suite du débat relatif à la vérification des pièces par l'expert Guillaume.

RÉAL : Ou je m'explique mal, ou vous ne répondez pas juste : je vous demande si c'est à la séance du 18, où vous avez déposé, où vous avez reçu des interrogations, et fait différentes réponses, porté différens aveux ; à la séance du 19 vous avez paru ici ; et comme il n'y a pas eu de débats dans cette séance, il ne vous a rien été demandé ; hier vous avez encore déposé, et il vous a été fait différentes questions, peu nombreuses à la vérité ; enfin aujourd'hui je vais vous en faire ; je demande si, depuis le 18, si même avant le 18, si le 19, le 20 et aujourd'hui, vous avez parlé de votre déposition, vous avez conféré avec le citoyen Harger, relativement à votre déposition ?

GUILLAUME : J'aurois bien de la peine à rendre maintenant ce qu'on m'a demandé ; je ne me souviens pas du tout de cela : dans la conversation on peut parler d'une infinité de choses. Vous avez dû voir qu'Harger ne m'avoit pas influencé dans tout ce que j'ai répondu.

RÉAL : Je ne vous dis pas que le citoyen Harger vous ait influencé : j'ai besoin de savoir si vous avez conféré avec lui ; par conséquent vous voyez que je ne veux pas vous faire de surprises : je vous demande si depuis le 18, ●●●●●●●●●● au●●● ●●●●●● vous avez parlé de votre déposition, vous avez conféré avec le citoyen Harger sur votre déposition ?

GUILLAUME : Nécessairement on parle des séances ; il y a la Gazette de la convention qui rend à-peu-près tout ce qui se dit.

RÉAL : Qu'est-ce que la Gazette de la Convention ?

GUILLAUME : La Gazette de la Haute-Cour●●●●●●●●●●●

RÉAL : Les sténographies ?

GUILLAUME : Ce qui rend compte de la séance.

Débats et jugemens de la Haute-Cour, Tome II.

Réal: Je demande pardon au Tribunal; voici encore un trait de lumière qui nous vient. Nous allons faire comparoître le citoyen Harger, en vertu de la loi qui nous permet de faire revenir les témoins pour les faire confronter.

La loi qui défend que les témoins soient présens à l'audience avant d'avoir été entendus, cette loi-là, je la vois encore anéantie. Voici à cet égard les considérations que je soumets au Tribunal, relativement aux deux sténographes (que j'aime beaucoup): c'est que la loi est anéantie, et que les témoins qui vont venir viendront non-seulement avec leurs dépositions prises dans le livre; mais encore avec les dépositions qui auront précédé. Il est inutile de les écrire du débat; il faut qu'ils restent ici, puisque les sténographes peuvent leur rendre les dépositions, le lendemain, par les mains de l'accusateur public; que dis-je! le soir même, puisque Grisel étoit encore, il y a deux ou trois jours, dans la même maison où demeure le citoyen Viellart; puisqu'il est constant encore que les sténographes demeurent dans le même appartement que Grisel; puisque Grisel, dans un journal, écrit aujourd'hui une très-longue lettre adressée à l'énergique Réal, dans laquelle il s'intitule *principal témoin*. Il étoit le capitaine Grisel; je ne savois encore qu'il fût *principal témoin* dans l'affaire de Babœuf et consorts.

Puisque les sténographes demeurent avec lui, je reconclus encore une fois à ce que les sténographes cessent d'écrire pendant les dépositions. Je demanderai, à chaque débat, que les sténographes, pendant l'audition des témoins, se retirent.

Citoyen président, il y a l'article 352; il y a aussi l'article 380. Voici ce que porte le premier: « Cela fait, le témoin dépose oralement, et sans que sa déposition *puisse être écrite*. » Ensuite l'article 380 dit: *Toute contravention aux articles précédens*, 352, 358, *etc., emporte nullité*.

Citoyen président, pénétrez-vous de cette dernière circonstance, de ce que vient de dire le témoin, de ce que Grisel demeure avec les sténographes, dans la même maison; de ce que Grisel étoit encore dans la maison où demeure le citoyen Viellart, il y a trois jours; de ce qu'il vient déclarer, dans une lettre, qu'il connoît tout ce qui se fait dans le débat. Après ce mot de *nullité*, je conclus, comme les deux précédentes fois, à la question de savoir si les sténographes resteront.

Ballyer père: Je demande, au nom de tous ceux que je défends, l'exécution stricte et rigoureuse des articles 353 et 380 du code. Vous n'avez pas hésité sur la question de savoir si les dépositions seroient écrites ou non: il a été question d'éloigner du Tribunal les sténographes, et vous avez dit que les sténographes resteroient; mais ici, c'est une nouvelle question qui s'élève: c'est l'exécution des articles 352 et 380 que nous demandons. Enfin, citoyen président, nous nous fondons sur l'article 68 des droits de l'homme, qui dit : *Que quiconque viole ouvertement les lois, se déclare ennemi de la société.*

Réal : Observez, citoyen président, qu'on m'assure que les citoyens sténographes, contre lesquels je n'ai rien à dire personnellement (car ils exercent leur état), sont aussi les secrétaires d'un ministre, du ministre de la justice. Observez que leur journal se distribue dans ce moment-ci à la Convention, non pas sous le titre de journal de Baudouin, mais sous le titre de journal imprimé à l'imprimerie nationale ; ce qui annonce, clair comme le jour, que c'est le gouvernement qui en fait les frais ; que Baudouin en envoie les distributions à grandes sommes au Directoire ; qu'ainsi le Directoire est ici, par les secrétaires du ministre, qui sont devenus les secrétaires de l'accusateur public, et que les témoins (cette dernière considération doit vous déterminer) vont connoître, par les sténographes, qui la nuit peuvent travailler avec Grisel (il suffit qu'on puisse le faire) ; que les témoins, dis-je, peuvent connoître la totalité des dépositions qui sont faites ; et la loi qui veut que les témoins ne connoissent pas les débats qui ont été faits la veille, cette loi est violée. Je persiste dans mes conclusions.

Jaume, défenseur : Puisque la Haute-Cour a ordonné que les sténographes resteroient, qu'ils restent ; mais qu'ils suspendent leurs opérations pendant le cours des dépositions et des débats.

Viellart, accusateur national : Ce n'est pas pour parler des sténographes que je demande la parole ; je veux simplement dire un mot sur cette circonstance déjà tant de fois relevée, et qui vient de l'être singulièrement par le citoyen Réal. Que le citoyen Grisel étoit venu dans la même maison que j'occupe ; cela est vrai : le citoyen Grisel, comme tous les témoins, vient de temps en temps, mais pas chez moi. Mais une loi bien formelle dit que le président demeure chargé d'ordonnancer les quittances des taxes que la loi a données aux témoins. Hé bien ! voilà l'explication du fait, que les espions des accusés (car ils se sont servis de cette expression) ont découvert. Le citoyen Grisel et les autres témoins viennent régulièrement de quinzaine en quinzaine, chacun, suivant l'ordre de leur arrivée à Vendôme, chercher des ordonnances d'à-compte, lesquelles sont enregistrées dans des dépôts publics. Il est odieux de rappeler toujours cela avec les couleurs du crime.

Réal : Il demeure (Grisel) dans la même maison que les sténographes, dans le même appartement : je demande que le Tribunal veuille ordonner aux sténographes de dire s'ils ne travaillent pas la nuit, et s'ils ne remettent pas entre les mains de Grisel les dépositions de la veille, car si cela...

Viellart : Une circonstance particulière à cette affaire rend ici l'observation sans conséquence. S'il étoit question de témoins qui eussent à s'expliquer sur un même fait, peut-être y auroit-il, je ne dirai pas fondement, mais il y auroit prétexte à la plainte du citoyen Réal. Qu'ont de commun les vérifications d'écritures faites par ces deux experts, à des faits dont Grisel pourra ou ne pourra déposer ? Assurément il n'y a pas la moindre relation.

Réal : La loi explique-t-elle ?.....

Viellart : On vous a dit qu'il suffisoit que la loi ne s'y opposât pas. La loi dit que cela ne sera pas écrit légalement ; la loi ne peut empêcher personne de recueillir le plus qu'il pourra de ce qui se passe aux débats. Non, cela n'est pas officiel ; vous avez la déclaration la plus formelle du tribunal : on se sert encore de l'expression de *l'imprimerie nationale* ; il n'y a qu'à voir s'il existe une seule des impressions de Baudouin, qui ne porte pas au bas : *De l'imprimerie nationale.*

Réal : J'affirme le contraire : je vous montrerai vingt volumes. Quand c'est pour lui, il imprime *chez Baudouin* ; quand c'est pour le gouvernement, il imprime *de l'imprimerie nationale* : et ici d'ailleurs toutes les preuves s'accumulent pour mon assertion ; c'est que Baudouin les distribue *gratis* aux deux Conseils (1) ; c'est qu'il en envoie au directoire en grand nombre (2). Que cela se distribue ici, qu'on l'envoie dans les départemens, ce journal n'est pas officiel ; et cette place ? lorsqu'un jugement du tribunal renvoie du parquet ceux qui n'y sont pas officiellement ; et la qualité de vos secrétaires que vous leur avez donnée, est-ce que tous ces moyens ne sont pas officiels : je vois là une escobarderie épouventable qui ruinera la liberté publique ; soyez-en sûrs.

Bailly, accusateur national : Si quelque chose peut ruiner la liberté publique, c'est de vouloir qu'un citoyen ne soit pas le maître de faire, comme citoyen, ce qu'aucune loi ne lui a défendu. Il faut donc toujours revenir à cette unique question : Y a-t-il une loi qui défende à des citoyens, qui ont l'art de la sténographie, de profiter de leurs connoissances pour recueillir ce qu'ils entendent ? Je ne le crois pas. Si aucune loi ne défend à des citoyens sténographes de recueillir ce qu'ils entendent, il est certain que le recueil qu'ils font de ce qu'ils ont entendu n'est pas contraire à la loi. Maintenant on dit : Ils recueillent non-seulement des dépositions, mais toutes autres choses qu'ils entendent ; et en cela ils sont encore dans les termes de la liberté que la constitution et nos lois accordent

---

(1) Les deux Conseils ne reçoivent pas *gratis* et paient ce qui leur est distribué. L'imprimeur des deux Conseils n'a aucune relation avec le Directoire exécutif, et n'imprime point pour le gouvernement.

(2) Le Directoire est abonné pour trente exemplaires, et ne prend pas plus de ces débats que de ce qui s'imprime à l'imprimerie nationale. (*Notes de l'imprimeur.*)

à tous les citoyens. Y a-t-il une loi, un article dans le code des délits et des peines qui s'oppose à cela?

On a cité l'article 358; on a cité ensuite l'article 380, comme supposant la peine de nullité à la violation de l'article 353. Nous sommes parfaitement d'accord sur la nullité qui résulteroit de la violation de l'article 352, et les accusateurs nationaux seroient les premiers à requérir cette nullité.

Mais l'article 352 peut-il s'entendre dans le sens que l'on s'obstine à chaque instant à lui donner? Ne soyons pas aveugles sur le but de toutes ces difficultés que l'on renouvelle sans cesse relativement au recueil fait par des citoyens sténographes. C'est parce qu'on ne veut pas que l'on sache dans toute la République de quelle manière on se conduit ici, de quelle manière on exécute en quelque sorte les moyens par lesquels les conspirateurs exécutoient leur conspiration avant qu'elle ne fût déjouée le 21 floréal. Nous aurons occasion un jour, et nous nous promettons bien, parce que cela rentre dans notre ministère, de faire connoître que beaucoup de choses qui se sont passées ici tiennent à l'exécution du plan de la conspiration (*Réal*: Me voilà conspirateur!); et alors nous verrons qu'elles seront les conséquences qui en résulteront dans la conscience des jurés, lorsqu'il s'agira d'appliquer à tel ou à tel accusé l'accusation générale de la conspiration. Mais nous sommes à l'article 352 du code des délits et des peines. La Haute-Cour s'est déja expliquée là-dessus; et puisqu'on veut multiplier les incidens pour qu'ils se répètent cent fois, il faudra bien que cent fois les accusateurs nationaux disent aussi ce que l'article a exprimé.

L'institution de la procédure criminelle par jurés a été faite, relativement aux dépositions et à la manière d'acquérir la conviction, en sens complétement inverse de l'ancienne procédure criminelle.

Dans l'ancienne procédure criminelle, les dépositions se rédigeoient par écrit; elles étoient écrites par le greffier, ou d'après lui-même, et ce qu'il avoit entendu, ou sous la dictée du juge qui présidoit à la déposition. Alors ce recueil par écrit étoit légal; et il avoit un tel caractère légal, qu'il falloit soi par lui-même, et entraînoit la conviction du juge, lorsqu'il y avoit un certain nombre de dépositions écrites, uniformes sur le même fait. Hé bien! voilà ce qu'on n'a plus voulu laisser subsister dans l'institution du jury.

Il faut sans cesse se pénétrer de cette distinction importante, de ce caractère particulier à l'institution du jury en France : c'est que le jury ne peut se déterminer sur aucun écrit; qu'il ne peut se déterminer que d'après ce qu'il a entendu de ses oreilles, et d'après ce qu'il a pu recueillir lui-même, ou dans sa mémoire, ou dans des notes; voilà la règle de la conscience du jury : c'est sa conscience même; il ne peut pas être influencé par aucun écrit, et afin qu'il ne pût pas être influencé par des écrits, on n'a pas voulu et c'est-là ce que signifie l'article 352, que les dépositions fussent écrites, ni par le greffier, ni par aucun autre officier judiciaire, sur la dictée, ni du président, ni d'aucun juge, ni de personne ; voilà le sens de l'article ; et si on vouloit l'entendre autrement, ce seroit déranger toutes les idées de l'institution du jury : ce seroit détruire en quelque sorte cette institution qui, comme nous l'avons déjà dit, est une des sauve-gardes principales de la liberté française.

Les jurés ont recueilli, dans leur conscience, ce qu'ils ont entendu : Voilà ce qui sera leur règle, leur règle unique. Nous aurons peut-être quelque chose à dire relativement à la manière dont le témoin a déposé, et au résultat de sa déposition ; mais nous pensons que ce n'est pas le moment, et nous nous réservons bien de demander la parole, lorsque nous croirons que sous ce point de vue il pourra être utile de ramener toutes les dépositions des experts à des points qui sont infiniment simples, et que jusqu'à présent l'on n'a cherché qu'à faire perdre de vue. Nous ne disons pas que nous demanderons incessamment la parole : car, certes, nous avons au moins autant de confiance dans le haut-jury qu'aucun des accusés ; nous savons que le haut-jury est composé de républicains, d'hommes instruits, d'hommes probes, mais en même temps d'hommes qui veulent et de l'ordre et des lois, et qui ne voudroient pas qu'on pût commettre un crime impunément, et qui en conséquence se hâteront autant de déclarer la conviction, lorsque leur conscience la leur dictera, qu'ils seront empressés de déclarer l'innocence, lorsqu'ils la trouveront également dans leur cœur.

D'après cela, nous pensons que l'article 352 est maintenu complètement par les jugemens que la Haute-Cour de justice a rendus jusqu'à présent relativement aux sténographes. Nous pensons encore qu'il est bien étrange qu'on veuille exiger ici en principe que des témoins, par exemple, ne puissent plus être citoyens causant entre eux lorsqu'ils sont hors la séance ; lorsqu'ils sont comme particuliers, et logés dans une auberge, tels que les citoyens Harger et Guillaume le sont ici. D'après toutes ces considérations, nous pensons que c'est le cas, pour la Haute-Cour, de persister dans les jugemens qu'elle a rendus.

Réal : J'ai trois observations à faire. D'abord, il y en a une qui n'échappera nécessairement pas. Aussitôt que le citoyen Bailly prend la parole ; à l'instant même de basses injures viennent à notre adresse. Il y a peu de générosité, citoyen ; il n'y a pas de courage ; car vous avez la force. Vous appelez les accusés *conspirateurs* ; et les jurés, qui sont là, n'ont pas encore prononcé : Vous les avez . . . . . oh ! ne dites pas non.

Plusieurs accusés : Oui, vous l'avez dit.

D'autres : Vous nous avez injuriés, menacés. (Tumulte.)

Bailly : Je ne crois pas que personne, dans la séance, ni dans aucune autre séance, depuis que la Haute-Cour a commencé sa session, puisse me reprocher d'avoir appliqué à aucun des accusés ce mot de conspirateur...

Germain: Rien que tout à l'heure. (*Bruit.*)

Bailly: Je dis et je répète que, dans le cours de l'exercice de mon ministère, je ferai, ce que je dois faire, remarquer aux citoyens jurés quels sont ceux parmi les accusés à qui cette expression pourroit être appliquée. Oui, je le ferai pour l'intérêt public; mais qu'on cesse de nous calomnier, en portant des soupçons que l'on ne prend que dans son imagination personnelle, pour ensuite les ériger en argumens; et c'est dans la suite que je ferai voir que c'est avec de tels systèmes qu'on voudroit égarer l'opinion publique: mais on n'en viendra pas à bout. Les citoyens ici sont témoins de tout ce qui se passe; ils ont aussi leur conscience; et comme ce sont des hommes probes, leur conscience ne les trompera pas. Ils n'agiront jamais que d'après elle et la vertu.

Réal: Je laisse de côté les injures, auxquelles je ne réponds pas; mais je ne sais pas si le système des menaces prendra plus que celui des injures. Déja on vient de dire, et c'est le citoyen Bailly qui vient de dire, qu'on examinera si un des moyens d'exécution de la conspiration n'est pas ce qui se passe même dans ce moment.

Ainsi, bientôt la défense deviendra un crime! Ainsi nous nous trouverons transportés de plein-pied à ces temps abominables et exécrés, où Robespierre disoit, à la tribune de la Convention: CELUI QUI DÉFEND EST COMPLICE. Et à cette époque-là, des hommes ont tremblé devant lui...... Je ne tremblai pas, moi; et je ne tremblerai pas devant vous. Sans doute, citoyens, qu'on cherche à *égarer l'opinion publique*: on ne veut pas que les sténographes rendent la vérité; et je voudrois bien qu'ils la rendissent la vérité; et j'espère qu'on le mettra dans la séance d'aujourd'hui, ce mot de CONSPIRATEURS, qui est échappé à l'accusateur public: ce mot qui vous est échappé dans la séance, ce mot que vous avez voulu rectifier, sera rendu comme vous l'avez prononcé. On verra de quel côté est la partialité. Je sais qu'elle nous vengera aujourd'hui, cette séance; et les misérables raisons qu'on a données pour soutenir cette sténographie, seront, dans cette séance d'aujourd'hui, exposées à toute la France: le peuple jugera vos escobarderies. On verra, d'un côté, des hommes qui viennent, la loi à la main, qui entendent son texte et son esprit, qui indiquent tous les abus qu'il y a dans l'institution des sténographes, abus qui peuvent flatter l'esprit de parti.

On verra que dans tous les temps les hommes se ressemblent; on verra que tous les moyens de tuer plus facilement la moralité des hommes ont été saisis, quels qu'ils fussent.

On examinera; et le peuple jugera entre vous et nous.... Je ne vous crains pas là-dessus. Je vous ai dit, citoyens, que la moralité s'y opposoit; j'ai dit que la loi qui ne vouloit pas que les dépositions des témoins fussent connues d'avance, s'opposoit nécessairement à ce qu'il y eût un moyen quelconque pour les faire connoître, et si, lorsque je disois cela, je n'avois pas de preuve par moi-même que les témoins qu'on va faire entendre, que le misérable qui va venir ici couvert de lèpre, qui, mentant à sa conscience déclare déjà qu'il lit les séances et les journaux; voyez le journal rédigé par un nommé *Bourdon*, premier espion de la police à Vendôme, et qui s'imprime, je crois, chez *Soudry*; vous verrez cela; vous examinerez ce qu'il y a entre vous et nous. Nous ne savons que plaider les principes, et vous voulez tuer l'esprit avec le texte.

Je laisse tous ces moyens de considération; les témoins ne peuvent communiquer avec personne dans les causes ordinaires, dans une cause qui seroit jugée dans une seule audience. Ici, je conçois que la longueur des débats force les témoins à communiquer; s'ils avoient de la moralité, ils se garderoient d'approcher d'un seul journaliste, sur-tout du journal sténographique; mais nous ne pouvons demander de la moralité à un Grisel, à un Mazot, à quelques autres. S'il est possible qu'il y ait un moyen pour leur communiquer les dépositions, ce moyen ne devroit point être avoué par un tribunal. Et certes, les sténographes sont publiquement avoués par un tribunal dont l'accusateur public convient que ce sont ses secrétaires, des sténographes qui lui apportent chaque jour la séance; et l'on veut me dire que c'est pour l'instruction publique, que c'est comme si les accusés avoient eux-mêmes leurs sténographes ici, et qu'ils en fissent les frais! Ils n'ont pas, comme le gouvernement, des sommes immenses pour faire des conspirations, ni pour les provoquer. Ils n'ont rien: et lorsqu'ils avoient besoin d'un ou deux louis pour faire la grande conspiration, croyez-vous qu'ils auroient de quoi payer des sténographes?

Et peut-être, si c'est au moins dans les formes de la loi du 22 prairial, peut-être n'y auroit-il qu'un saut du banc des défenseurs à celui des accusés? Heureusement cette loi-là n'existe pas: je saurai également braver toutes les tyrannies, combattre contre tous les tyrans.

Je persiste à déclarer que les sténographes doivent se retirer, ou du moins qu'on ait la pudeur d'empêcher qu'ils n'écrivent pendant que les témoins parleront.

Bailleyer père, défenseur officieux: Le citoyen Bailly a dit: Y a-t-il une loi qui empêche un citoyen d'écrire? Selon lui il n'y en a pas, parce qu'il trouve toujours le moyen d'éluder la force de la loi. Y a-t-il véritablement une loi qui empêche d'écrire?

Oui, citoyens magistrats; oui, citoyens jurés, il y en a une: et si on la viole, je me persuade que tous les jugemens qu'on rendra contre les accusés, ne feront pas d'impression sur votre conscience. Vous êtes nos juges, vous êtes le seul asyle, où l'innocence va trouver des défenseurs, si on viole ouvertement la loi. Que dit la loi? L'article 352 est formel: « Cela fait, le témoin dépose » oralement et sans que sa déposition puisse être écrite ». Le mot *puisse* ne comporte-t-il pas toute exclusion, lorsqu'on dit *ne puisse être écrite*? le citoyen Bailly, toujours fertile en ressources, dit: mais c'est écrire officiellement. Et prouvez-moi donc, par la loi, que ce *puisse* là, cette *défense* là, est une défense lorsqu'on voudra écrire officiellement; il suffit que l'on croie que la loi dise, *sans que la déposition puisse être écrite*, pour que nulle part la déposition ne puisse être écrite. Et pourquoi? la raison en est sensible: c'est que tout ce qui se dit est écrit dans la conscience des jurés. Voilà le registre où, en caractères ineffaçables, l'innocent trouvera toujours écrit le jugement qui doit l'acquitter. Il ne s'ensuit pas de-là qu'on puisse écrire, lorsque la loi dit, *sans que les dépositions puissent être écrites*. Et pourquoi? c'est que les citoyens jurés n'ont point de compte à rendre des motifs de leurs jugemens; et que s'il existoit des dépositions, alors on leur diroit un jour, vous avez jugé contre telle et telle déposition, vous avez erré. Et qui sait si on ne feroit pas des lois exprès pour rappeler contre leur jugement? Il est dit que le jugement des jurés ne sera susceptible d'aucun examen; mais on dit que les dépositions orales des témoins ne pourront être écrites, c'est qu'on ne veut pas qu'il en subsiste un seul mot; et ici, non-seulement il en subsiste quelques mots, mais toutes les dépositions écrites vont paroître dans toute la France. Y a-t-il donc une loi? Oui, l'article 363; mais, citoyen, vous allez y voir encore ce que le citoyen Bailly ne veut pas y voir: c'est qu'il ne peut être pris de notes que par les citoyens jurés et les juges. Voici l'article 363; je sais bien (A l'accusateur national) que vous riez toujours, lorsqu'on vous cite la loi. « Pendant l'examen, les jurés, l'accusateur public et » les juges, peuvent prendre note de ce qui leur paroît impor» tant, soit dans les dépositions des témoins, soit dans la défense » de l'accusé, pourvu que la discussion n'en soit pas arrêtée ni » interrompue. »

Or je dirai, dès que la loi ne permet qu'aux citoyens jurés, qu'aux citoyens juges, qu'aux citoyens accusateurs nationaux, de prendre des notes, est-il permis aux sténographes d'en prendre? Non: la loi ne le veut pas; on nous dira: Mais vous prenez des notes; les sténographes en prennent aussi: nous répondrons: Nous prenons des notes; mais les sténographes, non-seulement prennent des notes, mais écrivent en entier.

Or s'il n'est permis qu'aux accusés, aux accusateurs nationaux, aux jurés et aux juges de prendre des notes, je crois que nous sommes fondés à demander l'exécution stricte et rigoureuse des articles 352 et 363 : je crois le Tribunal attaché à l'exécution des lois. Je crois même qu'il est du devoir des accusateurs nationaux, pour le maintien des lois, dont la surveillance leur est confiée, que c'est à eux-mêmes à en demander l'exécution.

Réal: J'ai deux mots à dire : c'est une réflexion qui pourra peut-être vous déterminer. Il a été question aux deux Conseils de l'établissement d'un sténographe (d'un tachygraphe si vous voulez); il a été question aussi, il y a très long-temps, d'une table générale du Moniteur, et tout le monde sait que ces deux opérations ne sont pas défendues par la Constitution. Elles sont certainement bien permises par la déclaration des droits : eh bien ! la moralité de l'imprimeur actuel du Moniteur s'y est opposé. Il a dit : Je me suis opposé à ce que cette table parût. Dans tous les temps cette horrible table auroit fait couler du sang, par la facilité que l'on auroit eue à y trouver des accusations. Dans une république, les partis peuvent se succéder : dans un moment où un parti a le dessus, que de sang peut couler ! Certes, quand on a agité la question du tachygraphe, il y a peu de jours, il ne s'agissoit pas de savoir si la Constitution le permettoit ou ne le permettoit pas. Cela a passé au Conseil des Cinq-Cents ; mais aux Anciens, un des grands moyens qui l'ont fait rejeter : C'a été que tôt ou tard on viendroit prendre dans ces ouvrages des moyens pour poursuivre ensuite ceux qui auroient fait tel ou tel discours. On disoit aussi comment pouvez-vous répondre que ces hommes, qui seront dans la main du gouvernement, ne seront pas influencés par lui ? et comme on le disoit alors, je le dis actuellement : ils sont les deux secrétaires d'un ministre, ils peuvent être influencés par le gouvernement. Les Anciens ont rejeté le tachygraphe ; et là cependant il ne s'agissoit pas de puissans accusateurs contre des accusés désarmés ; il s'agissoit d'hommes pouvant se battre entre eux et se disputer dans une salle libre. Si ces raisons ont déterminé le Conseil des Anciens, ces raisons encore doivent vous déterminer. Ne considérez pas, je vous le répète, ce moment actuel. Je me moque de tout ce qui sera dit ; j'ai déjà assez bravé les insânes suppôts du royalisme pour ne les craindre en aucune manière, comme j'ai bravé tous ceux de la terreur. Mais portez-vous quelques pas en avant : lisez dans l'avenir, dans le passé, dans l'histoire des conjurations ; voyez combien de sang a coulé en France pour l'inobservation d'une règle aussi morale que celle-là ; examinez le premier pas où nous a conduits la première infraction faite à l'auguste institution des jurés ; examinez que c'est le premier pas qui a annullé une des branches de la plus belle institution ; que c'est lui qui a inondé la France de sang ; comptez, si vous voulez, tout ce qu'il en a dû coûter à la patrie, tous les hommes que nous avons perdus, les grands hommes qui sont morts, parce qu'on n'a pas observé les lois; examinez ce qu'il en a coûté à la France entière de ces victimes que nous pleurons: pénétrez-vous bien de ces grandes vérités: n'accordez rien aux préjugés des hommes; oubliez, je vous en conjure, ce bruit d'une faction qui veut empoisonner l'opinion publique. Vrai, impassible comme la loi, je me prosterne à vos pieds pour vous dire: examinez l'abus qui peut en résulter par la suite, descendez dans vos consciences, et prononcez.

Le Tribunal se retire pour délibérer, et prononce ensuite le jugement suivant.

JUGEMENT.

« La Haute-Cour maintient le jugement par elle rendu respec-
» tivement aux sténographes; et, sans avoir égard aux réclamations,
» ordonne que le débat sera continué. »

Réal: Je ne sais si le citoyen Guillaume a répondu à la dernière interpellation que je lui ai faite: celle de savoir quand, comment et combien de fois il avoit vu, et s'il avoit conféré avec le citoyen Harger, relativement à ses dépositions ici?

Guillaume: Citoyen, franchement . . . . . . je ne m'en souviens pas; . . . je ne peux vous le dire . . . . La déposition d'Harger, la mienne sont à-peu-près conformes; les expressions peuvent varier.

Réal: Ce n'est pas là la question que je vous fais; vous tournez autour de la réponse. Je vous demande si la veille du 18, si le 18, si le 19, le 20, et ce matin même, vous n'avez pas; soit chaque jour, soit lorsque vous causiez avec le citoyen Harger relativement à votre déposition que vous faites actuellement; je vous demande si, dans ces conférences, il n'y a pas eu entre vous et lui un concert quelconque, soit pour vos réponses faites, soit pour des reproches sur vos réponses, soit un concert pour les réponses à venir.

Guillaume: Citoyen, ce matin je me suis amusé à écrire des lettres, et je n'ai pas du tout ouvert la bouche, de ce qui s'étoit passé ici, ni de ce qui devoit se passer les jours suivans; j'ai pu lui en parler, par forme de conversation: quant à convenir de ce que nous dirions, je puis certifier aux citoyens jurés et à la Haute-Cour que jamais cela n'est arrivé; jamais je ne me suis entendu avec lui.

Réal: Je vous déclare que je ne veux pas tirer de là une conséquence; mais comme dans une cause extraordinaire comme celle-ci, dont les audiences sont nombreuses; où les témoins sont absolument obligés de vivre ensemble, dans le même appartement, lorsque l'esprit de la loi est entièrement contraire à ce fait-là, il m'est pourtant permis aussi de faire quelques observations, il n'y a pas de crime-là dedans.

Guillaume: J'ai l'honneur de vous prévenir, citoyens, que dans la manière dont nous pouvons parler de la séance, que la conversation que nous tenons est de la plus grande innocence à cet égard, de la plus parfaite innocence ; mais je ne lis pas les journaux.

Réal: Vous faites parfaitement bien, si vous ne lisez pas les journaux, car vous remplissez le but de la loi.

Un des accusés me charge de rappeler une observation qui a été faite par vous. Il prétend que sur la pièce commençant par les mots *tuer les Cinq*, vous avez dit que le commencement de cette pièce étoit écrit d'une manière assez posée, et que cela paroissoit plutôt être une copie d'une minute, que la minute elle-mêm. Je vous prie, si cela est vrai, de répéter l'observation.

Guillaume: A peu-près la moitié de cette page a été écrite avec plus de lenteur que le reste ; et voilà pourquoi les lettres sont moins formées. La main qui a tracé ces pièces, écrit fort bien, et on voit bien qu'elle est accoutumée à l'écriture. On voit le commencement de cette page présenter plus de correction dans la forme des caractères, et cela conduit à dire qu'ils ont été tracés avec plus de lenteur.

Réal: Vous n'avez donc pas dit que cela paroissoit plutôt une copie que la minute elle-même ?

Guillaume: Cela me paroit plutôt une copie, car cela paroit avoir été copié, je ne sais pas d'après quoi ; quant au reste, il paroit que ce reste est de composition.

Réal: Je demanderai que le Tribunal veuille faire venir le citoyen Harger.

Ballyer père: Je demande que le citoyen Guillaume veuille se retirer.... Ah! Il s'en va.

Babœuf: Cela ne veut pas dire que les questions sur le citoyen Guillaume soient épuisées.

Réal: Je n'en ai plus : j'avois demandé cela, croyant qu'elles étoient épuisées ; je n'en ai plus.

Le président: Faites venir Guillaume, qu'on termine avec lui.

Babœuf: Citoyen Guillaume, vous êtes convenu que la rature de la première ligne de la 34e. pièce de la 8e. liasse étoit faite par deux traits distincts.

Guillaume: Oui, j'en suis convenu.

Babœuf: Vous êtes convenu que l'un de ces traits faisoit partie du paraphe de Babœuf.

Guillaume: Oui, citoyen.

Babœuf : Qu'ensuite il existoit un trait distinct du premier.
Guillaume : Oui, citoyen.
Babœuf : Que le second trait, vous croyez qu'il avoit été fait immédiatement après le premier.
Guillaume : Oui, citoyen ; c'est-à-dire, l'un des deux, parce qu'ils n'ont pu être faits tous deux ensemble ; je ne puis dire précisément que le second a été fait après le premier.
Babœuf : Comment le présumez-vous, par quelles raisons ?
Guillaume : Parce qu'ordinairement je n'en sais rien.
Babœuf : Quelle raison avez-vous pour croire que ce second trait existât avant l'autre ?
Guillaume : J'ai déjà répondu que je n'en savois rien : j'ai toujours dit que le premier paroit avoir été fait en même temps ; mais je n'ai jamais remarqué précisément lequel avoit été fait le premier ; je présume que c'est celui de dessus.
Un haut-juré : Vous n'avez pas dit positivement que le second trait a pu exister beaucoup de temps avant celui que vous appelez le premier.
Guillaume : J'ai dit qu'ils étoient de la même main, et je présume qu'il n'est pas possible qu'ils aient été faits à des temps différens ; car enfin, c'est un principe reconnu, parce que dans l'endroit où les deux traits sont confondus, l'encre s'est étendue de l'un à l'autre ; il falloit que l'encre ne fût pas sèche.
Le président : Le citoyen Babœuf vous demande particulièrement si vous regardez comme possible, ou si vous regarderiez comme impossible, que ce que vous appelez le second trait ait pu exister avant le premier ?
Guillaume : Il ne paroit pas impossible que le second trait ait été fait avant le premier.
Le président à Babœuf : Si vous vous voulez permettre que je réduise comme cela différentes questions.....
Babœuf : Il peut se faire que le témoin et moi ne nous expliquions pas clairement. Citoyen Guillaume, pourquoi avez-vous été chercher à deviner ce qui pouvoit être sous les ratures ?
Le président : Le citoyen dit....
Guillaume : C'étoit écrit : on m'a demandé s'il y avoit là des caractères ; si les caractères me paroissoient être de la main qui avoit tracé le reste de la pièce. Je crois, comme je le vois encore, que ça été par la même main.
Babœuf : Ce n'a pas été de vous-même que vous vous êtes livré à cette vérification ?
Guillaume : J'aurois peut-être pu en parler. Le directeur du jury m'a recommandé particulièrement de mettre sous les yeux du jury si cette première ligne étoit ou n'étoit pas de la main qui a tracé les autres.

Babœuf : Qui vous a fait cette réquisition ?

Guillaume : J'ai répondu qui me l'avoit faite ; celui qui me passoit les pièces est le directeur du jury.

Babœuf : C'est le citoyen Gérard ?

Guillaume : Oui, citoyen.

Babœuf : Il ne vous a pas requis de faire des recherches sur d'autres ratures ?

Guillaume : Il n'a pas requis que j'en fisse : il ne m'a pas dit de n'en pas faire ; mais il m'a recommandé particulièrement cette première ligne : ordinairement on ne recommande rien. Pour les autres ratures, on voit bien ce qu'elles sont ; il n'y a qu'un simple trait qui laisse voir toutes les lettres ; mais ici le trait ne laisse pas voir facilement toutes les lettres. Voilà pourquoi.

Babœuf : Ordinairement on ne recommande rien ; cependant il vous a recommandé cet objet en particulier ?

Guillaume : Oui.

Babœuf : Ne vous a-t-il pas prévenu que vous deviez trouver sous la rature ces mots : *tuer les Cinq* ?

Guillaume : Je crois avoir répondu que je ne m'en rappelois pas. Tout le monde étoit persuadé dans le temps que c'étoit cela qui y étoit.

Babœuf : Vous aviez des préventions antérieures ?

Guillaume : Je ne dis pas non.

Babœuf : Je vais répéter la question. Sans cette prévention, diriez-vous bien que vous auriez deviné les mots, *tuer les Cinq* ?

Guillaume : Je vous prie de répéter la question.

Le président : Le citoyen Babœuf vous demande si, vous supposant dépouillé de toute prévention antérieure, vous eussiez cru appercevoir les mots *tuer les cinq* ?

Guillaume : Je n'en sais rien.

Babœuf : Combien de temps avez-vous employé à vos vérifications devant le directeur du jury ?

Guillaume : Cela a duré environ cinq à six semaines ; cela étoit fort long.

Babœuf : Combien de temps devant le jury d'accusation ?

Guillaume : Je ne crois pas m'en souvenir. Il n'a été question que de quelques pièces ; il a été question de la liste de la Convention nationale ; il a encore été question des pièces attribuées à chacun des co-accusés, savoir, de celles-là (montrant celles qu'il a devant lui). Cette première de la septième liasse, comme étant de la main de trois accusés, c'est-à-dire, la même colonne contenant le nom des départemens, de la main du citoyen Buonarroti ; la seconde colonne contenant les noms des patriotes de celle du citoyen Babœuf ; et je crois que le citoyen Germain écrit deux noms, le sien, entre autres.

Babœuf : Vous n'avez pas fait la vérification totale de toutes les écritures que vous aviez précédemment faites devant le directeur de jury ?

Guillaume : Voilà comme cela se passe : On nous fait paroître devant le jury pour expliquer les choses succinctement ; le directeur du jury explique aux jurys, et sur quoi ils auront à prononcer : on nous fait venir pour affirmer ce qu'il a dit, et l'opération est extrêmement prompte ; car les citoyens défenseurs vous diront que quelquefois il y a une quantité de pièces, et la déclaration des experts ne fait que passer sommairement sur ces pièces.

Babœuf : De manière que dans la circonstance particulière vous êtes passé très-sommairement ?

Un juré : Je crois que ceci est étranger au débat : nous ne sommes pas ici pour faire le procès au jury d'accusation.

Le président : Il est certain qu'il n'est question que de la déclaration du témoin.

Babœuf : Il me semble que nous sommes autorisés à faire toutes les questions que nous croyons utiles.

Le président : Il faut cependant qu'elles aient un terme.

Réal : Il faudroit faire observer au citoyen juré qu'il se trompe, qu'il est dans l'erreur.

Si on venoit à prouver que la vérification n'a pas été faite devant le jury d'accusation, ce seroit un moyen ; on ne fait pas pour cela le procès au jury.

Babœuf : Combien de temps êtes-vous resté devant le jury pour faire vos vérifications ?

Guillaume : Je ne pourrois savoir le temps qu'a duré chaque témoin ; vous avez dans le livre l'acte d'accusation, et vous avez......

Le président : Ce n'est pas cela que vous demande le citoyen.

Babœuf : Je vous demande si vous vous rappelez combien de temps vous avez été devant le jury d'accusation, combien d'heures ?

Guillaume : C'est là ce que je veux dire ; le jury s'est assemblé, je ne sais si c'est le matin ou l'après-midi ; tous les témoins ont paru ; nous étions du nombre, et.....

Le président : Vous ne vous souvenez pas du tout ?

Guillaume : Je ne m'en souviens pas ; cela a été très-prompt : voilà tout ce que je peux vous dire : d'ailleurs, quelquefois le jury déclare qu'il est suffisamment instruit.

Babœuf : Ne convenez-vous pas que le paraphe de Babœuf est un trait oblique montant habituellement de gauche à droite, d'une manière très-inclinée en remontant.

Guillaume : Plus ou moins ; en général ils le sont.

Babœuf : Vous l'avez dit dans vos déclarations.

Guillaume : Je ne me souviens pas si je l'ai dit.

Babœuf : N'avez-vous pas observé dans plusieurs de ces paraphes que le trait oblique qui remonte n'est souvent pas fini ; qu'il ne fait pas le crochet en descendant ; que, soit par l'effet d'une négligence, soit quelquefois par l'épuisement accidentel de l'encre dans la plume, que dans l'un ou l'autre cas, le trait remontant se perd à la hauteur horisontale du B d'où part le paraphe.

Guillaume : Je ne puis pas dire cela ; j'ai reconnu toutes les signatures, tous les paraphes ; j'ai regardé ici : tous les paraphes me paroissoient être de la même main qui avoit signé le nom Babœuf, et en conséquence je les ai tous regardés comme étant de la même main, parce qu'il y a des rapports, des coïncidences, et que tous les jours il arrive des accidens, même dans une signature.

Le président : Le citoyen Babœuf vous a demandé si vous n'aviez pas remarqué que quelquefois son paraphe n'est pas en entier ; ou si quelquefois, soit par négligence de sa part, soit lorsqu'un épuisement d'encre, son paraphe ne se termine pas lorsque le trait est parvenu à la hauteur horisontale de la partie inférieure du B ? Avez-vous remarqué quelqu'un de ces paraphes ?

Guillaume : Je ne m'en souviens pas, je ne peux pas le dire.

Babœuf : N'avez-vous pas remarqué que dans tous les paraphes de Babœuf le trait de la fermeté est toujours oblique, et jamais horisontal.

Guillaume : Oui, il n'est jamais horisontal.

Babœuf : Qu'il est constamment très-maigre.

Guillaume : Je ne me souviens pas de cela, par exemple.

La suite au Numéro prochain.

On souscrit chez BAUDOUIN, Imprimeur du Corps législatif, Place du Carrousel, N°. 662.

Le prix de l'abonnement pour soixante feuilles in-8°, petit caractère, est de 10 francs, pour les départemens, franc de port, et de 8 francs pour Paris.

A PARIS, chez BAUDOUIN, Imprimeur du Corps législatif.

(N°. 33.)

DÉBATS ET JUGEMENS

DE LA HAUTE-COUR DE JUSTICE.

Suite de la Séance du 21 ventôse.

...ation du débat relatif à la vérification des pièces par l'expert Guillaume.

BABŒUF : Vous avez des pièces sous les yeux.

Guillaume : En voilà un qui n'est pas très-maigre ; ce trait n'est pas non plus très-gras ; le paraphe qui a été mis ici au haut de cette pièce de comparaison n'est pas un trait ni oblique, ni fini ; il est.....

Babœuf : Je ne parle pas de celui là ; je parle des autres.

Guillaume : En voilà d'autres encore : en général le fait est que la plupart des fermèzes n'ont pas de force, à proprement parler; et souvent le plein va en descendant.

Babœuf : Vous convenez que ce trait est ordinairement très-fini, très-délié, très-maigre.....?

Guillaume : Oui, assez ordinairement.

Babœuf : Comment accordez-vous la maigreur ordinaire de la fermèze avec l'épaisseur énorme du trait qui couvre la première ligne de la 34 p. ?

Guillaume : Je ne peux donner la raison de cela ; je ne peux donner la raison de cette différence-là.

Babœuf : Ne croyez-vous pas que, par un de ces accidens dont je vous ai parlé, c'est-à-dire, soit épuisement d'encre dans la plume, soit négligence, le paraphe de la 34 p. ait pu se perdre et se terminer vers la hauteur horizontale du B., et même, plus bas, de manière que les deux traits horizontaux qui couvrent la première ligne de la pièce ne dépendroient nullement du paraphe ; que seulement leur existence antérieure se rencontrant juste par hasard avec les deux traits, cette circonstance n'auroit-elle pas

Débats & jugemens de la Haute-Cour. Tome II°. C

pu vous faire croire mal à propos que le premier trait dépendoit du paraphe ?

Le Président : Babœuf vous demande si, remarquant que quelquefois son paraphe est maigre et à peu près horizontal, si, ayant remarqué cela, et supposant que le paraphe de la pièce 34 se fût trouvé dans cet état, il n'eût pas pu arriver naturellement que son paraphe se fût trouvé confondu dans un des deux traits qui couvrent la première ligne, de telle manière que ces deux traits fussent absolument étrangers à son paraphe, et que vous fussiez trompé en soutenant que l'un d'eux étoit la suite du paraphe même.

Guillaume : Je crois qu'au moins l'un des deux traits a été fait comme suite du paraphe même. Je crois cela : il y a bien ici un espèce de vuide ; je ne peux pas dire quelle est la raison de cet accident : je ne peux le résoudre ; mais je crois qu'il y a eu continuité ; et je crois à la continuité, parce que si ces deux traits eussent été faits dans des temps différens, la naissance du plein eût été faite dans un autre temps. Il me semble que l'encre de ce trait ne se seroit pas mêlé avec l'encre de celui qui va de droite à gauche, tandis que l'on voit que les deux encres sont mêlées.

Babœuf : Comment entendez-vous encre *mêlée* ?

Guillaume : Quand on fait deux traits très-prochains, l'encre du premier trait coule avec le second et empêche la netteté de ces deux traits.

Babœuf : Dans l'hypothèse que je suppose, les deux traits eussent existé avant que le trait très fin, très-délié (dont vous convenez qu'est l'habitude de mon paraphe), se fût confondu dans les traits existans auparavant,....... pourriez-vous appercevoir mélange d'encre ?

Le président : Le citoyen Babœuf vous demande si, en supposant que les pleins qui couvrent la ligne eussent existé avant son paraphe, son paraphe coïncidant avec les lignes aujourd'hui, vous eussiez pu découvrir la différence des encres ?.....

Faites-moi le plaisir de m'entendre.

Le citoyen vous demande si les lignes qui couvrent les mots eussent existé vingt-quatre heures auparavant, ou quinze jours ; et les encres qui eussent tracé ces lignes étant sèches, lui, faisant ensuite son paraphe, et son paraphe s'engageant sur ces lignes, vous eussiez reconnu la différence de l'encre de son paraphe avec l'encre préexistante qui eût tracé les traits ?

Guillaume : Citoyen président, cela pourroit être dans le cas où l'encre du paraphe se seroit trouvée d'une teinte plus forte. Je ne sais pas, dans le cas d'égalité, ce qui en seroit résulté, je ne puis pas dire si j'aurois vu quelque chose ; je ne puis plus dire si j'aurois vu quelque chose.

Vergne : Je désirerois demander au témoin si, lorsqu'il a fait sa déclaration devant le directeur du jury, il l'avoit écrite lui-même, ou s'il l'a dictée au greffier.

Guillaume: Citoyen, lorsque nous faisons nos déclarations devant le directeur du jury, on nous remet les pièces ; nous les examinons, nous faisons une espèce de minute de nos observations que l'on rédige ensuite, et que nous signons conjointement avec le juge et le greffier.

Vergne: C'est qu'il me paroît bien extraordinaire que, dans la déclaration écrite devant le directeur du jury, il y ait ces expressions : *D'abord il est évident que ces caractères sont lisibles*. Je demanderois si le témoin se souvient d'avoir particulièrement dit dans sa déclaration que ces caractères étoient lisibles.

Guillaume: C'est probable ; j'ai signé la déclaration.

Vergne: C'est que c'est contradictoire avec ce que nous voyons.

Guillaume: J'en ai dit les raisons, citoyen.

Le président: Faites venir le citoyen Harger.

(Le citoyen Harger entre.)

Ballyer père: Citoyen, lorsqu'on vous a présenté la 34ᵉ. pièce que vous avez là, la première ligne étoit-elle rayée ?

Harger: Dans l'état où elle est actuellement.

Ballyer: Dans l'état où elle est actuellement ! Puisque vous ne connoissiez pas Babœuf, qui vous a appris ou dit quel étoit son paraphe ? Comment avez-vous pu apprendre quel étoit son paraphe ?..... dire, ce paraphe est de Babœuf ?

Harger: Le paraphe de Babœuf est sur toutes les pièces ; la lettre initiale B annonce que c'est son paraphe.

Ballyer: Qui vous a dit que c'étoit en paraphant que Babœuf avoit effacé la ligne à deux traits de plume ?

Harger: Parce que ce paraphe suit le *B*, et que ce fermèze se trouve au bas du *B* dans tous ces paraphes.

Ballyer: Personne ne vous a donc dit que c'étoit lui qui avoit effacé ? Vous l'avez deviné ?

Harger: J'ai dit que c'étoit en paraphant, et j'ai jugé qu'il y avoit un second coup, parce qu'il est impossible que le premier trait fasse cette rature, et que d'ailleurs on voit entre les deux traits un plein qui annonce un second trait de plume.

Ballyer: Puisque, lors de la présentation de la pièce, les mots étoient rayés, comme vous venez de le dire, qui vous a dit de vérifier l'écriture qui étoit sous ces deux traits ?

Harger: Le directeur de jury m'a dit de voir si ces mots qui étoient là-dessous étoient ou n'étoient pas de l'auteur du contexte de la pièce.

Ballyer: Comment et par quel art pouvez-vous vérifier une écriture surchargée d'encre qui paroît illisible ?

Harger: Le mot *cinq* est si lisible, que presque toutes les lettres y restent : il n'y a que la sommité de cachée. Le mot *les* et le mot *tuer*, on ne peut vérifier si c'est de la même main ou non : mais, cependant, par la pente de l'*L*, on voit encore que c'est la même position, parce que c'est la même direction, la même positio, parce que presque toute la totalité de l'*L* reste. On voit la totalité de l'*L*. Comparez cette *L* avec celle du mot *l'intérieur*, vous y verrez la même sommité et absolument la même pente.

Ballyer père : Quand on vous a présenté cette pièce-là, qui vous a induit à deviner qu'il y avoit, *tuer les cinq* ?

Harger : Je l'ai déja dit : j'ai vu sur toutes les affiches qu'il y avoit, *tuer les cinq*. Il étoit question, dans mon opinion, de voir si véritablement il y avoit eu ces mots-là. Je l'ai vu et je le vois encore par les bases des lettres, parce que les bases y restent. La majeure partie du *t* y reste : on voit les deux jambages de l'*u*, la courbe de l'*e* et le point de l'*r*, d'où il suit que toutes les lettres annonçant ces mots s'y trouvent.

Ballyer : Parce que vous avez lu les affiches.

Harger : Je les ai lues comme les autres.

Ballyer : Puisque les deux traits de plume ont été faits l'un après l'autre, voudriez-vous bien nous dire quel est le premier trait ?

Harger : C'est celui supérieur que j'estime être le premier trait : ce n'est pas un fait que je pourrois certifier, parce que les deux traits sont amalgamés dans leur origine : mais ce qui me fait croire cela, c'est la direction du trait de gauche à droite que le citoyen Babeuf donne à tous ces paraphes ; c'est un trait oblique en montant : il n'en tire point horizontalement comme celui de dessous. D'abord un des deux fait certainement suite au paraphe, c'est indubitable ; mais un des deux a été tiré après coup, c'est celui de dessous. Je juge que c'est celui de dessus qui a été fait le premier, parce que la direction du trait du citoyen Babeuf va obliquement en montant, exactement comme celui-là.

Ballyer : Voudriez-vous bien nous dire, en examinant ces deux traits-là, s'ils se tiennent par le bout ?

Harger : Absolument. Ils ne font qu'un, et c'est précisément ce qui m'empêche d'affirmer si c'est celui de dessus ou celui de dessous qui a été tiré avec la fermèze.

Ballyer : Cependant n'appercevez-vous pas, en examinant bien, un petit intervale entre le commencement des deux traits au bout de la fermèze ? regardez de plus près, et au jour sur le revers, si vous n'appercevez pas la séparation.

Harger : Non, je ne m'en apperçois pas : j'apperçois la chûte de la main, occasionnée par une secousse : je ne vois pas de séparation qui annonce un second trait repris.

Ballyer : Voudriez-vous nous dire si l'encre du paraphe et des deux traits est la même.

Harger : Oui, c'est la même encre : la pièce trente-cinq est absolument de la même encre.

Ballyer : Je vous demande si l'encre du paraphe qui est en haut et des deux traits est la même.

Harger : Oui, citoyen.

Ballyer : Il n'y a pas de différence entre les deux traits ?

Harger : Celui de dessous me paroit un peu plus noir ; mais il a été plus chargé, plus appuyé que le premier : c'est une raison qui me fait croire que c'est celui de dessus qui est le premier, c'est qu'il est un peu plus clair ; ce qui annonce que c'est la suite du paraphe. Que je fasse deux traits ; que je charge l'un de plus d'encre que l'autre, certainement il paroitra plus noir.

Ballyer : Combien de temps avez-vous été à opérer chez le citoyen Gérard ?

Harger : J'ai été à peu-près cinq semaines.

Ballyer : Combien de temps avez-vous été pardevant le jury d'accusation ?

Harger : A peu-près une heure, ou trois quarts d'heure.

Ballyer : Est-ce le matin ou le soir ?

Harger : Le soir.

Ballyer : A quelle heure ?

Harger : C'étoit le soir vers les onze heures. A ce que je puis me ressouvenir, j'y fus pour le matin, on m'a dit de venir à six heures du soir ; je n'y suis allé qu'à sept et j'ai attendu long-temps.

Ballyer : La déclaration que vous avez faite, d'après votre vérification, l'avez-vous portée au directeur de jury écrite, ou l'avez-vous dictée au greffier ?

Harger : Là-dessus j'ai fait comme je fais toujours, je l'ai faite et je l'ai donnée au greffier qui l'a copiée.

Ballyer : Et dans votre déclaration, y portiez-vous ces mots essentiels, que, *tuer les cinq*, étoient lisibles.

Harger : J'y ai porté tout ce qui est imprimé ; car je l'ai collationné depuis, et je l'ai trouvée exacte, excepté quelques fautes typographiques.

Réal : Je demanderai si le citoyen Biauzat voudroit faire au citoyen Harger les mêmes objections qu'il a déjà faites au citoyen Guillaume.

Biauzat : Je vous demanderai (à l'expert) comment est-ce que vous découvrez qu'il y a les caractères nécessaires pour former le mot *tuer* ?

Harger : Je vois le *t* absolument des deux tiers de sa grandeur : d'abord un grand tiers en haut au-dessus de la ligne et bien un sixième de sa hauteur au-dessous. Je vois les deux jambages de l'*u* au-dessous ; je vois la courbe de l'*e*, et je vois le point de l'*i* ; il y a la petite courbe de l'*e* et les deux angles de l'*r* que l'on peut comparer aux mots *commandant temporaire*, on verra les mêmes angles.

Biauzat : Voudriez-vous dire si les *u* du corps de la pièce sont ou ne sont pas conformes, et si leurs deux bases ne sont pas horizontales ?

Harger : Je vois absolument la même chose entre les bases de l'*n* du mot *ministre* ; car dans cette écriture *u* et *n*, c'est la même chose : en comparant, dis-je, cette *n* du mot ministre avec ce qu'on apperçoit de l'*u*, on verra exactement la même chose.

Biauzat : Comparez avez des *u* de la pièce.

Harger : Je vois la même chose au mot *sur*, à la cinquième ligne ; les deux bases sont horizontales là comme ici, et les angles sont les mêmes.

Biauzat : Vous déclarez que vous trouvez les bases des deux caractères raturés, et ayant les bases horizontales : voulez-vous bien regarder plus attentivement ? La seconde n'est-elle pas beaucoup plus descendante que la première ?

Harger : Je les vois horizontalement placées (il examine avec la loupe) : c'est vrai, la seconde est un peu plus basse. Dans ce mot *sur*, la seconde est un peu plus basse ; d'ailleurs, ce sont des choses accidentelles : ici, le second jambage de l'*u*, au mot *sur*, est un peu plus bas ; de même là, la seconde partie de l'*u* est une idée au-dessous de la première partie.

Biauzat : Vous croyez que les autres *u* ont également une partie plus basse que l'autre ?

Harger : La main n'est pas une méchanique, elle n'est pas réglée dans ses mouvemens.

Biauzat : Voulez-vous bien jeter les yeux sur le premier des caractères dont vous parlez, les comparer avec les *e* du corps de l'écriture, et déclarer s'il ne se pourroit pas que ce premier caractère, dont vous voyez la base, ait quelque ressemblance aux bases des autres *e*.

Harger : Je vois qu'il a la plus grande ressemblance à celui *ministre*.... (Ce témoin n'entend pas bien la question, le président prie le citoyen Biauzat de recommencer la question).

Biauzat : Jetez les yeux sur le premier caractère que vous attribuez à la lettre *u* dans le premier mot raturé, et comparez ce premier caractère avec les *e* du corps de l'écriture. C'est le caractère qui vient après la lettre *T* : je vous prie de comparer ce caractère avec les *e* qui sont dans le corps de l'écriture, et de déclarer s'il n'y a pas une ressemblance entre ce qui reste de ce caractère avec les *e* du corps de l'écriture.

Harger : C'est une autre question que vous me faites là : je n'y vois point d'analogie. Je vois une partie qui semble être un *e* : c'est si petit! que voulez-vous qu'on voie? je vois que cela ressemble à un *u*, à un *e* et à un *r*.

Le président : Le citoyen Biauzat vous prie de voir les autres *e* et de dire si les bases des *e* ressemblent à la base du premier jambage.

Harger : Vous avez le mot *l'intérieur* : que l'on couvre cet *e* et un *u*, je ne sais qui décidera ce qu'il y avoit dessus. S'ils étoient en entier! mais on ne voit presque rien, on ne voit que la base, il n'est question que de savoir si ces bases peuvent former ce qu'on a dit qui y étoit ; et certainement cela peut le former, puisque tous les points y sont. Quel mot cela peut-il former ?

Le président : En sorte que vous répondez affirmativement, je ne vois pas d'autres mots ; c'est-à-dire, que dans la partie antérieure vous ne voyez pas de dissemblance.

Harger : Je n'en vois pas.

Réal : Je demande à rappeler à l'expert que celui qui l'a précédé a dit positivement, et après avoir examiné la pièce, qu'on pouvoit aussi bien lire *tirer* que *tuer* ; il a dit très-positivement, après l'avoir bien examinée, qu'on pourroit dire aussi-bien l'un que l'autre.

Harger : Les mêmes bases s'y trouveroient.

Réal : C'est que vous avez dit dans votre première déposition que cela étoit impossible.

Harger : C'est sur le mot *tout* que c'étoit impossible.

Le président : N'engageons pas de question de fait.

Réal : Je veux bien que toutes mes questions passent par votre bouche. N'engageons pas de question de fait.

Harger : D'ailleurs, je serai bien aise de revenir là-dessus ; car les citoyens jurés et la Haute-Cour savent combien je ne pouvois pas ouvrir la bouche ; que les citoyens défenseurs et les prévenus m'interrompoient ; et qu'en vérité, n'étant pas accoutumé à entendre un si grand bruit, j'ai erré ; et j'ai dit *tout*, quand je ne le pensois pas : il ne peut y avoir *tout* ; il y auroit une partie de trop : mais pour *tirer*, toutes les parties s'accordent.

Réal : Puisque vous rappelez le mot *tout* dont je vous ai parlé, vous devez rappeler votre déclaration comme vous l'avez faite ; vous n'avez pas dit le mot *tout* seulement ; mais vous avez dit l'*o* du mot *tout*, ce qui annonçoit deux idées et une réflexion beaucoup plus forte ; car le mot *tout* seulement prononcé pourroit être une légère erreur. Mais la lettre O du mot TOUT, c'est une combinaison d'idées qui indique une pièce de réflexion ; je n'insiste pas là dessus.

Je vous dois faire quelques autres questions ; est-il bien constant que vous n'appercevez à la fin de la fermeze, et avec votre loupe, aucune petite espèce de blanc qui sembleroit séparer les deux traits dans la partie à gauche, le plus près de la marge?

Harger: Je reviens sur ce cas; il seroit possible qu'il y eût le mot *tous*, parce qu'effectivement je vois au bas après le *t*, il me paroît appercevoir deux espèces de petites courbes, ou traits en remontant, et alors il peut y avoir le mot *tous*. Ce que je prenois pour un *e* pourroit être la base de l'*o*; les deux autres jambages, celle de l'*u*; et alors le point que l'on disoit être une *r* seroit une *s* de coulée. Mais, quand j'ai vu tout cela, je vous ai dit que j'avois su qu'il y avoit *tuer les cinq*; je suis venu examiner si l'on pouvoit voir ce mot là, et j'ai regardé s'il y avoit les lettres, et je les ai trouvées; c'est parce que j'apperçois un petit blanc après le *t* dans la seconde partie, et cela pourroit effectivement donner lieu à la base de l'*o*.

Bizanet, haut juré: Voudriez-vous examiner si les troisième et quatrième caractères pourroient faire la base de l'*u*?

Harger: Les troisième et quatrième caractères pourroient être la base de l'*u*; il n'y a pas de doute là-dessus: cela se rapporteroit aussi avec ce que j'ai dit; une *r* de ronde, une *s* peuvent s'y voir encore.

Quant au mot *les* et au mot *cinq*, il n'y a pas de doute.

Un haut-juré: Je prierai le citoyen expert de dire si la lettre *s* a une analogie avec les *s* qui sont disséminés dans les pièces qui sont entre ses mains.

Harger: *Le commandant temporaire*, etc., sont de la même main que le mot *tous* ou *tuer*; cela paroit avoir les mêmes bases.

Un haut-juré: Je demande que la pièce me soit remise à l'instant même.

(On la lui passe.)

Duffau: Vous convenez donc que les bases de ces deux caractères naturés ont une analogie parfaite avec les *e* et les *o* qui sont dans les pièces?

Harger: Oui, citoyen.

Réal: Je desire au moins que cette incertitude du témoin puisse passer dans le cœur de l'accusateur public, qui n'a pas douté qu'il y eût *tuer*. (au témoin): Citoyen, je vous demandois tout-à-l'heure si à l'extrémité gauche du trait, près de la marge, au moment où la première se termine, et où commence le premier trait, il n'y a pas un blanc, un espace quelconque.

Harger: Je vois qu'il y a eu une chûte de main; la plume a été retournée, car elle n'a pas suivi ce plan là.

Quant à ce petit blanc, ce sont des événemens très-naturels qui arrivent, quand il se trouve des grains au papier; mais je ne vois qu'une chûte de main, une reprise.

Réal: Les jurés n'auront pas oublié que le citoyen Guillaume a également déclaré que le second trait avoit été formé après un repos de main et après une reprise.

J'ai une autre question à faire.

Avez-vous vu le citoyen Guillaume depuis qu'il a commencé sa déposition ici?

Harger: Oui, citoyen.

Réal: Vous demeurez ensemble?

Harger: Oui, citoyen.

Réal: Avez-vous conféré ensemble sur l'objet de votre travail?

Harger: Quand on est ensemble, on parle.

Réal: N'a-t-il pas été, entre vous et lui, question de vos opérations? et a-t-il parlé de quelle manière il a déposé, et de quelle manière il doit le faire ensuite?

Harger: Non, je ne sais aucune particularité de ce qu'il a déposé.

Réal: Pouvez-vous donner quelques détails sur la conversation, sur ce qui s'étoit passé dans la salle?

Harger: Ce n'est pas sur ces détails-ci; nous ne sommes pas entrés là-dedans.

Réal: Avant que de déclarer sur les pièces que vous avez vues ici, ces mêmes pièces ne vous ont-elles pas déja été représentées, ainsi que le registre de dépense attribué à Darthé? Vous ont-elles été remises sous les yeux dans un autre lieu que cet endroit-ci?

Harger: Oui, ici, au greffe.

Réal: Dans le greffe? qui étoit présent avec vous?

Harger: Le greffier, le président. Nous avons été chez le président pour notre indemnité, et nous l'avons trouvé sortant. Il nous dit: Si vous voulez passer au greffe, nous irons ensemble; et là, en causant de cela, il nous dit que nous aurions d'autres pièces de comparaison: nous les avons examinées, et après nous n'avons rien écrit, rien dit.

Réal: Avez-vous vu seulement les pièces de comparaison?

Harger: Toutes les pièces.

Réal: Cela n'a eu lieu que sur les pièces relatives à Darthé?

Harger: Oui, citoyen.

Réal: Je n'ai plus rien à demander.

Ballyer fils: Je demande si, lorsqu'il a vu les pièces, il étoit avec le citoyen Guillaume?

Harger: Oui, nous y étions ensemble; cependant nous ne les avons jamais regardées sur la table que l'un après l'autre.

Buonarotti: Citoyen président, je vous prie de demander au témoin s'il ne croit pas que dans la pièce trente-quatrième qu'il avoit sous les yeux, il ne puisse pas y voir sur la totalité une partie qui soit une copie.

Le président: On désire que, regardant la pièce trente-quatrième de la huitième liasse en entier, vous vous expliquiez si vous croyez qu'une partie pourroit avoir été copiée ou transcrite?

Harger: Je crois entrevoir que c'est composition, en ce qu'il y a des interlignes et des lignes raturées: si c'étoit une copie, cette main est assez belle pour ne pas faire de rature.

Le président: Croyez-vous que toute la pièce soit copiée en composition?

Harger: Je crois que la pièce est composition, d'après ces raisons; il y a des mots rayés, des mots en interlignes, et cette main n'est pas dans le cas de faire des fautes.

Ballyer fils: Je demanderai au citoyen Harger s'il apperçoit, dans le cours de la pièce, un mouvement différent; si c'est le même caractère?

Harger: Ceci paroît avoir le même mouvement; il y a seulement grosseur de plumes différentes.

Réal: La question a été mal posée: c'est de savoir si le commencement n'est pas écrit plus posément et de manière à faire croire que le commencement est véritablement une copie.

Harger: Le commencement est écrit plus posément que la fin. Dans le commencement il y a une interligne, *la trésorerie nationale*; *s'assurer des personnes des administrateurs et employés*. Le commencement est plus posé; il est écrit un peu plus lentement: c'est une chose commune à bien des personnes qui, à mesure qu'elles avancent, lâchent davantage leurs mains.

Réal: La plume est-elle fatiguée?

Harger: Il y a plus de négligence.

Bailly, accusateur national: Citoyens hauts-jurés, nous cherchons tous la vérité sur cette pièce, à laquelle on attache une si grande importance. Il nous paroît que tout ce qui a été dit se réduit à la solution de deux questions. La première, quelle est la personne qui est auteur du trait ou des deux traits qui passent maintenant sur les trois premiers mots de la trente-quatrième pièce? La seconde question est de savoir quels étoient les trois mots qui forment la première ligne de cette même pièce.

Sur la première question, vous avez entendu les deux experts vous dire uniformément, aux diverses séances auxquelles ils ont assisté, qu'au moins un des deux traits étoit l'effet du paraphe du citoyen Babœuf; voilà ce à quoi j'attache la plus grande importance. Nous prions les citoyens jurés de vouloir bien se rappeler ce fait, dont nous aurons lieu de faire usage lorsqu'on examinera la pièce en elle-même et sur le fond, à l'occasion des faits qui donnent lieu à l'examen de l'acte d'accusation.

Sur la seconde question, quels étoient les trois mots? Il est certain qu'il devient indifférent que ce soit un individu plutôt qu'un autre qui soit auteur du trait ou des deux traits qui passent aujourd'hui sur ce mot. Il règne, d'après la déposition des deux témoins Harger et Guillaume, de l'incertitude sur le premier mot; il n'en existe aucune sur le mot *les*, ni sur le mot *cinq*.

Arrêtons-nous donc au premier mot. Sur cela il y a trois versions : l'une, que ce premier mot peut être le mot *tous*; une autre version, que ce peut être le mot *tuer*; une troisième, que ce peut être le mot *tirer*. Une autre version encore, c'est une quatrième, a été au moins indiquée de manière que ce seroit le mot *tenir*; ou qu'au moins il y auroit possibilité que ce fût le mot *tenir*.

Nous n'avons qu'une seule observation à faire; si c'est le mot *tous*, il y aura donc, il y aura donc eu, il y aura donc encore maintenant *tous les cinq*; si c'est le mot *tenir*, il y aura *tenir les cinq*, ainsi de suite, à l'égard des deux autres mots.

Vous sentez, citoyens jurés, que la conséquence de l'une ou l'autre de ces quatre versions étant absolument au fond la même, d'après cela nous pensons que nous n'aurons à nous expliquer, à faire même des interpellations à des accusés qui pourraient y avoir intérêt, que lorsque la pièce sera produite à l'appui d'un fait.

Cependant, quant à présent, nous prions les citoyens hauts-jurés de vouloir bien recueillir et conserver dans leur mémoire, que s'il y a le mot *tuer*, le sens ne sera pas douteux; s'il y a le mot *tirer les cinq*, le sens peut être aussi ne paroîtra pas plus douteux aux citoyens hauts-jurés qu'à nous accusateurs nationaux; s'il y a le mot *tenir*, il présentera une idée vague, *tenir les cinq* : pourquoi les *tenir*? C'est alors que nous verrons si l'on ne trouveroit pas le sens du mot *tenir* déterminé, soit par le surplus de la pièce, soit par d'autres pièces de conviction. Nous dirons la même chose sur le mot *tous*; nous pensons que s'il y avoit *tous les cinq*, les *sept ministres*, et qu'après cela on reconnût dans le cours de la pièce que ce que l'on devoit faire des *cinq*, des *sept ministres*, et des autres fonctionnaires publics, n'auroit été exprimé que d'une manière plus claire, plus naturelle par le mot *tuer*, peut être l'incertitude qui règne aujourd'hui disparoîtroit. Mais, nous le répétons, tout cela doit demeurer dans la conscience du haut-juré; et si nous avons pris la parole, c'a été afin de dégager tout ce qui s'est passé aux diverses séances, de ce qui ne nous a point paru importer aussi spécialement au fond de l'affaire, que ce que nous venons de mettre sous les yeux des citoyens hauts-jurés.

Réal : Et nous aussi, citoyen accusateur public, nous cherchons la vérité sur cette pièce, je ne dirai pas comme vous, à laquelle on attache une grande importance; mais à laquelle les accusateurs, publics ; le gouvernement, et tous ceux qui se sont mêlés de cette pièce-là, ont attaché une terrible importance ; sur laquelle ils ont attaché une importance telle, que sans avoir les scrupules que nourrit la conscience du témoin qui vient de parler, le gouvernement a dit, (sans avertir le public de la vérité) qu'il y avoit *tuer les cinq*, et que l'accusateur public commence à avoir des scrupules sur la question de savoir si on doit lire *tous*, *tuer*, *tirer* ou *tenir* : comment ne pas convenir enfin qu'il faut examiner cette question-là ?

Il paroit qu'il y a un accusateur public en deux personnes ; le citoyen Viellart ne doute pas, et le citoyen Bailly doute.

Je suis très-content que, pour dégager ici ces trois séances de cette question-là, de tout ce qui étoit, selon l'accusateur public, inutile, on nous permette, on nous engage à faire ici quelques réflexions. La première, et qui se présente bien naturellement, c'est que dans une cause aussi grande que celle-ci, on regarde comme une chose étrange, que l'on fît dépendre la vie d'un homme d'une vérification d'écriture faite sur des écrits bien probans, dont les pièces de comparaison ne viennent qu'après avoir été tirées d'un greffe et revêtues d'une signature d'officier public ; quand, dis-je, je compare la situation de l'ancienne instruction judiciaire avec les pièces de comparaison que l'on soumet ici, et que je verrai d'abord d'un côté un livre de cuisine, et de l'autre un chiffon de papier qu'on a trouvé, sans date ; que l'on dit tracé dans une prison, sans date et sans aucune authenticité, le premier surtout, sur lequel on n'a pas demandé s'il étoit de l'écriture de celui à qui on l'attribuoit.

Une autre observation qui suit nécessairement de celle-là ; car au moins quand on demandoit, (et je crois que c'est Laubardemont) six lignes de la main d'un homme pour le faire pendre, ce Laubardemont ne disoit pas : Donnez-moi six lignes rayées ; il falloit au moins six lignes entières, et encore n'en trouvoit-il pas assez pour faire la poursuite sur trois mots, dont un se lit encore, le mot *les* ; le second, *cinq*, présente du doute ; et le mot *tuer*, non seulement du doute, mais une incertitude complète.

Je remonte ensuite aux observations que vous venez de faire. La question, dites-vous, est de savoir quelle est la personne qui a raturé les deux traits ; et il paroit que tout le monde, que les experts s'attachent à déclarer que c'est l'un des deux, surtout à la fin de la fermeture de Baboeuf. Les experts n'ont pas dit que le B est de Baboeuf, cela est évident ; mais ensuite quand on a, d'après diverses interpellations, demandé aux experts laquelle des deux ratures a été faite la première, ils n'ont pas pu l'affirmer. Et prenez bien garde, qu'à l'instant tout tombe devant vous ; car s'il n'est pas possible de prouver que le premier trait aruré fait avant celui qui est au-dessous; si par conséquent, dans l'ame des jurés, le trait de dessous peut être reconnu comme ayant été fait avant le premier, il est évident que le premier peut avoir effacé, et que ce qui étoit effacé par le premier étoit nul : aussi le paraphe n'a pu effacer ce qui l'étoit déjà avant cette opération.

Sur la seconde question, vous avez dit: Quels sont les trois mots? vous en avez même ajouté un quatrième ; et passant légèrement sur la question en elle même, en tirant tout de suite une seconde proposition, vous en avez tiré une conséquence très-facile.

Vous avez dit : *Que cela soit tous, que cela soit tuer, tirer, tenir, nous allons examiner la question : si c'est TOUS, cela présente un sens qui sera déterminé par le reste des mots qu'on lit dans la pièce; si c'est TUER, le sens est très clair, si c'est TIRER, on entendra encore.* Vous convenez donc, et il paroît que cela convient au gouvernement, qui a pris sur lui, quoique la rature fût faite, de ne pas trouver qu'il y avoit rature, que cela fût difficile à lire.

Sur le mot tenir, *nous nous expliquerons. Les jurés examineront ce qu'on entend par* tenir *dans de pareils projets.* Soyons francs : il est certain qu'avec cela, cet art conjectural qui permet d'abord de prendre pour bon un mot raturé, et de faire dire à ce mot tout ce à quoi il peut ressembler, et de tirer de ce mot toutes les conséquences possibles, je sais qu'il n'y a pas un d'entre nous sur lequel on ne saisisse un billet, et qu'on ne puisse faire le lendemain conduire à la guillotine.

Au surplus, avez-vous dit, *ces observations tiennent-au fond?* Non, citoyen : et voici à cet égard la dernière preuve que vous devez tirer; c'est que, comme il y a incertitude entre *tous*, entre *tuer*, entre *tenir* et *tirer*, puisque ces lettres-là, comme le font les cloches, peuvent tout dire et tout signifier, dès cet instant elles ne signifient plus rien. A l'instant où un mot peut signifier quatre versions, quel est l'homme qui osera prendre sur lui de dire : C'est celle-ci ? Qui vous dira qu'il ne peut s'appliquer à cent autres ? Avez-vous combiné tout l'alphabet ? Quoi ! vous osez prendre sur vous de prononcer affirmativement que c'est tel ou tel mot, parce que ce mot doit donner un sens défavorable à l'accusé !

Tous les philosophes seront de mon avis ; les jurés, je l'espère, se pénétreront de cette philanthropie ; ils rejetteront une version qui peut en supporter mille autres.

Vous saisissez avidement tout ce qui est dans le système d'une accusation bien formée, d'une grande conviction. Vous avez votre système fait, et vous co-ordonnez à ce système toutes les dépositions qui vous viennent ; vous saisissez, dans ces dépositions, tout ce qui convient à votre système d'accusation.

Je viens ici au contraire avec le cœur dégagé; et si, à la fin du procès, j'étois convaincu qu'il y eût des coupables, je pleurois mes livres, et je me tairois. Un accusateur public doit faire la même chose : sa première charge est de dire la vérité ; il ne doit donc pas avoir un système fait. Mais vous devez, ce me semble, avoir le courage de dire : L'instruction seule nous dira ce que veulent dire ces mots; ce sera quand l'instruction sera finie que nous pourrons en juger.

Séance levée à deux heures et demie.

Sophie Lapierre a chanté la complainte de Gosjon, et tous les accusés le refrein.

Certifié, IGONEL et BRETON, *sténographes*.

Séance du 22 Ventôse.

A dix heures et demie, la séance s'ouvre.

Buonarotti : Le résultat de l'expertise sur la 34ᵉ pièce de la 8ᵉ liasse nous dédommage complètement de sa fatigante longueur par la lumière qu'elle répand sur la conduite de nos accusateurs: il est inutile pour nous, et bien plus pour la France entière, de la consigner solidement dans le cœur des hauts-jurés, et dans la mémoire de ceux qui m'écoutent.

Les premiers trois mots de cette pièce sont couverts par des traits de plume. Le débat a démontré que si les deux derniers sont passablement lisibles, le premier est absolument incertain : l'accusateur national en ayant convenu, il est inutile d'insister sur les preuves de ce fait.

D'où vient cependant que cette pièce a été adressée le 25 floréal de l'an 4 au Conseil des Cinq-Cents, affichée et proclamée dans toute la République comme une des principales preuves de la noirceur des projets des conspirateurs, portant à la première ligne les mots, *Tuer les cinq*, suivis de ceux *lse sept ministres*, *le général de l'intérieur et son état-major*. Ce mot, *tuer*, qu'on n'y lit pas actuellement, y étoit-il vraiment alors? et s'il n'y étoit pas avant, par qui, pourquoi, comment y a-t-il été ajouté?

Les pièces saisies chez Babœuf le 21 floréal de l'an 4 furent transportées chez le ministre de la police, et par lui scellées dans un carton du cachet de Babœuf, que le ministre retint auprès de lui.

Le lendemain la pièce en question fut paraphée par Babœuf, auquel elle n'a plus été représentée depuis.

Le 25, le Directoire exécutif en transmit au Conseil des Cinq-

Cents une copie avec les motifs ci-dessus indiqués, sans exprimer aucune incertitude sur leur existence (1).

C'est dans les procès-verbaux de vérification d'écriture dressés à la requête du directeur du jury, qu'il est mention pour la première fois des traits qui couvrent les trois premiers mots de cette pièce, et rendent illisible le premier.

Personne n'a prétendu qu'une main inconnue ait tracé ces traits, dans l'intervalle qui s'écoula entre le moment où Babœuf apposa son paraphe, et celui où les experts procédèrent à la vérification.

Les traits existoient donc au moment où les pièces furent saisies; ou sont, comme on l'a dit, la continuation du paraphe de Babœuf.

La dernière hypothèse n'est pas sans objection. Les jurés, qui ont fait attention aux réponses des experts, auront sans doute été convaincus, non seulement de la possibilité, mais de la très-grande probabilité de la pré-existence d'un de ces trois, au moins à la représentation des pièces; probabilité d'autant plus urgente, que rien ne prouve que le ministre de la police, qui a ensuite attaché tant d'importance au mot *tuer*, et en présence duquel Babœuf a apposé son paraphe, se soit apperçu de la radiation dont il s'agit.

Quoi qu'il en soit, il est incontesté, dans l'une comme dans l'autre hypothèse, que les traits sur lesquels on a si longuement discuté étoient au moment où la pièce sur laquelle ils se trouvent sortis le 23 floréal de la main de Babœuf, après avoir été par lui paraphée.

Il est également certain qu'elle n'a pu être ni copiée ni imprimée avant cette époque, puisque, comme je l'ai établi, depuis la saisie jusqu'alors elle avoit été continuellement sous les scellés.

Il est donc démontré que le premier mot de la pièce dont on a fait *tuer* étoit aussi illisible qu'à présent, lorsqu'elle a pu être livrée à la copie ou à l'impression : ce mot est donc une véritable addition dont il importe de connoître les auteurs et les motifs.

Je tiens à la main le message par lequel le Directoire exécutif envoya au Conseil des Cinq-Cents copie de cette pièce, certifiée conforme par Cochon, ministre de la police générale. C'est donc à ce ministre que l'on doit principalement l'interprétation astucieuse d'un mot qu'on ne peut pas lire. Ah! s'il avoit eu au moins la délicatesse de faire mention des ratures qui auroient annoncé le repentir de l'écrivain ou l'indignation du lecteur! Et c'est le Directoire qui, par sa connivence ou par une inconcevable lé-

---

(1) Voyez page 9 de la copie de l'instruction personnelle au représentant du peuple Drouet.

géreté, a empoisonné la République par un atroce mensonge, et dont il n'est plus permis de douter !

Que cet art dangereux est familier aux puissans du jour ! Je me rappelle encore l'inique message par lequel le Directoire exécutif, entassant mensonge sur mensonge, calomniant sans pudeur et sans preuves, essaya de justifier l'attentat par lui porté à la liberté publique et à la constitution actuelle, en à fermant, sans autorisation, les réunions des citoyens.

Je me rappelle cet atroce système par lequel, attribuant à ceux-ci ce qui appartient à ceux-là, peignant tantôt les républicains, tantôt les royalistes sous des couleurs contradictoires, épouvantant les uns par les autres, les flattant tour-a-tour, les trompant sans cesse, on les pousse à se détruire réciproquement pour régner tranquille sur la perte de tous. Le mensonge est la politique du gouvernement, et la pièce dont je dénonce la difformation, en présentent une seconde preuve. Le ministre de la police ne s'est pas contenté d'interpréter odieusement un mot qu'il ne pouvoit pas lire ; il a rayé de cette pièce les six lignes de la page 241, commençant par ces mots : *Il faut envoyer à Salicetti* ; et finissant par ceux-ci : *Les mauvais officiers*.

Plus tard, il sera peut-être nécessaire d'examiner dans quelle vue cette radiation fut opérée.

Il me suffit aujourd'hui d'observer que je suis stupéfait de trouver, dans un des premiers fonctionnaires de la République, une déloyauté si marquée, une facilité si révoltante à apposer au faux le caractère du vrai, et à se jouer de la croyance et de la foi publique.

O France ! ô ma patrie ! que de maux menacent encore tes enfans ! Quelle horrible doctrine a succédé au système criminel de tes rois : Tout est vanité, ambition et mensonge.

La suite au Numéro prochain.

On souscrit chez BAUDOUIN, Imprimeur du Corps législatif, Place du Carrousel, N°. 662.

Le prix de l'abonnement pour soixante feuilles in-8°, petit caractère, est de 20 francs, pour les départemens, franc de port, et de 8 francs pour Paris.

A PARIS, chez BAUDOUIN, Imprimeur du Corps législatif.

(N°. 34.)

DÉBATS ET JUGEMENS
DE LA HAUTE-COUR DE JUSTICE.

Suite de la Séance du 22 ventôse.

Continuation du discours du prévenu Buonarroti.

Lorsque l'accusation part de la puissance qui se croit attaquée, le plus grand scrupule est nécessaire pour retrouver les traces de la haine et de la partialité qui la dirigent : car, tous tous les moyens étant en son pouvoir, elle corrompt tout avant que ceux sur qui elle pèse puissent seulement lever une foible voix pour la démentir.

Remarquez avec quelle précipitation, avec quelle avidité, on substitue *tuer* à une masse d'encre qui ne laisse rien appercevoir au-dessous d'elle. Sans doute, sans examen, sans experts, on devine, on met ce dont on a si grand besoin.

Certes, l'on en avoit besoin de ce mot *tuer*, pour intimider le Corps législatif auquel on vouloit arracher Drouet qui incommodoit par sa sincérité, et par sa ténacité à dire des vérités qui déplaisoient. On en avoit besoin, comme d'un talisman, pour semer par tout l'épouvante et renouveler la proscription des républicains.

On en avoit besoin pour faire détester la démocratie et les principes populaires, si odieux aux grands du jour.

On en avoit besoin pour écarter de nous l'intérêt des ames droites et sensibles.

On en avoit besoin pour affermir le despotisme, faisant appercevoir par tout ailleurs désordre et carnage.

On en avoit besoin pour fouler aux pieds la justice et la loi, et pour traîner sur les bancs de toutes les parties de la France, sous le prétexte d'une proscription, d'un propos, d'un oui-dire, des hommes qui ne se connoissent pas, et qui tous furent redoutables à la tyrannie.

On en avoit besoin pour insérer dans le titre de l'accusation

Débats et jugemens de la Haute-Cour. Tome II°. D

le massacre général des autorités ; pour faire croire que la mort, qui par-tout ailleurs n'est qu'une commination, étoit véritablement le but perfide des prétendus conspirateurs.

On en avoit besoin pour *** les droits du peuple, pour perdre ceux qui les prêchoient, pour écarter les apôtres importuns de la liberté.

Juges, jurés, français, rassurez-vous : tant de frayeurs, tant d'alarmes furent les effets d'un mensonge ministériel. Apprenez de cet exemple à détester la tyrannie, et à nous méfier souverainement des accusations de ceux qui, revêtus de la force, veulent tout faire plier sous leur domination.

Je finis en observant à l'accusateur national qu'il auroit beaucoup mieux servi la liberté, dont il devroit être le défenseur, si, au lieu de chercher l'interlocution d'un mot qui, par cela seul qu'il est illisible ne l'est pas, il avoit franchement remarqué, pour l'instruction du peuple français, que son gouvernement s'est déshonoré en interprétant à sa façon une phrase que personne ne peut lire.

Il auroit, dis-je, servi bien plus efficacement la liberté publique, s'il avoit pris occasion de cette astuce ministérielle pour rappeler à ce peuple avec combien de facilité le pouvoir égare ceux qui en sont investis, et combien il est de son intérêt de veiller sans cesse sur leur conduite.

Réal : Je demande la parole sur cette objection pour lire le texte de la loi.

Comme l'a dit Buonarotti, jusqu'à ce que le jury ait prononcé, à coup sûr les accusateurs nationaux sont plutôt commissaires nationaux en cette affaire qu'accusateurs ; leur double ministère leur donne le double devoir de parler à charge et à décharge.

Buonarotti vient de faire une réflexion qui ne m'avoit pas échappé : puisqu'il a levé ce lièvre-là, il faut bien qu'on le suive jusqu'au bout.

Le Directoire exécutif, dans son message du 25 floréal, en envoyant les pièces dont vient de parler Buonarotti, s'exprime en ces termes : « Pour éclairer de plus en plus la nation sur les » détails de la conspiration qui vient d'être découverte, nous vous » envoyons copie de deux des pièces les plus importantes trouvées » dans les papiers de Babeuf. *Signé*, Carnot, *président*. »

Il est clair, d'après ce message, que la pièce fut envoyée copiée par le Directoire dans un état différent de ce qu'elle étoit par sa nature. Le Directoire l'a envoyée, d'une part, sans faire mention de la rature ; d'une autre, en retranchant plusieurs des phrases qui étoient dans cette pièce. Il est nécessaire pour la cause, d'abord qu'il a été avoué ici au Tribunal que le Directoire étoit le dénonciateur dans cette affaire, de savoir à quel point le dénonciateur a été de mauvaise foi. Je crois donc qu'il seroit bon que les accusateurs nationaux, réunissant la double fonction de commissaires nationaux, écrivissent au Conseil des Cinq-Cents pour avoir directement la pièce qui a été envoyée, copie figurée de la pièce envoyée par le Directoire avec son message du 25.

Je déclare que, moi, j'en tirerai des moyens pour la cause, et je crois que le Tribunal ordonnera que les accusateurs publics requerront qu'il soit écrit à cet égard au Conseil des Cinq-Cents.

Viellart : Il n'est besoin d'aucun jugement à cet égard ; car j'annoncé au citoyen Réal qu'il trouvera les originaux dans les pièces, en venant en prendre communication. Vous trouverez dans les pièces du procès l'original de l'envoi fait au Conseil des Cinq-Cents de la procédure Drouet. Il existe ici ; il vous sera communiqué. Si ce que vous y trouverez ne remplissoit pas votre but, alors on verroit.

Réal : Je ne voulois que la copie figurée ; si l'original existe.....

Le président : Nous allons procéder à la reconnoissance de quelques pièces que je vais représenter à ceux qu'on en regarde comme les auteurs.

Buonarotti : Citoyen président, il y a dans les deux pièces que j'ai reconnues, il y a des chiffons qui ne sont pas de ma main ; je desirerois que les experts constatassent cette différence.

Le président : Cela viendra, citoyen, dans votre débat particulier ; cela sera mieux placé là qu'ici.

— A *Pillé*, accusé : Voulez-vous approcher ?

(Pillé s'approche du président.)

Le président : La première pièce que je présente au citoyen Pillé est la quinzième pièce de la deuxième liasse.

Pillé : Je la reconnois pour être de ma main.

Le président : La deuxième pièce de la septième liasse ?

Pillé : Elle est également une copie de ma main.

Le président : La 3 pièce de la 7 liasse ?

Pillé : C'est encore une copie faite de ma main.

Le président : La 4 pièce de la 7 liasse, commençant par *Administration de la poste* ?

Pillé : Elle est aussi de moi.

Le président : La 5 pièce de la 7 liasse, *Etat-major de Paris* ?

Pillé : Elle est de moi, je la reconnois.

Réal : Il y a erreur dans l'imprimé : je vois en bas de la troisième, les trois dernières lignes sont de la main de *Babœuf*.

Pillé : Les trois dernières lignes de la troisième pièce ne sont pas de moi.

Le président : La 6 pièce de la 7 liasse, *Agens dans les départemens* ?

D 2

Jaume à Pillé : La totalité de la 6 est-elle de vous ?

Le président : Je ne la lui ai pas encore présentée.

Bellyer père, au président : Je vous prierai de lui demander si c'est copie, ou si c'est de lui ?

Le président : Il a dit dès le commencement que c'étoit copie.

Pillé : La sixième est de moi, excepté les trois mots pour la somme ; elles sont toutes des copies de ma main : je crois inutile de le répéter à chaque fois.

Le président : La 7 pièce de la 7 liasse, commençant par *Département de Paris* ?

Pillé : C'est encore une copie de ma main.

Le président : La 8 pièce de la 7 liasse, commençant par *Agens aux armées* ?

Pillé : C'est encore une copie de moi, à l'exception de la dernière ligne.

Le président : La 9 pièce de la 7 liasse, portant pour titre : *Liste de démocrates à adjoindre à la Convention nationale* ?

Pillé : Elle est également de moi, à l'exception de quelques mots.

Le président : Nommez les mots qui ne sont pas de votre main.

Pillé : Mont-Blanc, Favre de Tronon, Bertrand de Nord-Libre, Jeantet, Lechevalier de Tilleul, district de Montivilliers.

Le président : La 10 pièce de la 7 liasse, commençant par ces mots, *Commissions ministérielles* ?

Pillé : C'est aussi une copie de ma main, à l'exception du mot *Aiguies de Toulon*.

Le président : La 11 pièce de la 7 liasse, qui est une lettre datée de Paris 18 floréal ?

Pillé : C'est encore une copie de ma main.

Le président : La 12 pièce de la 7 liasse est une autre copie de la même lettre ?

Pillé : Elle est aussi de ma main.

Le président : La 6 pièce de la 7 liasse, portant pour titre : *Création du directoire insurrecteur* ?

Pillé : Elle est copiée de ma main.

Le président : La 66 pièce de la 7 liasse, lettre datée de Paris 8 floréal ?

Pillé : Cette copie est aussi de ma main.

Le président : La 67 pièce de la 7 liasse, autre lettre datée de Paris du 29 germinal ?

Pillé : C'est encore une copie de ma main.

Le président : La 68 pièce de la 7 liasse, lettre datée de Paris 10 floréal ?

Un juré : C'est par erreur, sans doute, qu'on a imprimé 78 ?

Pillé : Elle est copiée de ma main.

Réal : Je n'entends pas trop cela ; je vois à la page 190, 78 pièce.

Le président : Vous allez voir, après ce que je vais vous dire, si cela vous satisfait.

Je vous préviens à présent que cette lettre du 18 floréal existe par plusieurs doubles, et que les pièces 69, 70, 71, 72, 73, 74, 75, 76 et 77 sont d'autres copies de la même main : je vais les présenter successivement.

Réal : Mais il y a 59 au lieu de 69.

Viellart : Ce sont toutes copies de la 59 pièce, qui est la minute.

Ballyer père : Mais elle n'est pas liassée.

Viellart : Elle est de la main de Babœuf.

Ballyer : C'est bon, c'est bon, actuellement.

Le président : Je lui présente la 69 pièce.

Pillé : C'est la deuxième copie de moi.

Le président : La 70 ?

Pillé : C'est la troisième copie aussi de moi.

Le président : La 71 ?

Pillé : Elle est de moi.

Le président : La 72 ?

Pillé : Aussi.

Le président : La 73 ?

Pillé : Aussi de moi.

Le président : La 74 ?

Pillé : Egalement de moi.

Le président : La 75 ?

Pillé : Elle est aussi de moi.

Le président : La 76 ?

Pillé : Aussi, à l'exception des trois dernières lignes.

Le président : La 77 ?

Pillé : Elle est aussi de moi.

Le président : La 78, lettre datée de Paris 9 floréal ?

Pillé : C'est une copie de ma main.

Le président : La 80, lettre datée de Paris 8 floréal ?

Ballyer père : Je vois sur le livre, la 79 pièce est aussi une expédition de Pillé. Vous ne la présentez pas.

Le président : C'est qu'elle ne se présente pas sous ma main.

Pillé : C'est une copie de ma main.

Le président : La 81 pièce, c'est une copie de la même lettre ?

Pillé : De ma main aussi.

Le président : 82, lettre datée de Paris 7 floréal ?

Pillé : Copie de ma main.

Le président : La 83 est une seconde copie de la même lettre 7 floréal.

Pillé : Elle est aussi de ma main.

D 3

Le président : La 84 est une lettre datée de Paris 6 floréal.

Pillé : Elle est aussi de ma main, excepté le chiffre 6 de la date.

Le président : La 85 est une seconde copie de la même lettre datée 6 floréal.

Pillé : Elle est aussi de ma main, excepté le chiffre 6 de la date.

Le président : 86 pièce, datée de Paris 29 germinal?

Pillé : Elle est copie de ma main, excepté la date 29.

Le président : La 87 est une seconde copie de cette lettre Paris 29 germinal.

Pillé : Elle est également de ma main, excepté le chiffre 29.

Le président : La 88 est une autre lettre datée de Paris 29 germinal.

Pillé : Elle est copie de ma main, excepté le chiffre 29 de la date.

Le président : La 89 est une seconde copie de cette lettre 29 germinal.

Pillé : Elle est aussi de ma main, excepté le chiffre 29.

Le président : La 90 est une lettre datée de Paris 27 germinal.

Pillé : Elle est copie de ma main.

Le président : La 91 est une seconde copie de cette même lettre.

Pillé : Elle est de ma main.

Le président : La 92 est une lettre datée de Paris 26 germinal.

Pillé : Elle est copie de ma main, excepté les chiffres de la date 26.

Le président : La 93, lettre datée de Paris 19 germinal?

Pillé : Copie de ma main, excepté le chiffre 19 de la date.

Le président : La 94 est une seconde copie de la même lettre 19 germinal.

Pillé : Aussi de ma main, excepté les chiffres de la date.

Le président : Nous passons à la 2ᵉ liasse. La 7 pièce est une lettre datée de Paris 9 floréal.

Pillé : Elle est copie de ma main.

Ballyer père : J'ai l'honneur d'observer qu'il n'y a pas de date sur l'impression.

Le président : Il y en a une sur la pièce. Voici les premiers mots : « Le Directoire de salut public, aux agens des douze arrondissemens ». Le moment est arrivé de terrasser la tyrannie.

Il y a venu sur l'imprimé.

Pillé : La date du 9 floréal, an 4 de la République, midi et demi : cette date est de ma main.

Le président : 8 pièce, lettre datée de Paris 8 floréal?

Pillé : Elle est aussi copie de ma main.

Le président : 9 pièce, autre lettre datée de Paris 7 floréal?

Pillé : Copie de ma main.

Le président : 10º pièce, lettre datée de Paris 6 floréal?

Pillé : Elle est aussi copie de ma main, excepté le chiffre 6 de la date.

Le président : 11º pièce, datée de Paris 4 floréal?

Pillé : Elle est aussi copie de ma main, excepté le chiffre 4 de la date, et les mots *peuvent plus* en interligne. (Troisième alinéa. Songe que de vrais conjurés ne peuvent plus quitter ceux qu'ils ont pris une fois le parti d'employer. Il y avoit, *ne quittent plus*.)

Le président : La 13º pièce, datée de Paris 29 germinal?

Pillé : De ma main, excepté le chiffre 29 de la date.

Le président : La 14º pièce, autre lettre datée de Paris 29 germinal?

Ballyer père : Il y a 27 sur l'impression.

Le président : Je ne sais s'il y a 27 ou 29.

Pillé : La date est 29; c'est qu'il y avoit 27, qui a été corrigé : cette pièce est de ma main, excepté la date.

Le président : La 15º pièce, autre lettre datée de Paris 27 germinal?

Pillé : Elle est copie de ma main.

Le président : 16º pièce, lettre datée de Paris 26 germinal?

Pillé : Elle est aussi de ma main, excepté le chiffre 26 et les mots *son ascendant* en interligne (qui menace de son ascendant terrible sous les oppresseurs ; il y avoit *sa force*.)

Le président : La 17º pièce, lettre datée de Paris 19 germinal?

Pillé : Elle est copie de ma main, excepté le chiffre 19.

Le président : 18º pièce, cette pièce est intitulée : *Création d'un directoire insurrecteur*.

Pillé : Elle est aussi copie de ma main, à l'exception des mots, *sections des Tuileries, Piques, Champs-Élysées et de la République*, et la date 10 germinal.

Le président : 20º pièce, portant pour titre : *Le comité insurrecteur de salut public, au peuple. Acte d'insurrection*.

Pillé : C'est une copie de ma main, depuis le paragraphe *considérant qu'il seroit difficile*, jusqu'aux mots *comptable du dépôt de la liberté*.

Le président : La 21 pièce est une lettre datée de Paris du 18 floréal.

Pillé : Elle est copie de ma main.

Catherinet, défenseur officieux : Citoyens jurés, défenseur du citoyen Pillé, j'espère que vous n'aurez pris aucun ombrage, d'après la multitude de pièces sorties de ses mains; vous aurez remarqué en même temps qu'il n'a agi que comme simple copiste ; rien n'est le fruit de son imagination : il n'est auteur ni d'aucune lettre ni d'aucun projet ; il n'est tout au plus qu'un simple manœuvre. Ainsi, d'après ces considérations-là, sous quelques données que sa cause se présente, il ne vous restera aucun préjugé défavorable contre lui.

Voilà tout ce que je voulois dire dans ce moment-ci ; dans la suite je prendrai sa défense plus amplement.

(Le président invite le citoyen Cazin à venir auprès de lui.)

Cazin : Citoyens juges, et vous citoyens jurés, veuillez apporter un moment d'attention à l'effet d'entendre les motifs qui m'avoient déterminé jusqu'à ce jour à décliner la Haute-Cour de justice, par-devant laquelle je suis traduit comme prévenu de la prétendue conspiration de floréal. Les principes constitutionnels, qui furent la base de la protestation, vous furent dénommés dans une de vos précédentes audiences par un de mes co-accusés ; de même que lui, je m'étois proposé, en y apposant ma signature, à attendre ce qu'il auroit plu à la Haute-Cour de prononcer à l'instant où mon devoir de citoyen me commande le silence. Je ne voyois que moi alors ; j'ai été le maître de disposer de ma volonté : mais le moment où le président m'interpelle pour reconnoître des lettres que j'ai reconnues devant le directeur du jury (Gérard) ; il résulte contradiction entre ma conduite tenue devant le directeur du jury d'accusation, et celle que je tiendrois par mon silence devant la Haute-Cour, qui deviendroit suspect et peut-être nuisible à la convocation du jury de jugement. Je ne dois donc plus être le maître de ma volonté ; je dois répondre pour l'intérêt des accusés, quand il seroit vrai qu'il en puisse résulter de l'avantage à la pureté de mes intentions ; plus, considérant qu'un plus long silence pourroit être une arme meurtrière dont les accusateurs nationaux ne manqueroient pas de se servir contre la majorité des détenus, ce silence seroit interprété comme un aveu tacite des inouis mensonges dont mon acte d'accusation est rempli. Je crois que je peux, sans me trouver en contradiction avec moi-même, d'après ce que je viens de soumettre, reconnoître les écrits qui m'appartiennent, qui se trouvent annexés à ce grand procès, à l'effet de pouvoir convaincre les membres qui composent ce tribunal suprême, et particulièrement les hauts-jurés, de toutes les fausses significations qu'il a plu au citoyen Gérard de m'attribuer lors de ma comparution devant lui pour ce que j'ai dit ; qu'il est de l'intérêt de la société toute entière, encore plus que des accusés, de démontrer franchement et clairement toutes les absurdités, parce qu'il faut que le jury soit convaincu, par les grandes vérités qui lui seront soumises, qu'il n'existe réellement de conspiration que dans le cœur et dans les actions des hommes qui ont fait traduire les accusés devant ce tribunal. Comme il seroit de toute impossibilité d'apporter cette conviction physique et morale dans le cœur des hauts-jurés, ainsi que des membres qui sont investis de cette instruction, en gardant le silence que je m'étois prescrit d'après les lois fondamentales de la République, je déclare que, sans déroger aux principes qui sont consignés dans la protestation dont je fus un des signataires, à partir du moment où je parlai à la Haute-Cour, je me soumets à toutes les interpellations qui pourront m'être faites pendant le cours des débats. Je vous avoue que si mes lettres étoient purement des écrits provenant de mon imagination, quoiqu'elles furent trouvées dans le local du logement qu'occupoit Babœuf, je n'en persisterois pas moins au silence; mais comme elles sont de nature à pouvoir compromettre tel ou tel, je dois répondre, et rien ne m'en prescrit plus la nécessité que les jugemens qu'il a plu à la Haute-Cour de rendre jusqu'à ce jour; elle me permettra de lui observer qu'ils ne sont pas scellés de la juste impartialité, ni selon les lois constitutionnelles de l'État, puisque votre inviolabilité en démontre le contraire.

Je demande que ma déclaration soit annexée au procès-verbal.

(Le président fait approcher de lui le citoyen Cazin.)

Le président : Les deux pièces que je vais représenter au citoyen Cazin ne sont pas imprimées ; ce sont des pièces qu'il avoit reconnues, et qui eussent servi de pièces de comparaison, s'il ne s'étoit pas décidé à examiner lui-même celles que je lui présenterai ensuite. La première est une lettre écrite par lui au Directoire exécutif, le 8 prairial an 4.

Cazin : Elle est écrite par moi.

Réal : Fait-elle partie d'une liasse quelconque ?

Le président : Elle est dans la liasse particulière du citoyen Cazin.

Le président : La seconde n'est pas encore dans la collection; c'est un billet qui fut trouvé dans son porte-feuille, lorsqu'il fut arrêté; lequel billet est déchiré en deux parties : je lui présente les deux parties.

Cazin : C'est de moi.

Ballyer père : De crainte de l'oublier, je demande qu'il nous en soit donné copie.

Le président : Si vous voulez ; d'autant plus qu'elle est bien courte.

Réal : Ce billet est imprimé à la page 280 du second volume ; il commence par ces mots : *Je prévois que le temps*.

Le président : La liasse de laquelle sont les pièces qui vont être présentées, est la quatorzième.

Première pièce : lettre datée 9 floréal.

Ballyer père : Il y a 17 dans les pièces imprimées.

Le président : C'est que c'est fort mal écrit : Cazin dit que c'est 9.

Cazin : Elle est de ma main.

Le président : Elle commence par ces mots : *Les mouvemens*. La troisième pièce, qui est une lettre datée, *Ce 13 floréal*; cette date me fait croire que l'autre est du 9.

Cazin : Elle est de moi.

Le président : La sixième est une lettre datée, *ce 12*; après 12 il y avoit *germinal*, *germinal* a été rayé, et d'une autre main il a été porté à la marge, 12 *floréal*.

Cazin : Elle est de moi.

Le président : Le citoyen Cazin prétend que la date *floréal* n'est pas de sa main.

Le président : La 7 pièce portant pour titre, *Honnêtes gens de Montreuil* ?

Cazin : Elle est de moi, hors la date 11 floréal.

Le président : La 11 pièce, dont le premier mot est *Parrein*, datée du 11 *floréal* ?

Cazin : De moi, à l'exception de la date.

Le président : Je présente au citoyen Cazin la 13 pièce, qui n'est pas de sa main, mais uniquement pour qu'il déclare si ces mots, *produit par Vacret*, sont de sa main.

Cazin : Ils sont de ma main.

Le président : Je lui présente la 14 pièce pour le même objet. C'est une liste, et je lui demande, si ces mots, *Liste produite par des patriotes sur lesquels on peut compter*, ne sont pas de sa main.

Cazin : *Liste produite* est écrit par moi; le contenu de la pièce n'en est pas.

Ce n'est pas un titre, c'est au contraire l'indication de la pièce; il y a écrit au verso, *Liste*.

Réal : Il me semble que Cazin a dit qu'il n'y avoit de sa main que les mots : *Liste produite*.

Cazin : Tout ce titre est de ma main.

Le président : La 15 pièce est une lettre datée du premier floréal.

Cazin : Elle est de ma main.

Réal : Dans l'imprimé on a mis en note. Cette date paroit être de la main de Babœuf.

Le président : C'est qu'il y a une autre date en chiffres.

Cazin : Le premier floréal n'est pas de ma main.

Le président : La 16 pièce est une lettre datée du 11 floréal, en marge de laquelle il y a une liste intitulée *Généraux*.

Cazin : Elle est de moi, excepté le mot *expédié*.

Le président : La 17 est une lettre datée du 8 floréal.

Cazin : Elle est de moi ainsi que la date.

Réal : Et les mots *huitième arrondissement* aussi ?

Cazin : Ce n'est pas de ma main.

Il n'y a qu'une espèce de 8, un *a* et deux *rr*.

Le président : La 21 p. lettre du 24 germinal.

Cazin : Elle est de moi, ainsi que les mots 8 et *arr*.

Baliver père : Il me paroît bien étonnant que lorsqu'il n'y a que 8 arr., on imprime *huitième arrondissement* : c'est bien étonnant.

Réal : On a traduit par-tout.

Cazin : Comme vous n'avez pas jugé à propos de vouloir adjoindre ma déclaration au procès-verbal, je nomme le citoyen *Réal* pour mon défenseur officieux s'il veut bien s'en charger.

Réal : Je ne demande pas mieux que de me charger de la défense du prévenu ; mais je lui fais, à lui, une observation : chargé déjà de la défense de beaucoup d'accusés, jusqu'à-présent j'examine plutôt la cause en général. Je crois qu'il seroit bon pour lui qu'il choisît un défenseur particulier pour sa cause particulière. Je lui déclare que je me charge de la cause en général, plutôt que de la défense de chaque accusé en particulier.

Le président : La 22 pièce, lettre datée du 18 *germinal*, ayant encore à la marge 8 arr. ?

Cazin : Elle est de moi, excepté ce qui est en marge.

Le président : La 24 est une lettre commençant par ces mots : *Voilà la seule devise d'un ami du peuple* ; elle est datée à la marge 13 *germinal* ; ensuite un 8 et le mot *arrond.* ainsi écrit par abréviation.

Viellart : Il faut observer ici que cette liasse est intitulée en toutes lettres *huitième arrondissement* ; ensuite il y a quelques pièces où ce mot *arrondissement* est en entier, quelques autres où il est en abrégé ; et enfin, le plus fréquemment, il n'y a, de la main de Babœuf, que 8 arr., et on a cru par conséquent pouvoir mettre par-tout *huitième arrondissement*.

Réal : Je n'ai pas fait cette observation ; mais puisqu'on l'a faite, je dis que ce devoit être, autant que possible, la copie littérale. Puisque vous avez copié les fautes d'orthographe dans les lettres, pourquoi alors...

Bailly : C'est à décharge.

Réal : Vous deviez aussi à décharge mettre les articles comme ils étoient.

Viellart : J'ose assurer que j'en avois fait la note expresse pour l'imprimeur ; mais là-dessus je n'ai que ma déclaration.

Réal : Je vous crois, moi.

Cazin : Cette pièce est de ma main, excepté 13 *germinal* et les mots que vient de dire le citoyen président.

Le président : Cette lettre est datée par l'auteur, au-dessous de la première ligne, 13 *germinal*. La première date n'est pas de sa main.

(Le président invite Moroy à venir auprès de lui.)

Moroy : Citoyens juges et jurés, j'ai protesté jusqu'à ce moment contre la compétence de la Haute-Cour, par respect pour les principes constitutionnels qui me le traçoient. En consultant les principes éternels, je crois pourtant qu'il appartient exclusivement à un tribunal représentatif de tout le peuple, et nommé par lui, de prononcer sur une accusation de la nature de la nôtre. Plein de confiance dans un jury républicain et impartial, préférant encore la loi éternelle à la loi écrite, et sentant le besoin de mon concours pour débrouiller l'affreux chaos qui enveloppe la vérité, et tient les plus odieux soupçons suspendus sur ma tête et sur celle de mes co-accusés, je me décide à renoncer à ma protestation et à répondre.

Le président : Approchez-vous près de moi.

Ce sont des pièces de la 12°. liasse que je vais représenter.

Moroy : J'observe, citoyen, que toutes ces pièces je les ai déjà reconnues; je ne sais si c'est encore une espèce de forme.

Le président : Ce n'est pas seulement une forme; mais il faut que ce soit le jury qui soit témoin de votre reconnoissance.

Première pièce datée du 20 *germinal* : la date est la seconde ligne de la pièce.

Moroy : Je la reconnois, citoyen, tout est de ma main.

Réal : Il paroît que la chemise de la liasse forme une pièce, mais qui n'est pas comptée dans les pièces de la liasse.

Le président : Cette pièce est étrangère au citoyen Moroy; à son dossier, elle porte : *Douzième arrondissement, Panthéon, Finistère, Jardin des Plantes, Observatoire, dixième liasse*. La deuxième pièce est une lettre datée du 19 *floréal*.

Moroy : Je la reconnois.

Le président : La troisième pièce est une autre lettre datée du même jour 19 *floréal*.

Moroy : Je la reconnois, excepté une seconde date. Je reconnois de même une ligne et demie raturée ; c'est moi qui l'ai raturée.

Le président : La quatrième pièce est une lettre datée du 17 *floréal*.

Moroy : Je la reconnois pareillement.

Les accusés : Cinquième pièce. Je ne la représente pas au citoyen Moroy, à l'effet de reconnoître si elle est de lui en entier, mais seulement à l'effet de reconnoître si ce qui est écrit au *verso* du second rôle, est de lui. C'est ceci : le citoyen Goulart, commissaire de police de l'Observatoire, qui m'a remis cette note, brûle de se mesurer avec la tyrannie; il est d'un zèle incroyable. Je lui demande si ces trois lignes sont de lui, et s'il est vrai que la pièce fût du citoyen Goulart.

Moroy : Ces trois lignes et un mot sont de moi.

Le président : De qui teniez-vous la pièce?

Moroy : Du citoyen Goulart.

Le président : La sixième pièce est du 11 *floréal*.

Moroy : Je reconnois la lettre, mais non une seconde date qui porte 11 *floréal*.

Le président : La septième pièce est de même espèce que la cinquième. Je ne la présente au citoyen Moroy que pour déclarer si une note que je vois-là est de lui. Cette note est inscrite au bas des deux pages. Au recto on lit : *Goulart a écrit cette note lui-même, et c'est sa modestie qui l'a fait si...* (1) *s'étendre sur ses talens ; mais il en est rempli : vous pouvez disposer de lui et de Lefebvre pour toutes fonctions, hors la militaire.* Je lui demande si cette note est de sa main, et s'il est vrai qu'il tenoit la pièce du citoyen Goulart.

Moroy : Oui, citoyen, et je tenois la pièce du cit. Goulart.

Réal : Les jurés observeront encore, et c'est le tribunal qui doit le faire observer ; c'est le mot *peu* qu'on ajoute. Il est imprimé. Le président a observé que le mot *peu* n'y étoit pas. Y avoit-il autant de délicatesse à l'y ajouter ? Je parle du méchanisme de l'opération de l'impression ; on a traduit presque toujours.

Le président : Les pièces imprimées ne font pas le procès.

Réal : Hélas ! elles ne le font que trop. Je sais bien que la loi ne le veut pas ; mais elles y sont au procès. Vous convenez vous-même que j'ai raison.

Le président : La 8 pièce est une lettre datée du 10 floréal.

Moroy : Je la reconnois, à l'exception d'une seconde date en marge, 10 floréal.

Le président : La 9 pièce est une lettre datée du 8 floréal.

Moroy : Je la reconnois.

Le président : La 10 pièce est une autre lettre datée du 7 floréal.

Moroy : Je la reconnois.

Le président : La 11 pièce, lettre datée du 6 floréal.

Moroy : Je la reconnois, ainsi qu'une rature d'une ligne et demie que j'ai faite.

Le président : La 12 pièce, lettre datée du 5 floréal.

Moroy : Je la reconnois, excepté une seconde date.

Le président : La 13 pièce est un billet qui n'est pas daté de la main de l'auteur ; il commence par ces mots : *J'ai toujours remis.*

Moroy : Je la reconnois, excepté la date.

Le président : La 14 pièce, le titre est : *Liberté, Egalité. Bonheur commun. L'agent du douzième arrondissement, ce 3 floréal, l'an 4 de la République.* C'est une liste qui suit cette pièce.

---

(1) Le mot *peu* n'y est pas.

Moroy : Je la reconnois, excepté une seconde date.

Le président : La 15 pièce, je vous dis mon opinion, me semble la suite de la 14 p.; elle commence par ces mots : *Michaud, rue de la Bûcherie*; elle porte une date à la marge qui ne semble pas de la main de l'auteur.

Moroy : Je la reconnois, excepté la petite date qui est en marge.

Réal : Quelle est la date en marge dans l'original ?

Le président : Il y a en marge 2 ou 3 floréal.

La 16 pièce est datée du premier floréal.

Moroy : Je la reconnois, ainsi que ce qui est en marge.

Le président : La 17 pièce est encore, dans mon opinion, la suite de la 16 p.; elle ne porte pas de date; les premiers mots sont, *les ennemis jurés*.

Bailly - La 17 pièce commence par *Henriot*.

Le président : Je crois avoir apperçu que vous êtes dans l'erreur : il y a sur le manuscrit un renvoi de la 16 p. Le prote n'a pas eu l'esprit d'indiquer le renvoi qui étoit sur le manuscrit. (1)

Bailly : Ainsi la 17 pièce commence par *les ennemis jurés*.

Réal : De manière que ce qui est porté vers la fin de la 16 pièce étoit porté à la 17 p.

Viellart : Il faut porter la tête de la 17 pièce à la cinquième ligne de la page 266.

Le président : La 18 pièce est une lettre datée du 29 germinal.

Moroy : Je la reconnois.

Le président : La 20 pièce est une lettre datée du 29 germinal.

Moroy : Je la reconnois; et je reconnois aussi avoir fait les ratures qui y sont, une ligne entière, deux demi-lignes et un quart de ligne.

Réal : Cela ne fait-il que dix mots rayés ?

Le président : Cela n'en fait pas davantage.

Viellart : On a imprimé onze mots rayés.

Le président : La 21 pièce, lettre datée du 27 germinal.

Moroy : Je la reconnois aussi.

Le président : La 24 pièce, lettre datée du 25 germinal.

Moroy : Je la reconnois aussi.

Réal : Excepté l'indication de la tête.

Moroy : Il y a les mots *douzième arrondissement* qui ne sont pas de ma main.

Le président : La 25 pièce ne porte pas de date de la main

---

(1) Pour l'indiquer, ce renvoi, il auroit fallu le trouver dans le manuscrit destiné à l'impression. (*Note de l'Imprimeur.*)

de l'auteur, à ce que je crois ; elle commence par les mots, *citoyens énergiques*.

Moroy : Je la reconnois, excepté la date du 24 germinal.

Le président : La 26 pièce, lettre datée du 24 germinal.

Moroy : Je la reconnois aussi.

Ballyer : L'intitulé de l'*agent du douzième arrondissement* est-il de lui ?

Viellart : Oui ; il l'a reconnu.

Le président : La 27 pièce est une liste ; les premiers mots sont : *Royalistes de la section du Finistère*.

Moroy : Je la reconnois, excepté la date du 23 germinal.

Le président : La 28 pièce est une lettre datée du 23 germinal.

Moroy : Je la reconnois aussi.

Le président : La 29 pièce est une lettre datée du 22 germinal.

Moroy : Je la reconnois.

Le président : La 30 pièce, la date 24 germinal n'est pas très-probablement de sa main ; elle commence par ces mots : *Liberté, Égalité. Bonheur commun. L'agent national du douzième arrondissement*.

Réal : On n'avoit pas imprimé la date, c'est plus facile.

Moroy : Je la reconnois, excepté la date.

Comme le citoyen *Réal* ne peut pas me défendre en mon particulier, je demanderai au citoyen *Ballyer, fils*, s'il veut bien se charger de ma défense ?

Ballyer fils : Volontiers, je m'en chargerai.

Réal : Je m'en charge également dans le même sens. Ainsi je serai le défenseur général, le *défenseur national*. (s'adressant aux accusateurs nationaux) : Il seroit bon qu'il y eût cette institution ; cela seroit une bonne institution.

Le président : Je prie le citoyen *Goulart* d'avoir la bonté de venir voir les pièces.

(Goulart s'approche du président.)

Le président : C'est toujours sur la 10 liasse. Je présente au citoyen Goulart la 5 pièce ; et je lui demande si elle est de lui, ainsi que vient de le déclarer le citoyen Moroy et que le porte la note inscrite en marge par le citoyen Moroy.

Goulart : Elle est de moi entièrement, excepté la date et la note mise par Moroy.

Le président : Je présente la 7ᵉ. pièce de la même liasse, pour savoir également si, ainsi que le porte la note de Moroy, la pièce est de lui.

Goulart : Elle est également de moi, hors la note reconnue par Moroy.

Le président : Citoyen *Lamberté*, voulez-vous avoir la complaisance de venir ?

Dans la 8ᵉ. liasse, voici la 9ᵉ. pièce, commençant par ces mots : *mémoire des impressions faites*.

Lamberté : Elle est de moi jusques et compris les mots, *les épreuves et le nombre* ; ce qui suit n'est pas de moi. La date n'est pas de moi non plus.

Le président : La 10ᵉ. pièce, c'est une lettre, portant pour date, 4 floréal, et commençant par, *citoyen, tu trouves*.

Lamberté : Elle est entièrement de moi.

Le président : La 11ᵉ., commençant par ces mots, *tu recevras les exemplaires*.

Lamberté : Elle n'est pas de moi.

Le président : Je vous demande si elle est de chez vous, ou de quelqu'un de chez vous.

Lamberté : Elle n'est ni de moi, ni de chez moi, ni de personne de chez moi.

Le président : La 12ᵉ. commençant par ces mots, *mémoire d'impressions que j'ai faites*. Je demande au citoyen Lamberté si ce mémoire est de quelqu'un de chez lui, ou de son imprimerie.

Lamberté : J'observe que celles qui sont de moi sont signées ; et puisque j'en ai signé deux, j'aurois bien signé les autres : ainsi celle-ci n'est pas de moi.

Le président : La 13ᵉ. pièce commençant par les mots, *il faut pour les deux mille*.

Lamberté : Elle est de moi jusqu'à, *la rame produit 750 inclusivement* ; la date 25 germinal n'est pas de moi.

Le président : La 14ᵉ. pièce commençant par les mots, *pour la composition d'une forme de petit romain*.

Lamberté : Elle n'est pas de moi, ni de chez moi.

La suite au Numéro prochain.

On souscrit chez BAUDOUIN, Imprimeur du Corps législatif, Place du Carrousel, Nº 662.

Le prix de l'abonnement pour soixante feuilles in-8°, petit caractère, est de 10 francs, pour les départemens, franc de port, et de 8 francs pour Paris.

A PARIS, chez BAUDOUIN, Imprimeur du Corps législatif.

(N°. 35.)

DÉBATS ET JUGEMENS
DE LA HAUTE-COUR DE JUSTICE.

Suite de la Séance du 22 ventôse.

Continuation de l'audition des témoins.

LE *président*: Faites appeler le citoyen Grisel.
(Grisel arrive dans la salle.)
Le président: Votre nom, citoyen?
Grisel: Charles-Jacques-Georges Grisel.
Le président: Votre âge?
Grisel: 32 ans.
Le président: Votre état?
Grisel: Capitaine à la 21e. demi-brigade, ci-devant 38e.
Le président: Vous promettez de parler sans haine et sans crainte, de dire la vérité, toute la vérité, rien que la vérité?
Grisel: Je le promets.
Le président: Connoissiez-vous quelqu'un des accusés avant les faits mentionnés dans l'acte d'accusation?
Grisel: Oui, citoyen président, j'ai connu particulièrement en 88, 89 et 90, le citoyen Mugnier, tailleur; c'est le seul que je connoisse.
Le président: Vous n'en avez pas connu d'autres?
Grisel: Non, citoyen, même de nom.
Le président: Êtes-vous parent ou allié de quelqu'un d'eux?
Grisel: D'aucun d'eux.
Le président: Vous n'êtes pas attaché à leur service, ni à celui de la partie plaignante?
Grisel: Nullement.
Le président: Quelles sont vos connoissances sur les faits contenus dans l'acte d'accusation?
Grisel: Citoyens, je vais entrer dans le détail de tout ce que j'ai vu, entendu, dit et fait moi-même.
Mon corps étoit alors caserné à l'École-Militaire; c'étoit au

Débats et jugemens de la Haute-Cour. Tome IIe.   E

mois de germinal : mes occupations habituelles me donnoient peu de loisir pour venir à Paris.

Mon corps étoit caserné à l'École Militaire, à Paris, au mois de germinal de l'an 4. Le 20 germinal, sur les quatre heures après-midi, je m'en venois à Paris pour voir mes parens, ce qui étoit assez ma coutume ; je rencontrai en passant sur le quai des Tuileries le citoyen Mugnier, que je n'avois pas vu depuis le mois de janvier 1791. Vu que j'ai eu pour ce citoyen la plus haute estime, que je suis lié particulièrement avec lui, dès que nous nous vîmes, nous renouâmes connoissance ensemble, flattés de nous rencontrer l'un l'autre. Je lui proposai un verre de ce qui lui conviendroit, il l'accepta : il me conduisit lui-même rue Thomas du Louvre, au café de Genève, qui est en face de la porte du théâtre du Vaudeville.

Là arrivés, il me conta qu'il avoit été prisonnier au Plessis. Je le savois déjà ; j'avois même fait, pendant le cours de sa détention, toutes les démarches qui étoient en moi pour tâcher de le retirer. Je lui demandai quelles étoient les causes qui l'avoient fait mettre en prison : il me conta que c'étoit par suite des évènemens de prairial ; il me conta que c'étoient les aristocrates de sa section qui en avoient été cause. Je ne pouvois dire, ni oui, ni non.

Mais je m'aperçus bientôt que ce citoyen Mugnier, que je connois pour très-honnête homme, vrai patriote, mais ayant l'esprit très-foible, très-dépourvu de lumières, étoit un homme que les opinions démagogiques avoient absolument perdu ; je cherchai même à lui donner quelques avis qui ne furent pas goûtés.

Nous voilà entrés dans le café de Genève ; au café de Genève se trouvent à-peu-près huit à dix personnes, à moi toutes inconnues, mais très-connues du citoyen Mugnier, puisqu'ils lui témoignèrent d'abord amitié. Une partie des citoyens qui étoient dans ce café parurent s'enquérir à Mugnier qui j'étois : il fit mon éloge sous tous les rapports, vantant entre autres mon républicanisme (et là dessus il avoit raison). Il demanda du cidre, je crois. Un des particuliers qui étoient dans le café, et qui (par parenthèse) étoit à demi-ivre, nous accosta plus particulièrement.

Ce particulier étoit un nommé Monnier, que je connois depuis comme ceinturonnier, demeurant à Paris, rue de la Vannerie, n° 345. La conversation ne fut pas longue : c'étoit le jour qu'il y avoit eu une dénonciation très-conséquente au Conseil des Cinq-Cents, contre les citoyens représentans Isnard, Cadroy et autres. Le journal arriva ; ce qui donna lieu à beaucoup de discussions dans lesquelles j'eus occasion de remarquer que les personnes de ce café étoient toutes têtes exaltées. La conversation me déplaisant, je pris congé du citoyen Mugnier : nous sortîmes ensemble. Ce citoyen Monnier, qui vouloit à toutes forces lier connoissance avec moi, me remit son adresse avec invitation d'aller le voir le lendemain, ou surlendemain, au plus tard, pour dîner avec lui: j'acceptai par condescendance, mais dans l'intention de n'en faire aucun usage. Je sortis de ce café, je demandai au citoyen Mugnier son adresse, il me la donna, et nous fûmes ensemble jusqu'au premier coin de rue, où nous nous séparâmes, moi pour m'en retourner à mon logement à l'Ecole-Militaire, et lui pour s'en aller chez lui. Mon intention étoit bien de voir le citoyen Mugnier, parce que je lui conservois toujours de l'estime; j'avoue même que j'ai été très-surpris, lorsque j'ai su qu'il étoit en état d'arrestation pour fait de la conspiration, quoique j'aie observé au citoyen Gérard que le citoyen Mugnier ne faisoit nullement, à ma connoissance, partie de la conspiration; et que si je l'ai cité, ce n'a été que pour faire connoître par quel premier chaînon j'étois entré dans cette conspiration.

J'ai cru devoir placer ici cette observation, parce que je n'aurai plus occasion, dans le cours de ma déposition, ni même je crois des débats, de reparler du citoyen Mugnier. Arrivé chez moi, je fis fort peu de cas de ce que j'avois entendu, n'ayant nullement intention d'y retourner. Huit à dix jours se passèrent: dans l'espace de ce temps, je me rappelle d'avoir vu, je ne me rappelle plus quel jour, mais ce fut entre le 10 et le 20 germinal, une fois ou deux Mugnier. Par mes discours, il a dû s'appercevoir que je ne partageois nullement ses opinions: je l'en détournois; je cherchois même, à proprement dire, à le convertir, en lui faisant voir que l'exagération par-tout entraînoit toujours dans l'erreur; il goûta assez mes avis.

Je passe là-dessus; je viens à l'époque du 20 germinal. Le 21 germinal, je passois sur la place de Grève; je m'en allois, suivant mon habitude, voir une de mes tantes: le citoyen *Monnier*, ce ceinturonnier dont j'ai déjà parlé, me vit passer: il étoit avec un autre de ses amis, que j'ai su depuis être un chapelier qui demeuroit dans la même maison. Dès qu'il me vit, il courut à moi, et me dit: Ah! capitaine, vous voilà! parbleu vous venez à propos, je m'en vais chez moi dîner; il n'y a qu'un pas, vous ne me refuserez pas de venir avec moi. Je lui dis que j'avois dîné: il étoit encore à moitié ivre; raison de plus pour éviter sa compagnie. Cet homme m'entraîna; il me fut, à proprement dire, impossible de me tirer de ses mains, sans aller chez lui; il n'y avoit d'ailleurs qu'un pas. Arrivé chez lui, il voulut me faire dîner; je lui dis que j'avois dîné. Voyant que je refusois, Eh bien! dit-il, si vous ne voulez point dîner avec nous, au moins vous boirez un verre de vin avec moi et ma femme. Son ami n'étoit pas ivre, et même se retira chez lui, je crois à un étage au-dessus.

Étant donc resté seul avec ce *Monnier* et sa femme, cet homme me demanda comment alloit le camp, et comment les esprits étoient disposés ; si les patriotes au camp se disposoient bientôt à aider les démocrates de Paris. Je lui dis : Je ne sais pas ce que vous voulez dire. Le camp est très-patriote, et il seroit même étrange qu'il ne le fût pas ; mais je ne sais pas ce que vous voulez me dire par ces dispositions dont vous me parlez. Comment ! me dit-il : mais est-ce qu'il est possible que vous soyez patriote, et que vous ignoriez ce qui se fait ? — Ma foi, je l'ignore. Habitué, en ma qualité de capitaine-rapporteur d'une commission militaire, de travailler du matin au soir dans cette commission, j'ignore tout ce qui se passe. Comment ! me dit-il, vous ne voyez donc pas les journaux de Babeuf ? J'ignore s'il existe un Babeuf dans le monde. Que sont ces journaux ? Ah ! parbleu, dit-il, en voilà.

Le premier qu'il me mit en main étoit le numéro 41, qui contient, entre autres choses, une adresse très-longue, très-verbeuse, ayant pour objet de soulever les armées, ayant pour objet d'engager les soldats à secouer le frein de la discipline : en un mot ce journal est connu ; je n'entre pas dans les détails qu'il contient. J'en lus quelques pages ; il me demanda mon avis. Je lui dis : J'ignore quel est le but de l'auteur. Ce que je vois bien, c'est qu'il ne connoît nullement les militaires ; s'il les connoissoit, il ne leur parleroit pas ainsi. Je ne sais pas ce que l'auteur entend par *bonheur commun* ; je sais encore moins ce qu'il veut dire en parlant de tyrans, en parlant de cinq rois : je n'y entends rien. Je sais que le camp est très-disposé à maintenir la constitution qui existe, ainsi que moi, parce que nous l'avons jurée. Parbleu ! me dit Monnier, vous ne parlez pas en patriote ; vous êtes bien peu au courant. — A la vérité, je viens des armées ; je ne sais pas ce qui se passe ici. Là-dessus, il se met à me peindre les massacres du Midi, à exagérer cent mille choses semblables. Je le laissois dire ; je ne savois pas où cet homme en vouloit venir : je lui dis, au fait, que voulez-vous que les patriotes fassent ? car enfin vous semblez me dire qu'il y a quelque projet, que les patriotes ont des desseins ; je ne vois pas à quoi cela pourroit aboutir. Oh ! dit-il, vous n'êtes nullement au courant ; je vais vous y mettre, même il sera bon que vous le soyez, car je sais que votre camp est composé de vrais démocrates ; et en conséquence il vaut mieux plutôt que plus tard vous instruire. Apprenez que, malgré qu'on nous a chassés du Panthéon, malgré toutes les mesures que le gouvernement a cru devoir prendre, tout cela est vain ; que nous avons trouvé la manière de nous réunir partiellement en plusieurs petites sociétés, et que bientôt nous ferons savoir ce que sont les patriotes. — A quoi tout cela aboutit-il ? à des pamphlets, à des clabaudages, entre vous autres,

Je crois qu'il seroit plus prudent de prendre le parti d'être tranquille. — Mais vous n'êtes pas au fait, dit-il; tenez, je vais vous dire, nous sommes disséminés en un grand nombre de petites sociétés qui nous tenons toutes par la main, et qui, en dernier résultat, n'en faisons qu'une; au surplus, pour que vous le sachiez, nous avons des chefs. — Comment des chefs? quels sont vos chefs? — Oh! c'est ce qu'on ne dit pas: mais nous avons, dit-il, un comité insurrecteur composé de démocrates sûrs, d'hommes intelligens, de véritables patriotes qui ont toute notre confiance, et nous marchons aveuglément, même sans vouloir les connoître; car, moi, je n'en connois aucun de nom: car il est dans notre système qu'aucun de nos chefs ne sera connu de ceux qui sont au-dessous d'eux. — Je lui dis: mais ces chefs, quel est leur but, leur intention? Car enfin il faut savoir à-peu-près quel est le but de ceux qui nous conduisent. — C'est, dit-il, d'établir la constitution de 1793 envers et contre tous, et nous en viendrons à bout. Nous sommes vingt-cinq mille hommes tout prêts; nous n'attendons que le signal. — Je me dis: Voilà un homme qui pourroit vraiment être initié dans un complot. Ou ce complot existe en réalité, ou ce n'est qu'une chimère; ce qu'il y a de bien certain, c'est qu'il suffit de connoître un peu le cœur humain pour savoir que, lorsqu'un homme nous fait la confidence d'un complot, il n'y a plus d'autre moyen que de feindre d'être de son parti, ou de s'attendre à en recevoir un coup de poignard, parce que, si j'étois conspirateur, c'est ainsi que j'agirois. Lorsque j'aurois confié un pareil secret à quelqu'un, croyant qu'il partage mon dessein, ou par indiscrétion, si cette personne ne sembloit point m'approuver, à coup sûr je chercherois à m'assurer de sa discrétion. Je sentis donc alors qu'il n'y avoit plus d'autre moyen que de dissimuler; je lui dis: Parbleu! je suis très-satisfait de ce que vous me dites. Effectivement, il y a, dans l'armée, beaucoup de patriotes qui n'attendent que l'instant favorable pour mettre en évidence le vrai patriotisme, la constitution de 1793.

(Le témoin se repose.)

Je crois, citoyens, en être resté à l'instant où Monnier me fait cette confidence de l'existence d'une conspiration; je crois déjà avoir exposé les motifs qui me déterminèrent à feindre de prendre part dans ce parti. Enchanté de voir que j'étois absolument dans l'intention, que je paroissois être dans l'intention de prendre part dans ce complot, le même Monnier, qui m'avoit déjà fait cette confidence, me serrant la main, me dit: Camarade, je veux t'instruire davantage; et dès aujourd'hui, décadi, je vais te conduire dans un endroit où tu pourras voir que tout ce que je viens de te dire n'est pas une chimère. Il appela son camarade qui demeuroit dans la même maison; qui étoit ce chapelier qui demeuroit au-dessus de moi : il étoit d'abord vêtu en habit ouvrable : il prit un costume plus décent ; et ils me dirent qu'ils alloient me conduire au *Temple de la Raison* (voilà la propre expression dont ils se servirent) : ils me conduisirent. De la rue de la Vannerie, nous passâmes devant la place des Victoires, où, en passant, il me fit une observation que je n'ai pas perdue. Il me dit : Voilà le seul monument qui restera, après la destruction de tous les monumens établis ; car c'est celui où se trouvent les Droits de l'Homme de 93 (c'est la pyramide élevée à la place des Victoires).

Nous gagnâmes ensemble les Boulevards ; nous entrâmes dans le café dit *Les Bains chinois*. Je vis trente à quarante personnes : tout étoit plein : j'eus même d'abord de la difficulté à trouver de la place, ainsi que les deux qui me conduisoient.

Chacun avoit un air inquiet, parce qu'on ne me connoissoit pas ; mais les deux personnes qui m'avoient conduit, Monnier et son camarade, parlèrent à plusieurs de ceux qui étoient là, et dirent : C'est un bon patriote ; c'est un des nôtres ; c'est une recrue que nous avons faite. Un chacun me fit fête ; les uns prenoient du café ; d'autres, du vin, du cidre, etc. Je vis que c'étoit une espèce d'orgie qui se faisoit là. Jusques-là je ne voyois rien de suspect. Bientôt je m'apperçus que, quoique cette maison fût, à proprement dire, publique, cependant il n'y avoit que les initiés qui pussent y mettre le pied : toutes autres personnes qui entroient dans ce café étoient regardées comme mouchards et espions du gouvernement. On les conspuoit, on les bafouoit ; bref, ils étoient forcés de sortir : on y parloit très-librement sur les affaires, sur la conspiration même ; on parloit des *muscadins*, des *Chouans*, etc. : tous ces propos-là étoient trop vagues pour en tirer aucune conséquence. On se mit ensuite à chanter : la seule chanson qui m'a le plus frappé, et dont je me suis rappelé, est la complainte de la mort de l'*illustre Robespierre* (je me sers de leurs expressions), du martyr de la liberté. Je remarquai entre autres une femme blonde-rousse, d'à-peu-près vingt-cinq ans, que je crois avoir déja reconnue dans le nombre des prévenus, qui la chantoit avec beaucoup d'affection, et chacun répétoit en *chœur* le refrain.

Un individu étoit alors dans le café, individu dont jusqu'alors je n'avois pas vu le visage. Cet individu étoit placé à une table à-peu-près seul et prenoit une bavaroise. J'apperçus qu'il me jetta à plusieurs reprises des clins d'œil ; il avoit l'air de me contempler. Je l'examinai, il fit un signal à un des deux qui m'avoient amené. Ce fut Monnier qui fut lui parler à l'oreille. Je m'imaginai bien que c'étoit sur mon compte, et que ce Monnier lui parloit avantageusement de moi. De fait, un instant après ce même individu vint se mettre à côté de moi et de Monnier.

Les premières questions qu'il me fit furent de savoir quel étoit l'esprit de la troupe. Comme j'avois déjà pris mon parti de dissimuler, comme tout ce que je voyois me prouvoit l'existence d'un complot, ce qui s'accordoit parfaitement avec les premiers aveux que m'avoit faits Monnier, j'étois parfaitement déterminé à dissimuler.

Je répondis donc à ce particulier que la troupe étoit bien disposée ; que la majeure partie étoit de bons patriotes à la mode de 1793. Il me demanda, après beaucoup d'autres questions dont je ne puis plus me rappeler, si les *lettres de Babœuf* et son n°. 41 faisoient beaucoup d'effet dans l'armée du camp de Grenelle. Je lui répondis que non ; que ces numéros n'étoient presque pas connus. Il me demande si j'en avois vu : je dis que j'en avois vu quelques-uns. Qu'en penses-tu? me dit-il. Je dis : Je pense que l'auteur a beaucoup d'esprit, beaucoup, mais qu'il n'est nullement militaire et qu'il n'est nullement fait pour parler à des militaires ; ce sont des verbiages, des phrases, des figures de rhétorique qui ne sont pas à portée du soldat ; et si j'étois dans le cas de faire des adresses aux armées, ce seroit un style tout différent que j'adopterois ; car je crois qu'il faut que l'on parle d'une manière à se faire entendre à ceux à qui on veut parler.

Bon ! me dit cet individu; mais si tu voulois faire quelque ouvrage en ce sens-là ? Je dis : Je n'ai pas d'imprimerie. Oh ! qu'à cela ne tienne ! reprit-il, nous avons des presses, nous les ferons imprimer : je t'invite à faire quelque chose dans ton sens. Je dis : Je pourrois faire une adresse qui seroit, à proprement dire, l'analyse de celle de Babœuf, mais dans un sens fait pour frapper infiniment mieux le soldat. Eh bien ! dit-il, c'est ce qu'il faut : tu n'as qu'à me l'apporter demain, après-demain ce sera imprimé. —Eh bien ! d'accord. Nous nous quittâmes là-dessus. Je m'en vins à l'Ecole-Militaire, je rentrai chez moi. Je fis d'abord beaucoup de réflexions : je dis : Avant que de m'engager par un acte quelconque, il faut prendre des mesures, il faut être prudent. D'après ce que m'avoit dit Monnier, ce que j'avois entendu dire, il y avoit une infinité de personnes dans le parti, même des personnes revêtues de pouvoir qui faisoient partie de cette conspiration : mais c'étoit une maxime reçue parmi les conspirateurs, qu'on ne nommoit jamais personne ; tout étoit isolé ; c'est ainsi que ce même Monnier me l'avoit d'abord fait concevoir : c'est ainsi que j'eus lieu de m'en convaincre dans la conversation que j'eus avec le particulier, lequel particulier étoit le citoyen *Darthé*, ici présent ; je n'ai su son nom que deux jours après.

Rentré à l'Ecole-Militaire, après avoir fait beaucoup de réflexions sur ce que je devois faire, je me déterminai, à quelque prix que ce fût, au risque.... Je sus bien d'avance préjuger tous les genres de dangers qu'une pareille entreprise comportoit par elle-même ;

E 4

je ne me dissimulai rien : mais une simple réflexion m'affermit dans ma première résolution. Je me suis dit : Depuis six ans je fais la guerre contre les ennemis de ma patrie, j'ai exposé mille fois ma vie... Eh bien : je l'exposerai encore ; et à quelque prix que ce soit, il faut que je déjoue cette conspiration ; cependant je jugeai à-propos de prévenir un de mes chefs et un de mes amis. Je fus trouver le citoyen *Bourgeois*, autrement dit *Montion* : *Montion* est un surnom, c'est le nom sous lequel il est le plus connu, homme que je connois très-prudent et droit, vrai patriote. Je fus lui faire part de tout ce qui s'étoit passé. Je lui fis voir en même temps plusieurs pamphlets de Babœuf, notamment *l'analyse de la doctrine de Babœuf*, son numéro 41 et plusieurs numéros de *l'Éclaireur*, etc. Je lui fis voir d'abord ces journaux, je ne lui dis pas de quelle voie je les avois reçus ; je lui fis part de mon projet. Il admira le courage que je montrois dans une pareille entreprise, n'osa ni m'approuver ni me blâmer ; mais il me dit que si la conspiration venoit à être découverte par un autre que par moi, et qu'alors je me trouvasse considéré comme conspirateur, lui, pour sa part, il assureroit que mon intention étoit purement et simplement de la déjouer. Il me conseilla en même temps d'en prévenir un chef : je ne le fis que le surlendemain, faute d'avoir pu trouver ce chef à-propos ; mais le surlendemain je vis le citoyen Degean, commandant mon bataillon, et président de la commission militaire où j'étois capitaine-rapporteur, le seul de mes chefs en qui j'avois le plus de confiance. Je lui fis part de mon projet : il me dit, ainsi que Montion, que, dans tous les cas, il garantiroit mes intentions si l'affaire tournoit mal pour moi, mais qu'il me conseilloit de continuer.

D'après cette assurance je fus donc le lendemain, c'est-à-dire le 21 germinal, au café des Bains chinois (j'enjambe quelquefois, mais on voit toujours la suite) ; je fus le 21 au café des Bains chinois pour porter le pamphlet que j'avois fait à la hâte dans la nuit. Je n'y trouvai pas Darthé, mais j'y trouvai Monnier et le Chapelier qui y étoient : je n'y restai point, vu que l'homme pour lequel j'y étois venu n'y étoit pas, et je m'en retournai. Le lendemain 22 germinal, je retournai à quatre heures et demie après-midi au café des Bains Chinois, et j'y trouvai Darthé : je lui présentai mon pamphlet, il le lut, le goûta avec enthousiasme, et me dit que je sois tranquille, qu'il alloit le faire imprimer et en corrigeroit lui-même les épreuves ; et que le surlendemain au plus tard, 24 germinal, il pourroit m'en remettre quelques centaines d'exemplaires. Il me dit alors : J'aurai en même temps quelque chose d'important à te remettre, et ne manque pas de revenir après-demain, ce sera imprimé. Il me donna son adresse à lui-même, me disant qu'il n'étoit pas nécessaire de se voir toujours dans ce café, qu'on y étoit trop gêné ; que quelque confiance que méritassent la plupart de ceux qui s'y trouvoient,

Il n'en étoit pas moins vrai qu'il y avoit une infinité de choses qui ne se disoient pas devant tout le monde ; en conséquence il me donna son adresse rue Honoré, avec invitation de l'aller voir, et sur-tout de ne pas manquer de venir le 24 au café des Bains chinois, où il me délivreroit une quantité de mon pamphlet qui alors seroit imprimé.

Je me retirai donc chez moi jusqu'au 24 germinal, je ne parus pas devant le citoyen Darthé pendant ce temps. Le 24 germinal, je me trouvai aux Bains chinois ; effectivement il me remit une quantité.... (je n'ai jamais compté le nombre, parce que je les ai jetés au feu en arrivant chez moi) il me remit une quantité considérable de mon pamphlet qui étoient encore tous mouillés ; en même temps il me fit passer dans la cuisine des Bains chinois, pour être seul, et là il me remit un paquet cacheté sans adresse, me le fit mettre dans ma poitrine, et m'engagea de ne l'ouvrir que lorsque je serois seul chez moi, que j'aie même la précaution que ma porte fût bien fermée à l'avance.

Rentré chez moi le 24 germinal soir, la première chose que je fis, ce fut de décacheter bien vite ce paquet qui m'avoit été remis. Je demeurois avec mon lieutenant le citoyen *Sellier*, homme qui a toujours eu ma confiance, et auquel je fis de moi-même l'aveu de tout, et lui fis lecture de ce fameux brevet. (J'oubliois le mot de commission : mais les militaires ont l'habitude de se servir du mot brevet ; ce qui a fait que je m'en suis servi.)

Un accusé : Répétez le nom.

Grisel : C'est le citoyen *Sellier*, mon lieutenant ; c'est un autre homme que le citoyen *Bourgeois* ; c'est un troisième à qui j'ai fait la confidence de la conspiration ; c'est un troisième témoin. (Je crois qu'il est encore lieutenant ; et dans les dernières nouvelles que je reçus de mon corps, il me faisoit des complimens.)

Après avoir lu ce brevet, et avoir lu toutes les instructions qui y étoient jointes ; en un mot m'être convaincu de l'horrible complot qui existoit ; car ce brevet, qui existe dans les pièces que j'ai remises, fait foi de ce que j'avance ; les intentions des conspirateurs n'y sont nullement cachées ; elles y sont au contraire très-à-découvert.

Le lendemain matin je fis part de ce brevet à *Montion*, autrement dit *Bourgeois* ; il frémit lui-même d'horreur ; et voyant ce brevet, il me dit : « Je t'invite à poursuivre, et je te garantis, dans tous les cas, de certifier ta moralité ; c'est-à-dire, tes intentions relativement à cette conspiration. » Je jetai le pamphlet qu'on m'avoit remis, et dont j'étois porteur d'un grand nombre d'exemplaires, je les jetai au feu en présence dudit citoyen Bourgeois.

Je fus tranquille jusqu'au 26 germinal ; je fus, dans l'après-midi, au café des Bains Chinois ; j'y retrouvai Darthé : nous causâmes quelque temps ensemble ; il m'invita à aller faire un tour de promenade sur la terrasse des Feuillans : j'y fus avec lui.

Sur la terrasse des Feuillans, proche le Conseil des Cinq-Cents, étoit une espèce de grouppe ambulant que les patrouilles perpétuelles cherchoient à dissoudre, mais toujours en vain. Darthé me dit : « Tous les hommes que tu vois-là, sont tous de bons patriotes ». En même temps il me fit remarquer le citoyen *Germain*, qui étoit là présent, et il me dit : « Voilà celui qu'on appelle Germain ; c'est lui qui est le rédacteur, pour-ainsi-dire ; car, sauf quelques autres articles qui ne sont pas de lui, c'est lui qui rédige le journal dit de *l'Éclaireur*, dont il m'avoit donné, le 20 germinal, plusieurs numéros ». Je m'approchai donc de Germain ; je causai avec lui ; il me félicita sur mon pamphlet de *Franc-Libre* ; me dit que c'étoit dans le vrai sens que ces sortes d'ouvrages devoient être faits.

Je ne restai pas long-temps avec eux. Le même jour 26 (il ne faut pas que j'oublie que Darthé m'avoit demandé si mon pamphlet faisoit beaucoup d'effet dans la troupe), je ne manquai pas de lui dire que oui, et que ceux qu'il m'avoit donnés étoient déjà tous répandus ; que mon seul regret étoit de n'en pas avoir davantage (car, dans le fait, j'aurois voulu qu'on m'eût donné toute la collection pour pouvoir la jeter toute au feu, pour pouvoir réparer d'un côté le mal que j'avois été forcé de faire de l'autre). Il m'en donna encore plusieurs, que je jetai, ainsi que les premiers, au feu.

Le 27 germinal, je fus revoir *Darthé* aux *Bains chinois*. J'y restai à-peu-près deux heures. Je me rappelle qu'il y eut même une rixe qui faillit d'entamer un combat entre *Germain* et quelques jeunes gens qui se promenoient sur les boulevards. Je ne dirai pas si c'est Germain qui les avoit insultés, ou si c'étoient ces jeunes gens ; mais je sais que *Darthé* étoit là avec un bâton d'épine à la main, et disoit : « S'ils s'avisent de toucher Germain, je leur tombe *par derrière* sur le corps, je ne les manque pas ».

Ce même jour 27, je quittai le café des Bains chinois avec Darthé, nous fîmes un long bout de chemin ensemble. Je lui dis que j'avois à faire du côté du cimetière Saint-Jean, et lui il avoit affaire rue de la Grande Truanderie. Effectivement je le conduisis jusqu'au milieu de la rue de la *Grande Truanderie*. Là, il me dit qu'il avoit besoin quelque part, et il me pria de le quitter ; ce que je fis. J'ai parfaitement imaginé depuis, que c'étoit pour aller voir Babœuf, quand j'ai su que Babœuf demeuroit dans cette rue.

Le lendemain 28 germinal, j'allai voir Darthé chez lui. Je le trouvai : il étoit dans la chambre du citoyen *Didier*, qui étoit à-peu-près commune entre lui et *Didier* : il y avoit une autre personne que je n'ai pas vue depuis, et dont je n'ai jamais su le nom. Cette autre personne remit à *Darthé* les premières épreuves d'un discours. Ce discours étoit celui que devoit prononcer le représentant *Drouet* à la séance du 27 germinal même, au Conseil des Cinq-Cents, sur les sociétés populaires.

L'ordre du jour avoit écarté cette motion; mais elle étoit toute prête, et Darthé, à ce que je crois fort, étoit chargé de corriger les épreuves.

C'est alors que j'entendis *Germain* parler avec l'autre personne, dire : « Je suis très fâché du différent qui s'est élevé entre *Babœuf* » et *Drouet*; il me semble que c'est *Babœuf* qui a l'esprit un » peu trop vif, qui avoit querellé mal-à-propos *Drouet*, qui est » un homme très-précieux : on doit le ménager. Je crois même » qu'il avoit raison lorsqu'il nommoit le discours que lui avoit fait » *Babœuf*, une levée prématurée de bouclier. Je crois qu'il a » raison, je suis assez de son avis. Tout cela ne sera rien, nous les » raccommoderons facilement ».

Je demandai à Darthé si Drouet étoit toujours partisant de Babœuf. Il me dit : C'est un homme précieux, parce que Drouet est entouré d'une grande popularité ; et lorsqu'on le verra à la tête de l'insurrection, les démocrates ne pourront pas douter que ce ne soit dans le bon sens que se fait l'insurrection. Je le quittai un instant après.

Depuis le 28 germinal jusqu'au 11 floréal, mes trop grandes occupations m'empêchèrent d'aller voir aucun des conspirateurs, ni même d'aller aux *Bains chinois*, si ce n'est *Germain*: J'étois avec le citoyen *Bourgeois* dit *Montion* et je traversois le jardin des Tuileries : et le citoyen Germain vint dans ce moment accompagné d'une femme, il me dit (je ne peux pas préciser le jour, c'est entre le 28 germinal et le 11 floréal), Germain me dit donc : On ne te voit plus, pourquoi ne viens-tu pas voir Darthé? Je lui dis : Je m'y en vais. Cependant d'autres affaires m'appellèrent alors, et je n'y fus pas.

Le 11 floréal, j'étois alors très occupé avec le même citoyen Bourgeois, qui faisoit alors les fonctions de quartier-maître; je travaillois conjointement avec lui pour l'aider, lorsqu'un individu à moi parfaitement inconnu, s'étant introduit, je ne sais comment, dans l'Ecole militaire, où aucun bourgeois n'entroit que difficilement, vint s'adresser à moi, et me demanda si je pourrois lui enseigner où étoit le citoyen Grisel. Je lui dis : Je sais qu'il est ici ; mais de quelle part venez-vous? Il me dit : Je suis un de ses parens. Je vis cet homme : je dis : Cela est faux, vous n'êtes pas parent à Grisel; car c'est moi. Eh bien! dit-il, puisque c'est vous, j'ai deux mots à vous dire. Il me tira à l'écart, et me dit : Tenez, lisez cela. Il avoit un petit morceau de papier, sur lequel étoit écrit, *Tes frères t'attendent*. Un *D*, un *T* et un *H*. D'abord je ne savois pas ce que ce billet vouloit dire, je ne connoissois pas la main qui l'avoit écrit, je lui demandai qu'il s'expliquât. Il me dit : Ne voyez-vous pas que c'est

Darthé qui vous demande chez lui ? Je lui dis : Ah ! c'est une autre affaire ; allez lui dire que dans l'instant j'y serai. Je fus dire à Montion : Ce sont ces gens-là qui m'appellent ; je vais y aller. Effectivement je fus vite chez Darthé, Darthé n'y étoit pas; j'y trouvai la femme Didier et une autre personne à moi inconnue (J'observe par parenthese, que c'est le greffier du citoyen Gerard qui a écrit très incorrectement ce que je lui ai déclaré : au lieu de mettre la femme Didier, il a mis Didier ; mais c'est la femme Didier).

J'arrive donc ; elle me dit Asseyez-vous un instant ; il va venir quelqu'un. J'attends peut-être trois quarts d'heure, en causant avec la citoyenne Didier et un autre citoyen qui étoit là, que je n'ai vu que ce moment-là. Au bout d'environ trois quarts d'heure, une personne à moi parfaitement inconnue, vêtue d'une redingote grise, cheveux ronds, chapeau rond, rabattu beaucoup sur les yeux, demanda en entrant : Le capitaine est-il là ? La citoyenne Didier répondit : Le voici. Ah ! citoyen, dit-il, je viens pour vous emmener : voulez-vous venir avec moi ? Je lui dis : Je le veux bien. Nous sortîmes ensemble. En passant devant le premier café, Voulez-vous accepter quelque chose ? me dit-il. Je le veux bien. Nous entrâmes ensemble, et nous prîmes un petit verre d'eau-de-vie. Ensuite nous nous mîmes en route ; nous causâmes fort peu le long du chemin. Il me conduisit rue de la Grande-Truanderie. Observez, citoyens, que j'ignorois parfaitement où j'allois ; mais je ne doutois pas que l'homme qui me conduisoit ne fût un des conspirateurs. Tout-à-coup il entre dans une maison, et me dit en même temps : Entrons ici. Nous entrons ; nous montâmes au second ou troisième ; car je ne puis pas bien assurer, il y a entresol. Il frappe à une porte ; on ouvre cette porte. Il y avoit un paravent qui masquoit intérieurement, à bien deux ou trois pieds de distance, la façade de la porte. Nous glissons le long de ce paravent, à main gauche ; nous passons encore une porte, ensuite nous entrons dans une chambre à gauche. Là se trouvent à-peu-près quatre ou cinq personnes. Tout en entrant, je vis Darthé que je reconnus ; le citoyen Didier que je reconnus aussi ; je l'avois vu chez Darthé, vu qu'ils demeuroient ensemble, et que j'avois rendu visite à Darthé.

En entrant dans cette chambre, Darthé fut le premier qui s'approcha de moi, et me dit : Cher ami, je suis très-content de te voir ; tu ne sais pas où tu es ; mais tu vas l'apprendre : sache que le grand jour de l'insurrection approche, le jour où le vrai patriotisme va régner dans la démocratie. (Je ne puis pas rendre les expressions ; je n'étois pas là, comme un sténographe, à saisir mot pour mot ; mais je rends parfaitement le sens.) Le grand jour de la conjuration pour les démocrates approchant, apprends que le comité insurrecteur a voulu, pour inspirer plus de confance à ses principaux agens, au nombre desquels il te compte, a voulu t'admettre dans son sein en conséquence : tu ne connois pas les citoyens? Apprends que ce sont ceux qui vont bientôt diriger le grand acte insurrectionnel; que ce sont, en un mot, les directeurs du comité secret de salut public. En disant cela, il m'embrassa, et je crois que Babœuf et autres m'embrassèrent aussi, comme je l'ai dit dans ma déposition, dans ma révélation; car ces mots sont à-peu-près synonymes dans mon esprit. Oui, je fus très-flatté de la circonstance, comme je l'ai dit : je donnai un baiser à Darthé, non pas celui de Judas, mais celui de Judith à Holopherne. (Eclats de rire des accusés.) Je voyois l'instant où je tenois ceux que je cherchois depuis long-temps, bientôt tout le monde.

Babœuf (que je n'avois pas encore vu), pour la première fois, se fit connoître à moi : je m'assis; on me dit qu'on attendoit d'autres personnes. J'observai que les citoyens qui étoient là dans le moment, étoient, Germain, Darthé, Didier, Buonarotti, qui m'avoit amené, et Babœuf. Je crois qu'il y avoit encore un autre homme, mais dont je ne sais pas le nom : je ne l'ai pas reconnu parmi aucun des présens.

Ricord au président: Voulez-vous bien faire répéter les noms au citoyen?

Grisel: Je vais répéter : je m'efforce pour parler lentement.

Le président: On vous demande de répéter si la cinquième personne qui étoit chez Babœuf....

Ricord: Ce n'est pas cela. Je lui demande de nommer les personnes qu'il a dit avoir trouvées chez Babœuf.

Grisel: Etoient parmi ceux que je trouvai chez Babœuf, 1°. Babœuf; 2°. Buonarotti, qui m'avoit amené; 3°. Darthé; 4°. Germain et un autre individu dont je n'ai pas su le nom, qu'on ne m'a pas nommé, qui ne m'a pas paru être membre positivement. Darthé me dit alors : Voilà les membres du comité insurrecteur. Il en est cependant encore d'autres, me dit-il; mais ils ne sont pas ici, d'autres occupations les en détournent. Il va venir quelques-uns de nos frères dans l'instant, et alors je m'assis. J'entrai en conversation avec le citoyen Babœuf. Après un instant de réflexion, je fus surpris que ce Babœuf, duquel on parloit tant, me parut un homme extraordinairement médiocre : conversant avec lui, je crus bientôt m'appercevoir qu'il y avoit plutôt de l'extravagance qu'autre chose dans son procédé. J'avois lu son Analyse de sa doctrine, qui m'avoit paru un chef-d'œuvre d'extravagance. Je vous avouerai, citoyens, que c'étoit avec une grande répugnance que je me voyois dans la nécessité de traduire sous le glaive de la loi les hommes qui conspiroient. Il me vint dans ce moment une idée qui a failli même de me perdre, ce fut celle de faire usage de l'ascendant que je croyois avoir ou être capable d'avoir sur l'esprit des conspirateurs, pour les détourner de leur entreprise. Alors, causant avec Babœuf, il me demande : Eh bien! le peuple est malheureux. Je lui dis : De fait, le peuple est bien malheureux. (Il est facile de s'en rappeler, c'étoit au moment où les assignats tomboient dans le dernier discrédit; tous les assignats se trouvoient reversés par la classe riche dans les mains de la classe indigente, ce qui mettoit le peuple proprement dit, la classe indigente, dans un état d'exaspération.)

Babœuf, pour me sonder, me demanda ce que je croyois utile de faire; je lui dis : Voilà mon avis : ce seroit de dresser une pétition respectueuse, exposer toutes les souffrances du peuple, y ajouter tous les moyens qu'on croit les plus propres à le soulager, la signer entre nous, et individuellement; de former entre nous une députation pour l'aller porter au Conseil des Cinq-Cents. Si le Conseil des Cinq-Cents rejette une pétition faite dans le sens que je la conçois, ce qui à coup sûr ne sera pas, ce que je ne puis pas croire; alors on verroit quelle autre mesure on auroit à prendre. Babœuf, en désapprouvant par son geste, en rejetant bien loin de lui ce que je proposois : Parbleu, me dit-il, il est bien question de prendre l'attitude de suppliant, quand on a les armes à la main! Là-dessus, la conversation se trouva tout à coup coupée par l'arrivée de trois autres personnes, qui étoient l'ex-général Rossignol, l'ex-général Fyon, ici présent, à ce que je crois, et l'ex-adjudant-général Massard, dont je ne savois pas encore le nom dans le moment dont je parle, et que j'ai su depuis.

Aussitôt l'arrivée des trois personnages dont je viens de parler augmenta la joie de chacun. J'observai que c'étoit la première fois que *Rossignol* entroit, à ce que j'ai vu, dans le comité insurrecteur. Quant à *Massard* et à *Fyon*, ce n'étoit pas la même chose; il me fut même très-facile de voir qu'ils avoient des habitudes très-fréquentes avec Babœuf. Après les premiers pourparlers à-peu-près insignifians, il s'éleva une petite espèce de querelle de rien (cependant je m'en rappelle, et je dois rappeler tout) entre le général Rossignol et Darthé sur un certain article qui se trouvoit dans un journal. (Je ne me rappelle même pas quel journal.) Darthé s'excusa, et dit que cet article n'étoit point de lui; la querelle finit. Babœuf et Rossignol causèrent alors ensemble. Rossignol fit reproche à Babœuf de ce qu'il prêchoit la *loi agraire*, lui disant que cela ne ressembloit à rien et n'avoit pas le sens commun. Babœuf se mit en devoir d'expliquer sa doctrine du *bonheur commun* à Rossignol, et de lui faire entendre et concevoir son véritable plan, sa véritable doctrine; que plusieurs personnes lui supposoient celle de la *loi agraire*, qui n'étoit nullement dans son système; car la *loi agraire*, dit-il, consiste à faire de la France une espèce d'échiquier; mais, dans mon *bonheur dominium*, je veux qu'il n'existe aucune propriété individuelle. *La terre est à Dieu, ses fruits appartiennent à tous les hommes en général*; et voilà, dit-il, le fond de ma doctrine, toute personne intelligente peut la comprendre; car mon *Analyse* est claire, il n'y a pas à s'y tromper.

Cette légère difficulté disparut, on parla d'autre chose : alors Babœuf dit ; Citoyens, je vais vous donner lecture d'un travail que nous avons fait, et vous nous donnerez vos observations là-dessus. Il lut donc ce papier que je n'ai pas eu en main (je ne pourrois pas dire si c'est ou ce n'est pas de l'écriture de Babœuf); il lut donc ce papier qui avoit pour titre : *Acte insurrectionnel*, commençant d'abord par un *considérant* en dix, douze ou quinze articles : ensuite tirant des conclusions de son *considérant*, en tirant des conséquences, il commençoit par proclamer l'*insurrection* : ordonnoit au peuple, au nom du *comité insurrecteur*, de se lever en masse, de ne plus reconnoître aucune autorité, etc. Je n'entrerai pas dans tous ces détails; ces pièces ont été publiées, et sont généralement connues; et je déclare qu'elles ont été affichées par le Directoire exécutif, et qu'elles sont dans les pièces fournies au procès. Il est tel que je l'ai entendu, sauf un article qui regarde les *ex-conventionnels* dont il n'est pas encore mention.

Je puis passer par-dessus quelques faits; je me les rappellerai peut-être après la lecture de cette pièce, qui fut généralement applaudie par tous ceux qui étoient alors présent dans le *comité insurrecteur*. Babœuf annonça que cet ouvrage devoit être imprimé à environ 60,000 exemplaires, afin qu'on en fit distribuer et placarder en profusion. Ensuite il donna lecture d'un acte subséquent qui devoit paroître dans le milieu de l'insurrection.

J'observerai que dans le premier acte, dit *insurrectionnel*, il n'y étoit pas positivement dit de *tuer* et *massacrer*; il n'en étoit pas parlé : on annonçoit seulement l'*insurrection*, et que ceux qui s'y opposeroient *seroient les ennemis du peuple et seroient mis à mort*. Mais dans l'acte subséquent, dans le premier acte, on avoit affecté de mettre que les *propriétés* seroient sous la sauve-garde du *comité insurrecteur* et des lois ; mais dans l'acte subséquent, qui devoit être également imprimé, et dont Babœuf donna lecture, on s'y exprimoit d'une manière beaucoup plus claire : *le pillage des riches* y étoit positivement énoncé; leurs biens, leurs maisons, leurs meubles, devoient être *distribués* aux pauvres, au pauvre peuple. C'est ce qu'on a pu voir dans la pièce reconnue de la main des conspirateurs. Il y eut une petite observation sur ce second acte; il y avoit quelques mots qu'on trouvoit impolitiques, tels que les mots *jugement du peuple*. Il y eut là-dessus quelques difficultés ; Rossignol vouloit qu'on s'exprimât formellement, qu'on nommât les choses par leur nom. Je remarquai que l'ex-général Fion étoit le moins outré de tous les conspirateurs; il paroissoit désapprouver toutes ces grandes mesures; elles n'entroient nullement dans son caractère, dans tout ce que j'ai pu appercevoir. Ce fut lui qui fit la motion expresse qu'on ménageât les *ambassadeurs*. On parut-y acquiescer, mais, au fait, l'intention ne fut pas changée; même je remarquai que parmi les conspirateurs, les nommés *Darthé*, *Germain*, *Didier* et *Babœuf*, dans les instans où j'ai pu les voir dans l'absence du général *Fyon*, le tenoient pour très-suspect de *modérantisme*. Ils disoient qu'il n'étoit que l'agent des ex-conventionnels.

La suite de la déposition est renvoyée à demain, et la séance levée à deux heures et demie.

Les accusés ont chanté la complainte de Goujon.

Certifié, IGONEL et BRETON, *sténographes*.

On souscrit chez BAUDOUIN, Imprimeur du Corps législatif, Place du Carrousel, N°. 662.

Le prix de l'abonnement pour soixante feuilles in-8°, petit caractère, est de 10 francs, pour les départemens, franc de port, et de 8 francs pour Paris.

(N°. 36.)

DÉBATS ET JUGEMENS
DE LA HAUTE-COUR DE JUSTICE.

Séance du 23 ventôse.

LE TRIBUNAL entre en séance à 10 heures un quart, les accusés et les jurés n'étant point présens.

Le citoyen Viellart, accusateur national, prononce le discours suivant :

Citoyens juges, vous vous rappellerez sans doute que déjà il a été question devant vous de divers individus qui, ayant été accusés à Cherbourg de délits qualifiés de complicité dans la conspiration dont Drouet et Baboeuf sont accusés ici, avoient été transférés à la maison de justice de la Haute-Cour ; mais la procédure ayant été déclarée nulle, ces accusés ont été renvoyés devant le directeur du jury de Rochefort.

Ce directeur a dressé contre eux un nouvel acte d'accusation ; un nouveau jury spécial a passé nouvelle déclaration, et cette déclaration a encore été qu'il y avoit lieu à accusation contre Brutus Meignet et consorts, prévenus de faits qualifiés de complicité dans la conspiration dont la connoissance est dévolue à la Haute-Cour, à raison de la part que Drouet est accusé d'y avoir prise.

D'une autre part, à Bourg en Bresse, quelques faits ayant paru indiquer une ramification du même complot, une instruction a eu lieu contre les nommés Alban, Legay, et Barelles, commissaire du pouvoir exécutif ; les deux premiers ont été frappés d'un acte d'accusation, qui a été admis, et encore avec la qualification de complicité dans la conspiration de Baboeuf.

La loi qui ne permet à aucuns tribunaux de connoître des affaires de la compétence de la Haute-Cour, et celle qui a déclaré exclusivement soumis à la compétence de la Haute-Cour les individus prévenus de complicité dans une affaire où un représentant du peuple est un des accusés, ont déterminé le renvoi

Débats & jugemens de la Haute-Cour. Tome IIe. F.

devant vous de l'affaire d'Alban et Legay ; Alban est même traduit dans la maison de justice de la Haute-Cour, Legay est contumax.

Mais vous connoissez le texte de la loi du 3 brumaire, qui ne permet pas d'interrompre le débat une fois qu'il est ouvert : cependant, si de nouveaux accusés pouvoient y être introduits et qu'il ne pût être interrompu et recommencé, demeureroient-ils privés de la part qu'ils auroient pu prendre à la portion du débat déja commencé ?

Ici donc une foule d'intérêts également puissans nous paroissent en contradiction : car les accusés déja soumis à un débat seroient-ils exposés à le voir sans cesse recommencer, à voir sans cesse reculer l'époque du jugement après lequel les innocens doivent soupirer ? D'autre part la position de ceux qu'on met en accusation, est excessivement pénible, puisque si la Haute-Cour ne peut les admettre au débat, la loi ne semble pas permettre aux tribunaux ordinaire de connoître de leur affaire.

Une loi a bien déclaré qu'après le jugement d'une affaire de police à la connoissance de la Haute-Cour, les complices pourroient être jugés par leurs tribunaux respectifs ; mais nulle loi ne s'est expliquée sur le sort des individus qui, accusés de complicité dans un délit dont une Haute-Cour seroit dans le cas de connoître, n'arriveroient à la résidence de la Haute-Cour qu'après les débats ouverts.

Dans ces circonstances, nous ne pouvons que nous en rapporter à la prudence de la Haute-Cour.

Le Tribunal se retire dans la chambre du conseil pour délibérer, rentre en séance à onze heures moins un quart, et prononce le jugement suivant :

JUGEMENT.

« La Haute-Cour, considérant que l'article 418 du code des
» délits et des peines, porte : L'examen d'un procès une fois
» entamé ne peut être interrompu ni suspendu, et il doit être
» continué jusqu'à la déclaration du jury inclusivement, sauf les
» intervalles nécessaires pour le repos des juges, des jurés et des
» témoins :

» Que la Haute-Cour s'est déja livrée pendant quinze séances
» à l'examen du procès qui lui est soumis :

» Qu'il faudroit recommencer l'opération si on vouloit intro-
» duire dans le débat l'accusé *Alban*, arrivé le jour d'hier ; qu'il
» faudroit même différer de la recommencer, en attendant les
» quatre autres accusés qui sont annoncés de l'arrondissement de
» Rochefort, ou s'exposer à recommencer une troisième fois, lors-

» qu'ils seroient arrivés, et ainsi de suite, s'il survenoit de nouveaux
» accusés :
» Que la disposition de la loi ci-devant citée et l'intérêt des
» accusés présens s'opposent également à toutes interruptions et
» suspensions :
» Que, d'un autre côté la loi du 24 messidor an 4 veut que
» tous prévenus mis en état d'accusation, pour complicité dans
» un crime à raison duquel un représentant du peuple ou
» un membre du Directoire exécutif sont mis en accusation par
» le Corps législatif, soient traduits à la Haute-Cour de justice,
» pour y être jugés conjointement avec le représentant du peuple,
» ou membre du Directoire accusé, du même délit :
» Que cette disposition a autorisé les renvois faits par les
» directeurs du jury des arrondissemens de Bourg et de Roche-
» fort ;
» Et qu'elle interdit dans l'état actuel la connoissance de la-
» dite accusation aux tribunaux criminels des départemens :
» En sorte que les nouveaux accusés dont il s'agit, ne peu-
» vent être mis en jugement, soit devant la Haute-Cour, qui
» ne doit interrompre ni suspendre l'examen commencé, soit
» devant les tribunaux criminels de département, qui ne peuvent
» connoître d'une accusation pour complicité dans un crime à
» raison duquel un représentant du peuple est actuellement traduit
» devant la Haute-Cour :
» La Haute-Cour ordonne que, conformément à l'article 418
» du code des délits et des peines, le débat sera continué
» dans l'état actuel ; charge néanmoins les accusateurs nationaux
» de donner connoissance au Corps législatif, de la position dans
» laquelle se trouvent les nouveaux accusés. »

Les jurés entrent en séance, et les accusés y sont introduits.

Le président : Citoyen Grisel, vous avez la parole pour continuer votre déposition.

Grisel : Citoyens, je crois en être resté hier à la séance du 12
floréal ; mais avant que de continuer cette séance, la mémoire m'a
rappelé plusieurs faits essentiels que j'avois oubliés.

Notamment le 26 germinal, jour que je vis le citoyen Darthé au
café des Bains Chinois, à 4 heures après-midi ; il me conduisit
ensuite sur la terrasse des Feuillans, là où il me fit voir et connoître le citoyen Germain. En m'annonçant au citoyen Germain,
il lui dit : Voilà Grisel Germain, d'un ton de protection, Ah ! ha !
dit-il, c'est Grisel. Bien, bien, dit-il, mon ami : ton ouvrage est
fort bon ; je t'engage à le continuer. Ce ton de protection me fit parfaitement sentir, citoyens, que je n'avois pas encore atteint le
maximum de confiance dont j'avois besoin pour parvenir à mon

but. Alors rentré chez moi, je me dis : Il faut travailler. J'avois lu le numéro 41 de Babœuf, très-long, très-verbeux, très-insignifiant : mais cependant j'avois bien remarqué son but, ainsi que dans une infinité de pamphlets, dans l'Éclaireur, dans tous les autres : j'avois arraché parfaitement le masque aux hypocrites patriotes : j'avois senti parfaitement que les éloges qu'ils donnoient à mes frères d'armes étoient des éloges simulés ; mais qu'ils les considéroient comme de viles machines dont ils devoient se servir, et ensuite les rejeter ; j'avois bien remarqué qu'ils avoient conçu le mépris le plus profond pour la troupe, qu'ils regardoient comme de vils instrumens du gouvernement : alors je dis : Puisque j'ai pénétré jusqu'au fond de leur cœur, il faut pour gagner entièrement leur confiance, leur parler avec confiance dans le sens que je sens qu'ils pensent. Et de fait, le même soir j'écrivis cette lettre, et je prends pour prétexte une espèce de remerciement de la confiance qu'on m'a témoignée en me donnant le brevet d'agent secondaire. J'entre en détail sur l'esprit de la troupe ; je mets en comparaison la troupe de 89 et celle actuelle ; je leur peins mes braves frères d'armes, moi militaire, qui ne cesserai jamais de l'être tant que la patrie aura des ennemis, tel que je l'ai signé il y a six ans ; je leur peins mes frères comme divisés en deux classes ; les uns de lâches qui n'attendent que l'instant de retourner dans leurs foyers, qui méprisent la cause de la liberté ; les autres encore plus vils et scélérats, qui ne cherchent que le pillage. Certes il falloit bien avoir approfondi le caractère de Babœuf et de ses consorts pour oser leur envoyer une pareille lettre ; mais je ne m'y trompai pas : la réponse qui me fut faite de vive voix, réponse manuscrite de la main de Babœuf, et qu'on a trouvée dans les pièces, prouve que j'avois parfaitement saisi leur esprit ; donc ce n'étoit pas moi, c'étoit eux qui méprisoient la troupe. Lorsque Babœuf, dans une lettre qu'il m'écrit, et reconnue de lui, dit : *Nous estimons principalement les quatre principaux leviers.* Et quels étoient donc ces quatre principaux leviers ?

1°. Rompre le frein de la discipline ; mettre la troupe dans l'insubordination, pour pouvoir la dissoudre quand on voudroit.

2°. Promettre aux lâches, ceux que j'avois peints comme tels, et que les conspirateurs croyoient pour tels ; leur promettre des congés......... (1)

Réal: Si le témoin vouloit se tourner de notre côté !

Grisel: J'ai beaucoup entendu dire aux prévenus que le peuple

---

(1) Il n'a indiqué que les deux premiers leviers ; il a oublié les autres. (*Note des sténographes.*)

étoit le souverain ; je vous avouerai que, pénétré de cette idée, je portois ma voix beaucoup plus vers le peuple....

Le président : Citoyen témoin, continuez votre déclaration.

Grisel : Je crois donc en être resté à cette lettre. Après l'avoir écrite, je la fis voir à mon ami Montion, autrement dit Bourgeois ; il me dit qu'il étoit impossible que des hommes qui se disoient patriotes pussent goûter une pareille lettre. Je lui dis : Mon ami, je les connois bien ces prétendus patriotes ; ce ne sont pas là des patriotes ; ils méprisent souverainement la troupe. Et c'est en entrant dans cet esprit que je suis sûr d'acquérir le dernier degré de leur confiance. De fait, j'écrivis cette lettre le 26, et la remis le 27 matin à Darthé ; il étoit l'agent intermédiaire entre moi et le comité d'insurrection. Le même jour il m'en fit tout plein de complimens ; me dit qu'on avoit parfaitement goûté mes idées : cela ne me surprit pas, je le savois bien. On ne me remit pas cependant la lettre. J'observe, citoyens, que la lettre qui est la seconde pièce de la troisième liasse, qui est la réponse à cette lettre qui a été trouvée parmi les pièces, que je crois de la main de Babœuf, et reconnue par lui, ne m'a pas été remise : je l'eusse désiré, c'eût été une pièce de conviction de plus ; mais on m'en rendit simplement compte. Je sais bien à-peu-près le motif qui a fait que cette lettre ne m'a pas été remise : c'est qu'il entroit dans le système des membres du comité insurrecteur de ne jamais faire parvenir à leurs agens quelconques rien qui fût de leur main ; c'est pourquoi ils avoient des agens expéditionnaires. Apparemment que le temps manqua, et qu'on jugea plus convenable ce qu'on fit, vu que j'étois en liaison directe avec Darthé, qui, lui-même, étoit en réalité un membre du comité insurrecteur : car je n'ai pas pris le change, quoiqu'on ait voulu donner le citoyen Didier pour membre du comité insurrecteur. J'ai parfaitement vu que le citoyen Didier n'étoit qu'un agent, une machine, un bras duquel on vouloit se servir, mais non pas un membre du comité. C'étoit un de ceux, ainsi que moi, ainsi que tous les individus qui devoient être fauchés après que l'affaire eût réussi.

Je crois avoir rendu compte non pas des séances, mais des journées des 26 et 27. Le 27 je vis Darthé, comme je l'ai dit ; il me reconduisit même, le soir, jusques dans la rue de la Grande-Truanderie. Le lendemain 28, je le vis chez lui ; il me fit voir les premières épreuves d'un discours de Drouet ; j'en ai parlé hier. Je vais glisser là-dessus. Je reviens à la séance du 11 floréal, séance la plus importante.

Le 11 floréal, comme je l'ai dit hier, un quidam à moi inconnu s'introduisit à l'Ecole militaire, et vint de la part de *Darthé* m'inviter à aller chez *Darthé*. Je m'y rendis, *Darthé* n'y étoit pas ;

la citoyenne *Didier* y étoit. (J'observe que le logement étoit commun.) Un autre individu à moi inconnu, que je n'ai jamais vu depuis, y étoit : nous causâmes ensemble, la citoyenne *Didier*, cet individu, et celui qui m'étoit venu chercher : nous causâmes, je crois, trois quarts d'heure à-peu-près ensemble. Alors vint une personne à moi parfaitement inconnue, couvert d'un chapeau rond qui lui masquoit la moitié du visage, et les cheveux en rond, qui demanda : Le capitaine en question est-il là ? La citoyenne Didier lui répondit : Le voici. — Citoyen, veux-tu venir avec moi ? — Avec bien du plaisir.

Je m'en fus avec lui ; nous prîmes un verre d'eau-de-vie, je crois, au premier café. Bref, nous allâmes à la rue de la *Grande-Truanderie* ; nous y entrâmes dans une allée ; nous montons au troisième, passons deux chambres, entrons dans une troisième : là je trouve cinq à six personnes. Il y avoit le cit. *Didier*, le cit. *Germain*, le cit. *Babœuf*, le cit. *Buonarotti* qui m'avoit amené, moi, puisque j'y entrois, et un autre individu dont je n'ai pas su le nom, qui n'a pas parlé dans le cours de la séance, qui m'a paru un être passif, et que je n'ai pas revu depuis, dont je n'ai jamais su le nom.

D'abord ce fut Darthé qui prit la parole ; il me dit : Mon cher ami, tu es invité ici de la part du comité insurrecteur, qui a en toi la plus grande confiance, connoissant tes talens, ton courage, ta capacité, etc. ; et il dit : Vu que le moment du grand œuvre approche, l'instant de l'insurrection, le tocsin de la liberté étant près de sonner, le comité a jugé qu'il étoit nécessaire, pour inspirer plus de confiance à ses principaux agens, de les admettre dans son sein. On s'assied. J'entre en conversation avec le citoyen Babœuf, que je n'avois jamais vu de ma vie. Quand je vis cet individu, qui n'étoit pas plus gros que moi, d'une taille médiocre, ayant encore bien moins d'élocution que moi, que je vis ce *Solon* je me dis : C'est donc là cet homme qui veut jouer le rôle de *Cromwell*! En vérité, j'eus envie de rire.

Bientôt le citoyen Babœuf, par espèce de préliminaire, entra dans de grands détails ; il parla de la misère du peuple, qui paroissoit l'affecter vivement.

Je dis : Effectivement le peuple souffre ; c'est peut être des circonstances plus qu'autre chose. Oh ! dit-il, des circonstances ! ces circonstances n'existeroient pas, si ceux qui nous gouvernent n'étoient pas des scélérats. Il me dit : Quelle est ton opinion sur les moyens de s'y prendre ? C'étoit pour me sonder. En voyant cet individu... j'avois lu une partie de ses numéros où j'avois vu en conscience bien plus d'extravagance qu'autre chose, je dis : Cet homme est peut-être un fou ; si on le faisoit mettre aux Petites-Maisons, cela le guériroit peut-être. Mais voyons.

Plusieurs expériences dans ma vie m'ont prouvé que j'avois quelque ascendant sur les esprits : je me suis quelquefois trouvé à même de calmer des séditions et de ramener les têtes au sens commun. Je dis : Il faut faire cette cure.

Je dis à Babœuf : Ma foi, voilà ce que je crois moi ; ce seroit de faire une pétition pure et simple, d'y ajouter tous les moyens qu'on croiroit convenables et conformes aux loix cependant, mais les moyens qu'on pourroit croire convenables pour bien vite venir au secours de la classe indigente des citoyens : et cette classe indigente, à Paris sur tout, étoit alors dans le dernier état de détresse ; car il vous rappellera, citoyens, qu'au mois de floréal l'an passé, c'étoit le dernier instant du discrédit des assignats. Les classes riches du peuple avoient adroitement reversé tous les assignats dans les mains des classes ouvrières. Le pain valoit 60 à 80 francs la livre ; les travaux n'alloient pas ; le peuple étoit dans un état d'exaspération. Quels moyens Babœuf et ses consorts employoient-ils pour consoler le peuple ? de leur promettre des malheurs plus grands encore ; de leur faire entendre que tout cela n'étoit que l'ouvrage du gouvernement ; d'établir des groupes, d'établir des compagnies d'afficheurs, d'employer tous les moyens propres à soulever ce peuple ; et malheureusement les dispositions que les circonstances faisoient naître n'y étoient déja que trop propres. Je lui dis donc qu'il falloit faire cette pétition, et qu'ensuite nous irions, entre autres démocrates patriotes, former une députation, pour la présenter au Conseil des Cinq-Cents. Je lui dis : Si le Conseil des Cinq-Cents rejettoit notre pétition avec indignation, s'il n'y faisoit pas droit, si enfin nous avions des motifs raisonnables de nous plaindre de sa conduite envers cette pétition, il nous forceroit à prendre d'autres mesures ; qu'il falloit avant tout prendre les voies légales. Alors Babœuf me fixa d'un geste des plus violens. Il est bien, dit-il, question de prendre l'attitude de suppliant lorsqu'on a les armes à la main ! Là-dessus entrèrent aussitôt trois autres individus que je n'avois jamais vus. C'étoit l'ex-général Fyon, l'ex-adjudant-général Massard et l'ex-général Rossignol.

Après la première civilité d'usage, chacun s'assied ; on entre en matière. Je n'avois pas encore totalement désespéré de détourner ces esprits fougueux de leurs projets ; et je vous avouerai, citoyens, que rien ne répugnoit plus à mon cœur que de me voir dans la nécessité de livrer des hommes insensés sous le glaive de la loi. Ces trois hommes étant arrivés ; on entre en matière. D'abord il y eut quelques petits pour-parlers de Rossignol avec Darthé, quelque petit différend sur un article dans un numéro de je ne sais quel journal : c'étoit un article que Rossignol croyoit être de Darthé : Darthé s'excusa, et fit entendre à Rossignol que cela n'étoit pas vrai. Ensuite Rossignol, qui pour la première fois avoit,

ainsi que moi, entré dans ce comité, la conversation avec Babœuf; je remarquai même que, lorsque Babœuf lui dit, c'est moi qu'on appelle Babœuf, Rossignol (avec ses rondes épaules) parut surpris; il lui dit : mais, citoyen Babœuf, je suis surpris d'une chose : comment diable! tu prêches la *loi agraire*, cela n'a pas le sens commun : « Ah! dit le citoyen Babœuf, la loi agraire!
» je suis bien loin de-là; c'est une sottise qui n'a pas le sens
» commun. Comment! la loi agraire qui consisteroit à faire de la
» France une espèce d'*échiquier*, cela n'est pas possible! c'est qu'on
» ne me connoît pas, qu'on n'entre pas dans mes grandes vues; car
» si on y entroit, on verroit que le système du *bonheur commun*,
» que je professe, n'est rien autre chose que celui de *dépropriè-*
» *riser* généralement toute la France. Il ne doit pas y avoir de
» propriétés dans une république démocrate. La terre appartient
» à la nature; les hommes, qui sont tous ses enfans, ont tous un
» droit égal à ses fruits ». Rossignol parut parfaitement convaincu. Oh! dit-il, je reviens! à la bonne heure! vous vous expliquez au moins, je vous entends. Je rends ses propres expressions, car j'ai un peu de mémoire.

Ensuite il fut question d'autre chose. Babœuf dit : Citoyens, nous allons vous faire part d'une partie de nos projets. Voilà un acte insurrectionnel dont je vais vous donner lecture. Vous direz franchement votre opinion; nous y ferons les corrections que vous croirez nécessaires; et nous espérons que, travaillant de concert ensemble, la chose n'en ira que mieux, et sur-tout qu'elle n'en ira que plus vite.

(Ici le témoin se repose.)

Après ces premières petites difficultés dont je viens de vous parler, Babœuf prononça et donna la lecture d'un ouvrage intitulé : *Acte insurrectionnel*, qu'avant de le lire, il nous annonça devoir être imprimé à 60,000 exemplaires, et peut-être plus même, dit-il, suivant que le besoin pourra l'exiger ; il doit être répandu immédiatement avant l'insurrection : cet acte insurrectionnel, composé d'abord d'un *considérant*, où le gouvernement, où la constitution de 1795, où toutes les autorités constituées sont traités de contre-révolutionnaires (on leur attribue absolument la misère publique qui régnoit alors), finit par un ordre au peuple, ou par une proclamation qui déclare au peuple qu'il est en état d'insurrection ; en conséquence, que toutes les autorités émanées de la constitution de 1795 cessent d'exister; que les membres revêtus de quelque autorité, en vertu de cette constitution de 1795, qui voudroient se mettre sur les rangs pour exercer leur devoir, seroient mis à mort, ainsi de suite. Ma mémoire ne rend pas tous les articles, mais cette pièce a été saisie en original chez Babœuf : elle est imprimée. Les citoyens hauts jurés la connoissent : cette pièce donne tous ces détails.

Cet acte insurrectionnel fut généralement approuvé; Babeuf lut ensuite un acte subséquent qui devoit paroître au milieu de l'insurrection. Cet acte s'exprimoit d'une manière beaucoup plus claire que l'acte insurrectionnel : car dans l'acte insurrectionnel, pour ne pas épouvanter le peuple, on ne parle pas de pillage; au contraire, je remarquai qu'on avoit affecté de mettre un article dans lequel l'on parloit du respect des propriétés : mais dans l'acte subséquent on s'exprimoit d'une manière beaucoup plus claire; car on annonçoit le pillage de tous les riches, le partage de leurs biens entre les pauvres, etc. En un mot, cette seconde pièce existe parmi les pièces saisies, et depuis imprimée, aussi-bien que la première.

Après il y fut fait quelques légères discussions; il fut agité un amendement qui avoit pour objet de corriger quelques expressions. Rossignol ne vouloit pas qu'il y en eût de trop modérées; car il n'entroit pas dans son caractère que le peuple se trompât sur ce qu'il avoit à faire. Babeuf dit : Vous avez raison; car il est essentiel de faire d'abord, de faire faire au peuple, des actes qui l'empêchent de rétrograder.

Après la lecture de ces deux pièces qui m'avoient fait crisper les nerfs et hérisser les cheveux, j'étois encore tout ébranlé d'une pareille circonstance, lorsque, s'adressant à moi, peut-être parce que j'étois le plus jeune, peut-être parce que j'étois le dernier initié dans ce complot, et qu'on vouloit savoir quelle étoit ma manière de voir ce projet, on me demanda ce que j'en pensois.

Ce fut là où je commis une imprudence qui faillit me faire périr. Je leur dis : Citoyens...... (On s'étoit déjà étendu sur tous les moyens d'exécution, sur tous les moyens que le comité avoit en main pour l'exécution, moyens que certains philosophes du jour se sont complus à ridiculiser, mais dont, dans le cours de ma déposition, je ferai le détail d'une manière qui ne laissera plus aucun doute.) Je leur dis : « Citoyens, je vois avec bien de l'évidence que vous
» avez en main cent fois plus de moyens qu'il n'en faut pour ren-
» verser le gouvernement actuel, pour renverser la constitution;
» mais, je vous l'avouerai, il me reste quelque chose que je ne
» puis pas concevoir. Qu'est-ce que vous mettrez en place, au
» moment où vous aurez subito renversé le gouvernement? qu'au-
» rez-vous à mettre en place? Vous voulez, dites-vous, établir la
» constitution de 93. D'accord. Mais avez-vous là une Convention
» toute prête, pour dire : Nous jetons ceux-ci en bas, et nous pla-
» çons ceux-là? N'y aura-t-il pas un intervalle entre la chûte du
» gouvernement et de la constitution actuelle, et celle que vous
» voulez mettre en place? Ce sera l'anarchie la plus complète; le

» frein de toutes les loix sera brisé. Enfin je vous prie de calculer
» là-dessus, mais je vous avoue que je ne suis pas sans inquiétudes
» sur les suites de la première explosion. »

Rossignol, Massard, Darthé, Babœuf, tous me fixent d'un air inquiet et menaçant. Rossignol prend la parole : De quoi t'occupes-tu ici ? pourquoi y es-tu appelé ? manques-tu de confiance dans la sagesse du comité ? Il a tout prévu. Sache que tu n'es appelé ici que pour donner des moyens d'exécution comme militaire, et non pour t'occuper du reste : tu dois être plein de confiance dans le comité insurrecteur. Je sentis mon imprudence ; je feignis d'être convaincu des paroles de Rossignol. Alors, ne cherchant plus en moi-même que les moyens de réparer cette imprudence, après avoir laissé parler chacun à sa manière, je me fis une réflexion : ce fut celle de me montrer plus anarchiste encore que les autres. Je dis : Que diable ! ces gens-là, il faut encore les surpasser au moins par les expressions.

Un instant après, je portai la parole. Je leur dis : « Citoyens,
» il me vient une idée que je crois excellente, et je vais vous la
» soumettre.

» Si, une heure avant l'explosion de l'insurrection, nous avions
» des agens placés autour des châteaux qui environnent Paris à
» deux lieues à la ronde, tels que *Bellevue*, *Meudon*, *Trianon*,
» *Vincennes*, etc. qui feroient mettre le feu à ces châteaux, né-
» cessairement le gouvernement y enverroit une partie de ses
» forces au plus vite ; de suite on verroit le camp de *Grenelle*
» d'une part, le camp de *Vincennes* de l'autre, aller porter des
» secours à l'incendie. Ce seroit le véritable moment pour nous
» de tomber sur le Directoire. »

Darthé s'écria : Bravo ! bravo ! rien de meilleur ; c'est excellent ! qu'en pensez-vous, mes camarades ? Tout le monde applaudit. Cependant (car je dois la vérité) le général Fyon, dans le caractère duquel je remarquai toujours qu'il n'entroit aucune mesure violente, je remarquai que peut-être cet homme avoit l'esprit aigri de quelques désagrémens, et au fond n'étoit pas ce qu'on pouvoit appeler proprement un anarchiste, sur-tout comparé aux citoyens Babœuf, Buonarotti, Didier et Darthé ; le citoyen Fyon prévint l'enthousiasme de ceux dont je viens de parler, prit la parole, et dit :

« Citoyens, quelqu'avantageux que soit l'avis de Grisel, je m'y
» oppose, 1°. parce que ce seroit un vrai malheur, une perte
» réelle pour la nation, que la destruction des châteaux dont on
» parle, sur-tout de *Meudon*. Meudon contient une infinité de
» choses précieuses, et qu'à tous égards je crois qu'il sera toujours,
» dans tous les temps et dans tous les cas, utile à conserver. Au
» surplus, ne considérons la chose que sous son rapport politique.

» Pouvez-vous croire que le gouvernement donne dans un piège
» aussi grossier ? Non : il est impossible que le gouvernement
» n'ait pas déja quelques avis, quelque aperçu sur notre cons-
» piration ; il est impossible que le gouvernement ne voie pas que
» c'est un piège, et alors je ne doute pas que le gouvernement,
» loin d'envoyer des forces pour secourir ce château (peut être
» y en enverra-t-il dans le fait), avant tout commencera lui même
» à s'entourer d'une force majeure, d'une force respectable. »

Le citoyen Babœuf goûta parfaitement l'avis du citoyen Fyon, et dit : Citoyen, je suis parfaitement de votre avis ; oui, je ne suis pas du tout partisan de cet incendie, d'autant que je le crois parfaitement inutile, et que nous-mêmes nous nous priverions par ce moyen de bien des objets qui nous seront utiles, et sur-tout les objets que renferme le château de Meudon.

Ma motion, comme vous voyez, citoyens, tomba. Ce n'étoit point ce qui m'inquiétoit ; mais l'essentiel, mon but, étoit de rappeler la confiance en moi que j'avois ébranlée par une motion très-indiscrète.

La séance du 11 floréal se termina par la création d'un comité militaire insurrecteur, qui devoit travailler de concert avec le comité insurrecteur. Cinq membres furent choisis pour composer ce comité militaire ; et ces membres étoient, Germain, l'ex-général Fyon, l'ex-adjudant-général Massard. Ma mémoire peut bien.... Nous étions cinq, moi qui faisois le quatrième ou le cinquième : je ne me mettrai que le dernier ; je n'avois pas assez de talens pour briller avec ces gens-là. Il y avoit un cinquième, ... Fyon, Germain, Massard, Rossignol, et moi : voilà les cinq membres qui furent choisis pour composer le comité militaire. Il fut résolu que, dès le lendemain, ce comité tiendroit ses séances dans un lieu qu'on indiqua sur le moment, qui étoit chez Reis, sellier, rue du Mont-Blanc. Il fut en même temps décidé que le citoyen Germain seroit, entre nous cinq, celui qui communiqueroit directement avec le comité insurrecteur ; et le comité insurrecteur devoit nous fournir tous les matériaux nécessaires pour notre travail.

Avant de sortir, il étoit à-peu-près entre six à sept heures du soir ; avant de sortir de chez Babœuf, voulant, désirant très-fortement que le comité insurrecteur ne changeât pas de place, je fis la motion suivante que je crois adroite ; je fis cette motion : « Ci-
» toyens, nous sommes des auxiliaires relativement au comité
» insurrecteur, nous avons été admis par un excès de confiance de
» sa part en son sein aujourd'hui ; mais je fais la motion expresse,
» qu'à dater de ce jour il change d'emplacement, parce que nous
» ne devons pas à l'avenir savoir où il se tiendra ». J'étois sûr,

par ce moyen, qu'on n'en changeroit pas; j'étois sûr de raffermir en moi la plus grande confiance.

Citoyens, au sortir du comité insurrecteur, le 11 floréal, je crus remarquer la porte de la maison; mais je n'ai pu la fixer d'une manière affectée, et j'étois trop prudent pour le faire: ce qui fit que je me trompai, car je passai le lendemain dans la même rue; je crus que cette porte étoit le numéro 27, mais depuis j'ai su que c'étoit le numéro 21. Il y a quatre à cinq portes pareilles dans la même rue, et du même côté. Le lendemain, à quatre heures après-midi, chacun des membres du comité militaire se rendit chez Reis. J'y fus d'abord; une espèce de servante m'introduisit; je montai un escalier; je fus le long d'un corridor, à main gauche; j'entrai dans une chambre: je ne vis point le citoyen Reis, je ne l'ai pas vu là. Réunis tous les cinq, on parla, on divagua pour mieux dire; car on ne savoit pas où commencer son travail. Le général Rossignol dit: Avant tout, il faudroit que le comité insurrecteur nous donnât un détail du nombre d'hommes que nous avons en main, et sur-tout qu'il nous procure des hommes solides; car, dit-il, je me sers de ses expressions, il ne nous faut pas ici des hommes qui nous pètent dans la main. D'ailleurs, cette expression n'est pas neuve, on l'a déjà pu entendre dans le cours du procès.

Germain étoit avec nous; il s'absenta un instant de la chambre où nous étions, fut dans une autre où je présume qu'étoit le citoyen Reis; il revint un instant après, et nous dit: Reis est choqué de ce que nous ne l'admettons pas dans notre comité; je ne crois pas qu'il soit de notre devoir, ni de notre prudence, de l'admettre. C'est un excellent patriote; mais il ne doit pas faire partie du comité: conséquemment je fais la motion que nous nous retirions; et demain nous verrons à choisir un autre endroit. Tout le monde tomba d'accord de ce fait; et sur le même moment, Germain, ainsi qu'un autre, Massard et Germain, tombèrent d'accord qu'on se trouveroit, le lendemain, chez le citoyen Clerex ou Clerx, tailleur, rue Babille, n°. 10, proche la Halle-au-Bled. On se donna donc rendez-vous chez ce citoyen Clerx pour le lendemain dix heures du matin. Je vous observerai, citoyens, que, dans cette séance chez Reis, au milieu des divaguemens qui furent faits jusqu'à cette époque, je savois d'une manière vague qu'il y avoit des juges-de-paix, une infinité de personnes en place qui faisoient partie de la conspiration, ou du moins (car j'ai la persuasion qu'il entroit dans le système des conjurés, pour donner plus de confiance à leurs nouveaux initiés, de leur faire croire qu'il y avoit sans doute un bien plus grand nombre de personnes dans ce complot qu'il n'y en avoit en effet); ce qu'il y a de certain, c'est qu'ils avoient bien soin de ne nommer persance, et c'est ce qui m'avoit empêché de confier ma déclaration d'une manière formelle à qui que ce soit : car je n'appelle pas déclaration, la confidence que j'avois faite à deux ou trois de mes camarades ; ce n'est pas la déclaration dont je veux parler. Mais, dans le cours de cette séance, on parla du citoyen Carnot, alors membre et président du Directoire exécutif. — Je vis qu'il régnoit une haine invétérée contre cet homme : j'en conclus qu'à coup sûr, s'il y avoit un membre du Directoire qui fût du complot, ce n'étoit pas celui-là. Comme je ne cherchois qu'une occasion favorable pour faire une déclaration positive, mais la faire avec certitude, dès ce moment-là je résolus de m'adresser au citoyen Carnot.

On se retira : il étoit à-peu-près six heures du soir ; je revins chez moi à l'École militaire, et je n'eus rien de plus pressé, le lendemain matin, que d'écrire au citoyen Carnot sous un nom pseudonyme, le nom d'Harmand, en lui indiquant un lieu où il pourroit me répondre. Je lui annonçois qu'il existoit un complot épouvantable ; que j'étois initié dans ce complot ; que je voulois lui en faire la déclaration : qu'il étoit le seul homme en qui je pusse avoir de la confiance ; et je le priois de m'accorder une audience particulière, ou avec quelqu'un qui auroit sa confiance. J'avois pris ce nom d'Harmand en écrivant au citoyen Carnot, parce qu'il falloit que le citoyen Carnot me répondit, et qu'il étoit urgent qu'une lettre sortant du Directoire ne fût pas à mon adresse positive. Je reçus la réponse à l'indication que j'avois enseignée ; je reçus la réponse du citoyen Carnot, le lendemain 14 à six heures du soir, par laquelle il m'assignoit un rendez-vous le lendemain 15 à neuf heures du soir. Pour lors je vais continuer ce que je suis en train de dire, parce que je reviendrai aux séances des 13, 14 et 15, tout-à-l'heure. Les faits se croisent par eux-mêmes, et il est difficile de les suivre autrement.

Le lendemain 15, je me trouvai chez le citoyen Carnot, à 9 heures du soir. Je me fis annoncer sous le nom d'Harmand ; il me fit entrer dans son cabinet, et me demanda ce que j'avois à lui dire. Je me fis d'abord connoître à lui sous mon véritable nom ; il approuva la marche que j'avois tenue, vu qu'il s'agissoit d'une affaire d'une haute importance. J'avois, dans le cours de l'après-midi, ayant eu une heure à moi, j'avois, le plus promptement possible, broché la déclaration que j'avois à faire, c'est-à-dire, l'essentiel, le substantiel. Je lui fis d'abord ma déclaration de vive voix dans tout son détail ; il me dit qu'une pareille déclaration méritoit bien d'être écrite. Je lui dis que j'en avois fait une espèce de brouillon, mais qui ne contenoit que les faits essentiels. Il voulut le voir ; je le lui donnai. Il le lut ; il le trouva bon ; et j'observe même qu'il n'a jamais été signé de moi, c'étoit un brouillon.

Pour lors il m'engagea à suivre la tâche que je m'étois déjà imposée. Je me rappelle que, dans ce moment, je craignois qu'il n'eût pas en moi toute la confiance qu'un individu inconnu peut exiger (1). Je le priai, je le sommai même, à proprement dire, de faire venir chez lui tous les chefs de mon corps, de ma demi-brigade, et de prendre des renseignemens sur ma moralité; car lui dis-je, citoyen, j'ai besoin non-seulement d'une pleine et entière confiance de votre part pour pouvoir continuer ce que j'ai commencé, mais j'ai besoin de cette même confiance de la part du Directoire même. Il sera bien difficile de me l'accorder si on ne consulte les personnes avec lesquelles je vis depuis six ans. Mon corps entier est ici; je vous engage, je vous prie en grace de prendre des renseignemens sur mon compte; car j'exigerai en retour, de votre part, une confiance indéfinie.

Le citoyen Carnot me dit : « De ma part, ces sortes de renseignemens me seroient fort inutiles. » Je lui avois déjà fait voir mon brevet, sur lequel il m'avoit dit : « L'homme qui, depuis 1791, n'a pas jusqu'à ce moment-ci quitté son drapeau qu'il a embrassé volontairement pour défendre sa patrie, n'est pas un intrigant; les intrigans n'ont pas habitude de se conduire de la sorte : d'ailleurs vous me parlez d'une manière franche et loyale; vous ne dissimulez même rien de ce que vous avez fait; » car je lui avois fait le récit de ma lettre de *Franc-Libre à la Terreur*. Il en rit beaucoup, et me dit : « Jamais je n'aurois cru que l'homme qui faisoit cela travailloit à sauver sa patrie. »

Effectivement, citoyens, le lendemain le Directoire fit venir plusieurs chefs de mon corps, sans leur faire aucun aveu. Il leur parla de moi comme on parle d'un autre individu; et aucun de ces chefs, à la réserve de peut-être un, n'étoit initié : mais ce citoyen m'avoit promis qu'il n'en parleroit pas que lorsque la nécessité l'y obligeroit, et ce citoyen étoit le citoyen *Dejean*. Je vis le lendemain soir, à la même heure, quatre membres du Directoire qui m'accueillirent beaucoup, qui me dirent que j'avois toute leur confiance, et qui m'invitoient à travailler, par tous les moyens possibles, pour pouvoir parvenir au but que je m'étois proposé. Ils me demandèrent en même temps si quelque chose m'étoit utile pour pouvoir concourir plus efficacement à mon projet. Je dis qu'oui, j'avois besoin d'un ordre positif qui m'exemptât de tout service; ce qui me fut de suite accordé, parce qu'ayant des occupations très-multipliées, sur-tout au conseil militaire où j'étois capitaine-rapporteur, c'étoit en partie mes occupations qui m'a-

---

(1) Cette phrase est parfaitement celle prononcée par le témoin.
(*Note des sténographes.*)

voient empêché de poursuivre de plus près cette affaire depuis à peu-près quinze jours.

Je vais reprendre présentement la séance du 13. Le 13 floréal, à dix heures du matin, nous nous trouvâmes, n°. 10, rue Bailleul, chez le citoyen *Clerex*, tailleur, ici présent parmi les prévenus.

Le citoyen *Clerex* étoit sans doute instruit, j'arrivai un des derniers; il avoit sans doute le mot d'ordre pour m'ouvrir la porte. Je m'introduis dans une chambre où étoient mes quatre autres collègues. J'observai que le citoyen Clerex ne participoit en rien à nos délibérations; j'observai que le citoyen Clerex étoit considéré par les quatre collègues, par Darthé et tous les autres, comme un bon patriote, mais de ces patriotes imbécilles dont on se servoit comme de machines. Il n'avoit aucune part dans le complot à moi connu; du moins il savoit qu'ils existoit un complot, mais il ignoroit quel étoit ce complot : il en ignoroit le but, et c'étoit ce que les chefs avoient bien soin de cacher à tous leurs prosélytes, car ils trompoient tous ceux qu'ils faisoient servir. Ils promettoient la Constitution de 1793 aux hommes qu'ils avoient engoués de la Constitution de 95; ils promettoient le pillage à ceux qu'ils en savoient amateurs; ils promettoient des places à ceux qu'ils savoient que l'ambition seule dominoit ; ils promettoient des moyens de subsistance, et même en fournissoient autant que leurs facultés le leur permettoient, à ceux que le seul besoin d'exister leur rendoit soumis.

C'est ainsi qu'en réunissant tous les moyens possibles, ils espéroient d'arriver à leur but, qui étoit de renverser la Constitution régnante, en proposant celle de 1793, ensuite d'établir un comité insurrecteur qui eût été, à proprement dire, un ancien comité de salut public et pis encore. Babœuf, de son côté, se disoit intérieurement : *Je vais remplacer Cromwell, je vais établir un parlement à ma mode, tout mettre au-dessous de moi*.

Je ne doute pas que chacun avoit aussi son dessein particulier ; et, comme disoit Babœuf dans une de ses lettres trouvées dans ses papiers, lorsqu'on auroit obtenu les premiers succès, qu'on auroit renversé la Constitution régnante, alors c'eût été parmi les chefs à savoir lequel eût *fauché* l'autre.

C'est dans l'ordre ; il ne faut qu'avoir un peu lu, et sur-tout avoir lu les pièces, pour se convaincre que cette Constitution de 1793 n'étoit qu'un vrai talisman. Les conspirateurs considéroient la totalité de la Nation comme une espèce de bête de somme, à laquelle il n'y avoit qu'un bât à mettre et à monter dessus.

Dans la séance qui eut lieu le 15 floréal matin, chez Clerex, on parla beaucoup ; mais on étoit arrêté, parce que les matériaux nécessaires pour pouvoir établir quelques plans n'étoient pas encore produits de la part du comité insurrecteur. D'un autre côté, le grand levier, le nerf universel, manquoit, je veux dire l'argent. On s'en plaignoit beaucoup. Fyon, non pas Fyon, ce n'étoit pas là ce qui l'occupoit, mais Rossignol et Massard s'en plaignoient beaucoup. Rossignol disoit : Il ne me reste plus qu'une tabatière que voilà pour exister. Massard avoit une paire de bottes qu'il ne pouvoit retirer de chez le cordonnier, parce qu'il n'avoit pas d'argent.

Ces faits ne sont pas superflus, je vais en développer les conséquences. Ces conséquences sont que la majeure partie des individus qui agissoient sous les chefs, agissoient, les uns parce qu'ils étoient dans la misère, les autres parce qu'ils étoient déshabitués du travail de leur état, et qu'ayant fréquenté les sociétés populaires, ils s'étoient crus tout-à-coup des philosophes, et la plupart ne savoient pas lire.

La séance du 13 termina vers à-peu-près midi : chacun s'en fut chez soi; on s'ajourna pour le lendemain dix heures du matin, même endroit. Le 14 floréal je me trouvai, comme de coutume, à dix heures du matin chez Clerex : nous nous y trouvâmes tous les cinq; on se plaignit encore beaucoup de la pénurie des finances (car cet objet tenoit beaucoup à cœur).

Ensuite il y fut résolu que chacun de nous, pour pouvoir abréger le travail, rédigeroit par écrit des notes relatives aux moyens qu'il croiroit les plus propres à employer pour opérer l'insurrection. On s'ajourna en même temps pour cinq heures de l'après-midi pour y apporter ces notes, pour pouvoir s'expliquer plus amplement sur quelques objets de détails qui ont été trop peu importans pour que je m'en chargeasse la mémoire. On s'ajourna donc à cinq heures de l'après-midi : je ne pus m'y rendre qu'entre six ou sept heures du soir. Le comité militaire étoit retiré. Je vis la citoyenne Clerex : je causai peut-être un quart-d'heure avec elle; je la questionnai sur celui qui procuroit des fonds (j'observerai, par parenthèse, que, dans la séance du 12 floréal, j'ai oublié de dire que j'avois entendu parler que c'étoit le citoyen *Félix Lepelletier* qui procuroit des fonds, notamment que depuis quinze jours à trois semaines, on attendoit vingt-cinq à trente louis de sa part qu'il avoit promis; mais il mettoit beaucoup de lenteur. C'est encore ces vingt-cinq à trente louis qui avoient occupé les citoyens Massard et Rossignol, dans la séance du 13 floréal, chez Clerex).

La suite au Numéro prochain.

A PARIS, chez BAUDOUIN, Imprimeur du Corps législatif.

(N°. 37.)

DÉBATS ET JUGEMENS
DE LA HAUTE-COUR DE JUSTICE.

Suite de la Séance du 23 ventôse.

Continuation de la déposition du témoin Gristel.

LE 14 floréal, à six heures du soir, ne trouvant donc que la citoyenne Clerex, je causai avec elle pour m'informer d'où on tiroit habituellement les fonds, et pourquoi on en manquoit; car enfin, lui dis-je, cela seul est capable, non-seulement de retarder, mais même de faire manquer le coup. Elle me dit : ce *Félix Lepeletier* promet beaucoup et donne très peu ; et cependant il est riche, et lui et sa famille devroient bien concourir à procurer des fonds.

Je vous observerai, citoyens, que je ne doute nullement que la citoyenne Clerex recevoit, ainsi que moi, de fausses données ; car cela entroit dans le systême des conspirateurs de n'instruire leurs prosélytes, leurs initiés qu'autant que cela seroit nécessaire ; et, dans tout autre cas, leur donner de fausses données. C'est pourquoi, dans la suite, je me suis apperçu que la citoyenne Clerex avoit dit beaucoup trop en disant non-seulement Félix Lepeletier, mais *lui et sa famille*. J'eus même là-dessus des récriminations qui parurent dans le temps par la voie des journaux, et je m'empressai d'y répondre à la satisfaction de ceux qui récriminoient ; car n'ayant pas eu de preuves que la famille Lepeletier concourût à son projet, il étoit de mon devoir sans doute de reconnoître les erreurs involontaires qui m'étoient échappées dans ma première déclaration du 15 floréal.

Pendant que ma mémoire me le rappelle, je reviens sur la séance du 11 ; j'ai oublié un objet essentiel : Un instant avant de sortir, l'ex-général Rossignol et l'ex-général Fyon avoient parlé d'une autre conspiration qui s'ourdissoit alors par des ex-conventionnels ; Baboeuf avoit paru rejeter bien loin les ex-conventionnels, disant que c'étoient des ambitieux, des lâches qui avoient laissé guillotiner Robbespierre ; qu'il ne leur pardonneroit jamais ; qu'au surplus ce

Débats et jugemens de la Haute-Cour, Tome IIe. G

n'étoit pas l'intérêt du peuple ni le bonheur commun qui les guidoit; que c'étoit purement et simplement le desir de se mettre en place et qu'il s'y opposeroit de toute sa force. Germain qui étoit présent parut partager l'opinion de Babœuf. Quant à Fyon, il parut prendre un avis tout opposé; et même le lendemain je vis Darthé qui me dit : Oh ! Fyon est vendu aux ex-conventionnels ; Fyon est un modéré ; c'est un homme amphibie, on ne sait pas ce qu'il est.

Sur cette affaire-là, il ne fut rien décidé dans cette séance. Tout ce que je remarquai, c'est que Babœuf, comme je viens de le dire, ainsi que Darthé et Germain, montrèrent beaucoup de répugnance à admettre les ex-conventionnels dans leur complot.

Je suis revenu sur ce fait, il m'étoit échappé.

Je reviens donc à la séance du 15. A la séance du 15 floréal, je me trouvai, à dix heures et demie du matin chez Clerex, au comité militaire, comme je m'y étois trouvé la veille. Là, Massard et Rossignol se plaignirent amèrement de l'indiscrétion de Darthé qui avoit amené la veille au comité, après-midi, un étranger, un capitaine de la Légion de police, qui, disoient-ils, est sans doute un bon patriote, très-ardent, mais un peu jeune ; et au surplus il n'entre pas dans notre système d'admettre imprudemment tous ceux qui sont patriotes. Il nous a fait des propositions ; mais ces propositions tiennent à l'examen d'un jeune homme ; il est très-ardent ; mais il ne combine rien.

On discuta encore dans le cours de cette séance différens objets : on parla ; chacun avoit des opinions différentes, l'ex-général Fyon ne vouloit pas qu'on massacrât le Directoire, mais qu'on les retînt en lettre-privée, pour leur faire signer forcément les premiers actes que le comité insurrecteur auroit faits, pour envoyer dans les départemens après le succès de l'insurrection à Paris. Il n'en étoit pas de même des trois autres qui trouvoient que c'étoit des mesures puériles et illusoires, et que dans les grandes affaires il ne falloit pas s'amuser aux pécadilles ; je me sers des expressions qui leur étoient familières. Cette séance du 15 se termina sur les midi, une heure. An sortir de cette séance, je fus avec Massard et Rossignol, je me rappelle ; nous fûmes ensemble prendre un verre de bière dans un café qui est au bas du Pont-Neuf, au coin de la rue du Roule : là survint un capitaine de la Légion de police, nommé Lonlay, qui me connoissoit très-particulièrement, parce qu'il étoit comme moi capitaine-rapporteur d'une commission militaire, et que, sous ce rapport, nous nous étions trouvés plusieurs fois ensemble. Rossignol, particulièrement, le questionna beaucoup sur l'espèce d'insurrection et d'insubordination qui régnoit alors dans ce corps, je veux dire la Légion de police. Lonlay, qui est un excellent militaire et un honnête homme, en parut très-affecté ; il dit même : Ce que je ne conçois pas, c'est que non-seulement le frein de la discipline est totalement rompu parmi nos soldats, c'est qu'ils ont des assignats à foison ; on ne sait d'où cela vient : ils ne font que boire ; une infinité de bourgeois se faufilent parmi eux, et nos soldats n'ont plus ni respect, ni obéissance, ni rien envers nous. Ceci fit bien du plaisir, comme on l'imagine, au général Rossignol. Rossignol voulut sonder Lonlay sur ses dispositions, il lui dit : Mais croyez-vous que vos soldats aient tort ? croyez-vous qu'ils n'aient pas raison, et que sous un gouvernement tyrannique on doive réellement obéir à des chefs qui ne sont que des machines ? Lonlay fut surpris de me voir avec des hommes qui parloient de la sorte : il rompit en visière et s'en fût. Un instant après je quittai Massard et Rossignol ; je m'en fus donc vaquer à mes affaires ordinaires, et la séance avoit été ajournée au lendemain même heure dix heures du matin.

Comme je m'en venois le lendemain, 16 floréal, de l'Ecole-Militaire pour aller chez Clerex, je rencontrai sur le pont de la Révolution le citoyen Germain ; il me demanda où j'allois : je lui dis que j'allois chez Clerex ; je lui fis à mon tour la même question : il me dit, je m'en vais visiter la poudrerie de Grenelle ; mais n'étant pas vêtu en militaire, n'ayant aucune espèce de carte de sûreté sur moi (car, par parenthèse, je vous observerai, citoyens, que la majeure partie des conspirateurs n'en avoient pas), je ne sais pas, dit-il, si les factionnaires me laisseront passer. Je lui dis : Si tu crains cela, nous irons ensemble ; étant avec moi tu passeras. Il me dit, oh ! non : au surplus il ne jugea pas à propos que je l'accompagnasse. Il n'entra pas dans des détails sur la mission qu'il alloit remplir au camp de Grenelle : sur le même moment vint à passer un de mes anciens camarades, un lieutenant d'artillerie, qui venoit de prendre sa démission et qui partoit pour s'en aller, me dit-il, en Hollande. Je ne voulus pas laisser en aller ce camarade sans lui faire un dernier adieu, je lui proposai à déjeuner ; il étoit avec sa femme, et j'invitai le citoyen Germain à venir avec nous. Il y vint par une espèce de complaisance : je m'apperçus bien que la société de ce militaire, ainsi que de moi, lui déplaisoit beaucoup ; peut-être que ses affaires très-pressantes ne lui permettoient pas de rester trop long-temps ; il se retira et s'en fut vaquer à sa mission.

J'arrivai au comité militaire, chez Clerex, à-peu-près à onze heures et demie au lieu d'y arriver à dix et demie. Je n'y trouvai que Massard et Rossignol : ils parurent se plaindre de ce que Germain et l'ex-général Fyon ne s'y trouvoient pas ; je leur rendis compte que j'avois rencontré Germain le jour même, ils en parurent satisfaits ; il n'y eut donc pas séance ; on se retira et on s'ajourna pour cinq heures après midi.

(Le témoin se repose).

Je crois en être resté, citoyens, à la séance qui devoit avoir lieu le 17 floréal, heure accoutumée, c'est-à-dire à 10 heures et demie du matin. Je ne pus m'y rendre que sur les 11 heures; il y avoit deux ou trois membres d'assemblés : j'observe que l'ex-général Fyon, ni Germain, ne s'y trouvèrent pas ; donc il n'y avoit que Rossignol, Massard et moi. Lorsque j'arrivai, je vis qu'il y avoit du mouvement, les deux citoyens que je viens de nommer causoient avec Clerex, ainsi qu'avec la citoyenne Clerex, et l'on ne me dit rien ; on dit. La séance n'aura pas lieu, elle aura lieu à 5 heures du soir. Je sortis avec Massard ; en route, Massard me dit : Tu ne sais pas ? il est question qu'on est en pourparlers avec les ex-conventionnels ; il paroît que cet affaire s'arrangera; il y a quelques petites difficultés, mais tout semble annoncer que cette affaire pourra s'arranger. Pour mon compte, j'en serai content, parce qu'à coup sûr on réussira mieux, les deux réunis ensemble, qu'un seul ; Massard me tint encore une infinité d'autres discours, j'en fis très-peu de cas. Son petit amour-propre le portoit à vouloir me faire croire qu'il étoit le principal chef, qui avoit le premier donné l'idée de ce complot. Il me dit que c'étoit chez Philpin, restaurateur, en face Saint-Roch, là, ou avec plusieurs de ses amis, il avoit le premier donné l'idée de cette conspiration. Mais, comme je vous dis, je ne l'ai nullement cru, car le citoyen Massard ne m'a pas paru assez intelligent pour inventer la pièce qui a pour titre, *création d'un comité insurrecteur* ; je doute même que cette pièce soit l'œuvre d'aucun de ceux qui sont ici, car j'y ai parfaitement remarqué une grande profondeur de génie dans celui qui l'a conçue, et je n'ai nullement remarqué cela dans aucun de ceux que je vois ici. D'où je conclus que ceux qui vouloient se faire croire chefs de cette conspiration, n'étoient tout au plus que des agens subalternes qui peut-être, pour leur compte cependant eussent cherché à faire tourner ce complot, à leur profit, s'il eût réussi. Ce n'eût pas été la première fois qu'on eût vu un chef de conspiration trompé par ses agens secondaires. S'il en falloit citer des exemples récens, je citerois, par exemple, d'Orléans, qui, ainsi que bien d'autres conspirateurs, dépourvu de courage, s'est tenu derrière le rideau, a fait agir des gens plus astucieux, plus entreprenans, plus courageux que lui, qui, ensuite eux-mêmes ont tourné à leur profit leurs succès et ont fauché celui qui étoit censé leur patron.

Le 17 au matin, comme je viens de le dire, il n'y eut pas de séance ; on l'ajourna pour cinq heures du soir ; je m'y trouvai à cinq heures, et personne n'y étoit que le citoyen Massard ; et nous causâmes avec le citoyen Clerex : il dit qu'on étoit en pourparlers avec les ex-conventionnels, qu'on croyoit même qu'il y auroit une entrevue entre quelques-uns des chefs des deux partis,

J'avois vu dans le courant de cette même journée 17 floréal, j'avois vu Darthé, qui m'en avoit beaucoup plus dit que Massard, parce que dans le fait, Darthé, quoique ne portant que le titre d'agent intermédiaire, étoit à coup sûr beaucoup plus membre du comité insurrecteur que Didier qu'on m'a voulu donner pour tel : il me dit donc qu'on étoit en grande difficulté avec les ex-conventionnels ; qu'on étoit bien loin d'être d'accord, que la moindre difficulté étoit celle d'abord de supprimer l'acte insurrectionnel de Babœuf, qui étoit déja imprimé à-peu-près à trente ou trente cinq mille exemplaires ; que cependant ce ne seroit pas là une difficulté essentielle, parce que les ex-conventionnels se proposoient de supporter les frais d'une nouvelle impression, d'un nouvel acte insurrectionnel ; mais que ce qui faisoit une difficulté bien plus grande, c'est que les ex-conventionnels vouloient eux seuls composer la Convention nationale qu'il s'agissoit d'établir ; ce qui n'entroit nullement dans les vues de Babœuf et de ses partisans. Darthé dit : Dans mon opinion, quant à moi, je n'y regarde pas de si près. Si Babœuf et les autres étoient de mon avis, on promettroit tout, on accorderoit tout ; mais on ne tiendroit rien : c'est là, dit-il, la bonne marche : il faut machiavéliser, autrement on ne réussit pas ; mais dans l'occasion, dit-il, on pourra adroitement, sans avoir l'air d'y prendre aucune part, pendant le cours de l'insurrection, les faire tomber, et nous resterons ensuite. Ce qu'il y a de certain, c'est que je ne suis pas réellement de l'avis que ces ex-conventionnels reparoissent de rechef dans une convention nationale : ils ont des préjugés qui ne sont pas les nôtres ; ils ont leur ambition, et c'est le seul motif qui les dirige : ce n'est pas le bonheur commun, le bonheur du peuple, ce n'est pas la démocratie ; c'est l'aristocratie d'eux-mêmes qu'ils veulent et rien de plus : voilà ce que me dit Darthé le 17 floréal.

Je reviens sur cette même journée, citoyens, parce que j'oublois un fait essentiel. Obligé de parler d'abondance sur une multiplicité de faits qui se sont succédés, je crois qu'il m'est très-pardonnable de chevaucher un fait sur l'autre. Le même jour, 17 floréal, je m'étois rendu, sur les 7 à 8 heures du matin, chez Darthé; il n'y étoit même pas lorsque j'arrivai. J'ai un cousin avec qui je suis très lié, très-ami, qui demeure rue Croix-de-la-Bretonnrie ; je savois qu'il y avoit dans ce quartier plusieurs agens du comité insurrecteur, et sur-tout des plus actifs : c'est d'ailleurs ce dont on peut se convaincre par les pièces imprimées ; je fréquentois ce cousin : il suffit que ce cousin fût un notaire, qu'il eût une manière de se mettre, qui n'est pas celle qu'on appeloit ci-devant sans-culotte ; j'avois plusieurs fois sorti, et je m'étois promené avec lui dans Paris, et je craignois qu'il ne parvînt au comité insurrecteur quelques renseignemens qui me rendissent suspect, à cause de la liaison que j'avois avec ce parent. Comme je cherchois à élaguer tout ce qui pouvoit entraîner les soupçons sur mon compte, j'avois conçu d'avance de faire une lettre dans laquelle je peindrois ce cousin comme un grand royaliste, sous les couleurs les plus noires, spécifiant l'endroit où il demeuroit : et de fait, c'est que dans les pièces qui ont paru, j'ai remarqué que l'agent de son arrondissement l'avoit, antérieurement même à cette lettre, déja porté dans la liste des royalistes, non pas lui nommativement, mais la maison qu'il habitoit en entier : donc j'avois bien prévu.

Cette lettre étoit une horreur. J'avois l'air de provoquer le carnage d'un de mes parens : à coup sûr, si j'avois eu affaire à de vrais républicains, ce trait seul m'eût ôté leur confiance ; mais point du tout, cela n'a fait que me la confirmer ; car cela entroit dans leur but. Je n'oubliai pas de dire à Darthé que ce cousin étoit très-riche, avoit beaucoup d'argent. Darthé me dit : C'est bon, on lui rendra visite. Je fus loin de m'y opposer. Ce même jour 17 floréal, j'avois été chez Darthé; Darthé n'y étoit pas : la femme Didier m'avoit fait passer dans son cabinet ; et ayant trouvé du papier, j'avois écrit cette lettre. Darthé vint. Il survint un instant après un jeune homme de 20 à 22 ans, un militaire à-peu-près de ma taille ; je causois avec lui, et on parla d'aller déjeûner. On fut donc tous les trois ensemble, c'est-à-dire Darthé, ce militaire et moi. Nous fûmes au café de Genève, dont j'ai déja parlé au commencement de ma déposition : étant là à déjeûner, survint Massard. Ce jeune militaire avec lequel j'étois me parla beaucoup; et bientôt je sus que c'étoit lui qui étoit le militaire que Darthé avoit conduit au comité militaire le 14 floréal, chez Clerex, dans l'après-midi, à laquelle assemblée je ne m'étois pas trouvé vu que j'étois arrivé trop tard. Il me dit son nom ; il se nommoit *Péche* ; il étoit capitaine au cinquième bataillon de la légion de police, lequel bataillon étoit alors parti de Paris deux jours avant. Lui, il étoit resté à Paris comme dépositaire du magasin d'armes appartenantes à ce bataillon : J'ai été, dit-il, avant-hier, qui étoit le 14, au comité militaire ; je leur ai offert trois cents fusils dont je suis dépositaire ; ce qui a été très-accueilli, comme de raison. Je suis très-ardent patriote. Ces trois cents fusils sont au service du peuple, lorsqu'il sera en insurrection ; ils sont déposés au ci-devant collège d'Harcourt : et en ma qualité de capitaine, j'ai la clef, j'en suis le gardien ; donc je suis bien à même de les distribuer. Il me dit ensuite que c'étoit lui qui étoit venu quelques jours avant. Observez bien que Massard m'avoit déja parlé de cela ; il m'avoit dit qu'un capitaine de la légion de police étoit venu offrir, quelques jours avant, au comité insurrecteur que, si on vouloit, dans une nuit il pouvoit apporter les cinq têtes du Directoire, parce que, disoit-il, il y avoit deux cents hommes à-peu-près de son bataillon qui étoient de service dans le Luxembourg, tous du même parti ; que le lieutenant qui commandoit ces deux cents hommes et qui se nommoit Stévé, étoit également du même parti ; ce qu'il étoit venu proposer à d'aucuns membres du comité, croyant qu'on l'auroit accepté ; mais que Babœuf en un mot . il ne désigne pas Babœuf ; mais que le comité insurrecteur avoit refusé cette offre à son grand regret, cependant ; mais l'avoit refusé à cause que les mesures générales n'étoient pas prises, et qu'un coup partiel n'aboutiroit à rien. Ce même officier, ce même Peche me donna même son adresse, qui étoit rue du Point-du-Jour.

Comme le fait étoit très-important, et qu'il étoit urgent d'ôter ces armes d'un homme aussi dangereux, j'en écrivis bien vite au ministre de la police, pour qu'il en fît part au Directoire exécutif, et qu'on ôtât, le plutôt possible, ces armes des mains de cet homme.

Voilà ce que j'avois oublié relativement à la journée du 17 floréal.

Je ne sais pas, si relativement à la journée du 17 floréal, j'ai parlé du soir : je me suis trouvé le soir, je crois (c'est-à-dire, j'en suis sûr ; mais je ne sais pas si je l'ai dit) ; je me suis trouvé le soir à cinq heures (heure à laquelle on s'étoit trouvé chez Clerex), je n'y trouvai que Massard, et nous n'y restâmes pas long-temps. Nous causâmes quelque temps ; on parla beaucoup de la réunion qui n'étoit encore qu'un projet, à proprement dire, puisqu'il existoit des difficultés dont Darthé m'avoit rendu compte entre les ex-conventionnels et le parti Babœuf.

Le 18 floréal à dix heures du matin, je ne manquai pas de me trouver chez Clerex. J'étois très en peine de savoir quel seroit le résultat de cette réunion projetée entre les deux partis. J'arrivai, non pas à dix heures et demie ; il étoit onze heures du matin ; la majeure partie des membres sortoit. Je rencontrai Germain et Rossignol dans l'escalier qui me dirent : Si tu montes en haut tu trouveras Massard, il te dira des choses qui te feront plaisir. De fait, je remarquai Rossignol et Germain ; je vis leur visage plus gai que de coutume. J'arrivai en haut, je trouvai Massard près de sortir ; nous sortîmes ensemble, nous fûmes ensemble ; je lui proposai . . ., je lui demandai s'il avoit déjeûné ; je crois qu'il me dit que non. Nous fûmes ensemble boire une bouteille de vin blanc. Là, il me fit donc le récit de ce qu'il savoit, que l'entrevue avoit eu lieu la veille chez le citoyen Ricord, rue Saint-Florentin, n°. 5.

Il paroît que les deux partis étoient également tombés d'accord;

qu'au moins c'est ce qu'avoient dit Rossignol et Germain; que lui, pour son compte, il en étoit très-flatté dans cette occasion; même je m'apperçus qu'il y étoit arrivé des fonds; car que quelques jours avant, la veille, je crois, j'avois déjeuné avec Massard, Peche et Darthé; Massard m'avoit témoigné qu'il étoit dans le plus grand besoin, et je lui avois prêté un billet de deux mille francs. Il me le remit le lendemain 18, et je vis même beaucoup d'autres assignats dans son porte-feuille. Je conclus qu'il étoit arrivé des fonds.

Il me dit donc que le comité s'assembleroit à cinq heures après-midi. Je me trouvai entre cinq et six heures : il ne s'y trouva encore que Massard et moi. Massard ne causa pas long-temps; je causai avec le citoyen Clerex, que je savois être au courant; il me dit que la réunion avoit eu lieu la veille; il me fit une infinité de détails sur cette réunion, que tout alloit bien, que cette même réunion devoit encore avoir lieu le même jour. Je tâchai de savoir alors où c'étoit; il me dit, sûrement c'est au même endroit, rue Saint-Florentin, n°. 5, chez Ricord. Je dis, je suis bien aise de savoir cela.

Bien vite je pris un détour, j'arrivai au Directoire, et je lui fis savoir qu'à coup sûr des chefs des deux partis devoient s'assembler chez le citoyen Ricord, rue Saint-Florentin, à onze heures du soir. Une très-forte patrouille fut pour faire la visite de la maison du citoyen Ricord. J'observerai, citoyens, que le Directoire crut devoir prendre les plus grandes précautions; qu'étant presque sûr de prendre les conspirateurs en flagrant délit, il ne crut pas cependant devoir violer l'asyle; il dit : on surveillera seulement s'il entre du monde; et si on a la certitude qu'il y ait du monde, alors on foncera.

La nuit se passe; le Directoire fut sur pied toute la nuit dans l'attente de l'issue de cette affaire. On rapporta qu'on n'avoit vu personne, qu'on s'étoit présenté, qu'on avoit dit que le citoyen Ricord n'y étoit pas, et qu'alors la troupe s'étoit retirée; mais qu'on n'avoit rien vu.

Le lendemain huit heures du matin, c'est-à-dire le 19, je fus chez Darthé. Nous causâmes d'abord ensemble de choses à peu près indifférentes : il me questionna (car c'étoit toujours sa première question) comment alloit le camp de Grenelle, comment alloit l'esprit du militaire. Je lui persuadai que j'avois des agens très-actifs qui travailloient la troupe. Je m'étois chargé de diriger le camp de Grenelle (mais c'étoit une bonne raison pour que le camp fût tranquille ; aussi tout s'y passa bien.)

Je fus, à dix heures du matin, chez Clerex; personne n'y étoit assemblé. Je ne me rappelle pas qu'il se soit rien passé d'intéressant chez Clerex : je ne puis me rappeler s'il y étoit; je me

rappelle cependant bien y avoir été. Je revins à deux heures après-midi chez Darthé; Darthé m'invita à dîner; je dînai avec lui. Il s'y trouva deux autres citoyens dont je ne sais pas bien le nom. C'étoit le citoyen *Henriot* qui devoit diriger une partie des habitans du faubourg Marceau; l'autre, je n'ai pas su son nom; mais d'après certains indices que je ne me rappelle pas bien, ce qui m'a fait présumer que c'étoit *Dufour*; mais je ne puis l'assurer. A l'issue de ce dîner, Darthé me dit : « Il y a au-
» jourd'hui assemblée générale, mais beaucoup plus générale
» que hier, chez le citoyen Drouet; tu es invité à t'y rendre :
» les chefs des deux partis s'y trouveront. Les instans pressent,
» il n'y a rien à négliger; il faut que sous trois jours, au plus
» tard, le coup éclate ». (Par parenthèse, je vous observerai que ce n'étoit pas la faute au citoyen Darthé si le coup n'avoit pas éclaté plutôt; il ne vouloit pas donner de relâche.) Il me dit donc de m'y rendre; il me donna l'adresse, rue Honoré, n°. 90, à l'entre-sol, près la place Vendôme.

Je ne perdis pas de temps, je fus par les détours les plus éloignés de crainte qu'on ne m'apperçut ; je fus vite rendre compte au directoire de cette assemblée; je priai le président du directoire, qui étoit alors le citoyen Carnot, et à qui je fis confidence de cette assemblée; je le priai de donner les ordres nécessaires pour que sur les neuf heures et demie on vînt nous arrêter tous. Je dis : Je serai au milieu d'eux : je lui donnai l'adresse précise.

Je ne sais par quel heureux hasard, soit que le citoyen Carnot ait mal entendu, soit peut-être que je me sois peut-être mal exprimé, au lieu de neuf heures et demie, on vint sur l'ordre onze heures et demie.

Je me suis donc rendu à neuf heures et demie, ou, pour mieux dire, à huit heures et demie, neuf heures moins un quart du soir, chez le citoyen Drouet; la porte étoit entr'ouverte (n'ayant pas de montre, je ne puis préciser les quarts et les minutes.) J'arrivai donc chez le citoyen Drouet; on m'ouvre la porte de son anti-chambre; je vis son domestique, lequel domestique a constamment resté dans l'anti-chambre, et conséquemment n'a eu aucune part à ce qui s'est dit dans la chambre. Ce même domestique, en déclinant mon nom, m'ouvrit la porte et j'entrai dans la chambre où étoient déjà une partie des membres assemblés; les citoyens *Robert Linlet*, *Ricord* et *Laignelot* y étoient : le citoyen *Drouet*, comme on le présume bien, y étoit aussi; *Darthé* y étoit déjà; un nommé *Massé*, que je n'ai jamais connu, dont je n'ai eu le nom que parce Drouet lui-même me l'a dit : ils arrivèrent les uns après les autres; je ne puis pas dire ceux qui sont arrivés les premiers ou les derniers; j'ai seulement remarqué que le citoyen Baboeuf est arrivé à-peu-près à neuf heures un quart. Quand on fut assemblé, voilà les membres qui composoient cette assemblée, le citoyen Drouet, le citoyen Baboeuf, le citoyen Darthé, le citoyen Massard, le citoyen Fion, le citoyen Rossignol, le citoyen Massé dont je viens de parler, mais que je n'ai jamais vu depuis ni avant, et qui n'a même pas, pour ainsi dire, parlé dans le cours de la séance. Moi, comme de raison, j'y étois aussi; je ne crois pas devoir le dire. Ensuite étoit, comme je l'ai déja dit, les citoyens Robert-Lindet, Ricord et Laignelot, que j'ai vus là pour la première fois, car je n'ai vu depuis aucun de ces citoyens.

Il y avoit encore trois ou quatre autres personnes dont je n'ai pas su les noms, car il eût été sans doute imprudent à moi de m'enquérir d'une manière un peu marquée des noms de chacun. J'ai su les noms des citoyens Robert-Lindet, Ricord et Laignelot, parce que le citoyen Drouet à côté duquel je fus durant toute la séance, avec lequel j'eus des conversations toutes particulières, m'a fait connoitre les noms de ces citoyens. La conversation fut d'abord générale; elle fut même entre-coupée, car les citoyens ex-conventionnels très-souvent parlèrent entre eux; les autres de même. Je remarquai que les citoyens Laignelot et Ricord furent les deux seuls qui parlèrent le moins. Le citoyen Robert-Lindet parla durant très-long-temps. Son discours avoit pour objet de prouver que la Convention nationale étoit dissoute par le fait, mais non par le droit, et qu'en conséquence elle étoit censée toujours exister; que ce n'étoit pas violenter; que c'étoit suivre bien correctement les vrais droits de l'homme, que de reconnoître la Convention nationale pour être la seule qui devoit gouverner la France. Jusqu'alors on parla de la Constitution de 1793 dans les termes, dans les expressions dont on en avoit déja parlé à la séance du 11 floréal chez Baboeuf: on parla ensuite des moyens d'exécution. Darthé avoit fort à coeur sa motion d'incendier les châteaux autour de Paris; il y revenoit sans cesse. Je crus en avoir apperçu cependant la véritable cause. Darthé étoit mon patron dans cette affaire. Sans doute qu'afin de me faire admettre dans le sein du comité insurrecteur, il avoit prôné mes talens: donc son amour-propre étoit intéressé à maintenir mon opinion; voilà comme j'ai conçu la chose. Le général Fyon y étoit aussi, et lorsque Darthé parloit d'incendier, lui parloit toujours dans le même sens, et le citoyen Baboeuf aussi. Nous croyions que le citoyen Baboeuf et le citoyen Fyon s'opposoient à l'adoption de cette motion comme ils l'avoient fait précédemment.

Sur les neuf heures et demie (c'est là où je connus ce que c'étoit que des conspirateurs de cette trempe); sur les neuf heures et demie, une patrouille à cheval s'arrêta devant la porte naturellement. Je croyois franchement que c'étoit l'instant de venir faire l'arrestation; j'en avois du regret, car je ne voyois aucune pièce de conviction devant moi. Je voyois l'affaire manquée ; je ne savois pas avec précision où demeuroit Babœuf, et à coup sûr, si avec les 22 liasses saisies chez Babœuf, on a't encore quelques difficultés pour faire le procès des conspirateurs, qu'eût-ce donc été si on les eût pris sans aucun papier : à coup sûr j'étois victime, je le sais, je l'avois prévu d'avance.

Sur les neuf heures et demie, cette patrouille à cheval s'arrêta devant la porte : je vois à l'instant tout le monde trembler ; je crois même que s'il s'étoit trouvé un lit prochain, le citoyen Darthé se seroit fourré entre deux matelas : alors le citoyen Massard vouloit lever le rideau. C'étoit un rideau de tapisserie très-épaisse qui masquoit la fenêtre. Le citoyen Drouet l'en empêcha et passa dans son anti-chambre qui n'étoit pas éclairée, et à travers des fenêtres vit ce que c'étoit. Chacun se demanda dans cet instant : N'as-tu point quelques papiers suspects ? Drouet avoit déjà dit : Je ne crains rien ; je n'ai rien de suspect chez moi. — Ni moi non plus. — Ni moi non plus. Chacun en dit presque autant. Cependant cette patrouille passa son chemin après avoir fait une pause. Chacun revint. On tâcha de se reconnoître le mieux qu'on put, et alors Massard, un instant après, reprit la parole ; il l'avoit déjà tenue quelque temps : il avoit en effet un superbe projet à dévoiler ; il étoit nécessaire qu'on le détaillât. Le citoyen Massard, en sa qualité de militaire, ci-devant ex-adjudant général, avoit conçu le projet d'une armée révolutionnaire qui auroit été composée de plusieurs bataillons qu'on auroit envoyés divisement, les uns du côté de Beauvais, les autres du côté d'Orléans, les autres du côté de *Meaux en Brie*, etc. Ces bataillons d'armée révolutionnaire auroient eu pour mission de faciliter les approvisionnemens de Paris, et en même-temps de propager l'insurrection dans les départemens ; il en avoit conçu tous les détails, même les plus minutieux, les détailla très au long, fut très-applaudi, mais cependant il avoit l'air d'adresser la parole plus particulièrement au citoyen Robert Lindet. Robert Lindet en revenoit toujours à dire : Ce sont des choses qu'on réglera quand il en sera temps : occupons-nous maintenant des moyens d'exécution ; ceci ne viendra qu'après. Bientôt on sut qu'il étoit onze heures moins un quart ; on songea à se séparer, parce que partie des citoyens qui composoient cette assemblée, n'avoient pas de carte de sûreté, et il étoit urgent de se retirer plutôt avant qu'après onze heures.

Babœuf sur-tout n'avoit pas de carte de sûreté, et, autant que je peux me rappeler, Darthé lui donna une espèce de certificat ou de carte, je ne sais pas bien ce que c'étoit, un papier qui pourroit lui servir de passe pour retourner chez lui tranquillement.

Chacun s'en fut. Drouet proposa aux membres si on vouloit accepter un verre de vin. La majeure partie ne jugea pas à propos de l'accepter : il n'y eut que Darthé qui resta avec le citoyen Drouet.

Du même pas je courus bien vîte au Directoire. Je fus me plaindre de ce qu'on n'étoit pas venu arrêter ; mais en même-temps je témoignai que j'en étois bien aise, parce qu'aucune pièce de conviction n'eût été saisie.

Le Directoire dépêcha quelqu'un pour aller empêcher la troupe d'entrer chez Drouet, mais cette personne n'y arriva pas assez tôt, la troupe y étoit entrée : conséquemment l'asyle du citoyen Drouet se trouvoit, si l'on veut, violé ; mais le Directoire avoit observé que le citoyen Drouet demeurant dans une maison où l'on tenoit des chambres garnies, maison essentiellement publique, il n'étoit pas censé avoir positivement un domicile ; qu'en conséquence dans une maison publique on pouvoit y entrer, et que la police avoit le droit d'y faire des perquisitions : voilà les motifs qui déterminèrent le Directoire à ordonner la visite chez le citoyen Drouet. Enfin, à une heure de la nuit, je sus que la visite avoit eu lieu, conséquemment que tout étoit à-peu-près découvert. Le Directoire en étoit fort alarmé. Moi-même d'abord je ne savois quel parti prendre ; je ne trouvois point moyen de pouvoir renouer les bouts ; mais après une courte réflexion je me dis : Mais les citoyens Germain et Choudieu n'étoient pas à l'assemblée. Choudieu, parce que j'ai su qu'il étoit du parti des ex-conventionnels, par la raison que le citoyen Ricord avoit dit dans la séance du 19 soir : Mais pourquoi donc Choudieu n'est-il pas venu ? Robert Lindet répondit : C'est son habitude. Il ne se trouve aux assemblées que le moins qu'il peut. Je dis en moi-même : A coup sûr il y aura des soupçons de la part de Darthé, mais ces soupçons vont rouler sur ceux qui ont manqué. Dans cette même séance du 19, il avoit été en dernier résultat arrêté que le lendemain 20 on se rassembleroit dans le même endroit, à la même heure, mais qu'avant, les agens principaux du douzième arrondissement de Paris s'assembleroient chez Massard, sur les quatre heures de l'après-midi, à l'effet de concerter ensemble tous les moyens pour exécuter l'insurrection.

Je reviens donc à la journée du 20. A cinq heures du matin je fis passer au citoyen Carnot, président du Directoire, une invitation de faire consigner le camp de Grenelle, au plus tard pour midi, sans lui en expliquer les motifs qui demandoient trop de détails.

Sur les cinq heures du matin je n'hésitai pas ; je fus trouver Darthé. En arrivant, je lui fis voir l'enthousiasme le plus fort, je lui dis que les têtes du camp de Grenelle étoient exaltées au dernier période, qu'il étoit temps que le coup éclatât, parce que les soldats prendroient peut-être l'initiative de l'insurrection, ce qui n'entroit pas dans nos combinaisons : je lui dis de plus, les têtes sont tellement montées, qu'hier, sous une tente, n'ont ils pas comploté tout haut d'aller égorger le général Darignau qui se tient à Issy ! Cela a été entendu ; ce général a eu des avis ; il s'est entouré d'une force imposante quand ils ont été pour exécuter, ce qui les a forcés de se retirer.

Heureusement qu'aucun d'eux autres n'est connu ; mais il est urgent que le coup éclate, parce qu'autrement ils feront d'autres étourderies qui pourroient nous compromettre. Darthé me fixoit, me regardoit, ne paroissoit pas goûter avec tout le zèle possible ce que je lui disois.

Mais, dit-il, n'y a-t-il eu que cela au camp ? Ma foi, dis-je, sur les cinq heures du soir on a voulu faire une levée extraordinaire de grenadiers, une garde de renfort, qui étoit, je crois, pour faire un renfort pour le Directoire exécutif.

Ensuite il m'appelle dans son cabinet, et me dit d'un air très-pénétré : Mais, dit-il, sais tu qu'hier nous avons été bien heureux ? Sais-tu qu'un instant plus tôt ou plus tard deux cents hommes, le sabre à la main, entreroient chez nous pour nous prendre. Diable, dis-je ! comment cela est il possible ? — Oh ! dit-il, c'est bien certain. — Comment ! il y auroit donc une trahison ! Ce n'est pas possible. — Je ne sais, dit-il, à quoi l'attribuer. — Je dis naturellement : Ceci est bien fait pour jeter des soupçons sur quelqu'un. Qui est-ce qui a manqué hier ? Je me dis : je ne sais pourquoi Germain ne s'y est pas trouvé. Je suis loin, repris-je, de jeter des soupçons sur Germain ; j'ai lieu d'être surpris de son absence dans cette séance.

Enfin Darthé étoit très-inquiet, ne savoit quel parti prendre. Je le rassurai. Je dis : Mon camarade, il faut réfléchir ; tu n'y es plus. Réfléchissons : A-t-on été chez Babeuf ? C'est là où sont les pièces ; c'est là le point essentiel. Et on n'a pas été chez lui ; il n'y a pas de soupçon. Il faut t'observer que Drouet demeure dans une rue très-passagère ; les agens de la police vont et viennent. Drouet, qui est très-suspect au gouvernement, a pu être surveillé. On a vu entrer avant hier beaucoup de monde chez lui : peut-être est ce là la cause qui a déterminé cette visite. Si c'eût été une trahison, on eût été à coup sûr, chez Babeuf, saisir les pièces. Tu as raison, repondit-il ; je ne pensai pas à cela. Il envoie bien vîte quelqu'un chez Babeuf pour savoir si on a été chez lui. Nous eûmes effectivement bientôt avis qu'on n'y avoit pas été. La raison étoit bien simple ; je ne savois pas son numéro, son adresse.

Pour lors, comme j'avois toujours fait croire à Darthé ainsi qu'aux autres que j'avois plusieurs agens très-actifs, très-intelligens, qui secondoient mes vues et celles du comité dans le camp de Gre-

nelle ; et comme il avoit été arrêté dans la séance du 19 chez Drouet, que, le lendemain à quatre heures après-midi, tous les agens généraux des douze arrondissemens de Paris se trouveroient chez Massard, je proposai en même temps à Darthé d'y faire venir aussi mes agens ; car je ne voulois pas oublier la moindre circonstance faite pour rassurer la confiance que je voyois qu'on avoit en moi. Darthé me dit : « Non, il n'est pas nécessaire de les faire venir avec
» les autres autres agens ; mais tu n'as qu'a les faire venir et te trouver
» à cinq heures après-midi sur la terrasse qui est parallele à celle
» des Feuillans, je m'y trouverai avec Rossignol ; tu les amèneras ;
» nous irons dîner ensemble, et là nous les instruirons et leur don-
» nerons les avis qui leur sont nécessaires ; mais il ne faut pas qu'ils
» nous connoissent pour ce que nous sommes. Notre grand sys-
» tême est l'isolement général ». Je lui répondis : Pour m'assurer votre confiance, je veux vous faire voir combien, et avec quel zèle je remplis les intentions du directoire de salut public ; je veux vous les faire connoître.

Vous vous rappelez, citoyens, que le même jour, dès cinq heures du matin, j'avois envoyé au citoyen Carnot l'invitation de faire consigner le camp, pour, au plus tard, à midi. Dès ce moment-là, mon plan, pour la journée, étoit concerté dans toutes ses parties. Je me trouvai donc à deux heures après-midi, et j'y trouvai l'ex-général Rossignol (Je ne sais pas si je ne me suis pas trompé de nom, et si je n'ai pas dit l'ex-général *Fyon*; c'étoit *Rossignol*) avec Darthé. Je leur dis : « Ma foi, l'étourderie des volontaires qu'ils
» ont faite hier envers le général Davignan, a eu l'effet que je
» craignois. Il en est résulté qu'on a consigné le camp ; j'ai même
» eu la prudence de ne pas passer les barrières ; je n'aurois pu
» revenir : mais mes agens m'ont fait dire par un des hommes de
» garde à la barrière, que si on me voyoit, on me dise que cela
» alloit bien ». Comme il étoit possible que Darthé et Rossignol sussent que le camp étoit ou n'étoit pas consigné, il étoit essentiel qu'il le fût réellement.

Alors ils me dirent : Bon ! c'est la même chose ; nous allons dîner ensemble. Nous fûmes alors chez *Philpin*, restaurateur, en face de S. Roch : nous dînâmes ensemble. Après le dîner, nous fûmes prendre le café dans un café voisin où se trouvoient beaucoup de militaires destitués qui m'ont paru être des personnes initiées dans le complot, mais que je n'ai pas connues.

Delà nous gagnâmes la rue des filles Saint-Sauveur et arrivâmes chez Massard. Nous y arrivâmes à-peu-près à quatre heures et demie après-midi, Darthé, Rossignol et moi. Nous y trouvâmes Massard, cinq à six autres que je n'avois jamais vus dans les séances, dans le nombre desquels étoit entre autres un nommé *Paris* que je crois ex-commissaire. Je vis aussi deux citoyens que je ne connoi‹sois pas : *Moroy*, *Cazin* ; l'ex-général *Fyon*, y étoit ; le cit.- *Didier* y étoit aussi : *Germain*, qu'il ne faut pas oublier, y étoit aussi.

Il y avoit une table, et Germain se mit en devoir de faire les fonctions de secrétaire. Chacun des agens qui étoient-là avoit, en conséquence de l'avis qu'il en avoit reçu, apporté des notes, des renseignemens sur différens projets. Germain se mit en devoir de faire les fonctions de secrétaire.

Ensuite on étoit convenu la veille, au comité, à l'assemblée chez Drouet, on étoit convenu qu'il faudroit du vin, parce que, dans le nombre, il y avoit des hommes qui l'aimoient beaucoup.

On se mit donc à boire et à causer ensemble. Chacun donna ses moyens d'éxécution ; chacun fut à son tour orateur.

Le citoyen Cazin parla très-longuement ; il exposa tout son patriotisme, et tout le zèle qu'il mettoit à servir le comité insurrecteur ; il déploya ensuite tous les moyens militaires qu'il crut propres au succès de l'entreprise. Entre beaucoup de choses qu'il dit, ce qui fut le plus généralement applaudi, ce fut d'établir un pont de communication entre le faubourg Antoine et le faubourg Marceau : ce projet fut généralement goûté ; il proposa ensuite, qu'en cas que l'insurrection n'eût pas d'abord tout le succès qu'on en attendoit, il seroit prudent de s'assurer une retraite du côté de Montmartre ; ce fut encore généralement applaudi. Ensuite le citoyen Moroy se mit aussi en devoir de donner quelques avis ; entre autres choses, il parla d'un bateau chargé de fusils, qui étoit sur la Seine, vis-à-vis le quai de la Ferraille. Tous ces objets furent inscrits par Germain avec bien du soin. On buvoit beaucoup dans le cours de cette séance, sur-tout le citoyen Cazin.

A la fin de la séance, Cazin, qui avoit été applaudi dans le cours de ses opinions, vouloit parler de tout et jasoit beaucoup. Germain vouloit le faire taire ; Cazin reprochoit à Germain de faire sans cesse des phrases, du bel esprit ; Germain lui répondoit qu'il ne cherchoit point à faire de phrase, et que s'il parloit mieux que lui, c'est que cela lui étoit naturel ; l'autre lui reprochoit ses mots recherchés : la querelle s'échauffa ; durant ce temps, une partie des autres membres s'étoit retirée, il ne restoit plus que trois ou quatre personnes. L'ex-général Rossignol s'étoit retiré et même un des premiers, et avant de se retirer il avoit remis, je ne sais si c'étoit un ou deux louis dans la main du citoyen Fyon.

La querelle entre Germain et Cazin alloit toujours en s'échauffant, et même devenoit très-indécente ; l'ex-général Fion paroissoit très-peiné de cette querelle, et l'on voyoit un homme très-mécontent des associés qu'il s'étoit produits. Enfin il se mit le pacificateur des deux partis, leur fit voir que leur conduite n'étoit pas celle qu'ils devoient tenir; j'aidai à calmer la querelle: au moment de se retirer, les citoyens Cazin et Moroy qui étoient proches la porte, se concertèrent ensemble; et ensuite Cazin portant la parole, dit: Citoyens, j'ai beaucoup de zèle, mais malheureusement je ne suis pas riche; je n'ai pas de travail : vous savez avec quel zèle j'aide les révolutionnaires; mais j'aurois besoin, ainsi que mon collègue Moroy, de quelque chose : alors l'ex - général Fyon s'approcha et leur remit, je ne sais si c'est deux ou trois louis en or, en leur disant que ces deux ou trois louis en or changés contre des assignats (le louis valoit alors 18 à 20 mille francs) les mettroient à leur aise, et même leur procureroient des facilités pour tenir de petits conciliabules pour préparer les esprits dans leur faubourg; qu'au surplus quand cela seroit épuisé, il y auroit d'autres ressources.

Je crois, citoyens, en être resté à la séance qui eut lieu chez Massard, le 19 floréal, dans l'après-midi. Au sortir de cette séance, Darthe me dit : Vu que le lieu de rassemblement ne peut plus avoir lieu chez Drouet, nous avons choisi un autre endroit beaucoup plus favorable; d'ailleurs, nous avons arrêté au comité insurrecteur, que les séances nocturnes étoient nécessairement plus suspectes à la police et étoient beaucoup plutôt apperçues : en conséquence il avoit été arrêté que demain à midi on s'assembleroit rue Papillon, faubourg Poissonnière. Je lui demandai chez qui et quel numéro; mais comme tout étoit mystère, il me répondit : Tu n'as pas besoin de le savoir aujourd'hui, tu viendras demain sur les onze heures chez moi, et je t'y conduirai : c'est bon, dis-je. Je sortis donc de cette séance. Comme je m'en venois, je rencontrai dans la rue de la grande Truanderie le citoyen Didier qui fut fort étonné de me rencontrer dans cette rue. Le motif qui m'y avoit conduit étoit de découvrir, par tous les moyens possibles, la demeure de Babœuf que je ne savois pas au juste et qu'il étoit urgent de savoir, parce que toutes les pièces de conviction étoient chez Babœuf, et qu'il n'y en avoit nulle autre part. Didier m'invita à prendre, je crois, un verre de vin que j'acceptai. Je tâchai, le plus adroitement qu'il me fut possible, de le sonder sur divers objets; et de fait, le même soir, à onze heures de la nuit, je me rendis au Directoire. Les directeurs m'attendoient déjà depuis long-temps avec une grande impatience. Aussitôt que je fus arrivé, je leur détaillai tout ce qui s'étoit passé dans cette séance. On sentit que l'instant étoit pressant; un d'eux même vouloit à toute force, sur le moment même, qu'on fit l'arrestation de ceux connus, dont on savoit la demeure.

La suite au Numéro prochain.

A PARIS, chez BAUDOUIN, Imprimeur du Corps législatif.

(N°. 38.)

DÉBATS ET JUGEMENS
DE LA HAUTE-COUR DE JUSTICE.

Suite de la Séance du 23 ventôse.

Continuation de la déposition du témoin Grisel.

Je répétai au Directoire qu'il me falloit une confiance pleine et entière, sans quoi le coup réussiroit et l'arrestation ne seroit rien. Le citoyen Carnot appuya fortement ma proposition, et dit : J'ai pleine et entière confiance dans Grisel; et quand nous serions à une heure de l'explosion de l'insurrection, s'il demandoit encore quelques minutes, je les lui accorderois.

Alors ils me demandèrent par quels moyens je pourrois le lendemain opérer l'arrestation, puisque, d'après ce dont je leur rendois compte, je ne savois pas avec précision l'endroit où le rassemblement auroit lieu le lendemain, parce qu'en pareil cas ce n'est rien savoir que de ne savoir que le nom de la rue, et que, d'une autre part, je n'avois pas encore pu découvrir avec précision la demeure de Babœuf. Je leur répondis que tout cela n'étoit rien, que je répondois de tout sur ma tête, et qu'on pouvoit placer des réserves dans les endroits les plus voisins de la rue de la Grande Truanderie et du fauxbourg Poissonnière, et qu'au plus tard le lendemain, dix heures du matin, je saurois avec précision ces adresses. Le Directoire consentit à ce que je demandois. Pour lors le lendemain matin j'avois deux personnes avec moi qui avoient toute ma confiance, et à qui je dis tout ce qu'elles avoient à faire. J'écrivis une lettre conçue à peu-près en ces termes; m'adressant à Babœuf, je lui disois : « Citoyen, les agens généraux des arrondissemens de Paris ont
» comparu hier au comité militaire ; je crois que, pour donner pleine
» confiance à mes agens secondaires, il seroit nécessaire qu'on les
» fît comparoître aujourd'hui : je vous demande là-dessus votre
» avis. »

Ensuite, par post-scriptum, je lui demandois l'adresse positive du rassemblement qui devoit avoir lieu rue Papillon, afin que je pusse

Débats et jugemens de la Haute-Cour. Tome IIe. H m'y trouver entre onze heures et midi. Je savois que la citoyenne *Clerex* avoit habituellement les fonctions de messager pour porter divers objets à Babœuf. Je fus donc chez elle sur les huit heures du matin. J'avois aposté d'avance une personne à laquelle j'avois dit simplement : Vous me verrez sortir, je m'en irai du côté de la rue Saint-Honoré ; il sortira, un instant après, une femme d'à-peu-près quarante à cinquante ans ; elle prendra du côté de la Halle-aux-Bleds, vous la suivrez ; elle gagnera la rue de la Grande-Truanderie ; vous remarquerez simplement le numéro de la maison où elle entrera.

J'entrai donc chez le citoyen Clerex, je trouvai sa femme ; je lui dis que c'étoit une lettre très-pressante à porter à Babœuf, et que je la priois de la porter de suite : elle me dit que je venois bien à propos, parce qu'elle avoit quelque chose à porter à Babœuf de la part de Félix Lepelletier. Je descendis, je m'en fus du côté que j'avois affaire ; je ne pris même pas garde si la personne que j'avois postée étoit à son poste. Point du tout ; cette personne, faute d'intelligence, ou soit que je me sois trop mal expliqué, s'étoit en allée après m'avoir vu entrer : il en résultoit que ma mesure étoit déconcertée. Un instant après je vis un des généraux qui devoient opérer l'arrestation ; il me demanda à quoi j'en étois : je dis : Le coup est manqué ; je ne sais plus comment je m'y prendrai pour avoir l'adresse de Babœuf ; je vais trouver un autre expédient. Qu'est-ce que je fis ? je savois bien que la femme Clerex n'étoit pas encore de retour ; je fus bien vîte chez Clerex ; je le trouvai ; je lui dis : Votre femme est-elle de retour, avec un air empressé ? Non, pas encore. Morbleu, c'est bien dommage ; j'ai oublié un objet très-essentiel, et même il faut que Babœuf le sache de suite : je sais bien à-peu-près sa maison, il n'y a que le numéro que je ne sais pas ; faites-moi le plaisir de me l'indiquer. Clerex dit : Je ne sais pas le numéro ; mais il n'y a pas à s'y tromper, c'est la première porte bâtarde, rue de la Grande-Truanderie, en tournant par la rue Verdelet.

Je sortis bien vîte : j'écrivis ces renseignemens ; je passai dans la rue de la Grande-Truanderie ; je m'assurai du numéro de la porte, et bien vîte je redonnai le billet cacheté à une personne que j'avois, qui fut le porter à ceux qui devoient opérer l'arrestation, et en même temps au Directoire. Il restoit à savoir l'adresse de Dufour, rue Papillon. Je devois, il est vrai, aller chez Darthé, sur les 11 heures et demie, pour y aller avec moi ; mais il falloit nécessairement que les réserves disposées pour faire l'arrestation en fussent instruites beaucoup plutôt. Qu'est-ce que je fis ? sur les 10 heures du matin je retournai chez Clerex ; sa femme étoit de retour ; elle me remit la réponse de Babœuf, non signée de sa main, mais écrite de sa main, et revêtue du cachet du comité insurrecteur, dans lequel billet Babœuf me dit :

« Ne mettons pas trop de monde dans le secret, il y en a déjà
» assez. Si tes agens ont confiance en toi, ils te croiront quand
» tu leur assureras l'existence d'un comité libérateur du peuple.
» Au surplus, s'ils pouvoient en douter, la vue du présent leur
» suffiroit. »

Par *post-scriptum* il me donnoit l'adresse positive de Dufour. Je fus doublement flatté de ce billet ; car je craignois que les arrestateurs ne fussent pas assez subtils pour saisir les pièces qui étoient chez Babœuf, d'autant que ces pièces n'étoient pas cachées ; elles étoient sur une table. Il y avoit deux portes à passer avant que d'entrer dans la chambre, et il ne falloit qu'un instant pour les réduire en cendres ; c'étoit ce que je craignois, et alors je me serois trouvé dépourvu de toute espèce de pièces à l'appui des déclarations que j'avois déjà faites. Ce billet étoit une pièce de conviction, certain qu'il étoit écrit de la main de Babœuf : c'étoit, à tous égards, une preuve que je me trouvois avoir en main en cas que les autres ne fussent pas saisies.

Je fus donc bien vite porter le billet au général même qui devoit faire l'arrestation. Il étoit en habit bourgeois. Nous fûmes ensemble dans la rue Papillon ; nous prîmes toutes les mesures nécessaires, et examinant tous les alentours de cette maison pour être certains du côté qu'il falloit que la troupe vienne pour que personne ne pût échapper.

De la rue Papillon je m'en vins chez Darthé, qui devoit m'attendre: il étoit alors midi moins un quart. Darthé probablement s'étoit ennuyé, il avoit pris le parti d'écrire l'adresse et de la remettre dans les mains de la femme Didier : elle étoit à la porte de la rue au moment où je vins ; elle me dit : Darthé est parti ; il m'a donné ceci pour vous remettre. Je jugeai que c'étoit l'adresse de Dufour, de l'écriture de Darthé. Je n'ai pu que le présumer ; car je n'ai jamais vu que cette seule pièce, que j'ai présumée être de l'écriture de Darthé. Toutes les apparences me l'annonçoient.

Alors accablé, exténué de fatigues, car à-peu-près en quinze jours je n'avois pas dormi deux heures, je m'en vins chez moi, et même je tombai, pour ainsi dire, sans connoissance, d'excès de fatigue. Ce jour-là je ne pus pas aller au Directoire ; je m'y rendis le lendemain. Les Directeurs me félicitèrent, et même le citoyen Larevellière-Lépeaux me dit qu'il étoit impossible de me récompenser comme je le méritois. Je lui répondis, ainsi qu'au Directoire : Citoyens, ce n'est pas vous, ce n'est pas moi, que j'ai servi seulement, c'est la patrie entière, et ma récompense est là (montrant son cœur). Je n'en veux pas d'autre. Toute autre seroit ignominieuse.

Voilà, citoyens, voilà le détail de tous les faits que ma mémoire me fournit. Dans le cours des débats, sans doute, il pourra me revenir quelques circonstances; mais ce qu'il y a de certain, je garantis la vérité de tout ce que je viens de dire; et l'Éternel seroit-il, la foudre à la main, qu'il ne m'en seroit jamais départir, parce que c'est la vérité.

Le président: Votre déclaration est elle finie ?

Grisel: Oui elle l'est; voilà ma déclaration, restera le débat; je demande simplement en grace aux prévenus de ne parler qu'un à la fois, de ne me . . . .

Germain: Citoyen président, je demande la parole pour une observation; il est nécessaire que vous demandiez d'une manière positive au témoin si sa déclaration est finie, si sa déclaration est close, s'il n'a plus rien à dire sur les prévenus, sur les accusés; voilà sur quoi il doit prononcer d'une manière formelle et positive.

Le président: Vous avez raison jusqu'à un certain point, si vous croyez que sa réponse n'est pas satisfaisante; mais il a dit : Voilà tout ce que ma mémoire me fournit; il est possible que dans les débats une objection qu'on me fera, me rappelle une autre circonstance. Entendez-vous que la réponse qu'il va faire textuellement exclue tellement une observation, qu'elle vous donne le droit de dire, Il ne peut dire cela, parce qu'il ne l'a pas dit dans sa déposition ?

Réal: C'est le cas de lui adresser tout bonnement la question que la loi dicte: *N'avez-vous plus rien à dire?*

Germain: Depuis un an, il a eu le temps de se rappeler tous ces faits.

Grisel: Citoyen président, je le répète, ma mémoire n'est pas un livre ; et tout le monde sait, par expérience, que tel fait qui nous échappe pour l'instant, nous revient le lendemain : donc elle est close, ma déposition ; je la considère comme close, sauf les circonstances et les éclaircissemens qu'amenera le débat.

Elle est close, c'est ainsi que je la considère.

Le président: Je demande aux citoyens prévenus qu'ils veuillent dire ceux qui demandent la parole, afin que je puisse régler l'ordre dans lequel ils parleront demain.

Antonelle: Je demande la parole à l'instant même.

Le président: Vous l'avez.

Antonelle : Citoyens juges et citoyens jurés, autrefois les puissans de la terre se donnoient le passe-temps de livrer aux bêtes féroces les amis de la liberté publique, un à un. De nos jours, on les livre en masse aux insultes des plus vils mouchards, comme aux impostures des calomniateurs stipendiés.

Le combat dans l'ancienne arène n'avoit du moins rien de honteur ; mais qui de nous pourroit endurer l'immortelle humiliation de jouter en champ clos contre un cousin?

Vous venez de l'entendre, citoyens jurés, et d'autres l'avoient entendu. Le misérable dégorge une seconde fois, sur les victimes qu'il est chargé de poursuivre, le fiel dont déborde son ame longuement empoisonnée et l'écume de sa nouvelle rage: il est permis de penser qu'on lui a prescrit d'avance la mesure qu'il doit en déverser sur chacun d'eux.

Mais on s'est abusé peut-être, si l'on a cru que ce fût-là un sûr moyen de les perdre d'honneur, ou diminuer leur courage; je déclare, pour mon compte, qu'un tel excès m'enlève, au contraire, à l'habituelle défiance de moi-même : je trouverai aussi quelque contentement de me voir inscrit sur les nouvelles tablettes de diffamation; je m'honorerai sur-tout des outrages d'un pareil diffamateur : ce sera comme si l'homme de bien me donnoit des éloges et publioit son estime pour moi.

Il faut bien, citoyens jurés, que le républicain se console de déplaire à l'homme vil et de lui demeurer odieux. Oui, je vous le demande, est-il sur la terre un seul être plus essentiellement vil que le faux délateur?

Ouvrez en esprit les annales du genre humain; transportez-vous tour à tour chez les peuples civilisés et chez les peuples sauvages; chez les nations encore barbares, et parmi celles où fleurissent les lettres et les arts ; pénétrez dans la cabane du pauvre, entrez dans le salon du riche; parcourez nos villes, nos hameaux, nos campagnes; interrogez la conscience de tout homme qui a une morale; descendez sur-tout dans la vôtre, citoyens jurés, et par-tout vous saisirez ce sentiment unique, vous entendrez ce cri uniforme : Le faux délateur est le plus infame des hommes.

Considérant ensuite dans toutes ses circonstances la délation particulière qu'on ose reproduire ici, vous vous direz à vous-même : Je n'en doute pas, voilà le plus infame des délateurs ; il est donc le plus infame entre les hommes infames.

Non jamais aucun autre avant lui n'avoit encore porté aussi loin la dissimulation assassine, la fourberie scélérate, l'atrocité froide et calculée, l'oubli de toute pudeur . . . Je le repete, vous venez de l'entendre.

Lors donc que les prévenus et leurs défenseurs s'étoient en quelque sorte soulevés contre le projet d'admettre un tel homme, en qualité de témoin, devant un Tribunal d'où la morale et les lois le repoussoient et paroissoient devoir l'exclure, devant un Tribunal où il sembloit ne pouvoir apparoître sans que la justice se couvrît à l'instant d'un voile, en signe de honte et de dé ce n'étoit pas assurément qu'ils dussent en concevoir aucune inquiétude personnelle. Que pourroit, en effet, à l'appui d'un mauvais roman, le commentaire d'un infame bien reconnu, si ce n'est de le rendre plus mauvais encore et moins digne de foi ? Les prévenus donc, et leurs défenseurs, en exprimant leur juste et naturelle répugnance, ne faisoient autre chose que manifester leur respect pour les principes, pour les lois éternelles et positives, pour la morale et la pudeur publique, enfin pour le Tribunal lui-même.

Ah ! sans doute, ils sont déja trop à plaindre, ces juges à qui les accusateurs nationaux sembleroient ne pas permettre le doute au sein des plus monstrueuses invraisemblances, ces juges qui, forcés d'instruire solemnellement un procès criminel, sans d'autre base de procéder qu'une supposition extravagante, des rêveries absurdes et un vain tas de chiffons, se seroient en outre imposé le devoir si triste de recevoir contre une masse de proscrits le témoignage de ce qu'il y a de plus vil, de plus déshonoré, de plus impur dans la lie des sociétés humaines.

Citoyens jurés, ces réflexions m'ont paru convenables, nécessaires même, en préservatif, ou si l'on veut, en dédommagement de l'épouvantable déposition que les prévenus ont été condamnés à écouter ; déposition, au surplus, qui est l'affreux complément de tout ce qu'ont pu dire les ennemis de la République les plus menteurs et les plus éhontés.

Il ne se trouve rien qui puisse me devenir personnel, et il paroitroit qu'on n'a pas encore mûri le projet de m'atteindre ; mais, en attendant, je me suis dit : N'est-il donc pas commun à tous jusqu'à ce jour, le rôle de prescription que nous soutenons devant vous ? Et puisque que je persiste à penser que ce rôle n'est pas sans innocence ni sans gloire, il ne doit pas me suffire de ne pas souiller moi même la pureté, il faut encore ne pas supporter patiemment que d'autres s'efforcent de la flétrir ou de l'altérer.

Voilà, citoyens jurés, ce que j'avois à vous dire sur cette déposition et sur l'homme infame qui vous en a donné le scandale.

Dufour, accusé : Comme il a été question de moi par Grisel dans un dîner fait chez Darthé, je l'interpelle de dire si c'est moi.

Grisel : Non, citoyen ; je ne reconnois pas le citoyen pour celui que j'ai vu chez le citoyen Darthé.

La séance est levée à deux heures et demie et renvoyée à quintidi.

Sophie Lapierre a chanté la complainte de Goujon.

Certifié, IGONEL et BRETON, *sténographes*.

Séance du 25 Ventôse.

Le président : Faites venir le citoyen Grisel.
(Grisel entre.)
Le président : Citoyen Grisel, vous avez nommé plusieurs individus dans votre déposition. Connoissez-vous celui que vous avez nommé sous le nom de Babœuf.
Grisel : Oui, citoyen président.
Le président : Le voyez-vous présent ?
Grisel : Oui, citoyen président.
Le président : C'est de lui dont vous avez entendu parler dans votre déposition ?
Grisel : Oui, citoyen.
Le président : Vous avez nommé le citoyen Mugnier ?
Grisel : Oui, citoyen le voici.
Le président : C'est de lui dont vous avez entendu parler dans votre déposition ?
Grisel : Oui, citoyen.
Le président : Vous avez nommé une citoyenne sous la désignation de petite blonde rousse : la voyez vous ?
Grisel : Oui, je la vois, citoyen président.
Le président : C'est d'elle dont vous avez entendu parler dans votre déposition ?
Grisel : Précisément.
Le président : Vous avez nommé le citoyen Darthé.
Grisel : Oui, citoyen, le voici.
Le président : C'est de lui dont vous avez entendu parler dans votre déposition ?
Grisel : Oui, citoyen.
Le président : Vous avez nommé le citoyen Didier.
Grisel : Le voilà.
Le président : C'est ce citoyen dont vous avez entendu parler dans votre déposition ?
Grisel : Oui, citoyen.
Le président : Vous avez nommé le citoyen Buonarotti.
Grisel : Oui, citoyen, le voici en haut avec des lunettes.
Le président : C'est de lui dont vous avez entendu parler dans votre déposition ?
Grisel : Oui, citoyen.
Le président : Le citoyen Germain, le voyez-vous ?
Grisel : Oui, citoyen, le voici.
Le président : C'est de lui dont vous avez entendu parler ?
Grisel : Oui, citoyen président.
Le président : Vous avez nommé le citoyen Fyon.
Grisel : Oui, citoyen, le voici.

Le président : C'est de lui dont vous avez entendu parler dans votre déposition ?

Grisel : Oui, citoyen.

Le président : Vous avez nommé le citoyen Massard.

Grisel : Le voilà entre deux gendarmes.

Le président : C'est de lui dont vous avez entendu parler dans votre déposition ?

Grisel : Oui, citoyen.

Le président : Vous avez nommé le citoyen Clerex.

Grisel : Le voilà, citoyen.

Le président : C'est de lui dont vous avez entendu parler dans votre déposition ?

Grisel : Oui, citoyen.

Le président : Vous avez nommé le citoyen Ricord.

Grisel : Je ne le vois pas, citoyen président.

Germain : Il n'y a qu'à faire l'appel nominal.

Grisel: Je ne le vois ve pas. J'observe que je n'ai vu le citoyen Ricord que dans la seule séance qui a eu lieu chez Drouet, le 19 floréal ; que ne l'ayant vu qu'environ deux heures, le soir, au milieu de quelques personnes, dans une chambre éclairée d'une seule chandelle, et que ne l'ayant pas vu depuis un an, il est possible que ma mémoire ne me le remette pas parfaitement. Je ne le vois pas, cependant je suis persuadé qu'il est ici.

Le président : Citoyen Ricord, voulez-vous bien vous montrer ? (*Ricord se lève.*)

Le président : Voilà le citoyen Ricord, est-ce celui-là ?

Grisel: Je remets le citoyen, il est celui que j'ai entendu nommer ; mais je croyois que le citoyen étoit le citoyen Laignelot ; je les confondois, n'ayant vu le citoyen Ricord et Laignelot qu'environ deux heures, et dans une chambre où il y avoit quinze à seize personnes ; il est sensible que je peux bien ne pas le reconnoître.

Le président : Citoyen Grisel, expliquez-vous franchement.

Grisel: Je le connois parfaitement pour l'avoir vu chez Drouet, le 19 floréal soir.

Le président : Les citoyens jurés voudront bien faire attention. Vous avez nommé le citoyen Laignelot : le voyez-vous ?

Grisel, indiquant un accusé nommé Fiquet. Laignelot est à côté.

Fiquet : Oui, c'est moi.

Germain : Voyez comme il connoît son monde.

(*Il se fait un peu de bruit.*)

Réal : Taisez-vous donc.

Le président : Cela peut avoir plus d'importance que vous ne pensez ; voyez si vous le reconnoîtrez bien.

Grisel: Oui, je le remets très bien.

Réal, aux accusés : Taisez-vous donc, c'est bien, c'est bien.

Le président : Citoyen Laignelot, voulez-bien vous faire connoître ?

Laignelot se lève. Le voici, c'est celui-ci, disent les accusés.

Le président : Avez-vous vu le citoyen...

Grisel : Je ne l'ai vu que deux heures, et étant au milieu de dix-huit personnes.

Le président : Vous avez parlé du citoyen Cazin : le connoissez-vous ?

Grisel : Parfaitement ; je l'ai vu le jour... lui ; il est là.

Le président : C'est de lui dont vous avez entendu parler dans votre déposition ?

Grisel : Oui, citoyen.

Le président : Vous avez parlé du citoyen Morey.

Grisel : Oui, citoyen, je le vois.

Le président : C'est de lui dont vous avez parlé dans votre déposition ?

Grisel : Oui, citoyen.

Le président : Vous avez parlé du citoyen Dufour.

Grisel : Je n'ai pas vu le citoyen Dufour ; j'en ai parlé comme croyant avoir dîné avec lui. Lorsque j'ai dîné chez Darthe, il y avoit deux personnes, le citoyen Henriot que je connois parfaitement, et une autre. Dans le courant de la journée on parla de Dufour, je crus que c'étoit lui ; mais avant-hier le citoyen Dufour me parla, et je vis que ce n'étoit pas lui.

Le président : Vous persistez à déclarer que le citoyen Dufour n'est pas celui avec lequel vous avez dîné ?

Grisel : Oui, citoyen, je persiste à ne pas le reconnoître, et à ne l'avoir jamais vu qu'ici.

Le président : Voulez-vous approcher pour vérifier ce cachet ?

Grisel : Je n'ai jamais vu que les empreintes par la gravure ; je reconnoîtrois les empreintes que j'ai vues.

(On lui présente le cachet.)

Grisel répond : Je ne reconnois pas positivement, matériellement, le cachet ; mais je reconnois très bien la gravure pour être celle des empreintes qui ont été apposées sur différentes pièces que j'ai vues.

Le président : Je vous envoie trois pièces sur lesquelles il y a des empreintes : vous direz si celles que vous avez vues étoient semblables à celles-là.

Grisel : Je reconnois parfaitement ces empreintes, citoyen président.

Le président : Citoyen Babeuf, voulez-vous regarder ce cachet et ces empreintes, et déclarer si vous les reconnoissez ?

Babœuf : J'ai reconnu ce cachet devant le ministre de la police.

Le président : Et ces empreintes sont-elles celles du cachet ?

Babœuf : Ce n'est pas moi qui cachetois ; et ce cachet a été saisi dans le local où j'étois au moment de mon arrestation.

Le président : Vous le connoissez pour le cachet qui servoit à la correspondance du comité ?

Babœuf : Probablement.

Réal : Il me semble que ce mot *comité*......

Le président : Quelqu'un des accusés veut-il qu'on lui fasse passer les empreintes ?

(Personne ne répond.)

Le président : J'envoie au citoyen Grisel la 3 pièce de la 3 liasse, et je lui demande s'il la reconnoît pour être une lettre de sa main.

Babœuf : Il me semble que vous ne suivez pas l'ordre de l'instruction tracé par la loi. L'article 353 porte : « qu'à chaque dé-
» position, le président demande au témoin si c'est de l'accusé
» présent qu'il a entendu parler.
» Il demande ensuite à l'accusé s'il veut répondre à ce qui vient
» d'être dit contre lui.
» L'accusé peut par lui-même ou par ses conseils, questionner
» le témoin, et dire, tant contre lui personnellement que contre
» son témoignage, tout ce qu'il juge utile à sa défense. »

Il me semble que voilà la loi. Ensuite cela vient : il me semble que l'ordre ne peut pas être interrompu.

Le président : Je vous dirai que c'est à moi à diriger le débat.

Babœuf : Oui, de le diriger dans l'ordre que trace la loi.

Le président : Vous n'avez pas la parole, citoyen ; il semble qu'on vous fasse toujours grief, lorsqu'on ne s'occupe que de mettre de l'ordre.

Grisel (après avoir examiné la pièce) : Oui, citoyen président, je reconnois cela pour être de moi.

Un haut-juré : Il faudra annoncer le contenu de cette pièce-là.

Grisel : C'est la pièce dont j'ai parlé dans ma déposition.

Réal : Il faut la faire lire par le greffier.

(Un commis greffier donne lecture de cette pièce.)

LIBERTÉ, ÉGALITÉ, BONHEUR COMMUN, OU LA MORT.

26 germinal, l'an 4.

L'auteur de la lettre de Franc-Libre, aux frères républicains du directoire insurrecteur.

« J'ai reçu avec un plaisir inexprimable, frères républicains, les instructions et le brevet d'agent secondaire que votre confiance m'a accordé par l'organe du frère D. T. H. J'espère justifier bientôt l'opinion que vous avez conçue de moi, sinon par mes talens, au moins par mon zèle, ma constance, mon courage, et sur-tout ma discrétion.

» A la connoissance particulière que j'ai de Paris, où j'ai demeuré huit ans, je joins celle, plus précieuse encore, de l'esprit militaire, que j'ai étudié sous tous les rapports, en observateur, durant sept ans, et essentiellement durant les campagnes depuis cette guerre : c'est d'après ces connoissances que j'ai cru devoir tracer les réflexions suivantes que je soumets à votre sagesse.

» C'est vraiment se tromper que de croire que les mêmes stimulans qui ont opéré l'insurrection des corps militaires en 89, puissent encore servir efficacement pour une nouvelle insurrection aujourd'hui : la machine a une autre forme, donc il faut une autre combinaison de ressorts pour la mouvoir. Je m'explique.

» Sous le régime monarchique, le soldat étoit moins esclave qu'il ne l'est aujourd'hui, il est vrai ; mais il savoit qu'il étoit esclave, parce qu'on ne lui dissimuloit pas, et que ses officiers n'oublioient rien pour le lui rappeler sans cesse ; la distance immense qu'il y avoit entre eux et lui, lui faisoit sentir trop vivement son avilissement.

» Il en résulta en 89 que le soldat embrassa la cause populaire bien moins par amour pour la liberté et l'égalité, dont il ne pouvoit avoir alors qu'une idée confuse, que par la haine invétérée qu'il portoit à ses officiers ; haine dont l'explosion fut d'autant plus terrible qu'elle avoit été long-temps comprimée : cette haine, ce levain fut alors, sinon le seul, au moins le plus fort ressort qui fit insurger nos armées, et cette vérité est trop évidente pour être contestée.

» Aujourd'hui tout est différent : excepté dans les grades supérieurs seulement, la presque totalité des officiers est composée de ci-devant soldats qui n'ont que leur solde pour vivre, laquelle se réduit pour un chef de bataillon à environ huit sous effectifs par jour ; ce qui oblige la plupart des officiers, capitaines et autres, à manger à la gamelle de leurs soldats, et conséquemment à contracter la plus intime familiarité avec eux. Cette égalité de misère entre le soldat et l'officier produit une amitié, un attachement et une confiance réciproques, opposés à ce qui en étoit avant 89. Il en croit que le soldat, habitué, comme tous les hommes, à juger des choses par comparaison qu'il en fait avec celui des siens, ils ne les considèrent ses officiers, qu'il y a trop peu de différence sous lui pour leur porter beaucoup d'envie, et considèrent comme de loin l'importation meilleur sort, fait participer ce dernier de ce qui au soldat ; ce qui les console et les endort machinalement dans une léthargique stupeur. En outre, l'état civil actuel offre à la plupart des militaires un sort pis encore que celui qu'ils éprouvent sous le mousquet en ce moment, ce qui ne contribue pas peu à les tenir servilement sous le joug.

» Mais, dira-t-on, parmi les officiers qui ne sont pas tous des automates, comment ne s'en trouve-t-il pas qui dessillent les yeux de leurs camarades ? Comment ! la raison en est simple : tous ceux que le véritable et le seul amour de la liberté avoit fait prendre les armes, se sont, autant qu'ils l'ont pu, retirés du service depuis le 9 thermidor, c'est-à-dire, depuis que la cause qu'ils avoient entrepris de défendre a été renversée. L'impossibilité de se retirer en avoit encore fait rester quelques-uns ; mais le Directoire exécutif, qui ne veut que des êtres essentiellement obéissans, a donné jour à ces derniers de se retirer, par son arrêté du 6 du courant sur la nouvelle organisation de l'armée. Il doit donc en résulter qu'il n'y aura plus désormais pour officiers que de ces êtres qui, dépourvus de fortune, de talens et de ressources, vieillis d'ailleurs dans l'esclavage, seront incapables de dés-obéir, par la crainte de perdre des épaulettes qu'ils considèrent comme le *nec plus ultrà* de leur bonheur possible ; que de ces êtres enfin qui, sous le règne des rois, se trouvoient honorés de porter les galons de laine sur la manche, et de donner des coups de plat de sabre aux soldats. Voilà justement les officiers qui conviennent aujourd'hui au gouvernement actuel.

» Quant aux soldats en général, ce ne sont plus ces brûlans défenseurs de la liberté de 92 et 93 : la majeure partie de ces braves est restée au champ de l'honneur ; la masse de ceux restant est composée de campagnards réquisitionnaires, qui servent la liberté comme les forçats servent sur les galères. Dans un bataillon de quatre cents hommes on a peine souvent à trouver quarante soldats qui sachent un peu lire et écrire. Les jeunes gens des villes un peu instruits ont presque tous trouvé des moyens pour se soustraire des troupes. L'unique objet des vœux de la plupart des soldats (que par erreur on nomme encore volontaires), leur vœu, dis-je, est de retourner bien vite dans leurs foyers ; et je puis assurer qu'il en est mille qui tiennent si peu à la révolution, qu'ils donneroient volontiers la République pour un gâteau de leur village. Mais aussi nous en avons en revanche environ un tiers qui, soldats par métier et les infâmes à Titre, n'importe sous quel régime, sont très progressants quand on sait les employer : ce sont la plupart de vrais coquins, qui entraînent toujours les timides et les apathiques par leur ascendant. Pour mettre ces hommes en mouvement, il ne leur faut pas de beaux ni de longs discours ; du vin et l'espoir de pillage sont entre eux deux choses, il ne faut rien en attendre. La Convention connoissoit bien cette recette le 13 vendémiaire, elle sut en faire un bon usage.

» La troupe à cheval en général est de la classe des derniers dont je viens de parler, sur-tout les dragons, hussards, chasseurs.

» D'après ces observations générales, je vais vous tracer les principes généraux que, selon mon avis, il conviendroit d'employer pour opérer la réinsurrection générale d'icelle :

» 1°. Dans nos écrits et discours ménager à force les généraux et leurs états-majors, mais ménager les officiers subalternes.

» 2°. Provoquer sinon la désorganisation des corps, au moins l'indiscipline, la plus possible, afin de pouvoir après opérer, si besoin en étoit, la dissolution.

» 3°. Parler à-la-fois du pillage des riches et de congés absolus, on saura éluder l'accomplissement des promesses suivant les circonstances ; cependant ne pas trop parler de l'égalité absolue, car les chefs chouans ont prévenu depuis long-temps l'esprit des militaires contre ce système, au point qu'ils le croient non-seulement impossible, mais même en général ils pensent que c'est la marque certaine pour reconnoître les royalistes. Ceci paroîtra étrange, mais ce n'en est pas moins vrai.

» 4°. Enfin, lorsque le jour du grand œuvre approchera, il seroit, à mon avis, très-essentiel d'établir des espèces de bals dans des guinguettes voisines des casernes, là où en attireroit les soldats, et là où, en les faisant boire, on monteroit adroitement leur esprit à la hauteur nécessaire.

» Je vous offre, frères républicains, ces réflexions dans l'intention de vous consulter. Si vous trouvez mes opinions bonnes à suivre, je vous prie de me le faire savoir ; je vais m'occuper ces jours-ci d'un ouvrage que j'intitulerai Dialogue entre Jambe de bois et Franc-libre. Ce dialogue roulera sur le détail de la misère et de l'avilissement actuel du soldat, comparé au sort dont il jouissoit en 92.

» Cet ouvrage, en style so'datesque, sera de près (autant que le loisir me le permettra) suivi d'un autre intitulé : Réponse de la Terreur à Franc-Libre. »

» J'ai lu et relu l'instruction, et je la relirai encore pour m'en pénétrer et la suivre ponctuellement.

» Salut fraternel,

P. S.

» Il est deux heures de la nuit,

la chandelle me manque,
c'est pourquoi j'ai mis un peu de diffusion
et de barbouillage dans la présente,
le temps ne me permettant pas de faire ce que je voudrois.

» Je me suis servi de cette feuille de papier, parce qu'il ne me coûte rien et que je n'ai pas le moyen d'en avoir d'autre. »

Grisel : Citoyen président, je demande en grace que l'on donne aussi lecture de la réponse qui a été faite par Babœuf, qui ne m'a été transmise que verbalement par Darthé : elle est la seconde de la même liasse.

Maurice Roy : Je ne pense pas que le citoyen eût le droit de demander la lecture d'aucune pièce ; il a dit tout ce qu'il avoit à dire.

Réal : Si ! si ! laissez !

Le président : Les témoins comme les accusés auront à répondre à tout ce que je demanderai.

Je fais passer au citoyen témoin la première pièce de la deuxième liasse, lettre datée du 21 floréal ; et je lui demande si elle est de lui.

Grisel : Oui, citoyen président, c'est la lettre que j'ai écrite à Babœuf le 20 floréal, à 8 heures du matin ; elle lui a été portée par la femme Clerex.

Le président : Greffier, voulez-vous bien la lire ?

(Un commis greffier en donne lecture.)

21 floréal.

« Une partie des agens généraux a paru hier, approuvez-vous que mes secondaires paroissent aujourd'hui ? Je crois que, pour établir la confiance respective, il est nécessaire que je les fasse connoître.

» Je n'irai chez D. qu'à onze heures, par la raison que je suis avec un chef de bataillon qui ne me quitte qu'à cette heure.

» F. L.

» P. S. Je suis dans un café, rue des Deux-Écus ; je vous prie de me répondre de suite, et de m'indiquer au juste le lieu d'assemblée pour que je m'y trouve entre 11 et 12. »

Le président : J'envoie une autre pièce ; et je vous demande si elle vous a passé dans les mains ; c'est la 2 pièce de la 23 liasse.

Grisel : Oui, citoyen président, je reconnois cette pièce pour être la réponse que m'a faite Babœuf le même jour, à l'autre qu'on vient de lire.

(Un commis greffier, 2 pièce, 23 liasse.)   21 floréal.

« Ne mettons pas trop de monde dans le secret ; il y en a
» déja assez. Si tes secondaires ont confiance en toi, ils te croi-
» ront lorsque tu leur assureras l'existence d'un comité libérateur
» du peuple et vengeur de son oppression ; s'ils en pouvoient dou-
» ter, le vu de cette lettre les en persuaderoit. On pourroit au
» reste leur procurer une entrevue particuliere avec un des nôtres,
» mais non pas avec tous : cette entrevue est même, je crois, assez
» inutile : si ces braves soldats ont des renseignemens à donner,
» ils pourront les transmettre par toi.
» *Plus bas est écrit* : Le rassemblement est chez Dufour, me-
» nuisier, rue Papillon, n°. 331.
» *Au dos est écrit* : Rue Papillon, faubourg Poissonnière,
» n°. 331. »

Le président : Je vous demande, citoyen, de qui vous entendez parler dans votre première lettre, en disant : *J'ai reçu avec
un plaisir inexprimable les instructions et le brevet que votre
confiance m'a accordé par l'organe du frère Dth.*

Grisel : Darthé, qui s'écrit D, a, r, T, H, é.

Le président : Je vous demande de quel *Darthé* vous entendez
parler ?

Grisel : De Darthé ici présent.

Le président : Vous dites dans votre lettre du 30 floréal : *Je n'i-
rai chez Darthé qu'à onze heures* : de quel Darthé entendez vous
parler ?

Grisel : De Darthé encore également.

Le président : Je demande que les accusés contre lesquels la
déposition semble présenter charge, s'ils veulent dire quelque
chose contre la déposition et le témoin, le disent, pour régler
l'ordre entre ceux qui le desirent.

ERRATA.

N°. 11, page 176, lignes 4 et 5, au lieu de : *devoit proposer
son exception*, lisez : *devoit proposer dans le moment même son
exception.*

Ligne 17, au lieu de : *dans le même jugement*, lisez : *dans votre
jugement.*

Ligne 18, au lieu de : *parce que les choses ne sont pas po-
sées*, lisez : *et que les choses ne sont pas passées.*

Ligne 24, au lieu de : *il ne s'agit pas qu'il y ait à craindre*,
lisez : *il n'y a pas à craindre, citoyens juges.*

N°. 22, page 339, ligne 14, *Babeuf*, retrancher ce nom: c'est *Germain* qui continue de parler. Et de suite l'alinéa commençant par ces mots: *Vous-même, citoyen Viellart*, etc. doit être rétabli comme suit:

Vous-même, citoyen Viellart, avez dit dans un de vos derniers discours: « Aux termes de l'article 329, il ne sera employé
» au procès que des papiers représentés aux accusés, et par eux
» paraphés. »

N°. 26, page 402, ligne 37, au lieu de: *Antonelle a eu connoissance de ces faits avec Vadier*, lisez: *Antonelle a eu connoissance de ces faits avec VATAR*.

N°. 27, page 421, au commencement de cette page, on doit lire ce qui suit qui a été omis:

Bailly: Je rappelle le citoyen Réal à l'ordre.

(Bruit.)

Réal continue de parler.

Bailly à Réal: Je vous ordonne de vous taire.

Page 423, ligne 14, après ces mots: *ne peut répondre à la déposition du témoin*; ajoutez: « Qu'après que le président lui
» a demandé s'il veut le faire. »

On souscrit chez BAUDOUIN, Imprimeur du Corps-Législatif, Place du Carrousel, N°. 662.

Le prix de l'abonnement pour soixante feuilles in-8°, petit caractère, est de 10 francs, pour les départemens, franc de port, et de 8 francs pour Paris.

A PARIS, chez BAUDOUIN, Imprimeur du Corps Législatif.

(N°. 39.)

DÉBATS ET JUGEMENS
DE LA HAUTE-COUR DE JUSTICE.

Suite de la Séance du 25 ventôse.

... Je demanderai la parole pour faire une interpellation au témoin Grisel.

... vous êtes né à Abbeville; vous êtes le fils d'un maître ...

Grisel : Oui, citoyen.

Nayé : Vous avez un frère que je connois, qui est cordonnier.

Grisel : Oui, citoyen.

Nayé : Vous en avez un qu'on nomme Louis, perruquier.

Grisel : Je vais vous dire là-dessus ce que vous paroissez ne pas savoir précisément. J'ai trois frères : mon frère aîné qui vient de être dernièrement au fort de Kell, un cadet qui est cordonnier, et mon frère Louis, lieutenant d'artillerie présentement, celui auquel vous voulez parler.

Nayé : Vous savez qu'il a appris son état de perruquier à Abbeville, il y a à peu près 14 à 15 ans. Il a 28 ans. Il a travaillé chez Moubaillard, maître perruquier, rue ci-devant des Minimes, et à Kell que vous connoissez parfaitement bien.

Grisel : Tout cela est excellent, mais mes parens n'ont pas de rapport à l'affaire.

Nayé : C'est pour convaincre les citoyens jurés que je vous connois.

Grisel : Vous connoissez mes frères; mais vous ne m'avez jamais vu ni parlé.

Nayé : Vous avez, citoyen, servi dans ci-devant Royal-Cosmic.

Grisel : Oui, citoyen.

Nayé : Citoyens jurés, vous voyez que je connois la famille de Grisel aussi que lui.

... à 15 ans, je travaillois, en qualité de garçon perruquier, chez le citoyen Moubaillard, dans la rue ci-devant des

Moulins du Roi, où est la résidence du père du citoyen Grisel. Son frère, à cette époque, étoit apprenti ou garçon. Nous l'appelions le petit Grisel.

Un jour il vint à la maison; il pleuroit: Nous lui demandâmes ce qu'il avoit. Mon père, dit-il, a bien du chagrin. Mon frère Georges nous a pris tout l'argent que nous avions dans notre tiroir, et il est parti, et nous ne savons pas où il est allé.

A coup sûr je n'ai aucun intérêt ni pour ni contre le citoyen Grisel, puisqu'il n'a seulement pas parlé de moi; mais il est dans mon caractère de rendre la vérité; rien que la vérité. C'est son frère qui me l'a dit.

Ensuite je partis pour Paris il y a à peu-près 5 à 6 ans. Je rencontrai le frère du citoyen Grisel, qui étoit garçon perruquier dans Paris. C'est il vrai, citoyen Grisel?

Grisel: C'est juste, citoyen.

Nayez: Je le rencontre dans une place, et je lui dis: Eh bien frère, ton bambocheur de frère: tu m'as dit qu'il étoit parti; qu'est-il devenu? Il me dit: Il est ici à Paris actuellement. Il s'est engagé dans *Royal-Comtois*; il a fait toutes ses farces, et depuis ce temps là nous sommes assez amis ensemble.

Voilà, citoyens jurés, ce que je puis vous affirmer; ce n'est pas la haine qui me l'a dicté: ce n'est que la vérité qui me guide.

Grisel: Je demande la parole pour répondre. Je suis trop sincère pour nier tout ce que le citoyen vient de dire; mais il y a de grandes erreurs, et ce n'est pas étonnant: vous voyez qu'il n'a parlé que par ouï-dire, et il confond singulièrement les dates. Il parle d'il y a quatorze à quinze ans; point du tout. Voici le fait dont il a parlé. Je sortis de Royal-Comtois en 1784; j'en sortis par congé de réforme, faute de taille; je m'étois engagé à la Rochelle dans le dessein d'aller à Gibraltar. A la fin de 1782, à peine fus-je engagé, au mois de janvier 1783, la paix se fit: cependant je restai encore deux ans dans le régiment; j'étois même écrivain à l'état-major. A la revue de l'inspecteur qui eut lieu à Givet au mois de juin 84, je fus jugé trop petit de taille, n'ayant tout au plus que cinq pieds; et la paix étant faite, on réforma tous les hommes petits, et je fus réformé. J'ai encore le congé; on peut le constater.

Je revins chez moi, c'est-à-dire, chez mon père; j'y restai à peu-près deux ans; j'y travaillai comme garçon tailleur. Il y avoit un autre de mes frères aînés qui, depuis dix à douze ans, étoit dans les Grandes-Indes. Au bout de ces douze ans, ce frère aîné revint. Il est bon de vous observer, citoyens, que mon pays, Abbeville, est le chef-lieu du comité de Ponthieu. La loi donnoit tout à l'aîné, rien au cadet: ceci ne me faisoit pas plaisir; et, comme on le sent, ce fut un motif de plus pour aimer la révolution. Mon frère revint, infiniment plus riche de taille, ayant un physique tout autre que le mien ; d'ailleurs, cette longue absence, un attachement tout particulier que mes père et mère avoient eu pour lui : tout cela me donna une espèce de jalousie. Depuis deux ans je travaillois chez mon père sans aucune espèce d'intérêt : mon frère, revenu, je ne fus plus rien ; je fus même vexé par lui : il prit ses droits d'aînesse d'une manière si impérieuse que j'en fus affecté. Qu'est-ce que je fis ? je l'avoue franchement, je fis un calcul de jeune homme : je dis, depuis deux ans, si j'avois travaillé hors de chez mon père et ne faisant pas plus de dépense, j'aurois peut-être épargné deux cents francs. Eh bien ! il faut que je quitte la maison sans rien dire, que je prenne à-peu-près ce qui m'est dû. Je n'en rougis pas : vous allez voir la suite. Sans rien dire, je pris environ deux cents francs : ce n'étoit pas la totalité de ce que je pouvois prendre ; c'étoit, d'après mon calcul, ce qui m'étoit dû. A peine fus-je arrivé à Paris, où il y avoit deux de mes frères, le cordonnier et le perruquier dont le citoyen a parlé, que je fus les voir : ils me firent de justes reproches de ma conduite ; j'avouai que j'avois eu tort ; j'offris même de renvoyer l'argent, du moins la partie qui me restoit, à mon père. Mes deux autres frères me dirent : cela ne réparera pas ta sotise, partageons ensemble, aussi-bien (on rit) cela doit nous appartenir un jour. Effectivement c'est ce qui fut fait, c'est ce qui me réconcilia avec ces deux autres frères, et c'est aussi pourquoi le citoyen dit que mon frère lui avoua que nous n'en étions pas plus mauvais amis : en voilà le motif. Cependant j'écrivis à mon père, qui devoit être fort courroucé contre moi ; je lui demandai pardon de ma faute, et lui offris de lui envoyer le fruit de mes épargnes, aussitôt qu'il me seroit possible, pour réparer ma faute. Effectivement, citoyens ; c'est qu'en retournant dans mon pays, chez mon père, en 1791, au mois de février, je reportai, non pas en numéraire, mais en assignats qui valoient alors l'argent, je reportai les deux cent livres : c'est un fait que toute ma famille peut attester. Si c'est une faute, si on veut en tirer des conséquences sur ma probité, certes on auroit bien tort. Je demande où est le jeune homme, sur-tout parmi les hommes susceptibles d'une imagination ardente, qui n'a pas commis de ces petites fautes : moi, je l'ai réparé ; et il seroit à souhaiter que tous les hommes réparassent leurs fautes de ce genre-là. Citoyens, puisque ce que vient de dire le citoyen prévenu a pour objet d'attaquer ma probité, on me permettra de citer un fait qui prouve jusqu'à quel point je suis naturellement désintéressé. Et je prendrai parmi les prévenus mêmes des témoins : j'ose croire qu'il en est parmi eux qui, m'ayant connu, ont assez de probité pour me rendre justice.

A la fin de 1790, à Paris, j'étois garçon tailleur. Il y avoit long-temps que le travail n'alloit pas; c'étoit, en terme de l'art, morte saison; j'étois sans le sou; je sortois de souper à crédit : je rentre chez moi, c'est à dire, dans la maison où je demeurois; je trouve sur l'escalier une bourse pleine d'argent : j'étois seul; la première chose que je fis fut bien vite de m'informer qui pouvoit l'avoir perdue; je ne le sus pas ce jour-là. Le lendemain un garçon de la chambre qui n'avoit pas couché la nuit dans son lit, cherche par-tout son argent; je lui demande : Champagne, qu'est-ce que tu cherches donc ? Par délicatesse, il refusoit de dire ce que c'étoit, parce qu'il craignoit d'offenser la délicatesse de ses camarades. A force de le questionner, il me dit : C'est ma bourse que j'ai perdue. Comment est-elle, ta bourse? C'est une bourse de soie verte, enfilée par un anneau de cuivre. Combien y a-t-il dedans? 35 à 40 francs. Je lui dis : Tiens, la voilà. J'étois sans le sou. Je ne cherois pas ce fait, si le citoyen ne cherchoit pas à inculper ma probité. Le citoyen Mugnier étoit témoin; je le somme de dire si c'est la vérité.

Mugnier : Je vais dire les choses telles qu'elles sont, avec la plus grande impartialité.

Sur la fin de 90, j'occupois une chambre, où nous étions 12 : j'étois le premier garçon de la chambre; Grisel a demeuré l'espace de 15 mois dans cette chambre. Alors Grisel cherchoit par tous les moyens possibles à sortir de l'état de tailleur : il portoit des écrits dans les imprimeries, de toutes parts, pour avoir une place. Je me rappelle des circonstances du fait qu'il vient de citer; mais ce ne fut pas sur l'escalier que fut trouvée la bourse, elle fut trouvée près de la porte, à la tête du lit d'un nommé Champagne. Je crois que c'est lui qui venoit de la laisser tomber en changeant de culotte; il la réclama, et Grisel la remit : mais il y avoit peu de chose dedans; car ce même Champagne n'étoit pas riche, puisque je lui prêtai douze francs, à quelque temps de-là.....

Le citoyen Mugnier continue d'expliquer ses liaisons avec le citoyen Grisel. Ayant beaucoup divagué, et les faits essentiels devant reparoître dans son débat particulier, nous nous dispenserons de rapporter la suite de son discours.

Germain : S'il est une chose dans notre révolution, dans cette révolution qui devoit faire triompher la justice et la probité, réduire en poudre l'iniquité et la scélératesse; s'il est, dis-je, une chose dans cette révolution qui pénétrera d'étonnement et d'horreur ceux qui en liront l'histoire, certes ce sera le déshonorant spectacle du crime masqué d'une haute arrogance, protégé, soutenu par des puissans, payé à tant le jour; qui se fait ouvrir la barrière, entre en lice, et se mesure avec la vertu opprimée, chargée de fers.

Vous qui, triomphant d'une sorte répugnance, avez pu lire le règne affreux de Néron, qui avez vu avec indignation une empoisonneuse, Locuste (1), protégée, récompensée, tenir école, faire des élèves dans son art; vous qui, comme moi, avez cru peut-être que ce trait étoit purement fictif, et n'avoit été imaginé que pour donner une idée toute extraordinaire de l'immoralité de cet affreux tyran, cessez, cessez de douter. L'an 5 de la République, au milieu de cette République, devant un tribunal, le premier de cette République, existe et se présente un Grisel. Locuste, si l'on en croit Suétone, borna son exécrable ministère à la mort de Britannicus. Grisel ne bornera pas le sien à la mort des soixante accusés qu'il a traînés sur les gradins de la Haute-Cour. Sa soif de sang est inextinguible; sa rage homicide ne peut être assouvie : il jette sur nous un regard de dédain, et semble dire : « J'en ai à peine là assez pour un repas. »

Vous l'avez entendu; il l'a prononcé assez clairement; car le sentiment du carnage, refoulant dans ses entrailles les fumées et les exhalaisons du vin dont il s'étoit gorgé quelques instans auparavant, a donné un libre cours à ces sanglantes paroles : « Je ne vois ici que des agens; pas un d'eux n'étoit le véri-
» table chef de la conspiration : il y avoit derrière le rideau
» des hommes qui faisoient mouvoir et agir ceux-ci. »

Ah! si c'est trop peu de nous, va sur les bords de l'Arde soustraire au sable qui le couvre, le cadavre de ma femme; vas-en disputer la pâture aux vers moins dignes que toi de le dévorer; précipite-toi comme un tigre affamé sur ma mère; joins à cet abominable festin mes sœurs et leurs enfans; arrache mon fils des foibles bras de sa nourrice, et broie ses membres tendres sous ta dent carnassière. Nos soixante familles t'offrent la même dégoûtante curée : va la saisir, va. Eh quoi! cet appât ne te tente point! c'est que sans doute encore tu dissimules.

Amenez-moi, dit un jour un tyran fameux de Syracuse aux ministres de ses caprices, amenez-moi le plus scélérat de mes sujets; j'en ai besoin. L'histoire n'ajoute pas si c'étoit pour bâtir une conspiration dont il espéroit tirer le prétexte de frapper quelques citoyens de qui les principes et l'austérité lui étoient incommodes. On lui amena le lendemain le brigand le plus expert, le plus consommé dans le meurtre, dans le vol, la délation et tous les genres imaginables de crimes. Oserois-tu, lui demanda le tyran, aller poignarder dans la place publique un particulier que je te désignerai? Oui, seigneur, répondit le brigand. Après cet assassinat, reprit le tyran, dissimulerois-tu ou ferois-tu parade de ton

---

(1) Voyez *Suéton.* in *Néron.* cap. 33, sub fin.

action ? J'en ferois parade, repartit le brigand. Denys le congédia, et dit à ses ministres : « Ce n'est pas-là ce qu'il me faut : cet homme n'atteint pas le plus haut degré de la scélératesse ; il est incapable de dissimuler : allez m'en chercher un autre ». Que ne vivois-tu sous un tel maître, Georges Gusel ; il eût trouvé en toi ce qu'il desiroit : il t'eût admis dans ses conseils, accordé une pleine confiance, *exempté aussi de service*.

J'ai dû, avant d'entrer en matière, crayonner en traits vigoureux et hardis l'homme dont j'ai la pénible tâche de vous entretenir, vous le présenter tel qu'il est, hideux, ennemi des républicains, altéré, avide de leur sang, instrument d'une liberticide faction, le plus pervers des êtres.

Je vais maintenant attaquer sa déclaration des 22 et 23, ou plutôt la troisième édition de son atroce fable.

Fidèle à mon système de défense générale, j'en attaquerai d'abord la masse ; je passerai ensuite à ce qui m'est particulier et personnel.

Il importe que je commence par détruire les impressions que, dans la séance du 23, le fourbe s'est évertué à insinuer au peuple qui m'entend, aux défenseurs de la patrie qui m'entourent. Ce n'est pas que j'en conçoive la plus légère inquiétude : le peuple et nos frères d'armes, je l'ai vu, ont repoussé avec indignation des éloges que leur vomissoit, au milieu de bacchiques soupirs, une bouche impure et sacrilège.

Ce n'est pas que j'estime que ses diatribes, ses insipides fanfaronnades, son attitude, ses gestes de saltimbanque, aient détruit ni même atténué l'intérêt que commandent aux ames sensibles, aux cœurs républicains, notre position et notre fortune ; ce n'est pas que je redoute qu'il se soit élevé, dans l'esprit de quelques personnes, entre le calomniateur et nous une comparaison trop honorable pour lui, trop infamante pour nous. De telles pensées sont loin de moi ; l'esprit du peuple, l'esprit du soldat me sont trop bien connus : l'un et l'autre méprisent l'artifice et vouent à l'exécration l'immoralité ; l'un et l'autre plaignent le malheur et forment des vœux sincères pour le triomphe de l'innocence. Mais, puisqu'il a prétendu trouver en eux des auditeurs complaisans et faciles ; puisque, manquant au respect religieux qu'il leur devoit, il a eu la témérité de les mettre dans la confidence de sa honte, il faut bien que je les venge de cet outrage ; il faut bien que je le mette à nu, ce pygmée qui a eu l'impudente audace de se dire un Alcide (1) ; lui qui n'auroit eu de commun avec ce héros, s'il eût vécu dans le temps qu'il purgeoit la terre des monstres,

---

(1) Voyez le journal de Soudry, 15°. n°., 29 ventôse.

que de périr sous ses traits. Tu t'affiches publiquement en Alcide, vil blasphémateur ! La robe qui t'enveloppe n'est point celle de Déjanire ; c'est celle de l'opprobre : ce feu vif qui fait bouillir ton sang et porte jusques dans la moelle de tes os une douleur cuisante, ne provient pas du centaure Nessus ; ce sont les remords vengeurs qui finiront par te dévorer : tu te dis armé de sa massue ; en mourant, il l'a confiée aux mains de l'amitié ; l'amitié est le trésor des grandes ames ; tu n'y fouillas donc jamais ! Tu te dis aussi inébranlable qu'un rocher, c'est sans doute celui que forma Apollon d'un brigand qui avoit voulu lui ravir ses troupeaux.

Le 23, tu disois : « Ces hommes parloient sans cesse du bonheur du peuple, et ne le regardoient que comme une bête de somme, à qui il ne manquoit plus qu'un bât à mettre pour monter dessus ». Et caressant ton ignoble face avec un sourire de satisfaction, tu t'applaudissois d'avoir décoché aussi adroitement une flèche aux hommes devant qui, si tu avois la moindre pudeur, tu ne devrois pas lever les yeux. Eh ! misérable ! tu nous as donc jugés aussi dénaturés que toi ! Nos pères, nos mères, nos sœurs, nos frères ne sont-ils pas une partie intégrante du peuple ! il n'appartient qu'à toi d'avoir proscrit tes proches. Ainsi, regarder le peuple comme une bête de somme ! moi, le charger d'un bât ! infernale conception d'un cerveau tout brûlant de crimes ! Quelle preuve as-tu donc de cette atroce imputation ? M'a-t-on vu dédaigner l'égalité sainte ? m'a-t-on vu briguer une domination redoutable ? m'a-t-on vu exercer sur mes concitoyens des exactions et des rapines ? m'a t-on vu autre qu'un républicain sévère ? Certes, j'avois une grande idée du scélératisme profond de Grisel ; mais j'avoue que j'étois loin d'en concevoir une pareille. Et c'est au peuple lui-même que tu adresses ces criantes calomnies, ce peuple aux yeux duquel je découvrirai, avant la fin des débats, mes cicatrices, à ce peuple qui les comptera, en verra une que le poids de mes nouveaux fers a rouverte ici même ! Tu seras là, tu seras là, Grisel ; et, comme lui, tu verras que c'est pour la défense de la liberté, pour le triomphe de la République, que je les ai reçues. Oui, peuple, c'est pour toi ! Que ne puis-je, en affrontant de nouveaux dangers, en recevoir de nouvelles ! périr même, oui, périr ! Elle est si desirable la mort, lorsqu'elle peut contribuer a la consolidation de ton bonheur ! Tu disois encore : « Ces hommes, » tout en flattant nos frères d'armes, les méprisoient et les re» gardoient comme les soldats du gouvernement de 1795 ; ils » ne vouloient en faire que de vils instrumens ». Ils sont bien dignes d'une bouche qui s'est prostituée à toutes les iniquités, ces mensonges révoltans. Je conçois même, en y réfléchissant, que la nature de ton exécrable rôle comportoit nécessairement de telles fictions. Mais as-tu pu penser qu'il existeroit un seul défenseur de la patrie qui y ajouteroit foi ? Les seuls Dossonville ont feint de le croire ! Toi, le plus lâche des hommes, précédé et suivi dans tous les lieux que tu traverses par une réputation d'ignominie ; toi dont l'Eternel a scellé la figure du cachet des Judas ; toi chez qui tout décèle la turpitude et la fourberie, jusqu'au regard ; toi ! tu aurois pu mériter assez de confiance pour noircir des citoyens qui tout courbés, tout harassés qu'ils sont sous l'énorme faix de l'infortune et de la persécution, offrent encore cette candeur, cette sérénité, cette intrepidité réelle, que donnent la force du cœur et le calme de la conscience.

Si tu as cru le pouvoir, tu as calomnié dans ta pensée les soldats, les enfans de la patrie ; si tu ne le croyois pas, tu es encore plus coupable ; ta bravache témérité se trouve en défaut, car tu n'es pas venu jusqu'à ce jour, sans te convaincre de l'odieux effroi du mépris repoussant que tu inspirois à ces braves, aux yeux de qui l'existence de la conspiration, fût-elle certaine, tu n'en serois pas moins coupable du crime de trahison et de déloyauté. Est-il dans l'État une classe plus délicate sur le point d'honneur que celle des militaires ? Non, sans doute ; et l'exception des Grisel, des Malo, est bien loin de détruire l'exactitude de cette règle générale.

C'est de Georges Grivel, *principal témoin* dans cette monstrueuse procédure, que les ennemis de la République, les persécuteurs des amis de la République, attendoient le succès de leurs civicides desseins. Le bruit de ses déclamations ; le poids terrible des personnes à qui il les avoit fait retentir, avant même notre arrestation ; tout leur donnoit lieu de croire que ce calomniateur suffiroit pour débarrasser le sol de la liberté des citoyens dont le courage et l'énergie étoient capables de les contenir et de les déjouer. Et certes, Grisel n'avoit pas manqué de les confirmer dans cette désastreuse opinion, par sa jactance, ses promesses et le déploiement de son génie fertile en mensonges et en intrigues. Il les eût même servis au gré de leurs vœux barbares, si la liberté n'avoit veillé sur ses enfans, si elle avoit souffert qu'à l'instant où l'annonce d'un flagrant-délit jetoit dans la consternation et la perplexité tous les Français faciles et confians, un tribunal de circonstance, quelque commission de prairial ou du 13 vendémiaire, nous précipitât en masse sous la meurtrière mitraille. Le feu sacré seroit éteint, les vestales dispersées se seroient vues livrées à la brutalité des coupables vainqueurs, un crêpe funèbre et ensanglanté s'étendroit sur notre malheureuse patrie. Mais le ciel en a ordonné autrement. Trop long-temps abandonnée au tumulte et aux fluctuations, par les vents violens et croisés des factions, l'opinion a reconquis le calme. Le temps et la vérité à qui tout cède, qui imposent silence aux aquilons furieux, enchaînent les éclairs et la foudre, ont rendu à cette mer le poli de la glace ; le passager peut sans crainte s'y livrer : si un doux murmure, un léger frémissement la rident encore quelquefois, c'est de mépris envers les pirates et les forbans qui osent méditer de la souiller encore de leurs odieux pavillons.

Aujourd'hui donc que la réflexion et la maturité ont prémuni tous les hommes de bonne foi contre les fallacieux moyens de nos détracteurs ; aujourd'hui qu'on est parvenu à apprécier à leur juste valeur et les victimaires et les victimes, j'ose avancer que la déposition de Grisel, bien loin de nous accabler, nous relève. Ainsi l'on vit le délateur Arnaud faire bâtir pour sa propre honte, pour sa propre immolation, une potence de soixante coudées ; ainsi un pontife romain avala le poison qu'il avoit manipulé pour se défaire de plusieurs de ses ennemis ; ainsi chaque jour le méchant succombe sous l'échafaudage qui s'écroule de ses criminelles machinations.

Et s'il étoit vrai que l'on eût pu concevoir quelque inquiétude, quelque soupçon sur les hommes du 21 floréal d'après la simple lecture des liasses de chiffons imprimés contre eux ; si la prévention eût dominé certaines consciences au point de leur faire envisager comme des conspirateurs des citoyens cherchant à se distraire par des rêves, des idées inexes et inuitées, du spectacle de jour en jour plus déplorable de la misère de leurs concitoyens, la déposition de Grisel, de ce principal et unique témoin, aboliroit tout prestige. Que dit-elle en effet ? (Pour éviter toute équivoque, toute interprétation insidieuse, je préviens que je ne parle qu'hypothétiquement de la prétendue conspiration.) Que dit-elle en effet, sa déposition ? Un homme qu'il a vu plusieurs fois, et toujours dans une permanente ivresse, l'instruit qu'il se trame un grand complot. Une feuille publique criée à toutes les heures, dans tous les coins de Paris, un numéro du Tribun du peuple se trouve là pour appuyer cette assertion. Grisel l'ouvre ; il y découvre de l'extravagance, des opinions erronées ; cependant il se confirme dans la pensée que Monnier, à travers les vapeurs vineuses dont il a les yeux et l'intelligence couverts, peut fort bien démêler la vérité ; il ne lui reste plus aucun doute sur la réalité de ce complot, lorsqu'il a le particulier, l'ineffable avantage d'être introduit au café des Bains chinois, dans cet antre ténébreux, ce foyer, cet arsenal, cette cave, ce magasin, cet entrepôt de conjuration ; lorsqu'il l'a vu rempli de citoyens de tout sexe, de tout âge, décadissant fraternellement autour d'un pot de bierre, d'un flacon de vin, d'une bouteille de cidre, d'une bavaroise, et épanchant avec bruit et discordance leur joie et leurs sentimens.

Comme dans le cours du débat l'occasion se reproduira souvent de parler de ce café, je crois essentiel de le faire définitivement connoître. Le peindre tel qu'il est, tel que je l'ai vu, tel que tout le monde a dû le voir, tel que Grisel lui-même auroit dû le voir, est tout ce qu'il faut pour prouver combien il étoit effectivement propre à recéler des conjurés, à être le poste avancé, la première ligne de circonvallation d'un comité insurrecteur.

Il existe sur le boulevard du théâtre italien, au coin de la rue de la Michaudière, en face de celle du Mont-Blanc, un bâtiment de structure orientale. C'est là qu'étoit autrefois l'établissement des bains chinois. La façade de cet édifice pique et attache la curiosité de tous les passans. Chacun s'y arrête pour bâiller aux colifichets qui s'offrent tout-à-coup à sa vue. Des magots de la Chine, au front largement chauve, à la poitrine ombragée d'une barbe épaisse, des parasols adroitement découpés, une innombrable multitude de clochettes, d'inintelligibles hiéroglyphes, des pavillons artistement peints, des balcons, des treillages, des sols artificiels, en voilà bien autant qu'il en faut pour forcer la multitude des badauts à stationner devant cette burlesque habitation. Le café se trouve au rez-de-chaussée, et par le nombre de ses vitraux, ressemble assez à une cage ouverte à tous les regards. Devant, derrière, sur les flancs, sont de grandes portes de glaces transparentes. A sept ou huit pas de la principale porte d'entrée, et sur la façade du boulevard, d'élégantes marchandes de modes ont fixé leur temple de toilettes, dans lequel la foule des amateurs et amatrices se presse à toutes les heures du jour et de la nuit. A quelques pas de là est un nombreux corps-de-garde. A trois portées de fusil, sur la gauche, rue neuve des Capucines, se trouvoient alors, en germinal, l'état-major général de l'armée parisienne, les bureaux des commissaires des guerres, le département de la Seine, et le ministre de la justice, un des hôtels de la trésorerie nationale, établissemens qui provoquoient dans le quartier une plus grande et plus active surveillance, un concours non interrompu de patrouilles à pied et à cheval, de vedettes, de factionnaires, et d'espions de la police. A droite, deux portées de fusil au-dessus du café, est la fameuse promenade qui, par la fréquentation habituelle de tous les agioteurs, de tous les escrocs, de toutes les luxueuses prostituées, a mérité le sobriquet de *petit Coblentz*. Je conviens qu'il est difficile de douter qu'un site plus avantageux puisse ailleurs se rencontrer pour conspirer en une sécurité parfaite.

Grisel entend chanter, jurer, et le tout le plus terrorifiquement, le plus conspirativement du monde. On lui fait lier connoissance avec un des principaux conspirateurs; il s'abouche avec lui, feint d'entrer dans la participation de ses plans, offre même sa plume et sa bile mensongère : on l'accepte. Certes il falloit être dans une bien grande pénurie d'écrivains, pour, sans autre préalable, charger un inconnu d'écrire en faveur et pour le plus grand succès de la conspiration.

Cette circonstance n'a pu vous échapper, citoyens jurés ; elle vous fournit une preuve bien frappante des vastes et profondes ressources des chefs de l'entreprise.

Le pamphlet s'imprime, se distribue, se colporte, Grisel en reçoit des exemplaires. Il n'est pas très-d'accord sur le nombre. Dans ses déclarations du 15 floréal devant le président Caraco, page 115 du volume de Drouet, première ligne, il dit cent ; dans sa déclaration devant Gerard, directeur du jury, page 159 du même volume, ligne 33, il dit environ cinq cents : ce qui n'est pas fort dissemblable : dans sa déposition devant vous, il ne lui a pas plu de fixer le nombre, de peur d'être surpris en une troisième contradiction ; mais c'est peu important, puisque tout est mensonge : il a pu donner un libre champ à son imaginaire, et nul ne doit en prendre acte. Le surlendemain il en reçoit d'autres exemplaires dont il fait un pompeux auto-da-fé. On lui fait voir et connoître Germain qui, suivant sa déclaration devant Gerard, ne lui souffle pas le mot ; qui, suivant celle qu'il vous a débitée ici, daigne lui accorder quelques paroles de protection et d'encouragement ; en effet ce Germain a le genre protecteur et encourageant.

Cependant les fourneaux de la conjuration s'échauffent et pétillent, ses enclumes retentissent du heurt précipité des marteaux, les foudres de l'insurrection se forgent, tout va du meilleur train, du meilleur pas. C'est un prodige : il a reçu un brevet dument dressé et qui contient des dispositions, à la lecture desquelles ses cheveux se hérissent, ses nerfs se crispent ; il est spécialement chargé de travailler le camp de Grenelle ; d'user par ses insinuations, ses harangues, ses conseils, le frein de la discipline, etc. etc.

Le 27, il voit encore des conspirateurs qui ne lui disent pas grand chose.

Le 28, il va chez un des conspirateurs où il voit une œuvre posthume sur les sociétés populaires. Je dis posthume ; car c'étoit le 28 germinal, alors, et l'œuvre en question étoit faite pour la discussion que, je ne sais par quelle considération puissante, on avoit coulée bas au Conseil des Cinq-Cents la veille 27, époque qui ne sera pas perdue dans les annales constitutionelles de l'an 4.

Je ne sais pourquoi il m'a niché dans cette entrevue, moi dont il n'avoit fait aucune mention dans ses déclarations premières ; c'est que sans doute il n'avoit pas présent à sa mémoire le nom d'un autre, et que j'ai eu l'avantage de le remplacer ; un délateur ne laisse jamais un trou sans cheville.

C'est ici que les fermes résolutions de Grisel, ses projets de servir la patrie en suivant pas à pas le complot, en cherchant et découvrant toutes les sinuosités du *pandemonium* (1), toutes les ramifications de cet arbre qui acqueroit chaque jour une nouvelle force, un nouveau degré de hauteur, et menaçoit déjà d'enlacer la France entière dans les amplexions de ses fatales branches ; ici, dis-je, les résolutions de Grisel éprouvent un échec singulier : c'est ici qu'il perd volontairement la piste de son gibier.

Depuis le 28 germinal, c'est-à-dire, le 29 et le 30 de ce mois, les premier, 2, 3, 4, 5, 6, 7, 8, 9, 10 et 11 du suivant. Grisel, sans songer à mal, ne faisoit aucune démarche pour déjouer le complot funeste : de sorte que, pendant tout ce temps qui a éclairé un grand événement, comme je prétends en convaincre la Haute-Cour dans la suite des débats, cette patrie dont le *sensible*, le *dévoué* témoin vouloit, au péril même de ses *précieux* jours, opérer le salut, eût pu se trouver ruinée sans qu'il eût rien connu, rien découvert des malheurs qui l'obsédoient.

Je brise le crayon du ridicule, c'est le pinceau de la sévérité qui me convient maintenant. Treize jours s'écoulent, combien d'autres se seroient écoulés et se sont écoulés en effet, car la fable du quidam me paroît le comble de la perfidie, sans l'importance arrivée de ce quidam inconnu.

Quel est l'homme de bonne foi qui dira : Grisel connoissoit un complot, il avoit formé le dessein de le dévoiler au gouvernement ; et pendant treize jours, au moment du danger, au moment où ce complot étoit près d'éclater (il a avancé, dans le cours de sa déclaration, que cet éclat devoit avoir lieu le 22 floréal, onze jours après), et pendant treize jours il ne bouge pas ; il ne fait la moindre recherche, il a déserté l'antre redoutable des Bains chinois, la maison de son patron conspirateur ; il ne voit rien, ni pamphlets, ni instructions relatives au degré de confiance dont les conjurés l'avoient investi. Il a perdu le fil de l'abominable trame. Il a dit, à la séance du 22 : je connoissois le cœur humain et savois que lorsqu'un homme vous a fait part d'un tel complot, il faut feindre d'y accéder ou craindre le poignard ; il n'y a point de milieu entre ces deux nécessités. Ce n'est point pour relever l'atrocité de ce propos : je pense que quelqu'un de mes co-accusés ou de mes défenseurs officieux en soumettront au tribunal la vraie interprétation ; mais je veux le confondre par ses propres argumens : je n'ai de ma vie conspiré, mais je crois que ceux qui s'avisent de le faire ne donneroient pas une confiance aveugle à celui qui, admis à la connoissance de leurs projets et au moment de leur manifestation, auroit la lâcheté de se séparer absolument d'eux pendant treize journées. Tenir une toute autre conduite ne seroit-ce pas le comble de la déraison, ne seroit-ce

---

(1) Milton appelle ainsi le palais de Satan (*Paradis perdu*).

pas couvrir sous ses propres pieds l'abyme où l'on désire précipiter ceux contre lesquels on machine ? Que faut-il de plus que la connoissance du cœur humain pour justifier les prétendus conspirateurs du crime que Grisel leur impute ? que faut-il de plus pour démontrer son infamie : il se dit l'ami, le soutien du gouvernement ; il est instruit ; il est convaincu qu'on conspire sa ruine : il a participé à cette conspiration par un pamphlet incendiaire, par le reçu solemnel, authentique d'un brevet en forme d'instruction ; il s'est abouché avec quelques-uns des conspirateurs ; et pendant treize jours il livre le gouvernement à la merci de ces furieux qui, du soir au lendemain, eussent pu attenter contre lui. Si même un mouchard plus habile que lui eût obtenu la découverte de ce complot ; que les prévenus eussent été saisis ; que quelques indices ou l'indiscrétion de ses consorts eussent trahi ce Grisel, l'eussent attiré avec eux dans les cachots, je vous le demande, hommes impartiaux, quelle excuse auroit eu Grisel ? d'une part, on eût trouvé dans son matelas son brevet, qu'il est assez surprenant qu'il n'ait pas livré aux flammes, ainsi que les exemplaires du pamphlet, et dont la conservation seule eût été une preuve manifeste de sa complicité ; d'une autre part, son affinité publique avec quelques-uns des conspirateurs n'eût-elle pas levé tous les scrupules, et n'eût-il pas été, sous ce double rapport, jugé bon et valable conjuré, et puni comme tel ? et c'est l'homme qui vient ici avec un ton de suffisance et de présomption injurier, ravaler tantôt les accusés en particulier, tantôt les accusés en masse, qui a commis une telle bêtise ! heureuse bêtise, puisqu'elle dévoile toute la turpitude de cet imposteur effronté, puisqu'elle est la justification complète de ceux qu'il accuse et qu'il calomnie !

Je pourrois m'en tenir là, et être certain que ce seul fait l'accable, le démasque, et détruit tout l'effet qu'il attendoit de sa méprisable déclaration.

Le malicieux témoin vous a dit qu'il avoit tout prévu, et que, dans le cas de la découverte du complot, il n'eût pu être compromis, parce qu'il avoit eu soin de prendre les devants, et de confier le tout à des hommes sûrs, et qui lui eussent servi de garantie. Il eût été à desirer que, dans les diverses déclarations qu'il a faites hors de cette enceinte, dans les lettres qu'il a adressées au ministre Cochon, il eût annoncé, comme il l'a fait ici, quelles étoient ces garanties. Certes la découverte d'une aussi horrible conjuration est quelque chose de trop sublime, de trop glorieux, pour que chacun de ceux qui ont eu part à cette découverte ne s'énorgueillisse d'en avoir eu connoissance. C'étoit un point trop essentiel pour Grisel pour que l'on puisse croire qu'il eût oublié d'en parler dans ses déclarations. Il y parle d'un officier de son bataillon nommé Montion : c'est dans celle du 15 floréal, devant le directeur Carnot, page 144, ligne 14, et prétend qu'il brûla en sa présence les pamphlets de

Franc-Libre. Il se garde bien de dire, dans la même déclaration, qu'il lui fit voir son brevet; dans la déclaration du 3 prairial devant le directeur du jury, il n'en fait aucune autre mention que dans la précédente : voyez page 155, 20ᵉ ligne. Quant aux citoyens Sellier et Dejean, il n'en a pas articulé un mot. Je livre à la conscience du jury cette disparité entre la déclaration de Grisel devant la Haute-Cour, sa révélation à Carnot, et sa déposition à Gérard.

Mais pourquoi ne lui ferois-je pas avaler jusqu'à la dernière goutte toute la carafe de la honte?

Pourquoi ménagerois-je un lâche à qui il n'a manqué, pour consommer le plus noir de tous les crimes, que d'avoir ici des hommes aussi malévoles que ceux qui ont reçu ses premières déclarations?

Pourquoi, puisqu'il a osé s'asseoir sur l'escabelle des délateurs, négligerois-je tous les moyens que lui-même m'a fournis pour faire ressortir toute l'impureté de sa vilaine ame? Il se rend à l'invitation du quidam inconnu. Le voilà chez son patron : voyez comme tout se fait.

Si c'est-là un conspirateur bien dangereux pour un gouvernement constitutionnel, je ne sais que penser de ce gouvernement; mais il vaut mieux croire que le témoin ment à la justice. Une citoyenne, allaitant son enfant, le reçoit. La demande faite par un des conjurés à cette citoyenne, si *le capitaine en question* est arrivé, ne laisse pas douter que cette citoyenne ne soit du complot. Ce n'est pas étonnant : il vous a dit, le 22, qu'il lui avoit été assuré par Monnier que vingt-cinq mille personnes étoient dans le secret; il s'est bien gardé de vous spécifier l'âge, le sexe, la condition de ces personnes. L'enfant à la mamelle en savoit bien quelque chose aussi.

Il est admis au comité insurrecteur. Son patron l'introduit par une harangue pathétique et flatteuse. Que trouve-t-il à ce comité des conjurés? Voici une de ces contradictions qui fourmillent dans son roman, et que je ne dois point passer sous silence : Ce comité étoit de cinq personnes, lui compris. Une personne qu'il ne connoissoit pas, qui ne lui parut pas être dans le secret, assista à cette séance; et Grisel vent insinuer qu'au moment où l'on dit que l'instant est proche, où on lui désigne les dignes chefs, où on parle de diriger le grand acte insurrectionnel, on laisse transpirer des renseignemens aussi précieux, on se donne un témoin qui n'est pas dans ce complot! Comme je m'appesantirois sur cette ridicule circonstance, si je n'avois à en produire de bien plus ridicules encore. D'autres conjurés arrivent; la réunion des civils et des militaires se consomme en sa présence. On y lit un acte d'insurrection et un acte subséquent qui devoit paroître au milieu de l'insurrection pour ordonner le pillage et le massacre général des riches, des nobles, des prêtres et des autorités quelconques. D'après un calcul qu'il seroit aisé de vérifier, on se convaincra qu'au milieu de l'insurrection, cet acte subséquent sauroit tomber dans toute la France vingt ou vingt-cinq millions de têtes, et cela avec les habitués mâles et femelles du bruyant café des bains Chinois, avec le comité militaire composé de cinq membres, dont on traite, avec quatre membres d'un comité insurrecteur, dont un, cito.., a besoin de bains froids et d'une convalescence aux petites-maisons, dont tous délibèrent en présence d'un citoyen qui ne prend aucune part au projet. Je ne me donnerai pas la peine de réfuter l'imputation atroce des propos qu'il prête à d'aucuns membres de cette association. Il falloit bien qu'il les fit parler, puisqu'il avoit eu l'art de les présenter réunis. Ce qui m'étonne, c'est que Germain, ce phraseur continuel, et qui n'aime pas mal à jaser, n'ait rien dit dans cette séance. C'est sans doute parce que, lors de ses premières déclarations, il connoissoit le nom de Germain, et non pas son caractère ; je dois observer aussi que le 22, en racontant les circonstances du 26 germinal, il ne s'étoit point avisé de l'accuser, ce Germain, de phraséisme, comme il l'a fait par appendice dans sa séance du 23 ; il s'est vraisemblablement rappelé que j'avois phrasé contre lui dans les précédentes séances : je conviens aussi que, pour parler de Grisel, il faut avoir bien la fureur de phraser, ou le bien fort desir de signaler au public le plus détestable des hommes ; et je ne dénie pas que, tout pénible qu'il soit à satisfaire ce desir, je l'éprouve, et qu'il ne dépendra pas de moi que l'imposture hideuse n'apparoisse à tous les yeux. Le comité d'insurrection créa un comité militaire composé de cinq membres, dont lui Grisel fit partie ; le comité d'insurrection, car il étoit ce jour là en train de résoudre, ne s'est tini pas à cette création ; il résolut de changer d'emplacement, et de ne faire connoître le nouveau lieu de ses séances que de deux auxiliaires, page 147, déclaration du 15 floréal, au président Carnot ; il le dénonce ainsi. Voyez la dernière ligne, page 158, 15e ligne ; déclaration devant le directeur du jury Gerard ; il en dénonce trois. Un de plus ou de moins, peu importe ; dit-il, le succès de l'insurrection est maintenant assuré ; il ne s'agit, pour ainsi dire plus, que de fixer l'époque et de marcher. Ce comité militaire composé d'hommes actifs, bien instruits, bien moyennés dans tous les genres, vastes et froids concepteurs tout autant que Catirat, tacticiens comme défunt Guibert, audacieux comme Forbin, vont applanir toutes les difficultés. A peine se donnent-ils le temps de prendre vingt-quatre heures de répit, dès le lendemain ils sont réunis chez un citoyen Reys, rue du Mont Blanc. On s'y déboutonne ; on se donne du linge ; on prend de l'encre, du papier, on taille une plume, on se met à l'œuvre ; et après avoir piqué l'escabelle pendant deux heures, qu'a-t-on fait ? Rien. Seulement Grisel s'est apperçu que Carnot étoit l'objet de la détestation des conjurés. Pour

» donner quelque créance à son mensonge, il eût dû ajouter : Ces
» nouveaux Césars qui commentoient froidement sur les préparatifs,
» les dispositions de la guerre sanguine dont ils étoient spécialement
» chargés de diriger le plan et la conduite, me parurent jalouser le
» citoyen Carnot, qui, membre du fameux « comité de salut public,
» avant, le 9 thermidor, avoit préparé dans le Nord la voie à nos
» frères d'armes, leur avoit ouvert la barrière à Fleurus, les avoit
» poussés dans les marais de la Hollande, avoit fait crouler les rem-
» parts de Nimègue, Breda, Gertruidemberg; sur le Rhin, avoit
» emporté Coblentz, balayé le Palatinat; aux Pyrénées, démantelé
» Hyron et Fontarabie, désarmé Saint Sébastien et républicanisé
» provisoirement les Guipuscoans; en Italie, observé une défensive
» inexpugnable; qui, depuis sa promotion au Directoire, a procuré
» vers le Rhin, à nos armées, une retraite plus glorieuse mille
» fois que la conquête de Mayence; et en Italie, une victoire com-
» piète sur la coalition papale, anglicane et impériale; la réduc-
» tion de Mantoue, la consternation de sa sainteté, le démeuble-
» ment de ses plus rares tableaux, etc, etc, etc ». Tout le monde
eût pû croire en effet que ce comité, dans un transport d'envie,
eût exhalé, contre ce sauveur de la France, la bave de si détrac-
tation. On ne fit donc rien ce jour-là. Grisel est le seul qui fit beaucoup, car il y méditoit son plan d'attaque; il y découvrit qu'en
s'associant le citoyen Carnot, il pourroit obtenir une victoire facile sur le quatuor de Stratèges.

Le 13, le comité militaire, ou l'état-major, capable de faire
presque face au général en chef des garçons tailleurs et à ses douze
aides-de-camp, transporta son quartier général et ses bureaux chez
Clarez Grisel, qui en suite de sa résolution de connoître toute la
trame, devoit ne pas perdre un instant, s'y rendit le dernier.
On fit beaucoup cette séance; on se dit, les uns aux autres, *il faut
faire des notes*, et l'on se divisa sans promettre *où nous ferons
des notes*. On s'ajourna à cinq heures de relevée. Grisel, qui ensuite de sa résolution de connoître toute la trame, devoit n'y pas
perdre un instant, se s'y rendit qu'à six heures ou six heures et
demie; il n'y trouva personne. Sans doute on n'y porta pas les
notes demandées, puisqu'à six heures et demie la séance étoit
levée, si toutefois il y en avoit eu.

La suite au Numéro prochain.

A PARIS, chez BAUDOUIN, Imprimeur du Corps législatif.

(N°. 40.)

DÉBATS ET JUGEMENS

DE LA HAUTE-COUR DE JUSTICE.

Suite de la Séance du 25 ventôse.

Continuation du discours du prévenu Germain.

Le 15, la séance s'ouvrit à dix heures du matin. Grisel s'y rendit à dix heures et demie : on n'y fit encore rien ; seulement deux membres ayant obtenu la parole du président, se plaignirent de l'indiscrétion d'un conspirateur qui avoit introduit un externe dans la séance du 14. Cette partie de la déclaration semble prouver qu'il y avoit eu séance le 14 au soir : au reste, on ne fit encore rien le 15.

A dix heures du matin, le 16, Grisel rencontre sur le pont de la Révolution, un conspirateur, son collègue au comité militaire, qui alloit visiter la poudrière de Grenelle, sans carte ni uniforme, et par conséquent sans aucune espèce de titre pour entrer ; encore cet inspecteur d'un nouveau genre des poudrières refusa d'entrer dans aucun détail sur cette visite, manière assez prudente de s'y prendre pour ne pas se couper. Il ne fut encore rien fait dans la séance du 16, à dix heures du matin.

Le 17 floréal, Grisel ne put se rendre que sur les onze heures au comité militaire : il ne s'y passa rien ; il remarqua du mouvement dans les traits des conspirateurs. La séance fut ajournée à cinq heures du soir ; il y vint, et n'y trouva qu'un conspirateur.

Le 18 floréal, il se rendit à la séance à onze heures et demie du matin. On n'y fit rien : il rencontra deux des conspirateurs dans l'escalier. Un des deux étoit dans une admirable hilarité, mais qui, ne voulant pas s'amuser à lui donner des détails sur ce qui en étoit l'objet, l'adressa à un de ses collègues. Le collègue lui dit en confidence qu'il alloit s'opérer une refonte de deux conspirations en une seule, et que ça alloit bien mieux marcher.

Le soir, Grisel prend ses dispositions, met force troupes en alerte pour flairer et guetter un flagrant-délit, le tout en vain.

Débats & jugemens de la Haute-Cour, Tome IIe. K

Grisel ne sait pas si le 19 il se rendit à la séance du comité militaire. Cette ignorance ou cet oubli n'est pas fort excusable dans un homme si fort intéressé à se rappeler de tout et savoir tout. Le soir il se rendit à la séance, chez le représentant du peuple Drouet; il étoit près de neuf heures. Il avoit soigneusement pris toutes les mesures pour que les conspirateurs fussent saisis. On se sépara quelques minutes avant l'arrivée de la force armée, et le coup fut manqué. On sait, car il l'a dit, qu'il ne s'écrivit pas un mot dans cette séance, qu'on y jasa, qu'on n'y communiqua pas un seul carré de papier écrit.

Le 20, il va visiter, dès sept heures du matin, son patron le conspirateur, le trouve encore haletant de la fâcheuse mésaventure de chez le brave Drouet, lui remet adroitement le cœur au ventre, et le quitte avec l'assurance qu'il ne se laissera point abattre par cette petite peur.

Point de séance du comité militaire le matin à dix heures; mais le soir, à quatre heures, tous les agens militaires supérieurs et subalternes se réunissent rue Neuve Égalité.

Oh! cette fois on ne perd pas son temps; on boit, on dispute, un secrétaire écrit; il n'y a point de président, mais il y a un pacificateur (C'est à-peu-près la même chose). On présente de grandes vues: l'un veut que l'on s'empare de Montmartre; que l'on bâtisse un pont qui lie les fauxbourgs Saint-Antoine et Saint-Marceau: l'autre veut que l'on s'empare d'un bateau chargé de fusils, qui se trouve vis-à-vis le quai de la Ferraille. Tout cela est mentionné au procès-verbal. La séance se dissout. Deux pauvres diables peignent leur affreuse détresse : on donna deux ou trois louis en or, qui, échangés en assignats, devoient produire une très-forte somme. Celui qui les leur remit, leur recommande de s'en servir à former de petits conciliabules pour éclairer les ouvriers. Notez que c'étoit le 20, et que le surlendemain devoit avoir lieu l'insurrection, la fatale, la redoutable insurrection. Certainement Georges-Jacques Grisel ne pensoit pas au 22 floréal, époque de rigueur par lui citée, lorsqu'il dénonçoit de l'argent donné le 20 pour former de petites réunions. C'est bien la veille d'un éclat que l'on songe à détacher des ouvriers de leurs ateliers pour les assembler en petits pelotons, les éclairer. Le 21 floréal, jour de fâcheuse mémoire, puisqu'il fut le premier de notre mort civile; le 21 floréal, de grand matin, Grisel s'émeut en tout sens; il va, il vient, comme un véritable explorateur. Il court de la rue Babille au café, du café à la rue Papillon. Admirez la prévoyance et la sagacité de ce fidèle serviteur; il veut voir de ses propres yeux si le lieu indiqué pour le rendez-vous des républicains n'est pas formidablement armé, si son cher compagnon d'armes, le général Charles Blondeau, n'a pas à craindre quelque meurtrière embuscade : il trouve tout en bon état, c'est-à-dire sans danger ; et très-tranquille sur le succès de l'arrestation, il va se jeter dans les bras du sommeil, dont son zèle pour le directeur Carnot et le ministre Cochon l'avoit impitoyablement éloigné pendant plusieurs nuits de suite.

Résumons les faits : Meunier le ceinturonnier est, je n'en doute pas, un patriote, un bon ouvrier, qui avoit quelques sujets de mécontentement qu'il témoigne à Grisel avec, peut-être, le désir qu'il a de les voir cesser.

Les Bains chinois sont un café ouvert à tous venans, mais que les patriotes occupent le plus habituellement, par la même raison que les royalistes occupent avec assiduité celui de Chartres.

Il n'est pas étonnant qu'un jour de décadi les patriotes y aillent en plus grand nombre. L'ouvrier, quelle que soit la rigueur, la dureté des circonstances des temps, célèbre une fête tous les dix jours : ses chants, son ivresse franche, ne sont point dangereux. Que fait le peuple ? disoit le rusé Mazarin en exigeant un nouvel impôt. — Il chante, monseigneur. — Il chante : eh bien ! il payera.

Le comité insurrecteur et la séance du 11 sont une fable, un mensonge insigne. Je le prouverai dans la récapitulation des faits qui me sont personnels : le comité militaire est une suite de la même fable. S'il eût tenu des séances, il eût fait quelque chose : il n'a rien fait, absolument rien.

La refonte des deux conspirations en une seule est une fable encore, qu'il étoit du plus grand intérêt pour quelques hommes de faire croire ; car ils en tiroient le prétexte d'expulser de Paris des citoyens à qui on n'osoit encore faire le reproche public d'avoir voté la mort de Capet et fondé la République.

La séance chez Drouet est encore une fable. Qu'eût été la découverte d'une conspiration qui n'autorisoit des vexations qu'envers une soixantaine de chauds républicains et une vingtaine d'ex-députés ? Il falloit sur tout avoir un motif d'entamer la Représentation nationale ; il falloit essayer de briser le talisman de l'inviolabilité des dignes délégués du peuple : et pouvoit-on mieux l'entamer qu'en attaquant celui des membres de la législation qui s'est le plus distingué par son courage et son ardent amour pour le peuple ; celui qui arrêta Capet dans sa fuite le 21 juin, et sauva la France des horreurs d'une dévorante guerre civile ; celui qui donna au peuple souverain le spectacle de la honte d'un roi parjure, désertant lâchement son poste ; celui qui, porté à la Convention nationale par les suffrages universels de plusieurs départemens, justifia si bien une telle confiance par son zèle à défendre la liberté, à maintenir l'égalité ; qui vota courageusement l'anéantissement du trône ; qui de la tribune législative s'élança à la tête des colonnes, signala son intrépidité, dans un moment de pressans dangers; s'offrit à traverser l'armée ennemie pour obtenir des secours indispensables; lutta toute une nuit contre les Autrichiens qui le harceloient, et ne se vit chargé de fers qu'après une vigoureuse résistance, et la défection de ceux qui l'accompagnoient; celui qui, pendant plus de deux ans, languit dans d'horribles cachots, fut soumis aux dernières humiliations, et conserva un attachement inviolable à sa patrie et à la République; celui que les Français ont accueilli, à son retour de captivité, avec les transports de la plus vive alégresse? Oui, sans doute, malheureux Drouet! il n'est pas un Français, pas un révolutionnaire dont nos ennemis desirent plus ardemment la mort ou l'exil; réjouis-toi dans le sombre asyle qui te dérobe à leurs yeux homicides; réjouis-toi de mériter cette inappréciable faveur.

La séance du 20, rue Neuve-Egalité, est encore une fable: le débat éclaircira peut-être ce qui est vrai de cette circonstance.

Le résumé des moyens moraux des conspirateurs ne détruit aucunement celui de leurs moyens physiques.

Un agent militaire n'avoit pas le sou pour faire remonter ses bottes. Un autre (c'est, je crois, Grisel lui-même) n'avoit pas de quoi se procurer de la chandelle et une feuille de papier. Les conspirateurs convoitoient la poudrière de Grenelle; mais ils n'avoient pas même une carte de passe pour en approcher. Trois louis figurent dans cette grande affaire: pense-t-on qu'ils fussent suffisans pour la construction de ce fameux pont-volant à bâtir audessous de la Rapée, et mille et mille autres objets dont il est indispensable de se pourvoir pour une aussi terrible explosion? Je ne conclus pas encore, je passe rapidement aux faits qui me sont personnels. Dans tout ce que Grisel m'a attribué de participation à ce complot, je déclare qu'il a menti, impudemment menti. Je ne crois pas l'avoir vu de ma vie, avant qu'il ait eu le front de se présenter au Tribunal. Si je l'eusse vu, je déclare que je l'eusse repoussé avec horreur de devant moi. Sans être un Lavater, je suis assez physionomiste pour que la fourche judaïque qui est gravée toute saillante sur sa figure (regardez-le plutôt) me frapât et m'éloignât de lui. Voyez ses yeux, le miroir de l'ame: comme l'iniquité s'y peint ostensiblement!

Les seuls propos qu'il me prête, le 26 germinal, sur la terrasse des Feuillans, bien opposés à mon caractère, que je n'aurois eu alors aucun intérêt à masquer (caractère qui s'est déja manifesté à vos yeux, car je ne déguisai jamais rien) suffisent pour prouver la fausseté de ses assertions. Le 11 floréal, j'ai passé toute la journée à la chasse avec Didier et Guilhem, dans les environs de Saint-Denis.

Je n'ai jamais été membre d'un comité militaire : il n'existe rien dans les pièces qui puisse établir même la présomption que j'aie rempli un tel poste. Je sais qu'on a cherché à interpréter en rapports militaires trois lettres qui sont au procès, et que j'écrivois à Baboeuf et à un autre citoyen que j'estimois, que j'estime encore ; mais je suis prêt à donner sur ces lettres toutes les explications nécessaires, à les analyser mot à mot, et réfuter victorieusement l'accusation et la menace d'une triple mort que Grisel a établie sur les pièces que je m'honore d'avoir écrites ; car il n'est aucun de vous, citoyens jurés, qui n'y reconnoisse, lorsqu'elles seront soumises au débat, l'esprit du pur plus civisme. Je sais et j'en ai la preuve imprimée sous les yeux, que de simples adresses, des annonces, qui n'ont d'autre trait à la conspiration qu'une fortuite ressemblance de noms, me seront présentées comme convictions du délit qu'on m'impute. Je maudirai le hasard qui, dans cette occurrence, se trouve le complice de mes persécuteurs ; mais la voix de la vérité prévaudra, et ses accens rigoureux détruiront facilement l'échafaudage inique que le plus insignifiant prétexte a suffi pour bâtir à grands frais. Je n'ai été chez le citoyen Clerex, que j'ai reconnu en prison, quoiqu'il ne m'ait pas, lui, reconnu, qu'une seule fois avec un citoyen de mes amis, qui y conduisoit un officier, pour faire coudre un collet à son habit.

Je n'ai de ma vie assisté à une séance rue Neuve-Egalité ; je n'avois jamais vu le citoyen Morov ; je connoissois le citoyen Cazin pour avoir été son compagnon d'infortune à Arras ; mais, depuis fructidor an 3, je ne l'avois ni rencontré, ni vu.

Citoyens, si je me fusse rendu à ces diverses séances, certes je ne m'embarrasserois pas dans la fastidieuse contrainte des dénégations. Je suppose un instant que les assertions de Grisel soient vraies : il me seroit bien facile de démontrer que rien de ce qui me concerne ne m'entache de criminalité. N'ayant donc aucun danger à courir, en avouant sa déposition, si elle étoit sincère, et le motif qui détermine d'ordinaire les coupables à se retrancher dans la dénégation, savoir, le danger imminent de l'aveu du crime, n'existant pas pour moi, je ne puis être suspect en déclarant franchement la vérité, qui est que Grisel, dans tout ce qu'il a déposé contre moi, a atrocement menti, d'où je tire la conséquence qu'il a de même menti dans tous les faits qu'il a articulés contre mes co-accusés.

Je me suis fait à moi-même une objection, que j'ai prévu que les accusateurs nationaux me feroient : car c'est leur devoir de rechercher la vérité ; et je serai le premier à les applaudir, quand ils le rempliront, ce devoir auguste et saint. Voici quelle est cette objection ; mais Georges Grisel donne du crédit, de la véracité, à sa déclaration en ne rapportant que des choses à-peu-près insignifiantes, tandis qu'il eût pu, dans son génie largement imposteur, forger des détails plus horribles mille fois. Voici ma réponse: les mensonges de Georges Grisel eussent été suffisans pour nous faire immoler, devant une commission militaire, le lendemain de notre arrestation, où l'on n'eût pas tant pris garde pour des factieux; et il a cru inutile, dangereux même, de les enlier ensuite plus qu'il n'avoit fait dans sa déclaration devant le président du Directoire.

Qu'on ne me fasse pas entendre, après la connoissance que j'ai acquise de Grisel dans les séances du 22 et du 23, que s'il eût estimé que l'incident de Drouet nous auroit traînés devant les juges naturels de ce représentant, devant un tribunal où les voix des accusés ne seroient point étouffées; qu'on ne me fasse pas entendre, dis-je, que cet impudique calomniateur s'en fût tenu à un tel roman; il eût alors inventé, dans toute l'abondance de son ame perverse, une bien différente fable.

Il est un point sur lequel j'ai glissé, et qu'il est important que je mentionne, quoique ce ne soit pas là son rang; c'est l'imputation de la grande part que j'avois au journal intitulé, *L'Éclaireur* : non-seulement je n'ai jamais travaillé à ce journal, mais encore je n'y ai inséré ni avis, ni article. J'en ai connu l'auteur, il n'est point ici: on me permettra de ne pas le nommer: c'est un citoyen utile à la patrie, qui d'ailleurs signoit son journal. Il est vrai, j'ai une fois, dans la fin de ventôse, conçu l'idée de faire aussi un journal, et l'on voit quelque chose de relatif à cela dans les pièces imprimées et lorsque le débat s'ouvrira. Sur l'annonce que j'en donne et que j'invite Babeuf, ainsi que plusieurs autres publicistes, à insérer dans leurs feuilles, on se convaincra que je voulois signer cet écrit périodique dont il n'a pas paru un seul numéro, quoi qu'en dise Gérard dans mon acte d'accusation. J'applaudis à la sensibilité de Grisel : cet éclaireur, dont il se trouve ici des liasses, n'avoit ni père, ni tuteur sur nos bancs, il a voulu lui en nommer un d'office. Je lui tiens compte de la préférence qu'il m'a accordée; mais il me permettra de refuser cette faveur : ce genre d'adoption ne me convient pas pour le moment.

Que conclure de la déclaration longue, verbeuse, insignifiante de Grisel, de l'incohérence des faits qu'elle contient?

1°. Qu'il est un imposteur;

2°. Qu'il n'y a pas de conspiration;

Et 3°. qu'il est l'instrument d'une faction liberticide. Son imposture, je l'ai manifestement démontrée et avec assez de précision, pour n'avoir pas besoin de répéter mes preuves.

Il n'y a point de conspiration : je vais donner à cette assertion quelques nécessaires développemens.

Je devrois définir une conspiration; il n'est pas de pays, de siècle.

qui ne m'en fournit des exemples frappans. Je placerois à côté de cette définition ce qu'on nomme, avec une affectation emphatique, la conspiration du 21 floréal; et peut-être faudra-t-il, avant la fin des débats, en venir à offrir cette comparaison : mais je laisse ce soin à des plumes plus exercées que la mienne ; un tel sujet ne peut être traité médiocrement. Je me contenterai de dire : Est-ce conspirer que d'être douloureusement affecté de la misère du peuple ; de cette misère qu'on éprouve soi-même, qui dessèche, à vos propres regards, le sein jusques-là fécond d'une mère dont les bras affoiblis par un jeûne rigoureux peuvent soutenir à peine son enfant, tandis que deux ou trois autres demandent vainement, par leurs larmes et leurs cris, un morceau de pain qu'il est impossible de leur procurer? L'ame encore vivement émue de ce spectacle déchirant, est-ce conspirer que de murmurer contre les auteurs de cette pénible détresse, contre les vampires insatiables, les sang-sues du peuple ? Est-ce conspirer que de s'indigner de la renaissance audacieuse et rapide des abus que la tyrannie faisoit peser sur la France, de la rentrée des émigrés, des cris séditieux des prêtres et de leurs fanatiques prosélytes? Est-ce conspirer que de parler sans cesse au peuple de ses droits; que de donner un libre cours à sa pensée, à ses opinions? Est-ce conspirer que de donner à ses concitoyens des avis, dont le mépris seul doit infliger la peine s'ils ne leur conviennent pas, et dont l'estime publique atteint les auteurs si, après avoir été mûrement réfléchis, ils sont jugés bons et dignes? Est-ce conspirer que d'avoir l'œil ouvert sans cesse sur le monstre du royalisme, sur ses menées, ses démarches, ses trames, à l'effet de l'empêcher de consommer son crime, s'il devenoit jamais assez hardi pour entreprendre quelque chose contre la liberté? Le jour où l'on déclareroit que c'est-là conspirer, la République seroit anéantie, la liberté s'enfuiroit loin de nos contrées, et une servitude plus odieuse mille fois que celle de 88, étendroit ses dures chaînes sur tous les Français. Le jour où l'on déclareroit que c'est-là conspirer, nous ne serions que les premiers frappés ; le glaive terrible de la vengeance se promèneroit sur des milliers de têtes. Le trône d'un prétendant ne peut s'élever que sur des cadavres, et s'affermir que d'un ciment de sang ; son sceptre, c'est la faulx de la mort ; ses favoris, les ministres de carnage, les officiers de boucheries. Mais qu'ai-je dit? Non, ce ne peut être la Haute-Cour qui déclare jamais que c'est-là conspirer; et je ne fonde pas cette opinion sur ce qu'elle ressort elle-même d'une institution républicaine, et par conséquent est rangée dans la catégorie des conspirations à frapper; mais je la fonde sur sa justice, sur son indépendance, sur l'impartialité de son jury. Si ce n'est point là conspirer, que voit-on autre chose dans cette affaire?

Grisel est l'instrument d'une faction liberticide.

Ce n'est point un capitaine rapporteur, l'auteur de la lettre de Franc-Libre à son ami la Terreur; ce n'est point le témoin que vous avez entendu pendant plus de cinq heures, je ne dis pas seulement déposer, mais disserter sur le complot, avec une érudition et un brillant incroyable; ce n'est pas celui qui vous a prouvé aussi clair que deux et deux font quatre, que les hommes qu'il accuse, sont, en masse, de sots imbécilles, des goujats, des manœuvres; ce n'est point Grisel, en un mot, qui, fût-il admis, comme il l'a avancé, dans la confidence de la conjuration, eût pu se dissimuler qu'une telle conjuration n'existoit pas: le calme, la réflexion, la maturité, la sagesse qu'il a portée, dans l'inspection des plans, des propos et des actes des conjurés, comparés au trouble, à l'ardeur, à la démence, à la furie des conjurés, donnent le résultat évident qu'il étoit le seul capable de bien juger, et par conséquent de voir qu'il n'y avoit rien de désastreux. Mais j'établis ce qu'il eût dû voir, s'il eût été de bonne foi; tandis que j'ai à établir ce qu'il étoit de son intérêt et ce qu'il n'a pas manqué de faire voir aux puissans, qui avoient besoin d'un prétexte pour se colérer et meurtrir les républicains: aussi que voyez-vous? un incendiaire, un parricide. En vain étouffe-t-il aujourd'hui ses remords, et ose-t-il prétendre que c'est pour se montrer plus anarchiste que ses complices, qu'il a fait de telles propositions: on ne lui reprochera pas d'avoir dédaigné de mettre dans son roman toutes les broderies qu'il a jugées propres à éblouir les yeux et tromper les consciences; il étoit un agent d'une faction liberticide. Qu'on se reporte à la matinée du 20 floréal, où il se rend chez Darthé: de son propre aveu, ce citoyen étoit frappé de consternation. Quand un des chefs de l'entreprise est consterné, les autres ne tardent pas à l'être, et le troupeau se disperse facilement. De cette consternation, dans l'hypothèse de la conspiration, il devoit résulter une rupture totale du complot. Il s'en appercoit, ses victimes vont échapper, ses maîtres seront forcés de rengaîner le stylet de la vengeance; les rois seront déchus de leurs atroces espérances, puisque les républicains ne seront point exterminés; il s'en appercoit, dis-je, et renonce à tout: il voit que son patron, qui n'est plus que son disciple, hésite, ne se prononce pas; il se presse vivement. Voyez si le mensonge est étranger à sa bouche impure; voyez cette fable, page 152 du volume de Drouet; sa lettre au ministre: quelle atroce, quelle scélérate fiction! voyez comme il lui en coûte pour calomnier ses frères d'armes; voyez, soldats de la patrie, il vous présente comme des assassins, et cela, pour renouer un complot qu'un évènement a rompu. Là, je m'arrête, je ne ferai point à Grisel d'interpellation pour l'instant, je n'en ferai peut-être même point du tout; ses mensonges sont trop mal tissus, pour qu'il faille employer à les briser, des efforts extraordinaires. Je devois au public et au Tribunal l'antidote de ses poisons : si je ne croyois pas cet antidote radicalement curatif, je ne te crois pas à en administrer un second ; mais j'attendrois pour cela que la chaîne des discussions me prouve que cet infame et vil calomniateur n'est pas frappé de toute la réprobation que lui méritent ses exécrables forfaits.

Grisel : Citoyen président, je demanderai la parole pour répondre au discours de Germain.

Germain : Je ne lui ai pas fait d'interpellation, il n'a rien à me répondre ; je lui en ferai quelques unes demain, et alors il répondra.

Le président : Pourquoi ne pas les faire de suite ?

Germain : Je les ferai lorsque la circonstance me paroîtra plus importante, peut-être dans huit jours, peut-être demain ; je suis tout prêt pour les faire.

Didier : Citoyens jurés, Grisel, l'infame Grisel, prétend avoir rendu un service au gouvernement ; il a même eu l'impudeur de se proclamer le sauveur de sa patrie. Qu'il ait par ses menées atroces secondé les projets liberticides d'une faction exécrable, c'est ce que l'on conçoit facilement ; que ses fausses délations aient favorisé les desseins d'un ministre pervers, c'est ce que je conçois, c'est ce que les débats prouveront : mais que la noirceur de son ame vénale, mais que l'assassinat prémédité d'une multitude de républicains soient des titres à la reconnoissance publique, c'est ce que desireroit Carnot, ce que Gérard a cru, ce que l'accusateur Viellart prétend, ce qui sera repoussé par un jury éclairé, impartial, ami de l'eternelle justice, ce qui inspirera un sentiment d'horreur à un auditoire vertueux. Je ne m'arrêterai point à prouver que Grisel est un misérable couvert de crimes ; il n'est ici personne qui n'en soit convaincu : je vais seulement m'attacher à démontrer qu'il ne croyoit nullement au roman dont il vous a fait, citoyens, dès les deux dernières séances, un récit non moins horrible qu'invraisemblable. En effet, il voit, s'il faut l'en croire, Darthé le 20 germinal ; il suit la prétendue conspiration jusqu'au 28 ; il reste alors jusqu'au 11 floréal sans approcher les prétendus conspirateurs ; encore a-t-il fallu un billet de Darthé pour l'inviter à sortir, et une nullité de treize jours. Est-ce ainsi que se conduit le citoyen vertueux qui est informé de l'existence d'une conspiration qui doit entraîner la ruine de son pays ; d'une conspiration bien organisée, d'une conspiration qui est sur le point d'éclater ? Non, citoyens : le repos est alors un attentat contre la patrie. Grisel dit qu'un inconnu lui apporta une lettre de Darthé qui l'invitoit à se rendre près des conspirateurs. Où est cette lettre dont parle Grisel ? il n'y a pas de doute qu'il l'ait soigneusement gardé, si elle lui avoit été écrite.

Cet homme atroce que j'ai vu dans cette enceinte pour la première fois, m'a dénoncé, fait jeter dans les fers, comme membre d'un comité insurrecteur. Dans la déposition qu'il a faite devant vous, il a déclaré qu'il avoit bien vu que je n'étois qu'une machine dont le comité vouloit se servir. D'après ce fourbe, j'étois un membre du comité, ou une simple machine que le comité faisoit mouvoir à son gré. Dans le premier cas il en a imposé à la Haute-Cour en assurant qu'il avoit vu que je n'étois qu'une machine ; dans le second cas, pourquoi m'a-t-il dénoncé comme membre du comité ? Dans l'exacte vérité, Grisel ne m'a vu dans aucun comité. Je n'ai jamais vu ailleurs qu'ici la figure d'un pareil monstre ; je ne le connois que par l'extrême misère dans laquelle ma femme et mes cinq enfans dans l'âge le plus tendre sont plongés ; c'est à lui que je dois les fers dont je suis chargé depuis dix mois ; c'est à lui que ma famille doit sa longue agonie.

Dans sa première déposition, Grisel déclare que j'étois absent quand il vint chez moi, et qu'il y trouva un inconnu.

Dans la seconde, il dit m'y avoir trouvé ; il me fait sortir avec Buonarotti et lui pour aller au comité. Est-il une contradiction plus sensible ? en est-il une qui puisse déclarer davantage sa turpitude ? Comment pourra-t-il persuader maintenant que c'est une erreur du greffier ? L'homme du madré Gérard ne commet point de semblables erreurs. Et qui ne sait qu'on donne toujours au témoin la lecture de sa déclaration, pour ratifier ses erreurs, faire des retranchemens ou des additions ?

S'il suffisoit à Grisel de nommer erreurs toutes ses contradictions, toutes ses atrocités, il ne seroit plus Grisel, il seroit un délateur ordinaire. En vain prétendroit-il ainsi échapper à l'ignominie qui est à jamais son partage : il sera constant pour vous, citoyens jurés, il le sera aux yeux de la France entière, que Grisel est un faux délateur, un meurtrier, un vil mouchard altéré du sang des amis du peuple.

Séance levée à deux heures et demie.

Sophie Lapierre a chanté la complainte de Goujon.

Séance du 26 ventôse.

Séance ouverte à dix heures et demie.

Vergne : Je demande la parole sur l'objet qui nous occupe.

Le président : Le citoyen Babœuf doit parler et commencer les débats ?

Vergne : J'ai peu de chose à dire.

Cela peut donner des éclaircissemens, c'est sur la déposition : elle m'inculpe aussi. Le seul objet qui me tient ici....

Le président : Mais si elle vous inculpe, ce sera la raison pour laquelle il y aura un débat particulier avec vous sur la déposition. Si on interrompoit, comme cela, le débat, ce seroit un désordre dans lequel on ne se reconnoîtroit plus ?

Didier : Je demande la parole.

Le président : Vous avez entendu ?

Didier : C'est pour une interpellation nécessaire.

Le président : Ce sera dans le cours de votre débat particulier.

Didier : Grisel, dans le courant de sa déposition, a dit que Darthé lui avoit écrit une lettre le 11 floréal, pour l'inviter à se rendre chez lui. Je demande que Grisel produise cette lettre.

Grisel : Je vais répondre. Citoyen, je n'ai pas dit..... Je me suis déjà apperçu dans les discours que les citoyens Germain et Didier ont prononcés hier, qu'ils ont dénaturé tous les faits de ma déposition les plus simples. Je réponds à ce que vous dites sur cette lettre. Je n'ai pas dit que Darthé m'avoit écrit une lettre ; j'ai dit qu'un quidam s'étoit introduit à l'École-Militaire, ou étoit venu à moi comme s'annonçant mon parent ; qu'il me fit voir un morceau de papier, grand et large comme le doigt, sur lequel étoient simplement écrits ces mots, *ses frères t'attendent chez moi*, avec les trois lettres initiales du nom de Darthé : il me le fit voir ; je ne sais si là dessus il le déchira. Je lui dis : *Ah ! je vous entends*. Voilà le fait tel que je l'ai remarqué.

Darthé : Voilà un petit roman.

Didier : Vous pèserez ce que vaut la déclaration du témoin. Il est impossible de croire qu'un homme qui est à la piste d'une conspiration, qui reçoit une lettre, ne la garde pas pour servir de pièce de conviction. Il vous a dit qu'il n'avoit pas de preuves suffisantes ; que le brevet qu'il avoit reçu n'avoit aucune signature ; que c'étoit à cause de cela qu'il n'a fait aucune déposition. Si Darthé lui eût écrit, il n'auroit pas manqué de garder la lettre.

Grisel : Ce n'étoit pas une lettre ; c'étoit un morceau de papier grand comme le doigt.

Germain : Il a gardé une adresse, et il ne garde pas un billet d'invitation !

Grisel : Il ne m'a pas été remis en main.

Ballyer père : Je prie les citoyens jurés de se rappeler que Grisel, lorsque le particulier s'est introduit à l'École-Militaire, ce particulier lui demanda où étoit Grisel ; qu'il lui avoit dit : De quelle part venez-vous ? D'un de ses parens. Un de ses parens ? il n'en a pas ici : c'est moi qui m'appelle Grisel. Qu'alors le particulier lui remit un petit billet, où il lut ces mots. (Les mots qu'il vient de dire.) Alors voilà un billet, une invitation par écrit qu'on lui donne. Cet homme garde une adresse; à plus forte raison auroit il gardé cette invitation, puisqu'elle étoit paraphée. Je laisse cela dans votre conscience.

Le président: Garnin avoit dit cela; il étoit inutile que vous prenniez la parole pour répéter ce qu'on venoit de dire.

Balivyer père: La loi à la main, je n'en demande que l'exécution: je demanderai la parole . . . . .

Le président: Vous n'avez pas la parole, la loi ne dit pas que vous parliez tant qu'il vous plaira.

Balivyer père: Je demanderai la parole, citoyen; je n'ai pas encore parlé.

BABŒUF a la parole.

J'ai, comme on doit le penser, beaucoup à dire contre Grisel et son témoignage. Puisqu'on a joint à tant d'iniquités celle de l'entendre, il faut bien que, profitant de la faculté que la loi m'accorde, j'entre en lice contre lui. Je ne commencerai point par donner cours envers lui à ce vif torrent d'indignation et de mépris dont la source ne doit pas être moins abondante dans mon ame que dans celle de mes compagnons estimables dont il a causé l'infortune, et dans celle de tous les républicains dont il a déterminé la proscription, qui a presque amené l'anéantissement de la République. Le nom de Grisel a déjà acquis cette célébrité monstrueuse attachée à celui des grands scélérats, et il suffit de le prononcer pour éveiller dans tous les cœurs purs l'horreur qu'inspire le crime personnifié.

Mais ce n'est point d'après ce nom seul qu'il m'appartient, moi le premier et le plus violemment frappé par celui qui le porte, de laisser déborder mon juste ressentiment contre l'assassin de la patrie et le mien. C'est d'après des faits qui n'ont point encore paru dans tout leur éclat, et sous le reflet de leur vraie lumière, que je permettrai à ma haine de s'exhaler irretenue contre le vice odieux, contre le plus abominable des pervers; plus terrible, plus irritée sans doute, mais d'une irritation qui, justifiée, portera ses preuves de légitimité jusques dans l'ame criminelle qu'elle accablera de confusion et d'opprobre.

Plusieurs voix énergiques se sont déjà fait entendre ici sur Grisel. L'une, par le nombre, la précision et la clarté des preuves, a peint la turpitude de ce misérable sous les rapports généraux de sa perfidie consommée; une autre, par des tableaux riches en couleurs, l'a présenté sous les rapports de détail que lui ont fournis les différentes circonstances de sa trahison: mais toutes deux n'ont pas offert à ceux qui les écoutoient, la série entière des faits propres à porter la totale conviction du sentiment à transmettre sur l'individu Grisel. Nous tous, qui avons lu et relu ses infâmes délations écrites, qui avons écouté avec beaucoup d'attention sa déposition verbale, nous avons bien les preuves multipliées de sa bonté et de ses crimes; mais ces preuves ne sont bonnes que pour raisonner de lui avec nous-mêmes: de manière que, sans avoir besoin de les énoncer, nous pouvons de suite passer à la conclusion, et sous dire, particulièrement, que cet homme est le plus vil des scélérats.

Ce qui suffit ainsi pour nous, n'est pas propre à mener les autres à la même affirmation. Ils ne se sont pas occupés comme nous; ils n'ont pas eu le même intérêt de vérifier les détails du rôle de Grisel; il faut donc le leur rappeler dans toutes ses parties, avant de prétendre qu'ils partagent à son égard notre jugement. Entreprenons donc cette tâche, pour éviter qu'on dise que les imprécations dont nous chargeons Grisel peuvent n'être que le résultat des récriminations, des préventions naturelles que notre situation, par rapport à lui, détermine. Nous n'adresserons donc pas d'apostrophes à Grisel, nous ne lui reprocherons rien avant d'avoir examiné et démontré si, comme on l'a fait pressentir dès les premières séances de ce grand procès, il mérite effectivement l'exécration universelle.

C'est particulièrement dans les contradictions et les invraisemblances, que je veux attaquer Grisel : c'est d'elles que je ferai sortir ce qui sera plus que suffisant pour le confondre, pour le montrer dans toute la laideur de son odieuse nudité.

Grisel fit trois déclarations principales; l'une, au président du Directoire exécutif le 15 floréal (1); la seconde, devant le directeur du jury, Gérard, le 3 prairial (2); et la troisième, le 23 de ce mois, dans le présent débat. Je vais les comparer. On verra quelle foi mérite chacune d'elles : on verra en quelle foule se présentent les incohérences, les disparates, les improbabilités, mères fécondes des crimes noirs, bas et monstrueux qui sont sortis successivement de leur sein infernal.

Il n'est peut-être pas échappé à personne que la troisième déclaration de Grisel, c'est-à-dire celle verbale, qu'il a terminée le 23 ventôse. a reçu des embellissemens qui la rendent aussi différente de la seconde, qu'il signa devant le directeur du jury Gérard, que celle-ci différoit elle-même de la première, qu'il adressa au président du Directoire exécutif. C'est le propre de tous les auteurs d'inventions de perfectionner leurs œuvres, et c'est parce que la déposition Grisel n'est qu'une invention, qu'elle se perfectionne ainsi successivement; il n'y a que la vérité qui est toujours une; elle est belle à son principe; toute variante, toute nouvelle décoration l'altéreroit; ce qui change de figure à chaque apparition, n'est plus elle.

Si donc nous démontrons qu'à chaque fois que Grisel a écrit ou parlé pour rendre compte des mêmes faits, il ne s'est jamais ren-

_____

(1) Page 142, volume de Drouet.
(2) Page 154, même volume.

contré avec lui-même, nous l'aurons convaincu qu'il est un infâme imposteur.

J'ouvre cet important examen.

Grisel, le 15 floréal, commence sa déclaration par ces mots :

« Depuis plus d'un mois j'ai connoissance, et je suis initié dans
» une conspiration contre le gouvernement. »

Je vous invite, citoyens jurés, à bien remarquer ces premiers mots : *Depuis plus d'un mois Grisel a connoissance et il est initié dans une conspiration contre le gouvernement.*

Il résulte donc, puisque le moment où Grisel parle est dans la journée du 15 floréal, il résulte que Grisel devoit être initié dans cette conspiration dès avant le 15 germinal.

Cependant, suivons-le dans cette même déclaration du 15 floréal ; voyons les faits qu'il donne à l'appui de son initiation dans cette conspiration. Il offre celui-ci le premier :

« Dans les derniers jours de germinal, *dit-il*,...... je rencontrai......
» le nommé Mugnier, tailleur (*Nota*. Il demeure sur la Grève,
» chez le marchand de vin, au Lyon d'or), avec qui je fus lié de
» connoissance en 1789, et que je n'ai point vu depuis janvier 1791.
» Nous fûmes ensemble rue de Chartres, au café de Genève........
» Il me conta qu'il avoit été incarcéré au Plessis durant environ six
» mois, pour, disoit-il, son patriotisme. Là, il se trouva un grand
» nombre de ses amis, ex-prisonniers du même genre. Prenant peu
» de part à leurs discours ultrà-révolutionnaires qui me déplaisoient,
» je ne disois rien. Mais en revanche ce Mugnier, qui gratuitement
» me supposoit patriote à sa manière, parloit avantageusement de
» moi à ses camarades, qui, en retour, me fêtoient comme un de
» leurs frères. Je me retirai bientôt, résolu de ne plus me retrouver
» avec de tels patriotes. »

S'il y avoit, dans toute cette scène, qui se passe dans les derniers jours de germinal, quelque chose qui pût *initier Grisel dans la connoissance d'une conspiration contre le gouvernement*, il en résulteroit qu'il n'y auroit eu que quinze jours, au lieu d'un mois, que Grisel eût pu être *initié*, puisqu'on n'oublie pas qu'il parle le 15 floréal.

Mais pas la moindre circonstance qui annonce, dans la manière même dont Grisel raconte ce fait, ce qui auroit pu lui donner la première idée d'une conspiration.

Il est donc déjà démontré que Grisel lui-même s'est déclaré menteur ; que le second paragraphe de sa déclaration implique, avec le premier, la contradiction la plus évidente ; que, suivant ce second paragraphe, il n'avoit pas la moindre notion d'un projet de conspiration dans les derniers jours de germinal ; qu'en conséquence, parlant le 15 floréal, il étoit de la plus absurde fausseté qu'il eût pu être initié, *depuis plus d'un mois*, comme il l'affirmoit dans son premier paragraphe.

Il s'apperçut de cette grande erreur, et il voulut la rectifier dans la seconde déclaration qu'il fit devant le directeur du jury, André Gérard, le 3 prairial. Il y narre le même fait de la rencontre de Mugnier, à-peu-près dans les mêmes termes que dans sa déclaration du 15 floréal; mais avec cette différence qu'il place ce fait à une époque antérieure de vingt jours. Ici, il fixe la rencontre au 10 germinal. Cela cadre effectivement mieux avec les premiers mots de la déclaration du 15: *Depuis, plus d'un mois j'ai connoissance d'une conspiration.*

Ce seroit fort bien, Grisel, si Mugnier, le 10 germinal, avoit pu vous initier dans cette conspiration; mais vous ne le dites pas dans vos deux premières dépositions, et vous affirmez positivement le contraire dans la troisième: car dans celle-ci vous dites qu'*il n'est pour rien dans cette affaire; que, comme vous prétendez l'avoir dit au directeur de jury, Gérard* (quoique votre déposition devant lui n'en contienne pas un seul mot), *vous avez été surpris de voir le citoyen Mugnier en arrestation, par suite de la conspiration; que vous ne l'avez nommé que comme le premier chaînon de votre déclaration, parce que sa rencontre vous avoit mis à portée de connoître ceux qui vous firent les premières confidences du complot.* Il n'est toujours pas moins vrai que vous n'eûtes pas la première connoissance de ce prétendu complot le 10 germinal, et il vous l'eût cependant fallu l'avoir alors, pour pouvoir dire ce que vous avez dit au président du Directoire le 15 floréal, *que depuis plus d'un mois vous aviez connoissance d'une conspiration.* Du 10 germinal au 15 floréal, il y a juste un peu plus d'un mois. Dans cette supposition même, pourquoi n'avoir pas fait cadrer, pourquoi avoir daté, cette première fois, des derniers jours de germinal? et serez-vous désormais croyable, lorsque déjà vous vous accordez si mal avec vous-même dans l'exposition d'un même fait?..... Mais j'apperçois que, malgré le soin que vous avez pris de replâtrer votre premier mensonge, vous n'êtes point encore parvenu à rendre probable la première partie de l'histoire que vous prétendez nous faire. Souvenons-nous que, dans l'entrevue avec Mugnier, il n'y a pas la plus petite circonstance qui ait pu vous donner le premier soupçon de l'existence d'un projet de conspiration. Ainsi, quand même vous parviendriez à placer au 10 germinal cette entrevue, conformément à votre second désir, il n'en résulteroit pas encore que vous eussiez pu être initié, le 15 floréal, *depuis plus d'un mois.* Donc, Grisel, vos combinaisons sont toujours en défaut; donc, Grisel, vous êtes déjà deux fois menteur.

Voilà une de vos premières qualités reconnue. Elle va faire sortir toutes les autres, parce qu'elle n'est que le moyen levier par lequel vous les mettez en action. On ne fait point le mal sans but. Voyons quel est celui de Grisel et quels sont les principes qui dominent dans son ame.

Je reprends la partie de sa première déclaration sur la rencontre de Mugnier. « Je fus lié de connoissance avec lui en 1789, dit-il; » et je ne l'ai point vu depuis janvier 1791 ». Mugnier fait partie des accusés; il est ici. Il vous a dit qu'en effet il connut, en 1789, Grisel, qui étoit alors révolutionnaire ardent; mais qu'il changea bientôt, et fut secrétaire du club monarchique de l'hôtel Massiac : motif pour lequel Mugnier, resté constamment fidèle à la cause populaire, ne voulut plus le voir. Mais passons sur ces circonstances qui ne donnent que des premiers apperçus, déjà offerts, de la versatilité des principes politiques et de la duplicité de Grisel.

Remarquons encore en passant une petite contradiction, une légère impudence, un ridicule mensonge. Nous avons vu Grisel, dans ses deux déclarations écrites et dans celle verbale des 22 et 23, s'accorder sur le fait, qu'il n'avoit point vu Mugnier depuis 1791; et cependant, dans la même déclaration des 22 et 23, *il a fait plusieurs démarches pour obtenir sa liberté, lorsqu'il étoit en prison au Plessis, par suite des événemens de prairial.* On ne peut guères faire de démarches en ce genre sans se concerter avec les personnes pour lesquelles on les fait, sans les voir par conséquent; car il faut bien savoir d'abord quel est le premier mot de l'affaire de celui pour lequel on s'intéresse, et à qui il convient d'adresser des sollicitations : donc, si Grisel a fait des démarches pour Mugnier incarcéré au Plessis en l'an 3, il a dû le voir dans cette prison; et alors il n'auroit pas été vrai qu'au mois de germinal de l'an 4 il n'eût pas vu Mugnier depuis janvier 1791; ou bien, s'il ne l'a point vu au Plessis, c'est qu'il n'a point fait de démarche pour obtenir sa liberté. Dans l'un comme dans l'autre cas, Grisel est toujours menteur.

La suite au Numéro prochain.

On souscrit chez BAUDOUIN, Imprimeur du Corps législatif, Place du Carrousel, N° 662.

Le prix de l'abonnement pour soixante feuilles in-8°, petit caractère, est de 10 francs, pour les départemens, franc de port, et de 8 francs pour Paris.

A PARIS, chez BAUDOUIN, Imprimeur du Corps législatif.

(N°. 41.)

DÉBATS ET JUGEMENS
DE LA HAUTE-COUR DE JUSTICE.

Suite de la Séance du 26 ventôse.
Continuation du discours du prévenu Babœuf.

Au fait, le mensonge est dans la déclaration des 22 et 23. Grisel ne s'intéressa point pour Mugnier: Mugnier n'auroit point voulu de sa protection. D'après ce que j'ai annoncé plus haut des causes qui avoient déterminé leur rupture, Mugnier méprisoit Grisel autant sans doute que Grisel abhorroit Mugnier. Mais qu'on ne croie pas que ce soit pour rien que ce Grisel intercale cet épisode à sa dernière déclaration qui apporte quelques modifications aux autres. Son intérêt de flatter en cet instant Mugnier l'emporte apparemment sur celui des dangers qu'il doit entrevoir de la reconnoissance de sa contradiction; ou peut-être se flatte-t-il lui même de rendre imperceptible le petit désaccord entre le fait de n'avoir point vu Mugnier depuis 1791 et celui de s'être intéressé pour sa liberté en 1793. Mugnier a dû au moins lui tenir compte de ce qu'il annonça en avoir eu la volonté; il a dû le remercier de ce qu'il a déclaré qu'il l'avoit toujours honoré de son estime, et qu'il n'étoit pour rien dans cette affaire. Qui eût pu ne point apprécier l'estime de Grisel, et quel est celui des accusés qui n'envie pas le sort de Mugnier d'être déjà acquitté par Grisel?

Quoi qu'il en soit pour l'avenir, d'après ce qu'on a vu, Mugnier, en présence de Grisel au café de Genève, y dut être dans les termes de la circonspection et du mépris. Il assure que ce fut là sa situation dans la rencontre qu'il ne nie pas avoir eue avec Grisel. En conséquence il a ajouté que ce fut avec beaucoup de peine, et sur des instances de Grisel si pressantes qu'elles approchoient de la contrainte, qu'il se laissa entraîner par lui au café de Genève; et voilà encore un démenti de son affirmation que ce fut Mugnier qui l'y conduisit.

Pesons un moment et réfléchissons sur le motif de ces diverses instances. Le café de Genève étoit un des rendez-vous principaux des patriotes. A ces époques, au mois de germinal, soit qu'on

Débats et jugemens de la Haute-Cour. Tome IIe.   L

veuille placer l'entrevue de Mugnier avec Grisel au 10 ou aux derniers jours de ce mois, ce rendez-vous et celui des Bains chinois étoient très fréquentés : c'étoit le temps où les patriotes du Panthéon déployèrent une énergie qui inquiéta l'autorité et détermina la mesure inconstitutionnelle qui détruisit leur réunion. L'effervescence du civisme se manifestoit avec force dans ces rendez-vous. Elle s'y manifestoit en proportion relative de celle de la grande société panthéoniste dans les jours de sa plus belle énergie. Elle s'y manifesta encore ensuite par le résultat du mécontentement qu'avoit dû causer la violation de l'une des garanties les plus précieuses de la liberté, celle de se réunir en sociétés populaires. Tout pouvoir qui s'élance une fois dans l'arbitraire est bien obligé de soutenir ses actes. La police ne devoit pas être sans inquiétude ; elle devoit avoir besoin de faire épier ceux qu'elle pouvoit craindre. Mais, pour insinuer des mouchards parmi les patriotes, qui avoient alors quelque force, il falloit prendre des précautions et vaincre des difficultés. Les patriotes de ce temps-là se connoissoient à-peu-près tous, et ils se défioient des visages nouveaux et extraordinaires. On ne pouvoit donc guère se glisser dans leurs rassemblemens qu'à l'aide de quelque introducteur. C'est l'expédient qu'emploie Grisel ; et Grisel me paroît, dès l'époque où je le vois obséder et circonvenir Mugnier, chargé par la police du rôle d'espion près les plus ardens républicains.

Voyons comme il s'y prend pour arriver jusqu'à eux, et quel paroît être son objet.

Il a connu différens patriotes francs et énergiques en 1789, il cherche le premier d'eux qu'il pourra rencontrer. Il a connu Mugnier, il le rencontre ; il ne l'a pas vu depuis six ans : mais il l'accueille affectueusement ; il lui propose de le conduire dans un café où se rendent les plus chauds républicains. Mugnier répugne ; il est en garde ; il connoît l'homme qui le sollicite ; il sait qu'il n'a été rien moins que constant et ferme dans la ligne des intérêts du peuple ; il ne peut pas le croire subitement converti ; il s'étonne en lui-même du motif d'empressement qui le fait désirer de voir de près les rangs des sincères patriotes ; il cherche enfin à éluder l'obligation de l'introduire parmi eux. Grisel insiste, il fait de *vives instances*. Mugnier, pressé, condescend. Le voilà parvenu au milieu d'une société de démocrates. Quel parti tire-t-il de ce premier avantage ? Un très-grand ; on le verra. Cependant Mugnier ne lui apprend rien, parce que, dans tous les cas, il ne peut rien lui apprendre. Mais au reste Mugnier est sur la défensive : on l'a entendu ; il fut toujours très reservé auprès de Grisel. Grisel a quelque finesse, ces sentimens de défiance paroissent bien ne lui être point echappés. Il ne forcera rien ; on ne lui parlera pas si l'on veut : il est toujours sûr de l'avantage qu'il désire retirer de son entrée dans cet endroit. Il a la mission de signaler des figures, de se mettre en état de ne plus les perdre de vue. Il suffit qu'il remplisse cette tâche ; il la remplit, et c'est ce qu'on verra dans mon développement de la seconde époque de ses exploits. Dès-lors qu'il s'est assuré de ce simple succès, je veux dire, de signaler des physionomies et de se mettre en position de les suivre, il a déjà remporté une grande victoire. Il reconnoît maintenant qu'il a raison de dater de ce moment la connoissance qu'il a acquise d'une conspiration, car elle étoit décidée l'instant d'avant dans les bureaux du ministre de la police d'où il sort : dès-lors elle étoit donc existante ; il en falloit une pour réprimer la trop grande audace des Jacobins. Le premier fil, le *premier chaînon* (pour me servir de la propre expression de Grisel), le *premier chaînon* est tenu : si l'on a seulement remarqué l'un d'eux, et qu'on se soit mis en pouvoir de se rapprocher de lui quand on voudra, on ira de fil en fil, d'un chaînon à un autre ; on parviendra à s'insinuer au milieu de ceux de ce parti ; on les entendra parler, on connoîtra leurs sentimens, leurs vœux ; on découvrira quelques velléités de projets où l'on ne découvrira rien ; mais on saura toujours arranger une trame qui enveloppera beaucoup de ces individus qui alarment. Ce qui fut ainsi médité fut fait. Il faudra achever de le bien prouver.

Il est un genre de dissemblance entre les deux premières déclarations de Grisel et sa dernière, qui, à l'œil de tout observateur, fait encore sortir une bonne partie de la vérité. Cette dissemblance se remarque dans le blâme ; le dédain, la mésestime qui ne sont nullement déguisés, dans les deux déclarations écrites, sur les patriotes en général et sur Magnier en particulier, tandis que des sentimens tout-à-fait opposés à l'égard de la personne de Magnier qui *le conduisit au café de Genève* : il dit en parlant de lui, de Magnier, *des prisonniers de ce genre, de tels patriotes*.

Dans la déclaration verbale c'est autre chose : Grisel avec empressement *court à Magnier, l'embrasse ; ils renouent connoissance ; et Grisel l'estimoit beaucoup à cause de sa probité et de son patriotisme qui lui étoient connus. C'est Grisel qui offre la tasse de café* ; et c'est seulement Magnier qui désigne le café de Genève pour aller prendre.

Cette dernière version, entre autres caractères, a bien celui d'indiquer le rôle d'un mouchard de la police chassant aux découvertes, feignant, dissimulant, jouant l'amitié, l'estime, tous les grands sentimens, faisant toutes les démonstrations propres à capter la confiance. Et cette *probité*, ce *patriotisme*, à cause desquels il dit aujourd'hui qu'il *l'estimoit*, ne manquèrent point d'être exaltés alors ; on ne manqua point non plus de tout faire pour persuader que l'on étoit alors pleinement revenu à la plus grande hauteur des principes républicains, et que l'on avoit tout-à-fait oublié l'esprit du club Massiac; on s'est bien gardé d'improuver les *opinions démagogiques* qui avoient *égaré l'esprit foible de Mugnier, et de lui donner des avis pour le convertir*... On voulut bien plutôt abonder dans son sens à la manière constante des mouchards, et comme on verra, par les aveux de Grisel lui-même, qu'il fit subséquemment dans toutes les autres circonstances de sa grande expédition.

Dans les deux déclarations écrites, Grisel se retira bientôt du café de Genève et de la compagnie de Mugnier, *résolu de ne plus se trouver avec de tels patriotes*.

Cette version convenoit à Grisel dans le temps, où apparemment il vouloit encore cacher son masque d'espion, et paroître n'avoir fait cette rencontre que par par hasard. Mais, lors de sa déclaration verbale, en tombant encore en contradiction sur ce fait, il ne s'inquiète plus de laisser découvrir le masque de mouchard.

C'est ici que l'on voit bien ce qu'il étoit, et ce qu'il cherchoit dès le jour où il vit Mugnier. Au lieu de dire comme la première fois, *Je résolus de ne plus me retrouver avec de tels patriotes*, il déclare au contraire qu'il prit toutes les précautions convenables pour pouvoir les retrouver. « Mugnier, cein-
» turonnier, voulut, dit-il, absolument faire connoissance avec
» moi. Il me remit son adresse. Je l'acceptai, mais sans vou-
» loir en faire usage. Il m'invita à aller dîner chez lui. Je de-
» mandai l'adresse de Mugnier; il me la donna : je voulus le
» voir; car je l'estimois. Je le revis une fois ou deux chez lui ».
Il n'avoit donc pas résolu de ne plus se trouver avec de tels patriotes ? Non, non : il les retrouvera; et le voilà muni de leurs deux adresses qu'il ne regarde pas comme une chose pernicieuse. Aussi verrons-nous quel parti il en saura tirer.

Suivant Mugnier et ses interrogatoires, il n'a presque rien dit à Grisel dans le café de Genève. Les propos, les discours soi-disant ultra-révolutionnaires que celui-ci prête à Mugnier, Mugnier prétend que c'est Grisel qui les a tenus. Cela revient à son système de provocation qu'on retrouvera dans toutes les parties de son rôle. Mugnier, qui, comme nous le disons, ne lui parla presque pas dans le café de Genève, étoit seulement fâché qu'un autre à qui il faisoit signe de ne point lui parler non plus, avoit répondu; et c'est cet autre qu'on verra Grisel faire figurer à la seconde époque de sa grande opération.

Mugnier, pour ainsi dire, muet au café de Genève, y fut un grand parleur, suivant Grisel. « Là, dit-il, il me conta qu'il
» avoit été incarcéré au Plessis durant environ six mois, après

» le 4 prairial, pour, disoit-il, son patriotisme. Là, il se trouva
» un grand nombre de ses amis ex-prisonniers du même genre.
» Prenant peu part à leurs discours ultra-révolutionnaires qui
» me déplaisoient, je ne disois rien : mais en revanche ce Mugnier
» qui gratuitement me supposoit patriote à sa manière, parla
» avantageusement de moi à ses camarades, qui en retour me
» fêtoient comme un de leurs frères. Je me retirai bientôt,
» résolu de ne plus me retrouver avec de tels patriotes. »

Remarquez-vous, citoyens jurés, ce ton d'ironie, d'immoralité et d'incivisme tout-à-la-fois ? En supposant que Mugnier ait rappelé, en s'adressant soit à Grisel, soit à quelque patriote de ceux qui se trouvoient au café de Genève, *son incarcération au Plessis durant six mois, après le 4 prairial*, certes i' l'eût pu faire sans inconséquence, et il ne falloit rien moins qu'un Grisel pour trouver là le premier sujet de dénonciation d'une grande conspiration. Mais quand on s'arrête un instant de plus sur ces premières circonstances, on n'est pas long-temps à découvrir les motifs du délateur. Ne croyez pas que ces premiers détails soient oiseux et superflus pour lui. Il a besoin de peindre son ame ; il a besoin de plaire à ses maîtres ; il a besoin d'exhaler sa haine profonde contre le patriotisme et les patriotes.

Mugnier lui conta qu'il avoit été incarcéré au Plessis durant environ six mois, après le 4 prairial, pour, disoit-il, son patriotisme. Disoit-il ! Que de scélératesse dans le sardonisme de ce mot ! — On y voit toute l'affreuse morale de Grisel. *Son patriotisme* (à Mugnier) en est un bien ridicule dans le sens de Grisel, si c'est celui qui a pu lui faire mériter d'être incarcéré pendant six mois après prairial. Qui que vous soyez, jurés, spectateurs, vous tous qui m'écoutez, pouvez-vous ne pas voir dans Grisel un véritable ennemi du peuple, s'il ne reconnoît pas le véritable patriotisme dans ceux qui ont pu être persécutés après le premier prairial ? Prairial ! époque terrible ! journées funestes, mais saintes et révérées, qui ne se représentent jamais à la pensée des Français vertueux sans provoquer l'attendrissement et les regrets, le ressouvenir des plus grands crimes, celui des efforts généreux de la vertu et des plus grands malheurs du peuple !.... Prairial ! journées désastreuses, mais honorables, où le peuple et ses délégués fidèles firent leur devoir, où ses traîtres mandataires, où ses affameurs, ses assassins, les usurpateurs de sa souveraineté et de tous ses droits, mirent le comble à des atrocités dont aucune histoire n'offre l'exemple ! Qui se rappelle prairial, se rappelle la plus horrible famine que des hommes affreux, des hommes qui, ô honte ! restent en crédit et presque honorés parmi nous, organisèrent au milieu d'une réelle abondance.... Il se rappelle toutes les images épouvantables que traînoit à sa suite ce forfait inouï...

Le plus grand nombre des citoyens, hommes, femmes, enfans, se soutenant à peine, chancelant dans les rues de Paris, promenant des squelettes méconnoissables, des figures pâles et déformées, disputant aux plus vils animaux la proie des épluchures tombant des égouts des cuisines du riche; laissant dans le sein des maisons, plus exténués encore, le vieillard, l'enfant foible, l'épouse délicate, réduits à un tel etat de défaillance, qu'il ne leur étoit plus permis de quitter leurs misérables grabats. La mère allaitant, trouvant son sein desséché, qui ne fournit plus, pour nourrir l'enfant auquel elle a donné le jour, même du sang au lieu de lait! Qui dira combien dans ces mois affreux périrent, au milieu des angoisses de l'horrible faim, de victimes de tout âge et de tout sexe!...... Ah! j'en ateste tous ceux qui survécurent : ils se resouviennent de l'effroyable affluence qui régnoit sur le chemin des sépultures! Que l'on consulte les registres publics (et leur relevé a été publié) : ils ont attesté à tous l'exécrable dépopulation, l'effrayante mortalité de cette année, d'où date une constitution! Qui dira le nombre des suicides que le désespoir a déterminés? La Seine n'a pas rendu le compte exact des cadavres que ses flots ont reçus dans leurs flancs consolateurs! Oui, consolateurs, puisque les plus malheureux y ont trouvé l'hospitalité du tombeau, en abri contre les plus douloureuses souffrances dont la société impitoyable les accabloit! Le cours des générations fut arrêté dans ses premières sources; l'horrible épuisement frappa d'impuissance les deux époux, et au milieu des affections les plus tendres que redouble encore la présence de la commune misère, leurs sens glacés n'ont pu répondre à la voix de la nature qui appelle chaque race à en produire une autre. La génération croissante fut aussi arrêtée dans ses développemens; et dans ma propre famille, parce que j'étois à cette époque également incarcéré, exilé aussi à Arras pour mon patriotisme, de trois enfans dont j'étois père, je n'en retrouvai plus à ma sortie que deux trop languissans, et que j'eus peine à reconnoître : le troisième, ô souvenir déchirant! étoit mort, comme tant d'autres, de la cruelle famine, oui de la faim cruelle! et les deux qui survécurent, j'ai la douloureuse certitude qu'ils porteront toujours dans leurs organes physiques le fatal effet du coup qui fit rétrograder les germes d'accroissement. Oh! dans combien de familles ce tableau se généralise? Combien qui comme la mienne, pour résister le plus long-temps possible au fléau de cette conspiration populicide, ont vendu leur dernier meuble, leur dernière chemise! Quel spectacle offrent depuis cette funeste époque de germinal les milliers de galetas du peuple ouvrier et patriote, de tous ceux qui n'ont suivi la révolution que pour elle-même! Visitez-les, riches durs et impitoyables; vous ne trouverez, presque dans tous que les quatre murs nuds et dévastés...... Honnêtes gens du jour ! vous n'avez pas laissé au véritable honnête homme une pierre pour reposer sa tête..... Tout ce qu'il avoit s'est englouti dans ces temps de deuil, de famine et de mort, sous votre main barbare et cruelle ; vos palais dorés furent autant de gouffres où vous n'eûtes pas honte d'ensevelir les dernières dépouilles de l'indigent ; vous le puniles d'avoir coopéré à la révolution qui, en un moment, rompit le cours de vos longs brigandages : et tandis que le peuple, ainsi châtié, traînant son agonie sous vos yeux, offroit par-tout le tableau des plus infames souffrances, vous l'insultiez par un faste nouveau, le plus révoltant qu'on ait jamais vu encore. Vos chars, vos courriers, le poursuivoient par-tout, menaçoient de l'écraser, alors qu'il ne lui restoit plus de forces pour s'en garer avec assez de prestesse...... Il se leva ; il ranima sa vigueur éteinte ; il fut vertueux en voulant mettre un terme à l'assassinat général que vous consommiez. Ses lâches ennemis, ses délégués infidèles, vos exclusifs protecteurs, le traitèrent... en révoltés! Mais... il n'y eut que vous, ô Gracques! ô immortels Français! il n'y eut que vous de généreux ; il n'y eut que vous qui osâtes vous déclarer ses appuis et ses défenseurs ; il n'y eut que vous dont le dévouement entier appuya ses trop justes demandes : *Du pain et des lois !* Goujon, Duroy, Romme, Soubrany, Duquesnoy, Bourbotte, illustres victimes! vous dont les noms à jamais célèbres ont déjà retenti dans cette enceinte, où ils retentiront encore plus d'une fois! vous dont nous ne cessons pas d'honorer les mânes par nos chants quotidiens !......

Bailly, accusateur national : Citoyen président, je demande la parole.

(Plusieurs voix : Vous n'avez pas le droit d'interrompre.)

Brocuf continue très-rapidement, tandis que le citoyen Bailly reste toujours debout :

Vous, dont la constance dans les fers et devant des juges bourreaux . . . . . nous servira d'exemple pour supporter la captivité la plus longue et la plus dure ! vous enfin que les méchans ont tués, mais qu'ils n'ont pas flétris un seul jour ! glorieux martyrs ! intrépides soutiens de l'Egalité sainte ! . . . . vous sauvâtes à la liberté, à la souveraineté du Peuple, à tous les principes garans de son bonheur, l'opprobre d'être envahis. Sans une courageuse résistance !... ah ! sans votre honorable défaite, sans cet insuccès qui, pour votre mémoire, vaut le plus grand triomphe, la Patrie ne continueroit pas de languir enchaînée, les amis de la démocratie ne figureroient point ici aux pieds d'une justice instituée pour procéder la vérité. Mais nous avons dû vous remplacer après votre chute ; tombés comme vous, nous devons vous imiter et paroître devant nos persécuteurs, inébranlables comme vous, et tout véri-

L 4

table républicain doit honorer l'époque où vous mourûtes victimes des plus détestables ennemis de la République.

Bailly, accusateur national : Je demande la parole.

Le président à Babœuf : Voulez-vous bien laisser un instant la parole aux accusateurs nationaux ?

Bailly : Citoyens jurés, Haute-Cour de justice, vous qui êtes institués pour consolider la République par votre sagesse et votre impartialité, mais vous qui avez tous juré fidélité à la République, à la Constitution de l'an 3, haine à l'anarchie, vous l'entendez, vous voyez que ce n'est pas un accusé qui se défend d'une conspiration. Je ne m'étois pas encore prononcé : aujourd'hui mon devoir l'exige, je le dois à la République. Vous voyez un accusé qui, non-seulement ne cherche pas à se défendre de la conspiration, mais qui la proclame ici, qui en développe les principes. Jurés, vous avez entendu la lecture de plusieurs pièces, vous entendrez la lecture des autres dans un instant. Nous requérons que le débat soit aussi établi sur les pièces, vous y reconnoîtrez que ce qui vient d'être développé par Babœuf n'est rien autre chose que le développement de la conspiration que vous êtes appelés ici à examiner et à juger. Oui, vous verrez, par les pièces qui sont sur le bureau, qu'on y fait l'éloge de *Prairial*, l'éloge de *Robespierre*, l'éloge du massacre des citoyens à cette époque. On prétend aussi que la Convention nationale n'étoit qu'un composé d'usurpateurs odieux, d'hommes de sang qui avoient immolé des *patriotes purs*, parce qu'ils ne vouloient que le bonheur du peuple.

Des accusés : Oui, c'est vrai cela !

Bailly : Des patriotes purs ! des hommes qui venoient de faire décréter la guerre civile, qui venoient de rappeler sur toute la France les horreurs de l'an 2 par leurs abominables motions, des hommes qui venoient d'applaudir à la tête sanglante du représentant *Ferraud*, portée jusques....

La fille Lambert : Ce sont les royalistes qui ont tué Ferraud !

Darthé : Oui, c'est le royalisme qui a assassiné Ferraud.

(*Tumulte*).

Réal, aux accusés : Taisez-vous donc ! taisez-vous donc ! laissez-le dire.

Bailly : Ces hommes qui venoient d'applaudir à la tête sanglante du représentant *Ferraud*, portée jusques sur le bureau du président, portée jusques sous les yeux de *Boissy-d'Anglas*, qui s'est immortalisé....

Des accusés : Il s'est immortalisé par la famine !

D'autres, etc. : C'est un affameur du peuple !

Réal : Mais taisez-vous donc ! on veut vous exaspérer.

Ballyet père : Allons, Germain, taisez-vous donc.

Réal : Vous êtes dupes.

Dilles : Président, rappelez l'accusateur public à l'ordre, il provoque ici les accusés.

Réal : Laissez donc !..... grand dieu ! quelle noirceur !

Ballyer père : Nous allons répondre à cela ..... soyez tranquilles !

Germain, *Dilles*, *Ricord*, et *d'autres accusés*, parlent tous à-la-fois.

Réal : Taisez-vous donc.

Darthé : Ils vont lever la séance comme l'autre fois.

Bailly : Lorsque l'on est revêtu du caractère auguste d'accusateur national dans une cause où il ne s'agit de rien moins que du salut de l'Etat (*des accusés*, oh ! oh ! ah ! ah !), on ne s'en laisse pas imposer par des clameurs. Je continue.

Je disois et je le répète : oui, l'on verra dans les pièces, et dans peu, que ce que vient de dire Babœuf sur la journée de prairial, n'est que la résurrection, le développement des principaux moyens des accusés. Je dis que le système de Robespierre, que l'on vouloit rétablir et dont on fait l'éloge dans ces écrits, nous disons que la faction de prairial n'étoit que la résurrection de l'éternelle et trop éternelle faction de l'anarchie que Robespierre protégeoit.

Germain : Il y avoit une loi qui condamnoit à mort quiconque parleroit mal de la constitution de 93.

Bailly : Nous disons que c'étoit pour parvenir à ressusciter ce règne affreux, que, sous le prétexte de demander *du pain et la Constitution de 93*, on est venu, jusques dans le sein de la Convention nationale, égorger un représentant du peuple.

Nous disons qu'aujourd'hui l'on nous reproduit l'éloge de cette fatale journée, nous disons qu'aujourd'hui on voudroit encore exaspérer le peuple et le ramener à l'an 2.

On n'en viendra pas à bout, le peuple a accepté la constitution de l'an 3. Nous avons gémi sur les malheurs, sur la misère du peuple. Certes, puisqu'il faut le dire, dans ce moment nous devons rendre une justice éclatante au gouvernement, sur-tout depuis l'époque de la création de la Constitution, certes les maux du peuple ont été loin d'augmenter ; les succès de nos armées n'ont pas diminué, témoin les victoires de l'Italie.

Mon parti est celui de la République (de la royauté, s'écrient quelques voix), il le sera toujours ; et qui n'est pas du parti de la République, je ne le connoîtrai que comme factieux.

Je poursuivrai les factieux dans mon ministère ; je les convaincrai lorsque je trouverai qu'ils doivent être convaincus ; le jury opérera les moyens des accusateurs nationaux et la défense des accusés.

Germain : Ne les gênez pas dans leur défense alors.

Bailly : Vous voyez, citoyens hauts-jurés, que je ne suis entré dans aucun détail sur ce que le citoyen Babœuf a projeté contre la déposition du citoyen Grisel; ce n'est pas encore le moment. Nous espérons bien qu'enfin le débat prendra le caractère qui, selon nous, lui appartient. Les accusés ont le droit de dire contre la personne du témoin et contre sa déposition tout ce qu'ils croient utile à leur défense ; mais nous ne pensons pas que cela consiste dans le droit de faire des discours éternels qui tendent à éterniser l'affaire , ou au moins à la prolonger de manière qu'elle devienne douteuse si elle pourra être finie avant qu'il y ait de nouveaux hauts-jurés , car c'est sur cela que l'on compte.

(On rit). Plusieurs accusés, ah ! ah !

Réal : Je demanderai à cet égard-là la parole sur les calomnies dont on accable les accusés. Je demanderai la parole à mon tour. Les journaux de Paris, les lettres que je reçois, m'annoncent qu'il y a un plan de me mettre dans la conspiration : . . . . . Ceci est d'une ignorance ou d'une mauvaise foi ! . . .

Ricord : Quand les jurés sont nantis d'une affaire, ils la terminent ; ce ne sont pas de nouveaux jurés qui vont les chasser (bruit).

Réal : Taisez-vous, on veut vous provoquer.

Vergne : Nous voulons être entendus , voilà ce que nous voulons ; et nous voulons donner à notre défense tous les développemens qu'elle mérite.

Réal : Bah ! bah : on jugeoit bien autrefois cent cinquante-six personnes en trois jours.

Bailly : Nous avons cru qu'il étoit intéressant pour la République, qu'il étoit de notre devoir de ne pas laisser étendre plus longtemps jusque dans cette enceinte les développemens de la conspiration , qu'il sera du devoir de la Haute-Cour de punir, si le jury déclare qu'elle a existé.

Nous avons rempli notre devoir en parlant comme nous venons de le faire : nous déclarons que peu importent les interruptions de quelques individus , nous prendrons la parole toutes les fois que l'intérêt de la Nation le demandera en raison de la manière dont quelques-uns des accusés ou d'autres pourroient s'éloigner de ce qui convient à une légitime défense. Nous l'avons dit, et nous le répétons encore, nous serons les premiers toujours à demander que les accusés jouissent de tout ce que la loi leur accorde pour leur défense : mais nous réclamerons contre des discours éternels qui ne font qu'embrouiller l'affaire et faire perdre le fil d'une déposition ; et nous pensons qu'immédiatement, et peut-être avant que le citoyen Babeuf n'ait fait son discours, mais au moins immédiatement après, puisqu'il est commencé, il est dans toutes les règles, et nous le requérons formellement, que le témoin, à mesure qu'on élève des faits contraires et des contrariétés dans cette même déposition, soit admis à répondre ; et c'est là le seul moyen établi pour connoître la vérité, pour éclaircir les faits ; et, comme en le disoit il y a un instant, on ne doit donner les plus grands développemens à la défense que lorsque le débat est fini. Dans le cours du débat on ne doit éclaircir que les faits, contredire que les faits : on ne doit mettre en avant que des faits auxquels on puisse de suite répondre. Voilà ce que l'on doit faire, et nous requérons que cela soit fait désormais, afin que les accusés ne soient pas les maîtres de déclamer contre la République.

Des accusés: C'est vous qui déclamez contre la République.

Réal: Citoyen président, je vous demande la parole pour une observation.

Le président: Sur quoi ?

Réal: Sur cela même.... O citoyen accusateur public, vous ne connoissez pas *prairial*. Je vous ferai une histoire de *prairial*. Vous ne le connoissez pas.

Bailly: Vous devez le connoître.

Réal: Oh! je n'étois pas à Paris, citoyen. J'en étois à cent lieues. Je vous dirai comment l'on manquoit de pain à Paris....

Bailly: L'historiographe de la République doit connoître tous les faits.

Réal: Nommé par le Directoire.. Je le sais bien.... On a aussi fait courir le bruit que l'on forge une conspiration. Des lettres de Paris me disent qu'on doit me faire monter sur ce banc-là.

Bailly: Non, non.

Réal: Sur un autre ?

Bailly: On vous conservera à votre place.

Réal: Bien obligé. Je prie les citoyens jurés d'observer que l'on me conservera à ma place. (S'adressant à l'accusateur national:) Indiscret! indiscret! quand vous êtes en colère.

Germain aux accusateurs nationaux: Oh! vous avez beau l'éviter, vous viendrez là à votre tour.

Le président: La Haute-Cour ordonne qu'elle en va délibérer.

JUGEMENT.

« La Haute-Cour, délibérant sur la réquisition des accusateurs
» nationaux, considérant qu'elle ne peut, sans manquer à son de-
» voir, souffrir des discours tendant à l'avilissement du Corps
» législatif, du gouvernement, et à détruire ou affoiblir le respect
» et l'obéissance dus à la Constitution ; que celui qui vient d'être
» prononcé par Babœuf, contient l'éloge de la sédition de prairial,
» avilit la Convention qui la comprima, célèbre la mort de ceux
» qu'elle mit en jugement comme coupables de cette révolte, et
» contient en outre des déclamations séditieuses, ce qui est op-
» posé au plan d'une légitime défense ;

» Enjoint à Babœuf de se borner à faire des questions au té-
» moin, et à parler contre lui et sa déposition ;

» Ordonne que par le président il sera rappelé à l'ordre, s'il
» fait des discours étrangers au débat, et qu'en cas de récidive
» de sa part, la parole lui sera retirée. »

Le président : Citoyen Babœuf, vous venez d'entendre le jugement. Voulez-vous bien vous renfermer dans les bornes d'une défense légitime ?

Babœuf reprend la parole : Il est donc prouvé que Grisel est un des lâches valets de ces derniers, quand il ose parler de cette époque respectable dans un style qui réunit à l'inivisme le plus méprisable, l'inhumanité la plus révoltante et la dérision la plus immorale ; quand il ne trouve pas la bonne espèce de *patriotisme* dans ceux qui ont figuré et souffert à la suite des héros que je viens de citer ; quand il est près de leur donner, à l'instar des gens à la mode, la barbare qualification d'affamés de prairial.

Entendez-le comme il parle en général des patriotes zélés. *Là* (dans le café de Genève) *il se trouva un grand nombre des amis de Mugnier, ex-prisonniers de même genre*. Ils étoient éloignés sans doute d'être du genre de Grisel, auquel *leurs discours ultra-révolutionnaires déplaisoient de manière que, s'il faut l'en croire, il y prenoit peu de part, ne disoit rien* ; et c'étoit bien gratuitement qu'un homme comme Mugnier, un soldat de Gonjon, un *affamé de prairial*, le supposoit, dit-il, *patriote à sa manière, et parloit avantageusement de lui à ses camarades, qui en retour le fêtoient comme un de leurs frères. Il se retira bientôt, résolu de ne plus se retrouver avec de tels patriotes.*

Si, d'après cette première esquisse, l'on veut juger cet homme dans le sens des véritables principes populaires, ne conviendra-t-on pas qu'il est impossible de réunir plus de preuves de haine et de mépris pour les sincères républicains et pour le bon système de république ? Voilà de singuliers titres à mériter la plus belle de toutes les couronnes civiques. Sont-ils plus propres à rendre insuspect son témoignage contre ceux auxquels il a voué des sentimens de détestation aussi prononcés ?

Que l'on ne donne pas une fausse interprétation à la dernière phrase de son article sur Mugnier : *Je me retirai . . . résolu de ne plus me retrouver avec de tels patriotes*. Il ment aussi impudemment là que lorsqu'il a dit, quelques lignes plus haut, *qu'il prenoit peu de part à des discours ultra-révolutionnaires*. Il savoit bien que, dans cette déclaration dont il put prévoir, au moment qu'il l'a donnée, l'usage qu'on en feroit, il savoit bien qu'il ne falloit pas qu'il y parût nuement et de prime-abord sous la couleur de mouchard de la police, qui fut pourtant son rôle unique et non interrompu. Il fit donc ses efforts pour déguiser ce rôle, qui perçoit néanmoins dans le caractère de dissimulation dont il nous a appris lui-même, dès ses premières déclarations, qu'il savoit si bien s'armer toutes les fois que l'occasion l'exigeoit. Là, cette dissimulation se manifestoit déja effectivement, quand il disoit que les patriotes *le fesoient comme un de leurs frères*, et sans doute parce qu'il ne manqua pas de se montrer tel, fidèle à son caractère infame et à son métier d'espion. Alors, quand il ne nous auroit pas dit en dernier lieu qu'il prit les deux adresses de Mugnier et de Monnier, ceinturonniers, nous n'aurions pas moins été persuadés qu'il n'étoit pas vrai qu'il eût pris *peu de part à tout ce qui se passoit*, et qu'il eût pu *se résoudre de ne plus se retrouver avec de tels patriotes*. Il est au contraire évident que rien ne lui échappa, et qu'il fut content de borner les fruits de cette première séance à ne point perdre de vue *quelques-uns de ces patriotes* avec qui il se trouvoit. En effet il ne les perdit pas de vue.

Mugnier, avec toute la candeur qui lui est propre, a dû dire sur cela toute la vérité. Il a dû dire en détail ce que nous avons sommairement exposé, que, d'après tout ce que lui, Mugnier, sut qui étoit propre à lui inspirer les plus grandes défiances contre Grisel, il resta près de lui au café de Genève dans une réserve extrême. Grisel, qui a l'affreuse finesse, le tact infame de son métier, s'en apperçoit aussitôt. Mais que fait-il ? *il dissimule*, c'est sa coutume. Il ne force pas la main à Mugnier. Il a été son introducteur dans un lieu où il vouloit pénétrer ; cela lui suffit : il le laisse, et il le laissera désormais. A son égard, sa phrase, *Je résous de ne plus me retrouver avec de tels patriotes*; à l'égard de Mugnier, dis-je, cette phrase de Grisel eût pu sans conséquence recevoir son application : cependant, tout en laissant ainsi Mugnier, il se réservoit bien de lui témoigner sa reconnoissance du service qu'il lui avoit rendu ; il se réservoit, malgré sa feinte surprise donnée récemment de ce qu'il se trouve en arrestation pour cette affaire, il se réservoit bien, ai-je dit, de le faire figurer en tête d'une grande dénonciation contre tous les républicains, et qui lui vaudroit une place dans un grand acte d'accusation que devoit fabriquer une main habile.

Mais revenons encore. Grisel, au café de Genève, ménage Mugnier, et se garde bien de choquer sa discrétion. Il se retourne vers un autre patriote dont il distingue qu'il tirera meilleure composition. Mugnier s'efforce en vain d'insinuer à celui-là (c'est Monnier, ceinturonnier, qu'on verra figurer dans le second acte de la pièce de Grisel) ; c'est en vain, dis-je, que Mugnier s'efforce d'insinuer à Monnier, ceinturonnier, d'être aussi circonspect que lui, et de lui faire comprendre qu'il est devant un homme qui ne mérite pas la confiance des amis de la liberté. Ah ! Grisel est si trompeur ! .... Les patriotes ont tant de franchise et d'abandon !.... C'est ici que Mugnier peut dire avec quel perfide déguisement Grisel séduisit tellement Monnier, ceinturonnier, que ce dernier se fâchoit contre lui, Mugnier, de ce qu'il vouloit rompre un entretien intéressant avec l'astucieux émissaire des faiseurs de conspiration. Pauvres républicains, c'est ainsi que toujours on vous trompa; vous êtes si loyaux ! Votre bonne foi fut constamment ce qui vous perdit. Quel est le malheur de la vertu ! elle est habituellement la victime du crime, parce qu'elle ne peut le concevoir, parce qu'elle ne peut deviner que des lèvres qui profèrent ses maximes saintes, cachent des ames noircies par la plus profonde scélératesse. Grisel, dans l'œuvre dont je rends compte, ne fit jamais preuve de plus d'habileté dans cet art monstrueux de dissimulation et de duplicité dont il se vante lui-même. S'il s'est flatté que dans une autre occasion il fut capable d'embrasser avec une vraie joie ceux qu'il espéroit livrer bientôt à la hache de la vengeance, il devroit bien nous avouer qu'au café de Genève il ne fit pas des démonstrations moins atroces, il ne joua pas moins parfaitement le rôle de monstre. Il devroit confesser que les discours *ultra-révolutionnaires* qu'il dit, dans sa première déclaration, lui avoir *déplu*, et auxquels *il prenoit peu de part*, ce ne fut que lui qui les excitoit; que s'il étoit été *comme un frère*, c'est parce qu'il se montroit plus révolutionnaire que tous, et qu'il ne négligeoit rien pour qu'on *le supposât patriote à la manière*, à la manière de ceux qui l'étoient beaucoup. Mais il a eu au moins la bonté de démentir celle des assertions de sa première déclaration, qui porte *qu'en se retirant du café de Genève, il résolut de ne plus se retrouver avec de tels patriotes*. Il nous a appris, les 22 et 23 du courant, qu'il résolut si bien le contraire, qu'il eut le soin et l'habileté d'obtenir de Mugnier, tailleur, et de Monnier, ceinturonnier, leurs adresses, dans le but sensible de se ménager les moyens d'en venir au second acte de sa pièce, aux détails duquel je vais passer.

Grisel n'est pas moins que pour le premier, embarrassé de livrer le moment de ce second acte, et il tombe, pour celui-ci, comme pour l'autre, dans de semblables contradictions avec lui-même.

Dans sa déclaration du 15 floréal, il dit : « Le 12 du courant, » je rencontrai près la Grève un de ces patriotes jacobins, nommé » Monnier, ceinturonnier, rue de la Verrerie, n°. . . . » N'allons pas si vite. Il y a déjà, dans ce peu de mots, matière à des observations de plus d'un genre. Obtenons d'abord la confirmation de ce que j'ai dit plus haut, que Grisel n'avoit pas, comme il le prétend, joué un rôle à la fois indifférent, et amené par le pur hasard, dans sa première rencontre au café de Genève avec Mugnier, tailleur, Monnier, ceinturonnier, et autres jacobins de cette trempe; qu'au contraire il avoit évidemment joué dès lors le rôle d'observateur très-attentif, très-zélé, le rôle de mouchard de la police, et, si ces dénominations sont permises, de *chercheur de bâtisseur de la conspiration-terroriste* qu'on avoit résolu de faire; que, dans ce dessein, il avoit tiré adroitement l'adresse du domicile de Monnier, ceinturonnier, qui lui avoit paru extrêmement confiant, suffisamment répandu parmi les patriotes de Paris les plus ardens, et, sous ces deux rapports, infiniment propre à le mener loin dans la recherche des choses que lui Grisel prétendoit découvrir. Reprenons notre texte. « Le 12 du courant, » je rencontrai près la Grève un de ces patriotes jacobins, nommé » Monnier, ceinturonnier, rue de la Verrerie, n°. 45..... »

Faisons encore attention que quoique Grisel ne nous eût pas dit, par sa déclaration verbale des 22 et 23 de ce mois, que Monnier lui avoit donné son adresse avant de le quitter au café Genève, nous obtenions, malgré lui, la preuve de ce fait, par ses déclarations premières où il s'efforçoit de le cacher; car, en supposant avec Grisel qu'il n'eût fait que rencontrer Monnier une première fois au café de Genève, et qu'il l'eût rencontré une seconde fois près la Grève, ces deux rencontres ne lui auroient pas appris à la seconde que Monnier demeurât rue de la Verrerie, n°. 45. Il étoit donc dès-lors démontré que Grisel mentoit, en disant qu'il avoit rencontré, près la Grève et dans la rue, Monnier, ceinturonnier. Il étoit déja plus que vraisemblable, que c'avoit été chez Monnier même que Grisel l'avoit rencontré, n°. 45, rue de la Verrerie. Cette rue étant située près la Grève, il en coûta peu pour arranger cette variante : mais on sait de quelle conséquence elle a été d'abord. Cependant, comme on le verra bientôt, la nature, l'importance des choses dites par Monnier à Grisel, si l'on en veut croire ce dernier, rendoient déja infiniment plus présumable qu'elles eussent été débitées dans une maison que dans la rue. N'anticipons pas les faits, ne les confondons pas, et présentons-les chacun dans l'ordre de présentation offert par Grisel. Arrêtons-nous d'abord à la date de celui dont nous venons de commencer l'examen : « Le 12 du courant (est-il dit dans la déclara-» tion du 13 floréal) je rencontrai près la Grève un de ces pa-» triotes jacobins, nommé Monnier, ceinturonnier, rue de la Ver-» rerie, n°. 45..... »

Dans la seconde déclaration de Grisel devant le directeur du jury Gerard, il annonce ainsi le même fait.

« Le 20 du même mois »..... (c'est-à-dire de germinal; car les mots *du même mois*, se rapportent à *deux 10 germinal* du paragraphe précédent, qui sont relatifs à la date de la rencontre du café de Genève). « Le 20 du même mois.... je déclarant rencontra près » la Grève ledit Monnier, ceinturonnier, rue de la Verrerie, » n°. 45..... »

Or, voilà un même fait qui, dans la première déclaration, est rapporté au 12 floréal, et au 20 germinal dans la seconde. Grisel s'est accordé avec la dernière date dans la troisième : car Grisel nous dit ici, les 22 et 23 ventôse : « Je passois le 20 germinal » pour aller voir une de mes tantes ; je trouvai Monnier, cein- » turonnier, etc. »

Ainsi Grisel, enchérissant d'inexactitude à chaque fait, a varié de 20 jours pour fixer l'époque du premier ; et il place le second à 38 jours de différence, dans les diverses déclarations.

Comparons maintenant les trois déclarations, pour les autres circonstances du même fait.

Suivant la déclaration du 15 floréal, Grisel a rencontra, près la » Grève, Monnier, ceinturonnier, avec un de ses amis, demeu- » rant même maison que lui, qui l'accostant avec confiance, lui » conta mille impertinences jacobines, dans lesquelles il remarque » la confidence qu'il lui fit de l'existence d'un comité secret de » salut public et d'insurrection, et d'une prochaine insurrection » qu'il organisoit. »

« Dans la rue, sur la place de Grève, une telle confidence, et en présence d'un ami, au milieu des groupes qui affluent toujours sur cette place ! Il faut avouer que ce ceinturonnier Monnier étoit bien imprudent. Il faut avouer que le comité secret étoit bien indiscret, s'il avoit déjà laissé percer son existence jusqu'au point qu'elle fût connue d'hommes capables de la divulguer et de la conter aux passans sur la place de Grève. Nous allons voir cependant que Grisel n'abandonne pas aisément cette invraisemblance.

La suite au prochain numéro.

On souscrit chez BAUDOUIN, Imprimeur du Corps Législatif, Place du Carrousel, N°. 662.

Le prix de l'abonnement pour soixante feuilles in-8°., pour six mois, est de 10 francs, pour les départemens, franc de port, et de 8 francs pour Paris.

A PARIS, chez BAUDOUIN, Imprimeur du Corps Législatif.

(N°. 42.)

DÉBATS ET JUGEMENS
DE LA HAUTE-COUR DE JUSTICE.

Suite de la Séance du 26 ventôse.

Continuation du discours du prévenu Babœuf.

Suivant la seconde déclaration, celle devant André Gérard, du 3 prairial, « Grisel rencontra Monnier, ceinturonnier, près de la Grève; » que là (ce mot-là est textuellement employé) ledit Monnier, » plein de la même confiance qu'il lui avoit témoignée au café » de Genève, lui tint des discours très-exaltés, et lui fit la con- » fidence d'un comité secret de salut public et d'une prochaine in- » surrection organisée par ce comité. »

C'est donc toujours dans la rue, sur la place de Grève, que s'est trouvé le comité secret. Nous allons voir qu'à la fin il réfléchit que cela étoit par trop ridicule; qu'il valoit encore mieux s'exposer à l'apparence d'une petite contradiction, que de ne pas placer la scène dans un lieu plus convenable; que peut-être d'ailleurs tout le monde seroit-il assez préoccupé pour ne point s'appercevoir de ce changement de scène. Grisel compte beaucoup sur la bonas- sui des hommes vulgaires auxquels il a affaire.

« Le 20 germinal » (nous dit-il dans sa déclaration des 22 et 23 » de ce mois), « le 20 germinal, je passois sur la Grève pour aller » voir une de mes tantes ; je trouvai Monnier avec un, de ses » amis, chapelier, demeurant dans la même maison. Il me dit : » Ah ! parbleu, capitaine, venez dîner avec nous. Je m'apperçus » qu'il étoit encore à demi-ivre. Je lui répondis que j'avois dîné : » il me pressa, il me fut impossible de ne pas le suivre : » d'ailleurs, il n'y avoit qu'un pas. Voyant que je refusois de » dîner, il me dit : Eh bien ! vous boirez un coup avec moi et » ma femme. L'ami s'en alla ; je restai seul avec Monnier et sa » femme. Il me demanda comment alloit le camp, et si les hommes » armés se disposoient à soutenir les démocrates de Paris. Je lui » répondis que le camp étoit patriote, mais que je n'entendois

Débats & jugemens de la Haute-Cour. Tome II°.   M

» pas ce qu'il vouloit dire par ces dispositions. Monnier me de-
» manda : Vous ne voyez donc pas les journaux de Babœuf ? — J'ignore
» qu'il y ait un Babœuf dans le monde ; d'ailleurs, j'ai peu de temps
» à moi, étant très-occupé en ma qualité de capitaine rapporteur
» d'une commission militaire. Il me montra le n°. 41 du *Tribun*
» *du Peuple par Babœuf*, lequel contenoit une adresse à
» *l'armée de l'intérieur*, tendante à soulever le soldat et rompre
» le frein de la discipline. J'en lus quelques pages. J'ignore, lui
» dis-je, quel est le but de l'auteur : à coup sûr, il ne connoît
» pas les militaires ; ils ne sont pas faits pour goûter de pareils
» avis. Je ne sais ce que l'auteur entend par *bonheur commun*,
» *tyrans*, *les cinq rois*, etc. Je sais que le camp est très-dis-
» posé à soutenir le gouvernement et la constitution de 1795 qu'il
» a jurée.

» Monnier alors me peint les massacres du Midi, les égorge-
» mens du Fort-Jean, la misère du peuple : il exagère mille choses
» semblables.

» Je le laisse dire : Au fait, que voulez-vous que je fasse ? Vous
» n'êtes pas au courant, me dit-il, et il est nécessaire que vous
» y soyez, car vous êtes un bon démocrate. Apprenez que,
» malgré qu'on nous ait chassés du Panthéon, nous nous sommes
» réunis en plusieurs petites sociétés qui toutes se tiennent par
» la main et n'en forment qu'une ; bientôt nous ferons voir ce que
» sont les patriotes. Je lui dis : à quoi tout cela aboutira-t-il ? Il
» vaudroit mieux prendre une marche plus modérée. Nous avons,
» reprit-il, un comité insurrecteur : nous avons pleine confiance
» en eux. — Et quels sont vos chefs ? — C'est ce qu'on ne dit
» pas encore ; moi-même, je n'en connois aucun de nom. — Quel
» est le but des chefs ? C'est, dit-il, d'établir la constitution de
» 1793 envers et contre tous ; et nous en viendrons à bout : nous
» sommes 25 mille. . . . . . »

Assurément voilà de grands détails dont on a été privé jusqu'à présent, puisqu'ils ne se trouvent point dans les deux premières déclarations. Mais examinons sur les parties qui se reconnoissent dans toutes
les disparités et les uniformités.

Devant le directeur Carnot, président du Directoire exécutif,
Grisel dit que *Monnier*, *sur la place de Grève*, *l'accosta avec*
confiance.

Devant le directeur du jury Gérard, Grisel déclare que Monnier,
qu'il rencontra *sur la place de Grève*, lui parut plein *de la même*
confiance qu'il lui avoit témoignée au café de Genève.

Et devant la Haute-Cour, Grisel nous donne bien plus au long
les circonstances du bon accueil que lui fit Monnier, toujours sur
la place de Grève : « Ah ! parbleu, capitaine, venez dîner avec
» nous ». On reconnoît bien là, par exemple, la cordialité et le

ton de franchise d'un pur républicain; et ce brave homme n'imaginoit pas avoir affaire au plus horrible des monstres. Grisel, de son côté, n'a pas donné de prix à ces démonstrations amicales; on sait que les scélérats ne révèrent rien : aussi Grisel attribue-t-il ces démonstrations à l'ivresse. « Je m'apperçus, dit-il, qu'il étoit en-
» core à demi-ivre. Je lui répondis que j'avois dîné. Il me pressa,
» il me fut impossible de ne pas le suivre : d'ailleurs, il n'y avoit
» qu'un pas. Voyant que je refusois de dîner. Il me dit : Eh bien!
» vous boirez un coup avec moi et ma femme. L'ami s'en alla :
» je restai seul avec Monnier et sa femme. »

Voilà les trois manières dont Grisel raconte la partie de sa narration qui a seulement rapport à l'accueil que lui fait Monnier. On voit, par la dernière, qu'il ne fut question sur la place d'aucune *confidence* en présence de l'ami, chapelier, demeurant dans la même maison que Monnier. Il y fut seulement question d'engager Grisel à dîner, lequel, après des difficultés, selon lui, se laissa entraîner dans la chambre de Monnier, où celui-ci, vu qu'il ne vouloit pas dîner, le décida à boire un coup avec sa femme et lui. *L'ami s'en alla; Grisel resta seul avec Monnier et sa femme.*

Il est donc reconnu par cette dernière version qu'il ne fut question sur la place de Grève, et en présence de l'ami, que d'honnêtetés faites à Grisel jusqu'au moment où il fut parvenu dans la chambre de Monnier, et que l'on ne tint aucun discours politique avant le départ de l'ami. Nous allons voir que, d'après ce que nous dit Grisel le 22 et le 23, ces discours ne s'entamèrent qu'après qu'il fut *resté seul avec Monnier et sa femme* dans l'intérieur de leur domicile.

Pourquoi donc avoit-il dit, dans ses déclarations devant Carnot et Gerard, que ces discours, et jusqu'à la confidence de l'existence d'un comité secret d'insurrection, avoient été recueillis par lui sur la place de Grève, de la bouche de Monnier, en présence du chapelier son son ami?

« Grisel rencontra le 12 floréal, près la Grève, Monnier avec
» un de ses amis, qui, l'accostant avec confiance, lui conta mille
» impertinences jacobines, dans lesquelles il remarqua la confidence
» qu'il lui fit de l'existence d'un comité secret de salut public et
» d'insurrection, et d'une prochaine insurrection qu'il organisoit ».
Déclaration devant Carnot, du 15 floréal.

« Grisel rencontra, le 20 germinal, Monnier.... et le chapelier
» son ami,..... près la Grève ; et *là*, ledit Monnier, plein de la
» même confiance qu'il lui avoit témoignée au café de Genève, lui
» tint des discours très-exaltés, et lui fit la confidence d'un co-
» mité secret de salut public, et d'une prochaine insurrection orga-
» nisée par ce comité ». Déclaration devant Gerard, du 3 prairial.

« Et Grisel encore, le 20 germinal, passoit dans la Grève pour
» aller voir une de ses tantes. Il trouva Monnier avec un de ses
» amis.... Il lui dit : Ah ! parbleu, capitaine, venez dîner
» avec nous. Il s'apperçut (l'honnête Grisel) que celui qui l'in-
» vitoit ainsi étoit encore à demi ivre ». (Il faut bien peindre des
jacobins avec des formes hideuses ; et si l'on ne représente ici
Monnier que demi-ivre, c'est qu'on a besoin d'un reste de raison
pour pouvoir lui faire dire ce qu'on verra bientôt.) « Grisel lui
» répondit qu'il avoit dîné. Monnier le pressa ; il lui f t impossible
» de ne pas le suivre : d'ailleurs, il n'y avoit qu'un pas. Voyant
» que Grisel refusoit le dîner, il lui dit : Eh bien ! vous boirez
» un coup avec moi et ma femme. L'ami s'en alla ; Grisel resta seul
» avec Monnier et sa femme ». Déclaration des 22 et 23 devant
la Haute-Cour.

Il est donc bien clair, d'après cette dernière déclaration, qu'il
n'a point été débité par Monnier, sur la place de Grève, en présence de Grisel et de l'ami, *d'impertinences jacobines, au nombre
de mille* ; qu'il n'y a point été tenu de *discours très-exaltés* ;
qu'il n'y a point été fait confidence *de l'existence d'un comité
secret et insurrecteur*, et d'une *prochaine insurrection organisée
par ce comité*.

Ainsi, après avoir énormément varié sur l'époque, on ne varie
pas moins sur le lieu de la scène et sur la présence des témoins. En
premier exposé, le chapelier, ami de Monnier, étoit témoin des
impertinences jacobines, *des discours très-exaltés et des grandes
confidences* faites à Grisel sur la place de Grève. Ensuite Grisel
lui-même vient nous dire qu'il n'a été question de rien de tout
cela sur la place de Grève ; qu'il n'y a eu *d'exalté* que le cœur
généreux de Monnier, qui offrit à un misérable comme lui sa
table et sa maison où il l'entraîna ; que, jusqu'à ce qu'il y fut,
il ne s'est agi que du dîner et des rafraîchissemens qu'il l'invita de
prendre ; *que l'ami s'en alla* avant que l'on pût agiter le premier
mot relatif aux affaires publiques, et ce n'est plus maintenant qu'entre
Monnier, sa femme et Grisel, et dans l'intérieur du logement des
premiers, que se font les *grandes confidences* dont on a parlé, nous
allons voir dans quels termes :

« L'ami s'en alla ; je restai seul avec Monnier et sa femme. Il
» me demanda comment alloit le camp, et si les hommes armés
» se disposoient à soutenir les démocrates de Paris. Grisel lui ré-
» pondit que le camp étoit patriote, mais qu'il n'entendoit pas ce
» que Monnier vouloit lui dire par ces dispositions. Monnier lui
» demanda : Vous ne voyez donc pas les journaux de Babœuf ? —
» J'ignore s'il y a un Babœuf dans le monde ; d'ailleurs, j'ai peu de
» temps à moi, étant très-occupé en ma qualité de capitaine-
» rapporteur d'une commission militaire. Monnier lui montra le

» numéro 41 du *Tribun du Peuple* par *Babœuf*, lequel conte-
» noit une adresse *à l'armée de l'intérieure*, tendante à soulever
» le soldat et rompre le frein de la discipline. Grisel en lut quel-
» ques pages. J'ignore, dit-il à Monnier, quel est le but de l'au-
» teur : à coup sûr il ne connoit pas les militaires ; ils ne sont
» pas faits pour goûter de pareils avis. Je ne sais ce que l'auteur
» entend par *bonheur commun*, *tyrans*, *les cinq rois*, etc.
» Je sais que le camp est très-disposé à soutenir le gouverne-
» ment et la constitution de 1795 qu'il a jurée. — Monnier alors pei-
» gnit à Grisel les massacres du Midi, les égorgemens du Fort-Jean,
» la misère du peuple ; il lui exagéra mille choses semblables.
» Grisel le laissa dire. Au fait, lui demanda-t-il, que voulez-vous
» que je fasse ? — Vous n'êtes pas au courant, répond Monnier ;
» et il est nécessaire que vous y soyez, car vous êtes *un bon*
» *démocrate*. Apprenez que, quoiqu'on nous ait chassés du Panthéon,
» nous nous sommes réunis en plusieurs petites sociétés, que toutes
» se tiennent par la main. »......

Démocrate ; Ce mot est digne de remarque ! Vous êtes un bon démocrate ! Grisel l'avoit donc prouvé par quelques manifestations à Monnier ? Il avoit donc déjà feint les manières et le langage que Grisel et ses souteneurs nomment démagogiques ? Il y a apparence, et le grand accueil que lui fait Monnier le confirme. S'il avoit feint ce lan-gage et ces manières, il *dissimuloit* donc bien avant l'époque où il nous le dit ; il jouoit, bien antérieurement, le rôle d'espion de la police. Et comment ne pas le supposer, en voulant rendre présu-mables les grandes confidences que Monnier va lui faire ? La ma-nière dont Grisel s'est prononcé sur le n°. de Babœuf, ce qu'il dit de l'esprit du camp et des dispositions des soldats, tout cela peut-il avoir inspiré à un homme dans les principes que Monnier pro-fesse, suivant Grisel ; tout cela, dis-je, peut-il avoir inspiré à un homme assez de confiance pour mériter qu'il lui dise : *Vous êtes un bon démocrate*. Cette froideur, cette apathie, cet éloigne-ment à-peu-près inverse des opinions de ceux auxquels Grisel ac-corde le titre de *démocrate*, devoient-ils disposer le même Monnier à s'empresser si vite de lui livrer, comme on va voir qu'il le fera, les secrets les plus importans de ces démocrates dont il est censé faire nombre ? Il est vrai que Grisel peint Monnier demi-ivre ; mais il auroit fallu être plus qu'ivre pour commettre une telle indiscré-tion. Continuons d'écouter Grisel.

« Apprenez (se fait-il dire par Monnier), apprenez que, mal-
» gré qu'on nous ait chassés du Panthéon, nous nous sommes réunis
» en plusieurs petites sociétés, qui toutes se tiennent par la main,
» et n'en forment qu'une. Bientôt nous ferons voir ce que sont les
» patriotes. Grisel lui dit : A quoi cela aboutira-t-il ? Il vaudroit mieux
» prendre une marche plus modérée ». Des conseils si sages, si capables

d'achever de convaincre Monnier que Grisel étoit *un bon démocrate*, achèvent de le déterminer à lui faire bien d'autres aveux. Il se hâte de lui dire : « Nous avons des chefs, un comité insurrecteur ; nous
» avons pleine confiance en eux. Et quels sont vos chefs ? » (demande nonchalamment Grisel.) Monnier, sans hésiter, répond :
« C'est ce qu'on ne dit pas encore ; moi-même je n'en connois
» aucun de nom. — Quel est le but de ces chefs ? » Monnier ne balance pas ; il va donner son dernier mot, et Grisel saura tout. C'est d'établir la constitution de 1793 envers et contre tous ; et
» nous en viendrons à bout ; nous sommes 25 mille.... »

Tels sont les derniers développemens du second terme des grandes découvertes de Grisel ; développemens qu'en premier lieu il avoit analysés, en deux mots, en disant que Monnier lui avoit conté, soi-disant, mille *impertinences* jacobines, lui avoit tenu des discours très-exaltés, et lui avoit fait la confidence de l'existence d'un comité secret de salut public, et d'une prochaine insurrection organisée par lui.

L'analyse et les développemens auroient pu passer pour identiques, s'il n'y manquoit l'unité de pièce, l'unité d'époque et l'unité de personnages auteurs et témoins de la scène. En dernier résumé, une déclaration fixe cette scène au 12 floréal ; deux autres la placent au 20 germinal. Deux déclarations lui donnent pour théâtre la place de Grève, et pour acteurs et spectateurs, Grisel, Monnier et un ami de celui-ci. Une troisième déclaration la transporte dans l'intérieur de la maison de Monnier, et lui donne pour acteurs et spectateurs Grisel, Monnier et sa femme.

Voilà donc déjà deux périodes, deux circonstances premières et essentielles du rapport historique des hauts faits du célèbre Grisel, où se rencontrent les mêmes contradictions, les mêmes variations, par conséquent les mêmes incertitudes. Examinons si, dans la suite, il saura être plus d'accord avec lui-même.

Grisel, au sortir des *grandes confidences* qu'il vient de recevoir, entre dans de profondes réflexions ; il les consigne dans ses trois déclarations. Il faut donc aussi les comparer.

« M'appercevant (dit-il dans sa déclaration devant Carnot) que
» cet homme (Monnier) avoit ou paroissoit avoir une part dans ce
» complot, je conçus, après une courte réflexion, qu'il s'offroit à
» moi une occasion favorable de servir la chose publique d'une
» manière glorieuse, et, je pris, je saisis, et m'armai soudain de
» dissimulation. »

Piqué de curiosité (déclare-t-il devant Gérard), il voulut s'éclaircir de la vérité de cette confidence.

« Alors je me dis (déclara-t-il ici les 22 et 23 ventôse) : Voilà un
» homme qui est initié dans un grand complot. Quand on connoît le
» cœur humain, on sait qu'il faut feindre d'être du parti de celui

» qui nous fait une pareille confidence, où l'on est exposé à en rece-
» voir un coup de poignard. Voilà comme j'agirois si j'étois conspi-
» rateur. Je dissimulai, et lui dis : Les patriotes des armées n'at-
» tendent que le moment favorable pour mettre en évidence leur
» patriotisme qui est à la manière de la constitution de 1793. »

Les réflexions de ces trois déclarations sont aussi de trois espèces. Dans la première, le motif qui dirige Grisel, est la gloire ; dans la seconde, c'est la curiosité ; dans la troisième, c'est la peur.

« Je conçus (dit-il le 15 floréal) qu'il s'offroit à moi une occasion
» favorable de servir la chose publique d'une manière glorieuse. »

« Piqué de curiosité (dit-il le 3 prairial), je voulus m'éclaircir de
» la vérité de cette confidence. »

« Quand on connoît le cœur humain (dit il enfin le 22 ven-
» tôse), il faut feindre d'être du parti de celui qui vous fait une
» pareille confidence ; où l'on est exposé à recevoir un coup de
» poignard. »

Tel est donc le propre de l'imposture : elle trébuche à chaque pas sur elle-même ; elle se trouve en continuel désaccord sur toutes les circonstances. Ici notre vil fourbe ne se rencontre pas avec lui-même jusques sur la pensée qui a dû être la conséquence naturelle de l'émotion produite sur son ame par une cause donnée. C'est parce qu'effectivement il n'a rien senti de tout ce qu'il dit, et qu'on ne peut bien rendre ce que le cœur n'éprouve pas, non, le lâche déla-teur ne peut être affecté dans la circonstance, dont il est question, ni par l'amour de la gloire et le desir de servir son pays, ni par un simple mobile de curiosité, ni par la crainte de devenir victime de ses manœuvres. Ce délateur, avant sa grande délation, n'étoit pas autre chose qu'un espion ordinaire ; et la méprisable race des espions n'est pas susceptible du stimulant de la gloire, ni du desir de servir la patrie : elle ne sert que sa cupidité ; et quiconque la salarie le mieux, fut-ce le roi ou le bourreau, est sûr d'en disposer par pré-férence. La curiosité seule n'est pas non plus son véhicule, à moins qu'un appât ne soit au bout ; et la peur est également incapable de lui en imposer, parce qu'elle sait que l'obscurité, qui est son élé-ment, l'abrite sans cesse contre les infamies dont elle se souille habi-tuellement.

Non, Grisel n'a pas dit le mot sur le sentiment qui le posséda après les prétendues confidences de Monnier ; confidences que je juge bien n'avoir point été portées jusqu'au degré que Grisel nous les peint. Car, pour l'entrevue avec ce citoyen, je crois assez qu'elle a pu avoir lieu, non pas sur la place de Grève, et par le pur hasard d'une rencontre, mais bien chez lui Monnier, où Grisel, qui en avoit reçu l'adresse au café de Genève, se sera rendu exprès et dans les vues projetées dès-lors. Je pense que les confidences de Monnier à Grisel, d'après les provocations de celui-ci et ses démonstrations ultra démagogiques, se seront bornées à parler des petites réunions secrètes formées après la fermeture de celle du Panthéon ; le reste est de son invention : ou peut-être Meunier, qui n'en devoit pas savoir davantage, aura-t-il été jusqu'à dire au mouchard Grisel qu'il soupçonnoit exister, ou qu'il croyoit convenable qu'il existât, pour toutes ces petites réunions, un centre commun qui pût les lier et n'en composer qu'une ; peut-être aussi fut-ce Grisel qui avança cette idée, comme la tenant de ceux dont il étoit l'envoyé. Le gouvernement, après le coup d'autorité porté par lui sur le Panthéon, n'étoit pas assez inattentif et dépourvu de pénétration pour ne pas sentir et voir la formation indubitable, déja effectuée ou prochainement projetée de ces réunions secrètes, à chacune desquelles viendroit nécessairement la pensée d'établir des points de contact, de communication et de centre. Le gouvernement devoit donc alors mettre ses limiers en campagne, soit pour éventer cette organisation faite, soit même pour aider et accélérer celle à faire, afin de s'arranger dans l'un ou l'autre cas, pour déterminer le moment d'enlacer sous un même filet, en conformité d'un plan connu, tous les réunis, tout ce reste d'hommes trop ardens qui ont toujours été à l'avant-garde de la révolution, et qui, aux yeux de ceux qui prétendent qu'elle atteint tous les jours un but plus parfait en rétrogradant, trouvent fort dangereuse l'activité des fondateurs de la République, qui auroient pu empêcher qu'elle ne reculât jusqu'à la royauté.

Or donc, Grisel, évidemment l'un des chefs limiers, a pu être le premier qui eût parlé de lier ensemble les petites réunions, d'établir entre elles des moyens de communication, et de leur assigner un centre de rapport où toutes aboutiroient dans toutes les hypothèses.

Grisel avoit besoin de suivre et d'observer de près les patriotes, et d'arriver de chaînon en chaînon, jusqu'à ceux qui, par leur particulière énergie, pourroient le plus inquiéter le gouvernement : c'est aussi ce qu'il fit après la conférence chez Meunier. Qu'on ne croye pas qu'il apprit rien là ; il ne fit, à coup sûr, aucune découverte ; il savait, avant d'y être, tout ce qu'il sut ensuite : mais il vouloit seulement se mettre en mesure de parvenir jusqu'à un troisième chaînon. Il ne *s'arma même point de dissimulation soudaine*, comme il veut le faire entendre, parce qu'il en étoit armé dès le commencement de son rôle, et parce qu'il n'étoit pas dans la position de s'étonner, comme s'il fût survenu à sa connoissance quelque chose d'extraordinaire ; il n'étoit pas plus dans la position de voir s'ouvrir devant lui une *carrière de gloire*, ni de suivre l'objet d'une *stérile curiosité*, ni davantage d'être frappé de la crainte *du poignard des conjurés*. Voilà pourquoi, obligé de feindre une de ces situations, Grisel, au lieu de se montrer conséquent en s'arrêtant à une seule,

ne sut laquelle prendre; il voulut les emprunter tour-à-tour, et il ne put se servir avec vraisemblance d'aucune. Il n'auroit pas eu à varier encore à cet égard, et il auroit paru naturel s'il avoit dit tout crûment : « En ma qualité de traître, en chef de la police,
» j'étois content de mes dispositions; je voyois s'établir dans le lointain
» tout ce qui devoit me ménager une ample capture; je voyois
» déjà mes victimes s'engager dans mes rets, sans qu'elles-mêmes
» s'en apperçussent, et mon ame mouchardière s'en épanouissoit
» d'aise. »

J'ai laissé Grisel après ses réflexions à la suite des prétendues confidences de Monnier sur l'existence des sociétés secrètes, démembremens de celle du Panthéon; chose infiniment naturelle et simple, mais à laquelle il convenoit au Grisel de donner des embellissemens, et de prodiguer même les grandes décorations.

Dans la déclaration du 15 floréal, Grisel, partant de la place de Grève, le 12 floréal, avec Monnier et le chapelier son ami, dit : « Ces deux hommes me proposèrent d'aller avec eux au temple de la
» Raison. (Nota. C'est ainsi qu'ils appellent le café des Bains chi-
» nois.) Je fus avec eux dans cet endroit. »

Dans la déclaration du 3 prairial, Grisel, partant encore de la place de Grève, mais le 20 germinal, annonce : « Qu'il suivit ledit
» Monnier et le chapelier, qui demeure dans la même maison que
» lui, et qui l'invitèrent à se rendre avec eux aux Bains chinois,
» qu'ils appeloient le temple de la Raison; qu'arrivés là, etc. »

Et dans la déclaration du 22 ventôse, Grisel, entrant dans de plus longs détails, parce qu'il faut bien qu'il brille à la Haute-Cour, place encore l'action au 20 germinal; mais il ne part plus de la Grève, c'est de chez lui qu'il part; et il faut encore qu'il donne à sa transition cette broderie qui la rend plus brillante. « Enchanté de voir, dit-il,
» que je paroissois vouloir être de son complot, Monnier me dit :
» Camarade, je veux te conduire, aujourd'hui décadi, dans un endroit
» où tu verras que ce que je t'ai dit n'étoit point une chimère. Il
» appelle son ami, que j'avois vu en habit ouvrable, et qui étoit
» mis plus décemment, et me dit qu'il alloit me conduire au temple
» de la Raison. En passant sur la place des Victoires, et me faisant
» remarquer la pyramide élevée au milieu de cette place, il me dit :
» Voilà le seul monument qui restera après l'insurrection, parce qu'il
» est le seul sur lequel sont inscrits les droits de l'homme de 93........
» Nous arrivâmes aux Bains chinois. »

Ainsi l'on voit que notre scélérat a juré de ne rendre aucune circonstance uniforme à elle-même, lorsqu'il sera obligé de la présenter plusieurs fois. Il est sûr néanmoins que l'épisode additionnel de l'exception du seul monument de la place des Victoires, dans le projet de bouleversement général, rend beaucoup plus vraisemblable le complot d'insurrection.

Une circonstance moins indifférente pour nous, c'est que Grisel a maintenant oublié la *visite à sa tante* ; objet unique pour lequel, si l'on veut l'en croire, il s'étoit donné la peine de venir du camp à Paris: de même que, le jour de la rencontre du tailleur Mugnier, il oublia au café de Genève la visite *à ses parens*, qui étoit encore le seul motif de sa venue de Paris ce jour-là, qui étoit même le motif exclusif de tous ses voyages en cette grande cité; car il vous a dit, en parlant de ses visites comme du seul objet de ses démarches: *Ainsi que c'étoit ma coutume*. Il faut convenir que voilà un malheureux qui aime singulièrement ses parens, et qui n'a pourtant pas grande peine à les oublier. Il est vrai qu'il a fait plus que d'oublier son père: il vous a avoué hier, avec le rire sur les lèvres, avec le rire de la plus épouvantable perversité, avec le ton de l'ironie la plus scélérate, qu'il l'avoit volé, son père; qu'il ne l'avoit quitté qu'après avoir dépouillé sa maison et réduit toute sa famille à l'indigence au désespoir. Il attribue à une *imagination ardente* cette légère peccadille, qui, dans sa bouche atrocement sardonique, n'est que le calcul pur et simple, et le petit arrangement d'un jeune homme envers qui ses parens sont injustes. Odieux misérable! tu m'inspires quelque chose au-dessus de l'horreur!.... Tu étois fétide et corrompu avant de naître, tu étois le foyer de toutes les dépravations......

Voilà l'affreux gangréné auquel l'accusateur Bailli prostitue les couronnes du civisme! Et c'est sur son chef empesté qu'il veut pétrifier les lauriers qu'on déroberoit à tous nos vainqueurs glorieux et aux zélateurs de la vertu.

« Nous arrivâmes aux Bains chinois. Voyons encore comment nous
» raconterons par trois fois différentes ce qui s'y passa.
» Là je vis un assemblage confus des deux sexes; les discours, les
» chants, (*Nota*. J'y entendis chanter, entre autres horreurs, la
» complainte de la mort de Robespierre.) les visages, tout rappe-
» loit les formes acerbes du règne de la terreur. » C'est ainsi que nous décrions, lorsque nous sommes devant Carnot le 15 floréal. Notez que nous fixons encore la scène au 12 du même mois de floréal.

Mais, dans notre déclaration à Gérard le 3 prairial, en transportant la même scène au 20 germinal, nous ajouterons quelque chose qui ne pourra que la rendre plus piquante. Il ne sera pas mal-à-propos de signaler la personne qui a chanté cette horrible complainte de Robespierre, afin qu'on puisse lui faire expier ce crime capital, en l'enrôlant dans le grand acte d'accusation.

L'article sera ainsi conçu: « Arrivé là (aux Bains chinois), Gri-
» sel vit un assemblage confus des deux sexes. Il y entendit des
» discours et des chants qui tous rappeloient les formes du règne de
» la terreur, tels, entre autres, que la complainte sur la mort de

» Robespierre, qui fut chantée par une femme blonde-rousse de
» l'âge d'environ vingt-cinq ans. »

Et, dans notre déposition à la Haute-Cour, nous nous expliquerons bien autrement ; nous ferons une amplification qui donnera un tout autre relief à cet article ; nous dirons : « Il y avoit aux Bains Chinois,
» trente ou quarante personnes ; tout étoit plein. J'eus d'abord
» de la peine à me placer. . . . . Quoique cette maison fût
» presque publique, je ne tardai pas à m'appercevoir qu'il n'y avoit
» que les initiés qui pouvoient y mettre les pieds, que d'autres
» ne pouvoient s'y présenter sans être traités de mouchards ; on
» les conspuoit, on les bafouoit, et ils étoient enfin obligés de
» sortir. J'observe qu'on y parloit très-librement et qu'on y disoit :
» ah ! bientôt les muscadins, les chouans, nous les arrangerons.
» On chanta une infinité de couplets dont je ne me souviens pas,
» excepté la complainte de l'illustre Robespierre, martyr de la
» liberté, ainsi qu'ils le disoient (je m'asservis, autant que possible,
» à leurs termes). Elle fut chantée par une petite femme blonde
» rousse, âgée de 25 ans, et que je crois avoir reconnue parmi les
» accusés ; chacun répétoit en chorus le refrain. »

On conçoit que voilà des détails d'un prix infini, et qui font voir que la révélation devant Carnot, et la déclaration devant Gérard, n'étoient que des ébauches très-imparfaites, en comparaison de cette déposition devant la Haute-Cour. Il n'y avoit pas, dans ces premières ébauches, les épisodes très-intéressans de l'admission exclusive des initiés, du bafouement des chouans, et des refrains répétés en chorus ; il est sûr que voilà des indices très aggravans, et qui prouvent bien, ou (comme l'a dit le témoin Harger) *rien ne pourroit jamais être prouvé, que la conspiration n'étoit point une chimère,* ainsi qu'avoit bien promis de le démontrer à Grisel Monnier le ceinturonnier.

Nous ne sommes pas quittes de ce café et n'en sortirons pas sitôt.

Il est d'autres circonstances que Grisel a observées et qui viennent à l'appui de ses découvertes en confirmation des grandes confidences que lui a faites Monnier le ceinturonnier.

Il faut voir d'abord comment il a pu vaincre les difficultés qui, ainsi qu'il nous l'a dit, s'opposoient à ce qu'il s'introduisît parmi les initiés, sans courir le risque d'être soupçonné *mouchard.*

Révélation à Carnot.

« Mes deux parrains firent mon éloge, vantèrent mon zèle robespier-
» riste ; mes discours confirment leur éloge : bientôt je fus entouré
» et fêté par tout le monde. »

Déclaration à Gérard.

« Grisel ayant été présenté par ses conducteurs, comme un homme
» à talent et un zélé robespierriste, il y fut bientôt entouré et
» fêté par tout le monde. »

Déposition à la Haute-Cour.

« Chacun me regardoit d'un air inquiet ; mais un de mes
» conducteurs dit à plusieurs. C'est un bon patriote, c'est un
» recrue. Chacun me fit fête ; les uns m'offrirent du vin, les autres
» du cidre : c'étoit une espèce d'orgie »

Il faut être juste. La dernière version en ce point n'est pas riche au dessus des autres ; mais il est toujours une chose remarquable dans les trois rédactions de cet article, c'est que Grisel prouve qu'il a exprimé, chez Mounier le ceinturonnier, et en présence de l'autre patriote son ami, un langage bien différent de celui qu'il prétend y avoir parlé : car, après les soupçons que la figure ignoble de ce vil coquin inspire, après les *regards inquiets* qu'il dit lui-même que son air sinistre fit naître, il se fait représenter par ses conducteurs comme un zélé robespierriste ; il se fait donner par eux la garantie, le brevet de bon patriote ; en fait *son éloge* en ce sens : dès lors *tout* le monde l'entoure et le fête ; on lui offre, dans cette espèce d'orgie où l'on boit *du cidre*, toute sorte de rafraichissemens. C'est donc qu'il avoit mérité, par la manifestation des principes qu'il sait si bien feindre, la plus entière confiance de ceux qu'il appelle ses parrains ; c'est donc qu'il s'étoit armé bien plutôt qu'il ne l'avoue, de cette dissimulation odieuse qui est le propre des monstres et qu'il porte en particulier à un degré si supérieur ; c'est donc qu'il avoit, dès le premier moment, dès le premier acte au café de Genève, parlé plus révolutionnairement que ceux qu'il a accusés d'ultra-révolutionnismes ; c'est donc qu'il les avoit échauffés, animés, portés à l'exaspération la plus outrée, et par conséquent, avec les arrière-pensées qu'il nourrissoit, il étoit, de plus haute date qu'il ne le dit, muni de commission pour tendre d'affreux pièges aux hommes vertueux et de bonne foi.

C'est en vertu de cette commission que Grisel, transfuge du parti des malheureux de la terre, déserteur de la classe indigente dans laquelle il est né, dont il n'est sorti qu'en dépouillant son père, renégat des principes populaires qu'il n'a plus trouvé de son intérêt de professer ; c'est en vertu de cette commission, dis-je, que Grisel est très-scandalisé de trouver aux Bains Chinois un *assemblage confus des deux sexes* dont les visages, les formes, les discours, lui paroissent bien moins agréables et plus criminels que ceux des réunions, des cercles du royalisme que ce rampant esclave a peut-être eu la faveur d'approcher jusqu'aux anti-chambres.

Nous sommes aux Bains Chinois, à ce fameux temple de la Raison. Grisel en a décrit l'enceinte, l'intérieur redoutable ; il dit par quel heureux stratagème il a pu s'introduire dans ce sanctuaire, où les seuls initiés pouvoient pénétrer ; il a fait connoître comment il étoit parvenu à s'y faire recevoir comme néophyte ; il a été frappé des décorations et de la singularité des différens rôles des personnages ; il a vu les sacrificateurs, les prêtresses ; il a entendu les discours, les chants ; il a vu les libations et les cérémonies, l'enthousiasme religieux des principaux acteurs, leur vénération profonde pour certains dogmes, leurs hommages aux mânes de ceux qui moururent en les professant. Il a encore entendu les imprécations portées contre tous les adversaires de la doctrine. Il a été témoin des mouvemens, de l'expression menaçante des figures contre tout ce qu'on regardoit comme ennemi de la secte. Tout ce spectacle l'a frappé de terreur et d'étonnement ; mais cependant il n'a encore fixé que les objets intérieurs. Il lui reste à approfondir les secrets mystères... Il lui reste à approfondir les preuves, promises par Monsieur le ceinturonnier, que les choses précieuses qu'il lui avoit confiées n'étoient point une chimère.

Citoyens jurés, la déposition de Grisel est longue ; elle se compose d'une quantité de faits, de détails et de circonstances qu'il convient de suivre avec beaucoup de scrupule, dont il est indispensable pour votre instruction, pour la gloire de la vérité, d'examiner soigneusement et de démontrer clairement les secrets rapports, l'enchaînement ténébreux, l'intrigue sourde, qui, seuls, ont donné à cette affaire un caractère sérieux, un aspect extérieur en apparence menaçant et redoutable pour l'autorité. Ce n'est point ici le procès d'une rixe ou d'un simple intérêt entre des plaideurs ordinaires ; c'est un procès politique, c'est le procès de la révolution ; et les accusateurs nationaux eux-mêmes nous ont donné l'exemple de le traiter politiquement. Il est inoui qu'on veuille réduire notre défense ; qu'on veuille, pour ainsi dire, nous dicter nos plaidoieries : ce n'est point pour le Tribunal, ce n'est pas pour les accusateurs nationaux, que nous nous défendons ; c'est pour le peuple, c'est pour la République, c'est pour nous. On nous accuse d'avoir voulu renverser la constitution de 1795 pour rétablir celle de 1793, d'avoir voulu faire le malheur du peuple ; et l'on ne veut pas que nous parlions de toutes ces choses. Il n'en sera pas ainsi. Je m'arrête aujourd'hui : demain je pénétrerai plus avant dans ce dédale, et j'en ferai sortir de plus en plus la perfidie, l'astuce, et toute la série des crimes qui ont servi à machiner la proscription universelle de tous les sincères amis et des plus courageux défenseurs de la liberté. Je ferai voir par quelle liaison de trames scélérates, par quelle suite de manœuvres odieuses, abominables, atroces, les plus dangereux d'entre tous les ennemis du peuple, après avoir su trouver dans la sentine des vices le plus pourri des êtres humains, le lancèrent au milieu des simples et des bons, des philantropes et des justes, dont il connut, dont il épia les généreux sentimens, qu'il excita, et dont il eut l'art ensuite de les faire colorer du vernis des plus révoltans forfaits. Je compte parvenir, à la fin de près d'une année de silence, d'un silence cruel auquel mes persécuteurs ont eu tant d'intérêt de me contraindre ; je parviendrai, dis-je, à faire tomber le bandeau qui a couvert la vérité ; et sans doute la bonne justice, déposée ici dans les mains d'un jury vertueux, fera triompher ses adorateurs ; elle confondra ceux qui l'outragent.

Bailly, accusateur national : Nous avons demandé la parole pour une observation qui me paroît extrêmement importante à la suite des débats, et même dans le sens de la défense des accusés. Le citoyen Babœuf vient de parler pendant trois heures, et n'en est encore qu'à l'examen du commencement de la déposition du citoyen Grisel. Nous avions donc bien raison de nous plaindre qu'on laissât divaguer, dans des discours, des accusés qui ne doivent qu'éclaircir des faits ; car de tout ce qu'a dit Babœuf, il ne résulte rien autre chose que ceci : *Monnier a-t-il parlé à Grisel sur la place de Grève, ou à côté de la place de Grève*; chez lui, rue de la Vannerie, ou *dans la rue de la Vannerie, au numéro 45* ? Voilà une des grandes contrariétés. Assurément nous n'abuserons pas des momens précieux du Tribunal, pour faire connoître combien il y a de ridicule à relever de semblables contrariétés. Ensuite Monnier lui a parlé des réunions un jour, tandis qu'il lui en a parlé un autre jour. Qu'est-ce que tout cela prouve ? Qu'il y avoit des réunions. Nous ne voyons pas là de contrariété entre les déclarations de Grisel ; et nous en voyons bien moins entre la déposition de Grisel, sa déclaration préliminaire et la foule de pièces qui sont au procès, qui prouvent qu'il y avoit des réunions, et même avec l'aveu de Babœuf qui convient qu'il y avoit des réunions et qui a même dit pourquoi. Quelles étoient ces réunions ? C'est ce que nous verrons un peu plus tard. Enfin un autre fait est celui-ci : Monnier a dit, suivant la première déclaration de Grisel, qu'il y avoit un comité insurrecteur ; il l'a dit, le 12 floréal : cela est exprimé par les mots, *12 du courant*. Au contraire, dans sa seconde déclaration, il reporte cette confidence de Monnier au 20 *germinal* ; et dans la troisième, qui est sa déposition devant la Haute-Cour, c'est encore le 20 *germinal*. Tout cela peut-il détruire un seul fait qui est constaté par les pièces ? C'est qu'il y avoit un comité insurrecteur ;

que ce comité existoit vers le 10 germinal ; qu'il y en a des preuves par écrit, puisqu'il existe des pièces au procès qui constatent qu'il y avoit, le 12, des agens principaux d'arrondissement nommés par le comité secret, en exécution d'un arrêté préalable par lequel ce comité se croit de lui-même.

Voilà cependant le résultat de tout ce qu'a dit Babœuf.

Nous n'entendons pas ici nous expliquer sur le plus ou moins de valeur de la déposition du citoyen Grisel ; nous ne regardons pas, à beaucoup près, la discussion comme terminée : car nous aurons nous mêmes des éclaircissemens à demander sur plusieurs faits. Mais notre observation porte sur ceci : C'est qu'il faut éclaircir les faits ; qu'on ne peut les éclaircir qu'en faisant des questions, et en appelant sur chaque question la réponse du témoin, sauf la réplique de l'accusé et encore la réplique du témoin, si cela est nécessaire. (Germain et autres accusés : Et encore la réplique de l'accusé.)

C'est alors que, si les citoyens jurés, les juges, les accusateurs nationaux, ont quelques questions à proposer au témoin pour éclaircir un fait qui ne leur paroîtra pas suffisamment développé, cela se fera avec ordre, avec méthode ; et qu'enfin les jurés acquerront des connoissances positives sur des faits qui soient dans le cas de servir à la conviction ou à la décharge des accusés.

Nous pensons que désormais c'est le cas d'exécuter complétement le jugement rendu par la Haute-Cour, et de ne pas permettre qu'aucun des accusés divague, tant que les dépositions ne seront pas complétement discutées. Lorsque le débat en sera là, les accusés diront tout ce qu'ils voudront pour leur défense. Certes, ils en auront le droit ; ils en jouiront. Mais, dans le cours du débat, nous le répétons et nous y insisterons constamment, on ne doit qu'éclaircir les faits par les moyens propres à les éclaircir effectivement.

Réal : Il est nécessaire de faire une observation au citoyen accusateur national. Il ne veut pas qu'on fasse de discours : j'avoue qu'à cet égard je suis de son avis. Il voudroit qu'on se bornât à faire des questions et à écouter des réponses : je ne suis pas de son avis. Le Tribunal, je crois, sera du mien, quand je lui aurai soumis les observations suivantes. L'instruction commence par la lecture d'un acte d'accusation ; après la lecture de l'acte d'accusation, vient une exposition de l'accusateur national. Jusqu'alors vous voyez l'accusé environné de toute la défaveur du délit dont on le charge et de toutes les préventions qui sortent incessamment de l'exposition de l'accusateur national. Viennent, en troisième analyse, les témoins ; et le premier qui vient d'être entendu (car les autres n'étoient que des experts) a parlé pendant trois séances. Vouloir qu'après que l'accusé a entendu le témoin pendant trois séances de trois heures chacune, il ne puisse cependant faire que de simples questions, lorsque l'on embarrassera même encore ces questions par des réquisitoires et d'autres observations qui seront très-longues, c'est vouloir que la défaveur soit toujours du côté de l'accusé, et qu'il reste constamment environné de cette prévention affreuse qui le prend depuis l'acte d'accusation jusqu'au moment où il parle.

Non, ce ne peut pas être le vœu du Tribunal, parce que ce n'est pas le vœu de la justice. Sans doute les longs discours, sans doute les longs résumés doivent être rejetés après que les témoins auront parlé : cela doit entrer dans la défense générale.

Mais, lorsqu'on voudra réduire l'accusé à faire une simple note ; lorsqu'on ne lui permettra pas, par exemple, de prendre quelques points principaux, de les unir ensemble, de faire rejaillir de ces points une contradiction manifeste, ce ne peut être le vœu de la justice. J'aurai aussi, moi, des questions à faire au citoyen Grisel, des questions très-innocentes, auxquelles il me fera sans doute des réponses très-innocentes également. Mais, avant de les faire, il est une pièce dont on a déjà parlé cent et cent fois. Cette pièce est imprimée, elle n'a pas été lue ; elle n'a pas encore été soumise ni aux accusés ni aux jurés.

Cette pièce fait cependant la base de l'accusation ; car cette pièce est la dénonciation faite le 15 devant le président du Directoire, le citoyen Carnot. D'après ce qu'avoit dit Grisel pendant les deux séances, et notamment dans celle d'hier, il a bien fallu que j'allasse voir cette pièce au greffe. On me l'a remise hier.

La suite au Numéro prochain.

On souscrit chez BAUDOUIN, Imprimeur du Corps législatif, Place du Carrousel, N° 662.

Le prix de l'abonnement pour soixante feuilles in-8°, petit caractère, est de 10 francs, pour les départemens, franc de port, et de 8 francs pour Paris.

A PARIS, chez BAUDOUIN, Imprimeur du Corps législatif.

(N°. 43.)

DÉBATS ET JUGEMENS
DE LA HAUTE-COUR DE JUSTICE.

Suite de la Séance du 26 ventôse.

Continuation du discours du citoyen Réal, l'un des défenseurs officieux.

J'AI été fort étonné, à vous dire vrai, de voir pour base principale d'une dénonciation, d'une *révélation*, un chiffon véritablement, comme l'a dit lui-même le témoin.

Si cette pièce n'avoit pas été envoyée officiellement au Conseil des Cinq-Cents et aux Anciens, si elle n'avoit pas fait l'objet de trois messages, si on ne l'avoit pas imprimée dans la collection, je n'en parlerois pas plus que le Tribunal n'en auroit parlé.

Mais au moyen de ce que dans trois ou quatre occasions je la vois citée, je demande qu'on la soumette à l'instant même au Tribunal. Je demande qu'on en fasse lecture à l'instant même ; et que l'état dans lequel elle se trouve soit constaté, soit par des experts, soit par un jugement.

J'insiste sur cette partie de mes conclusions, sur le constaté de cette pièce dans l'état où elle se trouve.

Je crois pouvoir affirmer au Tribunal que je montrerai dans cette pièce un *faux*.

Je demande donc que la pièce faisant, je crois, la 27 des pièces imprimées dans le recueil de Drouet, soit lue à l'instant même ; car c'est la pièce à laquelle se rapporte la totalité des déclarations. C'est sur cette pièce que l'on base les contradictions échappées au témoin, soit dans la déclaration faite devant Gérard, soit dans celle faite il y a trois jours aux audiences ; c'est donc cette pièce-là qui doit être dans ce moment-ci connue. Je demande qu'on en fasse la lecture sur la pièce originale, et que son état soit constaté. J'en demanderai aussi une copie figurée.

Bailly: La lecture de la pièce est toute simple. Il faut la faire venir du greffe ; c'est un éclaircissement extrêmement facile.

Débats et jugemens de la Haute-Cour, Tome II°.   N

Viellart : Quand on a voulu commencer par les pièces, on a trouvé les accusés s'y opposant, et disant : Il faut commencer par les témoins. Aujourd'hui voilà les témoins commencés, on dit : Il faut commencer par les pièces.

Réal : Je ne dis pas cela, citoyen; prenez-y garde. Examinez qu'on a déja lu des pièces. Nous avons besoin que l'état de la pièce soit constaté. Il faut qu'on la connoisse : c'est une satisfaction que nous demandons au Tribunal; et nous sommes obligés de savoir à quelle hauteur cette pièce-là est sortie du Directoire, pour arriver au Tribunal.

Viellart : Quand la pièce fut imprimée, elle le fut sur une copie conforme, parce que le Conseil des Cinq-Cents n'envoya aux accusateurs nationaux que des copies conformes; et ce fut sur ces copies conformes que cela fut imprimé. Depuis j'ai prévu que l'on pourroit desirer avoir les originaux : je les ai demandés, et la lettre d'envoi existe dans les pièces.

Germain : Oui, vous m'avez montré la lettre d'envoi, citoyen.

Viellart : J'ai offert hier au citoyen Réal de lui faire faire une copie figurée de cette pièce-là.

Réal : L'opération que je demande est toujours nécessaire, parce que je crois avoir vu des faux. J'affirme qu'elle est faite de plusieurs mains : il y a au moins plusieurs articles.

(Le citoyen Réal monte sur l'estrade du greffier, prend la pièce, et en fait la description verbale aux jurés.)

Je dois observer aux citoyens jurés que la pièce dont il s'agit est sur trois feuilles de papier commun; que rien n'indique qu'elle eût été jamais en liasse, car il n'y a rien qui le constate : elle ne peut faire partie d'aucune liasse. Je dois actuellement leur observer qu'elle n'est ni signée ni paraphée par personne, pas même les renvois. Je leur observe également qu'en tête de chaque page la pagination est marquée d'une autre plume, et que la dernière pagination seulement offre le chiffre 12, qui me paroît être de la même main que celui qui a écrit le corps de la pièce. Ce qui est également évident, c'est qu'à la page 9 le nom *Buonarotti* est hors de marge, écrit d'une autre main, d'une autre encre et sans l'orthographe du nom *Buonarotti*; il est écrit *Bonaroty*; le *t* n'est en aucune manière barré comme les autres *t* de la pièce; cependant on a imprimé ce nom dans la copie des pièces.

Il y a aussi en marge un mot *Dartey* que l'on a probablement mis pour *Darthé*.

(Il donne lecture de la pièce imprimée au recueil des pièces, page 242; il appuie sur les fautes d'orthographe et sur des renvois qu'il prétend n'être pas de la même encre ni de la même plume, quoique de la même main que le corps de la pièce.)

Je conclus à ce que l'état de la pièce soit constaté par des experts et a ce qu'elle soit paraphée par le président *ne varietur*.

Le président : On la fera passer aux citoyens jurés s'ils la veulent voir.

Rey-Pailhade, *haut-juré* : J'observe qu'une vérification exige beaucoup de temps, puisqu'il faut examiner en détail tout ce qui vient d'être apperçu et relevé par le citoyen Réal, défenseur officieux des accusés. Par le débat, on verra quelle est l'importance qu'on attache à la pièce ; et par le débat, le Tribunal verra s'il est a propos d'en faire constater l'état. En conséquence, je crois que ce n'est pas le cas de faire une vérification exacte.

Réal : Je demande seulement, citoyen président, que l'on constate l'état de la pièce, et qu'elle soit paraphée par vous *ne varietur*.

Le président : Quelle sorte de constatation voulez-vous ?

Réal : Que l'on constate les renvois et qu'on m'en donne une copie figurée.

Ricord : Les lettres au ministre sont dans le même cas que cela.

Réal : Je ne la touchois qu'en tremblant hier.

Ricord : D'après la lecture qu'on vient de faire, de cette pièce et les différens changemens qui paroissent avoir été faits après coup, je demande que la même vérification se fasse sur les lettres écrites par Grisel au ministre de la police, parce qu'il me paroît aussi qu'on peut y voir des changemens faits après coup dans ces mêmes pièces. Je demande que vous vouliez bien avoir la complaisance de les parapher, et que demain on fasse la confrontation de ces pièces avec les lettres qui ont été lues hier ici et reconnues par Grisel, parce que je crois qu'aucune de ces pièces n'existoit réellement dans l'état où elles devroient être. Elles seront supprimées par le fait, lorsqu'elles seront reconnues fausses.

Viellart : Supprimées !

Ricord : On dénoncera le ministre.

Didier : Le ministre Cochon, qui a l'impudeur de dire *certifié conforme*, au Conseil des Cinq-Cents.

Ballyer, *père* : C'est égal, nous ferons valoir cela dans la discussion.

Ricord : Si elles étoient entre les mains du ministre, j'aurois les plus grandes inquiétudes sur le changement qu'il pourroit y avoir depuis la vérification qu'on vient de faire.

Grisel : Avant que de faire vérifier cette pièce par l'expert, moi, je m'offre de la voir ; s'il y a quelques mots qui ne soient pas de ma main, je le déclarerai.

Réal : On ne peut pas refuser qu'il la voie.

Ballyer père : Un remords peut le prendre......... Il a peut-être été séduit.

(On présente la pièce au témoin.)

Grisel : Citoyen, je déclare, en mon ame et conscience, que le mot *Darcey* que voici, n'a jamais été mis de ma main. J'observe en même temps qu'il ne change rien au sens de la pièce. Egalement le mot *Bonaroty* n'est pas de moi.

Réal : D'après cette déclaration-là (je rends à cet égard-là justice au témoin), le Tribunal ne peut pas refuser aux accusés acte de la déclaration du témoin, que les deux mots qui sont sur cette pièce, notamment celui *Bonaroty*, ne sont pas de sa main.

Je ne réquerrois pas cet acte-là, si la pièce n'avoit pas été remise au Conseil des Cinq-Cents, portant le nom de *Bonaroty* dans le texte, comme écrit de la main de Grisel.

Le message du Directoire du 26 floréal porte : « Pour mettre sous
» vos yeux les renseignemens dont vous pourrez avoir besoin lors-
» que vous statuerez sur le sort du représentant du peuple Drouet,
» le Directoire exécutif vous transmet ci-joint le rapport du mi-
» nistre de la police générale, la déclaration de Grisel, ainsi que
» six autres pièces relatives à la conspiration ». Et c'est dans cette déclaration qu'on a inséré faussement le nom de *Bonaroty*.

Viellart : Il répond que le nom n'est pas de sa main ; il faut lui demander s'il avoit nommé Buonarotti.

Le président : Je lui demande s'il avoit nommé Buonarotti ?

Réal : Permettez, citoyen président ; permettez, citoyen accusateur. Vous dictez, pour ainsi dire, une réponse au témoin. Vous ne le voulez pas, je le sais bien ; mais en m'interrompant ainsi, vous me faites d'abord sortir de l'esprit le sens de la phrase que j'avois à dire, et ensuite vous fournissez au témoin une réponse qu'il n'auroit pas saisie. Si je vous interrompois, citoyen accusateur national, vous auriez soin, par un réquisitoire, de me rappeler à l'ordre.

Je dis que cette pièce prend ici un caractère de gravité tel, que je demande que le tribunal veuille bien actuellement ordonner qu'après qu'elle aura été paraphée par le président, et par le témoin lui-même, elle soit soumise à un expert (la Haute-Cour en nommera un ; je crois que les accusés peuvent aussi en nommer un) : lesquels experts feront le rapport exact de cette pièce, pour, le rapport étant fait et remis entre les mains de la Haute-Cour, être par elle dit et ordonné, et par nous requis et demandé ce qu'il appartiendra.

Je demande que le Tribunal veuille donc délibérer sur le constat, et me donner acte de ce que j'articule que les mots *Darthé* et *Buonarotti*, écrits en marge, ne sont pas de la main de Grisel.

Grisel : Je demande la parole pour expliquer cette difficulté. Le 15 floréal, je n'avois d'abord nullement l'intention, jusqu'à six heures et demie du soir, d'écrire ma déclaration ; je n'y avois pas même pensé. L'idée m'en vint ; je me dis : Ma déclaration est si importante, qu'à coup sûr elle se trouvera travestie en passant de bouche en bouche ; il faut tout au moins que les bases des faits essentiels soient écrites. Et de suite je l'écrivis, non pas dans le dessein de donner cette pièce au Directoire ; la preuve en est qu'elle n'est pas signée ; c'est simplement un mémorial fait à la hâte, et n'ayant nullement l'intention que cette pièce pût jamais comparoître en justice. Je lus donc cette pièce au citoyen Carnot pour éviter toute espèce de diffusion. Il me demanda cette pièce ; je lui dis : Je vous prierai de me la remettre dans une couple de jours ; je la remettrai au net, et y ajouterai ce que j'ai oublié. Il dit : Non ; c'est excellent comme ça. On n'a besoin que des faits ; ce n'est pas une pièce académique qu'il nous faut, ce sont des faits. Je lui observai qu'il manquoit quelques mots. Je ne sais si sur le même moment le citoyen Carnot, qui étoit dans son cabinet, ne les a pas ajoutés sur le même moment. Je ne puis l'assurer ; je ne connois pas l'écriture du citoyen Carnot. Quant au nom du citoyen Buonarotti, je ne sais pas s'il est deux fois dans la pièce. (On répond que non). C'est possible ; mais quand on dit que le citoyen Drouet n'a été traduit à la Haute-Cour que.....

— Cela ne vous regarde pas, lui disent les défenseurs.

(Amar demande à voir la pièce.)

Réal : Si ce mot Buonarotti étoit de la main du citoyen Carnot, il ne seroit pas mal orthographié Bonarotti ; mais je crois que le mot *Darthé* est écrit de sa main.

Le Tribunal délibère, et rend le jugement suivant.

JUGEMENT.

La Haute Cour, attendu que pendant le débat la pièce a passé sous les yeux des jurés, qu'ils ont entendu la déclaration du témoin, et que la pièce leur sera reproduite, ordonne qu'il sera passé outre au débat ; renvoie la séance à demain dix heures.

(Le président se lève.)

Réal : Je demande qu'il soit dressé procès-verbal de faux contre la pièce : je rends plainte.

Le présid. : Faites tout ce qu'il vous plaira.

Réal : Comment ! on accuse de faux, et vous me refusez acte de cela! Voilà qui est plus fort que tout ce que j'avois entendu! Je vous assure que c'est ce à quoi je ne m'attendois pas.

Le Tribunal se retire.

Séance levée à trois heures.

(Les prévenus en se retirant ont chanté la complainte de Goujon.)

Certifié, ICONEL et BRETON, sténographes.

Séance du 27 ventôse.

La séance s'ouvre à dix heures et demie.

Babœuf : D'après la sortie d'hier de l'accusateur public contre les développemens que j'ai donnés dans mon discours d'hier, les mêmes motifs qui me portoient à donner ces développemens me portent aujourd'hui à ne rien dire.

Vergne : J'avois demandé hier la parole sur la déposition de Grisel.

Le président : Vous ne l'avez pas à présent.

Citoyen Babœuf, je vous demande si vous avez été arrêté dans votre domicile ordinaire, ou dans un lieu que vous aviez choisi ou que vous habitiez.

Babœuf : Ce n'étoit ni l'un ni l'autre.

Le président : Où avez-vous été arrêté ?

Babœuf : C'étoit dans un local où j'étois par circonstance dans ce moment-là.

Le président : Qu'est-ce que c'étoit que ce local ?

Babœuf : C'étoit un local, comme je l'ai déja dit, où se réunissoient différens patriotes pour délibérer entre eux des affaires publiques.

Le président : Combien y avoit-il que vous occupiez ce local dans lequel se réunissoient entre eux plusieurs patriotes ?

Babœuf : Je ne l'occupois pas, je n'y demeurois pas.

Le président : Où demeuriez-vous ?

Babœuf : Dans différens endroits ; je couchois aujourd'hui dans un endroit, demain dans un autre.

Le président : Savez-vous combien de fois vous y avez couché ?

Babœuf : Non.

Le président : Depuis combien de temps alliez-vous dans cet appartement pour les occupations quelconques qui vous y appeloient ?

Babœuf : Il y avoit quinze jours, deux décades.

Le président : Avez-vous connoissance que, dans ce local, dans l'assemblée des patriotes qui s'y réunissoient, on s'y étoit occupé de conspirer à l'effet de renverser le gouvernement actuel ?

Babœuf : Je ne vois pas que ceci soit relatif à la déposition de Grisel.

Le président : C'est relatif au débat. Vous n'avez pas à juger ce que je vous demande ; il faut répondre, ou déclarer que vous ne voulez pas répondre, parce qu'il y a assez long-temps que c'est vous qui conduisez le débat : à compter d'aujourd'hui, ce sera moi qui le conduirai.

Babœuf : Ah ! puisque vous voulez commencer le débat.....
(Il tire ses papiers et se met en devoir de lire un discours.)

Le président : Vous n'avez pas la parole pour faire des discours.

Babœuf : Je vous parlerai du terme où en est le débat.

Le président : Je vous somme de déclarer si dans cette assemblée de patriotes, au local où vous avez été arrêté, il a été question de conspirer à l'effet de renverser le gouvernement actuel.

Babœuf : Non, on ne conspiroit pas contre le gouvernement.

Le président : Comment conciliez-vous cette déclaration avec ce que vous avez dit dans votre interrogatoire chez le ministre de la police, où vous avez dit qu'on y conspiroit, que vous étiez décidé par tous les moyens possibles à parvenir à le renverser. Vous avez dit cela dans votre interrogatoire du 21 floréal.

On vous demanda : « Votre dessein étoit-il de renverser le
» gouvernement actuel ? étiez-vous associé avec quelques per-
» sonnes pour y parvenir ? » Vous répondîtes : « Étant intimement
» convaincu que le gouvernement actuel est oppresseur, j'aurois
» fait tout ce qu'il eût été en mon pouvoir pour le renverser. Je
» m'étois associé avec tous les démocrates de la République, il
» n'est pas de mon devoir d'en nommer aucun. » On vous demanda
quels étoient les moyens que vous comptiez employer pour renverser le gouvernement actuel. Vous répondîtes : « Tous les moyens
» légitimes contre les tyrans. » On vous demanda : « Votre projet
» n'étoit-il pas de faire égorger les membres des deux Conseils
» du Corps législatif, ceux du Directoire exécutif et les autorités
» constituées ? » Vous répondîtes ; « Je n'ai pas à donner les détails
» des moyens qui eussent été employés. Au surplus, il ne dépendoit
» pas seulement de moi, je n'avois que ma voix dans ce conseil
» des tyrannicides ; et il nous eût suffi que le gouvernement présent
» fût détruit, *égorgerie* à part. »

Dans votre interrogatoire du 3 prairial, vous parlez dans le même sens.

Un commis-greffier donne lecture d'un extrait de cet interrogatoire, ainsi conçu :

« *D*. N'êtes-vous pas l'un des auteurs d'une conspiration tendante au renversement de la Constitution actuelle et du gouvernement, au rétablissement de la constitution de 1793, à la destruction des deux Corps législatifs et du Directoire exécutif, tendante aussi à armer les citoyens les uns contre les autres et au pillage des propriétaires ?

« R. Cette question n'est pas simple, elle contient différens points qui exigent des développemens; je demanderai toute la latitude nécessaire pour les donner : il est de premières erreurs importantes glissées dans cette affaire qu'il importe et qu'il convient de relever. Dans le premier interrogatoire qui m'a été fait chez et par le ministre de la police, j'ai eu soin de faire observer que la chambre où j'ai été arrêté n'étoit point ma chambre, et que les papiers qui y ont été saisis n'étoient point positivement mes papiers ; cette distinction m'avoit paru suffisamment exprimée par ces termes que je sais être fidèlement rendus dans ce premier interrogatoire : *Les papiers trouvés dans la chambre où étoit Babœuf au moment de son arrestation.* Cependant je ne sais pas pourquoi l'on a affecté dans les messages du Directoire aux deux Conseils de parler toujours de mes papiers et de ma chambre, et de me présenter comme un des auteurs ou même comme le principal auteur d'une conspiration. J'observe de nouveau que la chambre n'étoit même pas mon caveau de retraite habituelle, ni les papiers mes papiers personnels ; j'ai commencé de dire et je dirai toute la vérité. La chambre étoit celle où se réunissoient nombre de démocrates qui s'étoient formés en comité, à l'effet d'aviser au moyen de sauver la patrie ; ce qu'ils croyoient ne pouvoir faire qu'en renversant le gouvernement actuel, qu'ils ont regardé comme l'ennemi, qu'ils regardoient comme l'usurpateur tyrannique et l'assassin du peuple : les papiers leur appartenoient à tous, et non pas à moi seul. Je sais loin de vouloir me retrancher dans le cercle usé des dénégations, je laisse cette route frayée au commun des accusés : plus généreux, plus grand, j'oserai ne rien taire de tout ce dont je suis capable dans le sens de mes accusateurs ; mais, idolâtre de la vérité, je ne souffrirai pas non plus qu'on l'outrage en voulant m'incriminer plus que je ne dois l'être. J'atteste donc qu'on me fait trop d'honneur en me décorant du titre de chef de la conspiration ; je déclare que je n'y avois même qu'une part secondaire, et bornée à ce que je vais dire : je l'approuvai cette conspiration, parce que je la croyois légitime, parce que je croyois et crois encore que le gouvernement actuel est souverainement criminel, usurpateur de l'autorité, violateur de tous les droits du peuple, qu'il a réduit au plus chétif dénûment, au plus déplorable esclavage, criminel enfin de lèsenation au premier chef ; et que je croyois et crois encore à la sainteté des principes, que c'est un devoir rigoureux pour tous les hommes libres de conspirer contre un tel gouvernement : alors je consentis volontiers à aider de tous mes moyens les chefs et les meneurs d'une conspiration qui se monta contre lui. Ici, je prie encore de bien saisir que ce n'étoit donc pas moi qui étoit chef ni meneur. Qu'étois-je donc ? je vais le dire : les chefs et les meneurs avoient besoin d'un directeur de l'esprit public ; j'étois déjà en possession auparavant de l'occuper (l'esprit public) sans avoir alors, il est vrai, le but d'un dénouement fixe, quant à l'époque et au mode, et je ne travaillois jusques-là que comme historien de la révolution.

« Je narrois, il est encore vrai, avec les couleurs fortes de l'indignation et en vue de faire vivement partager cette indignation à mes malheureux concitoyens, je narrois, dis-je, la série journalière des attentats populicides, des crimes contre-révolutionnaires du gouvernement ; mais j'avoue que je jouai un autre rôle dès que je fus abouché avec les membres d'une sainte association qui se forma pour renverser le gouvernement oppresseur. Cette association de libérateurs avoit besoin, ai-je dit, d'un directeur de l'esprit public; elle vouloit avec raison que cette direction fut conséquente aux autres mesures prises pour opérer le salut public, et qu'elle fut graduée avec le plus ou le moins de vitesse dans la marche. Je fus chargé de cette direction de l'esprit public ; et dès-lors mes numéros prirent l'esprit et s'accommodèrent aux moyens et aux vues de ceux qui conspiroient contre les vrais conspirateurs. Pour cela j'avois besoin d'être très au courant des mesures des premiers ; en conséquence, ils me facilitèrent l'accès, la communication de tous leurs travaux ; j'y conformai mes écrits, et voilà tout : je n'avois aucune des connoissances relatives à tous les détails et à toutes les combinaisons d'un plan d'insurrection, et cela se prouve par la simple inspection des papiers saisis à côté de moi dans l'endroit où je fus arrêté. On y voit, dans tout ce qui a rapport aux dispositions du plan insurrecteur, des pièces de quantité d'écritures diverses ; mais on ne trouvera de la mienne que ce qui avoit rapport à ma partie de l'esprit public, c'est-à-dire, des projets de numéros et autres écrits et imprimés. Voilà des détails qui détruiront sans doute la supposition absurde que j'étois le chef de la conspiration ; et cela, fondé sur la seule circonstance que je me trouvai, au moment de mon arrestation, à côté d'une partie des papiers des conspirateurs. Je le répète, ce n'est point que je veuille par-là atténuer ma culpabilité, je ne veux qu'être de bonne foi et ne point paroître avec un rôle plus brillant que je ne mérite, avec un rôle qui n'est pas le mien. Je consens après cela à porter cependant la plus forte peine du crime de tramer contre des oppresseurs ; car j'avoue encore que, quant à l'intention, personne n'a pu conspirer contre eux plus fortement que moi ; j'ai la conviction que c'est un délit commun à tous les Français, du moins à toute la partie vertueuse, à tout ce qui ne veut pas de l'affreux système du bonheur d'un très petit nombre, fondé sur l'opprobre et l'extrême misère de la masse;

e me déclare complètement atteint et convaincu du forfait, et je déclare que c'étoit celui de tous les conspirateurs que je servois. Je déclare ensuite que s'il ne se présente aucun d'eux plus capable, ou mieux disposé que moi à entreprendre leur justification et la mienne, j'oserai me charger de cette tâche : si je ne parviens point à persuader de notre innocence le Tribunal chargé de nous juger, du moins j'ai la certitude que le jury des siècles, celui qui, absous et couronné les Sidney et les Barneveldt, nous couronnera et nous absoudra. J'ai de plus la certitude de l'absolution de nos contemporains, au moment même où notre sentence se prononcera par des juges qui n'auront peut-être pas tout ce qu'il faut dans eux-mêmes, qui n'auront peut-être pas hors d'eux toute la latitude d'indépendance nécessaire pour prononcer dans un procès d'un aussi grand caractère que celui où il ne devroit s'agir que d'examiner lesquels ont droit, ou de ceux qui prétendent avoir voulu arracher le peuple d'une odieuse oppression, ou de ceux qui sont accusés de l'opprimer et qui se rendent accusateurs des premiers. »

Le président à Babœuf: Persistez-vous à dire que vous n'êtes pas l'auteur de la conspiration ; que vous avez seulement été associé pour diriger l'esprit public ; que vous n'y avez pris qu'une part secondaire ; que vous n'aviez que votre voix dans le conseil?

Babœuf: Je persiste à dire que je n'étois que directeur de l'opinion publique ; qu'il n'y avoit point de conspiration le 21 floréal, et que je n'y avois point de part. J'ai pensé que mon arrestation et celle de plusieurs patriotes alloient entraîner la persécution de tous les Républicains ; qu'une nomenclature trouvée avec moi alloit servir à poursuivre tous les patriotes qui y sont nommés. En conséquence, dans cet interrogatoire, dans ma lettre au Directoire, dans mon interrogatoire devant le directeur de jury, je crus devoir épouvanter le gouvernement, en le confirmant dans l'idée de l'existence d'une vaste conspiration de démocrates ; j'eus en vue de le terrifier pour l'empêcher d'oser frapper, d'oser persécuter tous les républicains ; j'aimai mieux me dévouer que d'exposer tant de monde. Actuellement je dis que l'article 353 de la loi porte : « Qu'après que l'accusé a répondu à ce que le témoin a dit contre lui, *il peut, par lui même ou par ses conseils, questionner le témoin, et dire, tant contre lui personnellement, que contre son témoignage, tout ce qu'il juge utile à sa défense.* » Je dis que j'étois dans les termes de la loi ; que le président me demandât de questionner le témoin sur sa déposition ; que le président demandât à tous mes co-accusés, qu'ils fissent, qu'ils adressassent des questions au témoin. Je dis que le président intervertit l'ordre de la loi, et qu'en conséquence je refuse de répondre plus avant.

Le président: Avez-vous des questions à faire au témoin?

Babœuf: Je n'en ai pas, mais mes co-accusés en ont.

Le président : C'est vous qui êtes au débat, et le débat sera terminé.

Babœuf: Sans doute, quand il y en a plusieurs, les accusés......

Le président : Le débat ne s'en fera pas moins. Je vous demande comment vous avez pu dire, pour vous excuser et dans le système de vous excuser, que vous n'étiez pas l'auteur de la conspiration.

Babœuf : Je ne réponds pas.

Le président : Que vous n'y preniez qu'une part secondaire. Comment, quand vous avez dit cela, pourquoi prétendez-vous au contraire avoir exagéré la part que vous pouviez y avoir, dans le système de vous dévouer pour tous ?

Babœuf : Je ne réponds pas, parce que . . .

Le président : C'est bien. Ne répondez pas. Je vous demande comment et pourquoi vous avez dit pour votre excuse, que vous n'aviez que votre voix.

Babœuf: Il n'est pas question de tout cela dans la déposition du témoin.

Le président : Je vous demande comment et pourquoi, lorsque vous supposez que vous vouliez effrayer le gouvernement, retranchant des mesures ce qu'elles pouvoient annoncer, vous avez dit qu'elles eussent toutes été bonnes, mais égorgerie à part : car ce n'étoit pas le moyen d'effrayer que de diminuer la sévérité des mesures que les pièces pouvoient annoncer.

Babœuf: Je motive mon refus sur ce qu'on n'est pas dans les termes du débat.

Le président: Je vous demande encore comment, si vous n'aviez qu'une part secondaire dans la conspiration, vous avez pu écrire au Directoire le 23 floréal, dans ces premiers instants où, isolés les uns des autres, chacun pouvoit au moins laisser échapper quelques traits de vérité ; comment vous avez pu dire que vous étiez le centre de la conspiration ; comment vous avez osé proposer de traiter vous-mêmes pour tous les conjurés. Je vais faire donner lecture de votre lettre.

Réal : Voulez-vous dire, s'il vous plaît, dans quel endroit elle fut écrite ?

Le président: Elle est datée de l'endroit même.

Réal : Est-elle datée de sa prison ?

Le président: Je ne puis vous le dire.

Réal : Je déclare que je n'y mets pas de mauvaise humeur. Je peux faire les questions, ce me semble.

(Bruit.)

Darthé : Quel genre de nous juger ! C'est juger sans nous entendre.

Le président : Voyez si ce n'est pas toujours la même chose. Quand un ne veut pas parler, tous les autres parlent. La pièce va être lue toute entière : si la date y est, elle y sera.

(Le bruit continue. Le président veut faire faire silence.)

Lamberté : Les menaces n'en imposent pas.

Le président : Citoyen Lamberté, si vous continuez à troubler le débat, vous serez le premier écarté.

Darthé : Il n'y a pas de mal. C'est de force que je suis ici.

Lamberté : On commet ici des atrocités.

Babœuf : Le témoin a déposé . . . .

Darthé : Si je n'étois pas ici de force, je ne verrois pas de pareil brigandage.

Babœuf : Le témoin a déposé contre tous les accusés ; la déposition porte contre eux tous : en conséquence ils ont droit tous, les uns après les autres, sans ordre, de lui faire des questions, de *dire contre lui et son témoignage tout ce qu'ils jugent utile à leur défense*. Le débat ne vient qu'à la suite.

Le président : Ils en auront le droit et la faculté, chacun à leur tour. C'est moi qui règle l'ordre du débat, et il me semble qu'il n'est personne de bonne foi qui ne sente que l'ordre exige qu'on . . . .

Babœuf : Vous réglez le débat subordonnément à la loi.

(Bruit.)

Babœuf : C'est un guet-à-pens.

(Le bruit s'appaise. Le président veut faire faire la lecture.)

Babœuf : De Paris, 23 floréal. Elle est imprimée ; au moyen de quoi on peut lire sur l'imprimé. Le président suivra sur l'original.

Réal : Je crois qu'il vaudroit mieux qu'on lût sur l'original, et que nous suivions sur l'imprimé.

Viellart : Voulez-vous l'original ?

Le président : Nous vous prions de le prendre.

Réal : Il n'y a pas la moindre inquiétude. Ce n'est pas pour moi ; c'est pour . . . .

Le président : Nous vous prions de suivre vous-même.

Réal : Je ne demande pas mieux.

Un greffier lit :

Paris, 23 floréal, l'an 4 de la République.

G. Babœuf, au Directoire exécutif.

« Regarderiez-vous au-dessous de vous, citoyens Directeurs,
» de traiter avec moi comme de puissance à puissance ? Vous avez
» vu à présent de quelle vaste confiance je suis le centre ! vous
» avez vu que mon parti peut bien balancer le vôtre ! vous avez

» vu quelles immenses ramifications y tiennent ! j'en sais plus
» que convaincu, cet apperçu vous a fait trembler.

» Est-il de votre intérêt, est-il de l'intérêt de la patrie de
» donner de l'éclat à la conjuration que vous avez découverte?
» je ne le pense pas. Je motiverai comment mon opinion ne peut
» être suspecte.

» Qu'arriveroit-il, si cette affaire paroissoit au grand jour? que
» j'y jouerois le plus glorieux de tous les rôles: j'y démontrerois
» avec toute la grandeur d'ame, avec l'énergie que vous me con-
» noissez, la sainteté de la conspiration dont je n'ai jamais nié
» d'être membre. Sortant de cette route lâche et frayée des dé-
» négations dont le commun des accusés se sert pour parvenir à
» se justifier, j'oserois développer les grands principes, et plaider
» les droits éternels du peuple avec tout l'avantage que donne
» l'intime pénétration de la beauté de ce sujet; j'oserois, dis-je,
» démontrer que ce procès ne seroit pas celui de la justice, mais
» celui du fort contre le foible, des oppresseurs contre les op-
» primés et leurs magnanimes défenseurs. On pourroit me con-
» damner à la déportation, à la mort; mais mon jugement seroit
» aussitôt réputé prononcé par le crime puissant contre la (un mot
» rayé) vertu foible; mon échafaud figureroit glorieusement à
» côté de celui de Barneveldt et de Sidney. Veut-on, et dès le
» lendemain de mon supplice, me préparer des autels auprès de
» ceux où l'on révère aujourd'hui comme d'illustres martyrs, les
» Robespierre et les Goujon? ce n'est point là la voie qui assure
» les gouvernemens et les gouvernans.

» Vous avez vu, citoyens Directeurs, que vous ne tenez rien
» lorsque je suis sous votre main; je ne suis pas toute la cons-
» piration, il s'en faut bien : je ne suis même qu'un simple (un
» mot rayé) point de la longue chaîne dont elle se compose.
» Vous avez à redouter toutes les autres parties autant que la
» mienne; cependant vous avez la preuve de tout l'intérêt qu'elles
» prennent à moi, vous les frapperiez toutes en me frappant, et
» vous les irriteriez.

» Vous irriteriez, dis-je, toute la démocratie de la République
» française; et vous savez encore que ce n'est pas si peu de
» chose que vous aviez pu d'abord l'imaginer; reconnoissez que
» ce n'est pas seulement à Paris qu'elle existe fortement; voyez
» qu'il n'est pas un point des départemens où elle ne soit puis-
» sante. Vous la jugeriez bien mieux, si vos captureurs avoient
» saisi la grande correspondance qui a mis à portée de former
» des nomenclatures dont vous n'avez apperçu que quelques frag-
» mens. On a eu beau vouloir comprimer le feu sacré; il brûle,
» et il brûlera; plus il paroît, dans certains instans, anéanti,

» plus sa flamme menace de se réveiller subitement forte et explo-
» sive.
» Entreprendriez vous de vous délivrer en total de cette vaste
» secte sans-culottide qui n'a pas encore voulu se déclarer vain-
» cue ? il faudroit d'abord en supposer la possibilité ? mais où
» vous trouveriez-vous ensuite ? Vous n'êtes pas tout à-fait dans
» la même position que celui qui déporta, après la mort de
» Cromwel, quelques milliers de républicains anglais. Charles II
» étoit roi ; et quoi qu'on en ait dit, vous ne l'êtes pas encore.
» Vous avez besoin d'un parti pour vous soutenir ; et ôtez celui
» des patriotes, vous êtes exclusivement vis-à-vis du royalisme.
» Que de chemin croyez-vous qu'il vous feroit voir, si vous
» étiez seuls contre lui ?
» Mais, direz-vous, les patriotes nous sont aussi dangereux
» que les royalistes, et peut-être plus. Vous vous trompez ; remar-
» quez bien le caractère de l'entreprise des patriotes, vous n'y
» distinguerez pas qu'ils vouloient votre mort, et c'est une ca-
» lomnie de l'avoir fait publier. Moi, je puis vous dire qu'ils ne
» la vouloient pas ; ils vouloient marcher par d'autres voies que
» celles de Robespierre ; ils ne vouloient point de sang ; ils vou-
» loient vous forcer à confesser vous mêmes que vous avez fait
» du pouvoir un usage oppressif, que vous en avez écarté toutes
» les formes et les sauve-gardes populaires, et ils vouloient vous
» le reprendre. Ils n'en seroient point venus là, si, comme vous
» aviez semblé le promettre après vendémiaire, vous vous étiez
» mis en mesure de gouverner populairement.
» Moi-même, par mes premiers numéros, je vous en avois
» voulu ouvrir la porte. J'avois dit comment j'entendois que vous
» auriez pu vous couvrir des bénédictions du peuple ; j'avois expli-
» qué comment il me paroissoit possible que vous fissiez dispa-
» roître tout ce que le caractère constitutionnel de votre gou-
» vernement offre de contraste avec les véritables principes ré-
» publicains.
» Eh bien ! il en est temps encore, la tournure de ce dernier
» évènement peut devenir profitable et salvatrice pour vous-mêmes
» et pour la chose publique. Dédaigneriez-vous mon avis et mes
» conclusions, qui sont que l'intérêt de la patrie et le vôtre (*deux
» mots rayés*) consistent à ne point donner de célébrité à l'af-
» faire présente ? J'ai cru appercevoir que c'est aussi déja votre
» avis de la traiter politiquement. Il me semble que vous ferez
» bien. Ne croyez pas intéressée la démarche que je fais. La ma-
» nière franche et neuve dont je ne cesse de me déclarer cou-
» pable dans le sens que vous m'accusez, vous fait voir que je
» n'agis point par foiblesse. La mort ou l'exil seroient pour moi
» le chemin de l'immortalité, et j'y marcherai avec un zèle

» héroïque et religieux ; mais ma proscription, mais celle de tous
» les démocrates ne vous avanceroient point, et n'assureroient pas
» le salut de la République. J'ai réfléchi qu'au bout du compte
» vous ne fûtes pourtant pas constamment les ennemis de cette
» République ; vous fûtes même évidemment républicains de bonne
» foi. Pourquoi ne le seriez-vous pas encore ? Pourquoi ne croi-
» roit-on pas que vous, qui êtes (*un mot rayé*) hommes, ne
» vous seriez pas temporairement égarés comme d'autres par l'effet
» (*un mot rayé*) assez inévitable d'exaspérations différentes des
» nôtres, dans lesquelles les circonstances vous ont jetés ? Pour-
» quoi enfin ne reviendrions-nous pas tous de notre état extrême,
» et n'embrasserions-nous pas un terme raisonnable ? Les patriotes,
» la masse du peuple, ont le cœur ulcéré ; faut-il le leur dé-
» chirer encore plus ? Qu'en sera le dernier résultat ? Ne mérite-
» roient-ils pas bien, ces patriotes, au lieu qu'on aggrave leurs
» blessures, qu'on songe enfin à les guérir ? Vous aurez, quand il
» vous plaira, l'initiative du bien, parce qu'en vous réside toute
» la force de l'administration publique. Citoyens Directeurs, gou-
» vernez populairement ; voilà tout ce que ces mêmes patriotes
» vous demandent. En parlant ainsi pour eux, je suis sûr qu'ils
» n'interrompront point ma voix ; je suis sûr de n'être pas par
» eux démenti. Je ne vois qu'un parti sage à prendre. Déclarez
» qu'il n'y a point eu de conspiration sérieuse. Cinq hommes,
» en se montrant grands et généreux, peuvent aujourd'hui sauver
» la patrie. Je vous réponds encore que les patriotes vous cou-
» vriront de leurs corps, et vous n'aurez plus besoin d'armées en-
» tières pour vous défendre. Les patriotes ne vous haïssent pas,
» ils n'ont haï que vos actes impopulaires. Je vous donnerai aussi
» alors, pour mon propre compte, une garantie aussi étendue
» que l'est ma franchise perpétuelle. Vous savez quelle mesure
» d'influence j'ai sur cette classe d'hommes, je veux dire les pa-
» triotes ; je l'emploierai à les convaincre que si vous êtes peuple,
» ils ne doivent faire qu'un avec vous.

» Il ne seroit pas si malheureux que l'effet de cette simple
» lettre fût de pacifier l'intérieur de la France. En prévenant l'éclat
» de l'affaire dont elle est le sujet, ne préviendroit-on pas en
» même temps (*un mot raturé*) ce qui s'opposeroit au calme de
» l'Europe ? *Signé*, G. Babœuf. »

Le président : Je demande au citoyen Babœuf s'il n'avoit qu'une part secondaire dans la conspiration, et quels étoient les auteurs. Voulez-vous répondre, citoyen Babœuf ?

Babœuf : Je vous ai dit la raison pour laquelle je ne répondois pas.

Le président : Voulez-vous dire quels étoient les conjurés ?

(Babœuf ne répond pas.)

« Voulez-vous dire qui vous avoit chargé de diriger l'opinion publique, en vous associant à ses propres projets ?

Babœuf : Je laisse aux défenseurs officieux à développer mon opinion. Le débat n'est pas dans les termes. . . . .

Le président : Vous repondrez personnellement.

Babœuf : Si l'on me prouve que les débats sont dans les termes que l'on a droit d'exiger, sans doute je repondrai à tout.

Réal : Si le président vouloit me permettre deux mots, nous conviendrions tous de nos faits sur cette affaire-là. Je ne parlerai que deux secondes, et vous serez de mon avis ; c'est une seule observation à vous faire, et nous marcherons avec beaucoup de rapidité. Je déclare que, dans le moment actuel, je suis ennemi des longs discours. Je desire que l'on marche.

(La Haute-Cour délibère sur la question de savoir si elle entendra le citoyen Réal.)

Le citoyen Réal a la parole.

La suite au prochain numéro.

On souscrit chez BAUDOUIN, Imprimeur du Corps législatif, Place du Carrousel, N°. 662.

Le prix de l'abonnement pour soixante feuilles in-8°, petit caractère, est de 10 francs, pour les départemens, franc de port, et de 8 francs pour Paris.

A PARIS, chez BAUDOUIN, Imprimeur du Corps législatif,

(N°. 44.)

DÉBATS ET JUGEMENS
DE LA HAUTE-COUR DE JUSTICE.

Suite de la Séance du 27 ventôse.

RÉAL : Citoyen président, l'article 353 et l'article 423, étant combinés ensemble, nous indiquent la marche qu'il faudroit suivre. Je sais bien que les accusés sont dans une situation extraordinaire. Je conçois que la loi n'a pas pu prévoir de pareils cas. Il faut alors chercher dans son esprit ce que son texte ne dit pas, et le chercher sur-tout dans ce qui est utile aux accusés.

L'article 353 dit : « Après chaque déposition, le président demande au témoin si c'est de l'accusé présent qu'il a entendu parler ». Vous l'avez fait.

« Il demande ensuite à l'accusé s'il peut répondre à ce qui vient d'être dit contre lui. ». Ce qui vient d'être fait.

« L'accusé peut, par lui-même ou par ses conseils, questionner le témoin, et dire, tant contre lui que contre son témoignage, tout ce qu'il juge utile à sa défense. »

Cela a été fait également, relativement à Babeuf. Aucun des défenseurs officieux n'a pas pu le faire.

Voyez également l'article 423 : « Tous les accusés présens, compris dans le même acte d'accusation, sont examinés par le même jury et jugés sur la même déclaration.

» Pour cet effet, le tribunal détermine celui qui doit être présenté au débat, en commençant par le principal accusé, s'il y en a un.

» Les autres accusés y sont présens et peuvent faire leurs observations.

» Il se fait ensuite (ENSUITE !) un débat particulier pour chacun d'eux, sur les circonstances qui lui sont particulières. »

Dans quelle situation sommes-nous ? un témoin a été entendu : ce n'est pas contre Babeuf seulement qu'il a parlé, il a parlé contre une grande partie des accusés, et même contre les contu-

Débats et jugemens de la Haute-Cour. Tome IIe. O max. Il a parlé sur la prétendue conspiration en général. Il y a encore après lui d'autres témoins, qui parlent réellement et contre Babœuf et contre des autres accusés, et sur la conspiration en général.

Jusqu'à ce que ces témoins-là aient été entendus, j'affirme que le grand débat général n'a pas été exécuté. Il me semble qu'auparavant d'en venir aux branches, il faut d'abord examiner le tronc; d'abord examiner la marche de la conspiration prétendue et les témoignages qui frappent sur cette universalité. Et c'est après que ces témoins et ces témoignages-là auront été entendus, qu'il me semble que la loi et son esprit veut qu'on entende tous les témoins, avant de revenir à chaque accusé en particulier.

Je crois que cette marche-là sera un peu longue, qu'il y aura du temps à perdre. Mais, citoyens, il y a, je l'ai dit, trois choses à perdre, *l'honneur*, la *vie* et le *temps*. Certes, de ces trois choses, il en est une que vous perdrez avec bien du plaisir pour sauver les deux autres. Je crois lire dans vos cœurs à cet égard.

Commençons donc par entendre Mazot et les autres; par-là nous connoîtrons la masse de la conspiration ou de la prétendue conspiration.

Sans cela, et s'il y a encore des témoins à entendre, comment aurai-je, moi, que je ne trouverai pas dans les réponses que fera Mazot, des contradictions avec ce qu'a dit Grisel. Comment ne pourrai-je pas deviner que ce que dira Aubry, contredira Mazot? Et si, ainsi de suite, ces témoins-là ayant été entendus se détruisent tous mutuellement, ne puis-je pas trouver dans cette destruction, des moyens pour la défense des accusés en particulier?

Je crois donc, citoyen président, que l'esprit de la loi veut que nous n'allions pas du *particulier* au *général*, mais d'abord du général pour descendre au particulier.

Je crois qu'il est nécessaire d'entendre tous les témoins; moi-même j'inviterai les accusés à ne pas faire de discours. Je déclare que les discours me paroissent contre la nature du débat. Je crois qu'il est nécessaire qu'on se réduise à faire au témoin de simples questions; que ces questions-là . . . . On me fait passer dans le moment une observation qui est très-vraie. Vous avez vous-même, vous avez demandé à chacun des accusés leurs noms pour les inscrire dans l'ordre de la parole. Je vois donc que l'ordre veut que l'on commence par la discussion générale de la totalité des témoins, que l'on fixe ensuite le débat particulier à chacun d'eux. Je répète mes conclusions ; je ne veux pas, de plus je crois qu'il est nécessaire d'entendre d'abord tous les témoins ; et vous ne pouvez ouvrir alors les débats particuliers, à moins que les accusés et leurs conseils, ainsi que les accusateurs nationaux, s'aient déclaré n'avoir plus rien à demander, ou que vous n'ayez jugé qu'il n'y a plus rien à demander.

Je crois donc qu'il faut commencer par d'abord admettre les témoins ; ce ne sera qu'après que vous aurez épuisé les questions sur l'ensemble de la totalité des témoins que vous pourrez revenir sur chacun d'eux en particulier ; voilà ce que je crois.

Viellart : L'article 423, que le citoyen Réal a cité lui-même, me paroît absolument étranger à l'opinion qu'il a émise. Que porte cet article 423 ; le seul de toute la loi du 3 brumaire où il soit question de plusieurs accusés présens. « Tous les accusés
» présens qui sont compris dans le même acte d'accusation, sont
» examinés par le même jury et jugés sur la même déclara-
» tion.

» Pour cet effet, le Tribunal détermine celui qui doit être pré-
» senté le premier au débat en commençant par le principal accusé,
» s'il y en a un.

» Les autres accusés y sont présens, et peuvent faire leurs
» observations.

« Il se fait ensuite un débat particulier pour chacun d'eux, sur
» les circonstances qui lui sont particulières. »

Il est évident, d'après ces termes, qu'il ne peut pas y avoir de débat commun, pour venir ensuite au débat particulier à chacun. Le Tribunal doit déterminer celui qui doit être le premier au débat, et les autres co-accusés de Babœuf peuvent être présens au débat de Babœuf et faire leurs observations.

Il est vrai que le Tribunal avoit d'abord pris une marche qui sembloit s'éloigner de cela ; le Tribunal avoit proposé à tous les accusés de faire des observations générales. L'expérience me suffit pour éclairer sur l'abus de cette marche ; car qu'avons-nous vu arriver ? qu'après la déposition de Grisel, le citoyen Antonelle, qui est étranger à cette déclaration, a pris la parole ; et, en termes très-élégans, il a dit de grosses injures, sans articuler rien contre le témoin, ni rien contre son témoignage.

Le citoyen Mugnier a pris la parole, et nous avons entendu la justification du citoyen Magnier, sa défense particulière, son débat particulier ; mais les trois quarts et demi de ce qu'il a dit étoient réellement étrangers à la déposition de Grisel.

N'ayez à au moins articulé un fait ; il sera apprécié par les jurés. N'ayez est le seul qui ait parlé d'un fait.

Germain a fait un discours, il a fait des phrases, comme il l'a dit lui-même ; mais il n'a rien articulé qu'on puisse dire être quelque chose de particulier contre le témoin, et très-peu contre le témoignage. Il n'a pu résoudre son discours en aucune question, ni déterminer précisément sur quel fait il attiroit l'attention des jurés.

O 2

Babœuf a commencé hier un long discours, dans lequel il critiquoit ligne par ligne, syllabe par syllabe, la déposition de Grisel. Cela rentroit peut-être davantage, quoique, selon moi, il abusât de la latitude que la loi lui donne. Mais au moins dans une grande partie de ce qu'il a dit, il ne sortoit pas de la question.

Ainsi voilà Babœuf au débat; il doit y être, car la loi exige qu'avant tout on mette quelqu'un au débat particulier. Babœuf y est.

Les témoins sont entendus quand le président juge que l'affaire se décide principalement par les témoins, il est le maître de la commencer par les pièces.

En un mot, la direction du débat est toute entière dans le pouvoir *discrétionnaire* du président, et l'article 354 ajoute encore de la force à cette raison; car il porte : « Le président peut » également demander au témoin et à *l'accusé* tous les éclaircis» semens qu'il croit nécessaires. »

Assurément la loi n'a pas déterminé à quelle époque ni à quel moment cela seroit fait; mais assurément le pouvoir *discrétionnaire* ne peut pas être révoqué en doute. La loi, dans le seul article qui parle de plusieurs accusés, a dit que d'abord un des accusés seroit en débat, que les autres y seroient présens et pourroient faire leurs observations. Ainsi quand le président fait une interpellation à Babœuf, s'il persiste à ne pas répondre, sûrement il est du droit de chaque accusé de répondre à cette interpellation : ils peuvent faire l'observation; mais le débat doit se continuer vis-à-vis Babœuf seul, et nul autre ne doit être entendu personnellement.

Réal : Je demande à répondre.

Le président : Toute observation à chaque minute, toute observation emporte une heure.

Réal : Je n'ai pas été aussi long que l'accusateur public. (je veux dire l'accusateur national, excusez.) Nous avons deux observations sur la question de droit qui nous occupe en ce moment-ci. L'accusateur national a ajouté un mot qui, à la vérité, change la totalité de l'esprit de l'article, *avant tout* ; s'il y avoit *avant tout*, il n'y auroit pas de difficulté, mais ce mot n'est pas dans l'article 423.

Jusqu'à présent, citoyen président, toutes les fois que nous nous sommes occupés d'examiner si telle chose devoit être faite avant l'autre, vous avez consulté toute la série des articles; et toutes les fois qu'il s'est agi de l'article 352, alors vous citiez strictement l'article 353. Vous citiez l'article 353, parce que, disiez-vous, il y avoit rapport entre ces deux articles.

J'observe que, tout ce qui vient d'être dit par l'accusateur public, roule sur ce que les accusés avoient fait des observations inutiles ; de ce que Germain a fait un discours qui vous a paru un peu long : mais cela n'empêche pas que l'ordre tracé par la loi soit suivi. Cet ordre qui est tracé dans le bon sens, dans la loi, cet ordre-là doit être observé. J'ai donné mes conclusions, le Tribunal ordonnera ce que bon lui semblera.

Buonarotti : L'article 353 du code donne à l'accusé le droit de faire des observations au témoin; cette disposition est certainement commune à tous les accusés, en sorte que chacun a droit de faire des questions au citoyen Grisel ; il paroît que chacun a le droit de les faire successivement et immédiatement, en sorte que si le premier déclare qu'il n'en a pas, on doit interpeller le second; celui que le Tribunal déterminera tel, pour savoir s'il ne veut pas en faire, et ainsi de suite. D'ailleurs je remarque encore que, quoique l'article 423 dise que c'est le Tribunal qui détermine celui des accusés qui doit être présenté au débat, cependant il y a une autre disposition dans ce même article, qui dit qu'il y a *ensuite* un débat ; ce débat est appelé débat particulier.

Il paroît donc que la loi a mis une différence. . . .

Réal : Ensuite, ensuite.

Buonarotti : Entre ces deux espèces de débats, il y a un débat auquel chacun peut prendre part, et un débat où l'accusé seul peut prendre part.

Le Tribunal délibère et rend le jugement suivant :

JUGEMENT.

« La Haute-Cour déclare que l'ordre des débats établi par le » président, sera continué. »

Le président : Quand j'aurai épuisé les questions que j'ai à faire à Babœuf, je prierai un des autres prévenus de faire les questions qui peuvent le regarder personnellement, ou qu'il désirera faire au témoin, et de parler contre lui.

Je demande au citoyen Babœuf, s'il étoit l'auteur de la conspiration, quelle part il avoit dans la conspiration.

Je lui demande qui est-ce qui l'avoit employé pour diriger l'opinion publique.

Je lui demande s'il n'avoit pas préparé un discours.

(Babœuf ne répond point à toutes ces questions.)

Buonarotti : Je demande que le témoin se retire.

Le président : Il est au débat, il ne doit pas se retirer.

Réal : Pardonnez-moi, citoyen président, la loi est précise : nous ne voulons pas qu'ils entendent les questions que nous allons faire.

Buonarotti : Voici l'article 361.

« L'accusé peut, par lui-même ou par ses conseils, demander » que les témoins, au lieu de déposer séparément ainsi qu'il est

« dit ; article 349, soient entendus en présence les uns des
» autres.
» Il peut demander encore que ceux qu'il désigne se retirent
» de l'auditoire » . . . .

Le président : Quand sa déposition est finie, quand il n'est plus au débat.

Réal : Il a déposé, sa déposition est finie.

Le président : J'ai des questions à lui faire.

Je prie de ne parler que ceux à qui j'aurai accordé la parole.

Babœuf : Je suis tellement convaincu de la violation de la loi, que je déclare hautement que je ne répondrai à rien.

Je demande si c'est mon débat particulier que l'on fait d'abord ; cependant l'article 423 dit qu'il se fait ensuite du débat général. Conséquemment la loi est manifestement violée. Le mot *ensuite*...

Plusieurs accusés : La loi est claire.

Le président : La loi ne distingue pas de débat général et de débat particulier, il y a le débat du principal accusé et le débat des accusés secondaires.

Article 423. « Tous les accusés présens, qui sont compris dans
» le même acte d'accusation, sont examinés par le même jury, et
» jugés sur la même déclaration.
» Pour cet effet, le Tribunal détermine celui qui doit être
» présenté le premier au débat en commençant par le principal
» accusé, s'il y en a un.
» Les autres co-accusés y sont présens et peuvent faire leurs
» observations.
» Il se fait ensuite un débat particulier pour chacun d'eux, sur
» les circonstances qui lui sont particulières. »

Chacun d'eux ! qui ? (*Bruit*) autres accusés présens. C'est vouloir sophistiquer sur tous les mots, c'est vouloir entraver tout . . . .

Buonarotti : Je demande la parole.

Le président : Je ne vous l'accorde pas, je demande au citoyen Ba[bœuf] s'il n'a pas prononcé ou préparé.... Le (*Bruit*).

Un accusé : Prononcez alors, citoyen, prononcez alors que le témoin est absolument entendu et qu'on ne pourra plus lui faire de questions, il faut prononcer cela.

Bailly : Toute cette difficulté vient de ce que l'on ne veut pas entendre la marche sur procès par jurés ; lorsqu'il y a plusieurs co-accusés, il faut bien que l'un d'eux soit mis le premier au débat, et ce n'est que sur le débat de l'un d'eux, n'importe lequel, que tous les accusés présens peuvent faire les observations qu'ils croient leur être utiles. Hé bien ! ici c'est Babœuf que le citoyen président a cru devoir présenter le premier au débat. Voilà la base du débat ; voilà le pivot autour duquel doit tourner le débat commun à Babœuf

et à tous ses co-accusés. Ensuite on dit : Mais il faut donc que le témoin qui a déposé se retire ? Il faudroit d'abord examiner si la déposition est finie à une époque où les accusés, les jurés, les juges, les accusateurs nationaux, ont le droit, à chaque instant, d'adresser au témoin des questions, pour demander des éclaircissemens : ainsi, il est clair que le témoin doit continuer d'être présent, et que sa déposition n'est véritablement finie que quand il n'y a plus de questions à lui faire, et qu'il n'y a plus de réponses à faire aux questions qu'on lui propose. Maintenant, peut-on, le témoin présent et dans le cours de sa déposition, faire des questions à l'accusé qui est le premier présenté au débat ? Mais l'art. 354 du code est clair. Il porte : « Le président peut également demander au témoin et à
» l'accusé, tous les éclaircissemens qu'il croit nécessaires à la ma-
» nifestation de la vérité.
» Les juges, l'accusateur public et les jurés ont la même faculté,
» en demandant la parole au président. »

Réal : Personne ne nie cela. Mais l'article 361 ?

Le président : Il faut qu'il y soit.

Réal : L'article 361 dit que l'accusé peut demander que le témoin se retire de l'auditoire.

Viellart : On peut le refuser.

Réal : Je n'ai plus rien à dire, quand on sophistique ainsi la loi. Il *peut demander*, on *peut refuser* ! Je n'ai plus rien à dire ; est-il possible !

Bailly : L'article 354 du code des délits et des peines doit se combiner et avec l'art. 423, qui est connu, et avec l'art. 353. Et certes, si jamais il y a une circonstance, s'il y a une espèce où cette combinaison doit avoir lieu dans toute son étendue, c'est le procès que la Haute-Cour de justice examine ; car ici, que sont les dépositions, en comparaison de la masse énorme de preuves qui résultent des pièces ? (*Un accusé.* Ne faites pas entendre les témoins alors.) Il y a donc deux espèces de preuves de la conspiration ; l'une consiste dans les pièces, l'autre dans la déposition des témoins. Que l'on trouve donc un article de la loi qui interdise la cumulation de l'examen de ces deux élémens, soit aux accusés, soit à la Haute-Cour, lorsqu'un des accusés, étant mis le premier au débat, se trouve en quelque sorte le pivot autour duquel doivent se rassembler tous les éclaircissemens, toutes les questions et toutes les dépositions sur le fond même du titre de l'accusation.

Nous pensons que, d'après cela, il ne peut pas rester à tout homme qui voudra se donner la peine de lire et d'étudier la loi, le doute le plus léger sur la justesse de la conduite du président. Si les accusés, sur un fait allégué par le témoin, croyoient devoir employer une pièce du procès, les accusés n'en seroient-ils pas les maîtres ? Pourroit-on leur dire avec succès, Vous ne pouvez employer cette pièce qu'après que le témoin ayant été entendu et questionné, il sera retiré, et qu'on aura introduit un autre témoin? Nous ne le pensons pas, et la latitude de la défense ne le permettroit pas. Hé bien! ce que les accusés pourroient faire dans le sens qui leur convient, sans doute les jurés, les juges, et les accusateurs nationaux, peuvent aussi le faire dans le sens qui convient à leur caractère.

En un mot, il y a ici deux élémens de preuves, les écrits et les témoins; ils peuvent se cumuler, la loi ne le défend pas. Le président est le maître de chercher les moyens qui lui paroissent les plus propres pour découvrir la vérité, pour la manifester. Et nous avouons que le mode de débat qui vient d'être adopté par le président nous paroît extrêmement bien vu, et que le débat doit désormais marcher, et marcher à la décharge des accusés, comme à l'éclaircissement du titre de l'accusation.

Ballyer père: Je demande aux accusateurs nationaux en quel temps nous pourrons requérir l'exécution de l'article 361, qui dit que le témoin se retirera.

Bailly: Une bonne fois, il faut que les défenseurs sachent que les accusateurs nationaux ne sont pas des parties directes, et qu'ils n'ont pas à répondre à des interpellations. Je le dis pour moi; je n'aurai pas besoin de le répéter, parce que le président voudra bien en faire l'observation. Il me semble que vous n'avez pas de questions, vous, défenseurs, à adresser aux accusateurs nationaux; vous avez à défendre les accusés; et les accusateurs ne sont ici que pour soutenir l'accusation au nom de la nation.

Viellart: Il est évident que l'objet de la loi a été d'autoriser les accusés à ne pas souffrir qu'un témoin déposât devant un autre; voilà le but de la loi. Elle lui laisse la faculté de demander que les témoins déposent, non pas séparément, mais en présence les uns des autres; ainsi il peut demander, après qu'ils ont déposé, que ceux qu'il desire se retirent de l'auditoire, et qu'un ou plusieurs d'entre eux soient introduits et entendus de nouveau, soit séparément, soit en présence des autres. Voilà le but de la loi. Quand on appellera un autre témoin, c'est là que les accusés auront le droit d'exiger, de demander que les témoins qui ont été entendus se retirent. Ils ont usé de ce droit, et ils en ont usé dans une circonstance qui se présentoit avec apparence de raison; c'est lorsqu'après avoir fait les questions à Guillaume, ils ont demandé qu'Harger fût rappelé et que Guillaume se retirât. Voilà l'esprit de la loi, voilà son but; mais elle ne peut avoir d'application lorsqu'il est question d'ouvrir un débat. Or la déposition de Grisel fournira des élémens considérables; et peut-être les accusés eux-mêmes seront bien aises, lorsqu'on fera une question à

Babœuf, de pouvoir interpeller le témoin : car ils en ont le droit ; on ne sauroit trop le répéter. Au débat de Babœuf tous les autres co accusés ont le droit de faire leurs observations : eh bien! parmi leurs observations, il peut entrer comme élément nécessaire, de faire des interpellations à Grisel. En un mot, le droit de demander qu'un témoin se retire n'a lieu que lorsqu'il s'agit d'entendre un autre témoin ; voilà le seul but de la loi, et pas du tout dans les circonstances où on se trouve.

Réal : Je ne crois pas que le Tribunal veuille juger le principe ; s'il le vouloit, je m'y opposerois : quand nous parlons du texte de la loi, on nous en oppose l'esprit. La loi ne dit pas un mot de tout cela. Nous ne sommes pas ici un Corps législatif. La loi est claire et positive : *il peut demander encore, après qu'ils ont déposé*, elle ne dit pas pourquoi, *après qu'ils ont déposé, que ceux qu'il désigne se retirent de l'auditoire, et qu'un ou plusieurs d'entre eux soient introduits et entendus de nouveau*; ce sont autant de membres séparés, autant de dispositions particulières : je prie le Tribunal de ne pas faire une loi là-dessus; qu'on ne juge pas cela. Si j'avois une question à faire, que je ne voulusse pas que Grisel l'entende, je supplierois le Tribunal de le faire sortir, et on ne me le refuseroit pas.

Buonarotti : L'accusateur national Bailly a dit que les preuves dans cette affaire étoient composées partie des témoins, et partie de ce qui résulte des pièces : le but de la loi, quand l'on a accordé aux accusés le droit de faire retirer et déposer séparément les témoins, a été pour que la déposition de l'un n'influe pas sur la déposition de l'autre. Je vous demande si ces pièces ne peuvent pas influencer elles-mêmes le témoin, ne peuvent pas lui suggérer les réponses qu'il a à faire. Je persiste à demander que Grisel se retire.

Le président : Le débat sera continué en présence de Grisel, parce que nécessairement j'aurai des questions à lui faire sur la pièce même.

Réal : Je n'ai rien à dire contre un juge.

Le président : Je demande au citoyen Babœuf s'il n'a pas prononcé ou préparé pour les conjurés un discours dans lequel il examina quelle étoit la forme du gouvernement actuel...... Voulez-vous répondre?

On lit les pièces 40 et 41 de la 7 liasse (page 159, premier volume.)

Jeaume, défenseur officieux, appercevant entre les mains de Grisel le recueil imprimé des pièces, interrompt la lecture et dit :

Je demande s'il est permis au témoin d'avoir les pièces de la procédure et sa déclaration à la main.

Ricord : Il est permis à cet homme d'étudier sa leçon.

Réal : Il a l'impudence de venir les lire ici !

Plusieurs accusés : Il n'a pas ce droit-là.

Le président : Vous savez que cela se vend par-tout.

Germain : Cela vous prouve sa loyauté ! s'il étoit loyal, il ne les verrai pas.

Didier : S'il avoit de la pudeur, il ne les liroit pas ici.

Le président : Je vous observe que le citoyen Babœuf a dit que cette pièce n'étoit qu'un des matériaux qu'il avoit faits pour ses journaux, pour ses travaux littéraires. Vous aurez à examiner, citoyens jurés, si c'est là réellement une pièce détachée, ou si au contraire elle n'est pas une pièce faite pour être prononcée dans l'assemblée des conjurés, à l'effet de savoir quelle seroit la forme d'autorité qu'on substitueroit à celle qu'on vouloit renverser.

Réal : Dans tous les cas on n'en a pas trouvé de minute nulle part ; il est convenu que c'est un projet, et n'a pas été imprimé, ni mis au net ; cela n'a pas paru.

Buonarotti : Il est vraiment difficile de faire des observations raisonnables et suivies à l'improviste.

A l'égard de cette pièce, j'ai observé que les accusateurs nationaux ont prétendu que c'étoit le projet d'un discours qu'on présumoit que Babœuf avoit tenu à des conjurés.

Je commence par observer que cette pièce ne porte d'abord aucun titre ; 2°. elle n'a pas de date ; par conséquent l'époque à laquelle on voudroit faire croire qu'elle peut avoir été prononcée n'est pas constatée. Pour qu'elle puisse effectivement paroître un discours à prononcer à une assemblée, il faudroit au moins qu'elle indiquât elle-même, cette pièce, la nature de l'assemblée ; qu'elle donnât un caractère quelconque à ces hommes auxquels on veut faire croire qu'elle a été prononcée ; qu'enfin il fût question de quelques moyens d'exécution de ce projet qu'on prétend y trouver. Enfin, si elle ne peut être rapportée à aucune circonstance, à aucune autre époque, le soupçon des accusateurs nationaux paroîtra étrange et très hasardé à ceux qui voudront l'examiner de bonne foi. Car qui sera sûr que ce discours ne peut pas avoir été prononcé dans une des mille assemblées que depuis la révolution les patriotes ont tenues dans mille endroits, dans mille occasions ? qui est-ce qui sera sûr que cette pièce n'a été préparée que pour une époque récente, que pour une époque postérieure à l'établissement de la constitution actuelle. Je ne dois que donner un coup d'œil ; il me semble qu'il n'est pas question de la constitution actuelle. S'il n'en est pas question, comment peut-on supposer qu'elle avoit pour but principal l'établissement d'un gouvernement à substituer à cette constitution actuelle ?

Ne seroit-il pas vraisemblable, facile même à concevoir, pu

ceux qui ont quelque connoissance de la révolution, qu'elle n'a pas été faite par de simples projets.

On ne peut donc y attacher nulle importance. Qui peut assurer que cette pièce n'a pas été conçue par quelque philosophe, quelque philanthrope, par quelque ami du peuple, dans un temps où tout le monde discutoit véritablement sur une forme de gouvernement à donner à la France. Ces circonstances ont duré pendant trois ans, depuis la fondation de la République, jusqu'à l'établissement de la constitution actuelle. Il a encore été question de savoir quelle étoit la meilleure forme de gouvernement à établir en France.

Or, je ne vois pas pourquoi on voudroit rapporter cette pièce à un projet quelconque de conjuration, plutôt qu'à une des mille époques, qu'à une des mille occasions qui se sont écoulées depuis le moment où il n'y avoit plus de gouvernement, jusqu'à celui auquel on en a établi un.

Je soumets ces réflexions aux jurés.

Le président : Je demande au citoyen Babœuf.....

Babœuf : Je demande si mes co-accusés et les défenseurs passent définitivement condamnation sur le droit qu'ils ont de dire contre le témoin et son témoignage, tout ce qu'on juge utile à leur défense ; s'ils passent condamnation là-dessus, je répondrai.

Le président : Il faut bien qu'on passe condamnation, la Haute-cour a décidé.

Réal : La première chose est d'obéir aux lois, même mauvaises : c'est une loi, un jugement.

Ballyer père : Nous avons demandé la parole, on nous l'a refusée.

Darthé : Quant à moi, j'aimerois mieux vivre avec les sauvages, en vérité.

Des accusés : Allons, parle, Babœuf.

Babœuf : Citoyens jurés, on vous a lu cette pièce avec beaucoup de monotonie ; je dois vous la présenter de manière à ce que vous puissiez l'entendre, et vous éclairer ; je ne puis justifier une pièce que sur son ensemble. Les jurés aussi ne peuvent l'apprécier qu'en totalité. Je suis bien aise qu'elle se soit présentée la première ; la morale qu'elle renferme ne donnera peut-être pas une mauvaise opinion de son auteur. Je vais donc pour expliquer cette pièce, l'analyser.

40 et 41e. pièces avec un *nota* : « Ces pièces paroissent être de la main de Babœuf. »

« Plusieurs révolutions depuis 1789 se sont succédées; aucune
» vraisemblablement n'a eu un *but* précisément déterminé d'avance;
» aucune n'a eu des directeurs exclusifs, des directeurs exacte-

» ment d'accord en principes et en volonté finale, des directeurs
» également purs, et . . . . qui se soient proposé
» pour terme de leurs travaux, le *maximum* de LA VERTU, de
» LA JUSTICE, DU BONHEUR DE TOUS: aussi chacune des révo-
» lutions précédentes a eu des effets plus ou moins vagues, dé-
» rivant nécessairement de la marche au hasard, et du défaut de
» point arrêté de la multitude des co agens; chacune a été carac-
» térisée par une foule d'incohérences, produit naturel des pas-
» sions, des vues et des moyens discordans de ces mêmes co-
» agens; chacune enfin n'a eu que des résultats imparfaits et
» définitivement nuls. »

Vous voyez, citoyens jurés, par ce premier paragraphe, que celui qui le traçoit avoit commencé par gémir de ce qu'il voyoit que ceux qui s'étoient mis à la tête de nos révolutions depuis 1789, « ne s'étoient point proposé pour terme de leurs tra-
» vaux, le *maximum* de la VERTU, de la JUSTICE et du BONHEUR
GÉNÉRAL.

Certes, ce n'est pas là un début criminel.

Cependant l'accusateur Viellart, dans son fameux discours du 2 ventôse, a fort mal parlé de cette pièce, où il a dit qu'il régnoit *un ton d'illuminé propre à subjuguer les foibles, à égarer les ignorans, et à armer les Séides.*

Il a dit qu'elle sembloit s'annoncer comme devant être lue dans une assemblée de conjurés; mais que cependant il se pouvoit qu'elle n'eût pas été lue, parce qu'elle n'étoit même pas finie. Cela est vrai; elle est restée imparfaite. Elle termine comme le dernier volume de l'Emi'e, par une phrase qui n'est point achevée. Et voilà cependant la pièce qui est présentée ici la première, parce qu'apparemment on la considère comme fondamentale. Fondamentale! une pièce non achevée, un simple brouillon! J'ai dit, dans mon interrogatoire du 3 prairial, que cette pièce n'étoit point compilatrice; je le prouverai facilement aujourd'hui. Je ne classerai point cette pièce dans la catégorie de la plupart de celles qui m'ont été représentées hier, et que j'ai dit n'être que des transcriptions faites d'après les minutes, pour me servir de notes et d'instruction pour mon journal, relativement au besoin que j'avois de la connoissance exacte du point d'énergie de l'esprit public. Toujours animé par la plus grande franchise, j'avouerai que la pièce sur laquelle je discute est de ma composition; elle appartient à l'une des rêveries philosophiques que plusieurs patriotes qui se rencontraient de la manière que j'ai dit, s'évertuoient à produire. Je voulus aussi, moi, essayer ma rêverie; et, ainsi qu'on peut le voir, je ne l'achevai pas, je ne fis qu'un fragment. Cela démontre donc que je n'ai point tenu à tout ce qui, à des yeux superficiels, pourroit au premier aspect se présenter. D'un autre côté, ce fragment annonce au moins mes intentions pures; il découvre mon ame, et je crois qu'il l'honore: on en jugera lorsque je vais continuer de le lire.

« Vous avez été frappés d'un aperçu aussi triste, et l'amour
» de votre pays, le spectacle du dernier degré de calamités
» auquel vous l'avez vu en proie, ont inspiré à chacun de vous
» . . . . le dessein généreux de remédier aux maux dont
» vos yeux étoient affligés. Un concours heureux de circonstan-
» ces, sorties pourtant du sein des malheurs particuliers, des
» orages des révolutions, vous a fait vous connoître réciproque-
» ment, vous a découverts les uns aux autres pour être imbus
» également des mêmes idées de bonne morale publique et de
» meilleur ordre social. Vous vous êtes rapprochés, et vous vous
» êtes communiqué mutuellement le même plan d'association po-
» litique, plan exclusivement juste, seul capable de procurer le
» bonheur général, et dont l'ame franche de chacun de vous étoit
» devenue, par la grace de la bonne nature, l'intéressante dépo-
» sitaire. Alors vous vous êtes dit les uns et les autres: C'est à
» nous qu'il appartient de faire aussi une révolution; elle sera
» la dernière si elle réussit, puisque son résultat infaillible sera
» de combler tous les besoins, tous les desirs de chaque membre
» des associés, de faire à tous un sort qui ne laisse rien à en-
» vier à aucun d'eux. »

Je demande s'il est dans cette tirade un mot qui ne respire l'amour du peuple et la sensibilité la plus profonde de ses maux et de son oppression. Je demande s'il est rien de plus touchant que de desirer la révolution amenée à ce point, que les besoins, les desirs de tous les associés soient comblés, de faire à tous un sort qui ne laisse à aucun d'eux rien à desirer.

Mais ce sont-là des idées d'*illuminé*, a dit l'accusateur Viellart. Mably, avec lequel je l'engage de me réfuter, comme il l'a promis; Mably étoit donc un illuminé, lorsqu'il disoit aussi: « Le
» citoyen est en droit d'exiger que la société rende sa situation
» plus avantageuse . . . . Les lois et traités, ou les conventions
» que les hommes font en se réunissant en société, sont, en gé-
» néral, les règles de leurs droits et de leurs devoirs; le citoyen
» doit y obéir tant qu'il ne connoit rien de plus sage: mais
» dès que sa raison l'éclaire et se perfectionne, est-elle con-
» damnée à se sacrifier à l'erreur? Si des citoyens ont fait des
» conventions absurdes; s'ils ont établi un gouvernement inca-
» pable de protéger les lois; si, en cherchant la route du bonheur,
» ils ont pris un chemin opposé; si, malheureusement, ils se
» sont laissé égarer par des conducteurs perfides et ignorans,
» les condamnerez-vous inhumainement à être les victimes éter-
» nelles d'une erreur ou d'une distraction? La qualité de citoyen

» doit elle détruire la dignité de l'homme ? Les lois faites pour
» aider la raison et soutenir notre liberté, doivent-elles nous
» avilir et nous rendre esclaves ? La société, destinée à soulager
» les besoins des hommes, doit-elle les rendre malheureux ? Ce
» desir immense que nous avons d'être heureux, réclame con-
» tinuellement contre la surprise et la violence qui nous ont
» été faites? Pourquoi n'aurois-je aucun droit à faire valoir contre
» les lois incapables de produire l'effet que la société en attend?
» Ma raison me dit-elle alors que je n'aie aucun devoir à remplir
» ni pour moi, ni pour la société dont je suis membre? »
(*Lettre première: Réflexions générales sur la soumission que le citoyen doit au gouvernement sous lequel il vit*, pages 14 et 15.)

Seroit-ce sur la phrase du paragraphe du fragment cité, *C'est à nous qu'il appartient aussi de faire une révolution;* seroit-ce, dis-je, sur cette phrase qu'on prétendroit trouver la première grande preuve de conspiration? Peut-être va-t-on dire; on voit là clairement votre intention : vous déclarez nettement qu'il vous appartenoit de faire aussi une révolution, par con-séquent vous aviez intention de la faire; et c'est ce que vous pro-posiez à une assemblée de conjurés, pour laquelle votre discours est manifestement fait. Qu'on se ressouvienne d'abord que ce pré-tendu discours n'est point achevé, qu'il n'est qu'un fragment, un simple projet philosophique, dont le citoyen Viellart lui-même est convenu qu'il étoit plus que probable que je n'avois point fait usage, par cette raison qu'il se trouve imparfait. Mais quand il seroit vrai que j'aurois sérieusement hasardé par-là, devant quel-ques autres hommes, ces propositions : « *Il nous appartient aussi* » *de faire une révolution ; et si nous nous mêlons d'en provoquer* » *une, qu'elle soit la dernière ; que son résultat infaillible soit de* » *combler tous les besoins, tous les desirs de chaque membre des* » *sociétés ; d'assurer à tous un sort qui ne laisse rien à desirer à aucun* » *d'eux* : » quand il seroit vrai que j'aurois hasardé sérieusement ces propositions devant quelques hommes, serois-je pour cela criminel? Je vois encore ce Mably être bien plus coupable que moi, lors-qu'il m'a donné l'exemple de pareilles propositions faites, non devant quelques hommes, mais devant tous les hommes; puisque, sous les rois, ses livres furent publiés librement, et passèrent dans les mains de tout le monde. J'y lis . *Lettre seconde, des droits et des devoirs du citoyen:* « Le citoyen a droit, dans tout État, » d'aspirer au gouvernement le plus propre à faire le bonheur » public. Il est de son devoir de l'établir par tous les moyens qui » sont en son pouvoir..... La raison, dit-il, dont la nature nous a » doués, la liberté dans laquelle elle nous a créés, et ce desir

» invincible du bonheur qu'elle a placé dans notre ame, sont trois
» titres que tout homme peut faire valoir contre le gou-
» vernement injuste sous lequel il vit. Je conclus donc qu'un
» citoyen n'est ni un conjuré, ni un perturbateur du repos public,
» s'il propose à ses compatriotes une forme de politique plus sage
» que celle qu'ils ont adoptée librement, ou que les événemens, les
» passions et les circonstances ont amenée. Le bonheur, continue-t-il,
» est la fin de la société. Tous les anciens l'ont pensé, et le bon sens
» le crie à tout le monde. Par quels argumens donc contesteroit-
» on au citoyen d'un État mal gouverné, où les lois sont flottantes,
» et l'autorité des magistrats accablante et incertaine, le droit de
» faire tout ce qui dépend de lui pour conduire et porter ses
» compatriotes à une meilleure forme d'administration? . . . . .
» Il faut convenir franchement de ce droit, ou bien oser dire
» qu'il est du devoir d'un citoyen qui aime sa patrie de trahir
» l'intérêt le plus essentiel de la société...... J'ajouterai qu'il est du
» devoir d'un citoyen d'user de ce droit; et je crois en hommes
» qu'il ne peut s'en dispenser sans trahir......... »

Voilà sans doute, aux yeux des partisans du système actuel, un conspirateur bien plus prononcé que moi. Son ouvrage à lui est achevé. Il n'est pas un simple fragment; il n'est pas renfermé imparfait dans la poussière d'un carton: il est dans toutes les mains. Les propositions que j'en viens de citer ne sont pas hypothétiques; et je prouverai que celles de mon fragment le sont. Continuons de le lire:

« Vous avez ainsi réuni les avantages, 1°. de marquer d'avance
» un *point unique* où, sans partage, sans modifications, sans
» restrictions, sans nuances, vous tendez tous; 2°. et d'être cir-
» conscrits dans un cercle étroit d'hommes vertueux, isolés de tout
» ce qui pourroit opposer des vues divergentes et contradictoires,
» de tout ce qui ne seroit point capable de se confondre dans le
» sentiment un et parfait de *l'apogée du bien.* »

L'apogée du bien! vouloir l'atteindre ou du moins le désirer pour toute la société, quel crime, citoyens jurés! Vous l'avez déjà vu, c'étoit aussi celui du grand Mably: « Le bonheur, vous a-
» t-il dit, est la fin de la société. Tous les anciens l'ont pensé
» et le bon sens le crie à tout le monde.

Lisons ce fragment:

« Ce sont là des bases favorables, précieuses, essentielles; mais
» que de matériaux subséquens il faut pour asseoir sur elles le grand
» édifice que nous nous proposons de construire!

» Qu'il est sublime, le projet que vous avez conçu! quel beau
» spectacle que le seul tableau que peut s'en former l'imagination!
» certes, jamais aussi belle entreprise n'occupa des hommes; qu'il
» seroit glorieux de la faire réussir!

» Vous êtes peut-être déjà trop avancés dans la carrière pour ne
» pas voir que la seule alternative qui nous reste est d'y périr ou
» de vaincre. Hé! cette alternative n'est pas seulement celle des
» amis de l'*égalité pure*; elle est tout aussi inévitablement celle
» des simples patriotes: autant vaut-il l'être donc en mesure
» pleine et comblée; autant vaut-il vendre, au plus haut prix,
» aux tyrans et aux oppresseurs, notre existence, et acquérir,
» même dans le cas d'insuccès, des droits au souvenir reconnais-
» sant et honorable des races futures. »

On ne verra là, si je ne me trompe, qu'une haine fortement sentie
l'oppression et contre la tyrannie. Une garantie contre ce sentiment
se trouve dans le cœur de tous les hommes justes; et je la vois de
plus dans le grand cautionnement que j'ai cité, et que je citerai
encore beaucoup, sauf à celui des accusateurs nationaux qui s'y est
engagé, de me réfuter s'il veut avec la même autorité. Voici un
passage de Mably que j'emploie pour la seconde fois, et dans cet
endroit, pour prouver que la haine profonde contre la tyrannie et
l'oppression, est infiniment légitime.

« Tandis que le peuple entier ne s'occupe pas assez du danger
» qui le menace, et s'endort avec trop de sécurité,......il
» est du devoir des plus zélés citoyens de faire sentinelle, et de
» venir au secours de la liberté, si elle est sourdement attaquée,
» ou d'élever des barrières contre le despotisme. »

Ailleurs:

« Je me trouve dans un pays où l'état est sacrifié aux passions
» du magistrat, où le despotisme, ennemi de la nature et jaloux
» des droits qu'elle nous a donnés, prétend me conduire, moi et
» mes concitoyens esclaves, comme un fermier conduit les trou-
» peaux de sa ferme : ma raison me dit-elle que c'est là la fin
» merveilleuse que les hommes se sont proposée, quand, renon-
» çant à leur indépendance naturelle, ils ont formé des gouver-
» nemens et des lois? Quand la nature nous ordonne d'être hommes,
» n'avons-nous aucun droit à faire valoir contre tel despote qui nous
» ordonne d'être une brute? et notre devoir consiste-t-il à seconder
» son injustice? »

La suite au Numéro prochain.

A Paris, chez BAUDOUIN, Imprimeur du Corps législatif.

(N°. 45.)

DÉBATS ET JUGEMENS

DE LA HAUTE-COUR DE JUSTICE.

Suite de la Séance du 27 ventôse.

Continuation du Discours du prévenu Babœuf.

Je poursuis mon fragment.

« Enchantés de l'image de cette belle révolution projetée par
» vous, nous l'avons tous crue possible et peut-être facile à opérer,
» sans qu'il me semble qu'aucun de nous ait encore sérieusement
» combiné les vastes moyens d'exécution, prévu les obstacles
» successifs, les nombreuses difficultés qui peuvent se rencontrer
» sur la route. »

Il est utile de s'arrêter à ce passage et de bien l'apprécier.
On voit que j'y subordonnois toute idée ultérieure à l'examen de la
possibilité d'espérer quelque fruit des moyens moraux qui pourroient d'abord être employés ; que ce n'étoit qu'après la combinaison des vastes moyens d'exécution, des obstacles et des difficultés que je ne me dissimulois pas être nombreux et immenses,
que j'aurois conclu et que j'aurois pu me déterminer à proposer
quelque chose de plus : et mon travail n'est pas fini ! et je n'ai
pas conclu ! et je ne me suis déterminé à rien proposer ! Où est
donc le crime ?

Veut-on le trouver dans la seule pensée manifestée de vouloir
aider un changement en mieux, si cela eût été en mon pouvoir ?
Je n'ai pas dissimulé jusqu'à présent, et je ne dissimulerai pas
que je desirois ce changement. Mes écrits ont assez annoncé que
j'étois un des grands mécontens du régime actuel. Il ne falloit pas
que l'inquisition exhumât le fragment que j'analyse, pour découvrir
les dispositions de mon ame à l'égard du présent gouvernement. Mais
le citoyen peut-il être forcé à respecter ce qu'il juge mauvais
dans les institutions, et à soumettre sa raison quand il croit voir
que la société est foulée sous le joug d'une administration vicieuse ?

Débats & jugemens de la Haute-Cour, Tome IIe. E

Je trouve la solution contraire dans mon continuel garant. Voici ce qu'il dit :

« Que veulent dire ces flatteurs de cour, quand ils recom-
» mandent un respect aveugle pour le gouvernement auquel on
» est soumis ? Je suppose que les premiers hommes, encore sans
» expérience, et par conséquent peu éclairés, se méprirent dans
» l'arrangement de leurs lois et de leur gouvernement. Ils devoient
» donc se regarder comme irrévocablement assujettis à la première
» police politique qu'ils avoient établie. Il me semble que ce seroit
» imposer une loi bien insensée à des êtres que la nature a doués
» d'une raison lente à se former, sujette à l'erreur, et qui n'a
» que le secours de l'expérience pour se développer et se conduire
» avec sagesse.

» Je demande à ces partisans de tout gouvernement actuel, s'ils
» refuseront impitoyablement aux Iroquois le droit de réparer leurs
» sottises et de se policer, quand ils commenceront à rougir de leur
» barbarie.

» Si un Américain a le droit de réformer le gouvernement de
» ses compatriotes, pourquoi un Européen n'auroit-il pas aujour-
» d'hui le même privilège, si ses concitoyens croupissent encore dans
» leur première ignorance, ou qu'après avoir connu les vrais
» principes de la société, le temps et les passions, qui altèrent
» tout, le leur aient fait oublier ?

» S'est-on avisé de traiter Lycurgue de brouillon et de factieux,
» parce que, sans avoir commission de faire des lois, il réforma le
» gouvernement de Sparte, et fit des ses compatriotes le peuple
» le plus vertueux et le plus heureux de la Grèce » ?

Je reprends le fragment.

« J'ai voulu mesurer ce grand ensemble. Je vous donnerai à
» cet égard mes vues pour répondre à ce que vous avez desiré,
» de voir traiter la grande question : *Quelle sera, dans l'hypo-
» thèse que l'on parvienne à renverser l'autorité principale qui
» existe, celle qu'on lui substituera pour établir le système so-
» cial que nous voulons* » ?

Voilà, cette fois, ce qui prouve à quel point mon thème n'étoit qu'hypothétique. J'ai voulu mesurer ce grand ensemble. « Quelle sera,
» dans le cas où l'on parvienne à renverser l'autorité principale qui
» existe, celle qu'on lui substituera pour établir le système social
» que nous voulons » ? *J'ai voulu mesurer*...... c'est-à-dire, que, si après avoir mesuré je découvrois qu'il y eût impossibilité, j'abandonnerois toutes mes idées. *Quel sera, dans le cas où l'on parvienne à renverser l'autorité ?*.... Je n'avois donc pas la certitude de possibilité. Je l'ai si peu acquise, que j'ai renoncé à finir mon travail. Je n'ai pas *mesuré* en son entier le *grand ensemble*. Me fera-t-on un crime d'y avoir seulement pensé ? J'ai déjà répondu

à une opinion aussi absurde, aussi inquisitoriale et tyrannique, et aussi abusive de la liberté des opinions. Et voici mon excuse :
« Tandis que (c'est toujours le même patron Mably que j'invo-
» que), tandis que le peuple entier ne s'occupe pas assez du
» danger qui le menace, et s'endort avec trop de sécurité,..... il
» est du devoir des plus zélés citoyens de faire sentinelle, et de
» venir au secours de la liberté, si elle est sourdement attaquée,
» ou d'élever des barrières contre le despotisme »......

Et cette autorité justifie à-la-fois ce passage du fragment :
« Vous aviez demandé que l'on examinât isolément cette ques-
» tion importante, mais elle ne m'a nullement paru simple; elle
» m'a semblé liée, enchaînée à tout ce qui doit précéder, accom-
» pagner et suivre votre mouvement révolutionnaire. Je n'ai donc
» pu la traiter à part ; je vous présenterai, par conséquent, mes
» idées sur le tout, et je passe de suite au coup-d'œil sur la pre-
» mière époque, c'est-à-dire sur la manière dont je conçois TOUT
» CE QUI DOIT PRÉCÉDER LE MOUVEMENT. »

TOUT CE QUI DOIT PRÉCÉDER LE MOUVEMENT : Je conçois tout le grand parti que nos accusateurs ont dû vouloir tirer de ces mots imprimés en lettres capitales. On projettoit donc bien certainement un mouvement, vont-ils aussitôt dire. On le desiroit seulement, leur répondra-t-on ; et tenez-vous compte de tout ce qui précède, ce qui prouve que tous les raisonnemens de ce fragment posent sur l'hypothèse. Le passage qu'on lit immédiatement, dans le fragment y pose pareillement.

« Vous êtes déjà en mesure sur cette partie : pour savoir si
» vous y êtes bien, si votre organisation est passablement com-
» binée, si les circonstances dans lesquelles vous ouvrez une telle
» entreprise présentent quelques avantages...... »

Il y auroit par trop de générosité de prétendre que cette assertion, *vous êtes déjà en mesure*, prouve une chose existante. La vérité est, qu'elle ne contient qu'une pure supposition, et le projet entier est construit de manière à ce que tout homme de bonne foi qui l'examinera, ne pourra voir, dans la partie du paragraphe que je viens de lire, que cette forme de conception : En admettant que *l'on soit en mesure sur tout ce qui doit être préparé pour un mouvement du peuple, sur tout ce qui doit le précéder, il faudroit encore examiner si l'on y seroit bien, s'il existeroit une organisation passablement combinée, si l'on se trouvoit dans des circonstances où l'ouverture d'une telle entreprise pût présenter quelques avantages* ; et tout ceci reconnu ne suffiroit pas encore, dit la suite du fragment.

« Il me paroît encore que nous devons porter un peu nos sou-
» venirs en arrière, comparer notre position insurrectionnelle avec
» celle des insurrecteurs de nos précédentes révolutions, voir ce

« qu'ils avoient en leur faveur et ce que nous n'avons plus, voir » aussi ce que nous avons et qu'ils n'avoient pas. »

Qui n'apperçoit dans ces expressions le calcul froid d'un phylanthrope qui, convaincu, à la vérité, du besoin d'un autre ordre de choses pour garantir le bonheur du peuple, ne voudroit cependant pas qu'on hasardât rien d'indiscret pour l'agiter, sans l'espoir de le faire d'une manière qui puisse lui profiter ? Il ne veut pas qu'on l'expose à d'inutiles secousses qui pourroient lui être funestes. Voilà pourquoi il pèse toutes les circonstances et se donne la peine de passer en revue toutes les phases de la révolution, pour reconnoître quelle étoit la position du peuple aux différentes époques où il s'ébranla avec succès, et pour comparer si les chances actuelles peuvent être présumées assez favorables. C'est-là l'objet de tout le reste du fragment, comme je vais le faire voir, en en poursuivant la lecture.

(Les causes de la révolution de 1789, etc., jusqu'à la fin de la pièce, *voyez*, *page* 142 *des Pièces*, *tome premier*.)

Ainsi l'on voit que la dernière phrase n'est point achevée. Ainsi l'on voit que, lorsque j'écrivis cette pièce, je calculois s'il y avoit possibilité ou espoir que le peuple, par un nouvel ébranlement majestueux, pût rétablir sa dignité, sa liberté, ses droits, son bonheur, que je croyois voir anéantis.

Toutes les probabilités sont pour faire croire que j'eus la douleur de ne pas entrevoir cette possibilité, puisque je n'achevai pas, puisque j'abandonnai mon travail, puisque je n'y pris pas de conclusion ; et si je n'y pris pas de conclusion, on ne peut pas supposer que j'aie eu intention d'en prendre une en faveur de l'entreprise d'un mouvement. Par la pièce que j'ai lue, j'avois établi des principes ; je ne suis point arrivé jusqu'aux conséquences. Qui osera me prêter, deviner, dire, que ces conséquences n'auroient pas été contre toute tentative d'agitation publique ? Cela ne devient-il pas plus probable, lorsqu'on voit que je n'achève pas, que j'abandonne jusqu'à l'examen que j'avois commencé ? Cette renonciation n'est-elle pas une preuve tacite de ma conclusion en faveur de l'opinion de ne rien tenter ? Je ne crois donc pas que la pièce dont il s'agit puisse être considérée comme conspiratrice.

J'affirme qu'on s'est bien trompé en en faisant la base de toutes les autres, dont on a voulu former l'ensemble d'une conspiration.

Il faut remarquer que cette pièce n'est point datée ; et rien ne dit qu'elle se rapproche de l'époque où l'on place la plus grande partie des travaux de ceux qu'on accuse d'avoir conspiré. Hé bien ! je déclare, moi, avec toute la candeur habituelle dont je crois avoir donné souvent des témoignages, qu'elle ne s'en rapproche pas. Ce commencement de rêve est infiniment antérieur à cette époque. C'est le fruit d'une de mes veilles en prison, lors de ma précédente captivité. Ce fut au Plessis, en vendémiaire, que je produisis ces idées que j'abandonnai depuis. C'est l'art seul des faiseurs de conspiration qui l'a su lier à celle dans laquelle je figure.

Il y perce, je l'avoue, des desirs non équivoques pour un autre ordre de choses que celui qui existe. Mais ces desirs ne sont pas plus fortement manifestés que dans mes journaux où je l'exprimois sans réserve au peuple entier. J'ai prouvé que ce n'étoit point un crime. Je citerai encore une fois l'autorité de Mably. Il est terrible, Mably ; je tremble presque de peur de rapporter de lui le passage suivant :

« Un citoyen vertueux peut faire avec justice la guerre civile
» à la tyrannie, puisqu'il peut y avoir des tyrans, c'est-à-dire,
» des magistrats qui prétendent exercer une autorité qui ne peut
» et ne doit appartenir qu'aux lois, et en même temps assez forte
» pour opprimer leurs sujets. Regarder toujours la guerre intérieure
» comme une injustice, inviter les citoyens à ne jamais opposer la
» force à la violence, c'est la doctrine la plus contraire aux bonnes
» mœurs et au bien public.

» Je voudrois que nos théologiens politiques m'expliquassent
» pourquoi Dieu prend sous sa protection les ennemis domestiques
» des nations, et livre les ennemis étrangers à notre ressentiment.
» Si le droit de la force n'est pas le plus sacré des droits, s'il sub-
» siste parmi les hommes quelque principe de raison et de mo-
» rale, la justice permet de recourir aux armes pour résister à un
» oppresseur qui viole les lois, ou qui en abuse avec adresse pour
» usurper un pouvoir arbitraire.

» Tout citoyen a droit d'aspirer au gouvernement le plus propre
» à faire le bonheur public ; et il est de son devoir de travailler
» à l'établir par tous les moyens que lui peut fournir la prudence ».

J'ai, je l'avoue, suivi ce dernier précepte ; j'ai desiré et je desire toujours le gouvernement le plus *propre à faire le bonheur public*. Mon cœur, sans le secours de Mably, m'auroit inspiré que c'étoit un devoir pour moi de faire tous les efforts dépendans de mes moyens pour *concourir à l'établir*. J'ai toujours eu cette pensée sous les yeux, et j'ai obéi à tout ce qu'elle m'imposoit. Mais, malheureusement, mes moyens n'étoient pas aussi puissans que mes desirs étoient vifs. Ces moyens se réduisoient à jeter par fois au milieu du peuple quelques idées tendantes à son bonheur. Toutes mes réflexions secrètes et ostensibles se dirigeoient vers cet unique but ; on s'en convaincra, comme on a déjà pu s'en convaincre, dans toute la suite de cette procédure. Il est malheureux, je le répète, que ces moyens aient été si foibles, et que mes paroles n'aient point été des foudres capables de briser tous les instrumens de torture et d'oppression qui pèsent constamment su le peuple français. La pièce sur laquelle je viens de répondre n'est même point dans le cas de devoir fâcher ses ennemis, malgré l'esprit qui y règne d'un bout à l'autre : elle ne les menace de rien. Cette pièce fut toujours secrète : elle n'a pas été achevée ; elle n'a jamais eu pour but que de calculer à froid la situation politique du peuple, depuis le commencement de la révolution et à toutes les époques, jusqu'à celle du moment où la pièce fut écrite.

Ce fragment de pièce n'est point un acte de conspiration.

Bailly, accusateur national : Le titre de l'accusation, citoyens hauts-jurés, est une conspiration contre la sûreté intérieure de la République, conspiration tendante à la destruction du gouvernement et de la Constitution de l'an 3, acceptée par le Peuple français.

Voilà ce dont tous les accusés ont à se défendre : c'est sous le rapport de cette accusation, dirigée contre le citoyen Babœuf, que les accusateurs nationaux ont produit la quarantième et la quarante-unième pièces de la cinquième liasse dont vous avez entendu la lecture, et dont on vient de vous faire l'analyse et le commentaire, au lieu de se défendre de la qualité de conspirateur. Vous venez d'entendre que Babœuf a essayé de justifier la conspiration par ses motifs et par son but.

Il a appelé à son secours un auteur célèbre, Mably, dont les principes sont ceux de la liberté, de l'égalité, mais dont les principes dans toute leur étendue, dans leur généralité, ne conviennent pas également à tous les peuples ; principes dont chaque peuple est le maître d'adopter ce qu'il croit convenable au plus grand bien auquel il puisse atteindre.

Assurément qu'un citoyen, dans un état libre, ait l'opinion que la constitution sous laquelle il doit vivre n'atteint pas le plus grand sommet de bonheur, et qu'en conséquence il jette ses idées par écrit, qu'il conserve son papier, qu'il émette même par les voies légales son vœu pour ce qu'il croit être une amélioration du gouvernement et de l'ordre des choses actuelles ; rien de plus sacré, ce n'est pas là ce qu'on entend par conspiration. Nos lois criminelles nous disent, un complot tendant à la destruction du gouvernement ou contre la sûreté intérieure de l'État ; voilà ce en quoi consiste la conspiration : elle est définie ainsi dans le code des délits et des peines, art. 612.

« Toutes conspirations et complots tendant à troubler la Ré-
» publique par une guerre civile, en armant les citoyens les uns contre
» les autres, ou contre l'exercice de l'autorité légitime, seront punis
» de mort tant que cette peine subsistera ; et de vingt-quatre an-
» nées de fers, quand elle sera abolie. »

Art. 620. « Toutes conspirations ou attentats pour empêcher la

» réunion ou pour opérer la dissolution du Corps législatif, ou pour
» empêcher, par force et violence, la liberté de ses délibérations ;
» Tous attentats contre la liberté individuelle d'un de ses membres ;
» Seront punis conformément à l'article 612.
» Tous ceux qui auront participé à ces conspirations ou attentats
» par les ordres qu'ils auront donnés ou exécutés, subiront la même
» peine. »

Vous voyez que cela sort de la ligne des simples idées, des simples vues qui demeureroient concentrées dans l'individu. Cependant, à entendre le citoyen Babœuf, dans son système il se seroit borné à ces simples vues, à ce simple desir qu'il auroit manifesté, tantôt par des écrits restés chez lui qui n'auroient eu aucune sorte de publicité, qui seroient restés dans l'état de simple fragment, de rêves politiques, et tantôt dans des écrits publiés par la voie de la presse.

Cependant, citoyens hauts-jurés, vous avez déja connoissance, par les pièces qui ont été lues, qu'il s'en faut bien que la conduite du citoyen Babœuf se soit bornée là.

Des accusés : Ah ! nous y voilà !

Bailly : Vous en serez plus convaincus lorsque, dans la suite des débats relatifs au citoyen Babœuf, on donnera la lecture successivement de celles de ces pièces qui prouvent jusqu'à quel point il a voulu réaliser ses vœux par la force.

Mais nous ne sommes pas ici pour examiner en soi la doctrine que Babœuf vient de renouveler, et qu'il n'a pas cessé de prêcher dans de tels écrits, comme autant de moyens de porter à l'exécution du complot. Ce n'est que comme moyens d'exécution que les écrits se trouvent parmi les pièces de conviction ; aussi ne les prendrons-nous en considération que sous ce rapport de moyens pour parvenir à l'exécution de la conspiration. Quant aux droits des citoyens, aux devoirs des citoyens, certes, il n'y a pas un bon républicain qui ne doive être le premier à les respecter, à les protéger de tout son pouvoir. Mais il le doit sur-tout, conformément à la volonté générale que le peuple a exprimée dans l'acte constitutionnel : car admettre le contraire, ce seroit ériger en principe que chaque individu, vivant sous un pacte social, peut de lui-même, ou à l'aide de quelques autres individus, s'élever contre la majorité du peuple, à l'effet de parvenir par la force non-seulement à la destruction du gouvernement et de la constitution que le peuple a voulue, mais à la substitution de ses propres idées ; c'est-à-dire, qu'il ne tiendroit qu'à un ou à quelques individus, à une fraction quelconque du peuple, de faire mettre qui bon lui sembleroit en nouvelle révolution.

Le peuple ne l'a pas entendu ainsi : nous avons dans la consti-

tution, et sur-tout dans la déclaration des droits et des devoirs et la constitution de l'an 3, des règles auxquelles tous les citoyens doivent se soumettre. Nous pensons qu'il est extrêmement important, puisque l'on s'est écarté de ce même objet que l'on avoit à traiter relativement aux pièces quarante et quarante-unième de la neuvième liasse, de mettre sous les yeux des hauts jurés les divers articles de l'acte constitutionnel. Voici ce que porte l'art 6 de la déclaration des droits : « La loi est la volonté générale exprimée par la majorité
» des citoyens ou de leurs représentans. »

Art. 17. « La souveraineté réside essentiellement dans l'univer-
» salité des citoyens. »

Art. 18. « Nul individu, nulle réunion partielle de citoyens ne
» peut s'attribuer la souveraineté. »

Art. 19. « Nul ne peut, sans une délégation légale, exercer au-
» cune autorité ni remplir aucune fonction publique. »

Art. 3. Des devoirs. « Les obligations de chacun envers la so-
» ciété consistent à la défendre, à la servir, à vivre soumis aux lois
» et à respecter ceux qui en sont les organes. »

Art. 5. « Nul n'est homme de bien s'il n'est franchement et reli-
» gieusement observateur des lois. »

Art. 6. « Celui qui viole ouvertement les lois se déclare en état
» de guerre avec la société. »

Des accusés : Ah ! ah ! vous l'entendez.

D'autres : C'est la sentence du tribunal.

Germain : Qu'il est bête cet homme-là !

Bailly : Art. 336 de l'acte constitutionnel : « Si l'expérience
» faisoit sentir les inconvéniens de quelques articles de la consti-
» tution, le Conseil des Anciens en proposeroit la révision. »

Art. 364. « Tous les citoyens sont libres d'adresser aux autorités
» publiques des pétitions, mais elles doivent être individuelles ;
» nulle association ne peut en présenter de collectives, si ce n'est
» les autorités constituées, et seulement pour des objets propres à
» leur attribution.
» Les pétitionnaires ne doivent jamais oublier le respect dû aux
» autorités constituées. »

Art. 345. « Tous les articles de la constitution, sans exception,
» continuent d'être en vigueur tant que les changemens proposés par
» l'assemblée de révision n'ont pas été acceptés par le peuple. »

Nous concluons de là que tout mode de changement de gouvernement, ou pour parvenir à un changement de gouvernement, est une violation de l'acte constitutionnel : tout mode, disons-nous, qui n'est pas adopté par l'acte constitutionnel, qui est l'expression de la volonté générale, qui est l'expression du pacte social sous lequel tous les Français ont voulu vivre en république, est essentiellement criminel. Nous disons qu'alors employer un mode contraire à ceux qui sont établis par l'acte constitutionnel, c'est s'élever contre la volonté générale. Nous dirons que quand ce mode tend sur-tout à renverser par la force le gouvernement établi, à dissoudre les autorités constitutionnelles, c'est le plus grand des crimes, c'est une conspiration contre la sûreté intérieure de la République. Or, comme nous l'avons dit, le citoyen Babœuf est loin de se borner à une simple expression de vœu. Vous avez entendu le citoyen Babœuf vous faire l'aveu, dans cette séance et dans des séances antérieures, qu'il y avoit un vœu bien prononcé, un desir bien formel d'une multitude de ce qu'il appelle *patriotes* purs, vertueux et énergiques, pour renverser la constitution et le gouvernement. Il a été jusqu'à dire, il y a un instant, que son regret étoit que ses vœux n'aient pas été remplis.

Eh bien! nous disons que la pièce cinquante-deux de la septième liasse, intitulée, *Manifeste des égaux*, donne à quiconque voudra la lire, la mesure de la définition que vient de vous proposer le citoyen Babœuf. On y voit ce que les conspirateurs entendoient par le *bonheur commun*, ce *bonheur sublime*, cet *apogée du bien* auquel ils vouloient parvenir en renversant le gouvernement et en commettant les massacres les plus horribles.

Voici ce que porte cette pièce :

Périssent, s'il le faut, tous les arts, pourvu qu'il nous reste l'égalité réelle! On sent que si les arts avoient péri, il n'y auroit plus eu de ressource pour tout ce qui n'auroit pas été appliqué à la culture des terres. (*Plusieurs accusés :* C'est l'opinion d'un seul homme.) C'est le manifeste des égaux que j'ai cité. (Bruit.) *La communauté des biens....., plus de propriétés individuelles de terres....., la terre n'est à personne.... Disparoissez, révoltantes distinctions de riches et de pauvres, de grands et de petits, de maîtres et de valets, de gouvernans et de gouvernés.....; l'instant est venu de fonder la république des égaux...... La constitution de 1793 étoit un grand pas de fait vers l'égalité réelle, on n'en avoit pas encore approché de si près ; mais elle ne touchoit pas encore le but, et n'abordoit pas le bonheur commun...... Peuple de France, reconnois et proclame avec nous la RÉPUBLIQUE DES ÉGAUX.*

Voici le manifeste de l'insurrection qui devoit paroître en même temps qu'on publieroit l'acte d'insurrection. Or, dans l'acte d'insurrection, les citoyens jurés auront remarqué ce que les conspirateurs entendoient par BONHEUR COMMUN ; ils auront remarqué de quelle manière ils vouloient arriver à ce prétendu bonheur commun.

Réal : C'est une plaidoierie cela.

Bailly : Peut-être ne trouveroit-on pas si difficile que le citoyen Babœuf pourroit se l'imaginer, de trouver que dans cette pièce-là même on voit les élémens qui ont été mis en action depuis, et dans l'acte d'insurrection, et dans le manifeste des égaux, et dans une foule de pièces, et dans la correspondance entre le directoire et ses agens, et, en un mot, dans toutes les opérations et mesures d'exécution du complot; car, remarquez, *plusieurs révolutions se sont succédées depuis 89; aucune n'a eu des directeurs exclusifs, des directeurs exactement d'accord en principe et en volonté finale, des directeurs également purs et qui se soient proposé, pour termes de leurs travaux, le maximum de la VERTU, de la JUSTICE, du BONHEUR DE TOUS.* Hé bien! dans l'affaire actuelle, on voit qu'il y avoit des directeurs, car le comité prétendu de salut public, le comité d'insurrection, étoit composé de quatre directeurs en chef; et quoique le citoyen Babœuf ait voulu qu'on ne lui appliquât pas la qualification de directeur du comité, de directeur de l'insurrection, de directeur du mouvement populaire contre la constitution de l'an 5, au moins il a avoué qu'il étoit pour ce comité le directeur de l'esprit public; il a avoué qu'il dirigeoit l'esprit public vers le ressaisissement de ce qu'il appeloit les droits du peuple : mais seulement il a dit que l'on n'étoit pas encore arrivé à une époque où cet esprit public eût germé suffisamment parmi ce qu'il appeloit le peuple, pour parvenir à ce qu'il appeloit un mouvement; en un mot, que l'on étoit encore loin d'un mouvement. Hé bien! vous avez déjà vu dans les pièces, et vous verrez encore, que dans la correspondance entre le directoire et ses agens, on voit tout prêt.

Vous avez vu que le 19 floréal, la conspiration a failli éclater; vous verrez donc dans cette correspondance, que tout étoit prêt le 20 floréal; vous y verrez que la conspiration devoit éclater ou le 21 ou le 20, suivant la pièce.

« Un concours heureux de circonstances sorties, pourtant du sein
» des malheurs, des orages des révolutions, vous a fait vous con-
» noître réciproquement, vous a découvert les uns aux autres
» pour être imbus également des mêmes idées de bonne morale pu-
» blique et de meilleur ordre social.
» Vous vous êtes rapprochés et vous vous êtes communiqué mutuel-
» lement le même plan d'association politique; plan exclusivement
» juste, seul capable de procurer le bonheur général, et dont l'ame
» franche de chacun de vous étoit devenue, par la grace de la
» bonne nature, l'intéressante dépositaire. Alors vous vous êtes dit
» les uns aux autres : C'est à nous qu'il appartient de faire aussi
» une révolution; elle sera la dernière si elle réussit. »

Vous avez vu en effet, comment l'on travailloit pour faire une révolution; cela est prouvé par les pièces.

« Vous avez réuni les avantages, 1°...... quer d'avancé un
» point unique »; et un peu plus bas : « et d'être circonscrits dans un

» cercle étroit d'hommes vertueux, isolés de tout ce qui pourroit
» opposer des vues divergentes et contradictoires, de tout ce qui
» ne seroit point capable de se confondre dans le sentiment un et
» parfait de *l'apogée du bien*. » Vous avez vu qu'effectivement on
vouloit atteindre ce qu'on appeloit *l'apogée du bien*, par la destruction du gouvernement et par toutes les horreurs de l'an 2.

« Vous êtes peut-être déja trop avancés dans la carrière, pour ne
» pas voir que la seule alternative qui nous reste, est d'y périr
» ou de vaincre ». Hé quoi ! le citoyen Babœuf reconnoissoit, lorsqu'il a composé cette pièce, que déja l'on étoit trop avancé
dans la carrière pour ne pas voir qu'il falloit y périr ou vaincre ;
et aujourd'hui il prétendra que cette même pièce n'exprimoit qu'un
vœu qui est concentré dans son ame ! Certes, il seroit difficile de
concilier ce sytême avec les expressions que nous venons de citer :

« Eh ! cette alternative n'est pas seulement celle des amis de l'éga-
lité pure ». Hé bien ! vous avez vu également dans le manifeste des
égaux, ce que l'on entendoit par cette *égalité pure*, et comment on
vouloit y arriver.

« J'ai voulu mesurer ce grand ensemble ; je vous donnerai à cet
» égard mes vues pour répondre à ce que vous avez désiré de
» voir traiter la grande question : *Quelle sera, dans l'hypothèse
» que l'on parvienne à renverser l'autorité principale qui existe,
» celle qu'on lui substituera pour établir le systême social que
» nous voulons* »? Il étoit donc question, à l'époque où l'auteur a
fait cette pièce, non-seulement de parvenir à renverser l'autorité principale, et vous en avez la preuve, mais encore de savoir
celle qu'on lui substitueroit. Eh bien ! vous avez vu dans l'acte
d'insurrection, qu'on lui substituoit d'abord, pour leurrer le peuple,
la constitution de 1793 ; qu'immédiatement après on y substituoit
le gouvernement révolutionnaire (Bruit), le gouvernement de
l'an 2, qui étoit précisément l'absence de toute espèce de constitution. Enfin vous avez vu dans le *manifeste des égaux*, que
l'on tendoit à aller bien au-delà de cette constitution de 1793,
et qu'on ne vouloit plus absolument ni gouvernans ni gouvernés,
aucune autre distinction que celle de parens et de sexes. *Périssent,
s'il le faut, les arts !* Et comment vouloit-on arriver à ce but
exécrable ? c'étoit, comme on le voit dans une autre pièce, en
fauchant, à la manière de Robespierre, tout ce qui peut gêner.
Voilà comme on vouloit arriver au succès de la conjuration, voilà
comme on vouloit procurer au peuple ce qu'on appeloit le *bonheur commun*.

Enfin, les citoyens jurés auront remarqué que, depuis l'ouverture
de la session de la Haute-Cour, on s'est beaucoup plus occupé de
propager et de faire valoir les principes, à l'aide desquels on vouloit

amener la destruction du gouvernement, que de se défendre de l'accusation de conspiration.

Nous ne nous serions pas élevés à ce détail, si le citoyen Babœuf ne l'avoit pas non-seulement appelé, mais en quelque sorte rendu nécessaire par la manière dont il vient de se défendre, lorsqu'il ne s'agissoit que de savoir si la pièce quarante de la neuvième liasse étoit restée ou non dans les termes d'un simple projet; mais il nous paroît et il nous paroîtra souvent utile (lorsqu'on divaguera et qu'on voudra ainsi justifier la conspiration, au lieu de se défendre de la conspiration) de rappeler les véritables principes; nous le devons : c'est un de nos principes, et comme citoyen, et comme accusateur.

Réal : Citoyen président, si, sur la pièce qui vient d'être discutée, j'étois entré dans les détails dans lesquels est entré l'accusateur national; si, à l'occasion de ce chiffon, j'avois pris une autre pièce pour la commenter à mon tour; si, pour expliquer cette pièce, je m'étois avisé de vouloir prendre le système des égaux; si j'avois lu l'acte constitutionnel, que nous connoissons tous; le traité des droits et des devoirs, que nous connoissons tous; si j'avois lu le code pénal et presque l'article qui condamne et qui applique la peine; si je m'étois permis toutes ces éternelles divagations, vous m'auriez rappelé à l'ordre, je me serois tu.

Je ne sais pas quel est le cœur qui est toujours effrayé que les jurés ne soient influencés en bien, et qui n'est jamais effrayé que quand ils ne sont pas influencés en mal.

Une première pièce est mise à la discussion par le président; un des accusés fait une observation infiniment touchante : je conçois que cette observation battoit en ruine un petit échafaudage de l'accusateur national, qui, dans un plaidoyer où il y a de fort beaux tableaux et très-peu de raison, avoit déjà juré que non-seulement la conspiration existoit, mais même que cette pièce sans date, trouvée sous le chevet d'un lit, qui n'avoit paru nulle part, devoit être un discours que devoient prononcer les grands conspirateurs. L'accusé veut prouver que cette pièce est sans date, qu'elle peut être appliquée à trois époques différentes; il paroît que cette pièce n'est pas finie, qu'elle n'a pas paru : et à l'instant, effrayé que les jurés n'aillent prendre de cette pièce une idée favorable à la cause, vous vous levez, et, dans un très-long plaidoyer, vous vous fâchez contre cette espèce de faveur qui doit résulter de cette pièce. Comment ! je verrai toujours l'accusateur national, et jamais le commissaire national ? Une seule fois, citoyen, vous avez réclamé cette qualité dans le procès actuel, et cette seule fois seulement pour nous enlever la parole : est-ce là où gît l'impartialité ?

Que j'ai aimé au contraire à voir le président, au moment où Buonarroti faisoit une observation infiniment touchante ! (le président, qui m'a fait perdre souvent des causes, et que je n'en aime pas moins.)

Le président commencer lui-même à dire aux jurés : Cette observation est infiniment précieuse. Eh bien! là je reconnois le président du Tribunal : mais certes, dans tout ce que vous venez de dire, j'ai pu reconnoître l'accusateur national, mais qui ne veut jamais être commissaire national; qui de deux qualités qu'il a, ne sait en conserver qu'une seule, c'est celle d'accusateur; qui craint toujours que la conviction, pour les accusés, ne passe dans l'ame des jurés. Je ne répondrai point à toutes les assertions que vous avez faites contre nous : vous vous plaignez qu'on divague éternellement; je vous donnerai l'exemple en ne divaguant pas. Vous êtes venu enfin à cette pièce, et vous avez voulu prouver qu'elle pourroit faire partie de la conspiration, à l'instant même où vous voyez que cette pièce n'est qu'un chiffon, qu'elle n'a pas paru, qu'elle n'est pas finie, qu'on ne s'en est jamais servi. Vous avez voulu y trouver une pièce pour faire la conspiration, j'avoue que d'après cela il n'y en a pas un de nous qui ose communiquer ses idées. Non-seulement je ne vous montrerai pas la lettre que je viens d'écrire, je ne vous dirai même pas les idées qui sont dans ma tête; je craindrois que vous ne fissiez apposer les scellés.

Citoyen, rentrons dans le débat; je serai moi-même, quand il le faudra, le commissaire national. Examinons cette pièce, nous en avons tiré un profit bon ou mauvais; mais c'est cette seule pièce qu'il falloit examiner, et ensuite, n'ayez pas peur, les autres viendront à leur tour. Mais laissez aller la conviction dans l'esprit des jurés; ne venez pas y mettre des entraves : vous aurez votre tour, citoyen accusateur, et vous aurez occasion de parler tant bon que vous semblera. Mais lorsqu'un moyen favorable se présente aux accusés, n'allez pas vous mettre en avant entre eux et le cœur des jurés; laissez, laissez le commissaire national parler quelquefois, et que l'accusateur national parle moins.

Buonarotti : Je demande la parole sur la pièce. La pièce dont il est question, l'époque, l'occasion à laquelle cette pièce a pu prendre naissance, me sont également étrangères. Mais, citoyens, la liberté, les principes fondamentaux de la liberté, ne m'ont jamais été étrangers; et quel que soit le danger qu'il peut y avoir à les professer, je les professe, je les soutiens; et je les soutiendrai encore, malgré la prévention qu'on pourroit en tirer pour conclure de là qu'on est *conspirateur*.

Si défendre la souveraineté publique, si défendre la cause de la liberté et de l'égalité, c'est *conspirer*, vous n'avez pas besoin de discuter davantage, je suis *conspirateur*.

Je crois que c'est à chaque citoyen à réfuter les erreurs qui peuvent devenir fatales à la grande cause du peuple; cause qui n'a jamais été bien sentie, cause qui n'a jamais été bien défendue que depuis la révolution française.

Loin de moi l'idée folle et extravagante d'entraver le débat par d'inutiles discussions! Loin de moi, et sans doute cette idée est loin du cœur de tous mes co-accusés; loin de moi l'idée de vouloir me soustraire au jugement des jurés actuels! Et comment pourroit-on l'espérer? Je ne conçois pas comment l'accusateur national Bailly a pu nous accuser de cette extravagance. Et ne savons nous donc pas que changeât-on mille fois les jurés, ceux qui sont déja saisis de notre affaire, doivent absolument la suivre et la décider?

Loin de craindre le jugement, je le souhaite ardemment; et je le souhaite avec d'autant plus de force, que je crois et j'ai le profond pressentiment qu'il sera utile au peuple français, et qu'il fixera d'une manière invariable les principes par lesquels il doit constamment défendre sa liberté, et par lesquels dorénavant il ne sera plus permis de traiter de conspiration la défense de cette même liberté; par lesquels on ne verra plus, par une révoltante absurdité, appeler conspirateurs, ennemis de la patrie, ceux qui, dans leurs actions, en furent toujours les amis les plus ardens; ceux qui dans leurs écrits ne laissent entrevoir que l'amour ardent de la patrie, le désir du bonheur du peuple; ceux enfin qui croient fermement que le peuple est asservi.

Il est du devoir de chaque citoyen de travailler efficacement à briser ses chaînes.

J'entre en matière. On a déja vu que cette pièce n'a pas de date; on a entendu Babœuf dire que cette pièce, qui est de lui, avoit été écrite avant, je crois, le 13 vendémiaire: ainsi l'on voit peut-être que je ne m'étois pas trompé, lorsque je vous ai dit qu'elle avoit quatre ou cinq époques différentes; car il est bien constaté que depuis le 10 août 92, jusqu'à l'établissement de la constitution de 95, le gouvernement a été toujours vacillant, et qu'il a été permis, à juste titre, à chaque citoyen, de se demander à soi-même: *Quel est enfin l'ordre de choses que nous aurons?* Il a été permis, à cette époque, à chaque citoyen, de donner ses idées pour prouver quel étoit l'ordre le plus avantageux au peuple français.

Mais je veux pousser le raisonnement plus loin; et quoique je n'entrevoie pas la possibilité de présumer que cette pièce a été, comme on le prétend encore, un discours de Babœuf à des conjurés; je veux encore supposer que ce soit-là véritablement le discours tenu par un citoyen quelconque à d'autres citoyens que je n'appelle pas *conjurés*: et je ne leur donne pas ce nom, parce que je ne crois pas que ceux qui dans leurs écrits, qui dans cette pièce même manifestent le désir ardent du bonheur de leurs semblables, puissent jamais être appelés conjurés; 2°. parce que ce titre, je ne le vois aucunement dans la pièce. Ainsi, quand on prétend prouver que c'est là un discours tenu à des conjurés, on devroit au moins nous indiquer en la ligne ou la page où le mot *conjuré* se trouve, et c'est ce qui n'y est pas.

Mais, dis-je, je suppose tout ce qu'on veut, je suppose véritablement que ce discours a été tenu dans une assemblée de citoyens. Qu'y vois-je, dans ce discours ? Je veux pousser les recherches plus loin encore que l'accusateur national. J'y vois le sentiment d'un homme qui est profondément affecté des malheurs publics ; j'y vois un homme qui croit que la forme actuelle de l'état est mauvaise, et n'est pas conforme au pacte social, lequel pacte scelle à-peu-près le bonheur de chacun et la conservation des droits naturels. Je vois aussi que cet homme s'agite, s'inquiète, et cherche ce que l'on peut faire pour sortir de ce malheur, et même pour en tirer le peuple. Et certes, là je n'y vois que l'accomplissement du devoir de tout citoyen, parce que, je le dis, le premier devoir d'un citoyen est de contribuer, par tous ses moyens physiques et moraux, au bonheur de ses semblables.

Je veux y voir encore ce qui n'y est pas ; je veux qu'on ait projeté le renversement de l'autorité établie ; je veux qu'on y ait parlé du système à y établir ; je veux qu'on y ait fortement exprimé le desir de remplacer l'autorité actuelle par une autre autorité. Mais une chose que je n'y vois pas, c'est que, quels que fussent les projets de celui qui l'a écrit, on ne trouve nulle part que ce fût ni avec son épée, ni avec son poignard, ni avec ses bras, qu'il voulût faire tout cela. On ne voit nulle part qu'il entendît faire ce changement par sa force individuelle, ni par celle d'un petit nombre d'amis auxquels il pouvoit s'être lié. Qu'y vois-je ? J'y vois que cet homme, pénétré, comme je l'ai dit, du malheur du peuple, pénétré de sa toute-puissance, pénétré du droit inaliénable et important de sa souveraineté, a tâché de prendre deux moyens pour ouvrir les yeux à ce même peuple, et pour le mettre dans le chemin du bonheur. Je ne vois là que la condition suprême de laquelle peuvent dépendre tous les projets que je veux bien se trouver dans cette pièce, c'est le consentement du peuple.

Or, deux questions se présentent ici à mon imagination. La première est celle de l'étendue du droit de souveraineté; la seconde est celle de savoir jusqu'à quel point il est permis à un membre du corps social de provoquer l'exercice de sa souveraineté. J'entends, moi, par souveraineté (et le sens que je donne à ce mot est puisé dans le dictionnaire, est puisé dans les lois françaises, est puisé dans les écrits des meilleurs philosophes); j'entends, moi, par souveraineté, le droit d'ordonner ce qui est utile au corps social, ou bien de défendre ce qui lui est nuisible. Ce droit de souveraineté appartient au peuple. Je ne crois pas que l'accusateur national révoque en doute ce principe. S'il le faisoit, j'ouvrirois la constitution même de 95, où je trouve que l'universalité des citoyens français est le souverain. Cette universalité des citoyens français a donc le droit d'ordonner ce qui lui plaît, et de défendre ce qu'elle trouve nuisible au corps social. Si on révoque cela en doute, il n'y a plus de souveraineté.

Je suis d'accord avec l'accusateur national quand il dit qu'il n'est pas permis à des citoyens de s'armer et d'employer la force pour établir quelque chose de contraire à la souveraineté, à la volonté du peuple ; mais je ne vois pas pourquoi, je ne vois pas qu'il soit interdit à chaque individu de la société de se servir de tous ses moyens physiques et moraux pour porter le peuple souverain à délibérer sur un tel objet et à prendre une telle délibération. Je crois, moi, que ce droit non seulement est essentiel et naturel dans chaque individu, mais je pense que c'est un devoir imposé par l'universalité des citoyens à chaque membre ; car si cela n'étoit pas ainsi, l'universalité se seroit exposée à être privée des lumières de chaque citoyen, qui peuvent la conduire à reconnoître le meilleur état possible d'organisation sociale, et à indiquer les avantages que cette organisation pourroit lui procurer. Eh bien ! que voit-on dans cette pièce ? On y voit le desir de changement dans la forme de l'État, et on y voit qu'on s'occupoit de moyens pour parvenir à éclairer l'opinion des hommes, pour parvenir (si vous voulez encore) à faire déterminer l'universalité des citoyens pour tel ou tel ordre de choses, pour telle ou telle autre espèce de gouvernement. Où est le crime ? Je n'en vois aucun ; ce droit est commun à chaque citoyen. Sans doute, si moi, à main armée, malgré tous, contre tous, j'avois voulu renverser l'autorité, alors je pourrois être coupable ; mais, si je crois que tel gouvernement est mauvais, je ne remplis alors que le devoir de citoyen, et personne ne peut être empêché de vouloir tel ou tel ordre. Je ne vois pas dans cette pièce autre chose, si l'on veut comparer cette pièce à d'autres ; mais on sort alors de la question. Il n'a été question que de cette pièce, commençons par la discuter ; après cela nous en verrons une autre, et nous verrons s'il s'y trouve un crime. Il ne faut pas supposer que cette pièce-là s'explique par une autre à laquelle on fait dire ce qu'elle ne dit pas.

Vous voyez donc que cette pièce-ci, fût-elle comme vous le dites, ne prouve autre chose, sinon que Babœuf et quelques autres citoyens étoient pénétrés des malheurs publics ; 2°. qu'il faisoit tout ce qu'il pouvoit pour déterminer ses amis, et, si vous voulez, le peuple entier, à délibérer sur ses malheurs ; là dedans je n'apperçois rien de criminel.

La suite au Numéro prochain.

A PARIS, chez BAUDOUIN, Imprimeur du Corps législatif.

(N°. 46.)

DÉBATS ET JUGEMENS
DE LA HAUTE-COUR DE JUSTICE.

Suite de la Séance du 27 ventôse.

Continuation du débat relatif à Babœuf.

LE président : Je demande au citoyen Babœuf, si, à l'époque que la pièce qui vient d'être lue a pris naissance, ou si à une époque postérieure à celle où lui et ceux avec lesquels il s'unissoit, se sont occupés à trouver un mode de gouvernement à substituer à celui-ci, il n'en est pas un qui ait proposé une dictature ?

Babœuf : Non.

Le président : Voilà une pièce, qui est la 31ᵉ. pièce de la 7ᵉ. liasse, qui semble indiquer cependant que quelqu'un vous avoit donné cette idée.

(Le greffier lit sur l'imprimé et le citoyen Réal suit sur l'imprimé. *Voyez* pag. 130 131 du premier volume des pièces.)

Le président : Je vous observe, Babœuf, que cette pièce semble proposer un projet de dictature, et que vous semblez en être informé.

Réal : Je dois observer encore au Tribunal que c'est un brouillon, qui n'a pas reçu non plus d'exécution ; il sera bon de le mettre sous les yeux des jurés.

Le président : Toutes les pièces y seront mises.

Ballyer père : C'est un chiffon.

Le président : Si les jurés le demandent.

Réal : Je suis sûr que cela feroit impression sur les jurés ; c'est un chiffon, une papillote.

Babœuf : Dans les conversations politiques on parle de tout : je me rappelle qu'en me promenant avec Darthé nous parlions d'affaires politiques ; il m'a parlé de dictature, parce que lorsqu'on est occupé de chercher les moyens qu'on croit les plus propres au bonheur du peuple, on parle de tout ; il a parlé de dictature ; je me suis ressouvenu de quelques idées qu'il m'a dites : et

Débats et jugemens de la Haute-Cour. Tome IIᵉ. Q

retiré chez chez moi, j'ai couché sur le papier, sur une note, sur un chiffon, tout ce qui m'a paru s'opposer à cette opinion.

Je demande, comme le citoyen Réal, qu'on mette sous les yeux des jurés ces chiffons : si on venoit dans ma chambre, on trouveroit mille chiffons comme cela.

Réal : On m'a saisi quelquefois des papiers comme cela ; on voyoit bien que c'étoit des chiffons et on les laissoit vite.

Babœuf : Je ne sais pas si ça été fait en une fois ou en dix.

Le président : Je vous observe cependant que cette première phrase ne semble pas s'appliquer à une discussion par pure abstraction, car vous dites : *On ne peut faire le bien que par la confiance, et le premier pas que nous voudrions faire en révolutionnant seroit d'exciter la méfiance*. Cette idée se lie à un projet qui sembloit être accompagné d'une action présente.

Babœuf : On a toujours considéré que nous étions en révolutionnant.

Le président : Ensuite vous dites : *Il n'y a personne parmi vous qui soit propre*....

Babœuf : Je voulois dire : Il n'y a dans la République aucun citoyen assez vertueux pour exercer la dictature, en supposant que....

Ballyer père : Il y a parmi nous.

Le président : Eh bien! parmi nous?

Réal : C'est sa pensée (en parlant de Babœuf.)

Cette pièce-là est comme bien d'autres, comme des chiffons qu'on trace ; toutes les fois qu'une pièce n'est pas publiée, par moi, c'est une pensée à moi.

Le président : Y a-t-il parmi nous?

Réal : Je ne sais pas s'il y a bien parmi *vous* ou *nous*; j'affirmerois autant pour l'un comme pour l'autre : du reste je n'aurois pas pu la lire (cette pièce), si on n'avoit pas lu l'imprimé à côté.

(On passe la pièce aux jurés.)

Un juré : Je demande à voir également les 40 et 41ᵉ pièces.

Le président : Je demande au citoyen Babœuf quels étoient les citoyens qui fréquentoient l'appartement dans lequel il a été arrêté.

Babœuf : Un semblable interrogatoire m'a été fait devant le ministre de la police, devant le directeur du jury, j'ai fait cette réponse : « Je ne conçois pas comment on peut supposer » l'absence de toute vertu dans tout homme.

» Ce seroit me porter au comble de la bassesse et de l'immoralité » que de vouloir faire de moi un délateur d'hommes estima-

» bles, auprès de ceux qui les persécutent ». Je persiste dans la même réponse.

Séance levée à deux heures et demie.

Les accusés ont chanté la complainte de Goujon.

Certifié, ICONEL et BRETON, *sténographes.*

Séance du 28 Ventôse.

LA séance commence à dix heures un quart.

Le président: Hier, le citoyen Babœuf s'expliqua sur un commencement de discours que je lui présentai et qui sembloit traiter la question de savoir quelle autorité on pourroit substituer à une autre, et qui se trouve non fini, et sur une pièce, dans laquelle il examinoit l'idée communiquée par quelqu'un, de savoir si on pouvoit s'occuper d'une dictature, et je lui demandai si, par les citoyens qui se réunissoient dans le lieu où il a été arrêté, il n'a pas été organisé un *comité insurrecteur*, et s'il n'a pas été fait un acte constitutif et créatif de ce comité. Voulez-vous bien vous lever et répondre.

Babœuf: Je sais à quelle pièce vous en voulez venir; à la pièce intitulée création d'un *comité insurrecteur*.

Le président: Je vous demande si ceux qui se réunissoient chez vous, sont convenus de former un *comité insurrecteur* ?

Babœuf: Non, citoyen; c'est comme je l'ai déjà dit.

Le président: Mais dernièrement vous dites, au contraire, que réellement ils avoient formé une assemblée à laquelle ils avoient même donné le nom pompeux de *comité insurrecteur*. Je vous demande actuellement si réellement ils avoient formé un comité.

Babœuf: J'ai dit qu'ils lui donnoient indifféremment le nom de comité, de cercle, d'assemblée, de réunion.

Le président: La réponse est, à ce qu'il me semble, qu'on donnoit divers noms, entre lesquels se trouve celui de comité.

Babœuf: Je voudrois vous demander à faire une courte observation sur cette note relative à la dictature. Hier, quand on a levé la séance, je voulois demander la parole et faire quelques observations.

Je n'ai qu'une courte observation à faire.

Je demande à faire une seule observation sur le chiffre qu'on appelle la pièce trente-unième de la liasse septième, page 139 du premier volume, où il est question de dictature.

Citoyen, je crois ne m'être pas suffisamment expliqué hier sur cet objet; car, sous le rapport du seul mot *dictature*, mérite quelque attention.

Il est aisé de voir par cette note que c'est une opinion émise par le citoyen Darthé. Darthé est un excellent républicain ; Darthé, à ce titre, est, depuis long-temps, mon ami : avec lui et tous ceux qui lui ressemblent, je ne me suis jamais entretenu que de la chose publique. Le refrein de tels entretiens nous a toujours conduits à cette question : Que faudroit-il que l'on fît ? Que pourroit-on faire pour assurer au peuple un gouvernement capable de le rendre heureux ? Entre autres idées mises en avant par Darthé, il lui échappa un jour de me dire : « On a beaucoup crié depuis » la révolution contre la dictature, on a des préventions peut-être » insurmontables contre une telle autorité ; mais je ne sais pas » si, dans un passage révolutionnaire, la création de ce pouvoir ne » seroit pas très-propre à opérer plus vite le bien du peuple : on » a vu ce pouvoir employé à Rome avec beaucoup de succès ».

Comme je respecte l'opinion de tous les hommes, sans me laisser dominer par les préventions vulgaires, je voulus réfléchir sur celle-là. On voit facilement par la note à quelles conclusions m'ont conduit mes réflexions. A mesure que mes idées, sur cet objet, se débrouilloient dans ma tête, je dus les écrire : je le fis d'une manière très-décousue, comme on le voit ; mais il n'en est pas moins évident que tout me conduisoit à improuver la dictature. Je sens encore la raison pour laquelle j'ai conservé cette note ; c'est que si jamais il fût arrivé qu'on agitât dans quelques écrits une telle proposition, je voulois avoir quelques matériaux prêts pour la combattre. Ceci est une mesure de précaution qui m'est habituelle pour toutes les questions politiques qui me passent sous les yeux ; et je crois cette habitude assez commune à tous ceux qui écrivent.

Citoyen, lorsque, croyant hier que le nouvel ordre adopté pour le débat intervertissoit celui de la loi, et que je refusois pour ce motif de répondre aux premières interpellations qui me furent faites, cette circonstance me mit encore dans le cas de laisser échapper l'occasion de m'expliquer sur un point essentiel. Sans doute, je ne puis pas perdre pour cela l'avantage de me justifier sur ce point : Il repose sur la question d'une sorte d'aveu fait par moi dans une lettre au Directoire, et dans mes premiers interrogatoires, que j'étois conspirateur. Je crois cependant avoir donné, à cet égard, un commencement de réponse dont l'évidence peut frapper maintenant les esprits les moins exercés ; c'est que, considérant alors toutes les idées qui saisiroient le gouvernement, d'après la connoissance des nomenclatures prises à côté de moi, je fus conduit à ce calcul qui devenu pour moi indubitable, que huit à neuf cents, peut-être mille démocrates, indiqués dans les pièces, alloient être embastillés, poursuivis devant les tribunaux, et que cette première proscription seroit le signal d'une réaction contre-révolutionnaire qui envelopperoit un nombre infini des meilleurs citoyens de la République : réfléchissant à tout ce dont est capable tout gouvernement ombrageux qui veut affermir son autorité, j'étois déchiré de voir que j'allois être considéré, en quelque sorte, comme la cause de si étranges malheurs. Il ne me vint pas à l'esprit de meilleur expédient que celui que j'employai. Je me dit : Il vaut mieux qu'un seul se sacrifie pour tous. Il faut effrayer ce gouvernement en lui montrant cette prétendue conspiration à la réalité de laquelle il seroit bien maintenant impossible de l'empêcher de croire. Il faut suivre et seconder les mouvemens de son imagination frappée; il faut lui faire voir que cette conspiration reste toujours flagrante, prête à tomber sur lui, et ne dépendant nullement des seuls hommes qu'il a pu saisir. Je m'applaudis encore de cet expédient : je crois qu'il a pleinement réussi ; je crois qu'il a épargné les persécutions à un nombre considérable d'hommes; je crois aussi qu'il me justifie et réduit à leur juste valeur mes aveux. Je ne les aurois pas rétractés, s'ils fussent demeurés nécessaires : mais convaincu maintenant que le gouvernement n'a plus l'intérêt, la volonté ni le pouvoir de proscrire le petit nombre qui reste d'amis et de soutiens de la République, je crois pouvoir ne plus laisser contre moi ce qui peut essentiellement nuire à ma justification : je ferai, au citoyen président, une dernière observation. Je ne me serois pas autant récrié hier contre le nouvel ordre introduit pour la conduite des débats, si je n'eusse craint d'y voir une intention de me saisir à l'improviste pour m'engager dans une moins favorable défense. Cependant la marche ouverte par le président, m'a faire croire, du moins jusqu'à ce moment, qu'on ne vouloit point précisément me tendre des pièges, ni me faire des surprises qui ne peuvent pas être dans le vœu de la loi ; il m'a semblé qu'on vouloit adopter un ordre quelconque, et que je ne serois point pris tantôt à la tête, tantôt à la queue ou par le milieu des pièces; ce qui seroit un dédale inextricable dont il seroit impossible au Tribunal lui-même de se débarrasser. J'ai cru qu'on vouloit suivre l'ordre des pièces, à-peu-près conforme à celui établi par l'accusateur national Viellart dans son exposé du 6 ventôse. S'il en est ainsi, je suis satisfait du Tribunal : Je serai au moins à-peu-près averti de l'ordre du débat ; je pourrai préparer mes défenses. S'il étoit possible de croire que le Tribunal eût d'autres vues, je le prie de considérer que l'art. 323 du code semble pourtant appuyer cette disposition juste. Je le prie de considérer que je n'ai pas de défenseur, que je suis dépourvu de tout conseil, de tout secours; que je n'ai point eu, avant le 2 de ce mois de ventôse, mes pièces pour pouvoir disposer mes défenses. Je demande si l'on suivra un ordre quelconque dans la présentation des pièces, ou si je ne pourrai pas être averti la veille de l'ordre du jour du lendemain.

Le président : Je vous assure de bonne foi que j'ai pris l'ordre que j'ai cru le plus propre à être suivi, et par vous, et par les jurés.

Buonarroti : J'ai encore une légère observation à faire sur la discussion d'hier.

Je prie les citoyens jurés de remarquer que, dans le chiffon qu'on leur a présenté et qui est de la main de Babeuf, dans lequel on réfute un prétendu système de dictature, on y voit surtout deux choses. D'abord, on voit dans celui qui écrit une aversion profonde pour tout envahissement du pouvoir souverain, et de toute idée d'ambition ; j'y remarque ces mots : *Dictature à chaque circonstance...... route ouverte à tous les ambitieux..... si l'un n'envahit pas, c'est l'autre........* Je ne sais si les jurés ont entendu.

J'observe que dans ce chiffon, tout informe qu'il est, on y remarque cependant, dans l'âme de celui qui l'a tracé, deux choses essentielles : d'abord, une aversion profonde pour tout ce qui porte l'empreinte de l'ambition et de l'envahissement du pouvoir souverain. J'y lis ces mots : *Dictature à chaque circonstance.... route ouverte à tous les ambitieux,.... si l'un n'envahit pas, c'est l'autre........*

Je remarque aussi que celui qui l'a fait détestoit, on ne peut plus, la monarchie : *Cela ressemble trop à la monarchie ; car qu'est-ce que la monarchie ? La dictature, le pouvoir d'un seul.* Ces observations sont bonnes à faire, parce qu'elles contrastent avec les intentions que les accusateurs nationaux ont prétendu attribuer aux auteurs de quelques-unes de ces pièces. On a parlé d'une autre pièce qui a pour titre : *le manifeste des égaux* ; je voudrois, s'il est possible, que vous m'en fissiez la représentation.

(Le président la lui fait passer.)

Le président : Citoyen Babeuf, je vous demandois si ces citoyens qui se sont réunis, n'ont pas formé un comité insurrecteur.

Babeuf : Je vais répondre à cela. Je suis prêt.

Le président : C'est ce que je vous demande.

Babeuf : C'est sur la pièce.

Le président : Faites-moi le plaisir de répondre oui, ou non.

Babeuf : Non pas pour former de comité insurrecteur.

Le président : Je vous demande s'ils ont formé un comité.

Babeuf : Non, citoyen.

Le président : Je vous demande ce qu'est donc cette pièce intitulée, *Citation d'un comité insurrecteur.* Je vous demande une réponse, parce que je vais faire lire la pièce. Vous expliquerez ce qu'elle peut présenter de défavorable. Actuellement, dites-moi seulement, en un mot, ce que c'est que cette pièce-là.

Babœuf: Cette pièce-là est un rêve philanthropique comme tant d'autres.

Le président: Vous avez reconnu, quand je vous l'ai présenté, quelques lignes écrites en marge, et la dernière page pour être de vous.

(Le président fait lire la pièce.)

J'observe aux jurés que la pièce existe dans la huitième liasse en minute ou en première copie ; car je ne veux rien déterminer. Elle est imprimée dans la septième, parce qu'il s'y est trouvé des copies de cette pièce. (*Voyez* le tome premier des pièces imprimées, pages 169 à 102.)

Observez que le paragraphe « reconnoissant, que c'est un re-
» proche injuste que celui qui accuse le peuple de lâcheté, et
» que ce peuple n'a jusqu'ici ajourné sa justice qu'à défaut de
» bons conducteurs prêts à paroître à sa tête. »

(Ce paragraphe, écrit en marge, est de la main de Babœuf, et reconnu par lui.)

Page 179: *Nous rendons alors à notre génie et à notre discrétion un hommage*, etc. A compter des mots *oh ! sur-tout des lectures de journaux populaires*, jusqu'à la fin, c'est de l'écriture de Babœuf, et reconnue par lui.

Babœuf: Citoyens, il s'agit en ce moment de l'examen des 25 et 26ᵉ pièces de la 8ᵉ liasse, que j'ai reconnues être écrites, la première en partie, la seconde pour le tout, de ma main.

Ces 25 et 26ᵉ pièces de la 8ᵉ liasse ne sont pas insérées sous ces numéros dans les volumes des pièces; elles ne sont qu'indiquées à la page 229 du tome premier. Ouvrons donc la page 229 du tome premier; il est dit là que ces deux pièces font partie d'une copie de la 61 de la 7ᵉ liasse.

Reportons nous à la 61.ᵉ pièce de la 7ᵉ liasse ; elle se trouve à la page 169 du même premier volume. Je lis à cette page que la pièce 61 est celle appelée *Création d'un directoire insurrecteur*.

C'est donc de cet acte qu'il doit être question en ce moment.

Je commence par faire observer aux citoyens jurés qu'il existe une fausseté notable dans l'acte d'accusation du directeur du jury André Gérard, article *Babœuf*. Il y est dit qu'entre autres pièces, *La plupart de celles relatives à la création du directoire insurrecteur sont écrites de ma main*. Je démens ce fait, sans crainte d'être contredit ; car l'acte dit : *Création d'un directoire insurrecteur*, inséré tout entier dans le premier volume, page 169 et suiv., 61ᵉ pièce de la 7ᵉ liasse, est annoncée être de l'écriture de Pillé.

A la vérité, à la page 229 du même volume, il est dit que les 15, 16, 17, 18, 19, 20, 21, 22, 23, 24, 25 et 26ᵉ pièces de la 8ᵉ liasse sont minutes de la main de Babœuf, et copie de la 61 pièce de la 7ᵉ liasse.

Si cette dernière assertion étoit vraie, il résulteroit que le directeur du jury André Gérard, dans son acte d'accusation, auroit eu raison d'affirmer que l'acte dit de *création d'un directoire insurrecteur* étoit écrit de ma main.

Mais j'invite les citoyens jurés à se transporter avec moi à la page 319 du second volume; nous y lisons un *erratum* ainsi conçu: « C'est par erreur que dans la 8e liasse on a annoncé les pièces 15 à 16 comme copie de la 61e pièce de la 8e liasse, ce qui n'est exact que pour les pièces 20 à 26. »

Il est donc d'abord reconnu que les seules pièces 20 à 26 énoncées à la page 229 du premier volume sont une copie de la 61e pièce de la 8e liasse, laquelle est l'acte dit de *création d'un directoire insurrecteur*, insérée tout au long à la page 169 et suivantes du premier volume.

C'est une première erreur détruite de la note, page 229 premier volume.

J'invite les citoyens jurés à vouloir bien s'y reporter encore; ils y verront une autre erreur qui subsiste: c'est qu'il sembleroit encore que ces pièces 20 à 26 *seroient écrites de ma main*. Elles ne le sont pas, et je demande que les citoyens jurés veuillent bien fixer attentivement qu'il n'y a d'écrit de ma main dans ces pièces 20 à 26, que *partie de la 23e, et la totalité de la 26e*, afin qu'il demeure constant qu'il n'existe aux pièces écrites de ma main, ni minute, ni copie entière de l'acte dit de *création d'un directoire insurrecteur*, et que dès-lors l'assertion contraire de l'acte d'accusation par André Gérard soit reconnue fausse.

Je dois m'attacher à bien fixer vos idées sur ce point majeur; je dois m'attacher à vous faire bien connoître la vérité, parce que ce sera de la vérité toute entière que jaillira ma parfaite justification.

Etablissons d'abord dans nos esprits, sous tous les rapports, à l'égard de l'acte dit de *création*, l'exacte connoissance de l'état des choses.

Il n'y a au procès que deux copies de cet acte.

L'une est insérée tout au long aux pages 169 et suivantes du premier volume. Cette copie n'est point écrite de ma main; elle est annoncée par une note être de l'écriture de Pillé.

L'autre copie n'est qu'indiquée à la page 229 du même premier volume, sous les cotes 20, 21, 22, 23, 24, 25 et 26e pièces de la 7e liasse (1). Cette copie n'est non plus écrite de ma main; il n'y en a que deux fragmens, l'un sous la cote pièce 23, l'autre sous celle 26.

---

(1) Une troisième copie qui n'est pas de ma main est indiquée à la page 175 du second volume, 18e pièce de la 21e liasse.

J'expliquerai ce que sont ces deux fragmens.

Les cotes 20 à 26 de la 7e liasse sont une copie que m'avoit faite un des citoyens qui avoit entré dans le cercle, club ou réunion patriotique dont j'ai parlé dans la séance du 13 de ce mois. Ce fut et ce devoit être un des principaux renseignemens à me donner pour satisfaire à l'engagement pris par les réunis, de me mettre au courant de leurs travaux, afin que je passe y conformer le ton de mes écrits. En lisant cette copie, je m'apperçus qu'elle étoit imparfaite et inexacte, qu'il y manquoit plusieurs paragraphes essentiels ; j'en demandai une copie correcte pour y vérifier ce qui manquoit à la mienne, et pour y ajouter à cette dernière les omissions que je reconnoîtrois y exister. C'est ce qui m'engagea à rétablir sur la marge de la feuille cotée 23e pièce un premier paragraphe manquant ; je vis ensuite des erreurs de copiste encore plus conséquentes, qui m'engagèrent à transcrire en entier la fin de cette production qui compose toute la feuille cotée 26e pièce. J'invite les citoyens juges à faire passer à l'instant sous les yeux des jurés la copie entière composée des pièces 20 à 26, afin qu'ils puissent se convaincre de la vérité de ce que je leur expose.

Ce n'est qu'après l'inspection de leurs yeux que je conçois pouvoir leur rendre très-sensible le complément des explications que je dois leur donner.

Vous concevez, citoyens jurés, qu'il doit s'agir de fixer particulièrement les feuilles cotées 23 et 26, dans lesquelles seules paroît mon écriture.

Vous fixerez sur une des marges de la feuille cotée 23, un seul paragraphe écrit de ma main, que vous pouvez revoir à la page 175 du premier volume, et lequel est conçu ainsi :

« Le danger d'une imprudence ou celui d'une contre-détermi-
» nation, celui encore que fait naître la connoissance de la foi-
» blesse humaine, qui supporte trop souvent comme un fardeau,
» le poids d'une grande confiance, et semble se soulager en la
» déposant dans le sein de l'amitié, ou de ce qu'on croit être
» elle : tout cela, en outre, a été considéré par le directoire
» secret, et il n'a pas voulu abandonner peut-être le salut de
» la patrie au hasard de telles chances ; outre que, sous le rap-
» port de la fidélité, il est encore très-difficile d'être assuré de
» celle également inébranlable de douze hommes institués les...... »

La phrase en reste là, parce qu'elle se trouve continuée dans le corps de la pièce qui n'est pas de mon écriture.

Vous fixerez ensuite toute la feuille cotée 26, qui contient la transcription de toute la fin de la pièce que vous pouvez revoir aux pages 180 et suivantes du premier volume, en commençant par ces mots : *Oh ! sur-tout des lectures de journaux populaires.*

Je vous ai dit, avant d'avoir requis que l'on remît ces pièces

directement sous vos yeux; je vous ai dit alors dans quelles circonstances et comment ces fragmens se sont trouvés écrits de ma main. Si j'ai pu dès-lors vous faire goûter comme franche et naturelle mon explication, combien ne doit-elle pas maintenant vous paroître claire, lorsque vous en avez pu, pour ainsi dire, palper l'évidence? En la répétant, cette explication, j'espère détruire jusqu'au moindre nuage d'obscurité qui pourroit rester dans l'ame d'aucun de vous. J'ai dit que les cotes 20 à 26 de la 7e liasse sont une copie que m'avoit faite un des citoyens qui avoit l'entrée à la réunion particulière des démocrates qui s'occupoient de différentes méditations sur les moyens de faire triompher les principes populaires. Par suite du pacte que j'avois fait avec eux de conformer mes écrits à l'esprit et aux résultats de leurs travaux, moyennant qu'ils me mettroient à portée de la plus entière connoissance de ces mêmes travaux, cette copie du projet intitulé: *Création d'un directoire insurrecteur*, devoit être un des principaux renseignemens à me donner. « En lisant cette pièce, je m'apperçus qu'elle étoit impar-
» faite et inexacte, qu'il y manquoit plusieurs paragraphes essentiels.
» J'en demandai une copie correcte, pour vérifier ce qui man-
» quoit à la mienne, et pour ajouter à celle-ci les omissions que
» je reconnoîtrois y exister. C'est ce qui m'engagea à rétablir sur
» la marge de la feuille cotée 25e pièce, un premier paragraphe
» manquant, et découvrir ensuite des erreurs encore plus consé-
» quentes qui m'engagèrent à transcrire en entier la fin de cette
» production qui compose toute la feuille cotée 26e pièce. »
J'espère que ceci est maintenant évident pour tous, et que tous les citoyens sont convaincus, puisqu'il n'existe pas au procès d'autre copie de la pièce intitulée, *Création d'un directoire insurrecteur*, où paroisse mon écriture; j'espère, dis-je, que les citoyens jurés sont actuellement convaincus de la fausseté de l'assertion de l'acte d'accusation d'André Gérard, par laquelle il ose affirmer que *la plupart des pièces relatives à la création d'un directoire insurrecteur sont écrites de ma main*.

Mais il ne me suffit pas d'avoir détruit l'opinion qu'on a cherché à établir que j'étois l'auteur, le concepteur, le rédacteur de cet acte dit *de création*. Il reste constant, et de mon propre aveu, que j'en fus au moins l'approbateur; je pus le considérer comme une des pièces auxquelles je devois conformer le ton de mes écrits. Je fus donc, diront mes accusateurs, le participe, le complice de ceux qui le conçurent; et, à ce titre, je dois encore le défendre autrement que par une simple dénégation.

Je ne sais pas bien si ce n'est point donner beaucoup d'extension à la culpabilité, en supposant qu'elle existe, d'une chose telle qu'une production de l'esprit que de l'appliquer à tous ceux qui en pourroient être les approbateurs. Dans ce cas, qui sait combien on trouveroit de coupables si l'on pouvoit connoître tous ceux des citoyens de la République qui, s'ils avoient la liberté de manifester leurs pensées, applaudiroient à la plupart des vues et des dispositions du plan dit de *Création d'un directoire insurrecteur* : on en jugera bientôt lorsque je l'analyserai.

Oui, je dois l'analyser.

Cette pièce est sans doute importante au procès, et il ne faut pas, l'on ne peut pas passer légèrement sur elle. L'accusateur Viellart en a beaucoup parlé dans son grand discours de la séance du 4; mais il en a parlé vaguement; et il a semblé craindre d'en toucher le texte pour ne pas faire ressortir des vérités trop capables de justifier ses auteurs et ses approbateurs. Pour moi, j'aborde franchement tout... Ce n'est point ici un procès d'individus, on l'a déjà dit; c'est celui de la République : il faut, malgré tous ceux qui n'en sont pas d'avis, le traiter avec toute la grandeur, la majesté, le dévouement qu'un aussi puissant intérêt commande.

La pièce dite, *Création d'un directoire insurrecteur*, ne m'appartient pas, je l'ai fait voir : On ne prouvera point qu'elle appartienne davantage à aucun des républicains qui sont ici. Nous pouvons prouver, nous, qu'aucun d'eux ne l'a vue avant sa publication dans les volumes accusateurs qu'on a fait imprimer contre nous. Mais cet acte appartient à des républicains quelconques, et tous les républicains sont impliqués dans cette affaire; par conséquent il appartient à la République, à la révolution, à l'histoire. Il m'appartiendra particulièrement, si l'on veut, sous le rapport dont j'ai déjà parlé, celui de l'approbation que j'y donnai et du consentement de le prendre pour l'un des renseignemens essentiels sur lesquels je devois conformer le ton de mes écrits polémiques. Je dois donc le défendre : je dois le défendre, parce que je dois défendre la République et la masse des républicains qui la composent, impliqués tous, comme je l'ai dit, dans cette affaire. J'ai contracté, lors de mes premiers interrogatoires, l'engagement de cette défense d'une manière grande et généreuse, digne de tous les vrais amis de la patrie, digne de moi-même. Je veux tenir parole.

On a lu cette pièce, on peut y distinguer trois parties essentielles; les *motifs*, l'*intention*, les *moyens* : les motifs, premier point, ils s'expliquent par les premières lignes de l'acte. Ce sont des démocrates français qui annoncent être douloureusement affectés, profondément indignés, justement révoltés, de l'état inouï de misère et d'oppression dont leur malheureux pays offre le spectacle... Pénétré du souvenir que lorsqu'une constitution démocratique fut donnée au peuple et acceptée par lui, le dépôt en fut remis sous la garde de toutes les vertus.

Aux yeux des Appius, des patriciens et des royalistes, voilà sans doute de grands blasphêmes! permettez-leur : ils auront bien l'audace d'affirmer qu'il n'est pas vrai que depuis près de trois ans notre pays soit malheureux ! qu'il n'offre pas le spectacle le plus inouï de l'oppression et de la misère ! qu'il n'y a pas de quoi être profondément indigné, affecté de douleur et justement révolté ; que c'est la plus horrible imprécation, le plus infame mensonge que d'avoir pu écrire qu'une *constitution démocratique fut donnée au peuple et librement acceptée par lui*, tandis qu'il est reconnu par tous les citoyens actifs de la France, c'est-à-dire, à-peu-près par un million sur vingt-quatre, que cette *constitution* prétendue démocratique n'est qu'un code abominable, atroce *et impraticable*.

Génie de la Liberté ! que de graces j'ai à te rendre de m'avoir mis dans une position où je suis plus libre que tous les autres hommes, par cela même que je suis chargé de fers ! Qu'elle est belle ma place ! qu'elle est belle ma cause ! elle me permet exclusivement le langage de la vérité ! que dis-je ! elle m'y forceroit de l'exprimer toute entière lors même que je n'y serois pas incliné par mon cœur. Je puis tout dire ici : il y a plus, la nature de ma défense m'oblige à tout dire. Au milieu de mes chaînes, ma langue est privilégiée sur toutes celles de l'incalculable nombre des opprimés et des malheureux, à chacun desquels on n'a pu, comme à moi, bâtir pour demeure un cachot. Ils souffrent, ils sont vexés, pressurés, accablés sous la plus cuisante détresse, courbés sous le plus odieux avilissement ; et, pour comble d'atrocités, il ne leur est plus permis de s'en plaindre . . . . L'affreuse inquisition exige que, baissant leurs fronts humiliés, se résignant à toutes les espèces de privations, au plus honteux comme au plus dur esclavage, ils réunissent à tant d'opprobres reçus celui de n'oser même en murmurer . . . . . On exige (ô dernière dégradation) ! qu'ils chantent leurs fers, leurs malheurs, leurs abjections ! . . . . . qu'ils bénissent leurs ennemis ; qu'ils exècrent leurs défenseurs ; qu'ils maudissent les lois bienfaisantes qui, dans des jours prospères, avoient été faites pour eux ; qu'ils se prosternent aux pieds de celles qui les avilissent, qui les enchaînent, qui les dépouillent et les affament ! . . . . Nous seuls, nous captifs, nous chargés d'une énorme accusation, pouvons encore, sommes exclusivement appelés par la nature de notre cause, à jouir de la grande consolation de proclamer publiquement l'adorable vérité, ... de louer tout ce qui est bon et louable, d'anathématiser ce qui est oppressif et injuste. Eh bien ! vous tous qui nous entendez, portion du peuple réuni dans cette enceinte . . . . Peuple français, à qui les échos porteront aussi, un peu plus tard, les accens de nos voix plébéiennes, partagez cette consolation qui est notre dernier bien. Entendez encore une fois le langage des beaux jours de la république démocratique ; ils revivront ici ; et . . . . si quelques-uns de ses enfans les plus attachés doivent périr sur ce champ de bataille ; . . . . s'ils doivent, en ouvrant leurs tombeaux, préparer l'universelle hécatombe des fondateurs de tous les partisans de la liberté, ah ! qu'au moins les fastes de l'histoire recueillent de leur bouche expirante des expressions qui ne soient point indignes des martyrs de la plus sainte des causes !... qui soient un hommage pur rendu à l'auguste vérité, aux principes les plus sacrés et les plus respectables.... Que leurs dernières paroles ne soient point des blasphèmes contre les plus beaux dogmes ; qu'au moins si la patrie est condamnée à mourir dans tous ceux de ses enfans qui sont dans cette affaire, il soit dit qu'en périssant ils n'ont point trahi, qu'ils ont courageusement professé les maximes de leur mère . . . . . Je parle aux vertus, elles seules peuvent trouver en nous des justes : s'il n'en étoit plus pour m'entendre, ah ! sans doute, il ne resteroit qu'à dresser l'échafaud . . . . Je ne comprends rien à tous les petits moyens de défense que dicte l'intérêt du *moi* personnel ; je ne sais ni déguiser, ni mentir, ni rien sacrifier aux considérations particulières ; j'ignore aussi ce que de toutes parts on entend par vouloir resserrer cette défense. Je ne peux pas supposer à ceux près desquels il importe le plus de l'établir, je veux dire les citoyens jurés, d'autre desir que celui d'être très-éclairés avant de prononcer dans une aussi grande cause. Eh bien ! je le répète, je vaincrai toutes les résistances pour leur donner avec franchise, sans détour, sans subterfuge, la totalité des lumières que je crois utiles.

Citoyens jurés, l'acte que nous examinons est grand, important, même d'après le jugement de nos accusateurs. C'est l'acte fondamental de la prétendue conspiration, disent-ils, c'est sur cet acte que fut basée toute la conspiration. Il ne seroit donc pas convenable de glisser légèrement sur un tel acte : nous devons tous y donner toute l'attention qu'il mérite.

Nous en sommes à considérer les deux premiers paragraphes qui présentent les motifs de cet acte : contre toute évidence et contre l'opinion, et le témoignage unanime de vingt-quatre millions d'infortunés, il paroît qu'il y a environ un million d'individus dans la République, qui soutiennent qu'il n'est pas vrai que, depuis trois ans, *notre pays soit malheureux ; qu'il n'offre point un spectacle inouï d'oppression et de misère ; qu'il n'y avoit pas lieu d'être profondément indigné, douloureusement affecté et justement révolté ; que, dans tous les cas, il n'est de bon citoyen que celui qui voit d'un œil sec, froid et indifférent tous les maux et toutes les calamités fondre impétueusement sur le plus grand nombre de ses frères ; que c'est une imprécation digne de tous les supplices, un mensonge patricide, que d'avoir écrit qu'une constitution démocratique fut autrefois donnée au peuple et librement acceptée par* lui, lorsque le million de citoyens actifs assure le contraire, et garantit que ce code n'étoit qu'atroce, *abominable et impraticable*.

Mais je ne vois pas possible la dispense, de ma part, de l'examen de la question de savoir jusqu'à quel point est exacte cette feinte opinion des citoyens actifs. Il faut bien que nous reconnoissions si, lorsqu'on a écrit les deux premiers paragraphes de l'acte de *création*, les motifs qu'ils expriment avoient quelque excuse; il faut que nous reconnoissions si c'etoit un très-grand crime alors d'être mécontent, et si c'étoit une suprême vertu à ceux qui voyoient l'état lors présent des choses avec un sang-froid et une indifférence imperturbables. Eh! pourquoi hésiterions-nous? Le despotisme croit-il, avec ses rescripts arbitraires, étouffer à jamais la vérité? il a beau faire; la postérité accourt; elle est déja immédiatement derrière lui. Nous, plus que personne, pouvons dès ce moment nous réunir au cortège de cette postérité hâtive. Parlons déja comme l'histoire, nous ne pouvons rien y perdre pour nous, et cette hardiesse peut-être ne nuira pas aux autres.

Citoyens, je ne vous retracerai point ici le tableau de l'horrible famine et de toutes les calamités de l'an 3 et suivans qui, il s'en faut bien, ne sont pas réparées. Ce tableau qui a été fait ici, s'il a frappé et attendri des cœurs par sa déplorable ressemblance, en a soulevé quelques-uns par ses caractères si sévèrement accusateurs de ceux qui nous accusent. Je ne veux pas rouvrir en ce moment les plaies de ces derniers, et je sens que les autres doivent encore avoir présente la sensibilité que cette image écrite leur a fait éprouver; qu'ainsi ils tiennent déja, sous ce rapport, un des motifs légitimant la *profonde indignation*, l'*affection de douleur* et le *premier mouvement de l'ame révoltée* à la vue du spectacle de la *misère et de l'oppression du peuple français*, sentimens ou dispositions qui se lisent aux premières lignes de la pièce que je défends.

Le second grief qu'elle énonce est l'enlèvement au peuple d'une constitution qu'on y dit être la sienne, et qu'on surnomme encore *la constitution démocratique*. Citoyens jurés, il faudra bien, dans un moment quelconque, aborder la question sur cette constitution. La prétendue provocation de son rétablissement fait un des chefs de notre accusation. Il faut bien que nous nous justifiions sur ce chef; et quoique la loi du 27 germinal prescrive de n'en point parler, quoique nos mandats d'arrêt nous menacent de son application pour y avoir dit ou contrevenu, elle ne peut nous en imposer relativement à l'état de défense où nous sommes. Quand la question intentionnelle est conservée, il n'y a plus de défense réduite aux simples points de fait; la moralité des actes est soumise en principal à l'examen. Je ne traiterai pas non plus aujourd'hui cette question amplement, quoiqu'elle se présente dans l'occasion peut-être la plus opportune, celle où elle paroit pour la première fois, et dans l'acte

?où il n'est pas invraisemblable qu'on ait essentiellement tiré la présomption de la provocation, qui cependant n'est peut-être que le simple désir exprimé du rétablissement de la Constitution de 1793.

Le motif de la pièce n'est-il pas justifié quand on considère que le parti qu'on y semble regretter fut en effet le fruit de la volonté souveraine du peuple français, solennellement prononcée par lui, cimentée par tant de sacrifices et de prodiges, garantie par le serment le plus spontané, le plus général et unanime et le mieux senti?

Quand on considère que le peuple qui l'avoit cru inviolable comme lui-même se la vit arracher, après une année de tiraillement, d'opprobre, de famine, de ruine absolue du pauvre, d'emprisonnement, de proscriptions, d'assassinats, d'envahissement successif de toutes les garanties de la liberté par ceux-là mêmes qui avoient décrété ce code populaire et l'avoient les premiers juré;

Quand on considère que le peuple se vit imposer une autre constitution malgré lui, contre son vœu manifeste, et quelques jours après qu'on lui avoit encore garanti la première par une loi portant des peines graves contre ceux qui oseroient l'attaquer; quand on considère que le nouveau joug fut arrosé du sang des Gracques, maintenant à la faveur de la déposition des députés fidèles, de l'exil, des cachots, des bourreaux, des désarmemens, de la torpeur, de la famine entretenue, perpétuée, réduite en système, tels sont, citoyens, en simple apperçu, les développemens des motifs majeurs qui justifient peut-être assez la très-courte analyse offerte par les deux premiers paragraphes de l'acte dit de *création du prétendu directoire insurrecteur*, qui se lisent en ces termes aux pages 169 et 170 du premier volume des pièces.

« *Des démocrates français, douloureusement affectés, profondément indignés, justement révoltés de l'état inouï de misère et d'oppression dont leur malheureux pays offre le spectacle;*

» *Pénétrés du souvenir que lorsqu'une constitution démocratique fut donnée au peuple et acceptée par lui, le dépôt en fut remis sous la garde de toutes les vertus.* »

Bailly, accusateur national : Je demande la parole.

Babœuf : Laissez-moi parler; vous ne devez pas m'interrompre.

Le président : Je vous retire la parole.

Babœuf : Nous sommes accusés d'avoir prêché la constitution de 93!

Bailly : Lorsque le peuple a juré par l'acceptation de la constitution de l'an 3, qu'il ne vouloit plus de la constitution de 93, celui-là va contre la volonté générale qui veut reproduire, malgré le peuple, la constitution de 93; celui-là est un conspirateur qui travaille, qui concerte, qui machine pour reproduire cette constitution de 1793 contre la volonté du peuple.

L'acte qui forme la 61ᵉ. pièce de la 7ᵉ. liasse, qui forme aussi depuis la 20ᵉ. jusqu'à la 25ᵉ. pièce de la 8ᵉ. liasse, est la formation, non seulement d'un directoire secret d'insurrection pour parvenir à la destruction du gouvernement de l'an 3, et à la résurrection de la constitution de 93, mais encore de 12 agens révolutionnaires principaux d'arrondissemens pour Paris seulement.

Nous disons que cet acte est l'organisation d'un des moyens principaux des conspirateurs; nous disons que c'est l'organisation de la conspiration; nous disons que ce qui y a été fait depuis par les conjurés, n'a été, pour la majeure partie, que l'exécution des mesures arrêtées dans l'acte de création du comité secret; nous disons que, quand des citoyens français sont accusés d'avoir conspiré contre la sûreté intérieure de l'État pour détruire la constitution de l'an 3, le gouvernement établi par le peuple en 1795 et par lui accepté,......

Germain: Il n'y a plus de 95!

Bailly continue: Pour établir un tout autre gouvernement que celui établi par le peuple; nous disons que sur ce point les accusés doivent se défendre non pas en justifiant leurs motifs, non pas en......

(Tumulte.)

Danké: Et la question intentionnelle?

Réal: Ils se défendront comme ils voudront.

Bailly continue: Ils doivent se défendre de l'accusation de conspiration, non pas en prétendant que les motifs qui les ont déterminés à conspirer étoient bons, mais en prouvant qu'ils n'ont pas conspiré.

Réal: Ils se défendront comme ils voudront.

(Bruit.)

Bailly: Nous demandons au citoyen président d'exécuter à l'égard du défenseur officieux, le citoyen Réal, la loi qui ne lui permet pas d'interrompre sans avoir demandé la parole.

(Bruit.)

Des accusés: Il ne falloit pas nous interrompre. C'est vous qui nous avez interrompus.

La suite au prochain numéro.

A PARIS, chez BAUDOUIN, Imprimeur du Corps législatif.

(N°. 47.)

DÉBATS ET JUGEMENS
DE LA HAUTE-COUR DE JUSTICE.

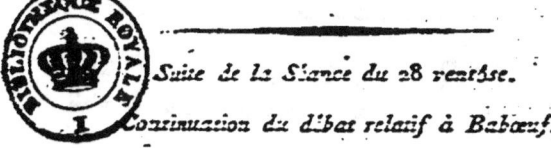

Suite de la Séance du 28 ventôse.

Continuation du débat relatif à Babœuf.

RÉAL : Toujours la parole contre nous !

Darthé : Vous devez être bien aise : c'est un crime dans votre sens !

Réal aux accusés : Taisez-vous donc ! taisez-vous donc !

Des accusés : Qu'on nous replonge dans nos cachots !

Réal : Je demanderai seulement la parole après.

Bailly : Nous disons que ce n'est pas se défendre d'une accusation de conspiration.

(Bruit.)

Réal aux accusés : Taisez-vous donc ?

Germain : Nous avons notre tête qui paiera pour nous ; laissez-nous parler.

Un accusé : Qu'est-ce que cela nous fait ?

Un autre : Vous ne cherchez qu'à prolonger le débat ; vous empêchez qu'on nous juge ; vous voulez empêcher l'impression dans le cœur des jurés ; vous mettez toujours des entraves, des incidens qui interrompent et prolongent les séances.

Bailly : Nous disons que les accusés doivent se défendre d'avoir pris part à la conspiration, et non la propager, et exécuter ici précisément la conspiration de laquelle ils sont accusés.

Darthé : Il faut faire fermer les portes.

Bailly : Nous disons que la Haute-Cour ne peut ni ne doit souffrir que, sous le prétexte de se défendre de la qualité de conspirateur, on justifie ici le fond de la conspiration : nous dirons qu'il n'appartient qu'au peuple de choisir le gouvernement que bon lui semble, le gouvernement qui lui convient ; que, quand le peuple a choisi ce gouvernement, et qu'il existe une loi portant que celui-

Débats & jugemens de la Haute-Cour. Tome IIe. R il est conspirateur qui veut détruire le gouvernement établi par le peuple (on rit), l'accusation de conspiration exige que les accusés se défendent d'avoir voulu renverser le gouvernement établi par le peuple : mais lorsque, constamment, à chaque séance, au lieu de se disculper sur une pièce, au lieu de dire, Cette pièce ne prouve pas que j'aie conspiré pour la destruction du gouvernement; ou, Cette pièce n'est pas de moi; lorsqu'au lieu de cela on va jusqu'à prétendre, jusqu'à vouloir établir, en appelant même le peuple à soi (bruit), comme Babœuf vient encore de le faire, que la conspiration étoit légitime, nous disons que c'est un nouveau crime que l'on commet dans le sein même de la Haute-Cour de justice ; nous disons......

Germain : Vous nous jugerez !...... Si nous en appellions au peuple, nous serions sûrs d'être acquittés.

Bailly continue : Nous disons que la Haute-Cour de justice ne doit pas le souffrir.

Darthé : Est-ce qu'on ne doit pas proposer la question intentionnelle.

Un accusé : Il faut nous tracer notre défense.

Un autre : Il faut nous mettre hors la loi !

Réal : Taisez-vous donc !

Bailly continue : Nous requérons en conséquence que ceux des accusés (nous ne croyons pas que les défenseurs les secondent à cet égard) que ceux des accusés qui, au lieu de se défendre de la qualité de conspirateurs, voudront aussi justifier la conspiration en elle-même, soient rappelés à l'ordre, que la parole leur soit refusée sous ce point de vue, et nous le demandons formellement.

Réal : Nous demandons la parole pour un fait.

— Je demande à faire une observation sur un fait. L'accusateur national a dit que les accusés n'avoient en aucune manière à se défendre sur l'intention même du délit qu'on leur impute.

— *Bailly* : Je n'ai pas dit cela.

Réal : Je vous préviens que si vous vous fâchez ! vous êtes fâché ! Vous ne devriez pas l'être, ce me semble, à l'audience.

Citoyens, l'accusateur national ne veut pas que l'accusé cherche à justifier les motifs dans lesquels il a fait telle ou telle chose. Il veut bien lui permettre de se défendre sur telle pièce ; il veut bien lui permettre de dire que cette pièce n'est pas de lui, ou qu'elle ne prouve pas ce qui fait la base de l'accusation : mais il ne veut pas qu'il puisse expliquer dans quelle intention il peut avoir fait tel ou tel délit. Hé bien ! l'accusateur national ignore donc les premiers élémens de son ministère ; car il a dit cela, car il n'y a de délit que quand il y a intention.

Il faut trois parties dans un délit : il faut le fait, et l'accusé, surtout l'intention sans laquelle il n'y a qu'un fait et jamais de délit

Ainsi, si ceux dont on parle avoient commis le fait d'avoir voulu provoquer le rétablissement de la constitution de 93, si ces personnes-là avoient commis ce fait là; si cependant je venois à prouver, moi défenseur, que ce qu'ils ont fait étoit dans d'excellentes intentions, ou dans des intentions qui ne seroient pas criminelles, alors il y auroit un fait; il n'y auroit pas de délit. Ce fait ne seroit pas déclaré délit, par la raison qu'il n'y auroit pas d'intention.

C'est tellement vrai, que, dans toutes les plaidoieries, on pose cette question intentionnelle; c'est tellement vrai, qu'encore, il n'y a pas long-temps, au Conseil des Anciens, on a rejeté la résolution du Conseil des Cinq-Cents, qui sembloit devoir porter des limites à cette question qui constitue essentiellement le délit, et sans laquelle il n'y a jamais qu'un fait.

Je demande au contraire, citoyen président, je demande qu'on laisse aux accusés toute la latitude pour leur défense.

Je sais bien, moi, qu'il n'y a pas d'homme pour présenter plus maladroitement les faits qu'ils le présente. Je connois, tout comme un autre, quelles sont les lois qui défendent de parler. Mais pouvez-vous oublier, citoyen accusateur, cette constitution devant laquelle je me prosterne, la constitution actuelle, la constitution de l'an 3 ?

Il y avoit une loi qui défendoit de parler contre la constitution de 93, qui défendoit, sous peine de mort, de parler contre cette constitution : il y a eu des lois qui se sont heurtées. J'ai, à cette époque, fait ce que vous n'avez pas fait; j'ai osé écrire contre cette constitution de 93 que je n'aime pas. Elle existoit encore alors. J'ai osé défendre des hommes qui étoient accusés du délit, du seul crime d'avoir écrit contre cette constitution, et je rappelle la défense que je fis alors de Lacroix.

A cette époque-là, je fus aussi menacé; cela ne m'empêcha pas de parler en faveur de l'accusé, que je connoissois avoir écrit dans d'excellentes intentions.

Cette loi est-elle applicable à des accusés qui sont eux-mêmes dans ce moment-ci prévenus d'avoir commis ce délit ? Ne venez pas dire que c'est faire une conspiration. Soyez quelquefois commissaire national, et ne soyez pas toujours accusateur national. Ne vous fâchez pas quand ils se défendent, et fâchez-vous un peu quand ils s'accusent.

Le Tribunal se retire pour délibérer.

JUGEMENT.

« La Haute-Cour, considérant que le discours commencé par
» Babeuf, relatif à la lecture de la pièce intitulée : *Création d'un*
» *directoire insurrecteur*, et à la question à lui faite par le pré-
» sident, a pour objet de prouver qu'il a été permis de conspirer

» contre la constitution de l'an 3 et pour le rétablissement de
» celle de 93 ; qu'il se livre à ce sujet à des déclamations sédi-
» tieuses, et d'autant plus criminelles, qu'il ne pouvoit entrer
» dans sa défense de maintenir qu'il étoit permis de conspirer pour
» établir la constitution de 93 et anéantir celle de l'an 3 :

» Fait défenses à Babœuf de continuer ; lui enjoint de répondre
» positivement aux questions que lui fera le président.

» Ordonne que le jugement du 26 de ce mois sera exécuté,
» et en conséquence que le président retirera la parole à Babœuf
» toutes les fois qu'il se livrera à des discours séditieux ou à des
» discussions qui prolongeroient inutilement le débat. »

Babœuf : Il ne faut pas se défendre.

Lamberté : Moi, je ne parlerai pas ! il ne faut pas se défendre !
c'est le comble de l'infamie !

Babœuf : Il n'y a plus de question intentionnelle.

Lamberté : Vous pouvez me faire retirer ; je ne puis pas voir
des scélératesses comme celle-là.

Morel : La question intentionnelle est cependant maintenue par
le Corps législatif.

Vergne : Que les accusateurs nationaux disent comment on se
défendra.

Le président : Il est encore possible de vous rappeler un ordre
de défense convenable. Je vous dirai, moi, comment il est possible
de vous défendre. Certes, quand on sera accusé d'un délit qualifié,
jamais ce ne sera un moyen de se défendre, de dire que ce qui a pu
nous porter à le faire, est que nous avons droit de le faire.

Il n'est pas difficile de trouver une comparaison. Supposons, par
exemple, le cas dont a été question au Conseil des Anciens en
traitant la matière, celui du viol. Dira-t-on : *Je l'ai fait moins
dans l'intention du crime qu'en cédant à l'instinct de la nature ?*
Et se justifiera-t-on bien par ce moyen ? Je vous fais cette comparaison, comme très facile à saisir. Quand on veut se justifier sur l'intention, on peut dire : Mais je n'ai pas eu l'intention de faire ce délit.
Voilà quelles étoient mes intentions. Mais quand on est accusé d'une
conspiration contre la constitution de l'an 3, et qu'on s'attache à prouver qu'on a eu raison de le faire, ce n'est pas un moyen de se
justifier. Il est évident que ce n'est pas l'intention que l'on doit
justifier, mais le fait. Voilà ce que je vous dis pour votre instruction ; je ne crains pas de m'expliquer franchement avec vous.

Babœuf : C'est cela que j'ai voulu faire ; c'est où j'en voulois
venir.

Le président : On n'est pas obligé, pour arriver à une fin raisonnable, d'entendre des intermédiaires qui ne le sont pas : ainsi
voyez si vous voulez répondre tranquillement.

Babœuf : Vous avez mal interprété mon discours.
Buonarroti : Me permettez-vous de parler là-dessus ?
Le président : Non pas, citoyen.
Vergne parle ; on ne peut l'entendre ; il se fait du bruit.
Réal : Taisez-vous donc ! Est-il possible !....
Vergne : Il faut que ce fait soit déclaré par les jurés ; jusque-là, vous, citoyen président, vous, accusateurs, vous n'avez pas le droit de prononcer qu'il y a conspiration. Et pour détruire ces mots *il y a conspiration*, il faut bien légitimer les actes que l'on prétend être une conspiration, à moins que vous ne décidiez d'abord que la conspiration existe, et qu'on ne doit se défendre que sur le plus ou moins de part qu'on peut y avoir pris. Mais d'abord le préalable seroit de décider s'il y a eu conspiration. C'est ce que votre jugement vient de décider ; et, bien certainement, nous sommes bien loin de le croire, parce que les jurés ne l'ont pas prononcé.
Le président : Vous n'avez pas la parole.
Babœuf : Personne ne l'a ; je ne l'ai pas non plus.
Le président : Je vous observe que vous avez dit que cet acte de création d'un *directoire insurrecteur* n'étoit qu'un rêve philanthropique. Je vous demande comment vous pouvez concilier avec cette idée d'un rêve qui seroit resté dans les termes d'un projet prétendu imaginé et non réalisé, le terme de *présent* qu'on lit dans les dispositions de cet acte, article premier : *Il se forme dès ce moment un directoire insurrecteur* ?
Germain : Je demande à faire une observation qui détruira le mot *présent*. Je voudrois savoir si, dans les papiers qui ont été saisis chez quelques-uns des accusés présumés agens, on a trouvé cet acte.
Babœuf : Je ne dois pas répondre.
Germain : Je puis faire des observations. Si cet acte n'a été trouvé chez aucun des prévenus d'être agens, comment pouvez-vous croire, comment les accusateurs nationaux peuvent-ils établir que cet acte a eu une sorte de publicité, et est sorti de dessous le chevet du lit de celui qui l'a fait ?
Le président : C'est ce que la suite apprendra. Je reçois votre observation ; mais vous pourrez la rappeler lorsque je présenterai les pièces qui peuvent annoncer que l'acte a été envoyé à quelqu'un.
Je vous demande, citoyen Babœuf, si vous n'avez pas fait passer cet acte insurrecteur, l'instruction qui l'accompagne, et un brevet, aux agens choisis pour l'exécuter dans les arrondissemens des douze municipalités de Paris.
Babœuf : Citoyen, je vous prie de vouloir me faire le plaisir de me renvoyer dans mon cachot ; je suis extrêmement malade ; je

passe toutes les nuits depuis quinze jours à travailler ; je viens ici le matin, après m'avoir donné bien de la peine pour me défendre, après m'avoir mis l'esprit à la torture pour chercher à me mettre dans les termes de la loi. Après que je me suis rendu malade, et que je viens ici par les plus grands efforts pour me mettre en état d'être jugé et que l'on me ferme la bouche, je n'ai plus rien à dire ; je n'ai plus besoin d'être présent au débat.

Le président : Je n'entends pas déterminer votre défense.

Babœuf : Vous l'avez fait. Je vous prie d'examiner mes jambes ; j'ai les jambes comme des poteaux.

Buonarotti : Je demande, moi, que vous m'accordiez la parole pour demain, pour parler sur l'acte intitulé : *Création d'un directoire insurrecteur* ; je m'engage de prouver que cet acte n'a eu nullement en vue une provocation à un crime.

Didier : On ne peut pas refuser la parole.

Buonarotti : Je ne peux le faire aujourd'hui. Je demande la parole pour demain. Comme cet acte est la base de tout l'échafaudage formé là-dessus, je crois que vous ne pouvez me refuser la parole. J'observe de plus, que cet acte ne m'est pas personnel ; je n'en ai jamais eu connoissance ; mais la vérité est plus forte que mon intérêt.

Le président : Je vous accorderai la parole tout à l'heure si vous voulez ; mais vous sentez que si à chaque instant on demande le renvoi à un autre jour....

Babœuf : Nous demandons à répondre.

Le président : Eh bien ! répondez-moi.

Babœuf : J'ai commencé à vous répondre.

Le président : Vous passez les nuits pour faire des discours absolument étrangers à la pièce, et vous sentez....

Un accusé : Vous ne pouvez pas le juger ainsi.

Le président : Je vous demande si vous n'avez pas fait passer cet acte de création d'un directoire insurrecteur, l'instruction et un brevet aux agens choisis pour les douze arrondissemens de Paris.

Babœuf : C'auroit été ce que mon discours vous auroit expliqué.

Blondeau : Vous ne savez pas ce qu'il veut répondre sur cette pièce.

Le président : La Haute-Cour a prononcé sur cela.

Blondeau : Il faut entendre la suite du discours.

Le président : Il faut qu'il réponde quand je l'interrogerai.

Blondeau : S'il l'a écrit, comment voulez-vous qu'il vous réponde ?

Réal : Permettez, citoyen président, on lui a fait une question sur une pièce. Sans doute si Babœuf avoit dit : J'ai eu raison de faire cette pièce ; s'il avoit dit cela, moi-même j'aurois signé votre jugement. Mais lorsqu'il veut prouver qu'il a été excusable, il est en droit de parler. Mais on ne s'est pas entendu.

Le président : Nous ne devons pas faire de conversation.

Réal : C'est pour la défense qui va suivre. Je sais bien qu'il ne faut pas faire de longs discours ; mais comment pourra-t-il dire qu'il a été excusable ? Je suis moi-même bien embarrassé. Comment pensez-vous que je puisse parler dans la mine ? Certainement il n'entre pas dans mon cœur ni dans mon esprit de dire sur tel et tel fait, qu'on a eu raison de le faire ; mais il entre dans mon esprit et dans mon cœur de dire que tel ou tel fait est excusable. Dites, comment voulez-vous que je m'y prenne ? Il sera impossible de parler ; nous sommes arrêtés.

Le président : Si vous ne voulez pas répondre, on va faire lire la pièce.

Réal : On fera ce que l'on voudra ; que voulez-vous que j'y fasse ?

Cazin : Citoyen président, l'acte d'accusation qui porte sur moi, porte que je suis un agent ; il faut que Baboeuf s'explique, parce que, moi, je démentirai l'accusateur public. Si Gérard me dit agent du crime, je ne le suis pas.

Le président : C'est ce qu'on verra à votre débat particulier.

Plusieurs accusés : Il faut permettre de donner tous les développemens à la principale pièce.

(*Bruit.*)

Germain : Votre jugement porte en toutes lettres que ce discours contient des provocations séditieuses ; et cela parce qu'on a présenté quelques opinions sur la constitution de 1793. La constitution de 1795 a été acceptée par l'universalité du peuple. Quelle triste idée a-t-il donc, le citoyen Bailly, des citoyens français, lorsqu'il croit qu'ils pourront revenir de cette acceptation libre de 1795, en faveur des provocations séditieuses pour la constitution de 1793! C'est une inconséquence du citoyen Bailly : il dit que l'universalité des citoyens a accepté la constitution, et d'un autre côté, il a peur, le Tribunal a peur que quelques provocations en faveur de la constitution de 1793 ne détruisent cet effet de l'acceptation libre du peuple pour la constitution de 1795. Tous les Français l'ont acceptée, et vous avez peur !

Ricord : C'est raisonnement, et non pas provocation.

Le président : Je vous demande, Baboeuf, si vous n'avez pas fait passer l'acte portant *création d'un comité insurrecteur*, l'instruction qui l'accompagne et le brevet, aux agens choisis pour son exécution dans les douze arrondissemens de Paris.

Je vous demande s'il n'est pas à votre connoissance, au cas

que ce ne soit pas vous, que cet acte ait été adressé aux agens établis près les douze arrondissemens de Paris.

Je vous demande si vous ne l'avez pas adressé à B. de Lyon, afin qu'il l'exécutât lui-même auprès des réfugiés de Lyon qui pourroient être à Paris ou qui pourroient y être appelés.

(Babœuf ne répond pas.)

(On lit la première pièce de la neuvième liasse.)

(Voyez la page 243, premier volume.)

Le président: Le ci oyen Babœuf a reconnu pour être de sa main la 4°. pièce de la 6. liasse. Cette pièce peut présenter les noms des citoyens qu'on a pensé être les agens des douze arrondissemens.

(Voyez la page 52, premier volume.)

Réal: Le procès-verbal ne dit pas si cela faisoit partie d'une autre pièce?

Viellart: Non, la voilà telle qu'elle étoit.

Réal: C'est un chiffon encore.

Le président: La dix-septième pièce de la même liasse, encore reconnue par lui, ne contient que des chiffres et des lettres initiales.

Germain: Je demande la parole sur la pièce qui vient d'être lue; car il faut bien que quelqu'un parle.

Le président: Volontiers, citoyen.

Germain: Je ne vois pas pourquoi sur la 4 pièce de la 6 liasse le Tribunal peut établir que c'est une liste d'agens qui servoient le comité insurrecteur, ou le prétendu comité insurrecteur. Veuillez, citoyen, établir en vertu de quoi vous dites que cette liste ou ce chiffon contient les noms des douze agens des douze arrondissemens.

Viellart: Il faut répondre au citoyen Germain, et lui dire l'espèce d'analogie.

Des accusés: Ah! voyons donc l'analogie!

Viellart: Oui, l'analogie! Nous ne présentons ces pièces-là que comme des documens qui peuvent amener dans l'esprit des autres la conviction qu'elles ont portée dans le nôtre.

D'abord on voit dans l'organisation douze agens principaux; nous trouvons cette liste mentionnée quatre fois dans les pièces; nous la trouvons deux fois en toutes lettres, et deux fois par les lettres initiales avec les chiffres qui correspondent. Nous trouvons toujours le nombre 12; nous trouvons parmi les noms le nom de Cazin, huitième arrondissement. Eh bien! la liasse du huitième arrondissement des pièces saisies chez Babœuf est composée de lettres que Cazin a reconnues; qu'il a lui-même signées en toutes lettres, Cazin.

Vous voyez par conséquent que ce n'est pas sans des motifs

assez puissans qu'on présente ici cette liste comme celle des agens des douze arrondissemens.

Vous y verrez des contradictions; et les jurés peseront ces contradictions avec les inductions que nous faisons valoir en ce moment.

Un accusé : Il faut donc nous permettre de parler !

Cazin : Le citoyen Viellart vient de dire que dans les pièces qu'on a saisies chez Babœuf, on y a trouvé des lettres de moi: ces lettres vous donnent-elles une preuve légale, pour que vous puissiez décider que je suis un agent de Babœuf ?

Viellart : Oui ; car ces lettres portent : *L'agent du huitième arrondissement au directoire de salut public*. On répond à cette lettre là : *Le directoire de salut public à l'agent du huitième arrondissement*. Nous avons donc raison de le penser.

Vous avez dit, par exemple, que vous ne pouviez pas remplir la mission d'agent, par la double raison, d'une part, que vous n'aviez pas de facultés; et d'autre part, que vous manquiez de talens. Le directoire de salut public vous répond; et la minute (ou une copie, n'importe) existe dans les pièces de la main de Babœuf : il répond à *l'agent du huitième arrondissement*, qui est sans doute Cazin, puisqu'il a signé en toutes lettres : *On va pourvoir à la première difficulté résultante des moyens pécuniaires : quant à tes talens, marche ; nous t'en connoissons assez*.

Je crois qu'il est impossible après cela de douter que Cazin soit l'agent du huitième arrondissement.

Germain : Je demande la parole.

Ballyer père : Je demande la parole pour détruire cela en deux mots.

Germain : J'ai la parole.

Le président : Vous voyez que ceci a trait au débat particulier du citoyen Cazin : il n'est pas question de savoir s'il a été ou non agent.

Germain : C'est pour détruire l'analogie ; sur la question de savoir s'il y a analogie avec cette pièce et les présomptions qu'on a déjà établies que c'étoit une pièce contenant les noms des douze agens, et qu'on a établi cette analogie sur ce que le nom de Cazin, qui se trouve nommé comme agent du huitième arrondissement, prouve qu'il est agent du huitième arrondissement. Je vais établir la même analogie relative à d'autres noms. Je vous dirai que vous n'avez pas l'agent du cinquième arrondissement et de tant d'autres : comment pouvez-vous établir l'analogie, citoyen ?

Viellart : Il existe des pièces de Morel, de Moroy, de Bouin et de Cazin.

Germain : La manière dont ces citoyens vous expliqueront ce que c'est que ce mot d'*agent*, détruira ce que vous dites aujourd'hui. Et moi aussi, dans mes lettres sur la *légion de police*, je parle des *agens*; et cependant je n'ai jamais connu aucun agens du comité insurrecteur; et cependant je n'ai jamais été agent; et cependant je n'ai connu auprès de Babœuf que des citoyens qui travaillaient comme publicistes, qui, dans chaque arrondissement, donnoient des renseignemens qu'ils ne pouvoient se procurer eux-mêmes, parce qu'ils étoient frappés par le gouvernement, et ne pouvoient sortir de leurs cachots.

Voyez tous les publicistes qui ne peuvent pas se mettre eux-mêmes aux recherches ; ils ont des personnes qu'ils nommeront *agens*, *surveillans*, qui leur donneront ces renseignemens ; et cependant ce ne sont pas des *agens insurrecteurs*.

Ce n'est que dans le débat particulier qui s'ouvrira sur chacun d'eux que vous pourrez établir que ce sont réellement ces personnes-là qui sont des agens du comité insurrecteur.

Pourquoi établir une prévention sur une analogie ? Établissez-la sur des certitudes, sur des certitudes bien-avérées. Je vous nomme Bodson, je vous nomme Guilhem, sur lesquels je puis établir analogie. Ce ne sont pas des agens du comité insurrecteur, puisqu'il n'y a aucune pièce de Guilhem.

Citoyens, on a passé un peu légèrement sur la lettre à Bertrand... sur la lettre à B. de Lyon (s'adressant à l'accusateur national Viellart) : c'est une note qui se trouve au bas, qui dit que c'est Bertrand. Je vois que vous riez ; vous croyez avoir arraché de moi un aveu aussi essentiel.

Citoyens, cette pièce n'a pas été envoyée à B.... je ne le crois pas. Je ne crois pas que cette pièce soit aussi essentielle : je crois que c'est l'original pur et simple qui se trouve dans le local.

Le président : Permettez-moi de vous observer que peut-être dites-vous une chose que Babœuf n'auroit pas dite.

Germain : Je vous dis, je crois, parce que je n'ai eu aucune relation avec le comité insurrecteur. J'ai eu des relations avec Babœuf comme journaliste : si je n'ai pas voulu en convenir devant le ministre de la police, c'est que je ne voulois pas me donner ce caractère.

Réal : Il y a une preuve négative à tirer.

Le président : Je desirerois que nous laissassions tout ceci.

Réal : C'est sur cette lettre-là....

Viellart : Cette observation peut revenir souvent ; je passe à votre observation. Vous dites, c'est l'original. Mon opinion est que c'est l'original. Mais voici dans quel sens infiniment différent du vôtre. C'est la minute. J'ai observé que les minutes paroissoient être de la main de Babœuf ; et il mettoit en tête s'il en falloit faire ce qu'il appeloit *copie*. Voici ce que j'interprète.

Germain : Établissons l'accusation sur des certitudes, et non sur des présomptions, sur des analogies.

Vuliart : On trouve donc en haut *copie* ; ainsi je crois comme vous que c'est non pas une copie, mais que c'est une minute d'une lettre dont Pillé, qui étoit le secrétaire du directoire, aura fait une copie.

Le président : L'opinion du citoyen Germain relativement à cela, n'est qu'une opinion.

Réal : Permettez, permettez. Je dis que la pièce elle-même paroît une preuve négative qu'elle n'a pas été envoyée, et ma raison, c'est qu'il n'y a pas en marge *expédié*, et dans quelques-unes .... Permettez, s'il n'y avoit pas ce mot *expédié* sur cent des pièces, j'aurois peut-être tort, et mon observation tomberoit ; mais si au contraire il s'y trouve.

Le président : On voit sur quelques-unes des pièces *expédié*, mais c'est chez le ministre de la police qu'on l'a mis.

Germain : Je demande à faire une observation.

Il est possible que je me sois mal expliqué lorsque j'ai dit original, j'ai voulu dire une lettre qui n'avoit pas été expédiée. Je n'entrerai pas dans le détail de savoir si c'est une copie de la main de Babœuf : je la regarde dans les pièces comme n'ayant pas été expédiée. Elle peut être très-bien copie de l'original ; mais je dis que je crois quelle n'a pas été envoyée ; et ce qui me le prouve, c'est que je ne vois dans les deux volumes de pièces aucune réponse ni aucun acte de ce B. de Lyon, à moins que ce ne soit Bodson. S'il est, comme la note le porte, Bertrand de Lyon, ce malheureux fusillé à Grenelle, je ne vois rien de lui dans les pièces.

Réal : On n'a pas oublié de faire cette généreuse observation qu'il avoit été fusillé au camp de Grenelle.

Un accusé : On auroit dû faire l'observation qu'on l'a mitraillé, mort, après avoir été arrêté à trois lieues de Paris.

Morel : Puisqu'on établit cette pièce sur la présomption, il me semble qu'il y auroit beaucoup de présomption que cette prétendue liste fût une note des abonnés qui n'avoient pas reçu leur journal de Babœuf, ainsi qu'il l'a dit à Gérard dans son interrogatoire du 28 prairial ; et je croirois en donner la certitude par un petit mot dans lequel Babœuf demande, page 50 du premier volume des pièces, *Morel est-il venu chercher des collections de tous les numéros de mon journal ?* parce que son journal ne me parvenoit pas quelquefois tous les jours ; il en restoit quelquefois deux à venir : certes, il est possible que cette note, comme il l'a dit dans son interrogatoire subi devant le directeur de jury, fait une note de ses abonnés; et cela est d'autant plus croyable, qu'on l'a trouvée dans son registre d'abonnement: c'est précisément sur cette pièce que l'on s'attache, parce qu'elle présente 12 noms.

Viellart: Voulez-vous bien répéter où se trouve la pièce.

— On répond qu'elle se trouve page 50 du premier volume.

— *Morel*: Gérard ne l'a pas considérée comme liste.

Viellart: Ne confondons pas, ce n'est point du tout cette pièce-là; elle fait partie de la 6e. liasse des papiers saisis chez Babeuf, elle ne fait point du tout partie de son registre: elle ne peut pas se rapporter à son objet.

Le président: Puisque nous en sommes sur la lettre de Bertrand, il faut tout éclaircir avant de passer à une autre. La lettre de Bertrand, observe Germain, ne lui paroît être qu'une lettre pour B et qui n'a pas été envoyée; il observe qu'en tête de cette lettre est écrit le mot *copie*, et que dans la 49e. pièce de la 7e. liasse, qui est un mémorial de choses faites ou à faire, on lit au 6e. paragraphe, « *faire une instruction pour Bertrand* ; le » *charger de former l'opinion des Lyonnais et des patriotes du* » *Midi*, etc. » L'écriture est supposée être celle de Darthé, et il y a de l'autre côté, en marge, et reconnu par Babeuf: *Fait. Lettre à Bert., du... Gal....* Voilà des preuves qui peuvent faire croire que cette lettre a été envoyée.

Germain: J'observe au Tribunal et aux citoyens jurés que la première pièce de la 9e. liasse, le *D. de S. P., à B de Lyon*, est sans date, il n'y a que le mot *Germinal*. La 49e. pièce est absolument sans date: vous ne pouvez pas dire que ce soit la même chose, à moins que cette pièce ne contienne une analyse de cette lettre. Plusieurs personnes de Lyon étoient abonnées au Tribun du Peuple; plusieurs écrivoient au Tribun du Peuple.

— Le citoyen Viellart me fait rire, il croit que je viens lui faire des aveux. Oui, ce sont des aveux; c'est franchement ce que je pense.

Le président: Nous allons lire cette pièce, qui porte 12 chiffres, et à chaque chiffre une lettre initiale. C'est la 17e. pièce de la 6e. liasse.

Réal: C'est un chiffon, si jamais il en fut.

— (*Voir les pages* 59 *et* 60 *du premier volume des pièces.*)

Germain: Ce qui me fait croire encore davantage que l'opinion tout-à-l'heure avancée par le citoyen Morel peut ne pas être déplacée, c'est ce que vous avez dit tout-à-l'heure, que les noms des agens se trouvoient répétés à cette page-ci, ou du moins les lettres initiales de leurs noms. Je ne sais pas si ces nombres 5, 9, ne seroient pas, comme nous le fait entendre le citoyen Morel, des numéros de journaux. Dans le reste de la pièce, je ne vois rien qui puisse fixer l'attention ; j'y vois un croquis pour des journaux, pour des romans ; je ne vois que cela. Il me semble qu'il est impossible de rien établir là-dessus. Sans date, essayez la plume, et vous en direz autant.

Le président : On va lire la 4e. pièce de la 23e. liasse.

(*Voyez la page 239 du second volume des pièces.*)

Morel : J'ai une observation à faire sur cette liste. Il y a sur la première pièce, au neuvième arrondissement un D., sur celle-ci D., et sur la 17e. 6e. liasse il y a un P. ; alors elles ne sont pas conformes. Sur deux listes il y a une M. au 12e numéro, et sur une autre il n'y a pas d'M, il ne se trouve qu'onze noms.

Il y a une liste qui n'a qu'onze lettres initiales.

Bailly : Il faut faire une réponse à ce que vient de dire le citoyen Morel. Le citoyen Morel vient de dire que sur la 17e. pièce qui vient d'être lue, on ne remarque que des chiffres et des lettres ; ensuite qu'après le chiffre 10 il n'y a rien ; au lieu qu'après le chiffre 10 de la 4e. il y a le mot *Pierron*. On a dans diverses pièces, comme on le verra, et le citoyen Morel l'a sûrement remarqué, dans les deux imprimés ; on remarque que jusqu'à telle époque qui est déterminée dans les pièces, le dixième arrondissement n'avoit pas d'agent principal, et on y remarque aussi que l'on a offert au citoyen Pierron et envoyé un brevet d'agent du dixième arrondissement : en sorte que, loin qu'il résulte de la comparaison de la 4e. pièce avec la 17e., que ce ne seroient pas des listes indicatives des douze agens d'arrondissemens, il pourroit fort bien arriver, et nous le pensons, que ce seroit une preuve du contraire.

Germain : L'observation qu'a faite le citoyen Bailly, ne détruit en rien l'observation qui vient de vous être faite, que vous ne pouvez en faire aucune espèce d'usage. Je n'avois pas remarqué de dissemblance entre ces deux pièces : qu'elles soient entièrement conformes, il n'en résulteroit pas moins qu'il est possible que ce soient des noms mis là pour se rappeler des numéros du journal délivré ou à délivrer.

Viellart : Que l'on donne lecture de la 4e. pièce de la 23e. liasse, et on verra que mon opinion est fondée.

(Le greffier donne lecture de cette pièce imprimée, page 239 du second volume.)

Réal : J'observerai qu'on a prononcé *Vacrés*, et qu'il y a partout *Vannet* ou *Vannec*.

Morel : J'observerai encore une fois que cette liste a été trouvée après l'arrestation de Baboeuf et dans son registre d'abonnemens.

Germain : J'observe que ces deux listes ne sont pas égales, celle-ci de la page 139 avec celle de la page 52 du premier vol.; au n°. 10 de celle-ci, je vois *Pierron*, et dans celle-là, *Labarre*.

Le président : Je vous ai annoncé que vous verriez une lettre par laquelle on dit qu'il faut abandonner l'un et s'adresser à l'autre.

Germain : Je voudrois que les accusateurs nationaux m'expliquassent si les citoyens ensuite de ces douze sont aussi d'autres agens d'arrondissemens.

Vieillart : L'analogie m'indique que ce sont des agens militaires. On a mis *lég. de sol.*, au lieu de *lég. de pol.*; mais où voit bien que cela veut dire *légion de police et autres corps armés*.

Germain : Oh! je le veux bien.

Le président : Je demande au citoyen Babeuf ce que ces noms signifient.

Babœuf : Je vous ai déclaré qu'il ne falloit plus que vous me demandassiez rien.

Le président : Je demande tout ce qui peut intéresser le débat. Je vous demande si vous n'avez pas rempli dans quelques copies de l'acte insurrecteur, si vous n'avez pas rempli de votre main, pour l'envoyer à quelque agent, le nom des sections qui composoient leur arrondissement et mis la date aux brevets.

Le citoyen Babœuf ne veut pas répondre. Il faut que je prépare une autre disposition, en conséquence la séance est renvoyée . . . .

Germain : Comme les yeux sont déjà fixés, je remarquerai que la différence de noms relatifs à la lettre initiale, ne se trouve pas seulement à Pierron, mais encore à *Deray*.

Morel : Citoyens jurés, je vais donner lecture de que dit Babœuf devant le directeur du jury, qui lui demande, *ce que signifie cette pièce trouvée dans son registre d'abonnemens*. Voici ce que répond Babœuf, que ces noms étoient relatifs à des non réceptions de numéros de son journal pour ses abonnés. Voici ce que Babœuf a répondu au directeur du jury.

Séance levée à deux heures et quart.

Sophie Lapierre a chanté la complainte de Goujon.

Certifié, ICONEL et BRETON, *sténographes.*

Séance du 29 ventôse.

La séance s'ouvre à dix heures et demie.

Le citoyen Buonaroti a la parole :

Depuis dix mois on fait retentir dans tous les coins de la France ces cris épouvantables : *L'affaire du 21 floréal est une horrible conspiration.* Depuis un mois on ne cesse d'ordonner aux jurés qui nous écoutent d'en reconnoître l'existence sous les peines dues à l'imbécillité et à la mauvaise foi : depuis un mois on nous enjoint de mille manières de ne pas toucher à ce point fondamental auquel on semble attacher un si grand intérêt. Quels que soient les dangers qu'il peut y avoir à entreprendre de déranger le système des puissans, et à défendre des principes pour lesquels ils ont témoigné tour-à-tour respect et aversion, je ne soutiendrai pas moins que dans l'*affaire du 21 floréal* il n'y a pas conspiration. Si je ne consultois que mon intérêt, je m'efforcerois à vous démontrer que je ne suis pas un conspirateur dans le sens de l'accusation; et vous verrez dans peu que cette démonstration ne me sera pas difficile.

Mais le sentiment profond des engagemens que j'ai contractés avec le peuple français, et de ceux que le peuple français a contractés avec moi, en me recevant au nombre de ses enfans, m'accusoit que, dans cette affaire, j'ai des devoirs à remplir et des droits à réclamer; je lui promis de défendre sa liberté, il s'obligea de conserver la mienne. Quand on proscrit ce qui est bien, quand on essaie d'établir en principe l'esclavage et l'erreur, je crois devoir à la vérité l'hommage de mes foibles moyens et le sacrifice de tout égard personnel. A force de céder aux impulsions trompeuses des anciennes habitudes, à force de préférer une léthargie avilissante et honteuse à la conquête, quelquefois difficile, de la liberté qui agrandit l'ame et lui montre une nouvelle espèce de bonheur, on retombe dans l'ancien système de droit public, où le droit de l'autorité étoit la *force* et la *contrainte*, la seule obligation des sujets.

Je suis cependant loin de penser que cette doctrine puisse prévaloir dans l'esprit du haut-jury. Les envoyés du peuple savent que son intérêt est leur seul devoir, et qu'il y a dans la nature des lois auxquelles celles des hommes sont essentiellement soumises.

Je les invoquerai souvent, ces lois saintes, dans le cours de la discussion de ce jour ; mais ce sera plus pour rendre sensible l'intelligence de nos lois positives que pour y apprécier exclusivement les vérités que je vais vous exposer.

Conséquemment, à l'engagement que j'ai pris dans la séance d'hier, je dois prouver que les pièces soixante-unième de la septième basse et quinzième de la huitième, commençant sous ces titres, *Création d'un Directoire insurrecteur*, *Organisation des agens principaux*, *Organisation des agens militaires*, *Première instruction du Directoire secret*, ne contiennent rien de criminel, rien de contraire aux lois de la République.

On prétend trouver dans ces pièces la preuve d'un *plan tendant à la destruction du gouvernement actuel*; *d'une association d'hommes décidés à le mettre à exécution*; *des premiers actes d'exécution*.

Ce plan, disent les accusateurs, est prouvé par la création du directoire insurrecteur, et par son instruction aux agens civils et militaires; l'association par ladite création, dans laquelle on remarque l'indignation de plusieurs démocrates, et l'article second qui fixe à quatre le nombre des membres du directoire; les premiers actes d'exécution par la nomination d'agens civils et militaires.

Ce qui est bien constaté par la procédure, c'est l'époque et le lieu de la saisie de ces pièces, que Baboeuf appelle des rêves philanthropiques de quelques patriotes.

Mais ce qui est encore enveloppé d'un voile ténébreux, et ce qui seroit pourtant essentiel à connoître pour les vues de l'accusateur, ce sont les personnes qui ont concouru à la conception de ces pièces, l'époque à laquelle elles furent rédigées, et le gouvernement du renversement duquel il y est question.

Car remarquez bien que, pour qu'il vous soit démontré qu'il y a aujourd'hui crime, il est nécessaire que vous soyez assurés que les tentatives qui peuvent avoir eu lieu ont été postérieures à l'établissement de la Constitution actuelle, et par conséquent au mois de brumaire de l'an 4.

Et certes il ne seroit pas étonnant de retrouver entre les mains des patriotes, et sur-tout de ceux qui pouvoient s'occuper d'écrire l'histoire de la révolution, des pièces relatives aux efforts des amis ou des ennemis de la liberté pour la consolider ou la combattre.

La suite au Numéro prochain.

On souscrit chez BAUDOUIN, Imprimeur du Corps législatif, Place du Carrousel, N°. 662.

Le prix de l'abonnement pour soixante feuilles in-8°, petit caractère, est de 10 francs, pour les départemens, franc de port, et de 8 francs pour Paris.

A PARIS, chez BAUDOUIN, Imprimeur du Corps législatif.

(N°. 48.)

DÉBATS ET JUGEMENS
DE LA HAUTE-COUR DE JUSTICE.

Suite de la Séance du 29 ventôse.

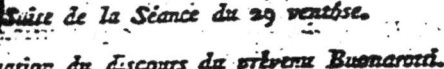
nuation du discours du prévenu Buonarotti.

Les pièces sont sans date : la Constitution de l'an 3, les Conseils, le Directoire n'y sont pas nommés une seule fois. Je dis plus, une phrase de la dix-neuvième pièce de la huitième liasse, faisant partie de la première instruction aux agens militaires, page 332, vol. 2e., annonce positivement qu'elle a été rédigée dans le courant de l'an 1795, ce qui ne peut que se concilier avec l'accusation, d'après laquelle elle fut nécessairement écrite en 1796.

En parlant de l'état malheureux du peuple, à la conservation duquel on vouloit faire contribuer les troupes, on dit qu'il est mille fois pire que l'ancienne servitude contre laquelle on s'est insurgé avec tant de raison, il y a six ans, c'est-à-dire, en 1789; et à partir de cette époque, la sixième année est celle de 1796, antérieure d'un an au temps auquel on voudroit rapporter les pièces en question.

En jetant ensuite un coup-d'œil sur la peinture qu'on y fait de l'état de la République, elle me semble également adaptée aux temps postérieurs à l'établissement de la Constitution actuelle. Arrivé à ceux qui s'écoulèrent entre le commencement de l'année 1794, et le fameux mois de vendémiaire de l'an 4 de la République, ce qui doit frapper est, je le répète, de ne pas trouver dans ces pièces, qui expriment bien évidemment le désir de changer la forme du gouvernement, une seule indication applicable exclusivement à celui qui régit actuellement la République française.

Je conclus de ces observations qu'il me paroît extrêmement hasardé de prendre pour base principale du complot qu'on veut prouver, des pièces qui pourroient bien être relatives à d'autres époques et à d'autres évènemens, lorsqu'il est d'ailleurs certain

Débats et jugemens de la Haute-Cour. Tome IIe. S

que toutes les fois que les amis de la liberté ont cru appercevoir la nécessité d'exciter l'attention publique sur la forme ou les actes du gouvernement, ils ont adopté le mode de communication et d'action en tout semblable à celui qu'offrent les pièces que nous examinons.

Abandonnons ces doutes et ces incertitudes à la conscience des jurés, et raisonnons d'après le système même de l'accusation : admettons par hypothèse que quelques hommes se soient effectivement associés pour un projet quelconque et aient donné à leur association le nom *Directoire insurrecteur*.

L'adjectif *insurrecteur* paroit avoir été la tête de Méduse pour ceux que le moindre mouvement populaire, fut-il juste et indispensable, trouble et effraie ; il est malheureusement des hommes qui préfèrent la perpétuation des injustices les plus criantes à la moindre interruption de leurs plaisirs.

Mais suffit-il de se dire à soi-même, je desire qu'on insurge, pour que tout le monde soit le lendemain sur pied ? suffit il que quelques hommes proclament l'insurrection pour qu'elle ait lieu ? Certainement bien : avant de s'effrayer du mot insurrecteur, il faut encore savoir quelle idée ils attachent à ce mot et par quels moyens ils comptent parvenir à l'insurrection. Il faut encore savoir s'ils ont des trésors pour tout corrompre, s'ils ont des charmes pour tout émouvoir, ou s'ils n'ont que des lumières, des écrits, et des discours pour convaincre et rallier à leurs opinions.

Et certes, dans ce dernier cas, le mot *insurrecteur* ne seroit pas plus applicable à ceux qui se réunirent pour la rédaction des pièces que nous examinons, qu'à ceux qui s'associèrent pour la compilation de l'Encyclopédie : les uns comme les autres étoient réunis par des conventions, des promesses et par un plan commun. Le Directoire insurrecteur s'étoit donné douze agens : les encyclopédistes en avoient des millions. Le Directoire vouloit persuader à tous qu'il falloit, pour le bonheur général, en revenir à une réforme publique, qui avoit été autrefois chère aux Français. Les encyclopédistes n'ont pas peu contribué à déterminer les volontés vers une révolution ; et en comparant les moyens et les succès des uns et des autres, on voit que la dénonciation des accusateurs leur étoit bien plus applicable qu'à nos trop confians démocrates, qui eurent la bonhommie de croire qu'ils pouvoient par leur doctrine arracher les vices aux hommes qui les avorent. En parcourant de bonne foi les pièces soumises à la discussion, il est difficile d'y trouver autre chose que le desir de faire insurger les esprits pour un système politique qu'on croyoit le meilleur : apprécions d'abord ce vœu ; nous verrons ensuite si les moyens d'exécution annoncés dans ces pièces présentent quelques soupçons de criminalité des démocrates français. (Je lis le début de la première pièce intitulée,

« *Création d'un Directoire insurrecteur* », (v. 1er p. 169), « Des démocrates françois douloureusement affectés, profondément indignés, justement révoltés de l'état inouï de misère et d'oppression, dont leur malheureux pays offre le spectacle. »

La qualification de démocrate est si importante sous le rapport de la moralité des auteurs inconnus de ces pièces, qu'il est impossible de ne pas rappeler aux jurés la doctrine de ceux qui chérissent et défendent la démocratie.

Jusqu'à la révolution, démocratie signifioit la forme de l'état dans laquelle le peuple entier exerçoit les fonctions du gouvernement : et l'on sent aisément qu'il n'a pu tomber dans la tête de personne d'établir en France une telle forme d'autorité.

Depuis la révolution, transportant à l'exercice de la souveraineté une dénomination antérieurement attribuée au pouvoir exécutif, on a appelé démocratique l'état où chaque citoyen émet directement son vœu sur les lois : les démocrates par conséquent sont en France, ceux qui chérissent et soutiennent la souveraineté populaire, ceux qui, révoltés de la corruption, de la misère, et sur tout de l'ignorance qui asservissent la multitude, et la rendent souvent inhabile à l'exercice des droits inaliénables de la nature, demandent des mœurs simples, qui nous rapprochent à l'égalité des lois, qui consacrent la souveraineté (celle du peuple), et des instructions qui fissent disparoître la misère, et assurent à chacun le développement de ses facultés intellectuelles . . .

Voilà les démocrates tels qu'ils se montrent tous les jours, tels que je les ai toujours connus, tels que je m'honnore moi-même d'être.

Ceux que nous supposons avoir formé l'association à laquelle on veut attribuer les pièces en question, nourrissoient bien certainement ces principes; ils percent à chaque ligne de leur ouvrage : partout on apperçoit le sentiment profond des maux publics, et le désir fortement exprimé de rendre le peuple heureux et maître. Lisez le deuxième article de la création du directoire insurrecteur: on y voit, en toutes lettres, *qu'il vouloit mener le peuple à ressaisir sa souveraineté*. Peut-on manifester la passion de l'égalité et de la liberté, et du bonheur public, plus clairement que l'ont fait les auteurs de *l'instruction* aux agens, par ces derniers mots? « Il sera enfin durable, éternel, le code que nous établirons, parce qu'il assurera le bonheur de tous : il ne sera point fait pour élever aucun homme; mais pour avantager à la fois tous les hommes auxquels on le destine: il est temps que tous les ambitieux disparoissent; que l'orgueil humain soit confondu; il est temps de persuader enfin, dans la pratique, ce beau problème : *Que chacun de nous ne dépende que des institutions et des lois, et qu'aucun de nous ne tienne personne sous sa dépendance.* »

Il étoit sans doute permis à nos associés de ne pas voir dans la constitution actuelle la conservation de la souveraineté du peuple. Je n'examine pas s'ils avoient raison: je veux uniquement établir que cette même constitution et les lois de la nature leur permettoient d'avoir cette opinion, de nourrir le desir de voir établir un système plus conforme à leurs principes, leur accordoient le droit et leur faisoient un devoir de faire tous les efforts pour convaincre le peuple de la sagesse de leur doctrine, et l'amener par la persuasion à la réduire en pratique.

Je n'aurai pas de peine à prouver que ce vœu, ce desir, ces efforts, sont entièrement conformes aux dispositions des lois naturelles, par lesquelles,

1°. Chacun doit concourir à améliorer, par la propagation des lumières, le sort de tous;

2°. Le peuple peut changer à son gré la forme de l'état. Ces principes sont également consacrés par la constitution actuelle de la République, qui, reconnoissant solemnellement la souveraineté du peuple, et le droit qu'il a de faire directement les lois, a nécessairement imposé à chaque citoyen le devoir d'appeler l'attention publique sur les objets qu'il croit plus utiles à la société.

Pour justifier complétement, d'après la loi naturelle et la loi écrite, les auteurs des pièces en question, il me reste à prouver que les moyens, dont ils se proposoient de faire usage, n'outre-passoient pas les bornes de l'instruction, de la propagation des lumières, de l'apostolat.

La nature de ces moyens est déterminée d'abord par l'organisation des agens, et ensuite par l'instruction qui leur étoit destinée. Ils n'étoient chargés d'autre chose que de former des réunions, de faire lire les journaux, et d'établir des discussions sur les droits du peuple.

L'ignorance, la cruelle ignorance, est la vieille et cruelle maladie à laquelle les associés démocrates veulent apporter un remède radical: l'instruction de tous est le soin continuel qui les agite; ils veulent la répandre par-tout. Citoyens, soldats, tous doivent enfin, par leurs travaux, se dépouiller des vieux préjugés, s'embrasser en frères, et voter de concert, par une détermination éclairée, spontanée et unanime, vers un état où l'orgueil humain seroit à jamais confondu. Conception grande et sublime, partage des ames courageuses et sensibles! ce n'est donc pas là crime. Elles sentirent vivement des beautés que le grand nombre contemple avec désespoir, et que le petit proscrit avec horreur. Elles voulurent en remplir tous les cœurs; elles voulurent, par un saint apostolat, insurger pour elles tous les esprits. Je défie les accusateurs de trouver dans ces pièces rien qui annonce la force et la contrainte, rien qui s'éloigne de l'égalité, de la sensibilité et de la compassion si chère aux cœurs vraiment républicains. Elles ne présentent donc rien de contraire ni aux lois de la nature, ni à la constitution de l'an 3; elles ne peuvent donc pas servir de preuve à l'existence d'un projet criminel. Tel sera le sort de toutes les autres : et quand il sera démontré qu'aucune ne contient rien de repréhensible, le crime s'évanouira comme l'ombre.

Pour épuiser la matière, dissiper tous les doutes, et pousser le raisonnement aussi loin qu'il est possible de le porter, je me place dans une seconde hypothèse. Je suppose que l'association démocratique ait préparé ses moyens pour éviter au peuple les malheurs qui accompagnent souvent un grand mouvement de la nature, de celui auquel elle a pu croire que le peuple fût invariablement déterminé : ainsi le directoire insurrecteur se seroit dit à lui-même. Si le peuple se détermine, comme il paroît infaillible, à s'insurger et à changer la forme du gouvernement, nous lui proposerons des moyens qui seront tous prêts, pour lui assurer le libre exercice de sa souveraineté. L'on voit que, dans une pareille hypothèse, le commencement des préparatifs n'auroient été déterminés que par la conviction préalable de l'opinion populaire décidée pour l'insurrection, et que leur mise en activité auroit été essentiellement subordonnée à la volonté certaine et manifestée du peuple ; et, dans ce cas, la détermination populaire seroit absolument étrangère aux membres de notre association, auxquels aucune loi ne pouvoit défendre, et ne défend pas en effet ni de prévoir les progrès de la volonté nationale, ni de se mettre en mesure de proposer au souverain des préservatifs contre les maux auxquels il auroit pu être exposé. C'est précisément dans cette position que se trouveroient les auteurs des pièces que nous examinons, s'il étoit reconnu qu'elles présentent d'autres moyens d'exécution que ceux de persuasion ; car la conviction qu'ils auroient du mécontentement du peuple, et de sa volonté de changer la forme de l'État, est bien démontrée par les passages suivans : » *Création* » *tion d'un Directoire insurrecteur*, vol. 1er., page 170. *Recon-* » *noissans que le comble de la mesure des crimes d'une autorité* » *usurpatrice a mûri les dispositions de toutes les ames en* » *faveur d'une explosion révolutionnaire....*

Première instruction, page 175. « Tels sont : ....que l'accusation de » la lâcheté dont on charge le peuple est un pur blasphême, et » que l'impatience générale qu'il manifeste pour vouloir rompre » un joug en effet bien odieux..... ». Même pièce, 175. « Il a cru » afin d'encourager davantage la majorité malheureuse qui ne sou-» pire qu'après l'occasion et le moment de sortir d'oppression. »

Idem, page 181. « Car autant : ....s'il faut considérer que si l'opi-» nion du peuple est faite, celle du soldat ne l'est pas. »

D'où il s'ensuit que la certitude qu'on crut avoir de la volonté du peuple, précéda la conception des pièces qu'on discute, et fut la principale condition de toutes les combinaisons qu'on pourroit supposer être émanées de l'association appelée *Directoire insurrecteur*.

Je n'ai considéré jusqu'ici l'association démocratique que comme observant dans le silence les progrès de l'opinion populaire, et attendant le moment de son éclat, pour lui proposer des mesures capables d'assurer à la nation l'objet de ses inquiétudes. Cette conduite, citoyens, n'auroit besoin de justification, pas même sous le gouvernement le plus despotique, le plus ombrageux ; mais ces motifs doivent être sacrés chez un peuple libre, pour lequel les intentions tendent à lui épargner des maux sous les caractères distinctifs de la ..... Supposons maintenant que l'association démocratique dont nous discutons l'ouvrage, ne se bornant pas à diriger l'opinion du peuple, mais le changement qu'elle désiroit, et à préparer, dans le silence, des matériaux à soumettre au souverain le jour où il se seroit prononcé contre la forme actuelle de l'État, ait voulu provoquer là-dessus sa décision et son consentement : je dis même que, sans cette supposition, les pièces en question ne présentent aucune apparence de crime.

Remarquez d'abord que cette hypothèse est dénuée de fondement, et que je ne la mets en avant que, pour atteindre les dernières limites de la possibilité ; car les expressions des pièces sont si précises, qu'il n'est pas possible de supposer à leurs auteurs aucun projet indépendant du consentement préalable du peuple.

Le code éternel de la nature qui grava dans tous les cœurs le désir de la liberté et du bonheur, a consacré pour les peuples le droit de délibérer à leur gré sur leurs intérêts, et, pour chaque membre du corps social, le droit et le devoir d'appeler l'attention publique sur les maux et les dangers qu'il croit appercevoir ; et s'il en étoit autrement, il faudroit désormais renoncer aux vrais principes de l'organisation sociale, et recommencer à crier avec nos ancêtres que les peuples existent pour les gouvernemens, et non les gouvernemens pour les peuples.

Ces lois de la nature, citoyens jurés, si chères aux amis de l'humanité, ne sont pas étrangères à la sublime mission dont vous êtes chargés par le peuple. J'espère vous prouver un jour, qu'il vous seroit impossible de suivre les règlemens humains, s'il en existoit de contraires à ces lois, si étroitement liées à l'intérêt des nations. Je me réjouis aujourd'hui d'être à même de vous montrer qu'à l'égard de la question sur laquelle je parle, nos lois fondamentales y sont conformes.

L'article de la déclaration des droits de l'an 3, dit : « La loi est la volonté générale exprimée, ou *par la majorité des ci-*

» toyens, ou qu'elle soit régie par leurs représentans ». La loi peut donc être délibérée ou sanctionnée directement par le peuple.

L'article 18 porte : « La souveraineté réside essentiellement
» dans l'universalité des citoyens. »

Et l'article 2 de l'acte constitutionnel dit : « L'universalité des
» citoyens français est le souverain. »

La souveraineté est, comme je l'ai déjà dit, le droit d'ordonner ce qu'on croit utile au corps social, et de défendre ce qu'on lui croit nuisible. Pour ordonner ou défendre, il faut s'instruire, examiner, délibérer : l'universalité des citoyens a donc, par la constitution de l'an 3, le droit de délibérer quand elle veut sur les lois et sur la forme de son gouvernement ; car, si l'acte par lequel le peuple consent et délibère est reconnu légitime par la loi, comment pourroit-on trouver repréhensible la provocation de cet acte ; provocation tendante à faire triompher la véritable loi, et à conduire la nation à la perfection de son organisation politique ? Certes, le droit et la vertu se trouvent entièrement dans les efforts de ceux qui cherchent à rendre certaine et éclatante la volonté populaire, loi éternelle, solennellement reconnue par la constitution. Les caractères de crime et de conspiration flétrissent le front de ceux qui veulent l'étouffer.

Il résulte de ce raisonnement, cette grande vérité : « Tous les
» efforts tendans au changement de la forme de l'État ne cons-
» tituent pas une conspiration criminelle, tant que leur exécution
» est subordonnée à la volonté du peuple. »

Je n'avois pas besoin, je le répète, citoyens, de prolonger la discussion jusqu'à ce point. L'engagement de justifier les pièces en question étoit complettement rempli, en vous démontrant que la persuasion et l'apostolat étoient les seuls moyens que leurs auteurs vouloient employer pour la propagation de leur doctrine. L'énoncé des deux hypothèses subséquentes, dans lesquelles il est impossible de les placer, suffira, sans doute, à dissiper les doutes que la prévention et des rapprochemens incohérens auroient pu faire naître dans quelques esprits.

Viellart : J'ai une observation curieuse.

Babœuf : Citoyen président, voulez-vous me permettre ?

Viellart : C'est une observation curieuse que de voir l'analogie qui existe entre la défense qui vient de vous être présentée, et celle des individus qui, dans ce moment, sont accusés d'une conspiration royaliste. La Villeurnoy dit, comme Buonarroti, qu'il est légitime d'établir un gouvernement plus capable d'opérer le bonheur du peuple ; il dit, comme Buonarroti, qu'un autre gouvernement que celui qui subsiste est désiré par la majorité de la nation ; il dit enfin, comme Buonarroti, que les plans dont on l'a trouvé porteur étoient un rêve philanthropique, un système préparé pour le cas où le gouvernement actuel venant à être détruit, il seroit utile que des dispositions fussent toutes préparées pour diriger la commotion et empêcher les plus sinistres effets de cette secousse. Mais nous pensons que toute cette discussion entre dans la discussion générale de l'affaire, et qu'ainsi il seroit inutile de discuter dans ce moment ce qui vient d'être dit. Il faut en revenir à ce qui est propre et particulier à la pièce qui fait la matière du débat dans ce moment.

Dans tout ce que le citoyen Buonarotti a dit, je n'ai remarqué qu'une circonstance qui fût propre à cette pièce, qui fût de la nature de celles qu'on peut considérer comme inhérentes au débat : il vous a dit que cette pièce n'étoit pas datée, que rien n'indiquoit qu'elle n'eût pas dû s'adapter à des circonstances essentiellement différentes. A cet égard il y a une grande erreur dans l'assertion du citoyen Buonarotti. La pièce est terminée, dans toutes les minutes, de la main de Baboeuf; et dans l'expédition, de la main de Pillé, elle est terminée, disons-nous, par un modèle de la commission d'agent : et ce modèle est daté, le voici : *Le directoire secret de salut public a choisi pour agent principal près l'arrondissement des sections de. . . . . . le citoyen . . . . Paris, ce. . . . . . l'an quatrième de la République démocratique à venir.* Or assurément l'an 4 de la République démocratique à venir ne peut se rapporter qu'au moment où se préparoit, suivant nos assertions, la conspiration du 21 floréal ; et on ne peut pas le rapporter, comme a essayé de le faire le citoyen Buonarotti, à l'an 3. Cette même date se retrouve au bas des instructions pour les agens militaires. *Paris, ce . . . . . l'an 4 de la République démocratique à venir.* Je crois que cette date fixe détermine le moment où ces instructions ont été fournies. D'ailleurs j'observe, dans ce moment-ci, que le débat prouvera l'envoi de cette pièce-là à des époques qui sont celles dont il s'agit. Mais, je le répète, pour ne pas sortir de la pièce, il est à desirer que le débat ne s'établisse jamais que sur ce qui est particulier à chaque pièce qu'on y soumet.

Buonarotti : L'an 4 de la République. D'abord ce que j'ai dit je ne l'ai pas donné comme certitude ; je n'en sais rien : la pièce ne me concerne pas : je parle comme défenseur officieux. J'observe cependant que l'an 4 de la République, si je ne me trompe, que l'an 4 de la République commence au premier vendémiaire, et le premier vendémiaire il n'y avoit pas, à ce que je crois, de Constitution en activité. Il est toujours vrai de dire qu'on peut rapporter cette pièce à une époque antérieure à l'établissement du gouvernement actuel.

Voilà la seule observation que j'ai à faire.

Baboeuf : Je demande la parole sur la pièce.

Le président: Vous allez encore nous lire un volume qui ne finira pas. Répondez-moi.

(Réal demande la parole.)

Le président à Babœuf: Vous avez parlé hier sur la pièce.

Buonarotti: Permettez-vous, un mot ?...

Le président: Je ne veux permettre que ce qui est utile.

Buonarotti: C'est très-utile.

J'ai été surpris d'entendre l'accusateur national comparer mes principes à ceux de la Villeurnoy, qui est accusé de royalisme. Je dois observer que ses principes ne sont pas du tout les miens; que dans cette pièce et dans la discussion que j'en ai faite, j'ai continuellement réclamé, et j'ai prétendu qu'on réclamoit la souveraineté du peuple. De la royauté à la souveraineté du peuple il y a une grande différence.

Réal: Citoyen président, permettez; car si on ne peut pas répondre à ce que dit l'accusateur national, notre ministère ici devient alors inutile. Il me semble qu'au moins nous devons avoir la parole, quand l'accusateur national a voulu investir les accusés, pour ainsi dire, d'une nouvelle conspiration, d'une nouvelle complicité. Il faut que les moyens pour soutenir l'existence de la conspiration actuelle, soient bien mauvais, puisqu'après avoir été trouver la conspiration actuelle, soit dans l'histoire ancienne, soit dans septembre, il a été obligé de l'aller chercher dans des conspirations qui ne sont pas encore jugées, dans la conspiration de la Villeurnoy, qui est une conspiration directement contraire en espèce.

Il a dit: la Villeurnoy dit, comme Buonarotti, qu'il a pu faire telle ou telle chose; mais la Villeurnoy d'abord ne parle pas hypothétiquement. Il me semble que la Villeurnoy ne parle pas hypothétiquement comme l'a fait Buonarotti.

N'allez donc pas prendre (c'est ce que je craignois) pour autorité fondamentale, reconnue et avouée par lui (les jurés ne s'y tromperont pas), ce que Buonarotti n'a présenté que comme hypothèse; hypothèse dont il ne peut garantir lui-même la vérité: puisqu'il vous a dit que ce n'étoit qu'hypothétiquement, il falloit au moins parler de ce qui étoit défavorable, comme de ce qui est favorable. Examinez que la Villeurnoy et Brottier ont été saisis, ayant un brevet signé de Louis XVIII: voilà, certes! une pièce à laquelle on ne peut répondre.

Examinons à côté de cela que la Villeurnoy avoit pour lui de l'argent immensément; et ici vous avez vu (et c'est reconnu) des hommes n'ayant pas le sou, même pour retirer leurs bottes, être obligé de mettre en gage une tabatière, lorsqu'il s'agit de faire un pont.

Voilà quels étoient leurs moyens; et, au contraire, dans l'affaire de la Villeurnoy, voyez comment se présente le *comité insurrecteur* de Louis XVIII : c'est de venir, pour gagner un seul homme, avec cent cinquante mille écus.

Examinez, à côté, ceux que je défends actuellement, leurs moyens, ce sont des jalons, quelques femmes et des pamphlets. Ceux, au contraire, que vous leur comparez ont pour eux, citoyens, tous les rois de l'Europe. Ils ont pour eux trente mille en gris; ils ont pour eux les exécrables assassinats de la Vendée, dont vous n'avez jamais parlé; ils ont pour eux tous les rois de l'Europe, intéressés à ce que leur cause se soutienne. Direz-vous que ce ne sont pas de grands moyens ? l'Europe est conjurée avec eux, tandis que ceux-ci n'avoient ni troupes ni argent pour les séduire; et lorsqu'il s'agissoit à cette époque là de bâtir un pont !

Voilà ce que la bonne foi exigeoit que vous dissiez, dans le cas où nous sommes, pour prouver la comparaison que vous avez établi.

Bailly : Je crois devoir aller plus loin que n'a été mon collègue Viellart. Vous voyez de quelle manière on veut abuser de ce qu'il a cru devoir renvoyer à une autre époque une réponse directe au citoyen Buonarotti.

Je crois devoir faire cette réponse directe, et je la ferai en très-peu de mots. Le citoyen Buonarotti a divisé son discours en trois parties. Dans la première, il a dit, en examinant la soixante-unième pièce de la septième liasse, la création immédiate qui se seroit immédiatement après, de douze agens révolutionnaires; l'instruction qui est à la suite de la quinzième pièce de la sixième liasse, qui est la création correspondante d'agens militaires avec l'instruction particulière à ces agens militaires; qu'il n'étoit pas prouvé que ces pièces eussent une date postérieure à la constitution de l'an 3 acceptée par le peuple français.

Mon collègue Viellart a répondu par la citation de la date qui est à la suite de l'instruction aux agens civils, et par la lecture de la date qui est également à la suite de l'instruction aux agens militaires. On y voit en effet : *L'an 4 de la République démocratique à venir*; et lorsque l'on considère que la proclamation de l'acceptation faite par le peuple français de la constitution de l'an 3 est du premier vendémiaire an 4, du premier jour de l'année, il est difficile de se dissimuler que les pièces que nous examinons soient postérieures à la constitution de 95.

Là où nous bornerons, quant à présent, notre réponse au premier point de vue du citoyen Buonarotti.

Sous le second point de vue, il a dit : « Qu'en supposant
» que ces pièces soient postérieures à la constitution de 95, elles ne
» présentent rien qui soit criminel. On y voit un directoire secret

» qui se forme, qui se compose de quatre personnes, qui crée
» douze agens principaux d'arrondissement, qui crée un nombre
» indéterminé d'agens révolutionnaires militaires, un nombre indé-
» terminé d'agens intermédiaires entre ces deux classes d'agens
» principaux. On voit ensuite, dans les instructions, qu'il ne s'agit
» que de propager les sentimens personnels aux démocrates qui
» s'érigent en comité insurrecteur. On voit qu'ils n'ont nullement
» en vue de déterminer, par la force, le renversement du gouver-
» nement actuel; qu'à la vérité ils veulent amener ce renversement;
» mais qu'ils ne veulent l'ancien que par la persuasion, que par
» des écrits, par des discours, par des réunions partielles, au milieu
» desquelles ils propageront les principes qu'ils croient devoir propa-
» ger pour le plus grand bonheur du peuple. »

Voilà le fond du système du citoyen Buonarotti.

Sous son second point de vue, il n'y auroit donc eu, d'après lui, aucune tentative pour amener par la force la destruction du gouvernement de 95.

Sous le troisième point de vue, il a ajouté que les démocrates avoient cru, pouvoient avoir cru voir le peuple à une époque où il fut possible de le déterminer à ressaisir ses droits dans un grand mouvement de colère. Il n'y auroit pas eu de crime à prendre des mesures de précaution, pour que, ce mouvement arrivant, on ne le vît pas souillé par les malheurs qui accompagnent ordinairement les grands mouvemens.

Je crois que voilà l'analyse du système qui a été présenté par le citoyen Buonarotti. Eh bien! sur cela, il n'y a que deux mots. On peut lire les pièces qui déjà ont été reconnues, et on se convaincra facilement que non-seulement on vouloit amener par la force le renversement de la constitution et du gouvernement que le peuple a voulu; mais qu'on vouloit amener ce renversement par les moyens les plus affreux, par les massacres les plus horribles.

Qu'on lise notamment la trente-quatrième pièce de la huitième liasse, et l'on y verra ce qui suit : « Les tyrans abattus, une chose
» de la plus haute importance, c'est d'empêcher l'entrée dans
» Paris, l'entrée d'aucun corps de troupes ». On vouloit donc abattre ce qu'on appeloit les tyrans. Voyons de quelle manière on vouloit les abattre. « Il est bon d'observer qu'aussitôt que les tyrans seront
» abattus par la *conjuration*, il faut opérer à l'instant l'insurrec-
» tion du peuple, qui doit être générale, absolument générale ». Il n'est donc pas vrai que, même dans le système que l'on vous a présenté, et que sans doute l'on regarde comme le plus favorable à la défense de l'accusation, ce ne soit que par la persuasion qu'on ait voulu amener le peuple à changer son gouvernement. Il est donc vrai, au contraire, que l'on commençoit par abattre ce gouvernement que l'on qualifioit tyrannique, et que ce n'est qu'après l'avoir abattu,

qu'après avoir ôté tous les moyens de garantir au peuple la constitution qu'il auroit voulue, par toutes sortes de machinations, qu'on vouloit le mettre en *insurrection.*

Ensuite on y lit encore : « Seront également *mis à mort à l'instant* tous individus qui seront armés contre le peuple. »......

Germain : Je demande la parole.

(Bruit.)

On ne peut se dissimuler que le citoyen Bailly a un système tellement bien combiné, qu'il ne cherche qu'à entraver le débat et à nous exaspérer, pour nous faire faire des sottises.

Le président : Citoyen Bailly, je crois que vous êtes sorti du fond.

Personne ne veut avoir de déférence pour moi ; attendez, au moins, pour faire des observations, que je m'écarte d'un moyen d'éclaircissement. Buonarotti a dit de très-bonnes choses ; mais il est certain que c'est la défense générale : nous n'en sommes pas là. Ce qu'il a dit sur la défense générale, entraine actuellement les accusateurs nationaux sur la défense générale ; vous répétez tout ce qui doit y être dit, cela deviendra fatigant. Je vous demande donc à tous de me laisser suivre le débat : je ne vous refuserai la parole sur rien qui sera juste ; si je vous la refuse, vous m'en démontrerez la justice, et je vous l'accorderai : mais, jusques-là, laissez-moi donc aller ; ou, sinon, il sera impossible d'en finir : je crois que tout le monde en est convaincu. Je prie que chacun rejette pour la défense générale ce qui appartient à la défense et à l'accusation générale. Il suffit de dire : Cette pièce-là ne prouve rien ; elle n'est pas dans le système de l'accusation. Il est possible que toutes ensemble ne prouvent rien. Que est de dire ici : Cette pièce est soutenue par telle autre : nous n'en sommes pas là. Je demande que chacun renonce à traiter la chose en général.

Des accusés : (C'est à l'accusateur public qu'il faut le dire.)

Bailly : Nous sommes parfaitement d'accord avec le président ; car, depuis le commencement du débat, je n'ai cessé de réclamer contre l'affectation avec laquelle on engageoit le fond, au lieu de donner de simples éclaircissemens : et si nous avons pris la parole, nous accusateurs nationaux, ce n'a été que pour mettre les accusés eux-mêmes dans le cas de voir qu'il étoit plus intéressant pour eux et même pour la cause, comme pour la République, qu'on réservât tout ce qui tenoit au fond pour le moment où le débat seroit clos. J'adopte ce principe, et je l'adopte de tout mon cœur.

Barœuf : Je reconnois cela, je l'adopte aussi. Je vous promets de répondre en quatre mots à toutes les pièces ; mais sur celle-là, qui est principale, je demande à faire quelques observations.

Le président : Combien demandez-vous de temps ?

Babœuf : Ce n'est pas très-long... Si vous voulez je ne dirai rien... Je ne peux pas répondre sur les autres pièces, sans avoir répondu à celle-là.

Le président : Je ne vous dis pas de légitimer la pièce ; je demande seulement oui ou non : si vous ne voulez pas répondre ; si vous craignez que je ne veuille vous surprendre, dites: Je ne veux ou je ne peux pas répondre aujourd'hui... Vous direz ce que vous voudrez enfin. Il faut que nous sortions de là.

Je vous demande si cette pièce que je n'ai pas besoin de vous désigner désormais, n'a pas été envoyée par vous aux agens qui avoient été choisis dans divers arrondissemens.

Babœuf : Vous m'avez dicté ma réponse : je ne puis répondre aujourd'hui ni à cela, ni à autre chose ; vous avez accordé à Buonarotti la parole, pourquoi ne pas me l'accorder à moi, qu'elle regarde plus particulièrement? Si je vous avois dit : Je n'en ai que pour un quart d'heure, j'aurois menti, et vous m'auriez accordé la parole.

Le président : Répondez-moi : avez-vous envoyé cette pièce ?

Babœuf : Je vous demande la parole sur cette pièce ; je ne puis répondre.

Le président : Je suis chargé de conduire le débat sur quarante-sept accusés présens ; quand je vous fais une question, vous m'en faites cent.

Babœuf : Je vous dis ; laissez-moi parler sur cette pièce, je vous répondrai sur les autres en quatre mots.

Le président : Hé bien, répondez-moi en quatre mots à ce que je vous demande ; avez-vous envoyé cette pièce à des agens ?

Babœuf : Il faut d'abord me laisser analyser cette pièce.

Le président : On en parle depuis hier matin de cette pièce.

Babœuf : Ce n'est pas moi qui en ai parlé, c'est le citoyen Buonarotti. Il ne connoît pas ce que je connois.

Le président : Hé bien ! parlez, et sans lire votre volume.

Babœuf : Je ne sais pas improviser.

Le président : Il n'est pas question d'improviser, lorsque l'on parle sur un fait.

Babœuf : C'est parce que vous connoissez ma foiblesse là-dessus, que vous me dites de parler sans préparation.

Le président : Vous voyez bien que vous me dites des choses malhonnêtes.

Babœuf : Je n'en avois pas l'intention.

Le président : Je vous demande une chose pour laquelle il ne faut pas de préparation, et sur laquelle il n'est aucun des accusés qui ne réponde oui ou non. Avez-vous envoyé cette pièce à quelqu'un des agens ?

Baboeuf : Hé bien ! je vous répondrai là dessus lorsque j'aurai parlé de la pièce.

Le président : Vous savez bien que c'est à moi à régler le débat, puisque j'en suis chargé ; il faut bien que ce soit à moi à décider l'ordre dans lequel je ferai les questions.

Baboeuf : Vous me présentez une pièce : c'est la pièce principale, la pièce essentielle ; je veux me défendre sur cette pièce, vous faire voir jusqu'à quel degré elle est criminelle.

Le président : J'ai encore assez de complaisance pour, quand vous aurez répondu aux questions relatives à cette pièce, qui nous apprendront si, et combien de fois vous l'avez envoyée, et aux questions nécessaires à faire connoître vos rapports à vous-même avec la pièce, pour vous accorder la parole.

Il faut qu'on connoisse vos rapports avec la pièce avant. Vous m'aurez bientôt épuisé.

Ce que vous avez à dire pour votre justification sera mieux saisi par les jurés, lorsqu'ils connoîtront quels sont les rapports que l'acte d'accusation suppose de vous à la pièce.

Baboeuf : Vous me promettez de me donner la parole ?

Le président : Oui, citoyen.

Les Accusés : Oui, oui, oui.

Baboeuf : Je répondrai à toutes les questions.

Le président : Je vous demande si vous avez envoyé des copies de l'acte *création d'un Directoire insurrecteur*, avec les instructions qui l'accompagnent, et des brevets aux différens agens qui ont été choisis.

Baboeuf : Je n'ai pas pu l'envoyer, parce que je ne faisois pas partie de l'association. J'ai déclaré que je n'avois copié cette pièce que comme renseignemens.

Le président : Vous ne faisiez pas partie de l'association, et cependant vous avez dit que vous aviez votre voix dans le conseil.

Baboeuf : J'ai dit cela dans mon interrogatoire chez le ministre de la police : j'ai dit cela dans cette circonstance, parce que j'avois voulu terrifier le gouvernement.

Le président : Tantôt c'est la candeur, la naïveté, c'est l'ingénuité, c'est un amour idolâtre de la vérité, et tantôt vous avez dit tout le contraire de que vous pensiez : que faut-il donc croire ?

Vous ne l'avez donc pas envoyée ? vous n'avez donc pas aussi rempli dans les copies envoyées rien de votre main ?

Baboeuf : Non, rien.

Le président : Voilà une copie que je vous représente ; voyez s'il n'y a pas, de votre main, les mots : *Sections des Tuileries, Piques, Champs-Elysées, de la République*, et même la date 10 *germinal* ?

Baboeuf : Elle n'a pas été envoyée.

Le président : La question que je vous fais n'est pas de savoir si vous avez envoyé cette copie ; je vous demandois si vous n'aviez jamais rempli les noms des sections qui formoient les arrondissemens.

Babœuf : Je ne me rappelois pas d'en avoir rempli ; il paroît que j'ai rempli celle-ci, puisque je reconnois mon écriture. Je vous ai dit que j'avois quelquefois servi de secrétaire aux membres de l'association.

Le président : Et ce n'est pas à votre connoissance que les copies ont été envoyées ?

Babœuf : Non.

Le président : Qu'est-ce que l'on envoyoit donc dans cette lettre de votre main à Bertrand de Lyon, ou du moins à B. de Lyon ? Votre lettre est ainsi conçue : « La pièce ci-jointe t'instruira de l'existence et des dispositions d'un établissement qui » doit mettre fin à la longue et atroce guerre du crime contre la » vertu. Les mêmes instructions contenues dans cette pièce pour » les agens des arrondissemens de Paris, te serviront comme agent-» directeur de l'esprit des patriotes lyonnois inculis résidans à » Paris ». Vous avez reconnu cette pièce ; je vais vous la faire » représenter encore.

Babœuf : Cette pièce est une copie que j'ai faite pour renseignement, comme tant d'autres. J'ai déjà déclaré...

Le président : Faites bien attention que je ne vous demande pas si vous avez fait des copies pour des renseignemens ; je vous demande si, à votre connoissance, cette pièce avoit été envoyée, et vous m'avez répondu que non. Je vous observe qu'en tête de cette pièce est mis, par note, *une copie*, qui annonce ou peut annoncer que ceci est une minute, et que cette note annonce une copie faite ; à la différence de quelques pièces sur lesquelles il y a 15 copies.

Babœuf : Cette note je l'ai faite machinalement. J'ai pu mettre copie en tête, parceque je l'ai vue sur la minute.

Le président : Mais vous allez en trouver d'autres où vous vous êtes également entretenu des instructions, d'où il pourra peut-être résulter que vous avez peu de mémoire, ou que vous l'avez su.

Babœuf : Est-ce que je vous ai dit que ceci n'a pas été envoyé ?

Le président : Je vous ai demandé si, à votre connoissance....

Babœuf : Je ne m'en rappelle pas. Il peut se faire qu'il ait été envoyé bien des choses, parce que je ne suivois pas les opérations du comité ; je ne le suivois que pour mémoire, pour renseignemens pour mon journal.

Le président : Il n'est pas hors de propos de faire voir que dans plusieurs lettres de votre main il est question de ces instructions.

Voici une pièce portant pour date, *Paris, 24 germinal, l'an 4 de la République.*

« Le directoire secret de salut public à l'agent principal du » quatrième arrondissement.

» Tu es le seul agent, citoyen, qui es en retard de répondre à » la demande des renseignemens et rapports que nous t'avons faits » par notre instruction principale et par notre circulaire du 19 de » ce mois. »

Il y a encore en marge, une copie ; en sorte qu'il faut croire que vous soyez souvent distrait, si, copiant uniquement pour votre instruction, à l'effet de diriger l'esprit public suivant l'intention du directoire insurrecteur, vous copiez un objet étranger. Supposant même que vous l'eussiez copiée inutilement, vous eussiez mis encore *une copie* à une pièce d'instruction. Vous voyez que dans cette pièce-là vous parlez encore d'une instruction principale ; dans une autre du 14 germinal à l'agent du huitième arrondissement...

Babœuf : Je n'ai pas parlé d'instruction, je crois.

Le président : Il en est parlé.

Babœuf : Cela ne détermine pas que c'est cette instruction-là.

Le président : Vous allez voir l'analogie que cela y a. « Quant » à tes réflexions sur les moyens de former, sur les réunions civiques » d'arrondissemens, sur la manière de distribuer les écrits, ce sont » tous de petits détails qui te regardent et que nous laissons à ta » prudence. Tout cela d'ailleurs a été prévu dans la première ins- » truction que tu as reçue ». Or vous voyez bien que dans la première instruction sont réellement prévues ces organisations et la distribution.

Enfin, dans une autre lettre à l'agent du quatrième arrondissement....

Babœuf : J'observe là-dessus que, dans l'instruction en question, il est effectivement question de réunion, de distribution d'écrits. Cela ne veut pas dire que ce n'ait pas été une autre instruction analogue à celle-là, qui a eu des modifications relativement à celle-là. Je ne me rappelle pas si ces mots-là se rapportent.

La suite au Numéro prochain.

On souscrit chez BAUDOUIN, Imprimeur du Corps législatif, Place du Carrousel, N° 662.

Le prix de l'abonnement pour soixante feuilles in-8°, petit caractère, est de 10 francs, pour les départemens, franc de port, et de 8 francs pour Paris.

A PARIS, chez BAUDOUIN, Imprimeur du Corps législatif.

(N°. 49.)

DÉBATS ET JUGEMENS
DE LA HAUTE-COUR DE JUSTICE.

Suite de la Séance du 29 ventôse.
Continuation du débat relatif à Babœuf.

LE président : Je ne dis pas qu'ils se rapportent. Je vous présente une pièce que je vous fais passer. C'est lorsque vous fûtes informé de Lab...rre, qu'il paroit que l'on vous avoit indiqué comme agent du dixième arrondissement ; mais que néanmoins il y avoit peut-être aujourd'hui quelques raisons de ne pas lui confier ce poste-là ; et on vous indiqua Pierron. Vous écrivîtes à Pierron le 8 floréal, et lui dites : « Le compte avantageux qui nous a été rendu de tes » vertus civiques et de la profonde haine que tu as vouée aux tyrans, » nous a déterminés à te confier une mission de la première im-» portance. L'arrondissement dans lequel tu es placé est le seul où » le dir ctoire insurrecteur n'ait point encore eu d'agens, depuis » plus d'un mois qu'il est institué. Les soins extrêmes et scrupu-» leux qu'il a dû apporter dans le choix de ceux en qui il place » sa première confiance, lui ont fait préférer de n'en point avoir là » plutôt que d'en établir d'équivoques. Marche avec courage dans » la commune carrière des tyrannicides ; aide-nous à sauver le » peuple, et à le tirer de son malheureux esclavage ; à consolider » cette fois, d'une manière stable, son bonheur. [...]
» Nous t'envoyons la collection entière de nos *instructions* suc-» cessivement adressées à tous nos autres agens [...] »

Babœuf. Je sais bien qu'il a été tenu [...] correspondance des liaisons démocratiques qui existoient ; qu'il a été envoyé des instructions [...]

Le président : Ce sera aux citoyens jurés à éclairer leur conscience là-dessus lorsqu'ils auront ces pièces.

Babœuf. L'identité des instructions dont il est parlé ici, n'est pas prouvée relativement à la pièce que [...] dit [...] création d'un comité insurrecteur.

Débats et jugemens de la Haute-Cour. Tome II°. T

Le président : N'étiez-vous pas lié avec quelqu'un des agens, de telle manière qu'il a reçu des lettres dont la réponse semble adressée à vous personnellement ?

Babœuf : Je ne sais pas. J'étois lié avec tous les démocrates, tous les patriotes de Paris ; il est possible que quelqu'un m'ait écrit. Je ne me rappelle pas les noms de ceux que vous appelez agens.

Le président : Je vous demande que vous vous expliquiez sur ces listes ; et si ces listes sont celles des agens, ou non des agens. Je vous envoie trois pièces.

Babœuf : On appelle cela des listes d'agens !

Le président : Enfin on les suppose. Si elles n'en sont pas, il faut le dire.

Babœuf : J'ai dit que ce n'en étoit pas, et je le soutiens. Ce sont des notes relatives à mon journal.

Le président : D'abord vous adoptez là une raison que l'erreur vraisemblablement avoit dictée hier.

Babœuf : Non pas, c'est dans mon interrogatoire.

Le président : Je vais, si vous voulez, faire venir votre interrogatoire ; vous allez voir que vous n'aviez pas dit cela à l'occasion de ces pièces ; vous l'avez dit à l'occasion d'une pièce qui contient 17 noms ; et pour éviter toute équivoque, il se trouve que votre registre annonce 17 noms. En sorte que vous ne les reconnoissez pas pour agens ?

Babœuf : Non.

Le président : Cependant on trouve là le nom de *Cazin* et les signatures de *Cazin*.

Voici une lettre de Bodson qui se trouve sur cette liste, et qui semble bien vous écrire comme ayant reçu de vous une lettre particulière à ce sujet même et à cette époque, car elle est datée du 12 germinal. « Mon ami, je ferai, et tu peux y compter, » tout ce qui sera de mon pouvoir pour seconder tes vues, y » employer le peu de talent que j'ai, avec plaisir et zèle : mais » il faut que nous nous entendions avant que je puisse me mettre » à l'ouvrage. Je crois qu'un moment d'entretien fera plus, et » que nous nous entendrons mieux. Je m'en rapporte à ta pru- » dence pour m'en ménager les moyens. Compte que tu n'auras » [...] de ta confiance, et qu'elle m'est absolu- » [...] nous puissions marcher de front » [...] que je me confie à personne » [...] directement des intérêts aussi pré- » [...] que nous avons en vue.
» [...] d'égal, ton ami, J. B. »

[...] envois ont été faits le 10 germinal, de votre lettre, et voilà la réponse de Bodson, du 12, et qui, commençant par ces mots, *Mon ami*, annonce qu'il y avoit de lui a vous une correspondance particulière au-delà de celle qu'il pouvoit y avoir du directoire à lui.

Babœuf: Sans doute je connois Joseph Bodson. Il y a long-temps que je le connois. J'ai été en prison avec lui. Cette lettre-ci n'a que des rapports de lui a moi comme journaliste; elle ne précise rien qui semble avoir rapport à la prétendue conspiration. Il faut que nous nous entendions afin que je puisse me mettre à l'ouvrage. Cela est juste, parce que Bodson m'envoyoit des notes relativement à mon journal, cela est clair. Je faisois un journal. Je crois que la veille du 21 floréal j'en ai publié un numero. Il dit que mes intérêts sont *précieux*, parce qu'il avoit la bonté de me considérer comme *précieux* relativement à la publicité que je donnois aux vérités dans ce temps-là.

J'aurois pu dire que cette lettre ne m'étoit pas adressée, parce que mon adresse n'y est pas; mais je reconnois bien qu'elle m'est adressée.

Le président: Cet acte de création n'a-t-il pas été étendu à la partie militaire ? N'y a-t-il pas en organisation d'agence militaire ?

Babœuf: Il y a effectivement des pièces que vous allez probablement me présenter, qui annoncent un projet.

Le président: Vous avez dit, dans votre interrogatoire, quand on vous a présenté cette pièce, que ce n'étoit qu'un extrait que vous avez fait de la *Création d'un Directoire insurrecteur*: vous avez même ajouté qu'il y avoit une foule de pièces dans lesquelles vous n'aviez pas jugé à propos de tout copier; que vous avez seulement extrait de la *Création du Directoire insurrecteur*, ce que vous aviez cru nécessaire pour cette instruction dont vous vous occupiez. Aujourd'hui, je vous déclare que je ne crois pas que ces réponses fussent vraies : je vous demande au contraire s'il n'a pas été fait un acte d'organisation d'agence militaire; acte dans lequel vous avez bien mis les bases de la première *Création d'un directoire insurrecteur*, et dans lequel vous avez inséré toutes les parties que vous y avez trouvé bien tracées : mais tout le surplus est une composition fort étendue ; et puisque vous n'avez pas voulu répondre tout bonnement par oui ou par non, je vous demande si ce n'est pas là un acte d'organisation militaire, si cela n'est pas de votre main et même de votre composition; et même que vous déclariez, en cas que vous ne persistiez pas à le dire, que ce n'est pas seulement un extrait de l'organisation du directoire insurrecteur.

Babœuf: Cette pièce est de ma main, elle n'est pas de ma composition ; elle fut écrite sur une minute telle que celle-là, où il y avoit beaucoup d'etc.

Le président: Quel étoit votre objet en faisant cette copie ?

Babœuf : D'en avoir une copie.

Le président : Vous convenez que ce n'est pas simplement un extrait de lettre ?

Babœuf : C'étoit dans une liasse de cent pièces.

Le président : L'avez-vous aussi envoyée, cette pièce ?

Babœuf : Je n'en ai connoissance, je n'ai envoyé rien.

Le président : Je vais vous remettre deux lettres de votre main que vous direz encore être des copies, ce sont la dixième et la quatrième pièces de la cinquième liasse.

Babœuf : Ce sont des copies de lettres : je prenois ces notes-là ; cela ne veut pas dire que je puisse être l'auteur de tout ce qu'elles énoncent, je ne m'en souviens pas.

Le président : Expliquerez-vous avec autant de facilité comment il se fait que, quand vous faites une copie, vous fassiez tant de renvois, tant de ratures ?

Babœuf : C'est bien aisé : toutes les fois que je copie, je fais plus de ratures souvent que lorsque je compose, parce que je le fais avec plus de vivacité.

Le président : Je vous demande actuellement si le même acte a été envoyé au citoyen Grisel.

Babœuf : Il est très-aisé de sentir que cette question répète celle que vous m'avez faite, certainement.

Le président : Vous ne vous rappelez pas que cet acte lui ait été envoyé ?

Babœuf : Lorsque je copiois des lettres, je le faisois machinalement pour avoir des notes en cas de besoin, des notes pour y revenir dans les circonstances.

Le président : Mais si vous preniez des notes de ceux auxquels on envoyoit des brevets d'agens, vous aviez donc un intérêt particulier de connoître ces agens ?

Babœuf : Voulez-vous bien me répéter la question ?

Le président : Vous dites que quoiqu'à présent vous voyiez bien qu'à votre connoissance, au moins dans ce temps, cette organisation a été envoyée à des agens, vous ne pouvez pas pour cela nécessairement vous souvenir de tous ceux à qui elle a pu l'être, et vous ne vous souvenez pas qu'elle ait été envoyée au citoyen Grisel ?

Babœuf : Oui, je persiste à le dire.

Le président : Eh bien ! c'est donc que vous ne vous souvenez pas qu'elle ait été envoyée ?

Babœuf : Oui.

Le président : Et vous n'avez pas su qu'elle ait été envoyée ?

Babœuf : Oui.

Le président : Et vous n'avez rien écrit qui annonce que vous l'ayez su ?

Babœuf : Il se peut que j'aie écrit des lettres ressemblantes à celles qui m'ont été représentées ; des lettres de la correspondance de Grisel : il est possible qu'il y ait eu une correspondance avec Grisel.

Le président : Vous n'avez pas répondu à la question que je vous ai faite, à la demande que j'ai faite. Comment, n'étant copiste que par accident lorsqu'il ne se trouvoit personne pour copier ; comment n'ayant de notes à prendre, suivant votre déclaration, que pour entretenir votre composition à la hauteur des principes que le directoire insurrecteur vouloit maintenir ; comment, vous vous amusiez à copier des lettres de simples envois, et les mots *quinze copies* qui n'avoient aucun rapport au thermomètre de l'esprit public.

Babœuf : C'étoit pour lier la correspondance avec ces mêmes agens, pour voir ce qu'ils répondroient aux différentes lettres qu'on leur envoyoit. Pour mieux comprendre la réponse, il faut voir la demande.

Le président : Les réponses des agens vous venoient donc à vous ?

Babœuf : Elles venoient à l'association près de laquelle j'étois ; et j'avois connoissance de tous les papiers.

Le président : En sorte que vous les aviez par-devers vous ?

Babœuf : J'ai déclaré que j'étois archiviste en quelque sorte : je donnois un ordre à ces pièces.

Le président : Voilà votre lettre, *au c. Gri* . *au Franc-Libre* : « Nous avons reçu, le 25 de ce mois, tes observations en réponse à l'instruction insurrectionnelle que nous t'avons fait passer ». (Voyez le reste de la pièce, qui est la seconde de la troisième liasse, page 41 du tome premier des pièces.) Voilà encore en haut *une copie*. Il est question de savoir si cela veut dire une copie à faire, ou si vous l'avez mis pour faire entendre que c'étoit une copie que vous faisiez. »

Réal : Pour l'explication de ce fait-là, je vous prie de demander au témoin Grisel s'il a reçu la lettre.

Le président : Vous entendez ce que j'ai lu.

Babœuf : L'envoi d'une instruction.

Le président : Citoyen Grisel, avez-vous reçu cette organisation d'agent militaire ?

Grisel : Oui, citoyen président, je l'ai reçue le 24 germinal. Cette pièce étoit égarée, parce que, comme je l'ai dit dans ma première déclaration, je l'avois cachée dans mon matelas en attendant l'instant favorable pour la mettre au jour. Je l'ai retrouvée environ quinze jours après la découverte de la conspiration. Cette pièce est datée du 24 germinal, jour qu'elle me fut remise par le citoyen Darthé. Quant à la lettre dont il s'agit pour l'instant, elle ne m'a pas été remise ; le citoyen Darthé m'en a donné la substance verbalement.

Réal : Permettez. Il y avoit une chose ; c'étoit la question de savoir s'il avoit reçu la lettre : il a fait deux réponses pour une. Il n'a pas reçu cette seconde lettre dont on parle. Je voudrois vous demander si le brevet et la lettre sont au greffe, et si on peut s'y présenter.

Vieillart : Non, elles n'y sont point.

Le président à Grisel : Où avez-vous déposé ce brevet ? à qui l'avez-vous remis ?

Grisel : Je l'avois caché dans mon matelas. Quinze jours après, le 21 floréal, je l'ai retrouvé et l'ai remis dans les mains du citoyen Carnot, alors président du Directoire exécutif.

Le président : C'est qu'il n'est pas joint.

Grisel : La raison qui a fait qu'on ne l'a pas remis au procès, c'est que le Directoire, après en avoir pris lecture, a dit : Cette pièce diffère si peu des autres pièces (elle est tout-à-fait pareille), qu'il n'est pas tout-à-fait essentiellement nécessaire de l'envoyer. Cette pièce existe, elle est de l'écriture du citoyen Pillé ; ce qui m'a été dit par le Directoire, qui avoit déjà vu plusieurs autres pièces de la main du citoyen Pillé.

Réal : Je prie le Tribunal de vouloir bien inviter les accusateurs nationaux à demander cette pièce.

Vieillart : Je demande si vous nous engagez à demander cette pièce-là.

Le président : Oui, citoyens.

J'observe que cette lettre, qui n'a pas été envoyée, porte cependant au haut une *copie* comme sur plusieurs.

Maintenant, citoyen Babœuf, vous allez parler sur la pièce ; mais parlez sur la pièce, sans quoi je vous retirerai la parole : tâchez de ne rien négliger pour votre défense, mais tâchez de supprimer ce qui est étranger à votre défense.

Babœuf : Je dis pour ma défense tout ce que je pense, je parle avec ma conscience.

Babœuf a la parole.

Je parlerai dans le sens de Buonarotti sur la pièce dite de *création*.

Je n'ai ni l'envie ni le besoin de faire ici des discours séditieux ou provocateurs ; ce seroit de ma part une bien folle et bien malheureuse ressource : mais il n'est pas possible qu'on me ferme la bouche pour m'empêcher de démontrer que chacune des pièces, prétendues à charge contre moi, n'est point entachée de la culpabilité qu'on lui attribue. Le motif essentiel qui paroît guider le Tribunal, paroît être l'envie d'avancer dans l'instruction de cette affaire et d'éviter les longs développemens. Et moi aussi je voudrois avancer vers le terme de ce procès. On sent qu'il n'a dû jusqu'ici fatiguer personne plus que moi, et j'ai trop manifesté mon dévouement pour qu'on doive penser que je le redoute, telle issue qu'il puisse avoir. Mais il est des objets sur lesquels il est utile, il est essentiel, il est même indispensable à ma légitime défense de donner quelque étendue. Telle est la pièce dite de *création*. Je déclare que, passé cette pièce, je n'ai effectivement qu'un mot ou même rien du tout à dire sur chacune de la plupart des autres. Mais encore le Tribunal sans doute préférera-t-il de m'entendre expliquer sur chaque objet, que de me voir forcé au silence, sur-tout parce qu'on m'auroit une fois attaché la langue. Le Tribunal comprend très-bien qu'en général toutes les parties d'une même chose se tiennent et s'enchaînent : il en doit être de même dans ce procès. Je n'ai pu répondre hier à tout ce qui a été présenté à la suite de la pièce dite de *création*, par la raison que j'avois été empêché de répondre à celle-là. Tous mes développemens dériveront de ceux qu'il me sera permis de donner sur elle. J'ai d'excellentes choses à dire sur toutes celles qui ont été présentées à la suite : sans doute je serai toujours reçu à les dire ; mais il faut auparavant, de toute nécessité, que je m'explique sur celle-là.

Je ne répéterai pas ce que j'en ai dit hier, et l'on verra dans ce que je devois y ajouter, qu'il n'y avoit rien de séditieux ni de provocateur. Je dois cependant rappeler la division de mes observations d'hier. J'avois commencé par déclarer que cette pièce, isolée de tout ce que l'on peut considérer, dans le reste des pièces, comme formant un ensemble et une suite d'opérations, n'étoit qu'un rêve philosophique, dont il se trouve un aussi grand nombre dans les pièces ; j'ai en second lieu prouvé que je ne suis point l'auteur de la pièce dite de *création*. Ensuite, dans l'intention de démontrer qu'elle n'est point criminelle, j'en avois établi l'analyse sur trois points : les *motifs*, l'*intention*, les *moyens*. J'achevois le premier point lorsqu'on m'a interrompu. J'avois fait voir que les *motifs* exprimés par l'auteur du morceau de politique spéculative, n'étoient autre chose que la considération des extrêmes malheurs du peuple, que j'ai rappelés en peu de mots, et dont il seroit difficile de mettre l'existence en doute. Lorsqu'il me reste à analyser les deux autres parties, je ne veux que faire sortir ces deux démonstrations, que l'*intention* de l'auteur du chapitre philanthropique n'avoit été que le désir de voir mettre un terme aux malheurs publics, et que les *moyens* qu'il proposoit d'employer, se réduisoient uniquement à prétendre opérer une révolution dans l'opinion, un mouvement dans tous les esprits, desquels, dans l'excès de son démocratique délire, il avoit sûrement porté trop loin la combinaison des effets à en attendre : car il est trop sensible qu'une révolution morale, résultat nécessaire de la conversion du plus grand nombre des hommes et de la renonciation à toutes les passions qui les subjuguent, n'est point une chose dont l'exécution, par le seul moyen de l'apostolat des vertus, soit facile à comprendre. Depuis qu'il existe chez les nations des éclaireurs, des hommes généreux qui se consacrent à prêcher les maximes de la suprême raison et à vouloir indiquer la route de la vraie justice, on n'a guère vu leurs succès et on les a vu presque tous en être victimes.

J'arrive à la seconde partie de mes observations d'hier sur la pièce dite de *création*.

DEUXIÈME POINT.

L'intention.

Certes, dans toute action possible, la loi présume qu'il peut n'y en avoir pas eu de mauvaise. Voilà pourquoi elle a voulu expressément que, dans toute affaire criminelle, la question intentionnelle soit posée. On avoit voulu dans ces derniers temps faire annuller cette question intentionnelle, et les raisons des partisans de ce vœu furent qu'il y avoit des actions qui excluoient tellement l'intention, que l'obligation prescrite par la loi, de la poser toujours, n'étoit qu'une porte ouverte pour sauver des coupables. On citoit aussi pour exemple le viol, comme l'a fait hier le président, et l'on disoit qu'il étoit impossible de trouver en ce cas aucune excuse sur la moralité du fait en lui-même. Mais la décision du Conseil des Cinq-Cents, qui a maintenu la question intentionnelle pour tous les cas, n'est venue qu'à la suite du combat le plus victorieux de tous les sophismes des adversaires de cette disposition si importante de notre code judiciaire. Après que les principes avoient triomphé des arguties et des mauvais raisonnemens de ceux-ci, le président de la Haute-Cour ne devoit peut-être pas vouloir les ressusciter. On a vu, aux Cinq-Cents, qu'un fait n'est pas toujours complet et entier, tel qu'il est le plus souvent présenté dans un acte d'accusation; que, très ordinairement, il est accompagné de circonstances, de modifications qui en diminuent la gravité, qui l'atténuent quelquefois totalement. Alors c'est sur ces circonstances, sur ces modifications, que la question intentionnelle vient à être posée. Ainsi dans l'accusation de viol, par exemple, l'accusé peut prouver des circonstances, des modifications, desquelles il résulte que ce dont on l'accuse, ne soit pas précisément un viol, et alors la question intentionnelle, considérant ces circonstances, l'acquitte. Dans le cas de conspiration, il peut tout de même se rencontrer des modifications qui changent la nature et diminuent la gravité de l'accusation, ou qui même la réduisent à rien. Il faut donc pouvoir discuter ces modifications. Et quand peut on, doit-on les discuter, si ce n'est lorsqu'on représente les pièces qui peuvent donner lieu à faire ressortir les moyens d'atténuation et de décharge pour l'accusé? pourquoi représente-t-on les pièces? est-ce seulement pour dire, Elle m'appartient, ou ne m'appartient pas? n'est-ce point encore pour que je puisse justifier que telles de ces pièces ne sont point criminelles? Supposer d'avance la criminalité, et dire: Vous ne pourrez vous défendre que sur la question de fait, Êtes-vous, ou n'êtes-vous pas auteur de cette pièce? c'est juger d'abord le fait et l'intention, c'est éluder l'examen des jurés sur la moralité, c'est anéantir la question intentionnelle qui est cependant maintenue par le Corps législatif; c'est dire: Le fait est constant, et l'intention criminelle ne peut pas être mise en question. Je vois là l'institution du jury attaquée, anéantie. Les jurés sont encore réduits à l'impossibilité de s'éclairer, d'apprécier le degré de ma culpabilité, ou celui de mon innocence. La loi veut qu'ils reçoivent de moi tous les moyens d'instruction et de justification que je veux leur donner. Ils peuvent les exiger, et aucune puissance ne peut les condamner à me juger sans m'entendre.

Je reviens donc à la suite de ma dissertation d'hier. Je ne provoquerai pas le peuple; je ne lui parlerai pas séditieusement: mais je dirai tout ce que je dois dire pour ma disculpation, et il est des choses qu'il faudra bien que je nomme, puisqu'elles font partie de mon accusation. On ne peut pas raisonner des objets sans en parler, sans les appeler par leurs noms.

L'intention de l'auteur de la pièce dite *création* se lit bien clairement dans les paragraphes qui suivent immédiatement ceux que j'ai déja examinés. Lisons (page 170 du premier volume):

« Considérant, en conséquence, que c'est aux vertus les plus
» pures, les plus courageuses, qu'appartient l'initiative de l'en-
» treprise de venger le peuple, lorsque, comme aujourd'hui, ses
» droits sont usurpés, sa liberté ravie, et jusqu'à son existence
» compromise. »

On voit que le but de la volonté étoit ici de *venger le peuple de l'usurpation* prétendue faite *de ses droits*, du *ravissement de sa liberté* et de *la compromise de son existence.*

Continuons de lire:

« Reconnoissant que c'est un reproche injuste que celui qui ac-
» cuse le peuple de lâcheté, et que le peuple n'a jusqu'ici ajourné
» sa justice qu'à défaut d'avoir de bons conducteurs prêts à pa-
» roître à sa tête. »

On ne voit là que la présomption de l'auteur du projet sur les heureuses dispositions du peuple pour mettre un terme à l'ajournement de *sa justice.*

Lisons encore:

« Reconnoissant que le comble de la mesure des crimes d'une
» autorité usurpatrice a mûri les dispositions de toutes les ames

» en faveur d'une explosion révolutionnaire ; au point que, pour
» la rendre fructueuse, pour mettre les régulateurs en mesure
» d'en assurer le succès, il sera peut-être nécessaire de tempérer
» plutôt que d'accélérer l'élan des hommes libres,
» Ont résolu ce qui suit :
» Art. I. Ils se forment dès ce moment en directoire insurrec-
» teur, sous le nom de Directoire secret de salut public. Ils pren-
» nent en cette qualité l'initiative de la conduite de tous les mou-
» vemens qui doivent mener le peuple à ressaisir sa souverai-
» neté. »

Ce paragraphe annonce la détermination d'aider une *explosion révolutionnaire* par et pour les *hommes libres*, contre l'*autorité* qualifiée d'*usurpatrice*. Il annonce l'intention d'opérer le *salut public* et de conduire le peuple à la reprise de *sa souveraineté* ; mais on verra bientôt par quels moyens, par le seul moyen de la persuasion, de la force de l'opinion éclairée.

Lisons l'article II de la pièce intitulée ORGANISATION DES AGENS, etc. page 171, premier volume :

« Chacun d'eux est chargé d'organiser, dans son arrondissement,
» une ou plusieurs réunions de patriotes, d'y alimenter, d'y di-
» riger l'esprit public par des lectures de journaux populaires, et
» par des discussions sur les droits du peuple et sur sa situation
» présente. »

Ce n'est donc que *réunir les patriotes*, *alimenter*, *diriger l'esprit public* dans le sens *populaire*, engager des *discussions sur le droit du peuple* et fixer sa *malheureuse situation présente*, que l'on veut faire.

Continuons l'article III :

« Ces agens tiendront note du thermomètre journalier de l'esprit
» public. Ils rendront compte, dans ces notes, des dispositions
» plus ou moins favorables des patriotes ; ils signaleront les indi-
» vidus qu'ils remarqueront les plus capables de seconder la mar-
» che du mouvement qu'il convient d'amener ; ils indiqueront le
» genre d'emploi ou la tâche révolutionnaire auxquels ils croiront
» que chacun des individus est propre ; ils désigneront pareille-
» ment les intrigans, les faux frères qui tenteront de se glisser
» dans les rassemblemens, et ils rendront compte encore des en-
» traves et des oppositions mises par ceux-ci au développement
» de l'énergie, à l'inspiration des bons principes et des idées ré-
» génératrices. »

Il entroit donc dans les vues du faiseur de faire concourir *révolutionnairement* tous les *patriotes* à amener un *mouvement*, purement moral sans doute, puisqu'il ne devoit dépendre que du *développement de l'énergie*, *de l'inspiration des bons principes et des idées régénératrices*.

L'intention des auteurs de l'acte dit de *création* se manifeste encore essentiellement par la péroraison qui termine la pièce intitulée *Instruction*, qui est à la suite.

Lisons cette péroraison à la page 182 du premier volume :

« Que notre courage soit le signal du réveil du véritable peuple.
» Qu'électrisé par nous, il sorte enfin d'un sommeil mortel, et
» qu'il fonde à jamais le règne du bonheur, le règne de l'égalité
» et de la liberté ! Tout est prêt. . . . . . L'édifice législatif
» qui garantira l'abondance pour tous, l'égalité, la liberté de tous,
» n'attend, pour sortir grand et majestueux, que le renversement
» du monument de l'esclavage, d'oppression et de mort, dont il
» doit prendre la place. Préparons cette heureuse catastrophe ! Il
» sera enfin durable et éternel, le code que nous établirons......,
» parce qu'il assurera le bonheur de tous. Il ne sera point fait
» pour élever aucun homme, mais pour avantager à-la-fois tous
» les hommes auxquels on le destine. Il est temps que tous les
» ambitieux disparoissent, que l'orgueil humain soit confondu. Il
» est temps de résoudre enfin, dans la pratique, ce beau problème :
» *que chacun de nous ne dépende que des institutions et des lois ;*
» *et qu'aucun de nous ne tienne personne sous sa dépendance !* »

Provoquer le réveil du *véritable peuple*, *le règne du bonheur*, *le règne de l'égalité et de la liberté*, *l'abondance pour tous*, *l'égalité*, *la liberté de tous*, *le bonheur de tous* : voilà les vœux de ces prétendus fameux insurrecteurs qu'on a peints avec des couleurs si épouvantables aux yeux de toute la France.

Mais voyons quels étoient leurs terribles ressorts d'action, qui ont semblé faire frémir la suprême puissance, garantie cependant par un entourage aussi formidable que celui dont on ait vu s'environner les potentats les plus craintifs et les plus sûrs d'être souverainement haïs.

TROISIÈME POINT.

Les moyens.

Si le dévouement, le courage, la plus pure vertu de celui qui paroît avoir conçu le plan intitulé, *création*, etc., eussent suffi pour faire réussir ses vœux, il est à croire que le peuple n'eût point tardé d'atteindre le plus haut faîte de la félicité.

Il est, sous le rapport de cette troisième partie de ma discussion, un premier objet qui doit rappeler l'attention : c'est celui de *l'initiative* insurrectionnelle énoncée, prise par les auteurs du projet dans plusieurs endroits de l'acte que j'analyse. Cette initiative est un crime énorme dans le fulminatoire de l'accusateur Viellart, séance du 4 ventôse. « Quelle est, dit-il, cette création
» d'un directoire insurrecteur ? Quelle est cette autorité qui s'est créée

» elle-même ? C'est une usurpation de la souveraineté nationale. L'in-
» surrection est légitime : elle est sainte, lorsque c'est tout le peuple
» qui la fait ; mais elle devient une révolte, quand c'est une poi-
» gnée de factieux qui l'entreprennent sans autre mission qu'une
» organisation monstrueuse qu'ils se sont donnée à eux-mêmes. »

Je pourrois me contenter de répondre ici à l'accusateur Viellart
en lui rappelant ce que j'ai expliqué dans la séance du 13 ventôse :
Qu'étoit en réalité ce fameux *directoire insurrecteur* ? « C'étoit
» (ai-je dit) une association de démocrates, qui, affectés de ce
» qui leur paroissoit être la dernière violation de la liberté dans le
» coup d'état porté par la nation contre le vœu solemnel de la consti-
» tion de l'an 3, les réunions populaires, telles que celle du
» Panthéon et autres, s'en vengeoient et se consoloient en se
» réunissant particulièrement pour s'occuper des affaires publiques.
» Ils eurent, à la vérité, la confiance de donner entre eux, à leur
» petite assemblée successivement, les noms de *cercles*, *réunions* et
» *comités*, auxquels on ajouta aussi alternativement des adjectifs,
» tels que ceux de *démocratique*, *populaire*, *salut public*. » On y
révoit à ce qu'on appeloit des moyens de sauver la patrie. Les
hommes composant ces cercles plébéiens, comme nous le dévelop-
perons dans la suite, n'avoient pas sans doute tort de considérer
le peuple comme réduit au dernier degré de malheur et d'enchaînement. Chacun d'eux confioit au papier ses idées sur le remède
propre à guérir les maux du peuple. Il paroit bien que l'on con-
vint qu'il falloit commencer par établir des moyens d'améliorer
l'esprit public, de le diriger vers le but qu'on se proposoit, et de
le réveiller à la longue pour la liberté ; de se procurer des moyens
de connoître successivement la marche et les progrès de l'esprit
public, afin de savoir s'il ne viendroit pas un moment où le peuple
se trouveroit assez fort pour ressaisir la plénitude de sa souveraineté.

Pour cela en établit diverses correspondances avec plusieurs personnes dans Paris, dont l'association centrale, ne voulant pas être
connue, s'avisa de substituer en place des signatures le nom pompeux de comité secret de salut public.

Seroit-on criminel lors même qu'on supposeroit que ce fût par
cette pièce intitulée, *Création*, etc. qu'on eût établi *ces diverses
correspondances* dans Paris, qui n'avoient pour but, comme le dit
l'acte lui-même, « que d'améliorer l'esprit public, de le diriger vers
» la bonne route, de le réveiller à l'énergie pour la liberté ; enfin
» de se procurer les moyens de connoître successivement la marche
» et les progrès de cet esprit public, afin de voir s'il ne viendroit
» pas un moment où le peuple se retrouveroit assez fort pour
» ressaisir la plénitude de sa souveraineté ? » Or l'initiative prétendue ne consiste donc que dans l'action de ceux qui ont provoqué

une correspondance en vertu de laquelle ils se sont placés pour recueillir d'amples et de successifs renseignemens sur la situation de l'esprit public. Je démontrerai tout à l'heure, en *scrutant encore* l'acte dit *de création d'un comité insurrecteur*, que tous les moyens d'insurrection s'y réduisent à fonder ce plan de correspondance pour recueillir constamment, et jour par jour, des renseignemens sur l'esprit public, et pour lui inspirer une bonne direction. Mais, puisque l'accusateur national Viellart a voulu engager cette grande question de l'initiative des insurrections qu'il prétend n'être jamais un droit pour personne, il faut l'examiner contre lui, afin de prouver, s'il est possible, que, lors même que les auteurs du plan dit de *création* seroient connus, lors même qu'il seroit prouvé qu'ils vouloient organiser plus qu'une *insurrection morale*, et qu'ils auroient pris l'initiative de celle plus sérieuse qu'ils auroient prétendu faire, ils ne seroient point pour cela criminels aux yeux de la saine raison et de l'éternelle justice. C'est avec l'acte dit de *création* lui-même, que je ferai cette démonstration.

« L'insurrection est sainte, dit l'accusateur Viellart ; elle est légitime lorsque c'est le peuple qui la fait. » Cette théorie est commune à tous les amis de l'ordre et de la tranquillité, c'est-à-dire, à tous ceux qui voudroient que le foible et l'opprimé ne s'avisassent jamais de troubler l'oppresseur et le fort. Ce sophisme, cette théologie subtile qui établit la nécessité de la réunion du peuple à voter pour légitimer une insurrection, est une manière heureuse d'avoir l'air de rendre hommage aux principes, lorsqu'on sait que, par la forme, l'impossibilité certaine assure le règne éternellement paisible des oppresseurs. A ce compte, celles des 14 juillet et du 10 août ne le furent pas. Ce ne fut que Paris qui insurgea alors, et Paris n'est pas toute la France...... Paris même ne se mit pas tout en-tier en mouvement ; la classe qui reste toujours calme et qui ne voit jamais dans les mouvemens populaires que les emportemens d'une multitude indomptée, des séditions, des révoltes, vit encore de la même manière à ces époques ; il n'y eut que la multitude, et ce que cette classe-là appelle la canaille parisienne, qui s'ébranla ; et quelque nombreuse que puisse être la multitude parisienne, elle ne présente qu'une poignée de factieux relativement à la population de toute la France : ainsi les mouvemens tant vantés du 10 août et 14 juillet, qualifiés des beaux noms de sublimes, de grands et de généreux, ces mouvemens ne furent au fond que des séditions dont les auteurs, la canaille parisienne, mériteroient la plus inexorable comme la plus exemplaire punition. Aussi lui en a-t-on infligé une bien conditionnée depuis trois ans ; il y a beaucoup de monde qui partage le système de l'accusateur Viellart sur la légitimité des insurrections.

» Je ne crois pourtant pas que c'en soit la vraie théorie ; et ce

Mably, qui s'y connoissoit sans doute, n'avoit garde d'établir ce paradoxe, que la levée spontanée de toute la nation fut nécessaire pour rendre l'insurrection légitime.

Il disoit à la vérité : « Quand l'acte institutif du gouverne-
» ment seroit aussi sage qu'il peut l'être, la nation n'en seroit pas
» moins en droit de reprendre l'autorité qu'elle avoit confiée à son
» magistrat, et d'en faire le partage suivant un nouveau plan et de
» nouvelles proportions. Elle pourroit peut-être manquer de pru-
» dence, en dérangeant un ordre dont elle se trouve bien ; mais
» elle ne pécheroit pas contre la justice. La preuve en est simple
» et claire. Le vrai caractère de la souveraineté, son attribut
» essentiel,...... c'est l'indépendance absolue, ou la faculté de
» changer ses lois, suivant la différence des conjonctures et les
» différens besoins de l'État. Il seroit en effet insensé de penser que
» le souverain pût se lier irrévocablement par ses propres lois,
» déroger d'avance aujourd'hui à celles qu'il avouera nécessaire
» d'établir demain. Le peuple, en qui réside originairement la puis-
» sance souveraine ; le peuple, seul auteur du gouvernement poli-
» tique, et distributeur du pouvoir confié en masse, ou en diffé-
» rentes parties, à ses magistrats, est donc éternellement en droit
» d'interpréter son contrat, ou plutôt ses dons, d'en modifier les
» clauses, de les annuller et d'établir un nouvel ordre de choses ».

Est-ce avec ce passage que l'accusateur national Viellart a promis de me confondre ? Et voudra-t-il, en commentant Mably avec autant d'ha-bileté qu'on a fait le code pénal pour prouver que je n'avois pas le droit de me défendre sous le rapport de la moralité et de l'intention, voudra-t-il tirer de là la preuve que Mably vouloit, pour légitimer le mouvement du peuple, pour réformer son gou-vernement, que l'ébranlement fut absolument général, spontané et simultané ? Mais attendons un moment, nous trouverons ce qui n'est plus nullement équivoque contre cette opinion.

» « D'abord, dit encore l'auteur des droits et devoirs du citoyen,
» il n'y a d'autorité légitime que celle qui est fondée sur un
» contrat raisonnable....... Puffendorf et Grotius veulent qu'on,
» arme, pour se soulever contre la tyrannie, que les abus en
» soient extrêmes. C'est après la mort recourir au médecin. La
» raison, au premier symptôme d'ambition, c'est agir avec la plus grande
» vigueur.... Il est insensé de croire que des citoyens ne puissent,
» sans crime, aspirer à rendre la société plus raisonnable....... »

Voici encore le discours qu'il propose pour adresser à tous les gouvernans oppresseurs et injustes.

» « Qui êtes vous ? N'est-ce point la nation qui vous a fait ce que
» vous êtes ?..... La France ne vous appartient pas ; c'est vous qui
» lui appartenez ; vous êtes ses hommes, ses procureurs, ses intendans.
» C'est par surprise, par adresse et par ambition, que vous, vous êtes

» emparés de la puissance. Une usurpation heureuse est-elle donc
» un titre si respectable, si saint, si divin, qu'on ne puisse plus
» réclamer les lois éternelles, inviolables et imprescriptibles de la
» nature, quand vous ne voudrez plus reconnoître d'autre règle de
» vos actions que votre bon plaisir?....... »

Arrivons aux endroits positifs où Mably établissoit qu'il ne faut pas d'abord exiger que tout le monde à-la-fois se mêle d'organiser une révolution, et que tous, sans s'être parlé, s'entendent sur la manière et sur les résultats.

« Tandis, dit-il, que le peuple entier ne s'occupe pas assez du
» danger qui le menace, et s'endort avec trop de sécurité,.....
» il est du devoir des plus zélés citoyens de faire sentinelle, et
» de venir au secours de la liberté, si elle est sourdement atta-
» quée, ou d'élever des barrières contre le despotisme.....
» Tant que le despotisme travaille à faire de nouveaux progrès,
» il peut trouver des obstacles; il peut être retardé dans sa marche;
» il peut par conséquent être ébranlé et déplacé : je crois alors les
» révolutions possibles : un bon citoyen doit donc espérer, et il
» est obligé, suivant son état, son pouvoir et ses talens, de tra-
» vailler à rendre ces révolutions utiles à sa patrie.
» Tout citoyen a droit d'aspirer au gouvernement le plus propre
» à faire le bonheur public, et il est de son devoir de travailler
» à l'établir par tous les moyens que lui peut fournir la pru-
» dence.....
» Ne croupissons pas dans une monstrueuse ignorance; que
» les gens de bien travaillent à dissiper les préjugés qui, comme
» autant de chaînes, nous attachent au joug : tâchons de faire
» connoître aux derniers des hommes leur dignité.
» La raison dont la nature nous a doués; la liberté dans laquelle
» elle nous a créés, et ce desir invincible du bonheur qu'elle a
» placé dans notre ame, sont trois titres que tout homme peut
» faire valoir contre le gouvernement injuste sous lequel il vit.
» Je conclus donc qu'un citoyen n'est ni un conjuré, ni un per-
» turbateur du repos public, s'il propose à ses compatriotes une
» forme de politique plus sage que celle qu'ils ont adoptée libre-
» ment, ou que les événemens, les passions et les circonstances
» ont insensiblement établie.....
» Le bonheur est la fin de la société; tous les anciens l'ont
» pensé, et le bon sens le crie à tout le monde. Par quels argu-
» mens donc contesteroit-on au citoyen d'un état mal gouverné,
» où les lois sont flottantes, et l'autorité des magistrats accablante
» et incertaine, le droit de faire tout ce qui dépend de lui pour
» conduire et porter ses compatriotes à une meilleure forme d'ad-
» ministration.....
» Il faut convenir franchement de ce droit, et bien oser dire

» qu'il est du devoir d'un citoyen qui aime sa patrie de ne pas
» trahir l'intérêt le plus essentiel de la société. . . .
» J'ajouterai qu'il est du devoir d'un citoyen d'user de ce droit,
» et je crois en honneur qu'il ne peut s'en dispenser sans tra-
» hison ». . . .

Ainsi, suivant l'opinion de Mably, l'initiative de toute révolution pour le bonheur du peuple appartient à tout citoyen. Remarquons comment il emploie toujours l'expression unique ou presque unique: *un citoyen, un bon citoyen, tout citoyen, les plus zélés citoyens, les plus gens de bien*: voilà ses termes, voilà ceux qu'il autorise à travailler les premiers à faire tous leurs efforts pour établir le bonheur du peuple; voilà ceux auxquels il dit qu'ils ne peuvent se dispenser de ces efforts *sans trahison*.

La constitution de l'égalité, le véritable code du peuple, consacroit le même principe dans cet article:

« Quand le gouvernement viole les droits du peuple, l'insur-
» rection est pour le peuple et pour chaque portion du peuple le
» plus sacré des droits et le plus indispensable des devoirs ».

La suite au prochain numéro.

ERRATA.

Deuxième volume, page 169, ligne 41, *opérera*, lisez: *pesera*.
Page 170, septième ligne: *qu'elle devienne douteuse*, lisez: *qu'il devienne douteux*.

N°. 13, page 207, ligne 34, *ressaisissant ses rosaires*, ôtez la virgule, et lisez: *ressaisissant ses rosaires*.

N°. 38, page 117, ligne 12, *je trouverai*, lisez: *j'éprouverai*.
Ligne 18, *où*, lisez: *or*.
Lignes 31 et 32, *à vous-même, je n'en doute pas*, écrivez et ponctuez ainsi: *à vous-mêmes, je n'en doute pas*.
Ligne pénultième, *à l'extrémité*, lisez: *état*.
Page 118, lignes 12 et 13, *sans d'autre base*, lisez: *sans autres bases*.
Ligne 24, *il ne se trouve*, lisez: *il ne s'y trouve*.
Ligne 30, *ne pas*, lisez: *n'en pas*.

A PARIS, chez BAUDOUIN, Imprimeur du Corps législatif.

(N°. 50.)

DÉBATS ET JUGEMENS
DE LA HAUTE-COUR DE JUSTICE.

Suite de la Séance du 29 ventôse.

Continuation du débat relatif à Babœuf.

Ce n'est aussi que sur les élémens des principes du grand publiciste que j'ai nommé, que sont fondés les *considérant* de l'acte dit *de création*, où il est dit : « Que c'est *aux vertus les plus pures, les plus courageuses* qu'appartient l'initiative de venger le peuple, (sur tout) *lorsque, comme aujourd'hui, ses droits sont usurpés*, sa liberté ravie, et jusqu'à son existence compromise. »

Eh ! cela n'est point douteux. Il est sensible que lorsque tous les moyens de garantie sont enlevés au peuple pour résister à l'oppression de ses magistrats; lorsque ceux-ci se sont armés contre lui de tous les moyens propres à l'empêcher de troubler leur domination, la nécessité devient plus rigoureuse, plus indispensable, que ce soient les plus courageux, les plus intrépides, les plus zélés qui travaillent avec prudence aux moyens d'affranchissement. Ainsi, rigoureusement parlant, ce titre de *directoire secret de salut public*, ces qualités de *conducteurs*, de *régulateurs*, cette *organisation* donnée par des hommes à eux-mêmes, n'auroient pas été aussi condamnables que l'a voulu affirmer l'accusateur Viellart, lors même qu'on admettroit tout ce que l'on veut admettre; et lorsqu'on voudroit donner à tout cela le sérieux, la grande extension annoncée jusqu'ici, ce n'eût pas été une usurpation de la souveraineté nationale, s'il eût été prouvé, en dernière analyse, que le but étoit, au contraire, comme l'annonce l'article premier de l'acte dit *de création*, de ressaisir cette souveraineté des mains des envahisseurs pour la rendre au peuple.

J'ai jeté ailleurs, je veux dire dans mon interrogatoire du 28 prairial devant le directeur Gérard, quelques développemens sur cette question de l'initiative du droit d'insurrection.

Débats & jugemens de la Haute-Cour, Tome IIe. V.

S'il est incontestable, comme on en est convenu, que l'insurrection contre la tyrannie soit légitime, ce n'est point, comme on l'a prétendu ensuite, un crime dans tous les cas de la provoquer. On a dit d'abord que les provocations exposoient au risque de donner au peuple de faux éveils, et de l'engager, sans motifs suffisans, dans des mouvemens inconsidérés; mais les principes répondent que le peuple ne peut être engagé dans des mouvemens inconsidérés, parce que le peuple entier n'est pas un sot, et que c'est grandement l'injurier que de le supposer. . . . . Les principes disent encore que, dans tout gouvernement où le peuple doit rester libre, il doit, par cela même, conserver des garanties, sans quoi cette maintenue dans l'état de liberté est impossible. . . . . . Les principes disent qu'une des premières et des plus importantes de ces garanties est la liberté de la presse; que c'est aussi le droit qu'a le premier venu de donner à tous ses concitoyens des éveils quelconques, dont il est impossible que toute une nation soit dupe, s'ils sont faux, et dont elle peut tirer le plus grand avantage, s'ils sont vrais. . . . . Les principes disent qu'il vaut mieux être averti une fois à faux que de manquer de l'être une fois quand cela eût été bon. . . . . Les principes disent que, sans des sentinelles continuellement surveillantes, les gouvernés sont aisément trompés par les gouvernemens, qui ont toujours l'art de colorer leurs actes de l'apparence et du prétexte du bien public. . . . . . . Les principes disent que la raison et l'intérêt des gouvernans sont de n'être pas surveillés ni contrariés dans tous leurs vouloirs; mais que la raison des gouvernés, qui est tout-à-fait différente, devroit cependant toujours passer la première, s'il est vrai que les gouvernemens soient faits pour les gouvernans. . . . .
Les principes disent enfin que ce droit d'éveil, de provocation, déféré au premier venu, n'est, à la vérité, autre que le droit d'insurrection partielle; mais ils ajoutent, les principes, d'abord que le droit d'insurrection est la première de toutes les garanties sans lesquelles il est impossible que tout le monde voie au même instant l'infraction, et soit aussitôt prêt à se lever contre, *il faut que quelqu'un commence et donne le signal*. Il est naturel que ce soit celui qui apperçoit le premier cette infraction; donc l'initiative de l'éveil, de la provocation, ou, si l'on veut, de l'insurrection, doit appartenir à tous, à chacun en particulier et au premier venu; et l'on n'en peut pas craindre raisonnablement d'abus dangereux, puisque, encore une fois, il n'est pas tolérable de supposer une nation assez inepte pour se laisser égarer par de fausses visions ou les suggestions extravagantes d'un seul ou de quelques individus.

Mais ce principe du droit d'initiative de l'insurrection n'est peut-être nulle part mieux développé que dans l'exorde de l'instruction qu'on voit à la suite de l'acte dit *de création*.

Je lis, page 172 du premier volume :

« Il n'en est pas des temps de crises comme des temps ordinaires. Quand le peuple jouit de ses droits, quand les principes de la liberté triomphent, nul n'a de droit sur les autres sans leur concours : aucun ne peut faire d'entreprise relative à l'intérêt général sans consulter le peuple entier et sans avoir obtenu son assentiment. La raison est qu'alors c'est le meilleur ordre qui règne, et le meilleur ordre ne se perpétue que par le maintien rigide des principes. Celui qui, les choses en cet état, revêtiroit de son chef un titre quelconque pour s'ériger, sans aucune concession, en magistrat public, sous le prétexte de vouloir améliorer la situation de ses concitoyens, seroit un usurpateur, même en supposant que ses intentions, en dernière analyse, fussent très-droites. Le motif encore très-sensible de ceci, c'est que quand le peuple est libre et qu'il peut être consulté, on ne peut pas présumer que d'autres puissent mieux juger que lui-même ce qui lui est bon et avantageux.

» Il n'en est pas ainsi lorsque le peuple est enchaîné, lorsque la tyrannie l'a mis dans l'impuissance d'emettre son vœu sur tout ce qui l'intéresse ; lorsqu'à bien plus forte raison il lui est devenu impraticable d'ordonner des mesures de répression contre ses tyrans ; lorsqu'il lui est impossible de leur arracher le pouvoir usurpé dont ils se servent pour le faire souffrir et languir, pour l'asservir toujours de plus en plus, et jusqu'à des bornes dont l'accroissement ne peut plus être calculé.

» Alors il y a justice, il y a nécessité que les plus intrépides, les plus capables de se dévouer, ceux qui se croient pourvus au premier degré d'énergie, de chaleur et de force, de ces vertus généreuses sous la garde desquelles a été remis le dépôt d'une constitution populaire que tous les Français vraiment libres n'ont jamais oubliée ; il y a alors justice et nécessité que ceux-là, convaincus d'ailleurs que l'inspiration de leur propre cœur, ou celle de la liberté elle-même, qui leur fait entendre plus fortement, plus particulièrement, sa voix, les autorise suffisamment à tout entreprendre ; il y a justice et nécessité que d'eux-mêmes ils s'investissent de la dictature de l'insurrection, qu'ils en prennent l'initiative, qu'ils revêtent le glorieux titre de conjurés pour la liberté, qu'ils s'érigent en magistrats sauveurs de leurs concitoyens.

» Tels sont les motifs qui nous ont semblé justifier notre résolution et lui donner un caractère de grandeur et de magnanimité. Après avoir ainsi reconnu que notre mission donnée par nous-mêmes est éminemment légitime ; puisque les circonstances qui rendent cette mission indispensable pour le salut de la liberté ne permettent pas qu'elle soit transmise par la nation souveraine, nous avons en outre distingué cette vérité bien encourageante; que l'accusation de lâcheté dont on charge le peuple est un pur blasphême, et qu'à l'impatience générale qu'il manifeste pour vouloir rompre un joug en effet bien odieux, il n'est pas difficile de voir que si jusqu'à présent il n'a rien fait pour le briser, il faut en attribuer la seule cause à ce qu'il s'est vu sans guides; et nous avons remarqué que c'est avec le plus grand regret qu'il ajourne la répression des attentats accumulés contre lui. Tout nous a annoncé ce qu'il seroit capable de faire s'il appercevoit à sa tête des conducteurs dignes de toute sa confiance. »

Tout cela est allégué pour justifier la pièce dans l'hypothèse où il seroit prouvé qu'elle appartient à quelqu'un de nous, et qu'elle eût été employée comme type et fondement de la correspondance qui fut effectivement établie par le cercle politique avec dix à douze personnes dans Paris. Mais j'ai prouvé que cette pièce ne m'appartenoit point, que ce qu'on en appelle la minute, n'est pas de ma main; que ce n'est qu'une copie qui m'a été livrée pour me servir de renseignement relatif à l'esprit de mon journal; que, vû l'incorrection de cette copie, j'ai été obligée, pour me la procurer entière, d'y rétablir, d'après une copie exacte, un renvoi sur le feuillet coté pièce 23, et de transcrire entièrement la fin, qui se compose de toute une page et de quelques lignes sur le feuillet coté pièce 26. J'affirme ensuite que cette pièce est encore différente et détachée de tout ce qu'on pourroit vouloir considérer comme une suite liée de conspiration; elle est également sans date. Je ne crois pas qu'il en ait jamais été fait usage; je ne crois pas qu'elle ait été envoyée à aucun des correspondans du cercle d'esprit public, pour fonder leurs rapports avec lui. Si quelques-uns, dans leurs lettres, parlent d'instructions reçues, il est aisé de vérifier que ce ne fut point celle-là. C'est encore une production isolée, un projet, fruit de l'imagination d'un rêveur philanthrope et philosophe, et rien ne prouve que l'on ait voulu tirer aucun parti réel de ce projet ou rêve.

Le président: Vous avez dit, citoyen Babœuf, que vous tiriez des copies des lettres qu'on écrivoit aux agens, afin d'être au cours de la correspondance tenue avec eux. Connoissez-vous ces agens respectivement, auxquels vous avez pris copies des lettres qui leur étoient adressées?

Babœuf: Il y en avoit quelques-uns que je connoissois.

Le président: Connoissez-vous ceux à qui étoient adressées ces lettres que je vous ai envoyées, dont les noms sont en abrégé?

Babœuf: A cet égard j'ai fait des réponses positives; par-tout j'ai dit que je ne serois le délateur de personne.

Le président : Mais je ne puis vous engager à une chose qui peut être contraire à vos principes ; mais je vous fais une observation, c'est qu'il est possible que plusieurs noms ayant les mêmes lettres initiales, nous les supposions à d'autres individus.

Babœuf : Je ne puis non plus donner d'explication sans compromettre d'autres accusés.

Le président : Je vous demande est-il vrai que Grisel ait fait un pamphlet connu sous le nom de lettre de *Franc-Libre à la Terreur* ?

Babœuf : Je n'ai jamais vu Grisel. Il se peut que le pamphlet de Franc-Libre à la Terreur soit de Grisel.

Le président : Vous n'en avez pas connaissance ?

Babœuf : Je n'en ai pas connaissance.

Le président : Cependant dans une lettre vous lui en parliez ?

Babœuf : Je sais bien que quelqu'un a envoyé cette lettre et qu'on lui a fait une réponse.

Le président : Quelqu'un du Directoire devoit connoître Grisel.

Babœuf : Tous les jours on reçoit des lettres de quelqu'un, sans le connoître, sans le voir. On dit que ce quelqu'un s'appelle Grisel ; je ne le connois pas pour cela.

Le président : Vous étiez le directeur de l'esprit public, près d'un directoire qui entretenoit une correspondance ; vous aviez votre voix dans le conseil ; il a été dit qu'on lui écriroit à ce sujet, que vous avez fait ou transcrit la lettre : dire que vous n'avez pas la connoissance de cela, c'est dire une chose que je ne puis pas croire.

Babœuf : Je ne sais pas pour qui la pièce a été faite, parce que je ne connois pas Grisel.

Le président : Elle est attribuée à Gri...., et nous verrons bientôt si vous ne l'avez pas connu, pour lui écrire personnellement et vous personnellement.

Voici toutes les lettres dont je vous ai parlé ; je vous demande si ce n'est pas vous qui avez entretenu la correspondance avec les agens généraux et les agens particuliers.

Babœuf : Non, citoyen.

Le président : Au moins vous confesserez que toutes les lettres que je vous ai présentées, sont toutes de votre main ?

Babœuf : Oui.

Le président : Et il n'est peut-être pas hors de propos, que dans toute cette masse de papiers que je vous ai représentée, presque toutes les lettres de correspondance habituelle ; s'il y en a quelques-unes qui n'en sont pas, c'est qu'elles demandoient plus de soins, que vos occupations multipliées ne vous permettoient pas de leur donner.

Je vais vous les envoyer toutes avant de les faire lire.

Babœuf : Vous dites, citoyen, que toutes les pièces de la correspondance paroissent être de moi, copiées par moi ; je vous observe que je ne transcrivois que les pièces qui me paroissoient essentielles ; la correspondance a été plus importante que cela ; il a été fait plus de 36 lettres.

Le président : Ce sont celles que je vous représente comme écrites de votre main, c'est la liasse de la correspondance.

Babœuf : Il a été fait bien autre chose, j'ai extrait cela, parce que j'ai regardé cela comme plus intéressant, comme plus important, pour renseignement.

Le président : C'est ce que les jurés auront à examiner, si ce sont des copies ou des minutes, quand il y a en haut : *une copie*, *15 copies*.

Quatrième liasse.

J'observe qu'après cette lecture, je représenterai au citoyen Babœuf tous les dossiers dont les pièces sont extraites, et que toutes, dans mon opinion, sont dictées de sa main ; 10e. arrondissement, premier arrondissement, 3e. arrondissement.

On donne lecture de la pièce unique, de la 9e. liasse : *Voyez* pag. 243, premier volume.

Les 59e. et 60e. pièces de la 7e. liasse pag. 167, premier volume.

    La 65 p. de la 7 l., pag. 186,   *idem*.
    La 63 p. de la 7 l., pag. 183,   *idem*.
    (*Nota*. Il faut lire 17 floréal à la date, au lieu de 19.)
    La 6 p. de la 19 l., pag. 137,   second vol.
    La 9 p. de la 19 l., pag. 140,   *idem*.
    La 11 p. de la 18 l., pag. 127,   second vol.
    La 5 p. de la 18 l., pag. 117,   *idem*.
    La 1re p. de la 17 l., pag. 104,   *idem*.
    La 22 p. de la 22 l., pag. 226,   *idem*.
    La 20 p. de la 22 l., pag. 224,   *idem*.
    La 4 p. de la 13 l., pag. 308,   prem. vol.
    La 23 p. de la 14 l., pag. 331,   *idem*.
    La 20 p. de la 14 l., pag. 329,   *idem*.
    Le 19 p. de la 10 l., pag. 269,   *idem*.
    La 5 p. de la 15 l., pag. 308,   *idem*.

Toutes ces pièces sont dans le recueil des pièces trouvées chez Babœuf, aux endroits indiqués.

Séance levée à deux heures et demie.

Les accusés ont chanté l'hymne : Du salut de notre patrie, etc.

Certifié, ICONET et BRETON, *sténographes*.

Séance du 30 ventôse.

La séance s'ouvre à dix heures et demie.

Babœuf : Je demande à dire un mot.

Le président : Quel est ce mot. Tout le monde sait que vous ne vouliez pas venir.

Babœuf : C'est pour cela ; c'est pour dire la raison pour laquelle j'arrive en ce moment.

Le président : Vous êtes venu, parce que l'officier de santé a dit que vous pouviez vous transporter à l'audience.

Babœuf : C'est parce que je suis malade.

Citoyens, je dois un mot d'observation sur la circonstance d'après laquelle vous me voyez arriver ici en ce moment. J'ai écrit ce matin au président, pour le prévenir que j'étois malade et dans l'impossibilité physique de me rendre à cette séance : en effet, fatigué par une longue suite de séances non interrompues ; accablé davantage par les travaux de ma défense, j'ai contracté une enflure aux jambes, qui n'est pas simulée, et qui me cause dans toute l'habitude du corps une foiblesse, qui m'avoit jeté ce matin dans le dernier état d'affaissement ; l'officier de santé a jugé que je pouvois être cependant traîné encore aujourd'hui au Tribunal : en conséquence, les guichetiers m'ont arraché de mon lit, et les gendarmes m'ont amené. Puisqu'il en est ainsi, je déclare que désormais, fussai-je agonisant, je ne ferai aucune représentation, et mes camarades m'apporteront ici, si je ne puis pas m'y apporter moi-même ; je fais cette déclaration pour qu'on sache que je ne feins pas d'être malade ; mon état est connu de tous ceux qui sont avec moi, ils peuvent l'attester.

Le président : Nous allons continuer la lecture des pièces qui se trouvent écrites de la main de Babœuf, dans la partie de correspondance tenue avec les divers agens.

On lit la deuxième pièce de la 12e. liasse.

(*Voyez* la page 299 du prem. vol.)

Le président : Je vous demande, citoyen Babœuf, si cette lettre ne prouve pas qu'on a proposé à Pierron d'être l'agent du douzième arrondissement.

Babœuf : Je n'ai pas besoin de dire . . . .

Le président : Pardonnez-moi, vous avez besoin de me répondre ; je ne sais pas quel est cet esprit de révolte et d'obstination . .

Babœuf : Il n'y a point là d'esprit de révolte et d'obstination.

Le président : Pourquoi ne pas me répondre donc, oui ou non ? c'est plutôt dit que de faire de longs discours.

Babœuf : Je ne fais pas de discours.

Le président: Je vous demande si cette lettre-là ne prouve pas que vous vous êtes adressé à Pierron.

Babœuf: Cela prouve que j'ai copié cette lettre.

Le président: Résulte-t-il de cette lettre qu'on ait proposé Pierron pour agent du douzième arrondissement ?

Babœuf: Oui.

Le président: Eh bien ! Vous avez pris des notes où Pierron est porté pour agent, et non des notes des agens à qui il manquoit quelques numéros.

Babœuf: Cela ne prouve rien.

Le président: Quoique sur la note qui est à la 4 pièce de la 6 liasse, vous trouviez *Pierron* au n°. 10, que cette lettre est pour proposer à Pierron d'être l'agent du douzième arrondissement, suivant vous, citoyen Babœuf, cela ne prouve pas clairement...

Babœuf: Le hasard peut amener cette analogie-là.

Le président: Remarquez que le hasard a amené une telle analogie, que chacun d'eux se trouve placé dans l'ordre numérique dans lequel se trouve la correspondance.

Babœuf: D'ailleurs, dans une défense générale, je développerai cela ; vous ne me permettez pas de faire des discours, je ne peux pas répondre en deux mots à tout cela.

On lit la 2 pièce de la 12 liasse. Voyez la page 259 du premier volume des pièces.

On lit la 21 pièce de la 10 liasse. Voyez la page 274 du premier volume des pièces.

(Lig. 3 du texte de cette p°., changer *qui sait* en *qui sent qu'il travaille*.)

On lit la 6 pièce de la 11 liasse.

On lit la 57 pièce. Voyez la page 166 du premier volume.

(En tête de cette pièce ajoutez : *une copie*. Ligne dernière du texte : *et augmenterons celui des forts* : mettez *en augmentant celui des forts*.)

On lit la 19 pièce. Voyez la page 328 du premier volume.

On lit la 23 pièce de la 10 liasse. Voyez la p. 275 du premier vol.

On lit la première pièce de la 4 liasse.

Le président: Persistez-vous dans votre assertion d'hier, que ces pièces ne sont pas de votre composition, et que ce sont des copies faites pour votre instruction ?

Babœuf: Oui, citoyen.

Le président: J'observe sur cela aux citoyens jurés, qu'ils pourront n'avoir plus raison de douter, lorsqu'ils auront ces pièces sous les yeux ; et j'observerai au citoyen Babœuf qu'il y a des caractères qui me semblent à moi tenir évidemment à la composition. Par exemple, dans une lettre du 26 germinal, qui est la 11 pièce de la 18 liasse, c'est une lettre où il parle de l'effervescence qui a paru éclater trop vite, et à ce sujet on lit :

Nous avons prévu cette trop grande précipitation (Il y avoit *et trop grand empressement*, qu'on a rayé.) *de l'esprit public; et c'est pour l'empêcher d'amener les résultats nuisibles, que tu crains aussi bien que nous.* Il y avoit la première fois: *Qu'une circulaire, qu'hier et aujourd'hui nous vous avons envoyée*: puis l'idée s'est arrêtée, et voici comme on l'a corrigée: *Que tant hier qu'aujourd'hui, une circulaire* (1) *a été adressée aux douze agens, et que le n°. 42 du Tribun a paru.*

Ainsi, on avoit d'abord adopté une autre tournure de phrase; on avoit mis *qu'une circulaire*, et on a eu ensuite une autre conception avant d'avoir achevé la phrase. Quand on voit un homme recommencer une autre tournure, on ne peut se dissimuler que c'est réellement composition.

Il est une lettre où c'est peut-être encore plus frappant; c'est celle où il est question du général *Garnier*. Un agent avoit fait l'éloge de ce général, et avoit dit qu'on pouvoit lui en donner de l'emploi, mais qu'il desiroit qu'on lui donnât des questions auxquelles il répondroit à mi-marge. La première conception fut de lui envoyer les questions, et la seconde de ne pas les lui envoyer. Voici comme on avoit commencé: *Voici les questions que tu penses transmettre au général G.* A la place de cela on a mis: *Nous ne voyons pas que ce soit le cas de présenter ces séries de questions pour l'objet sur lequel le général G.*, etc.

On ne peut pas dire qu'on se trompe en copiant; ce sera aux citoyens jurés de dire si ce sont des erreurs de copistes ou des changemens de composition.

Je demande maintenant au citoyen Babœuf, si quoique vous ayez copié extrait de cette correspondance, si au moins votre mission, quelle qu'elle fût, s'est bornée à tenir ces copies manuscrites pour votre instruction, et si vous ne vous êtes pas occupé des expéditions des copies envoyées par d'autres agens?

Babœuf: Non.

Le président: En sorte que vous n'avez donc pas fait ce que l'on voit ici dans une lettre où, répondant à un agent qui s'inquiétoit, vous lui parliez de l'envoi d'une instruction?

Babœuf: Ce n'est pas moi qui me mêloit des envois; quand il me sera permis de m'étendre.

Le président: Il est question de parler sur les faits. Je vous dis qu'il ne faut pas faire des discours éternels, et, si vous voulez, vous en épargneriez beaucoup.

Babœuf: Je ne crois pas que je me donne de la peine inutilement; je crois que c'est nécessaire.

Le président: Dans votre défense générale, vous direz tout ce que vous voudrez.

_____

(1) C'est par erreur qu'il y a dans l'imprimé *cent circulaires*.

Je vous envoie trois pièces qui ont été envoyées, à ce que je crois, ou qui ont dû être envoyées au moins à l'agent du premier arrondissement : elles portent chacune le sceau du comité insurrecteur, et sur chacune d'elles est écrit *premier arr.*, et une *M* qui semble être la lettre initiale de *Morel*, qui a paru l'agent du premier arrondissement.

Baboeuf : Ces pièces n'ont pas été envoyées ; elles paroissent n'avoir pas été envoyées.

Le président : Ces signes-là sont tracés par vous.

Baboeuf : Ils sont tracés par moi ; mais ils ne disent pas *Morel*.

Le président : Cependant, vous avez écrit à Morel qu'il faisoit mal son travail ; et il y a des lettres de lui dans le même dossier ; et si vous aviez tenu la parole que vous donniez aux agens, de tout brûler, on ne sauroit rien.

Baboeuf : Il y a une lettre écrite à l'agent du premier arrondissement, je crois.

Le président : On desire que je vous demande pourquoi toutes ces copies, qui n'étoient faites que pour votre instruction particulière, se trouvent parmi les papiers du comité, pourquoi elles se trouvent dans les liasses appartenant à chacun des arrondissemens, lorsqu'elles ont toutes une chemise cotée et étiquetée par vous.

Baboeuf : J'ai dit que j'avois arrangé en manière d'archives, les papiers de l'association ; je servois en quelque sorte d'archiviste. Toutes les fois que j'ai des papiers entre mes mains, je les arrange ; j'y mets de l'ordre ; c'est naturel : tout le monde fait cela.

Le président : Avez-vous connoissance quel étoit l'objet des listes que je vais vous faire représenter après en avoir fait donner lecture ? On lit les pièces 23, 11 et 26 de la première liasse.

Le président : Je vous demande dans quelle intention vous faisiez ces listes-là ?

Baboeuf : Ces listes ne font partie que d'une liste totale, composée de plusieurs mains ; j'ai coopéré à cela comme copiste, sous la dictée.

Le président : Mais d'abord, *font partie d'une liste totale composée de plusieurs mains*, où est cette liste totale ?

Baboeuf : Vous avez...

Le président : Je vois au contraire que c'est une liste de gens pris dans divers cantons, et à qui on attribuoit diverses qualités. Ce n'est pas une liste générale ; c'est au contraire une distribution.

Baboeuf : On a réuni un travail général par ordre de sections, rangé en ordre alphabétique, et on a eu l'air de vouloir faire de tout cela un ensemble.

Le président : Quel étoit l'objet de cet ensemble là ? tient-il à être philosophique ?

Babœuf : Je n'en sais rien, je l'ai fait comme copiste : d'ailleurs, vous me prenez tantôt par un bout, tantôt par l'autre ; vous ne m'interrogez ni par ordre de date, ni par ordre de faits ; tantôt vous prenez à la queue, tantôt au milieu : je ne répondrai pas de cette manière-là.

Le président : Voyez au contraire comme cela marche clairement. Je vous ai parlé d'organisation civile, ensuite de l'organisation militaire, qui est venue après. A présent je vous parle d'exécuteurs militaires : il faut convenir que cela se suit, comme vous l'avez fait vous-même.

Babœuf : Cela ne se suit pas dans mon esprit.

Le président : Il est vraisemblable que vous avez fait une organisation ?

Babœuf : Je n'ai rien fait du tout, je n'ai fait qu'écrire, et écrire des notes.

Le président : Alors, il faudroit que vous dissiez comment vous avez conçu cela ? répondez.

Babœuf : Je vous dirai tout cela......... Je ne vous dirai pas tout cela, lorsque vous m'accablerez de questions.

Le président : Que ne me répondez-vous, quand je vous fais des questions ?

Babœuf : Si vous ne voulez pas que je parle, je ne parlerai pas. Si vous voulez, je vous rendrai compte de tout cela dans un travail suivi.

Le président : Avez-vous connoissance d'une lettre du 7 floréal, aux douze agens, par laquelle on leur recommandoit d'employer des moyens pour empêcher la Légion de Police de sortir de Paris ? avez-vous connoissance de cette lettre ?

Cette lettre n'est pas écrite de la main du citoyen Babœuf ; mais cela tient à l'ordre des faits.

On lit cette lettre. C'est la 82 pièce, 7 liasse. Voyez page 191, premier vol.

Un juré : Je prie le citoyen Babœuf de me dire s'il connoit le citoyen Bagmay ou Ragney ?

Babœuf : Non, citoyen.

Le président : Avez-vous connoissance d'une autre lettre écrite le lendemain de celle-là ? Celle-là est du 7 ; celle-ci est du 8 ; elle est écrite aux agens des douze arrondissemens, pour presser toutes les mesures.

On lit la 66 pièce de la 7 liasse. Voyez page 186, premier volume.

Le président : Avez-vous quelque connoissance que cette lettre ait été écrite ?

Babœuf : J'ai vu cette lettre dans les pièces ; je la vois là ; elle n'est pas de ma main.

Le président: En avez-vous connoissance?

Babœuf: Si j'en ai eu connoissance, je ne m'en rappelle pas.

Le président: Voyez si ce van, qui est là au dos, n'est pas de votre main.

Babœuf: C'est apparemment pour essayer la plume.

Le président: En voici une du 9, où on presse beaucoup les agens de se mettre en mesure d'exécuter.

On lit la 78 pièce, 7 liasse, page 190, premier volume.

Le président: Avez-vous connoissance de cette lettre?

Babœuf: Elle n'est pas de mon écriture.

Le président: Quand on vous demande quelque chose, vous dites: J'ai écrit cela, ce n'est pas de mon écriture......

Babœuf: Je peux en avoir eu connoissance, je peux l'avoir vue dans le temps; mais je ne m'en rappelle pas; je n'en ai pas pris de minute; je n'ai pas considéré cela comme devant servir aux renseignemens dont j'avois besoin.

Le président: Avez-vous eu connoissance que le 9, le comité insurrecteur envoyoit des émissaires auprès des bataillons de la Légion de police, pour entretenir l'insubordination qu'elle annonçoit?

Babœuf: Je ne m'en rappelle pas; car je ne prenois pas de part aux délibérations, et cela appartient à une délibération.

Le président: Vous avez dit que vous aviez votre voix dans le conseil; vous avez été, à certaines époques, la grande colonne, le centre; tout étoit à vos ordres.

Babœuf: Je vous ai dit les raisons pour lesquelles j'ai tenu ce langage.

Le président: Ensuite vous avez été le directeur de l'esprit public, celui qui devoit entretenir l'opinion commune à un thermomètre raisonnable: à présent vous n'êtes plus qu'un méchant petit copiste, qui est dans un petit coin, et qui ne fait que transcrire des pièces.

Babœuf: Ce n'est pas le cas de faire des plaisanteries.

Le président: C'est le cas de faire observer vos contradictions.

Babœuf: J'ai dit que quelquefois j'avois servi de secrétaire; je vous dirai les pièces que j'ai faites comme secrétaire, d'autres que j'ai faites comme notes, pour me servir de renseignemens relatifs à l'esprit public: après cela je vous ai dit les raisons pour lesquelles j'ai tenu l'autre langage.

Le président: Quand vous étiez en prison, c'est là où vous vouliez faire peur; quand vous étiez libre, vous vous cachiez.

Babœuf: Tout cela s'expliquera.

Le président: Avez-vous eu connoissance que le comité insurrecteur ait envoyé des émissaires auprès des bataillons de la Légion de police ?

Babœuf : Non.

Le président : Avez-vous connoissance que quelques-uns de ces émissaires aient écrit au comité insurrecteur, pendant qu'ils étoient près de la Légion de police ?

Babœuf : Non.

Le président : Vous n'avez donc pas écrit vous-même à ces citoyens qui se tenoient auprès de la Légion de police, et qui rendoient compte au comité insurrecteur ?

Babœuf : Je ne sais pas de quoi vous parlez-là ; vous parlez sûrement d'une lettre, d'un acte.

Le président : Je vous parle de faits. Je vous demande si vous avez écrit à un citoyen qui se tenoit auprès de la Légion de police.

Babœuf : Je ne sais pas à quoi cela se rapporte.

Le président : Il ne s'agit pas de savoir à quoi cela se rapporte, pour esquiver la réponse.

Babœuf : Je ne l'esquive pas ; je n'ai pas besoin d'esquiver : il est possible qu'il y ait une lettre transcrite de ma main, relative à la question que vous me faites.

Le président : Hé bien ! la voici : Quelqu'un étoit près de la Légion de police, qui écrivoit au comité, et voici une lettre que répondit le comité insurrecteur de salut public, quoiqu'alors il fût en bien petit nombre quand cela s'est fait.

C'est la 16 pièce de la seconde liasse, page 3, premier volume.

Réal : Citoyen président ; il y a dans l'imprimé, au bas de la page 35 : *Vois Fyon et Rossignol, et dis-nous, avant ce soir, s'ils sont prêts : dans le cas contraire, nous prendrions d'autres dispositions*. La note dit que ces noms *Fyon* et *Rossignol* sont rayés, moins la première lettre de chaque, qui se lit aisément dans l'original de la main de Babœuf ; je soutiens qu'il n'y a que la prévention qui ait pu lire ces deux mots.

Germain : Citoyen président, je demande que vous veuilliez bien appeler les citoyens experts, pour déclarer si on lit *Fyon* dans le mot effacé, dont la lettre initiale est une *F* ; et si on lit *Rossignol* dans celui dont la lettre initiale est une *R*.

Le président : Nous pouvons en entendre un ; voulez-vous faire venir celui qui est ici ?

Germain : Oui, je crois qu'il suffit d'un seul ; il est évident, il est clair à mes yeux qu'il n'y a pas *Fyon*.

Meynier-d'Ille, haut-juré : Pour parvenir à la vérité, on ne devroit parler aux experts ni de *Fyon* ni de *Rossignol* ; il faut leur demander ce qu'on y peut lire.

Didier : L'observation du citoyen juré ne vaut presque rien, parce que, sur la pièce, on y a dit qu'il y avoit Fyon et Rossignol.

Ricord: Si fait : il a raison.

Germain : Je ferai une observation au président. Il me semble qu'il a présenté à Babœuf une question insidieuse. Il lui a demandé si le comité insurrecteur n'avoit pas reçu ce soir-là des lettres d'un agent ou d'un émissaire. Je vous observe, et j'aurai une meilleure occasion encore de vous le faire observer, que dans les trois lettres de ce prétendu émissaire qui a été envoyé par le prétendu comité insurrecteur, ce prétendu émissaire, je le sais, c'est *moi*; vous ne voyez rien de ces trois lettres que j'écrivis au directoire de salut public. Vous voyez même dans ma lettre de huit heures du soir, que j'écrivis à Babœuf, qu'il n'y est aucunement question des six mille francs, objet cependant assez essentiel pour que je m'explique là-dessus; car c'est des pièces mêmes que je tirerai la preuve évidente, manifeste et irréfutable, que je n'ai pas reçu cette lettre-là.

Un huissier : Aucun des deux experts n'est-là.

Le président : Il faut les aller chercher chez eux. Cela ne nous empêche pas de continuer en attendant.

Germain : Je voudrois que ce Fyon dont il est parlé, fût ici : j'expliquerai cela.

Le président : Comme je ne veux pas vous faire de question insidieuse, je vous observe que dans la lettre même de Babœuf, adressée à Ch. G., on voit : *Nous sommes réunis au nombre de trois, nous recevons ta lettre*.

Germain : J'expliquerai cela tel que je le conçois. Je ne crois pas que l'on m'ait trompé; je suis persuadé que je n'ai trompé en rien dans ce *micmac*.

Le président : Vous vous en expliquerez, sans doute, après la prochaine séance, parce que, pour ne pas nous tromper là-dessus, mon projet est de venir à vous, après Babœuf, et ensuite à Buonarotti.

Réal : Citoyen président, soit en l'absence du citoyen Harger, soit en l'absence du citoyen Guillaume, est ce qu'il n'y auroit pas dans Vendôme un expert d'écrivain?...... Permettez, citoyen président; il me semble qu'on peut le faire venir à l'audience : cela sera peut-être d'autant meilleur, que cet expert de Vendôme ne seroit pas imbu des préventions qui peuvent environner les experts qui ont été entendus jusqu'à présent; il ne connoîtra pas non plus, cet expert, les pièces imprimées : il seroit, par conséquent, plus impartial.

Je me rappelle d'avoir vu aussi au bas de la pièce : *Tuer les cinq*; que ces mots-là sont *très-lisibles*. La même prévention a dû nécessairement dicter aussi cette même réflexion; et je vois encore le même esprit de loyauté que j'ai apperçu dans l'idée qui a fait ajouter le nom de Buonarotti dans la première pièce de Grisel ; car il est affreux de dire combien on étoit environné de prévention, imbu de prévention, et d'une atroce prév.ntion.

Le président : C'est assez parler ; car enfin c'est sur cette pièce-là : il s'agit de cette pièce que les jurés auront sous les yeux ; et la décision de l'expert est indifférente.

Réal : Ce n'est pas cela ; c'est d'avoir environné le public comme on l'a fait : c'est dans le cœur de celui qui a osé mettre, qui a osé dire au bas de la pièce, *tuer les cinq*, que c'étoit *très-lisible*. Je dis que c'est atroce qu'un homme juge aussi facilement.... Je ne soupçonne pas le mal facilement.

Le président : Si vous desirez qu'on appelle un citoyen de la ville ?

Morard : Le citoyen *Tacquet* a fait différentes expertises : il est parfaitement connu à Vendôme. Il seroit intéressant que ce citoyen vînt ici : il a la plus grande probité ; il est de la plus grande intelligence ; il est maître d'écriture à l'École centrale ; et je crois qu'il réunit ici tous les degrés de confiance, tant pour les citoyens jurés que pour les accusés. Je propose que le citoyen Tacquet soit entendu. Vous avez aussi le citoyen...... qui jouit d'une égale réputation.

Viellart : Je desire qu'il y ait un expert au gré des défenseurs des accusés.

Réal : Quand l'expert liroit cela, il ne pourroit pas dire qu'on le voit *aisément*. C'est le mot *aisément* qui me révolte.

Le Tribunal délibère.

JUGEMENT.

La Haute-Cour, considérant qu'il ne s'agit pas actuellement dans le débat que ce qui peut exister puisse être lu ou n'être pas lu ; que ce seroit se divertir à un incident, sauf à faire la vérification si elle devient nécessaire ; la pièce sur-tout ayant été vue par les citoyens jurés, et leur opinion seule étant l'appréciation de la pièce,

Ordonne que le débat sera continué.

Réal : Nous y perdons le bénéfice de la non prévention ; la vérité y perd cela.

Le président : La prévention ; désormais tous les jurés l'ont.

Réal : Tout ce qui est contre les accusés, on s'en sert ; et rien pour eux.

Un huissier : Voilà le citoyen Guillaume arrivé.

Le président : La Haute-Cour en a décidé autrement.

Réal : La Haute-Cour avoit jugé que la vérification seroit fuite ; j'oppose au jugement de la Haute-Cour son jugement.

Le président : C'étoit moi seul...

Réal : Vous avez le pouvoir discrétionnaire, citoyen président, pour avoir la vérité.

Le président : Non pas quand j'ai mis une chose en délibération.

Réal : Ce pouvoir discrétionnaire ne sert que contre, et jamais pour !

Le président : Ce fut postérieurement à cette lettre et à une autre qui fut écrite par le citoyen Germain, qui rendoit compte de la manière dont s'est terminée l'affaire de la légion de police, que fut écrite aux agens des douze arrondissemens une lettre dont il existe une copie de la main de Babœuf, qui est à la page 167 du premier volume, dans laquelle il rend compte de ce qu'on avoit fait pour maintenir l'insurrection de la légion de police, et de la façon dont cela s'étoit terminé ; voilà ce qui regarde cet acte.

Je demande au citoyen Babœuf si les citoyens qui fréquentoient l'endroit où il a été arrêté et où se tenoit son cercle ou le comité ; si ces citoyens s'assembloient fréquemment dans ce lieu.

Babœuf : Tous les jours.

Le président : Ils y étoient donc le 11 floréal ?

Babœuf : Quand je dis tous les jours, je ne dis pas précisément ; quelquefois tous les jours. Je ne me rappelle pas de cela.

Le président : Il faut convenir cependant que ce seroit une chose assez intéressante.

Babœuf : Je vous observe, si lorsque vous dites...

La suite au Numéro prochain.

On souscrit chez BAUDOUIN, Imprimeur du Corps législatif, Place du Carrousel, N°. 662.

Le prix de l'abonnement pour soixante feuilles in-8°, petit caractère, est de 10 francs, pour les départemens, franc de port, et de 8 francs pour Paris.

A PARIS, chez BAUDOUIN, Imprimeur du Corps législatif.

(N°. 51.)

DÉBATS ET JUGEMENS
DE LA HAUTE-COUR DE JUSTICE.

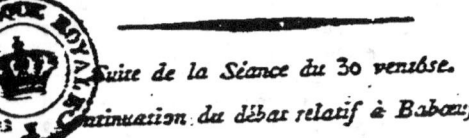

Suite de la Séance du 30 ventôse.

Continuation du débat relatif à Babœuf.

LE PRÉSIDENT : Je vous rappelle d'abord que vous avez dit qu'il n'y avoit qu'environ quinze jours que vous étiez dans ce local. Je vous demande si ceux qui le fréquentoient, qui tenoient le comité, s'y rassembloient, s'y réunissoient fréquemment.

Babœuf : Je vous dirai qu'ils venoient quelquefois où j'étois, tous les jours, quelquefois tous les deux jours, plus ou moins.

Le président : Mais en comité, pour délibérer ?

Babœuf : Toutes les fois qu'on délibéroit, ou qu'on ne délibéroit pas.

Le président : Vous ne savez pas le nombre de fois qu'ils s'y sont assemblés ?

Babœuf : Je ne m'en rappelle pas.

Le président : Vous n'avez pas vu Grisel à quelques-unes de ces assemblées ?

Babœuf : Non, je n'ai jamais vu Grisel.

Le président : Êtes-vous sûr de ne l'avoir pas vu ?

Babœuf : Oui.

Le président : Avez-vous eu connoissance, outre le comité qui s'assembloit dans ce local, qu'il a existé un autre comité insurrecteur que l'on disoit formé par des ex-conventionnels ?

Babœuf : J'ai vu cela dans les pièces.

Le président : En sorte que si les pièces n'eussent point été imprimées, vous l'ignoreriez ?

Babœuf : Je l'ai vu dans les pièces mêmes avant d'être imprimées.

Le président : L'avez-vous cru ?

Babœuf : Je n'en savois rien ; on le disoit.

Le président : Y avez-vous ajouté foi, et avez-vous fait quelque chose en conséquence ?

Débats et jugemens de la Haute-Cour. Tome II.   X

Babœuf: Je n'ai rien fait à cet égard. Je n'étois qu'une machine à cet égard : je ne prenois que des notes pour mon instruction particulière, pour me mettre à la hauteur de l'esprit public.

Le président: Ce n'est pas ainsi que vous vous expliquez dans un interrogatoire que vous avez subi, à ce que je crois, après avoir eu le temps de faire des réflexions.

On vous demanda : « Le parti auquel vous étiez attaché n'a-t-il
» pas connu l'existence d'un autre parti formé des membres de la
» dernière Convention ? et n'ont ils pas travaillé a s'unir ? et n'ont-
» ils pas eu une entrevue entre eux le 20 floréal dernier chez le
» représentant du peuple Drouet » ? Vous répondîtes : « Le parti
» auquel j'étois attaché comme écrivain politique vouloit la pure
» et franche démocratie ; il eut connoissance, vers la fin de son
» existence, d'un autre parti, dans le fait composé des anciens
» membres de la Convention, et que ce dernier parti avoit la
» même intention que lui ; que le peuple ne voyoit qu'un parti
» dans les deux, parce que leurs idées et leurs vœux se confon-
» doient. Ils se réunirent en effet, parce qu'ils crurent qu'ils de-
» viendroient par là plus forts, et que toutes les nuances de pa-
» triotes se réuniroient à ce double parti réuni en un. Quant à
» la séance du 20 chez Drouet, j'ignore si elle a eu lieu ». Voilà ce que vous répondez dans votre interrogatoire.

Babœuf: Ce que je dis là ne me semble pas contraire à ce que je dis dans ce moment. J'ai eu connoissance de cela par les papiers.

Un juré: Vous ne dites pas en avoir eu connoissance par tradition ; vous en parlez au contraire dans votre interrogatoire comme d'une connoissance personnelle, au moins quant à la réunion.

Babœuf: Je ne dis pas que c'est par tradition ni par la connoissance que les pièces m'ont donnée, je dis que j'ai eu connoissance ; je le dis encore dans ce moment : j'explique plus dans ce moment, je dis par quel moyen.

Le président: Mais quelle foi ajoutiez-vous à cela ? Regardez-vous cela comme un propos en l'air, ou le croyez-vous fermement ?

Babœuf: Je le crois autant qu'on peut le croire, d'après les choses qu'on voit écrites sur les pièces qui ont le degré d'authenticité qu'ont celles-ci.

Le président: Mais c'est ce qu'on ne croit pas : vous vous dites naïf ; et lorsqu'on vous demande s'il existoit un autre comité que le vôtre, vous dites que vous n'en avez pas connoissance ; et lorsqu'on vous demande si votre comité et le second ne se sont pas réunis, vous répondez affirmativement. Il est certain que vous ne donnez lieu à qui que ce soit de croire que vous entendez seulement dire, J'ai vu cela écrit. On vous demande où vous avez vu cela écrit, qu'ils se soient réunis, vous repondez que vous en avez une connoissance personnelle.

Babœuf: Je n'ai pas dit que j'en avois une connoissance personnelle : je peux me tromper dans l'expression ; ou il est possible que le directeur de jury ait donné à ma rédaction une nuance.

Le président : Mais vous savez bien le soin avec lequel vous faites toutes vos réponses ; et je ne me trompe peut être pas en disant que vous n'en avez fait aucune sans l'avoir rédigé auparavant : je vous connois bien sous ce rapport-là.

Babœuf : Cela n'est pas exact. Il est prouvé par cet interrogatoire qu'il y a beaucoup de réponses que je n'avois pas préparées et des questions que je n'avois pas prévues.

Le président : Il est vrai qu'on ne peut pas répondre plus affirmativement, plus positivement :

Le parti auquel j'étois attaché comme écrivain politique vouloit la pure et franche démocratie : il eut connoissance d'un autre parti ; il connut que ce dernier parti avoit les memes intentions que lui ; que le peuple ne voyoit qu'un parti dans les deux. Et vous expliquez même l'opinion de votre parti sur l'autre parti, parce que leurs idées se confondoient. Ils se réunirent en effet: cela dit-il que vous le saviez, pour avoir entendu dire qu'ils s'étoient réunis? et vous en expliquez même la raison, *parce qu'ils crurent qu'ils deviendroient par là plus forts.*

Babœuf : Je vous explique que c'est le résultat des propos des conversations que j'ai entendues.

Le président : Eûtes vous connoissance d'une lettre du 26 germinal, qui fut écrite dans cette opinion pour instruire les douze arrondissemens, d'abord, de l'existence de ce comité ?

Babœuf: Vous connoissez mieux l'affaire que moi. Je ne m'en rappelle pas.

Le président : Cependant vous avez eu tout le temps d'examiner les pièces.

Babœuf: Il n'y a que depuis l'ouverture du débat que je me suis avisé d'ouvrir ce livre-là. Je ne m'attendois pas à l'ouverture du débat, lorsque nous n'avions pas eu toutes les pièces.

Le président : On va lire cette lettre aux agens des douze arrondissemens.

(On donne lecture de la 92 pièce de la 7 liasse.)

Babœuf : C'est une copie.

Le président : Elle n'est pas de votre main. La réunion de ce parti (du parti ex-conventionnel) au vôtre n'a-t-elle jamais été proposée devant vous ?

Baboeuf : On en a parlé : on a dit qu'il en étoit question.

Le président : Oh !..... Je vous demande si devant vous on a proposé la réunion d'un parti à l'autre, et vous me répondez qu'il en a été question..... où ?

Baboeuf : Je n'en sais rien. Je ne sortois pas de l'endroit où on m'a trouvé ; on venoit, je ne savois pas ce qui se passoit au dehors.

Le président : A-t-on proposé la réunion devant vous ?

Baboeuf : Comment proposé ! Je n'étois pas en délibération, moi !

Le président : Mais sans délibérer, supposé qu'on ne délibérât pas.

Baboeuf : Je n'ai pas eu d'autre connoissance que ce que j'en ai vu par cette lettre dans laquelle il en est question.

Le président : En sorte que devant vous elle n'a pas été proposée ?

Baboeuf : Non, citoyen.

Le président : Avez-vous eu connoissance comment s'est opérée cette réunion ?

Baboeuf : Non, je n'en sais rien.

Le président : Vous ne savez pas si vous en avez eu connoissance ?

Baboeuf : Je ne sais pas si elle s'est opérée.

Le président : Mais, vous qui étiez instruit de tout, voilà des objets bien plus intéressans à saisir.

Baboeuf : J'étois instruit des écrits.

Le président : Voilà des objets bien plus intéressans à saisir que des copies d'envoi.

Baboeuf : Je n'ai pu recueillir que ce qui me passoit sous les yeux ; et j'en aurois pris copie si j'en eusse eu le temps.

Le président : Avez-vous eu connoissance des conditions auxquelles on s'est réuni ?

Baboeuf : Toutes ces questions se rapportent à la même ; c'est pour me surprendre des réponses. Je ne répondrai plus.

Le président : Ce n'est pas pour vous surprendre ; c'est pour vous faire voir que vous ne voulez pas dire ce que vous savez.

Baboeuf : Certainement je ne vous dissimulerai pas que dans cette réponse je vois une tendance à compromettre quelqu'un. Eh bien ! c'est cela qui me donne un air embarrassé : tout ce qui tendra là, je ne le dirai pas.

Le président : Vous eussiez pu me dire si vous étiez présent, sans en compromettre un autre.

Baboeuf : J'ai dit tout ce dont j'ai eu connoissance.

Le président : Je vous demande si vous avez eu connoissance des conditions auxquelles la réunion a été opérée.

Babœuf : C'est encore la même chose.

Le président : Qu'est-ce que cela compromet? Eh bien! je suis obligé de dire tout. La réunion a été proposée, a été convenue; mais la réunion ne s'opéra pas, parce qu'il survint des difficultés. Une lettre a été faite pour instruire les agens que depuis quelques jours il existoit (on va faire lire la lettre pour fixer votre attention) : on écrit aux agens que, depuis quelques jours, on a gardé le silence avec eux; qu'on devoit leur en expliquer la raison = c'est que, toute réflexion faite, on avoit cru plus avantageux de se réunir avec les ex-conventionnels; qu'en conséquence on s'étoit réuni, qu'on avoit fait des conditions.

Cette pièce est une copie de la main de Pillé, c'est la onzième de la septième liasse (*Voyez* pag. 80, premier vol.)

(On en donne lecture.)

Le président : Il me paroît difficile de croire que vous, dont tous les écrits devoient être parallèles à la marche du directoire insurrecteur, ayez ignoré ces négociations, les entraves qu'elles ont éprouvées, et le cours qu'elles ont pris. Je vous demande de nouveau si vous avez eu connoissance de la proposition de réunir les deux partis, de la réunion qui a d'abord été faite, des difficultés qui ont eu lieu de nouveau ; et si les difficultés étant cessées, la réunion s'est opérée.

Babœuf : Je n'ai pas eu connoissance de cela autrement que par les pièces.

Le président : Vous n'avez donc pas assisté à la réunion, à une assemblée où les deux partis étoient réunis?

Babœuf : Non.

Le président : Vous n'avez pas été chez le citoyen Ricord vers le 18 floréal?

Babœuf : Non.

Le président : Avez-vous su qu'on s'est réuni?

Babœuf : Je ne me mêlois pas de cela; je ne me mêlois que de savoir ce qui résultoit de la correspondance; ce qui me montroit les diverses phases de l'esprit public, de l'opinion, d'après la correspondance des écrits, des réunions.

Le président : Vous voyez bien qu'il tenoit à l'opinion et à la manière de travailler l'opinion, de savoir où vous en étiez avec un parti que vous vouliez associer ou neutraliser; en sorte qu'il s'en faut beaucoup que cela vous fût étranger.

Mais, puisque vous n'aviez aucune connoissance de cela, comment se fait-il cependant..........?

Babœuf : Je savois tous les jours, par le résultat de la correspondance, à quel point en étoit l'esprit ou l'opinion.

Le président : Cependant il existe un projet de discours de votre main, fait pour être prononcé à la première assemblée où les conventionnels se seroient réunis, et où vous leur donniez des leçons; vous leur dites à quelle condition vous les adoptez, et leur faites des reproches, etc. Le commencement de cette pièce, qui est la plus grande partie, est la vingtième pièce de la sixième liasse; la suite est la vingt-deuxième de cette même liasse; et enfin, vous n'avez pas eu le temps de rédiger en discours tout ce que vous aviez en notes : ces notes forment la vingt-troisième pièce de la même liasse. On va le lire successivement.

Je vous demande d'abord si ce sont des copies de pièces.

Babœuf : Ce sont des copies, les originaux ont été brûlés.

Le président : Eh bien! dans votre interrogatoire, vous avez dit que c'étoient des matériaux pour vos imprimés; mais, comme aujourd'hui vous êtes obligé de dire que ce sont des copies....

Babœuf : Il faudroit voir l'interrogatoire. On m'a présenté une pièce : j'ai dit que la plupart étoient des matériaux pour mes imprimés.

Le président : Auparavant qu'on lise, je vous demanderai quel pouvoit être l'intérêt pour conserver des copies de votre main.

Babœuf : Parce qu'on s'étoit engagé envers tout le monde, envers les agens, de brûler ce qui étoit de différentes mains. Je conservois tout cela comme minutes pour mon instruction.

Le président : L'engagement étoit de faire tout transcrire d'une même main, sur un même registre ; mais il n'y avoit pas d'engagement pour que vous fissiez la copie des pièces.

Babœuf : Il n'y avoit pas d'engagement, c'étoit un engagement avec moi.

Le président : C'étoit un engagement de vous avec vous.

Babœuf : C'est un arrangement qui me convenoit.

(On fait lecture des pièces vingtième, vingt-unième, vingt-deuxième et vingt-troisième de la sixième liasse, imprimées pag. 65 et suivantes, premier vol.)

Bailly : Citoyen président, je desirerois que l'on remarquât quels sont les mots qui sont rayés, afin d'en faire la comparaison avec ceux qu'on leur a substitués.

Le président : Les premiers mots rayés sont ceux-ci. Il y a : « Si quelques hommes, encore amis de la liberté, leur représentoient tout ce que ce traité avoit de déshonorant et de honteux, la plupart s'en excusoient en disant »; puis il y avoit *par quelque*, on a rayé *quelque*; et au lieu d'*en disant*, on a écrit en marge, *s'en excusoient par quelque chose* de plus honteux encore : ils disoient, etc.

Le troisième paragraphe commence par *nous eûmes l'avantage*. Il me semble qu'il y avoit, *nous eûmes l'avantage d'être enten-*

dus; on a effacé d'être entendus et on a mis, nous eûmes l'avantage d'assurer le but où j'en étois (quelque chose), on a effacé tendoie et on a mis, où nous tendions. Vous sentez que c'est fort abstrait d'expliquer cela.

Au paragraphe suivant : *Nous avons fait beaucoup de choses pour cela.* La première dictée étoit, *nous avons peut-être rassemblés tous les mat.* on y a substitué, *nous croyons avoir rassemblé la très grande partie des matériaux.*

Un paraphe au-dessous commence par *nous craignons encore.* Je crois que la première idée de conception a été celle-ci : *Nous craignions encore qu'en les appelant de nouveau au timon de la législation, l'on ne vît renaître les querelles et les déchiremens, fruits naturels des anciens points de dispute dont les fermens existent toujours dans les DIVERSES TÊTES DE PLUSIEURS d'eux ou d'entre eux.* On a effacé *diverses*, et on a mis *dans les têtes de la plupart d'entre eux*

Quatre paragraphes au-dessous il y a aujourd'hui, *nous nous sommes déterminés à accepter cette proposition.* Il y a eu d'abord, *nous nous sommes déterminés à accepter ce parti, d'autant que nous avons craint que vos mesures et les nôtres ne s'entre-choquent et ne se nuisent ; et, puisqu'il faut le dire, qu'au moment décisif vous ne venez vous mettre à travers nos projets, et qu'il n'en arrive que diverses compagnies de défenseurs du peuple ne se trouvent en désaccord et n'ajoutent une guerre entre eux au par-dessus de toutes celles que la République a à soutenir contre toutes les différentes espèces d'ennemis.* Il y avoit ensuite, *nous avons*, et un mot qui commençoit par deux *d* ; on a effacé ces deux *dd nous avons.* Il y avoit ensuite *on vous appelle au lieu de vous appelant* ; et on a mis, *en nous réunissant à vous.* Il y a ensuite, *nous vous avons appelés pour vous transmettre cette décision* : je ne sais pas ce qui existoit auparavant, *nous desirions qu'elle vous soit agréable* ; puis la phrase étoit commencée par, *puissiez-vous ou puissions-nous*, on a effacé ces deux mots, et on a mis, *que nous puissions bien nous entendre.*

Le président: Avez-vous quelque observation à faire sur cette pièce. citoyen Babœuf?

Babœuf: J'ai une observation générale sur les ratures : c'est qu'il m'arrivoit quelquefois de me permettre de corriger la rédaction de certaines pièces dont je prenois note. Les personnes composant la réunion n'étoient pas toutes des hommes de lettres : il pouvoit se faire que je fisse une plus mauvaise rédaction que celle qui y étoit la première, mais enfin je me permettois de corriger. J'analysois quelquefois des phrases qui me paroissoient trop longues, et cela faisoit que j'abrégeois quelquefois ; il me suffisoit d'avoir quelquefois l'esprit l'observation, et voilà ce qui fait que des copies pa[r]oi[s]sent être des minutes.

Le président : Mais si plusieurs des membres du comité n'avoient pas le grand talent d'écrire, ce qui donnoit lieu de faire des corrections pour vous à l'effet de conserver des notes, je vous demande, envoyiez-vous aux agens leurs compositions, ou si c'étoit d'après les écritures que vous aviez faites ?

Babœuf : Les expéditions ne se faisoient pas par moi. Les minutes m'étoient remises : il arrivoit que, dans les notes que je faisois, j'appercevois certaines fautes de rédaction.

Le président : Mais dans les copies qu'on faisoit pour les agens vous envoyiez les mauvaises rédactions ?

Babœuf : Je ne vous dis pas que les rédactions étoient mauvaises.

Le président : Qui vous obligeoit à faire tant de corrections ? je vois deux phrases qui se trouvent deux fois à deux pages qui se suivent, et que vous avez corrigées dans les deux endroits trois fois chacune avec les mêmes variantes ?

Babœuf : Je ne sais pas cela, il faudroit que je me reporte aux circonstances : j'examinerai tout cela, et j'en rendrai un meilleur compte quand j'aurai examiné et que je me serai reporté aux circonstances et au moment.

Le président : C'est l'affaire des jurés tout cela.

Babœuf : Enfin vous les influencez par l'observation des ratures.

Le président : Vous devez leur donner des explications qui détruisent tout ce que je dis : ce n'est pas influencer ceci. Voyez si vous avez autre chose à dire sur cette pièce.

Babœuf : Je n'ai rien à dire.

Le président : Je vous observe que voici votre déclaration : « A lui représenté les vingt-quatre pièces composant la sixième
» liasse, et lui avons fait les mêmes interpellations que dessus. A
» répondu : Je reconnois la dix-neuvième, la vingt-unième, la
» vingt-deuxième et la vingt-troisième pour être de mon écriture,
» et lesquelles ne sont que des notes et des commencemens de dis-
» cours relatifs à mes écrits imprimés ; la vingtième est encore une
» copie, comme les précédentes, aussi de ma main. » Je ne puis pas déterminer positivement ce qu'il faut entendre par cette réponse, parce que, dans des réponses précédentes, le citoyen Babœuf, expliquant ensuite des pièces de sa main, a dit qu'elles étoient des copies. Mais ici vous voyez que, parlant de la vingt-unième, de la vingt-deuxième qui est la suite de la vingtième, de la vingt-troisième qui, dans mon opinion encore, en est la suite (je dis seulement, *dans mon opinion en est la suite*, en ce sens que n'ayant pas eu le temps de faire les discours et de donner les conditions

auxquelles l'union seroit consentie et les mesures qu'il falloit prendre, vous avez fait des notes), vous dites que la vingt-deuxième qui est la suite de la vingtième, la vingt-troisième pièces sont des commencemens de discours relatifs à vos écrits imprimés.

Ainsi alors vous ne disiez pas que ce fussent des copies du travail d'un autre.

Babœuf : Je ne sais pas encore si la vingt-troisième n'est pas ce que j'ai dit dans mon interrogatoire.

D'ailleurs j'observe que tout cela n'a pas de date. Tout cela, en raison de ce défaut de date, peut se rapporter à différentes circonstances : je ne puis me rapprocher au temps où ces pièces ont été faites. D'un autre côté, relativement à mon interrogatoire, il faut observer que cet interrogatoire a duré longtemps, parce que j'avois donné beaucoup de développemens et j'étois très-fatigué ; j'ai fait des réponses très-dépourvues de sens. On m'a rappelé le 3 prairial pour vérifier des pièces que j'avois dit n'être pas de moi et que j'ai reconnues ensuite par en être.

Le président : Il n'y a pas eu de nouvelle déclaration le 3 prairial sur la sixième liasse.

Babœuf : A la bonne heure ; mais j'avois reconnu dans d'autres liasses pour être de moi des pièces qui n'en étoient pas, et d'autres que je n'avois pas reconnues, que j'ai reconnues ensuite.

Le président : Avez-vous été le 19 floréal chez le représentant Drouet ?

Babœuf : Oui, j'y ai été le 19 floréal dans la journée.

Le président : A quelle heure ?

Babœuf : Je crois que c'est à midi.

Le président : Je ne sais pas si c'est là répondre comme l'a fait le représentant Drouet dans son interrogatoire.

Babœuf : Je ne sais pas ce qu'a dit le représentant Drouet.

Réal : S'il étoit permis de revenir sur la pièce vingt-troisième, je prouverois par la contexture même de la pièce qu'elle ne peut être la suite de la vingt-deuxième ; il est impossible qu'elle en soit la suite.

Le président : J'ai demandé au citoyen Babœuf si le 19 floréal il avoit été chez le représentant Drouet ; il a dit oui.

J'ai demandé à quelle heure, il m'a dit à midi.

Y avez-vous trouvé le représentant Drouet ?

Babœuf : Oui.

Le président : Etoit-il seul ? Y avoit-il quelqu'un avec lui ?

Babœuf : Il étoit seul alors.

Le président : Dans sa déclaration on lui a demandé : « Babœuf, » n'est-il pas allé chez vous avec quelques-uns des individus qui » ont été arrêtés avec vous ? »

Il a répondu : « Oui, il est venu le 19 au soir avec Laignelot, Ricord, et quelques autres personnes que je ne connois pas. »

Babœuf : Je sais bien que Drouet a dit cela ; mais il s'est probablement trompé.

Le président : *Probablement !* mais vous deviez dire *affirmativement.*

Babœuf : Je le dis affirmativement : je ne réfléchissois pas à cette distinction.

Réal : Il ne veut pas dire que Drouet a menti. Je ne donnerois pas un démenti à Drouet.

Laignelot : C'est une manière honnête de dire, quand on n'a pas dit la vérité.

Ricord : Drouet a pu être embarrassé de l'arrogance avec laquelle un ministre l'a interrogé lorsqu'il n'en avoit pas le droit.

Le président : Vous n'y êtes pas allé le 18 ?

Babœuf : Non.

Le président : Vous n'avez vu personne chez le citoyen Drouet ?

Babœuf : Non.

Le président : Comment est-il venu à votre connoissance que les conventionnels réunis à votre parti eussent arrêté de former une nouvelle Convention ?

Babœuf : Non, je n'ai vu que ce qui a été annoncé dans les pièces relativement à cela.

Le président : Comment voulez-vous vous concilier sur ces faits avec ceux dont il existe des lettres écrites ? il existe une liste dont le titre est de votre main.

Babœuf : On prouvera peut-être que cette liste-là ne se rapporte nullement à la circonstance, à ce que vous croyez.

Le président : Mais je ne sais pas, à moins que vous ne disiez que le titre est faux, et c'est ce qu'il faudroit prouver. Cette pièce démontre elle-même qu'elle se rapportoit à la formation d'une Convention, puisqu'on lit, *Liste des démocrates à adjoindre à la* non *Convention* ; et qu'ensuite le contexte de la liste semble bien convenir à l'objet, puisque tous les départemens y sont annoncés, et avec un nom en face de la majeure partie des départemens. On a même observé de mettre le nom de chaque individu auprès du département auquel il appartenoit ou qu'il connoissoit davantage.

Babœuf : Il n'est pas difficile, selon moi, de concevoir que cette liste pourroit n'être qu'un jeu ; qu'on auroit pu dire : Il seroit à désirer que, pour chaque département, il y eût une liste ainsi conçue, ainsi composée, que les hommes que nous connoissons être de telle ville ou de tel département soient rapportés à telle ville ou tel département.

Le président : Vous dites qu'il est possible que cette liste ne fût qu'un jeu; mais vous ne prétendez donc pas à un autre objet?

Babœuf : A une autre circonstance, ai-je dit ; elle a pu être conçue peut-être bien long-temps avant les pièces que vous avez vues déjà.

Il faudroit bien peser les expressions des lettres dont vous parlez, faire des rapprochemens avec la liste, faire beaucoup de raisonnemens, et rapprocher une infinité de choses que je ne peux pas faire dans ce moment-ci, et que je renvoie à ma défense, lorsqu'il sera question de parler.

Le président : Il existe deux lettres dans lesquelles on parle des réunions des ex-conventionnels, et de former une nouvelle Convention; mais les conventionnels vouloient la former seuls. « Nous » nous y sommes, dites-vous, opposés; nous avons exigé l'ad- » jonction d'un membre par département. Ils y ont enfin consenti. » Je trouve une liste, je l'applique là. Voilà un raisonnement bien simple. Et puis elle se trouve copiée par Pillé, et puis elle se trouve réunie dans la liasse intitulée : *Travail général*. Voyez; voilà un raisonnement simple.

Babœuf : Je n'ai aucun raisonnement à faire là-dessus, ni simple, ni compliqué : je n'ai pas les moyens de donner à cela tous les développemens dans ce moment.

Le président : Vous avez écrit le titre et plusieurs noms de votre main sur la liste?

Babœuf. Oui, c'est de mon écriture.

Le président : Avez-vous été prévenu d'une réunion d'agens chez Massard, le 20 floréal, pour arrêter les dernières dispositions.

Babœuf : Non.

Le président : Cependant vous connoissiez la pièce qui existoit chez vous?

Il a été trouvé dans la seconde liasse, troisième pièce, un billet daté au haut, de votre main, 20 floréal ; ainsi certes vous l'avez vu ; c'est vous qui déterminez l'instant de son existence par la date de votre main, 20 floréal.

« Nous devons nous réunir chez Massart, à 4 heures de relevée, pour y organiser nos dernières dispositions avec les principaux agens. Au sortir de là, faites nous savoir où nous nous réunirons, paroissant impossible d'aller chez Drouet. Par les avis officieux qui m'ont été donnés, j'ai la preuve que l'on me suit actuellement. Je crains d'aller chez toi.

» Réponds-nous de suite. Ch. G. »

(*Au dos est écrit.*)

» Le camp de Vincennes va on ne peut mieux ; c'est *Rossignol* qui nous l'annonce. »

Babœuf : Je ne connois de cette pièce que la date.

Le président : C'est vous qui l'avez chiffrée et classée. Comment la connoissiez-vous ?

Babœuf : Je vais vous dire comment je mettois les dates. Souvent des chiffons se rencontroient sur ma table : lorsque je n'en savois pas la date, je la mettois du jour ; et je la remarquois.

Le président : Mais je vous demande, à moins que vous ne vouliez absolument qu'on ne croie pas que vous ayez le sens commun (permettez-moi ce mot) ; je vous demande si vous, qui étiez le directeur de l'esprit public, le régulateur de la correspondance, vous qui trouviez un billet qui vous annonçoit un fait intéressant, sous quelque rapport que ce soit : « Nous devons nous réunir » chez Massart, à 4 heures de relevée, pour y organiser les » dernières dispositions... Dis-moi où nous nous réunirons... » Vous mettez à cela une date au hasard ?

Babœuf : Je n'ai pas dit cela.

Le président : Comment l'avez-vous mise si vous ne l'avez pas mise au hasard ?

Babœuf : Certainement je ferai l'historique de tout le procès, et alors je donnerai des raisons certaines.

Le président : Certainement, quand on recherche la vérité, ce n'est pas un historique composé avec des réflexions qui nous la fera voir.

Babœuf : Je crois qu'on en fait un historique composé.

Le président : Ai-je fait un historique composé en vous demandant si vous aviez connu un billet que vous avez daté 20 floréal ? car vous prétendez nous faire accroire qu'un billet dont l'existence étoit intéressante, et qui ne portoit pas de date, vous l'avez daté vous-même sans réflexion. Ce n'est pas un historique, c'est une observation que je vous fais.

Enfin ce billet, l'avez-vous daté avec confiance qu'il fût du 20 floréal, ou sans confiance ?

Babœuf : Je ne m'en rappelle pas maintenant.

Le président : D'après l'importance de ce billet ?

Babœuf : Quelle est l'importance de ce billet ? *Nous devons nous réunir chez Massart pour y organiser nos dernières dispositions.....* Relativement à quoi, c'est ce que je ne sais pas, c'est ce que l'auteur expliquera.

Le président : Vous avez été arrêté le 21 floréal : les soupçons étoient plus ou moins fondés : mais on vous suivoit ; et celui qui vous écrivoit ce billet disoit encore : *Je sais qu'on me suit activement*.

Germain : J'avois un mandat d'arrêt sur le corps depuis le 12 ventôse, citoyen ; je le prouverai.

Le président : Vous voyez un billet de quelqu'un qui vous dit :

Nous nous réunirons chez Massart; ensuite, faites-nous savoir où nous nous réunirons, etc. Je vous demande si vous croyez que vous ayez pu dater avec ou sans réflexion un billet comme celui-là.

Babœuf : Ce billet me paroît d'une importance bien simple. Je n'y vois rien de très-intéressant. Il pourroit se faire que ce billet eût rapport à une assemblée chez quelqu'un de patriotes; mais tous les jours des patriotes se réunissent les uns chez les autres, sans conséquence, sans importance.

Le président : Vous ne savez pas si vous l'avez daté sans réflexion ou avec réflexion?

Germain : Je promets de donner sur ce billet et sur un autre, à-peu-près des éclaircissemens très-simples, qui vous prouveront qu'il est possible que Babœuf les ait datés sans réflexion; car, je me serois donné au diable, moi, si on m'avoit dit qu'ils étoient chez Babœuf.

Le président : N'avez-vous pas (cette assemblée se tenant le 20 floréal, suivant le billet, pour aviser aux dernières dispositions); n'avez-vous pas rédigé, dès le 20 floréal, des instructions additionnelles, en conséquence de ce qui s'est passé dans l'assemblée chez Massard?

Babœuf : Je n'ai rien rédigé.

Le président : Vous aurez copié, car elles existent; et cependant remarquez bien que l'assemblée devoit être chez Massard, à quatre heures de relevée; que conséquemment le résultat de cette assemblée ne put vous être connu que quelques heures après; et cependant le 20 floréal vous avez rédigé sur plusieurs pages, des instructions dont il va être donné lecture.

C'est la 2ᵉ. pièce de la 2ᵉ. liasse.

(*Voyez* les pages 14 et 15, prem. vol.)

Germain : Je demande la parole pour une observation. C'est une interpellation au citoyen Grisel. Je desirois la lui faire avant la lecture, quoiqu'il ait les pièces, puisqu'il les a montrées au Tribunal.

J'observe que le citoyen Grisel dans sa déclaration où il parle de différentes prétendues réunions, de prétendu comité militaire, ne parle pas de notes remises par le comité insurrecteur à ce comité militaire, ni même prises; il annonce encore qu'il avoit été convenu qu'on en prendroit : il ne dit pas que le comité militaire en ait reçu du comité insurrecteur.

Je lui demande maintenant s'il a vu dans ce prétendu comité militaire qu'on ait donné, qu'on ait fait mention de quelques notes remises par le prétendu comité insurrecteur.

Grisel : Je m'offre pour répondre.

Le président : Citoyen Germain, je n'entends pas bien votre interpellation.

Germain : Je vous prie de demander à Grisel s'il a été témoin que le prétendu comité insurrecteur ait remis au prétendu comité militaire des notes : il n'en a jamais parlé dans ses déclarations.

Le président : Le citoyen Germain vous demande si vous avez eu connoissance que le comité insurrecteur ait remis des notes au prétendu comité militaire.

Germain : Il a dit que non, c'est pour le répéter.

Grisel : Voilà ce que j'ai dit dans mes différentes déclarations et ce que je répète encore (sauf peut-être, comme je l'ai observé, ce qui me seroit échappé.) La première séance du comité militaire se tint chez Reys, sellier, rue du Mont-Blanc, le 19 floréal. Dans cette séance, il fut arrêté formellement qu'on demanderoit au comité insurrecteur différens renseignemens, comme je l'ai dit : c'étoit le citoyen Germain qui étoit absolument chargé des communications comme agent intermédiaire entre ces deux comités. Il fut donc formellement chargé de la part du comité militaire de demander au comité insurrecteur des notes détaillées sur les différens moyens dont on pouvoit se servir. Dans la séance qui eut lieu le lendemain, chez le citoyen Clerex, rue Babille, n°. 10, on parla encore de ces notes; on discuta même très-long-temps dans la séance du 14. Le lendemain, ce fut le 15, il fut arrêté entre les cinq membres du comité militaire, que chacun des membres donneroit un croquis des moyens qu'il croyoit propres à employer ; et de fait, le 16, jour où on ne fit rien, parce que le citoyen Fyon, le citoyen Germain ne s'y trouvèrent pas, le citoyen Massard avoit écrit des notes ; et voyant qu'on ne s'étoit pas assemblé, il mit ces notes dans les mains du citoyen Clerex. J'observerai qu'il y avoit chez le citoyen Clerex un registre relié en parchemin verd, sur lequel le citoyen Germain lui-même avoit écrit plusieurs petites notes pour pouvoir les communiquer au comité insurrecteur. Je ne sais si ce registre a été trouvé ; mais je sais qu'il existoit, et que, le 14 et le 15, il fut caché derrière un miroir, dans la chambre de Clerex, où s'assembloit le comité militaire. Je crois avoir répondu.

Germain : Les citoyens jurés observeront que le citoyen Grisel n'a répondu que vaguement à l'interpellation qui lui a été faite. Mais enfin, puisque Grisel assure que j'ai été membre avec lui d'un comité militaire, puisqu'il assure qu'il avoit l'intention de savoir toute la conspiration, tout ce qui avoit trait à la conspiration, pour en former sa dénonciation au Directoire exécutif, il ne doit pas avoir négligé de jeter les yeux sur les notes qui composoient ce registre, aussi bien que sur les notes qu'il dit avoir été apportées au comité par Massard.

Je lui demande qu'il veuille bien dire ici ce que contenoient ces notes, sans que l'on sache si elles se trouvent conformes à celles portées dans le livre.

Grisel: Je n'avois pas besoin de jeter les yeux sur ces notes, parce qu'elles étoient ce que nous venions de conclure ensemble, de demander tels et tels renseignemens. Ces notes étoient informes; le citoyen Germain les lut, elles ne contenoient que des lettres initiales. On a pu observer que dans une lettre adressée de la part du comité insurrecteur à l'agent du dixième arrondissement, on lui observoit qu'il n'étoit pas nécessaire de mettre son nom. C'étoit la marche qu'on suivoit par-tout.

Réal: Ne faites pas l'accusateur national, faites le témoin.

Germain: J'observe que dans cette liasse, je n'y vois pas un seul mot qui soit en lettres initiales; je ne vois pas même qu'il eût été possible de rendre en lettres initiales ce qui se trouve là, sur des faits qui sont des choses essentiellement appartenantes au comité militaire, si tant est qu'il y ait eu un comité militaire.

Le président: Citoyen Germain, je crois que nous nous éloignons un peu de la question, car cette pièce n'est pas de votre main, ni annoncée de votre main. J'ai dit seulement que, le 20 floréal, le citoyen Babœuf rédigea des instructions additionnelles.

Réal: Permettez. Je ferai une observation. J'ai été jusqu'à présent très sobre de questions à Grisel, et j'en ai beaucoup à lui faire; mais, dans ce moment-ci, il tombe dans deux ou trois contradictions, comme il y est tombé dans toute sa déposition. (Il dit tout-à-l'heure, malgré toutes les leçons qu'il a reçues, que le 14 et le 15, même le 13, chez Reys, il y a eu des assemblées du comité militaire.)

Grisel: Je n'ai pas dit le 13.

Réal: La première chez Reys, verbalement arrêté des demandes de notes au comité insurrecteur, *rien d'écrit*; le lendemain, chez Clerex, rue Babille, on parla encore de ces notes, on divagua, rien encore d'écrit; car jusqu'à présent nous avons quatre ou cinq déclarations qui ne parlent pas de tout cela. *Le 15 matin, il fut arrêté que chacun feroit un croquis.* Il m'est bien démontré que voilà trois comités où vous dites (en parlant à Grisel) qu'on n'a rien écrit. Cependant vous ajoutez, quand on vous presse là-dessus, *qu'il y avoit un registre verd; sur ce registre, qu'on avoit pris des notes, et que c'étoit Germain qui les écrivoit.* Pressé de vous expliquer sur ce que contenoient ces notes: *il y avoit des lettres, il y avoit un tel secret gardé entre les cons-*

pirateurs, qu'ils ne disoient rien. Vous concevez que s'il y avoit eu un secret, ce n'auroit pas été pour vous, qui étiez alors le brandon qui allumoit cette poudre. Le secret dont vous parlez là est une échappatoire dont vous vous servez pour ne pas répondre aux observations très-pressées de Germain, qui dans ce moment-ci vous demande si vous avez vu ce qu'on écrivoit sur ce registre.

Grisel: Je crois avoir dit que je n'ai pas jeté les yeux sur ce registre, j'ai entendu lire ces notes que Germain avoit écrites.

Réal: Que contenoient ces notes?

Grisel: Ma tête n'est pas une sténographie.

Réal: Voilà une observation très simple. Cet homme vous a dit: J'étois intéressé à connoître tout ce qui se faisoit, parce que je voulois sauver le gouvernement des désastres que lui préparoient les conspirateurs: je vous demande si cet homme qui vous a dit qu'il étoit décidé au péril de sa vie, auroit pu se contenter de n'avoir que des demi-explications sur ces notes. Cela tombe-t-il sous les sens?

Grisel: Si j'étois un sténographe, j'aurois pris littéralement le texte de ces notes.

Réal: Permettez-moi de répondre.

Le président: Laissez répondre Grisel. (à Grisel:) Mais répondez catégoriquement aux questions.

La suite au Numéro prochain.

On souscrit chez BAUDOUIN, Imprimeur du Corps législatif, Place du Carrousel, N° 662.

Le prix de l'abonnement pour soixante feuilles in-8°, petit caractère, est de 20 francs, pour les départemens, franc de port, et de 8 francs pour Paris.

A PARIS, chez BAUDOUIN, Imprimeur du Corps législatif.

(N°. 52.)

DÉBATS ET JUGEMENS

DE LA HAUTE-COUR DE JUSTICE.

Suite de la Séance du 30 ventôse.

Continuation du débat relatif à Babœuf.

Réal (à Grisel) : D'abord, ces notes ont-elles été écrites devant vous, ont-elles été lues ?

Grisel : Oui, elles ont été écrites devant moi.

Réal : Lues devant vous ?

Grisel : Elles ont été aussi lues devant moi.

Réal : Savez-vous ce qu'elles contenoient ?

Grisel : Elles contenoient qu'il falloit que le comité insurrecteur donnât un apperçu sur les moyens qu'il avoit en main pour opérer l'insurrection.

Si vous demandez textuellement, mot pour mot, je ne le peux pas ; je rends le sens de la chose : qu'il étoit essentiel d'avoir des fonds, parce qu'on en manquoit ; je regardai sans affectation ces notes, elles sont par abréviation ; le citoyen Germain nous les a lues. J'observerai de plus, que malgré le grand zèle que j'avois d'écarter les désastres qui étoient près de fondre sur la patrie, il entroit nécessairement dans le rôle que je m'étois imposé d'écarter loin des conspirateurs toute espèce de soupçon sur mon compte ; ce fut ce motif, qui fit que le 16, au moment de sortir, Massard remit des notes sur du papier ployé, conformément à ce qui avoit été convenu, au citoyen Clerex. Et il eut été très-indiscret à moi de demander à Massard que sont ces notes ; il m'en expliqua à-peu-près le détail. Ces notes consistoient dans le plan d'une armée révolutionnaire. Je ne sais si ces notes ont été trouvées ; je sais qu'elles ont existé, je ne les ai pas lues, je les ai vues remettre dans les mains du citoyen Clerex, et j'eusse été très-indiscret si j'eusse demandé à Massard, montrez-moi tes notes : je devois peser tout, et mettre la plus grande discrétion dans tout ce que je faisois : c'est ainsi qu'en sortant le 11 floréal, du comité insurrecteur...

Germain : Le 11 floréal, du comité militaire ?

Le président : Non, il a dit insurrecteur.

Germain : Il n'a pas répondu à une partie de l'interpellation, celle de savoir si le comité insurrecteur a fait passer des notes au comité militaire.

Le président : Le comité insurrecteur a-t-il fait passer des notes au comité militaire ?

Grisel : Je n'en ai pas vu, citoyen président.

Le président : Citoyen Réal, vous deviez faire une interpellation.

Réal : Voilà trois fois que la vérité semble nous échapper ; vous avez dit trois fois de suite que tout ce qui s'étoit fait, avoit été verbal ; vous l'avez dit dans trois déclarations ; vous l'avez répété jusqu'à satiété, dans le premier plaidoyer que vous avez fait pendant trois heures, que vous saviez parfaitement par cœur ; je vous répète que malgré cela vous venez de dire que pendant ces trois séances, il a été écrit.

Grisel : Je vous parle du 15. Je ne vous parle ni du 12, ni du 13, ni du 14.

Réal : Ce n'est donc que le 15 qu'a paru ce registre verd ?

Grisel : Oui.

Réal : Vous vous en rappelez bien ? c'est bien affirmé ?

Grisel : Oui, citoyen.

Réal : Que les jurés se rappellent ce fait-là.

Didier : Grisel a dit que le 15 et le 16, le registre a été caché derrière le miroir.

Grisel : J'ai dit le 15.

Didier : Il a dit le 16.

Grisel : J'ai dit le 15.

Le président : Oui, il a dit le 15.

On lit les instructions additionnelles, deuxième pièce, deuxième liasse.

(*Voyez* les pages 14, 15, 16, 17, 18 et 19 du premier vol. des pièces.)

Le président à Babœuf : Cette pièce est-elle de votre composition ; ou est-ce une copie ?

Babœuf : C'est une copie.

Germain : J'observe que dans ces notes-là, il y en a une à moi : c'est celle-ci à Passy, le nommé Lapallière ; etc. Comme la pièce est imprimée, il est inutile de la répéter ici. Les deux dernières lignes de cette note ne sont pas de moi.

Babœuf : Voulez-vous me faire voir la pièce ?

On la lui fait passer.

Le président : Je vous demande sur quoi vous avez fait cette copie ? est-ce sur plusieurs pièces séparées, ou sur une même pièce ? Mais remarquez cependant que cette pièce a nécessairement été faite dans un lieu où l'on adressoit des renseignemens, puisqu'on lit : Tout à l'heure, nous apprenons d'ailleurs, etc. Il y avoit donc un autre lieu, dans lequel on adressoit les avis.

Babœuf : Ceux qui ont fait la pièce, peuvent savoir cela ; moi, je n'ai fait que la transcrire ensuite : je n'en sais pas davantage.

Le président : Je ne sais pas si cette réponse satisfait tout le monde, car cette idée est nécessairement saisie par tout le monde. Je vous dis qu'il me paroît qu'on n'auroit pu remettre à quelqu'un, à vous, par exemple, plusieurs indices qui venoient de diverses mains, et que vous, n'ayant pas le temps de les rassembler, ni d'en faire un travail commun, ayez pris le parti de les transcrire l'une après l'autre avec les notes. Ces instructions recueillies à la hâte, sont sans ordre, et données comme de simples notes, dont les agens militaires tireront le meilleur parti possible ; mais il semble que ce n'est pas une copie : on pensera que cette pièce a dû avoir été faite dans une réunion quelconque, dans un lieu quelconque où les notes ont été adressées.

Babœuf : Je n'en sais rien.

Le président : Si vous n'en savez rien, qui peut le savoir ? Vous avez fait cela dans l'asyle que vous habitiez.

Babœuf : Je n'ai pas dit que j'habitois cet endroit continuellement. Je n'y étois que depuis quinze jours.

Le président : Y couchiez-vous tous les jours ?

Babœuf : Non.

Le président : Y couchoit-il d'autres que vous ?

Babœuf : Je n'en ai pas connoissance.

Le président : Il en résulte donc que c'étoit vous qui l'habitiez le plus fréquemment, et personne autre que vous n'y couchoit. Toutes ces questions se réduisent à demander si c'est à vous qu'ont été adressés les actes qui ont été agréés.

Babœuf : Je réponds que j'ai fait la copie pure et simple de cette lettre.

Le président : Je vous observe qu'il faut que, dans un lieu quelconque, ces notes aient été adressées et écrites les unes à la suite des autres. Et ce chez vous ou par vous ?

Babœuf : Voici l'éclaircissement que j'ai à donner à ce sujet. Il y en a d'extraites de diverses lettres. Germain a dit qu'il y en a une qui lui appartient. Massart dit qu'il y en a une d'extraite d'une de ses lettres.

Germain : Je l'ai envoyée à dix journaux dans ce temps-là, au *Tribun du Peuple*, comme aux autres journaux.

Le président : Ce n'est qu'une copie, voilà à quoi cela se réduit.

N'étiez-vous pas instruit du rassemblement qui eut lieu chez Dufour le 21 ?

Babœuf : J'ai été instruit que plusieurs patriotes de ma connoissance devoient se réunir chez Dufour le 21.

Le président : Je vous demande à quelle heure vous en avez été instruit ?

Babœuf : La veille, je crois.

Le président : Vous m'avez dit à moi, le matin.

Babœuf : Je ne me rappelle pas cela bien positivement.

Le président : Vous avez dit que vous ne connoissiez pas Grisel, que vous ne l'aviez jamais vu ?

Babœuf : Je le dis encore.

Le président : Cependant il vous écrivit ce jour-là ?

Babœuf : Je reçus un billet de la personne que l'on connoissoit sous le nom de *France-Libre*.

Le président : Il vous écrivit ce billet-ci, que vous avez caché vous-même en forme L.

« Une partie des agens généraux a paru hier. » S'il n'y avoit pas eu d'assemblée, ou si les agens généraux eussent paru, ce début vous eût inspiré de la défiance. « Une partie des agens généraux
» a paru hier, approuvez-vous que mes accolades paroissent
» aujourd'hui ? Je crois que, pour établir la confiance respective,
» il est nécessaire que je les fasse connoître ».

» Je n'irai chez Drouet qu'à onze heures, par la raison que je
» suis avec un chef de bataillon qui ne me quitte qu'à cette
» heure ». F. L.

« P. S. Je suis dans un café, rue des Deux-Écus ; je vous prie
» de me répondre de suite et de m'indiquer au juste le lieu d'as-
» semblée pour que je m'y trouve entre onze et 12 ».

Je vous demande si vous qui prétendez n'avoir pas eu même de voix dans l'association, vous vous fussiez permis de répondre sur-le-champ, et de vous-même, à celui qui vous écrivoit ainsi, et de cacheter cette réponse du sceau du directoire insurrecteur, lors surtout que la vue de cette lettre auroit pu vous mettre en défiance envers lui en vous disant : *Une partie des agens généraux a paru hier*.

Babœuf : Je ne vous ai pas dit que je lui ai répondu, ni qu'il n'avoit pas écrit.

Le président : Vous venez de le reconnoître à l'instant.

Babœuf : J'ai dit que j'avois vu un billet de Grisel : il ne m'est pas adressé ce billet.

Le président : Par quel hasard avez-vous répondu ?

Baboeuf: Je l'ai dit : c'étoit une réponse sous une dictée ; je crois l'avoir dit.

Le président : Enfin sous une dictée ; mais cela prouve que Grisel étoit connu de quelqu'un, et il seroit étonnant que personne ne l'eût vu, car il a dû inspirer de la confiance à celui qui vous a dicté ce billet.

Baboeuf : Il y a apparence que quelqu'un le connoissoit et avoit quelque confiance en lui ; car il existe d'autres pièces de lui qu'on a reçues, et auxquelles il paroît qu'on a répondu.

Le président : Comment eût-il su que celui qui avoit quelque confiance en lui se trouvoit exactement chez vous à cette heure ?

Baboeuf : Il paroît qu'il écrivoit à quelqu'un de la réunion qu'il savoit exister là.

Le président : Alors vous convenez que le contexte de sa lettre prouve que quelqu'un avoit confiance en lui ; que celui qui vous dicta sa réponse avoit confiance en lui, et que cette personne se trouvoit là lorsqu'on a reçu ce billet.

Voici la réponse qui est de votre main.

Vous lui répondez : *Ne mettez pas trop de monde dans le secret.* (Vous lui répondez le 21 floréal.) Il en a déjà assez. Si ces secondaires ont confiance en toi, ils te croiront lorsque tu leur diras : Aviez-vous mis ? vous avez effacé et substitué assurera l'existence d'un comité libérateur du peuple et vengeur de son oppression : s'ils en pourroient douter, la vue de cette lettre les en persuaderoit. Or cette lettre portoit pour caractère persuasif votre écriture et le sceau.

Baboeuf : Oui, c'est le cachet qu'on donnoit comme signe de crédibilité, et non mon écriture.

Le président : On pourroit au reste leur procurer une entrevue particulière avec un des nôtres, mais non avec tous : cette entrevue est même, je crois, assez inutile. Si ces braves soldats ont des renseignemens à donner, ils pourront les transmettre par toi.

Le rassemblement est chez Dufour, menuisier, rue Papillon, n°. 331.

Baboeuf : Je vous observe qu'il n'est question dans cette lettre que de renseignemens ; c'étoit le jour où l'on prétend que la conspiration devoit éclater.

Le président : Or la connoissance du rassemblement chez Dufour vous étoit personnelle.

Baboeuf : Pourquoi ?

Le président : Car vous venez de dire que vous aviez été instruit la veille.

Baboeuf : Elle peut ne m'être pas individuelle.

Le président : Je ne le dis pas ; je dis qu'elle vous étoit personnelle, que vous avez répondu à la question du rassemblement ;

ou bien cette connoissance étoit-elle commune à tous ceux du parti ?

Babeuf : Le billet m'a été dicté.

Le président : En sorte que la connoissance du billet ne vous étoit pas particulière ; mais elle étoit aussi commune à tous ceux du parti.

Babeuf : Oui.

Le président : Je ne sais pas si en voulant soutenir ici que cette lettre n'est pas de vous, vous ne nuisez pas à beaucoup de gens, parce que plus il y avoit de gens instruits de ce rassemblement, et plus il pourroit paroître difficile d'excuser la réunion de ceux qui s'y sont trouvés.

Babeuf : Il n'est pas encore prouvé que cette réunion fût criminelle.

Le président : Il faut prendre garde que vous ne nuisiez beaucoup à d'autres personnes qui vous nuiront peut-être à leur tour. Enfin vous n'aviez que le secret.

Babeuf : Non, je n'avois que le secret.

Le président : Et vous croyez qu'en vous cachant derrière quelqu'un que vous ne voulez pas nommer, cela suffira pour faire croire que vous n'avez pris part à rien ?

Babeuf : Tout ce qui paroît bien suspect dans ce moment-ci, où vous ne me faites que des questions très-serrées, très-embarrassées, très-mêlées, deviendra éminemment clair et naturel, lorsque je pourrai le développer et en dire l'historique.

Le président : Soyez sûr que vos explications données après un travail ne feront pas la moitié de l'impression sur les citoyens jurés qu'elles le feroient aujourd'hui. Quel est l'objet du débat ? c'est de faire sortir la vérité de votre bouche ; alors quand vous l'aurez étudiée, croyez-vous vous défendre qu'il n'y aura pas de la prévention ? On dira toujours : Mais pourquoi n'a-t-il pas répondu cela quand on le lui a demandé ? Si je m'arrêtois sur une de vos pièces, et que le lendemain je vienne vous dire : Mais vous avez dit telle chose, et un quart d'heure avant vous avez dit telle chose ; on verroit que je voudrois vous embarrasser. Ce seroit de la scholastique, au lieu qu'ici c'est une conversation franche.

Babeuf : Vous me rappelez dans ce moment-ci tout ce qui est contenu dans un exposé de temps considérable, et ce qui est contenu dans deux immenses volumes.

Le président : Vous ne vous occupez pas d'autre chose, depuis dix mois, que de votre défense.

Babeuf : Il est prouvé que je ne m'en suis pas occupé ; je ne m'en suis pas occupé sans pièces. J'attendrois la totalité. Je ne considérois pas que j'en avois la totalité par ces deux volumes-là.

Jusqu'à la suite du débat, je ne les avois pas encore reçues les pièces.

Le président : C'est votre faute si vous ne les avez pas reçues. Mais laissons cela.

Je vous demande si vous avez eu connoissance de l'acte insurrecteur.

Babœuf : J'ai eu connoissance de l'acte insurrecteur ; j'en ai eu des exemplaires.

Le président : Vous n'en avez pas eu d'autre connoissance?

Babœuf : Non.

Le président : Vous n'avez pas eu connoissance de celui qui l'a rédigé ?

Babœuf : Non.

Le président : Vous n'avez pas eu de part à la rédaction de cette pièce?

Babœuf : Ce n'étoit pas moi qui m'occupois de cela.

Le président : C'étoit pourtant cela qui pouvoit exciter votre attention.

Babœuf : Cela ne m'appartenoit pas. Cela m'appartenoit sous le rapport de choses faites ; les choses faites parvenoient à ma connoissance. Quand elles étoient en délibération, elles ne m'appartenoient pas.

Réal : Citoyen président, je demande la parole pour des interpellations à Grisel.

Le président : Voulez-vous bien avoir la complaisance de me les adresser.

Réal : Je vous prie de demander à Grisel à quelle heure se termina la séance du prétendu comité militaire le 15.

Le président : A quelle heure, citoyen Grisel, se termina la séance du comité militaire du 15 ?

Grisel : La séance du comité militaire chez Clerex, le 15, se termina à-peu-près à onze heures et demie, midi, le matin. On s'ajourna pour l'après-midi ; j'arrivai trop tard, on étoit sorti.

Réal : Quel jour avez-vous trouvé au café un citoyen que je crois avoir entendu nommer Lonney ou Launay? ...

Grisel : Je ne pourrois pas me rappeler le jour dans ce moment-ci. Ce fut le 15 ou 16 floréal, en sortant de la séance, étant avec Rossignol et Massard.

C'étoit le citoyen Lonié, capitaine, ci-devant de la légion de police.

Réal : Pourriez-vous dire au moins à quelle heure ?

Grisel : Citoyen, la séance ayant terminé à onze heures et demie du matin, cela a dû être à une heure ou deux heures.

Réal : Vous venez de dire tout-à-l'heure que ce n'est que le 15 qu'il fut arrêté que chacun fourniroit un croquis.

Grisel : Oui, citoyen.

Réal : Vous vous en rappelez bien ?

Grisel : Oui certainement.

Réal : C'est ce jour-là 15, que parut, pour la première fois, le registre verd ?

Grisel : Oui, citoyen.

Réal : Si j'ai bonne mémoire, et si à cinq nous avons bien fait les sténographes ; je vous rappelle que c'est le 14. (Il lit son cachier.) *Le 14 matin, je me trouvai chez Clerex à dix heures du matin ; nous nous y trouvâmes tous les cinq : on parla encore beaucoup de la pénurie des finances ; car cet objet tenoit beaucoup à cœur. Il fut résolu que chacun de nous tiendroit des notes relatives aux moyens d'opérer l'insurrection.*

Grisel : Il est très-possible, depuis dix mois, que j'aie confondu ce fait d'un jour à l'autre ; j'ai dû dire le 15. Au surplus, si j'avois écrit ma déclaration ; si cela étoit permis, d'après la loi, à coup sûr je n'aurois pas fait cette erreur. Cela n'atténue pas le fait par lui-même.

Réal : Je ne plaide pas ni pour ni contre votre déposition, les citoyens jurés verront cependant que le citoyen Grisel peut quelquefois affirmer longuement et souverainement que c'est le 15, tandis qu'il a dit précédemment que c'étoit le 14.

Grisel : J'affirme le fait par lui-même.

Réal : Je dois rappeler que c'est le 15 que vous avez dit que ce registre avoit paru pour la première fois ; n'est-ce pas ce jour-là 15, le jour où vous vîtes le registre, que vous avez vu le citoyen Carnot, le soir ?

Grisel : Le 15 ? Oui, citoyen, à 9 heures du soir.

Réal : Il y avoit, en conséquence, séance le 15, le matin, chez Clerex ?

Grisel : Oui.

Réal : Oui, Grisel, permettez-moi, il devoit y avoir en séance l'après-midi, le 15 ; vous vous y êtes également trouvé.

Grisel, Oui, citoyen.

Réal : A quelle heure êtes-vous sorti du comité militaire, le 15 soir, ou du moins de chez Clerex ?

Grisel : J'ai resté jusqu'à-peu-près six heures et demie du soir.

Réal : A quelle heure avez-vous rédigé votre déclaration au citoyen Carnot.

Grisel : Entre sept et huit heures du soir.

Réal : Expliquez-moi pourquoi, dans votre déclaration faite, selon vous, au citoyen Carnot le 15, vous dites le 13 à neuf heures du matin chez Clerx ; le 14, au même endroit, à dix heures du matin, et à cinq heures du soir ; et doit venir demain, au même lieu, à neuf heures du matin ? Est-ce aux jurés que vous prétendez faire croire que le jour même du 15, lorsque vous sortiez du comité militaire le matin, que vous en êtes sorti le soir; que vous voudriez faire croire à ces jurés-là, qu'ayant dû avoir la mémoire très-fraiche, vous ne l'ayez pas dit au citoyen Carnot?

(Grisel veut interrompre.)

Je vous ai entendu avec beaucoup de plaisir, ne m'interrompez pas. Le 15 donc, vous dites au citoyen Carnot; il y a eu séance le 14; et vous oubliez tout net qu'il y a eu séance le matin 15: ce n'est pas tout; vous dites, et *doit tenir demain, au même lieu, à neuf heures du matin*. Je prouverai, clair comme le jour, que cette note, datée du 15, a été remise le 14 à Carnot.

Grisel : Comme je vous l'ai observé, j'ai remis cette note le 16 au citoyen Carnot. J'avois écrit au citoyen Carnot le 13 pour lui demander l'heure de son audience ; je reçus la réponse le lendemain soir 14; j'avois déja écrit une partie de ces notes partielles (que je porte même encore sur moi), pour lire le 15. Allant pour voir le citoyen Carnot, je jugeai à propos de faire une pièce de mémoire de ce que j'avois à lui dire, non pas un détail circonstancié, je n'en avois même pas le temps, mais simplement les principaux faits ; quand j'en fus à la séance du 14, je m'apperçus que j'avois fait une infinité de fautes, je ne signai pas : je ne finis pas cet ouvrage qui n'est qu'un brouillon ; j'ai fait cet écrit très à la hâte. C'est possible que je me sois trompé dans les dates : il est même possible que j'aye fait d'autres fautes. Cela ne tire point à conséquence ; cela n'atténue aucun des faits.

Réal : Je ne plaide pas encore sur les faits de votre déposition. Je vous demande si le jour même que vous avez remis votre déclaration au citoyen Carnot, vous n'avez pas ce jour là pris chez Clerer et sa femme des informations sur ceux qui fournissoient les fonds.

Grisel : Oui, citoyen.

Réal : Citoyen, c'est le jour même, c'est bien sûr?

Grisel : Vous cherchez à me surprendre par les dates.

Réal : Ce ne sont pas des dates ; ce sont, au contraire, des faits qui devroient être présents à votre mémoire : je le prouverai, clair comme le jour ; je tiens la vérité, elle ne m'échappera plus......

(Grisel veut répondre): laissez-moi parler.

Les jurés prendront, de ma conviction, ce que bon leur semblera ; mais, permettez bien, ce ne sont pas des dates que j'ai voulu présenter ; je vous présente des faits bien constans ; et ces faits se lient bien dans votre système : car, ce jour-là, vous avez eu le temps de faire votre dénonciation au Directoire ; vous êtes venu au comité militaire ; vous avez pris de grands renseignemens sur ceux qui paroissoient fournir des fonds (vous avez été chez le président du Directoire le 14, tout me le prouve ;

c'est que votre journal finit-la, et que vous annoncez que, pour le lendemain, il doit y avoir une séance chez le citoyen Clerex. Je tirerai ensuite de cette déclaration le parti que bon me semblera; mais répondez aux contradictions que je vous montre. Dans ce que vous venez de dire, la vérité est pour moi, que le 14 vous avez été chez le président, vous lui avez parlé de la séance du 14, vous n'avez pas parlé de la séance du 15; mais le 14, vous avez annoncé la séance du lendemain pour le 15 : sortez delà.

Grisel: La première preuve qu'elle est du 15, c'est qu'elle est datée du 15, c'est bien positif.

Réal: Non.

Grisel: Permettez-moi de continuer. Ce fut le 15, en effet, à cinq heures après-midi. Le comité étoit alors séparé : je n'y trouvai que la femme Clerex. J'avois su dans la séance du 11 floréal, j'avois su que Peletier produisoit des fonds, et même qu'il laissoit manquer de fonds; qu'il avoit promis 25 à 30 louis qu'il tardoit à verser, ce dont on se plaignoit dans ce comité. Elle se plaignoit également : elle disoit que, sans fonds, il étoit impossible de rien faire. Je lui demandai qui délivroit des fonds? elle dit que c'étoit Peletier et sa famille. Là-dessus, je la questionnai plus amplement. Je dis, c'est singulier, je savois bien que Peletier produisoit des fonds; mais je ne savois pas que ce fut sa famille : elle me dit Peletier est très-riche, sa famille l'est aussi; ils doivent tous contribuer ensemble à produire des fonds; et je sais qu'ils sont tous du même parti. Le même soir, je fus chez le citoyen Carnot avec la note informe que j'avois écrite. Cette note est là.... à coup-sûr, elle ne seroit pas si informe, si je l'eusse un peu plus soignée : elle est imparfaite; elle finit à la séance du 14; mais je donnois un détail au citoyen Carnot, non pas au Directoire, que je n'ai vu que le lendemain. Je donnai au citoyen Carnot un détail que j'ai également répété devant le jury d'accusation.

Réal: Je ne sais pas s'il faut que j'insiste pour vous faire observer que ce fut le jour même où il reçut cette déclaration, qui doit être le 14.

Grisel: Je répète le 15; avec votre sténographie, qui n'est pas très solide, vous pouvez vous être trompé.

Réal: Les jurés verront leurs notes; je vais lire votre déclaration telle que nous l'avons recueillie (1).

« Le 14, je me trouvai, moi, la veille chez Clerex, à dix
» heures du matin; nous nous y trouvâmes tous les cinq : on
» parla encore de la pénurie des finances, car cet objet tenoit

---

(1) Cette citation n'est pas extraite du journal sténographique, mais de la transcription *logographique* qu'ont faite les défenseurs, de la déposition de Grisel. (*Note des sténographes.*)

» beaucoup à cœur ; il fut résolu que chacun de nous tiendroit
» des notes relatives aux moyens d'opérer l'insurrection.

» On s'ajourna en même temps à neuf heures pour recevoir
» ces notes et pour s'expliquer sur de petits objets de détail,
» trop peu importans pour m'en occuper : à cinq heures après
» midi, je ne pus m'y rendre comme je l'avois promis. Je n'y
» vins que vers les six à sept heures du soir : le comité militaire
» étoit retiré ; je vis la citoyenne Clerex ; je causai près d'un
» quart d'heure avec elle ; je la questionnai sur celui qui four-
» nissoit des fonds ; j'avois oublié de dire que dans la séance du
» 11 floréal, j'avois appris que c'étoit Félix Lepeletier qui four-
» nissoit des fonds ; mais qui n'avoit pas remis les 25 à 30 louis
» qui avoient occupé les citoyens Rossignol et Massard dans la
» séance du 11 floréal.

» Revenons, je m'informai donc d'où on tiroit des fonds ; je lui
» demandai pourquoi il en manquoit, car cela seul, lui dis je ,
» est capable de retarder et même faire manquer le coup. Oh !
» dit-elle ; je ne sais à quoi l'attribuer au juste. Ce Félix Le-
» peletier promet beaucoup, et donne très-peu ; et cependant,
» il est riche. Je ne doute nullement que la Clerex et moi rece-
» vions de fausses données : c'étoit le secret des conspira-
» teurs : elle me dit : Non-seulement Félix Lepeletier, mais lui
» et famille. »

Ainsi, c'est bien le même jour que vous aviez su cette particularité, que vous avez fait votre déclaration chez le citoyen Carnot.
Ceci restera dans le cœur des jurés.

Séance levée à deux heures un quart.

Elle a été remise au 2 germinal.

On a chanté la complainte de Goujon.

Certifié, ICONEL et BRETON, sténographes.

Séance du 2 Germinal.

LA séance s'ouvre à dix heures et demie.

Le président à Babœuf : Je vous demandois à la dernière séance quelle connoissance vous aviez eue de cet écrit qui porte pour titre, *Acte d'insurrection* ?

Babœuf : Je n'en suis pas l'auteur.

Le président : Je ne vous demande pas si vous en êtes l'auteur ; je vous demande quelle connoissance vous en avez eue ?

Babœuf : Je n'ai pas fini ma réponse, je n'en suis pas l'auteur : il s'en est trouvé un exemplaire en placard lors de mon arrestation, sur le contenu duquel j'ai été interrogé chez le ministre de la po- lice. J'ai répondu : les caisses et les sacs n'ont pas été saisis dans la chambre où j'étois à l'instant de mon arrestation, mais dans deux cabinets adjacens, qui étoient à la disposition du citoyen Tissot: je ne sais comment, ni quand ni par qui ces pièces et ces sacs y ont été apportés.

Le président: Connoissiez-vous cet acte auparavant le placard qui vous a été présenté lors de votre interrogatoire?

Babœuf: Non.

Le président: Vous le connoissiez.

Babœuf: Avant la représentation du placard; . . . . . je connoissois le placard avant qu'il me fût présenté chez le ministre de la police.

Le président: En avez-vous vu plusieurs exemplaires?

Babœuf: Non.

Le président: Etoit-il à vous ce placard?

Babœuf: Non, il étoit à l'association des républicains, des démocrates qui se réunissoient dans le lieu où on les a trouvés.

Le président: Croyez-vous, ou doutez-vous que tous les exemplaires imprimés, les trois sacs et les caisses appartinssent également à cette réunion, ou croyez-vous qu'ils ne leur appartinssent pas?

Babœuf: Je n'en sais rien.

Le président: Savez-vous qui l'a fait cet acte?

Babœuf: Non.

Le président: Vous ne savez pas à quelle époque il l'a été?

Babœuf: Non.

Le président: Vous n'avez eu connoissance de son existence que lorsque vous avez vu ce placard?

Babœuf: Oui.

Le président: Cependant voilà une pièce que vous avez reconnue, la trente-neuvième de la septième liasse dont je vais faire donner lecture auparavant celle de l'acte insurrecteur, parce que si les citoyens jurés veulent avoir l'attention de comparer ces deux pièces avec les observations que je ferai sur la lecture, il paroîtra peut-être bien étrange que vous n'ayez pas connu cet acte insurrecteur. Je vous demande d'abord ce que vous dites de cette pièce?

Le président: Pour me répondre, il ne faut pas chercher des écrits.

Ce n'est pas sur l'imprimé qu'on vous questionne, c'est sur l'original même.

Babœuf: Ma réponse est que je ne me rappelle pas bien cela.

Le président: Je suis obligé d'observer aux jurés que vous ne répondez jamais franchement; que vous êtes toujours ou à esquiver la demande ou à esquiver la réponse.

Babœuf : Voulez-vous me priver des renseignemens par lesquels je me reconnois ? depuis long-temps que tout cela s'est passé, je ne m'en rappelle pas : vous voulez me priver de tous les moyens de me défendre.

Le président : Vous ne répondez jamais et ne cherchez que le moyen de faire une histoire quelconque.

Babœuf : Il n'y a pas d'histoire.

Le président : Vous avez un écrit : est-ce l'institution du jury de préparer des réponses ou d'attendre à les faire qu'on ait eu le loisir de faire un travail ? allons, voyons, répondez.

Babœuf : Je vais répondre :

Cette note fut copiée par moi, elle ne se rapporte pas à l'acte d'insurrection, ce qui seroit d'autant moins vraisemblable que cette note parle d'une *déclaration* ou *manifeste*, et la pièce dont on parle est intitulée, *acte d'insurrection*. Il y a aussi des dispositions dans la note qui ne se retrouvent pas dans la pièce dite d'insurrection, telle que celle sur la *récolte* et l'*indemnité aux cultivateurs*, qui ne sont que dans la note ; une autre disposition, sur le gouvernement provisoire de la République et la convocation des assemblées primaires à trois mois.

Le président : J'observe aux citoyens jurés que Babœuf vient de lire une réponse à ma question ; et qu'est ce que c'est que cette réponse écrite ? elle a pour objet de faire voir une dissemblance entre la pièce qu'elle concerne et l'acte insurrecteur, d'où il résulte par conséquent qu'il a senti lui-même que je devois établir la parité entre les deux pièces.

Le président : Je vais lire moi-même la pièce.

Babœuf : Vous n'êtes pas ici pour établir ma justification, vous êtes mon accusateur.

Le président : Sur quoi l'avez-vous copiée cette pièce ?

Babœuf : Sur une autre pièce, une autre minute.

Le président : J'observe que quand le citoyen Babœuf dit aujourd'hui que c'est une copie, il se met en contradiction avec la déclaration qu'il avoit faite dans son interrogatoire ; car lui ayant représenté les pièces de cette liasse, « après avoir examiné toutes lesdites
» pièces, a répondu : Les 40 et 41e pièces sont de moi, et ne for-
» ment qu'une seule et même pièce ; c'est le commencement d'un
» travail non achevé, qui n'a point de rapport à l'objet pour lequel
» on m'interroge ; ce qui confirme l'assertion que j'ai déja donnée
» plusieurs fois que je m'occupois essentiellement de la partie de
» l'esprit public et de la littérature politique. La 39 pièce est de moi ;
» ce sont de simples notes non digérées et vagues. »

Or, je demande si quand il s'expliqua ensuite le 3 prairial, si alors il se prévoyoit être un jour dans la nécessité de dire que c'étoit une copie qu'il avoit faite sur une autre copie ? Cette pièce

moi, dit-il; *ce sont des notes non digérées et vagues.* Maintenant je vais lire la pièce, et la lire moi-même.

Babœuf: J'observe à cela que cette liasse est composée de cent pièces : on m'a demandé à répondre sur cent pièces ; il étoit une heure du matin ; celui qui m'interrogeoit étoit pressé ; moi j'étois extrêmement fatigué, et j'ai répondu très-brièvement sur cent pièces, cent chiffons ; je ne me suis pas amusé à lire tout cela.

Le président: Vous étiez alors aux deux tiers de la séance de votre interrogatoire : c'étoit la 7e liasse qui vous étoit présentée, et dans cette 7e liasse ce fut la 39e pièce qui vous arrêta. Je reviens à ce que je disois, *Je vais lire moi-même la pièce*, parce que je vais vous la lire avec les petits changemens qu'elle a éprouvés dans ce que je suppose la composition. Je vous prouve d'abord que la pièce n'a pas été continuée à la suite de la première ligne tracée pour en être le commencement. Cette première ligne portoit : « Supposons tous les moyens militaires pris, toutes les mesures.... » Je pense qu'on ne trouva pas que cette entrée de discours fût bonne; en conséquence cette ligne est effacée, et on recommence : « Transporte-toi, au moment où tous les moyens militaires sont
» pris, où toutes les mesures de l'insurrection sont prêtes, et qu'on
» doit..... » Là on efface *qu'on doit*, et on met : « où il est ques-
» tion de la faire éclater tel jour. Fais ce *déclaratoire* de l'insur-
» rection ». On a ajouté *premier* avant *déclaratoire*, et on a ajouté en interligne: « On manifeste de cette insurrection » ; (et dans le corps de la pièce) « au nom du directoire insurrecteur. Ce premier manifeste ne devra pas être signé.
» Il doit être court, hardi, positif dans les points d'accusation
» contre les tyrans ; il ne doit énoncer que les plus puissans, les
» plus atroces et les plus révoltans.
» Il doit être en forme d'arrêté, et commencer par divers *consi-*
» *dérants*.
» Le premier *considérant* doit être consacré à justifier le direc-
» toire insurrecteur d'avoir pris l'initiative de l'insurrection ; les
» motifs de justification peuvent être posés à-peu-près comme dans
» notre acte de création, » (on a effacé *posés*, et on a mis par interligne *expliqués*) « ou dans notre première instruction.
» Les autres *considérant* doivent rouler sur les crimes de la
» tyrannie et des riches, sur l'oppression et la misère du peuple.
» Viennent les articles.
» On arrête d'abord que l'on s'insurge à l'instant ; on arrête
» pourquoi : la constitution de 93 et le bonheur. Vous avez, a-t-on
» dit... ». On a effacé *vous avez, a-t-on dit*, et on a mis : « On
» arrête ensuite que le peuple... ». (Ces trois derniers mots sont effacés). « La manière dont le peuple doit s'ébranler simultané-
» ment, et les points où il doit se porter;

» Que le peuple ne s'asseoira pas qu'il n'ait confondu.... ». On a mis *se rasseoira* au lieu de *s'asseoira*; on a effacé *confondu*, et on a écrit ensuite : « qu'il n'ait abattu ses ennemis et assuré son bonheur.

» Que des vivres seront portés dans les places publiques pour nourrir les insurgens ;

» Que le peuple des galetas et des greniers n'y rentrera plus ; qu'il sera sur-le-champ pourvu à ce qu'il soit logé, meublé et habillé ;

» Que les subsistances en magasin.... » On a effacé *les subsistances en magasin*, et on a mis : « La récolte, ainsi que les subsistances en magasin, sont mises sous la main de la République, et seront distribuées gratuitement au peuple, moyennant une indemnité suffisante payée aux cultivateurs par le gouvernement. »

La ligne qui suivoit portoit : *Qu'attendu l'impossibilité de former sur-le-champ les assemblées primaires* ; on a mis en interligne : « Que le directoire insurrecteur restera en permanence jusqu'à ce que cette nouvelle révolution soit consolidée, le bonheur du peuple assuré. Il aura provisoirement le gouvernement général de la République ». Et puis on continue : « Et attendu l'impossibilité de former sur-le-champ les assemblées primaires qui seroient royalisées ». On a effacé *royalisées*, et on a mis : » qui seroient encore toutes royalisées ; leur convocation est remise à trois mois, pendant lequel temps l'opinion publique (ce dernier mot est effacé) sera relevée » ; et en interligne : « et alors les élus du peuple seront.... » A la suite : « choisi pour mettre en activité la constitution de 93, avec les lois organiques que le peuple et ses libérateurs y adapteront.

» Ajoutez cet article : Les biens des émigrés, des contre-révolutionnaires, des ennemis du peuple, sont assurés aux soldats, à leurs parens, au peuple.

Vous allez entendre la lecture de l'*acte d'insurrection*, où je vous prierai de faire le rapprochement de ces deux pièces.

Babœuf : Je fais une observation ; j'ai dit que les notes dont je tirois copie pour mon instruction particulière, souvent en les extrayant je faisois certaines corrections : cela n'est pas tout-à-fait contraire à l'idée que ce ne sont que des copies.

Le président : Je vous observe que dans la pièce écrite par le citoyen Babœuf, on voit que la première leçon qu'il donne, est que *ce manifeste doit être en forme d'arrêté*, et *commence par divers considérans*. Or, voyez cet acte d'insurrection : Après s'être constitués en comité insurrecteur, prennent dessus leurs têtes la responsabilité, et arrête ce qui suit. Voilà l'arrêté exigé. Quant aux considérans, vous avez entendu l'acte, et vous voyez que, quant à a forme même, on l'a commencée par des considérans; qu'on s'est servi du mot *arrête*.

Le premier considérant, dit la pièce de Babœuf, *doit être consacré à justifier le directoire d'avoir pris l'initiative de l'insurrection*. Plusieurs des considérans de l'acte sont employés à cela. *Les motifs de justification*, continue la pièce écrite par Babœuf, *peuvent être expliqués à peu près comme dans notre acte de création, et dans notre première instruction*. Remarquez la pièce : *Des démocrates français considérant que l'oppression et la misère du peuple sont à leur comble ; que cet état de malheur est du fait du gouvernement actuel*. Le premier considérant de l'acte de création dudit comité insurrecteur, est : *Des démocrates français douloureusement affectés, profondément indignés, justement révoltés de l'état inouï de misère et d'oppression dont leur malheureux pays offre le spectacle*......

Le troisième considérant de l'acte de création, est : *Considérant que la constitution du peuple, jurée en 1793, fut remise par lui sous la garde de toutes les vertus*. Le second, de l'acte insurrectionnel, est : *Pénétré du souvenir que lorsqu'une constitution démocratique fut donnée au peuple, et acceptée par lui, le dépôt en fut remis sous la garde de toutes les vertus*.

Les autres considérans, dit la pièce de Babœuf, *doivent rouler sur les crimes de la tyrannie et sur l'oppression et la misère du peuple*. C'est ce que fait l'acte insurrectionnel dans les paragraphes 1, 2, 5, 6.

Vient ensuite les articles, dit la pièce de Babœuf : *On arrête d'abord qu'on s'insurge à l'instant*. Le premier article de l'acte insurrectionnel :

Le peuple est en insurrection contre la tyrannie.

La pièce de Babœuf continue : *On arrête pourquoi* :

La constitution de 1793 et le bonheur.

Le but de l'insurrection est le rétablissement de la constitution de 1793, de la liberté, de l'égalité et du bonheur du peuple. Babœuf continue dans sa pièce : *On indique ensuite la manière dont le peuple doit s'ébranler simultanément, et les points où il doit se porter*.

La suite au prochain numéro.

A PARIS, chez BAUDOUIN, Imprimeur du Corps législatif.

(N°. 53.)

DÉBATS ET JUGEMENS
DE LA HAUTE-COUR DE JUSTICE.

Suite de la Séance du 2 germinal.

Continuation du débat relatif à Babœuf.

On lit dans l'acte insurrectionnel, à l'article 3 : *Aujourd'hui, à l'heure même, les citoyens et les citoyennes partiront de tous les points, en désordre, et sans attendre les mouvemens des quartiers voisins, qu'ils feront marcher avec eux. Ils se rallieront au son du tocsin et des trompettes, sous la conduite des patriotes auxquels le comité insurrecteur aura confié les guidons.* . . . . .

Et l'article 4 : *Tous les citoyens se rendront, avec leurs armes, ou, à défaut d'armes, avec tous autres instrumens offensifs, sous la direction des seuls patriotes ci-dessus, au chef lieu de leurs arrondissemens respectifs.* Je crois que c'est bien remplir les leçons de la pièce écrite par Babœuf : *On arrête ensuite la manière dont le peuple doit s'ébranler simultanément, et les points où il doit se porter.*

La pièce de Babœuf continue : *Que le peuple ne se rasseoira pas qu'il n'ait abattu ses ennemis et assuré son bonheur.* L'article 17 de l'acte insurrectionnel, porte : *Le peuple ne prendra de repos qu'après la destruction du gouvernement tyrannique.*

Babœuf continue : *Que des vivres seront portés dans les places publiques pour nourrir les insurgens.*

Voici l'article 15 de l'acte insurrectionnel : *Des vivres de toute espèce seront portés au peuple sur les places publiques.* Article 16 : *Tous les boulangers seront en réquisition pour faire continuellement du pain, qui sera distribué gratis au peuple; ils seront payés sur leur déclaration.*

La pièce de Babœuf dit : *Que le peuple des galetas et des greniers n'y rentrera plus; qu'il sera sur-le-champ pourvu à ce qu'il soit logé, meublé et habillé.* Le paragraphe 2 de l'article 18 de l'acte insurrectionnel : *Les malheureux de toute la République*

Débats & jugemens de la Haute-Cour, Tome II°. Z

seront immédiatement logés et meublés dans les maisons des conspirateurs.

La pièce de Babœuf continue : *Que la récolte, ainsi que les subsistances en magasin, sont mises sous la main de la République, et seront distribuées gratuitement au peuple, moyennant une indemnité suffisante payée au cultivateur par le gouvernement.*

On lit dans l'article 7 de l'acte insurrectionnel : *Le peuple s'emparera de la trésorerie nationale, de la monnoie, de la poste aux lettres, des maisons des ministres, et de tout magasin public ou privé, contenant des vivres ou munitions de guerre.*

On lit dans la pièce de Babœuf : *Que le directoire insurrecteur restera en permanence jusqu'à ce que cette nouvelle révolution soit consolidée, le bonheur du peuple assuré. Il aura provisoirement le gouvernement général de toute la République.* Et on lit à l'article 21 de l'acte insurrectionnel : *Le comité insurrecteur de salut public restera en permanence jusqu'à l'accomplissement total de l'insurrection.*

On lit dans la pièce de Babœuf : *Attendu l'impossibilité de former sur-le-champ les assemblées primaires, qui seroient encore toutes royalisées, leur convocation est remise à trois mois; pendant lequel temps l'opinion sera relevée, et alors les élus du peuple seront choisis pour mettre en activité la constitution de 1793, avec les lois organiques que le peuple et ses libérateurs y adapteront.*

Et dans l'article 20 de l'acte insurrectionnel, on lit : *Attendu le vide dans le sein de la représentation, qui résultera de l'extraction des usurpateurs de l'autorité nationale, et à raison de l'impossibilité actuelle de faire, par la voie des assemblées primaires, des choix dignes de la confiance du peuple, la Convention s'adjoindra sur-le-champ un membre par département, pris parmi les démocrates les plus prononcés, et sur-tout parmi ceux qui auront le plus activement concouru au renversement de la tyrannie. La liste en sera présentée par les délégués de la portion du peuple qui aura pris l'initiative de l'insurrection.*

Enfin, dans la pièce de Babœuf, on lit ce qui suit : *Ajoutez cet article : Les biens des émigrés, des contre-révolutionnaires, des ennemis du peuple, sont assurés aux soldats, à leurs parens, au peuple.*

Et dans l'acte insurrectionnel, à l'article 18 : *Tous les biens des émigrés, des conspirateurs, et de tous les ennemis du peuple, seront distribués sans délai aux défenseurs de la patrie et aux malheureux.*

Je demande si l'acte insurrectionnel n'est pas la très-modique amplification de la pièce que Babœuf dit avoir seulement copiée, et pièce qui ne lui avoit donné aucune connoissance de l'acte insurrecteur, que quand il a vu le plan imprimé.

— Avez-vous quelques observations à faire?

Babœuf : Je les ferai lorsque je pourrai parler.

Le président : Faites-les de suite.

Babœuf : Je ne sais pas me défendre comme cela ; je ne sais pas parler, moi.

Le président : Vous aurez un temps pour vous défendre ; c'est lorsque les accusateurs nationaux auront résumé, et que vous répondrez : actuellement c'est le temps du débat, vous n'avez pas à faire de réponses par écrit.

Réal : La loi ne le défend pas.

Le président : La loi ne le dit pas, aussi.

Réal : Il suffit qu'elle ne le défende pas.

Le président : Cela doit se faire par forme de conférence.

(Réal veut parler.)

Le président : Vous n'avez pas la parole.

Réal : Je vous la demande.

Le président : Je ne vous l'accorde pas.

Réal : Toutes les fois que vous me la refuserez, je me tairai.

Babœuf : Vous vous préparez bien pour me faire des questions!

Le président : N'avez-vous pas eu le temps de vous préparer?

Babœuf : Je n'ai pas de mémoire.

Le président : Je ne vous parle que de faits ; je vous demande, et vous fais voir l'analogie de ces deux pièces. Vous l'avez si bien prévu, que vous avez commencé par saisir quelques articles qui ont été ajoutés dans l'acte insurrectionnel.

Babœuf : Vous me circonscrivez dans un cercle très-étroit, et je vous déclare que je ne sais pas parler. Tout le monde sait qu'il y a des hommes qui ne savent pas parler.

Le président : Vous parlez bien actuellement....... Ce sont des choses très-simples que l'on vous demande.

Babœuf : Je ne sais pas faire un discours.

Le président : C'est qu'il n'en faut pas ; il faut parler simplement : vous en ferez lorsqu'il sera question de votre défense.

Babœuf : La loi dit que c'est dans ce moment-ci ; la loi dit que les coaccusés, lors du débat particulier, ont le droit de faire des observations, et je n'aurois pas le droit d'en faire?

Le président : Parlez, un accusé a le droit de dire un mot.

Babœuf : Vous refusez la parole à un défenseur officieux qui a le droit de demander la parole, et de faire des observations au nom des accusés.

Le président : Vous voyez que vous parlez bien.

Z 2

Babœuf : Ce n'est pas parler cela ; ce n'est pas faire un discours.

Le président : Vous parlez sur tout ce quoi il ne faut pas parler.

Babœuf : On entend tous les jours dire qu'il y a des personnes qui ne savent pas parler, et tout le monde sait que je ne le sais pas.

Réal : Les accusateurs nationaux ont écrit toutes leurs questions.

Babœuf : Vous venez de faire un rapprochement d'une pièce qui m'est attribuée avec l'acte insurrectionnel : je ne saurois pas faire cela sans préparation ; tout le monde sait cela : s'il en étoit ainsi partout, on défendroit aux hommes de parler par écrit : les hommes les plus exercés font des écrits.

Réal : Citoyen président, je vous demanderai la parole.

Le président : Je ne veux pas que le débat soit interrompu par qui que ce soit.

Réal : C'est que vous-même avez écrit, vous-même.

Le président : Il faut bien que je fasse aller le débat ; mais je n'ai pas écrit ce que je viens de dire : ce sont des notes.

Des accusés : C'est un discours.

(Bruit.)

Le président : Citoyens, je vous impose silence.

Réal : Les accusateurs publics font également des questions de leur côté : Pourquoi les défenseurs officieux . . . ?

Le président : Citoyen Réal, je vous prie de vouloir bien vous taire.

Réal : Je ne parlerai pas du tout, si vous voulez.

Le président : Je vous prie de ne pas interrompre le débat.

Babœuf : Une simple observation. L'article 423 dit : « Tous
» les accusés présens qui sont compris dans le même acte d'ac-
» cusation, sont examinés par le même jury et jugés sur la même
» déclaration.
» Pour cet effet, le Tribunal détermine celui qui doit être pré-
» senté le premier au débat, en commençant par le principal
» accusé, s'il y en a un.
» Les autres co-accusés y sont présens, et peuvent faire leurs
» observations, etc. »

Il me semble que nous sommes dans ces termes-là, dans le débat du principal accusé ; et il est dit, par l'article, que les autres co-accusés peuvent faire leurs observations, et conséquemment les défenseurs officieux : conséquemment, dans ce moment, les autres co-accusés ont le droit de parler. Si je ne le peux pas, s'il en est quelqu'un qui puisse donner les développemens, qui puisse faire des observations, il a le droit d'en faire ; vous ne devez pas citoyen, lui refuser la parole, ni à un défenseur. Ce sont des choses que je peux dire.

Le président : C'est vous qui devez répondre. Il s'agit de votre débat. Si vous vous trompiez sur un fait, on auroit alors raison de faire une observation.

Cet acte insurrecteur....

Babœuf : Je ne peux pas parler.

Le président : Vous ne voulez donc pas répondre à mes questions ?

Babœuf : Je ne le peux pas dans ce moment.

Le président : Cet acte fut-il lu chez vous dans la séance du 11 floréal ?

Babœuf : Il n'y a pas eu de séance du 11 floréal.

Le président : Comment Grisel, en parlant de cet acte insurrecteur, a-t-il dit qu'il étoit précédé d'un *considérant* de 8 à 12 articles ?

Babœuf : Je ne peux pas expliquer les opérations de l'esprit de Grisel. Je ne sais pas comment il a eu connoissance de l'acte insurrectionnel, comment il a pu en parler.

Le président : C'est que de sa déclaration du 15 floréal il résulte qu'il en avoit connoissance.

Réal : Elle n'est pas du 15, sa déclaration.

Un accusé : C'est Grisel qui a fait l'acte.

Un autre : C'est Cochon.

Babœuf : Non, il ne l'a pas fait. Ce n'est pas une pièce qui doive faire rougir son auteur, et Grisel est un trop grand scélérat pour avoir fait un pareil acte.

Réal : Dans sa déclaration prétendue du 15 floréal, en rendant compte de cette pièce, il dit qu'elle étoit composée de 8 à 12 considérant, et il y en a treize.

Babœuf : Il est possible qu'il l'ait connu, qu'il l'ait connu avant moi.

Jeaume, défenseur : Grisel a observé que l'acte insurrectionnel n'avoit été fait par aucun des accusés.

Réal : Il l'a dit positivement.

Ricord : Il est à présumer que c'est Grisel qui l'a envoyé, cet acte. Il est le principal conspirateur dans cette affaire. La principale pièce appartient à la police.

Réal : Vous dites toujours la déclaration du 15 ; elle n'est pas du 15 ; je l'ai prouvé à la dernière audience.

Viellart : A qui l'avez-vous prouvé ?

Réal : A vous.

Viellart : Non.

Réal : Je le crois bien. On ne peut rien vous prouver.

Buonarotti : Cet acte a été imprimé en plus grand nombre

d'exemplaires. Il ne seroit pas étonnant que quelques exemplaires eussent été répandus comme on répand des écrits imprimés et des pamphlets.

Voilà l'observation essentielle qu'il y a à faire là-dessus.

Ballyer père: J'observerai que, dès que vous vous fondez sur l'observation de Grisel, dès que Grisel a déclaré que ce n'étoit pas....

Le président: Vous n'avez pas la parole.

Ballyer père: Citoyen, dans ce cas il faut déchirer la loi.

Le président: Faites tout ce qu'il vous plaira.

Ballyer père: Non, nous l'estimons trop... Pour moi, je n'injurie pas la loi.

Un accusé: On n'injurie personne quand on demande l'exécution d'une loi.

Le président: Vous avez reconnu la 10ᵉ pièce de la 6ᵉ liasse, qui est une circulaire aux agens; vous avez reconnu plusieurs parties écrites en marge par vous, et je vous demande dans quel temps cette pièce vous a été présentée, pour que vous y ayez fait des changemens et additions.

Buonarotti: Cette pièce n'est-elle pas de ma main?

Le président: Oui.

Buonarotti: Je vais m'expliquer là-dessus.

Le président: Vous ferez votre observation si vous voulez, quand il aura répondu.

Babœuf: Ce sont des additions que j'ai faites.

Le président: Mais, comment les avez-vous faites, ces additions ?

Babœuf: Ce n'est pas *composition*, c'est *diction*. On m'a dicté.

Le président: Que voulez-vous dire, citoyen Buonarotti?

Buonarotti: Je m'expliquerai quand mon débat sera ouvert.

(On lit cette pièce, imprimée page 55 du premier volume.)

Le président: Vous croyez que cela vous a été dicté?

Babœuf: Oui.

Le président: Vous ne savez pas par qui?

Babœuf: Ce n'a pas été par Buonarotti.

Buonarotti: Je dois attester à la Haute-Cour que cette pièce, écrite de ma main, a été par moi remise à Babœuf, et que je me suis aperçu, quand je la lui ai remise, qu'il n'avoit pas eu connoissance de ce qu'elle contenoit.

Lorsqu'il sera question de mon débat, j'expliquerai comment elle est écrite de ma main, et pourquoi je l'ai remise à Babœuf.

Le président: Je vous fais passer la 19ᵉ pièce de la 6ᵉ liasse, et je vous demande quel est son objet.

Babœuf: J'observe que cette pièce est sans date : elle ne peut par conséquent se rapporter à aucune circonstance déterminée ; elle n'est pas finie, c'est encore un commencement de rêverie, une chose vue en perspective et subordonnée à diverses hypothèses... Cette pièce est de ma composition.

J'observe que vous sembliez renverser l'ordre que vous aviez d'abord établi ; vous faisiez lire la pièce auparavant de demander la réponse. La réponse ne peut être appréciée quand on n'a pas lu la pièce.

Le président : Je vous demande si c'est une copie.

Babœuf : Dans la dernière séance vous n'adoptiez pas cet ordre là.

Le président : Je prends l'ordre que je crois le plus propre pour découvrir la vérité. C'est aux jurés à apprécier cette pièce que le citoyen Babœuf dit être de sa composition. C'est la première fois qu'il avoue franchement qu'une pièce est de sa composition.

Babœuf : J'en ai avoué d'autres, c'est parce que c'est la vérité.

Le président : Mais vous ne vouliez pas, dans la dernière séance, reconnoître de votre composition une pièce sur laquelle vous vous étiez expliqué différemment dans votre interrogatoire ; vous aviez dit : Je reconnois la 19 (qui est celle-ci), la 22 et la 23, pour être de mon écriture ; ce sont des notes et des commencemens de discours.

Babœuf : Cela peut être.

(On lit la pièce, imprimée page 61 du premier volume.)

Le président : Savez-vous à peu-près à quelle époque vous avez fait cette composition ? Est-ce récent à l'époque de votre arrestation, ou antérieur d'un mois, deux mois, ou plus ?

Babœuf : Antérieur de plusieurs mois.

Le président : Comment pouvez-vous concilier cette antériorité avec ce que vous dites de l'acte insurrectionnel, *c'est toujours au peuple que je m'adresse* ?

Babœuf : C'est bâti sur des suppositions, sur des hypothèses.

Le président : Vous avez supposé qu'il y auroit un *acte insurrectionnel*, dans lequel on eût parlé d'une *Convention*, d'un *Directoire insurrecteur* ; vous avez donc supposé ce qui a existé ensuite ?

Babœuf : Je ne vois rien-là d'impossible, d'invraisemblable.

Le président : N'avez-vous pas préparé des projets d'arrêté pour la nomination de diverses autorités ?

Babœuf : Non.

Le président : Vous avez reconnu la 45.e pièce de la septième liasse. Il faut la lire.

(Voyez la page 152, premier volume.)

Le président : Que dites-vous sur cette pièce ?

Babœuf : La même réponse que sur la précédente déterminée. Tout cela n'est rapporté à aucune circonstance ; tout cela dépend de l'objet.

Le président : Vous la reconnoissez de votre composition ?

Babœuf : Elle est de ma main.

Le président : De votre composition ?

Babœuf : Je ne m'en rappelle pas.

Le président : On a lu la suite de la même liasse.

(Voyez la page 10, premier volume.)

Babœuf : Même réponse que pour la précédente.

Le président : Elle est de votre sans réplication ?

Babœuf : Voulez-vous me les faire voir ? Elles ne sont pas de ma composition : je les ai écrites sous la dictée ; je m'en rappelle maintenant.

Le président : Le citoyen Babœuf avoit dit que ce pouvoit être de sa composition ?

Babœuf : Je ne m'en rappelois pas ; c'est en les voyant que j'ai dit qu'elles n'en étoient pas.

Le président : Je vais lire la septième pièce de la sixième liasse.

(Voyez page 54, premier volume.)

Le président : Cette pièce est de votre composition ?

Babœuf : C'est une note indicative des distributions des écrits politiques que je faisois imprimer, ainsi que l'association des démocrates à laquelle j'étois attaché.

Le président : Elle peut être intéressante, en ce qu'elle prouve, le premier floréal, un écrit fait par Bouin an 3 ; floréal un autre, fait par Bodson. Peut être que les pièces apprendront que 9 floréal est également de lui.

Réal : Elle indique, citoyen président, et non prouve.

Le président : Elle indique, autant qu'une chose de Babœuf est prouvée.

Ballyer père : J'observe au citoyen président qu'il y a floréal, mais pas l'année. Il n'y a que le mot de mois floréal.

Babœuf : Citoyen président, voulez-vous bien rappeler les pièces qui m'ont été présentées aujourd'hui ? Je voudrois en avoir la note depuis le *manifeste*.

(Le président les lui indique les unes après les autres.)

Le président : Je vais faire lire la quarante-neuvième pièce de la septième liasse.

Je vous observe, citoyen, que cette pièce est écrite à mi-marge, et que d'un côté à gauche ce n'est pas de l'écriture du citoyen Babœuf. Je vais prier de lire seulement la marge gauche, et moi je lirai la marge droite, de la main du citoyen Babœuf.

On lit : Paris, l'an 4.e de la République.
(Voir la page 153, du tome premier des pièces.)

Babœuf : J'ai quelques observations à faire sur cette pièce. La première colonne de cette pièce, qui n'est pas de ma main, étoit un mémorial des choses que la réunion se proposoit de faire. Ce mémorial a été fait sous une dictée. J'ai rempli, de ma main, la seconde colonne; c'est un répertoire ou tableau qui m'offroit d'un coup-d'œil tout ce qui avoit été fait. Ceci étoit relatif à la partie de la direction de l'esprit public; et le but auquel vouloient le conduire les démocrates.

Le président : Je vais faire lire la soixante-quinzième pièce de la quinzième liasse.
(Voyez page 81, second volume.)

Bailly : Citoyen président, je serois bien aise que le citoyen Babœuf voulût expliquer comment une circulaire du 19 germinal, relative à des dépôts d'armes et des magasins, et une lettre de Germain, relative à des listes individuelles de canonniers, peuvent se concilier avec la qualité de *directeur de l'esprit public*, en ce qui concerne notamment la *poudrerie de Grenelle*.

Babœuf : Il n'est pas question de cela. Il étoit question de faire un tableau qui présentât d'un coup-d'œil tout ce qui avoit été fait, pour me mettre à portée de savoir ce qui avoit été écrit.

Réal : Dans l'original, il n'y a pas, sans doute, ce que je vois dans l'imprimé : Ce Bertrand a été fusillé dans l'affaire du camp de Grenelle.

Viellart : Non, ce n'est pas dans l'original ; c'est moi qui ai mis cela.

Réal : Il est bon de savoir comment on parle de cette affaire du camp de Grenelle au Corps législatif.

Bailly : Il est bon de savoir que les accusés en ont fait l'aveu et le reproche différentes fois depuis l'ouverture de la session.

Didier : Le Corps législatif l'a bien fait, ce reproche.

Réal : On a parlé de cette commission comme d'une commission assassine.

Darthé : Bertrand a été trouvé à quatre lieues de Versailles, il a été assassiné.

Didier : L'alibi étoit bien prouvé.

Le président (à Babœuf) : Voulez-vous dire ce que vous indiquiez par ces mots : *A Dit., deux douzaines de numéros, deux douzaines de 40* ?

Babœuf : Je pense devoir faire une réponse générale sur la pièce. Voulez-vous me la faire voir ? (On la lui présente.)

Babœuf : Cette pièce étoit un mémorial pour le détail de la distribution des journaux et autres détails domestiques; quant à la demande particulière du président sur le mot *Did.*, je ne veux pas répondre.

Le président : Qu'est-ce que cette *pétition d'Arras* ?

Babœuf : Ma foi, je n'en sais rien.

Le président : Il est bien certain que vous ne le savez pas ?

Babœuf : Tout ce que je dis est certain.

Le président : Je fais lire la quarante-troisième de la même quinzième liasse.

« Ecrit à Léandre Lebon, à Arras, le 6 ventôse. Adresse chez
» Pommend.
» A M. Barthe (*trois mots rayés*) Clety, à Arras, le 7. Adresse
» chez Duplay.
» A la société d'Arras, le 8, à l'adresse de Duplay. »

Le président : Que signifient ces mots : *A l'adresse de Duplay, adresse chez Duplay* ?

Babœuf : Ce sont des adresses.

Le président : Est-ce à Arras ou à Paris ?

Babœuf : A Arras.

Le président : Il existe donc un Duplay à Arras ?

Babœuf : Il y a apparence.......... Ce sont des adresses pour mon journal ; des adresses qu'on me donnoit pour envoyer des *prospectus*.

Le président : Vous vous en êtes servi ?

Babœuf : Je n'en sais rien ; ce sont des chiffons ; j'en avois au moins deux ou trois mille comme cela. C'est quelqu'un qui m'a donné des adresses pour envoyer des *prospectus* de mon journal.

Le président : Voici la onzième pièce de la deuxième liasse. Je vais d'abord lire ce qui est écrit à la marge gauche.

Armes et effets de guerre.

« Magasin considérable de fusils sous le Conseil des Cinq-Cents. Canons dans le jardin, entre la salle et le bâtiment. *Huit autres pièces dans cette enceinte, en magasin.* »

Ces mots sont de la main de Babœuf.

Habits d'uniforme, etc. est aussi de son écriture.

(*Voyez* les pages 27, 28 et 29 du premier volume.)

On passe la pièce au citoyen Babœuf.

Babœuf : Tout ce qui est écrit de ma main sur cette pièce a été fait par moi sous une dictée.

Le président : Vous reconnoissez la lettre chez Clerex ; on va la lire, elle est à la page 234 du deuxième volume.

(On lit.)

Babœuf : J'écrivois sous une dictée. Je ne connois pas Clerex, et je ne sais même pas de quel Germain parle cette pièce.

Le président : Vous ne connoissez pas Clerex ?

Babœuf : Non.

Le président : Connoissez-vous Germain ?

Babœuf : Ce Germain-ci, je le connois.

Le président : Vous ne connoissez pas duquel on parle ? Quelqu'un vous dicte, vous parle du nom d'un citoyen que vous connoissez beaucoup, et vous ne vous informez pas quel est ce Germain ?

Germain : J'observe que, dans ces pièces, et le débat le prouvera encore mieux, il y a trois Germain, un Germain qui s'est trouvé à dîner avec Drouet et Antonelle, à . . . . . , Germain dont on vient de parler, et moi ; ensuite Babœuf me connoissoit assez, puisqu'il me voyoit tous les jours pour savoir que je m'appelle *Charles*. Toutes les fois qu'il a voulu parler de moi, il a mis *Charles*.

Le président : Vous ne connoissez pas Clerex ?

Babœuf : Non.

Le président : Vous ne lui avez pas entendu parler de Germain ?

Babœuf : Non.

Le président : Vous ne lui avez pas écrit ?

Babœuf : Non.

Le président : Vous n'avez pas connoissance que le comité insurrecteur lui ait écrit quelquefois ?

Babœuf : Non.

Germain au président : Voudriez-vous me dire si cette lettre est signée, ou si en place de la signature il y a le cachet.

Le président : Ni l'un ni l'autre ; il n'y a qu'un B. en paraphe.

Cette lettre a été trouvée chez Clerex. Le citoyen Babœuf a dit qu'il ne le connoissoit pas, qu'il ne savoit pas lui avoir écrit, et qu'il ignoroit même que le comité insurrecteur lui eût jamais écrit.

Babœuf : Je ne me rappelle pas de lui avoir écrit. Je ne crois pas que le comité insurrecteur lui ait écrit.

Le président : Cependant dans cette pièce que vous venez de voir tout-à-l'heure, que je viens de faire lire, la quarante-neuvième de la septième liasse, il y a dans la partie écrite toute de votre main le mémorial et les réponses ; il y a : *Poudrerie de Grenelle. Écrire à Clerex pour avoir le nom du chef* ; et en marge : *Fait 25 germinal. Réponse Hervieux* ; et puis de nouveau : *Demander son adresse positive* ; et puis : *C'est fait, on attend la réponse.*

Babœuf : C'est après que j'eus écrit ce billet-là, citoyen.

Le président : Non, ce billet a été écrit depuis. C'est avant le 13 floréal que vous avez écrit ceci : ceci est daté 25 germinal.

Babœuf : Vous dites *fait*.

Le président : Oui, *fait*. Mais voyez bien la progression du travail, la première note.

Babœuf : C'est ce que j'ai reconnu aussi dans ma réponse ; c'est un tableau progressif, dans lequel je notois tout ce qui étoit fait.

Le président : Il est vraisemblable que d'abord vous vous serez assuré du nom et de l'adresse positive avant de dire à Clerex d'aller à la poudrerie de Grenelle.

Babœuf : Ceux qui m'ont fait écrire, qui m'ont dicté cette lettre....

Le président : Ils vous ont fait écrire cela le 13 floréal ; par conséquent les instructions demandées pour connoître quel étoit le chef de la poudrerie de Grenelle, son adresse positive, sont antérieures à ce 13 floréal : aussi cette antériorité convient-elle très-bien à l'égard de la série de ces renseignemens. Le premier renseignement : *Poudrerie de Grenelle. Écrire à Clerx pour avoir le nom du chef. La réponse. Fait, 25 germinal*. C'est vraisemblablement antérieur au 13 floréal. Après cela on annonce que Clerx a répondu. *Réponse. Hervieux*. Mais on ajoute : *Demander l'adresse positive*; et puis : *C'est fait.* Ensuite : *On attend la réponse à cette adresse positive*. Il est très-vraisemblable...

Babœuf : Est-ce qu'il est fait mention de deux lettres dans ce mémorial ?

Le président : Oui, une du 25 pour avoir le nom du chef, et une autre pour l'adresse positive.

Ballyer père : Citoyen président, j'aurois une observation à faire pour le nommé Clerx. J'observerai aux jurés d'abord que la lettre du 13 floréal (vous êtes prévenus que Germain ne la connoît pas) ne peut pas avoir trait à la poudrerie de Grenelle. D'abord, c'est que j'aurai l'honneur d'observer aux citoyens jurés que Clerx ne sait ni lire ni écrire ; conséquemment ce ne peut pas être à Clerx, qui est ici, qu'est adressée la lettre, puisqu'il ne sait ni lire ni écrire. On lui demande une réponse, il ne peut pas répondre. On veut que la lettre du 13 floréal ait rapport à la note page 155, lorsque l'une est datée du 13 floréal, et l'autre est, *Fait 25 germinal. Réponse*. Je ne vois pas de réponse du nommé Clerx, puisqu'il ne sait ni lire ni écrire ; je ne sais pourquoi on peut encore adapter celle du 13 floréal à Clerx, puisqu'il ne sait pas lire ; et puis du 13 floréal au 25 germinal, tout cela est en désaccord, tout cela ne peut criminaliser le nommé Clerx, accusé.

Bailly : Je demanderai, sur l'observation qui vient d'être faite par le citoyen Ballyer, défenseur, quelle est l'adresse du citoyen Clerx.

Le président : Cela ne regarde que le débat particulier.

Bailly : Cependant cela éclairciroit le fait ; cependant il faut s'assurer de l'identité de l'individu.

Ballyer : Cela reviendra dans son temps.

Babœuf : Je n'ai pas connoissance de cette lettre du 25,

Le président: Au moins avez-vous connoissance qu'il a été écrit à Clerx, et avez-vous connoissance qu'il a été mis dessus le mémorial, qu'il a été écrit à Clerx.

Babœuf: C'étoit un mémorial pour aider ma mémoire. Je vous ai dit que je n'en avois pas beaucoup. Lorsque j'ai écrit cela, je n'ai pas beaucoup pensé au nom de Clerx que je ne connoissois pas. Je n'en avois aucune idée; je n'avois eu idée que de ce nom au moment où j'ai écrit le mémorial; et certainement si cette lettre ne m'étoit pas parvenue, je ne me serois pas rappelé de Clerx.

Le président: Vous gardiez des copies qui étoient les réponses les unes des autres, et qui n'étoient point intéressantes; vous en gardez les deux copies; et d'une lettre comme celle-ci, vous n'en gardez pas une note?

Babœuf: Il y a bien d'autres lettres dont je n'ai point gardé de notes ni de copies.

Le président: Une lettre à laquelle on demande une réponse relative à un objet que vous portez sur un mémorial!

Babœuf: Je ne disposois pas tout seul, moi.

Le président: Êtes-vous l'auteur du N°. 5 de l'*Éclaireur du Peuple*?

Babœuf: Oui, citoyen.

Le président: Eh bien! dans ce cas, je vais vous faire une observation sur le N°. 5 de l'*Éclaireur*, et le N°. 42 du *Tribun*.

Je crains que vous ne preniez cela pour une plaisanterie, mais qui peut montrer votre manière d'instruire le peuple.

Vous composez le n°. 5 de l'*Éclaireur du peuple*, et le n°. 42 de votre Journal. Vous commencez le n°. 5 de l'*Éclaireur du peuple* par une lettre signée *Babœuf*. Après cette lettre, le plus pompeux éloge de Babœuf. L'importance de cette lettre, le caractère de l'homme qui l'écrit, la confiance qu'il a inspirée, nous présentent les mesures de salut public le plus hardiment, le plus sagement conçues, les plus précieuses pour le moment. Dans le même temps vous faisiez votre n°. 42 du *Tribun*; et là vous faisiez un grand éloge de l'*Éclaireur*, en sorte que l'on croyoit que vous aviez deux suffrages, tandis que vous n'aviez réellement que le vôtre. Or, je vous dis que quand on veut marcher à la vérité par les voies pures, on ne se sert pas de celle-là.

Babœuf: Vous êtes dans l'erreur, citoyen; ce n°. n'a pas été écrit dans le même temps que le n°. 42. Le n°. 5 est une erreur, il n'y a pas de date à ce n°. Il a été positivement écrit le jour de mon arrestation.

La feuille intitulée l'*Éclaireur du peuple* étoit sous la direction de l'association de démocrates à laquelle j'étois attaché. Je fis deux ou trois numéros de cette feuille. J'écrivois cela qu'on a pris au moment où j'ai été arrêté. Je développerai cela et ces circonstances, lorsque j'en serai à ma défense.

Le président : Savez-vous comment s'est trouvée dans vos papiers cette pièce, sur laquelle nous avons opéré tant de temps, et qui commençoit par ces mots : *Tuer les Cinq*.

Babœuf : Non, je ne le sais pas.

Le président : Vous n'en savez rien ?

Babœuf : Elle est venue dans d'autres papiers.

Le président : Voulez-vous dire qui a écrit la minute de votre lettre au citoyen *Drouet* ? la minute n'est pas de votre main ?

Babœuf : Je me suis déclaré auteur de cette lettre, je crois que c'est suffisant.

Le président : Est-ce vous qui dictiez ce jour-là ?

Babœuf : Ce n'est pas moi qui dictois, au contraire.

Le président : Je vous demande si vous voulez dire de quelle main.

Babœuf : Il est arrivé plusieurs fois qu'on copioit sur moi, et moi sur les autres. Comme j'ai fait une déclaration générale, que je ne compromettrois personne, je ne veux pas le dire.

(On lit la 95 pièce de la dix-septième liasse, voyez page 206 premier vol.)

Relativement à cette lettre, j'ai une observation à faire; elle est du 17 germinal. J'expliquerai ceux des passages de cette lettre qui ont peut-être exclusivement donné prise contre Drouet, et qui ont déterminé son décret d'accusation. Ces passages, les voici :

» *Le moment presse* . . . . . *tu as plus besoin que tu ne
» crois de te rapprocher des plus braves* . . . . . *Réfléchis si tu
» veux te soustraire à l'anathême général* . . . . *Ne te laisse
» point circonvenir, ou tu es perdu* . . . . . *Il n'est qu'un petit cercle
» d'hommes qu'il te soit permis d'approcher* . . . . . *On me
» rapporte que tu as préparé un discours sur les sociétés po-
» pulaires* . . . . . *Drouet, nous sommes entourés de nouveaux
» Tarquins, l'instant est venu de les faire disparoître. Les ty-
» rannicides te somment de les aider, ou ils te comptent parmi
» les adhérens des traîtres* . . . . *Ne crois pas que ce soit là
» tout ce qu'on te demande : on te réserve d'autres lauriers,
» communs avec ceux que nous nous proposons incessamment de
» cueillir.* »

Il est aisé de donner l'intelligence de chaque partie de cet extrait. *Le moment presse*, on portoit de nouveaux coups à la liberté; le gouvernement, oubliant déjà que les républicains l'avoient sauvé en vendémiaire, recommençoit à les persécuter et protégeoit leurs ennemis ; on étoit en mesure de faire fermer les sociétés populaires, principal boulevard de la liberté publique. *Le moment pressoit de s'opposer à tant d'efforts liberticides.*

Tu as plus besoin que tu ne crois de te rapprocher des plus braves, disois-je à Drouet, c'est-à-dire, des plus ardens défenseurs de la liberté menacée.

Réfléchis si tu veux te soustraire à l'anathême général, c'est-à-dire, à l'exécration contre tous ceux qui semblent tendre au renversement de la république, que tu as si puissamment contribué à fonder.

Ne te laisse point circonvenir, ou tu es perdu. Je savois que des intrigans, de faux républicains cherchoient à circonvenir Drouet ; je le prémunissois contre leurs insinuations perfides.

Il n'est qu'un petit cercle d'hommes qu'il te soit permis d'approcher. Cette phrase est une répétition de celle : *Tu as plus besoin que tu ne crois de te rapprocher des plus braves.* C'est donc à dire : il n'est qu'un petit cercle de chauds et francs amis du peuple, qu'en ta qualité de patriote marquant, de première colomne de la République, il te soit permis de fréquenter.

On me rapporte que tu as préparé un discours à prononcer dans la discussion sur les sociétés populaires. Voilà l'objet essentiel de la lettre, et tout ce qui suit le prouve. C'étoit sur cet objet majeur que je voulois échauffer la grande ame de Drouet, et tout le véhément de ma lettre se tourne vers ce but.

« *Drouet, nous sommes entourés de nouveaux Tarquins ;*
» *l'instant est venu de les faire disparoître. Les tyrannicides te*
» *somment de les aider, ou ils te comptent parmi les adhérens*
» *des traîtres.* » L'explication de ces phrases dont on a fait tant de bruit est bien simple. Pour les entendre il ne faut que rapprocher deux choses, la date de cette lettre à Drouet, qui est du 17 germinal, et celle d'une autre lettre du 15 germinal (page 112, second volume) où on lit cet avis : *Un patriote déguisé en chouan a rencontré hier l'agent intime de Rovère. Avant que les circonstances nous eussent appris à juger les hommes, ces deux individus étoient liés ensemble. Dans l'entretien qu'ils ont eu, cet esclave du crime a dit au patriote que le club monarchique étoit bien organisé ; que toutes les mesures étoient prises pour nous donner un maître ; que c'étoit le jeune d'Orléans qu'ils avoient désigné ; que, sous dix jours, la canaille seroit pendue, c'est-à-dire, ceux qui avoient été les auteurs de la mort de Capet ; que Rovère auroit un exil d'un ou deux ans pour la forme, vu les services qu'il avoit rendus et qu'il rendoit à la monarchie, etc. etc.*

D'après tous ces propos, et encore plus d'après la conduite

qu'on tient, je ne doute pas qu'ils n'emploient tout ce qui est en leur pouvoir pour faire réussir leurs projets.

D'après un avis si positif, si majeur, si coïncidant avec les grands projets de Mailhe pour ôter au peuple la dernière barrière d'opposition contre les attentes du despotisme, je veux dire les sociétés populaires, que ne peuvent pas dire et faire les ardens républicains ? Seul, cet avis n'est-il pas capable de justifier tout ce que l'association des démocrates a pu faire ? Ce n'est pas le moment d'examiner cela à fond. On ne perdra pas de vue que cet avis est du 13 germinal, et que la lettre à Drouet est du 17 ; il n'y a que quatre jours de distance. Les implacables adversaires de la royauté, auxquels on la montroit si proche, ne devoient-ils pas faire un appel à tous les citoyens connus par leur grande énergie et leur vif amour pour la liberté ? J'étois donc bien autorisé à écrire à Drouet ces mots pressans : *Nous sommes entourés de nouveaux Tarquins ; l'instant est venu de les faire disparoître. Les tyrannicides se sommeront de les aider, ou ils se compteront parmi les adhérens des traîtres.* Ah ! si Drouet eût eu la copie authentique de cet avis et qu'il eût pu le faire valoir lorsqu'on tira contre lui de si étranges conséquences de ces paroles que je lui avois adressées, sans doute il ne seroit pas aujourd'hui en accusation.

Cette phrase qui termine la lettre : *Ne crois pas que ce soit là tout ce que l'on te demande ; on te réserve d'autres lauriers communs avec ceux que nous nous proposons, incessamment de cueillir...* cette phrase est très-facile à expliquer. Le fond positif de la lettre est relatif à une motion sur les sociétés populaires. On dit donc à Drouet : *Ne crois pas que cette motion sur les sociétés populaires soit tout ce qu'on te demande.* Comme on lui a parlé de nouveaux Tarquins *dont on se voyoit entouré*, et qu'il étoit urgent de faire disparoître, d'après l'avis du 13 germinal que j'ai cité, on disoit à Drouet : *On te réserve d'autres lauriers communs avec ceux que nous nous proposons incessamment de cueillir.* Tout cela est naturel et clair.

Voilà l'observation que je voulois faire sur cette lettre.

La suite au Numéro prochain.

On souscrit chez BAUDOUIN, imprimeur du Corps législatif, Place du Carrousel, N°. 662.

Le prix de l'abonnement pour soixante feuilles in-8°., petit caractère, est de 10 francs pour les départemens, franc de port, et de 8 francs pour Paris.

A PARIS, chez BAUDOUIN, Imprimeur du Corps législatif.

(N°. 54.)

DÉBATS ET JUGEMENS
DE LA HAUTE-COUR DE JUSTICE.

Suite de la Séance du 2 germinal
Continuation du débat relatif à Babœuf.

LE PRÉSIDENT : Je vais faire lire le *Manifeste des égaux* ; il n'est écrit d'aucune main connue.
Ce sont les cinquante-deuxième, cinquante-troisième, cinquante-quatrième et cinquante-cinquième pièces de la neuvième liasse. (*Voyez la page* 159, *premier volume.*)

Le président : Reconnoissez-vous cette pièce ?

Babœuf : Cette pièce est venue chez moi, m'a été envoyée ; je crois qu'elle m'a été envoyée à moi particulièrement pour que je l'insérasse dans mon journal, parce qu'on avoit eu des idées, des rêves philantropiques qui ressembloient à cela.

Le président : Je vous fais passer toutes les chemises des liasses sous les yeux, afin que vous ayez la bonté de dire les mots qui sont de votre main.

Babœuf : Je ferai, citoyen, une observation : vous n'avez lu qu'une petite partie du n°. 5 de l'*Eclaireur*, et vous l'avez commenté de manière à donner quelques inductions défavorables contre moi ; . . . . si vous aviez voulu le faire lire entier.

Le président : Vous avez dit que vous n'avez jamais fait d'autres journaux que le *Tribun du peuple*, et une minute de votre main de l'*Eclaireur du peuple*.

Babœuf : Comme cette pièce est portée à charge contre moi, il seroit convenable de la lire.

Le président : Je n'en fais pas charge contre vous.

Didier : Et s'il prétend en faire une pièce à décharge, lui !

Le président : Qu'il la lise dans sa défense. Je ne peux faire faire lecture des pièces inutiles : s'il la croit utile, il la lira ; mais je la trouve inutile, je ne la lui laisserai pas lire.

Babœuf : De quoi est-il question, citoyen ?

Débats et jugemens de la Haute-Cour, Tome IIe.   A a

Le président : Je vous demande ce qu'il y a d'écrit sur cette feuille, de votre main.

Babœuf : Il y a partie militaire.

Le président : C'est la même question que je vous fais pour chacune des feuilles que je vous envoie. Deuxième liasse.

Babœuf : Légion de police et autres corps armés.

Le président : Troisième liasse.

Babœuf : Régiment de Flandres, bataillons de légion et autres, sont de ma main.

Le président : Cinquième liasse.

Babœuf : Bataillons des environs de Franciade.

Le président : La sixième liasse n'a pas de titre. Septième liasse.

Babœuf : Travail général.

Le président : Sur la huitième liasse, rien de sa main. Neuvième liasse.

Babœuf : Habitans des départemens séjournant à Paris.

Le président : Dixième liasse.

Babœuf : Douzième arrondissement : Panthéon, Finistère, Jardin des Plantes, Observatoire.

Le président : Onzième liasse.

Babœuf : Onzième arrondissement : Théâtre Français, Luxembourg, Pont-Neuf, Thermes.

Le président : Douzième liasse.

Babœuf : Dixième arrondissement : Fontaine-de-Grenelle, Ouest, Invalides, Unité.

Le président : Treizième liasse.

Babœuf : Neuvième arrondissement : Fidélité, Arsenal, Cité, Fraternité.

Le président : Quatorzième liasse.

Babœuf : Huitième arrondissement : Quinze-Vingts, Indivisibilité, Popincourt, Montreuil.

Le président : Quinzième liasse.

Babœuf : Il n'y a rien de ma main.

Le président : Seizième liasse.

Babœuf : Sixième arrondissement : Gravilliers, Lombards, Temple, Amis-de-la-Patrie.

Le président : Dix-septième liasse.

Babœuf : Cinquième arrondissement : Bondy, Bonne-Nouvelle, Nord et Bon-Conseil.

Le président : Dix huitième liasse.

Babœuf : Quatrième arrondissement : Halle-au-Bled, Muséum, Gardes-Françaises, Marchés.

Le président : Dix neuvième liasse.

Babœuf: Troisième arrondissement: Brutus, Contrat-Social, Mail, Poissonnière.

Le président: Vingtième liasse.

Babœuf: Deuxième arrondissement: Lepeletier, Butte-des-Moulins, Mont-Blanc, Fauxbourg-Montmartre.

Le président: Je vous présente la vingt-unième liasse.

Babœuf: Premier arrondissement: Tuileries, Piques, Champs-Elysées, la République.

Le président: Vingt-deuxième liasse.

Babœuf: Septième arrondissement: Réunion, l'Homme-Armé, Droits de-l'Homme, Arcis. Tout cela est de ma main.

Le président: Je n'ai pas autre chose à vous demander à présent : avez-vous quelque observation à faire à présent ?

Babœuf: Relativement à cet objet-là, j'ai déjà fait l'observation que c'est un arrangement fait par moi, à titre d'archiviste, pour reconnoître chaque renseignement à sa place, à son ordre. Des observations, j'en aurai à faire sur tout dans le débat ; mais je vous ai dit la raison qui ne me permet pas de les faire.

Le président: Si vous avez des observations, vous pouvez les faire pour empêcher l'impression sur l'esprit des jurés, pour expliquer quelque chose.

Babœuf: Je n'en ai pas à faire à présent ; je ne suis pas prêt : si vous voulez me donner la parole à demain, je ferai des observations.

Le président: Si vous interrompez l'ordre, il sera impossible de s'y reconnoître.

Babœuf: Eh bien ! je réserve cela à ma défense générale ; les jurés ne prendront pas d'impression avant de m'avoir entendu.

Viellart: Je desirerois faire une question au citoyen Babœuf, s'il avoue l'imprimé qui a été affiché et distribué sous le titre d'*Analyse de la doctrine de Babœuf, Tribun du peuple*, proscrit par le Directoire.

Le président: L'accusateur national vous demande si vous avouez cette affiche.

Babœuf: Je dirai la vérité à cet égard comme sur tout le reste : ce n'est pas moi qui suis l'auteur de cet ouvrage ; cependant j'y ai donné mon approbation : c'est moi qui en ai permis l'impression, qui ai consenti à ce qu'elle fût affichée et distribuée, et quand j'en serai à ma défense, je développerai tout cela.

Réal: Est-ce une des pièces du procès ?

Viellart: C'est une des pièces saisies chez quelques-uns des prévenus.

Germain: Je voudrois faire quelques observations, en deux minutes : me voici parvenu au moment que je n'ai cessé de

A a a

desirer depuis le jour de mon arrestation. Le débat qui va s'ouvrir, va prouver ce qu'est réellement l'imputation monstrueuse que l'on m'a faite d'être tout-à-la-fois chef de l'entreprise, agent civil, agent militaire, membre de la nouvelle Convention, ministre de la guerre, groupier, afficheur, inspecteur de poudrerie et arsenaux : tout cela est dans l'acte d'accusation ; en un mot, il ne me manquoit plus pour être le *Michel Morin* de la conspiration, que d'avoir été désigné pour, au moment de l'insurrection, emboucher une trompette de l'Ecole du faubourg Martin et de prendre un des guidons ! (On rit.)

Citoyens, je répondrai le plus brièvement, le plus clairement qu'il me sera possible, à toutes les interpellations qui me seront faites ; mais je préviens que je serai obligé, sur quelques-unes de mes pièces, d'entrer dans les circonstances où j'étois, parce que je crois que ce sont les circonstances qui établissent et déterminent le plus ou le point du tout de criminalité.

Je dois faire une observation que je crois assez précieuse.

J'ai vu dans le volume des pièces particulières à Drouet, que Grisel n'est pas le seul témoin entendu à ma charge ; j'ai vu cela avec étonnement. Il est des hommes qui sont ici, je crois en prison, qui ont déposé à ma charge. Leur déclaration ne peut être longue ; je desirerois qu'ils fussent entendus avant l'ouverture de mon débat particulier, parce que, puisque tout est copié, rapporté, colporté dans les journaux, il est possible que ces hommes, qui ne seroient pas plus honnêtes que Grisel, au lieu de dire littéralement leur déclaration telle qu'elle a été imprimée, pourroient la faire sur mon débat particulier. Je crois que si on les entendoit après, il seroit possible que ces gens-là en ayant connoissance, y modelassent leur déposition.

Le président : Citoyen Germain. Il y a peut-être inconvénient de tous les côtés : remarquez que le citoyen Grisel doit, dans l'ordre habituel, être mis successivement au débat, avec tout ceux sur lesquels il semble que sa déposition fait charge. Si on introduit ces deux témoins qui vont parler de vous, cela va mêler tout le débat ; et leur déposition, respectivement à vous, n'est pas ce qui peut vous gêner davantage : en sorte qu'il me sembleroit plus convenable à la simplicité de l'opération de continuer le débat comme il est commencé.

Réal : Citoyen président. Je demanderai à faire une observation. Lorsque j'ai vu Grisel, dans une feuille particulière, dans un pamphlet, dans un journal qui se distribue ici (je crois que c'est le journal de Soudry,) s'appeler principal témoin, et signer cette lettre comme tel, j'ai dit : voilà une bêtise qui échappe à Grisel. Mais lorsque je vois le débat s'ouvrir jusqu'à présent sur lui seul, et Babœuf ayant été . . . . la discussion sur Babœuf étant épuisée, lorsque je vois qu'on va passer, sur la déposition de Grisel, encore au débat particulier de chacun des accusés; il m'est impossible de ne pas penser que, dans le fait, Grisel n'ait, si ce n'est pas aux yeux du Tribunal, du moins dans l'idée de quelques personnes quelconques, la qualité de principal témoin. Comment! vous allez ouvrir les débats particuliers sur chacun des accusés, avant d'avoir entendu la totalité des témoins à charge! si l'on peut me montrer dans tous les tribunaux qui ont existé, dans tous les jugemens qui ont été rendus, dans toutes les instructions qui ont été faites, une instruction ainsi formée, je passe condamnation. Mais il me semble que la marche du débat doit être celle-ci: entendre d'abord les témoins, ensuite faire les débats généraux, et enfin les débats particuliers. Tant que vous avez tenu Babœuf, je n'ai pas fait la moindre observation, parce que je crois, moi, que le débat général n'étoit pas commencé. Mais à l'instant où vous allez passer au débat particulier d'un autre accusé; que vous allez décider *ipso facto*, que l'on passe de la discussion du principal accusé à celles des autres co-accusés, il est évident que vous enjambez du débat général sur le débat particulier: je crois, citoyen président, qu'il doit entrer dans votre esprit et dans votre cœur de commencer par faire entendre les témoins à charge: et cette considération sera d'autant plus forte, que tout ce qui se dit ici, est sçu au dehors par les journaux; c'est un mal, sans doute: ce mal, il faut le diminuer le plus possible.

Le président: Dès qu'on paroît le desirer, nous le voulons: ces deux témoins seront entendus; mais j'observe qu'il y a d'autres témoins qui ne font aucune charge contre Germain; je comptois les faire entendre dans les débats particuliers, à mesure que leur déposition pouvoit être utile.

Quelqu'un desire-t-il que tous les témoins soient entendus de suite?

Réal: Moi je le desire, et je crois que cela seroit beaucoup plus légal; que cela serviroit, soit à charge, soit à décharge pour les accusés: car enfin, les dépositions une fois faite, nous connoissons tout ce qu'il y a dans les dépositions.

Le président: Il y a peut-être de l'avantage à cela. Il y a ici quelques témoins à décharge, et qui souffrent dans l'inaction; j'avois même intention de proposer aux accusés, après le débat sur la déposition de Grisel, de les faire entendre; et comme je ne pense pas qu'il s'élève aucun doute sur ce qu'ils diront, je demande aux accusés s'ils consentent à ce qu'ils soient entendus.

Les accusés: Disent oui.

Le président: En ce cas, nous allons renvoyer la séance à demain.

Je demande que l'interruption des débats ne fasse point changer l'ordre que nous maintenons depuis huit jours.

Réal: Nous voulons finir.

Un juré: Citoyen président, j'ai entendu dire au citoyen Réal qu'il existoit dans un journal une lettre de *Grisel, principal témoin*; je n'ai pas besoin de connoître cette lettre et le journal: je voudrois que le citoyen Grisel me dît s'il est vrai qu'il a fait insérer une lettre de sa main dans un journal, par laquelle lettre il s'applique la qualité de principal témoin, car je ne connois ce fait que par l'avoir entendu dire au citoyen Réal.

Le président: Citoyen Grisel, y a-t-il une lettre insérée dans un journal, sous votre nom? est-elle une lettre de vous, et insérée avec votre aveu?

Grisel: Cette lettre est de moi, citoyen président: je me suis donné cette qualité, parce qu'on me l'a donnée au Tribunal, à Paris; on m'a dit vous êtes le principal témoin. Je n'ai pas tiré de conséquence de ce mot, qui n'est pas officiel.

Germain: Cela ne vaut pas le grade de capitaine.

Séance levée à une heure et demie et renvoyée à demain dix heures.

Les accusés ont chanté: Veillons au salut de l'Empire.

Certifié, IGONEL et BRETON, *sténographes*.

Séance du 3 germinal.

A dix heures et demie, la séance s'ouvre.

Le président: Faites venir le citoyen Mazot.

(Le citoyen Mazot entre dans la salle.)

Votre nom? — Pierre Mazot. — Votre âge? — Trente-un ans. — Votre état? — Inspecteur de police. — Votre demeure? — Rue de la Tonnellerie, n°. 629.

Le président: Vous promettez de parler sans haine et sans crainte, de dire la vérité, toute la vérité et rien que la vérité?

Mazot: Je le promets.

Le président: Connoissiez-vous quelques-uns des accusés présens, avant les faits qui ont donné lieu à l'acte d'accusation?

Mazot: Non, citoyen.

Le président: Vous n'êtes parent, ni allié, ni au service d'aucun d'eux, ou de la partie plaignante?

Mazot: Non, citoyen.

Le président: Quelle connoissance avez-vous des faits mentionnés dans l'acte d'accusation?

Mazot: En vertu d'un mandat d'amener décerné par le juge de paix de la division du Pont-Neuf, en date du 24 floréal de l'an 4, fut arrêté, le 25, nommé *Dominique Aubry*, prévenu de je ne sais quel délit, fut conduit par-devant les commissaires de bureau central; et, après interpellations à lui faites, se voyant près d'être conduit à la chambre d'arrêt, il déclara que si on vouloit lui donner sa liberté et le faire accompagner d'un inspecteur de police, il le mèneroit dans un lieu où se rassembloient des gens mal intentionnés, lesquels enrôloient dans leur parti des ci-devant soldats de la légion de police. La chose ayant été portée aux administrateurs du bureau central, ils crurent de leur devoir d'y mettre un inspecteur de police. Ils choisirent un homme qui fût capable de les bien servir, et le sort tomba sur moi. Je fus donc chargé de suivre Aubry par-tout où il lui plairoit de me mener, et d'observer tout ce qui se diroit dans les lieux où il me mèneroit.

Ledit jour 25 floréal, nous sortîmes, moi et Aubry, du bureau central à cinq heures et demie; nous nous dirigeâmes vers les boulevards du Temple. Arrivés à la rue Phélippeaux, nous fîmes rencontre d'un citoyen qu'Aubry me dit être de la légion de police, et que je sus par lui s'appeler *Drouin*. Aubry dit à Drouin que j'étois aussi soldat légionnaire, et que j'étois dans le plus pressant besoin; que si lui Drouin vouloit m'aider, il seroit en état de me faire entrer avec eux, et le même soir me présenteroit à Monnard, qu'Aubry appeloit leur chef.

Drouin (par commisération peut-être, voyant un soldat de la légion de police dans la nécessité) me promit qu'il feroit tout ce qui étoit en lui pour me faire recevoir. Aubry proposa de boire une bouteille, et nous mena vis-à-vis le Temple. Il y a là un cabaret, et à la porte de ce cabaret étoit un étalage de fruiterie tenu par une femme que j'ai su depuis s'appeler la femme Martin.

Nous bûmes une bouteille de vin. En sortant de-là, Aubry s'approcha de la femme Martin; j'ai su par lui qu'elle lui avoit demandé si j'étois *des leurs*.

Au sortir de ce cabaret, Drouin et Aubry me menèrent, par différentes rues, à celle de Guerin-Boisseau. Là, où étant arrivés à la porte d'un cabaret, Aubry nous proposa à moi et à Drouin si nous voulions prendre un demi-septier de vin sur le comptoir. Drouin s'y refusa et dit qu'il alloit dans un cabaret, rue Denis, en face des Filles-Dieu.

Nous sommes entrés, moi et Aubry, dans ce cabaret, où dans le comptoir étoit une femme que j'ai su par Aubry s'appeler la femme *Baptiste*, car je ne la connoissois pas encore sous le nom de Breton, à qui Aubry demanda comment elle se portoit. Elle dit fort bien. Alors, voyant que je parlois avec Aubry, elle lui demanda si j'étois *des leurs*. Aubry lui dit qu'oui. Sur l'affirmative d'Aubry, elle nous dit qu'on étoit assemblé dans un cabaret, rue Denis, en face de celle des Filles-Dieu. Aubry ayant demandé des

A a 4

nouvelles de son mari, elle lui qu'*il étoit plus gai que de coutume*, *et que, s'il avoit la lâcheté de reculer, elle iroit à sa place.*

Après avoir bu ce demi-septier, nous sortîmes Aubry et moi et fûmes au cabaret, rue Denis, où, après avoir traversé une très-longue allée, nous arrivâmes dans un jardin où étoit assemblée au moins une douzaine de personnes, desquelles étoient *Monnard*, sa nièce, que j'ai su depuis s'appeler *Sophie Lapierre*, *Moroy*, *Lavigne*, *Drouin*, *Aubry* et cinq à six autres desquels Aubry n'a pu me dire le nom.

Notre arrivée ayant sans doute été annoncée par Drouin, je reçus de ceux qui étoient là l'accueil le plus gracieux. J'avoue que cela me fit craindre que déja Aubry ne m'eût trahi.

On m'invita à souper, j'y restai. Le souper étoit composé d'un plat de lentille, de quelques autres légumes, et je soupai avec eux.

Monnard me fit la question : quelle étoit à-peu-près ma situation? Je lui dis que moi et six de mes camarades étions dans une chambre, rue de la Tonnellerie; que, jusqu'à présent, nous avions vécu avec le peu que nous avions, mais que nous étions à bout.

Monnard me dit que je pouvois assurer mes camarades qu'ils ne manqueroient de rien; qu'on auroit soin d'eux et qu'avant peu leur sort seroit plus heureux; que bientôt ils seroient regardés comme l'avoient été les Gardes-Françaises après la journée du 14 juillet.

La conversation roula après sur l'avidité des marchands, qui, par l'augmentation du prix des denrées, mettoient le pauvre peuple hors d'état de pouvoir subsister. *Sophie Lapierre*, la plus animée de tous, tint, là dessus, les propos les plus violens; elle excitoit même un nommé *Lavigne*, qui étoit à côté d'elle, à bien remplir tous ses devoirs, et il paroissoit jouir de la plus grande intimité avec elle.

Mais bientôt quelques verres de vin ayant rendu la gaieté à l'assemblée, *Sophie Lapierre* porta plusieurs toasts à la Liberté, soi-disant perdue, que l'on comptoit reconquérir.

La conversation étant revenue sur ce que souffroit la légion de police, et ayant dit que ceux de mes camarades qui demeuroient avec moi étoient dans le plus pressant besoin; que moi seul avoit la faculté de sortir, parce qu'un citoyen m'avoit prêté un habit (lequel habit je porte encore sur moi) Monnard, sur la fin du souper, me dit : Pour te tranquilliser, il nous reste du pain : je vais te le donner. Il restoit à-peu-près trois livres et demie de pain qu'il me donna, et deux assignats de chacun cent francs, en m'engageant, moi, Drouin et Aubry, à venir le retrouver le lendemain 26, pour dîner dans un cabaret, carré Saint-Martin, qui porte pour enseigne *le fort Samson*.

Nous nous séparâmes d'avec eux, moi et Aubry; nous conduisîmes Drouin jusqu'à la rue Phelipeaux, et là, nous prîmes un verre d'eau-de-vie, avec promesse à Drouin de le venir chercher le lendemain pour déjeûner ensemble. Je quittai de même Aubry, et je m'en fus. Le lendemain 26, à neuf heures du matin, Aubry vint me trouver au bureau central; nous fûmes ensemble trouver Drouin, pour déjeûner, comme nous l'avions dit la veille. Il logeoit chez le citoyen Martin, ci-devant porte-clef aux Magdelonnette, rue des Écrivains, en face du Temple. L'ayant trouvé chez lui, nous descendîmes pour déjeûner, et fûmes dans le Temple, dans un cabaret entouré de planches, une barraque : là et bientôt nous fûmes rejoints par le citoyen Martin chez lequel il logeoit. Avant d'y entrer, Drouin fut près de la femme Martin, y prendre trois bottes de radis.

Pendant le cours de notre déjeûner, ayant marqué quelques craintes sur le peu de soldats légionnaires qu'il y avoit à Paris (les bataillons ayant été envoyés dans différentes villes), le citoyen Martin me dit que ces craintes ne pouvoient pas subsister, parce que déjà une femme qui logeoit devant Sainte-Élisabeth, avoit engagé plus de deux mille légionnaires : laquelle femme j'ai su depuis par Aubry s'appeler *Lambert*.

Vers les dix heures, c'est-à-dire, vers le midi, nous sortîmes de ce cabaret, et Drouin me quitta. Je fus avec Aubry pour aller dîner à l'enseigne du *fort Samson*, où j'avois été dîner la veille; et comme c'étoit un dimanche, et que les marchands de vin dans ce temps-là fermoient et ne vouloient pas vendre les dimanches, nous ne trouvâmes personne. Après avoir frappé plusieurs fois, je jettai les yeux sur la chaussée, et je vis, de loin, Monnard, lequel étoit accompagné du nommé Lavigne, qui portoit, sous sa houppelande, un pain : il nous fit signe de venir à lui; il remit à Aubry le pain qu'il portoit, et nous dit de l'aller attendre chez Baptiste Breton, rue Guerin-Boisseau. Étant arrivés chez Baptiste Breton, bientôt nous y fûmes rejoints par Monnard, Lavigne, et Moroy. La fille Lambert vint un instant après, laquelle nous apporta un ragoût de veau, duquel nous dînâmes. Pendant le dîner, je demandai à Monnard quand ce devoit exécuter le projet ; il me dit qu'il venoit, ainsi que Moroy, de chez le général Rossignol, et qu'ils ne lui avoient laissé que l'heure à fixer, vu qu'il avoit remis la chose au lendemain 27, et qu'à cet effet nous eussions à nous trouver, à cinq heures et demie, au même endroit pour aider à transporter des fusils au faubourg Antoine.

Lui ayant encore renouvelé que l'habit que j'avois n'étoit pas à moi, il ordonna à *Sophie Lapierre*, sa nièce, d'en aller chercher uni chez lui ; elle m'apporta un habit de grégeaenne verd, lequel étoit doublé pareil: après quoi nous sortimes, Aubry, Drouin et moi. Nous revînmes, sur les six heures du soir, avec Aubry, chez Breton, où étant, nous trouvâmes Moroy, Lavigne et Drouin, ainsi que Monnard. Bientôt après la chambre se remplit au moins d'une vingtaine de personnes, desquelles je n'ai pu savoir les noms. La fille Lambert nous apporta un plat de lentilles recouvert d'une omelette, avec lequel nous soupâmes.

Buonarotti: Je crois que les accusés ont le droit de demander que les autres témoins se retirent.

Le président: Citoyen Grisel, voulez-vous bien vous retirer ?
(Grisel se retire.)

Mazet continué: Les personnes qui sont arrivées pendant que nous étions à souper, ne se sont pas mises à la même table que nous; ils causèrent bien avec Monnard; mais je ne pus rien retirer de leur conversation.

Dans le cours du souper, je demandai à Monnard où étoient les fusils qu'il avoit dit que nous transporterions au faubourg Antoine. Il me répondit que, craignant que nous ne fussions arrêtés par les différens postes devant lesquels nous serions obligés de passer, il avoit pris une autre marche; mais que nous eussions le lendemain à nous trouver à sept heures du matin au faubourg Antoine, et que j'y amène les six hommes que je lui avois promis le matin. Ayant marqué combien ils étoient dans le besoin, il me donna environ deux livres et demie de pain, avec deux cents livres et plusieurs petits assignats, pour les substanter jusqu'au lendemain.

Je sortis donc avec Aubry, et je retournai au bureau central.

Le lendemain 27, le bureau central ayant nommé plusieurs inspecteurs pour représenter les six hommes qui devoient m'accompagner, je fus à six heures et demie pour les chercher; et je fus très-étonné, en entrant dans le bureau des inspecteurs, et revêtu de l'habit qu'on m'avoit donné, de l'habit verd, d'y trouver la femme Monnard, sa nièce, la femme Breton et son mari. Je vous avouerai que je ne savois pas si je devois aller au faubourg comme je l'avois promis : cependant, j'y fus. En y arrivant, j'y trouvai Monnard, qui me demanda où étoient les six hommes que j'avois promis. Je les lui fis voir, qui étoient partagés de l'un et de l'autre côté de la rue. Il me dit de les disperser dans différens cabarets, afin de ne pas faire masse. J'en envoyai partie à l'*Echarpe nationale*, cabaret du faubourg; et l'autre partie, je l'emmenai avec moi dans un cabaret derrière le corps-de-garde de la place Saint-Antoine, où je déjeûnai avec eux. Au sortir du déjeûner, il étoit alors dix heures et demie, je dis à Monnard: A quelle heure ? car il est bon de vous dire que, la veille, il m'avoit dit que le camp de Vincennes devoit le joindre au fauxbourg, et qu'à cet instant nous sortirions du cabaret et serions armés). Je lui demandai à quelle heure devoit arriver le camp de Vincennes. Il me dit qu'il n'arriveroit que vers les quatre heures et demie du soir, et que j'aie sur le-champ à le venir trouver dans le cabaret où il étoit, qui étoit à l'enseigne du *Tambour*. Ayant remarqué dans ses yeux quelque chose de contraint, et croyant que déja il étoit informé de l'arrestation de sa femme, sa nièce et autres, je me dispensai d'y aller. Je cessai là mes observations, laissant le surplus de cette affaire entre les mains de plusieurs officiers de paix qu'avoit envoyés le bureau central.

Je dirai cependant que, quant à Drouin, je ne l'ai jamais cru bien lié avec ceux dont je parle ; car le 26, lorsque l'habit me fut donné, et que je questionnai Monnard pour savoir quel jour s'effectueroit le projet, en sortant du dîner, Drouin me dit qu'il falloit que je n'eusse pas besoin d'existence, puisque je demandois, puisque je cherchois à savoir le jour où devoit s'effectuer le projet ; que nous devions toujours prendre ce que l'on voudroit nous donner, et que quand viendroit l'instant de mettre le projet à exécution, nous nous sauverions, parce qu'il le trouvoit, dit-il, ridicule.

Quant à la femme Martin, je n'ai rien à dire contre elle, ni contre Breton. Je ne l'ai jamais vu que nous apportant du vin ; je ne lui ai jamais entendu tenir aucun propos indiscret.

Biauzar, haut juré: Vouiez-vous répéter les noms des personnes sur lesquelles vous dites que vous n'avez rien à dire ?

Mazot: La femme *Martin*, *Breton*, et la femme *Monnard* ; je ne l'ai jamais vu non plus.

Le président: Comment ! n'avez-vous pas dit que la femme Martin avoit demandé à Drouin *si vous étiez des leurs* ?

Mazot: Je ne tiens la chose que d'Aubry.

Réal: Je prie le témoin de vouloir bien répéter ce qu'il vient de dire.

Mazot: Je n'ai rien à dire contre la femme Martin, Breton, et la femme Monnard ; je ne l'ai pas désigné : il en est tout plein contre lesquels je n'ai rien à dire : je tiens le propos d'un autre.

Vergne: J'observe aux citoyens jurés que le témoin dit qu'il n'avoit pas vu la femme Monnard.

Mazot: Je ne l'ai jamais vue.

Le président: Avez-vous entendu ce propos de la femme Breton ?

Mazot: Oui.

Le président: Est-ce là l'habit de gendarme qui vous a été donné ?

Mazot: C'est lui.

Le président : N'avez-vous pas vu à Drouin un gilet semblable à cet habit?

Mazot : Je lui ai vu, le 27, un gilet semblable à celui-là, à l'habit que voici.

Le président : Êtes-vous sûr qu'il soit semblable par la nature de l'étoffe ou la couleur?

Mazot : Oui.

Le président : On va vous présenter les assignats, pour voir s'ils sont les mêmes que ceux que vous avez vus.

(On rit.)

Mazot : Je les reconnoîtrai, parce que j'ai écrit dessus....... Qu'a-t-on fait des bandes qui les couvroient? Le citoyen Gérard avoit eu le soin de me les faire parapher.

Le président : C'est peut-être moi-même qui les aurai ôtées sans faire attention; je ne sais si je les ai présentés à Drouin avec les bandes.

Mazot : Tous les assignats se ressemblent.

Le président : Mais voyez si ce sont les mêmes fractures.

Mazot : On avoit eu soin de mettre une bande, sur laquelle on m'a fait signer.

Le président : Ils ne sont pas venus avec les bandes; elles auront été ôtées devant le jury.

Germain : On les aura négociés.

Un accusé : Cela en méritoit bien la peine; cela valoit à peu-près trois liards!

Le président : Citoyen Drouin, convenez-vous que vous vous êtes trouvé avec lui? le reconnoissez-vous?

Drouin : Non, citoyen.

Le président à *Mazot* : Reconnoissez-vous Drouin, vous?

Mazot : Oui, je le reconnois.

Le président : Reconnoissez-vous Sophie Lapierre?

Mazot : Oui, la voici.

Le président : Reconnoissez-vous Moroy?

Mazot : Moroy, ou celui qu'on m'a nommé de ce nom, ne me paroit pas ici. (*Se tournant du côté de Vergne.*) Je crois que c'est le citoyen; mais, franchement, je ne me le remets pas. C'est vous qui vous appelez Moroy?

Vergne : Non.

Mazot : Quant à Moroy, dans ce cas, je ne le reconnois pas.

Le président : Quel âge avoit-il?

Mazot : C'étoit un homme d'une quarantaine d'années, et qui, pendant tout le temps, étoit couvert d'un bonnet de police.

Le président : Avoit-il la figure pleine?

Mazot : Figure très-maigre, barbe grisâtre.

Ballyer fils : Citoyen président, ces ressemblances ne sont pas dans le cas d'indiquer l'identité du personnage.

Le président : Qui vous dit que cela indique identité? Chacun veut parler; c'est une démangeaison.

Ballyer fils : Je suis le défenseur du citoyen Moroy; j'ai le droit de faire cette observation.

Le président : Moroy, faites-vous voir.

(Moroy se lève.)

Le président à Mazot : Est-ce-là le citoyen que vous avez vu?

Mazot : Non, je ne le remets pas.

Moroy : Vous pouvez ne pas me remettre, car je vous assure que jamais vous ne m'avez vu.

Le président : Reconnoissez-vous la femme Breton?

Mazot : Je la reconnois; la voici en face de moi.

Le président : Et son mari?

Mazot : Le voilà, lui, revêtu d'une houppelande, et tenant un livre à sa main.

Le président : Votre déposition ne me semble porter charge contre qui que ce soit autre. . . . . Sophie Lapierre, avez-vous quelque chose à dire contre le témoin?

Sophie Lapierre : J'ai déclaré, citoyen, très-formellement, que je ne reconnoissois pas la compétence de la Haute-Cour. Je me repose du reste sur la bonne foi et l'équité des citoyens jurés.

Le président : Mais, pour éclairer leur bonne foi et leur équité, il est nécessaire de vous expliquer.

Sophie Lapierre : Je n'ai rien à dire, citoyen, sur la déposition du témoin.

Le président : Femme Breton, avez-vous quelque chose à dire contre le témoin?

La femme Breton : J'ai à observer aux citoyens jurés que je ne connois nullement le témoin, ni le témoin Aubry. Il se peut qu'ils soient venus chez moi; mais j'assure que tout ce qu'il a dit contre moi est de toute fausseté.

Le président : Breton, avez-vous vu le citoyen chez vous?

Breton : Jamais, citoyen.

Le président : Quelqu'un a-t-il quelques interpellations à lui faire?

Ballyer fils : J'observerai d'abord au citoyen Mazot, relativement aux propos qu'il attribue à la femme Breton, qu'il présente ces propos-là absolument isolés. Il est invraisemblable que la citoyenne Breton ait tenu un propos comme celui-là. Comment y a-t-elle été amenée?

Mazot : Par la demande d'Aubry, qui, depuis quelques jours, faisoit partie de ce rassemblement, et qui connoissoit sans doute la femme Breton.

Ballyer fils: Le citoyen Mazot dit que ce propos-là vient par la demande d'Aubry. Il a dit, au contraire, que c'étoit d'abord elle qui avoit demandé à Aubry si Mazot étoit des leurs.

Mazot: Il lui a demandé comment se portoit son mari.

Le président à Ballyer fils: Donnez moi votre question, citoyen, et je la transmetterai au témoin.

Ballyer fils: Je demande au citoyen Mazot, à propos de quoi la femme Breton lui avoit tenu ces propos?

Mazot: Parce qu'elle voyoit qu'il me parloit affectueusement.

Ballyer fils: Je dois observer aux citoyens jurés, que ce propos ne vient à la suite de rien; c'est un propos qui a été présenté isolé.

Morard: Je vous prierai de vouloir bien interroger le témoin, s'il n'a pas fait au Bureau central de police différens rapports?

Le président: N'avez-vous pas fait des rapports au bureau central?

Mazot: Continuellement, depuis le temps où j'ai été parmi eux, à la sortie de chaque fois, j'ai donné un rapport au bureau central.

Morard: Ces rapport sont ils été écrits?

Mazot: Je les ai donnés par écrit.

Morard: Combien avez-vous donné de rapports?

Mazot: Peut-être quatre ou cinq, pendant l'espace de deux jours que je suivis cette affaire; je ne peux pas vous dire au juste le nombre.

Morard: Je vous prierai, citoyen président, de vouloir bien interroger le témoin: S'il est bien sûr que le nommé Drouin, qui est ici présent, soit le même que celui qu'il a rencontré à différentes époques?

Le président: Êtes-vous certain que Drouin, que voici, soit celui que vous avez rencontré?

Mazot: J'en suis certain.

Morard: Voudriez-vous, citoyen président, lui demander quel jour, et à quelle heure il l'a rencontré la première fois?

Mazot: le 15 floréal, vers les six heures du soir.

Morard: Je vous prie, citoyen président, de vouloir bien lui demander si le nommé Drouin n'a pas, dans tous les temps, manifesté le désir d'entrer dans un nouveau corps de gendarmerie attaché à l'assemblée nationale; si, au lieu de manifester le désir de se mettre dans quelque conspiration, au contraire, il n'a pas manifesté toutes les fois qu'il s'agissoit de conspiration, le désir d'en sortir?

Le président : Citoyen témoin, on vous demande si Drouin ne vous a pas manifesté que son désir le plus constant étoit d'entrer dans le corps de la gendarmerie attachée à la Convention, ou qui devoit remplacer la Légion de police?

Mazot : C'est ce dont je ne me souviens pas.

Le président : Vous a-t-il témoigné le desir de rester attaché à ce parti?

Mazot : Non pas, il en étoit très-éloigné. Il disoit même qu'il resteroit avec eux tant qu'on voudroit le nourrir; mais qu'à l'instant même du projet, il chercheroit à s'échapper.

Buonarroti : Je demande au témoin quel est le projet dont il parle, et qu'il attribue aux prévenus?

Le président : Avez-vous quelque connoissance du projet auquel Drouin sembloit être attaché, et duquel vous dites qu'il sembloit disposé à s'éloigner?

Mazot : Je n'ai connu de projet que de l'instant où j'ai vu qu'on vouloit faire transférer des fusils au fauxbourg Antoine; qu'il s'y formoit des rassemblemens qui seroient appuyés du camp de Vincennes.

Le président : On vous demande si vous n'avez pas entendu dire quel étoit l'objet pour lequel on desiroit des fusils, et l'appui du camp de Vincennes. Je vous demande si vous n'avez pas su quel étoit l'objet, le but pour lequel on desiroit des fusils, pour lequel on espéroit l'appui du camp de Vincennes: pourquoi on espéroit l'un et l'autre?

Mazot : Il me semble qu'on vouloit changer la forme du gouvernement, parce qu'on nous avoit dit que lorsque nous entendrions le mot *Liberté*, nous nous mettrions avec le camp de Vincennes; que lorsque nous sortirions de l'endroit où nous étions, nous serions armés, et nous nous mêlerions avec le camp de Vincennes.

Le président : On ne vous donna aucun détail de la révolution, ni dans les moyens, ni dans le but?

Mazot : Je n'en ai pas eu d'autres.

Rey Paillade, juré : Je vous prie de demander au témoin, si, dans ce rassemblement, il a entendu parler de conspiration, de comité insurrecteur, d'agens des douze arrondissemens, d'agens intermédiaires?

Le président : Avez-vous entendu parler, dans ces conférences, d'un projet de conspiration?

Mazot : Non.

Le président : Avez-vous entendu dire qu'il y eût ou qu'il y eût eu un comité insurrecteur?

Mazot : Non, citoyen.

Le président : Qu'il y eût ou qu'il y eût eu des agens dans différens quartiers pour fomenter un projet insurrectionnel?

Mazot : J'ai entendu parler qu'on venoit de chez le général Rossignol pour le décider à opérer une révolution, un projet que se promettoient ceux avec lesquels j'étois.

Buonarotti : Le témoin attribue à la femme Breton le propos suivant, *Est-il des leurs?* Ces mots, *est-il des nôtres*, *est-il de nos amis?* peut se rapporter à mille choses; cela peut aussi signifier, Comment le témoin, n'ayant alors aucune connoissance d'un projet de révolution, d'un projet de conspiration, a-t-il pu rapporter ces mots, *est-il des nôtres*, à un projet d'association, tendant à changer le gouvernement?

Le président : Qu'avez-vous dit, citoyen, qu'Aubry avoit proposé de faire connoître pour obtenir sa liberté?

Mazot : Un rassemblement de gens mal intentionnés.

Buonarotti : Cependant le témoin n'a pas reconnu dans ses visites de surveillance que cette mauvaise intention existât, puisqu'il dit que personne ne lui a parlé d'un plan de conspiration.

Le président : Si vous voulez recommencer la déposition, je le veux bien. Vous savez bien ce qu'il a dit.

Buonarotti : Il a dit qu'il n'avoit pas entendu parler de conspiration, de projet. Ainsi ces mots, *est-il des leurs*, ne se rapporte à aucun plan de conspiration ni de renversement du gouvernement.

Le président : Quand vous entendiez prononcer ces mots, *est-il des leurs*, ou *est-il des nôtres*, qu'entendiez-vous?

Mazot : Étant prévenu d'avance qu'il y avoit des gens réunis et qui avoient de mauvaises intentions, quand j'ai entendu prononcer à cette femme, *est-il des leurs*, j'ai cru qu'on demandoit si j'étois du même nombre que ces gens mal intentionnés.

Le président : Ce que vous avez vu dans les cabarets vous a-t-il annoncé qu'il existoit réellement un attroupement qui avoit pour objet de faire un mouvement anarchiste?

Mazot : Sans doute, ne fût-ce que le dire de Sophie Lapierre, quand elle prononça le *toast* à la liberté soit-disant perdue, qu'on comptoit reconquérir.

La suite au Numéro prochain.

On souscrit chez BAUDOUIN, Imprimeur du Corps législatif, Place du Carrousel, N° 662.

Le prix de l'abonnement pour soixante feuilles in-8°, petit caractère, est de 10 francs, pour les départemens, franc de port, et de 8 francs pour Paris.

A PARIS, chez BAUDOUIN, Imprimeur du Corps législatif.

(N°. 55.)

DÉBATS ET JUGEMENS
DE LA HAUTE-COUR DE JUSTICE.

Suite de la Séance du 3 germinal.
Continuation de l'audition des témoins.

Duplay *fils* : Citoyen président, je vous prie de demander au témoin Mazot s'il n'eût pas été prévenu d'avance qu'il y avoit des gens mal intentionnés, et si le hasard l'eût fait trouver dans ce cabaret, s'il n'eût su rien de ce qui devoit s'y passer, qu'auroit-il pensé de ce qu'il a vu ?

Le président : On vous demande de supposer pour l'instant que vous n'ayez pas eu connoisance au bureau central des rassemblemens et de leur objet ; et faisant abstraction de cette connoissance antérieure, on vous demande si ce que vous avez vu et entendu dans ce lieu, vous eût donné l'idée qu'il existoit des rassemblemens qui avoient pour objet de faire un mouvement.

Mazot : Quant à la première fois, si je n'eusse pas été prévenu, je n'eusse pu rien découvrir, et je ne me serois pas imaginé qu'il y eût là une conspiration que par le dîner du 26, où on nous dit de nous trouver à 5 heures du soir pour transporter des fusils ; je crois qu'il y avoit là matière à penser.

Ballyer fils : Je demande la parole. Je ferai remarquer aux citoyens jurés qu'il existe une contradiction, quant au souper du 26 floréal, entre sa déposition et celle précédemment faite par le citoyen Aubry devant le directeur du jury. Le citoyen Mazot a dit que le 26 il avoit soupé chez le citoyen Breton ; et Aubry a dit qu'il avoit soupé ce jour-là dans le cabaret rue Denis.

Mazot : C'est le 25.

Ballyer fils : Je m'en vais vous le faire voir.

Crépin : Je vous prie de demander au témoin qu'il s'explique d'une manière précise ; et en conséquence si la première journée qu'il s'est trouvé dans le rassemblement, s'il n'eût été instruit d'avance, s'il l'eût pensé réellement.

Débats et jugemens de la Haute-Cour, Tome II°. B b

Plusieurs voix : Non, non : il l'a dit.

Le président : Quels sont les propos, les espérances que l'on donnoit respectivement aux soldats de la légion de police qu'on croyoit être avec vous ?

Mazot : Au premier souper que je me trouvai avec eux (je répète ce que j'ai déja dit), Monnard m'ayant demandé quelle étoit ma situation, je lui dis que moi et six de mes camarades étoient dans une chambre rue de la Tonnellerie; que là tous nos moyens étoient épuisés. Monnard me dit de les assurer qu'on auroit soin de nous; que bientôt nous serions plus à notre aise, et que si le projet avoit lieu, ils seroient regardés comme les Gardes-Françaises après la journée du 14 juillet.

Bieuzat (haut-juré) : Est-ce le premier jour ?

Mazot : Oui, c'est le premier jour, 25 floréal.

Ballyver fils : Vous venez dire que vous n'auriez soupé qu'une fois. Je demande combien de fois il a soupé avec les prévenus.

Le président : Combien de fois avez-vous soupé avec eux ?

Mazot : Le 25 et le 26.

Ballyver fils : Eh bien ! citoyen, je vous observai tout-à-l'heure que le 26 vous aviez soupé chez le citoyen Breton, et que, suivant la déposition d'Aubry, le 26 vous aviez soupé dans le cabaret, rue Denis.

Mazot : S'il s'est trompé de date, ce n'est pas ma faute.

Réal : C'est quand nous serons à Aubry que nous examinerons cela.

Viellart : Vous savez bien qu'il n'est pas ici.

Réal : Mais non.... Est-ce qu'il est mort ?.... Je vous avoue que je n'ai aucune connoissance là-dessus, officielle ou inofficielle...... Je crois qu'il doit exister ici, puisque vous avez ordonné qu'il paroîtroit.

Ballyver fils : J'observe au citoyen qui vient de dire que le citoyen Aubry a pu se tromper sur la date, que ce n'est pas d'une erreur de date qu'il s'agit ici, il s'agit d'une erreur de fait. Le citoyen Aubry a dit qu'il avoit soupé le 26 dans le cabaret en face des Filles-Dieu. Je prie les citoyens jurés de consulter à cet égard-là la déposition du citoyen Aubry; il n'ont qu'à lire la page 60, ils verront que le citoyen Aubry a soupé le 26 au cabaret de la rue Denis; que ce jour-là (et ce jour-là étoit le 26) ils furent souper au cabaret de la rue Denis.

Ainsi ce n'est pas une erreur de date; c'est une erreur de fait, puisqu'il s'agit du lieu où ils ont été souper. Le citoyen Mazot dit que c'est chez Breton.

Le président : En sorte que, dans votre opinion, on a nécessûrement soupé à l'autre cabaret, puisque c'est une erreur de fait.

Ballyer fils: Cela paroît une contradiction.

Le président: Mais votre interpellation consiste à dire : *Il est faux que vous ayez soupé là, puisqu'il est vrai que vous avez soupé ici.*

Un accusé: Ils n'ont soupé nulle part.

Germain: Ils ont soupé deux fois.

Lamberté: Voilà une contradiction.

Ballyer fils: Je crois que lorsque deux témoins ne se trouvent pas d'accord, lorsqu'ils déposent de deux manières différentes, c'est fait pour atténuer dans l'esprit des jurés la force de la déposition.

Un accusé: Il est possible qu'ils aient soupé au bureau central et qu'ils y aient tout fabriqué.

Un autre: Étant tous deux mouchards, c'est leur devoir.

Ballyer père: Je demanderai au témoin si, avant de faire aucune démarche, le bureau central ne lui a pas dit de quoi il étoit question.

Mazot: Non.

Ballyer père: Je vous demande si lorsque le bureau central vous a mis en activité, il ne vous a pas payé.

Mazot: Non: je l'ai été comme à l'ordinaire.

Ballyer père: Vous avez vos appointemens, mais je veux dire payé particulièrement pour cette affaire-là.

Mazot: Non.

Morard: Je demanderai au témoin pourquoi il a dit qu'il avoit des besoins, et pourquoi il a exigé qu'on lui donnât de l'argent, qu'il a pris de l'argent et du pain sous prétexte de besoins urgens.

Mazot: Pour tâcher de découvrir ce qu'il en étoit, il a fallu que je fisse mon métier.

(On rit.)

Morard: Je demande au citoyen de répondre à une autre question. Avez-vous été autorisé par le bureau central à prendre ces couleurs-là pour en imposer davantage?

Mazot: Non : on m'a dit de mettre en œuvre tous les moyens pour savoir si ce rassemblement dont parloit Aubry existoit.

Morard: Et pour mieux venir à votre but, vous aviez feint d'être de la légion de police, d'être pauvre ?

Mazot: Comment eussiez-vous voulu que j'entrasse parmi des gens rassemblés sans leur marquer des besoins ?

Réal: Il répond plus que oui, citoyen président ; il répond plus que oui : car il dit bien qu'il n'y avoit qu'un seul moyen, qu'il n'y avoit qu'un seul moyen de s'insinuer auprès des prétendus conjurateurs, de s'annoncer dans le besoin pour avoir leur confiance. Si ces hommes eussent été des conjurés, certes le témoin vous auroit dit : Je suis entré auprès d'eux, et je leur ai dit : Je veux conspirer aussi, moi. Mais il a dit qu'auprès de pareils conspirateurs, il n'y avoit qu'un seul moyen, c'étoit de se faire entendre et dire : Je suis dans le besoin. Et de fait, ces hommes, consultant leur cœur, lui ont donné deux livres de pain et deux cents francs en assignats, qui faisoient environ deux sous.

J'ai une seule observation à faire aux jurés, c'est que le témoin dont la déposition au reste m'a paru de très-bonne foi ; que le témoin en commençant, et lorsqu'il s'est agi de la reconnoissance des prévenus, a dit, Je reconnois le citoyen Maroy, en regardant le citoyen Vergne ; mais il a ajouté : Parce que nous sommes arrivés ici la première fois, et que j'ai entendu nommer les accusés, je crois que ce nom-là a été appliqué à celui que je vois là. Voilà le sens de ce qu'il a dit ; et les citoyens jurés se rappelleront que Grisel fut également présent à cette première séance ; et quoiqu'il ait reçu (Grisel) la même impression également à cet appel nominal de chacun des accusés, les jurés se rappelleront que, malgré sa leçon parfaitement apprise, il n'a pas pu se rappeler d'appliquer le nom de *Laignelot* à celui qui devoit le porter, ainsi que celui de *Ricord*.

Le président : Exigez-vous que ce citoyen se retire ?

Vergne : J'ai encore une observation. Blazot a dit, au commencement de sa déposition, qu'il y avoit eu un mandat d'amener contre Aubry par le juge-de-paix de la section du Pont-Neuf, et que sur ce mandat il fut amené au bureau central. Je demande comment il se fait qu'au bureau central, on fait faire à Aubry une déclaration relativement à de prétendus rassemblemens, tandis que c'étoit chez le juge de paix qu'il devoit être conduit.

Le président : On vous demande pourquoi Aubry a été conduit au bureau central, plutôt que chez le juge-de-paix.

Blazot : Je l'ignore ; je ne sais pas non plus pour quel délit. Je ne m'en rappelle pas.

....et : Il a dit qu'Aubry, se voyant prêt à être conduit en arrestation à la maison d'arrêt, avoit dit que si on vouloit lui donner sa liberté, il déclareroit telle chose.

Germain : Je demande au tribunal s'il a obtenu une pièce qui constate l'impossibilité d'Aubry de se rendre ici.

Le président : Voilà un procès-verbal.

Sansade, autre témoin, est malade.

La femme Tissot n'est pas venue.

Un accusé : Voulez-vous me permettre de faire une petite interpellation ; elle sera courte. Le témoin vient de déclarer à la Haute-Cour qu'on lui avoit adjoint six hommes au bureau central pour se transporter avec lui au faubourg Antoine ; je vous prierai de vouloir bien demander au témoin quels étoient ces six hommes et leurs noms.

Le président au témoin : Savez-vous quels étoient les six hommes et leurs noms ?

Mazot : Il y avoit parmi eux trois inspecteurs de police, et trois autres hommes qui avoient servi des citoyens du faubourg Saint-Jacques. Il y avoit Ledarre, Brunmiller, inspecteurs de police.

Si vous avez ma déclaration, regardez les noms.

L'accusé : Vous dites qu'il y avoit trois inspecteurs de police ?

Mazot : Un troisième dont le nom ne me vient pas.

L'accusé : Les trois autres citoyens, non pas des inspecteurs, mais des suppléans à vous donnés par le bureau central ?

Mazot : Oui. Je ne me souviens pas du nom du troisième inspecteur. Les trois autres, je ne connois pas leurs noms en aucune manière.

Ficquet au président : Je voudrois que vous demandiez au témoin s'ils étoient tous du même régiment, s'ils avoient le même uniforme.

Un accusé : Du régiment de la police.

Blondeau : Je demande la parole.

Le président aux accusés : Je vous invite à garder le sérieux nécessaire.

Biauzat juré : Je prie le témoin de nous déclarer en quel lieu il a rencontré les six adjoints, le jour qu'il est allé avec eux du côté du faubourg pour faire les observations.

Mazot : Au bureau central.

Biauzat : Je prie aussi le témoin de déclarer qui est-ce qui lui avoit dit que ces six hommes devoient être ses adjoints.

Mazot : Le bureau central, sur le rapport que je lui ai fait, a nommé six hommes pour m'accompagner.

Biauzat : Je vous prie de me dire quel est le jour que le bureau central vous a instruit que ces six hommes seroient vos adjoints.

Mazot : Le 26 floréal soir.

Biauzat : Je vous prie de dire aussi si ce n'est pas vous qui avez été chez chacun de ces six hommes pour les engager à venir vous joindre le lendemain.

Mazot : Non, citoyen.

Le président : Citoyen Blondeau, vous avez la parole.

Blondeau : Je crois que le témoin a dit que Monnard lui avoit dit qu'il le meneroit avec ces six hommes, au faubourg Antoine pour lever des fusils. Je vous prie de demander au témoin dans quel endroit, quelle rue, quel numéro de la maison, il a été pour avoir ces fusils.

Le président: Il n'a pas dit cela. Voyez si vous persistez à ce qu'on fasse la demande.

L'accusé: Non, non, non.

Le président: Il a dit au contraire . . . . . .

Blondeau: Je croyois l'avoir entendu.

Je tiens à ma question, faites-la au témoin.

Le président: Le citoyen suppose que vous avez dit que Monnard vous avoit dit de vous rendre avec vos six hommes pour transporter des fusils. Il vous demande à quelle rue, à quelle maison, quel numéro.

Mayor: Il a été seulement dit; le 26, lorsque nous avons eu dîné, Monnard nous dit que nous eussions à nous trouver le soir à cinq heures et demie dans la maison de Breton, et qu'après le souper nous transporterions des fusils au faubourg Antoine, sans désigner aucun lieu : après souper il n'en fut plus question.

Monnard me dit qu'on avoit peur de faire arrêter ceux qui les porteroient.

Blondeau: Il n'a pas dit cela dans sa déposition.

(*Des accusés* : Si, il l'a dit, si, si.)

Le président : Faites venir le citoyen Naudin.

Quelqu'un demande t-il que le témoin se retire?

(*Les accusés* : Laissez-le, laissez-le.)

Taffoureau: Il y a Aubry, témoin, sur la liste avant Naudin, il doit être entendu.

Le président : Il n'est pas ici.

Réal: A mesure que les témoins doivent être appelés, il faut dire pourquoi ils ne paroissent pas. Je demande la lecture du procès-verbal qui constate pourquoi Aubry ne paroit pas.

(Le greffier fait lecture de ce procès-verbal.)

Réal: C'est-là le seul procès-verbal qu'il y ait?

Comment, citoyen! on s'est contenté d'un procès-verbal fait le 5 ventôse; et depuis ce temps-là aucune démarche! Mais le procès-verbal dit seulement qu'on s'est informé du sergent major, pour savoir s'il étoit sur sa liste; et voilà ce qu'on appelle un acte de notoriété pour rechercher un témoin! Je demande au Tribunal, s'il s'étoit agi de chercher un accusé, si on n'auroit pas fait d'autres perquisitions que celle-là. C'est chez le citoyen Dupuis, perruquier, que demeuroit ce témoin; il me semble qu'on auroit dû demander au citoyen Dupuis s'il sait ce qu'est devenu le citoyen Aubry; car il auroit été fort curieux de voir ce mort. On assure qu'il est venu à Vendôme. Dans tous les cas, je crois que le Tribunal ne peut en rester-là; je crois avoir démontré, par la manière dont le procès-verbal est rédigé, qu'on n'a fait aucune des démarches nécessaires pour rechercher cet Aubry. On s'est contenté d'aller voir chez le sergent-major s'il étoit sur sa liste. Et s'il ne ne s'est pas fait inscrire sur cette liste, comme il y en a beaucoup à Paris ?

On m'assure que Mazot est chargé d'un mandat d'arrêt contre lui pour vol; il n'y a qu'à le lui demander.

Le président: Etes vous chargé d'un mandat d'arrêt contre Aubry?

Mazot: Non, citoyen.

Le président: L'avez-vous revu ?

Mazot: Je l'ai revu à-peu-près cinq jours avant de quitter Paris.

Le président: Savez-vous où il demeure ?

Mazot: Il demeuroit rue Philippeaux, chez un perruquier. Je l'ai rencontré peut-être cinq jours avant de partir, et je lui demandai s'il avoit reçu une assignation; il me dit que non.

Crepin: Citoyen président, on ne le trouvera pas chez le citoyen Dupuis: il a eu l'honnêteté de mettre la clef sous la porte, et d'emporter seize francs.

Le président: Que ceux qui mettent tant d'intérêt qu'il paroisse, tandis qu'il y a quinze jours ils vouloient qu'il ne fut pas témoin; que ceux qui mettent de l'intérêt à ce qu'il vienne, indiquent sa demeure.

Ballyer fils: Je suppose l'impossibilité de trouver Aubry: voilà donc l'effet de la publicité donnée aux dépositions! voilà, sous les yeux des jurés, une déposition qui n'auroit jamais dû....

Le président: Vous voulez donc faire l'injure aux jurés de croire qu'ils jugeront sur autre chose que ce qu'ils entendront ?

(*Des accusés*: On ne les injurie pas.)

Ballyer fils: La conviction peut entrer involontairement dans l'ame des jurés; et si la déposition d'Aubry n'étoit pas celle d'un homme flétri, comme il l'est, nous aurions peut-être à craindre qu'elle ne fit impression sur les jurés.

Réal: On auroit pu le demander à la police.

Germain: Il aura été voter à l'assemblée primaire.

Réal: On a dit que je m'étois opposé à ce qu'il fût entendu; certainement j'avois raison alors, et aujourd'hui j'ai encore raison; je n'ai jamais eu tort. Lorsque je demande en vertu d'un jugement, peut-on dire que j'aie tort?

Viellart: Il n'y pas de jugement là-dessus.

Réal: Vous avez ordonné par un jugement authentique qu'Aubry seroit entendu; malgré mes réclamations, vous avez ordonné qu'il seroit entendu. Actuellement, moi qui sais que le Tribunal n'a au-dessus de lui aucun tribunal de cassation, je demande l'exécution de cette loi. J'avois raison alors, j'ai encore raison aujourd'hui.

Germain: Il est resté dans Paris pour être nommé municipal aux assemblées primaires.

Le président: Citoyen Naudin, votre nom?

Naudin: Henri Louis Naudin.

Un accusé: Citoyen président, il y a encore deux témoins avant lui, Lecomte et Desale.

Je demande qu'on lise les pièces qui constatent qu'ils ne peuvent pas venir ici.

Le président: Lecomte n'est pas venu

Il a été assigné le 4 ventôse: il ne s'est pas présenté, il n'est pas venu. On a parlé à sa femme, dit l'original, de l'exploit de notification.

Le président: Gabriel Desale n'est pas venu: il a écrit qu'il étoit malade.

Le greffier: En parlant à sa femme, assignée le 4 ventôse par le même exploit.

Breton: On m'a assuré qu'il avoit été ici un mois.

Le président: Qui vous a assuré cela?

Breton: Un homme de ma rue qui m'a dit l'avoir vu.

Veillart: Il a écrit trois ou quatre fois: il a même fait écrire par le ministre de la justice.

(On lit des lettres de Desale.)

Réal: Les jurés voudront bien se rappeler qu'il a dit qu'il ne sait rien.

Le président: Citoyen Naudin, votre nom?

Naudin: Louis-Gabriel Naudin.

Le président: Votre âge?

Naudin: Quarante-deux ans.

Le président: Votre état?

Naudin: Sculpteur.

Le président: Votre demeure?

Naudin: Rue Marguerite, n°. 24.

Le président: Connoissez-vous quelqu'un des accusés présens?

Naudin: J'en connois un, Boudin.

Le président: Êtes-vous son parent ou son allié?

Naudin: Non, citoyen.

Le président: Soit de lui, soit de la partie plaignante, vous n'êtes pas attaché à son service?

Naudin: Non, citoyen.

Le président: Vous promettez de parler sans haine et sans crainte, de dire la vérité, toute la vérité, rien que la vérité?

Naudin: Oui, citoyen.

Le président: Quelle connoissance avez-vous des faits de l'accusation? parlez lentement, et le plus haut que vous pourrez, afin que tout le monde puisse vous entendre.

Naudin : Citoyens, je déclare que le citoyen Boudin, auparavant la découverte de la conspiration dans la première décade de floréal, me dit qu'un grand coup devoit éclater. Quelques jours après, il me dit que sous peu je verrois du nouveau. Je lui fis quelques observations sur la difficulté du fait. Il me dit que le coup étoit immanquable, que tout étoit préparé et disposé pour remplacer le gouvernement, comme qui diroit le Directoire, les autorités constituées, l'état-major ; qu'à cet effet il y avoit quatre généraux dont étoit Rossignol, ensuite qu'on devoit se porter à la tour Marguerite pour y sonner le tocsin. En même temps il me dit qu'il y avoit une liste de proscription pour les royalistes qu'il me nomma ; que *Benard-Baffous*, *Sellier* et *Maisonneuve* étoient de l'insurrection ; que le signal étoit de sonner le tocsin et la trompette ; et qu'au contraire si on battoit la générale, il ne falloit faire aucun mouvement. Ensuite il me dit qu'il devoit y avoir un comité d'insurrection ; qu'on devoit s'emparer de la correspondance et des barrières, envoyer des couriers dans les départemens, et mettre en place les anciens comités révolutionnaires.

De plus, je l'ai vu sortir du chantier des citoyens Formont et Compagne avec la femme *Facret*, portant des perches que le citoyen Boudin a travaillées, et dont il avoit fait des jalons sur lesquels devoit être écrit : *Constitution de 93*. De plus, il m'a dit, à l'égard des journaux.... le citoyen m'en a procuré deux que j'ai lus, c'étoit le *Tribun du Peuple*, que je lui ai rendus.

Ensuite un samedi (1) de la même décade, étant chez nous un soir, le citoyen Cothereau, son beau-frère, est venu me trouver ; et, dans la conversation, il dit à ma femme: *Vous seriez bien surprise, si on apportoit un fusil et un sabre à votre mari*. Mon épouse fit la réponse que je ne les recevrois pas, attendu que je ne savois pas m'en servir.

Le lendemain de l'arrestation de Boudin, sa femme est venue chez nous, et a dit qu'un particulier à elle inconnu s'étoit approché d'elle et avoit dit, en lui présentant une certaine somme : Voilà de quoi avoir des sabots à vos enfans.

Voilà, citoyens, la vérité, et rien que la vérité.

Le président : Vous reconnoissez le citoyen Boudin ?

Naudin : Oui, citoyen.

Le président : Boudin, avez-vous quelque chose à dire ?

Boudin : J'ai à dire que c'est un homme qui n'a pas toujours l'esprit à lui, et que des personnes l'ont fanatisé. Je ne sais seulement pas ce qu'il veut me dire : je n'en sais rien du tout. Il dit que j'ai fait des bâtons de jalons : les avez-vous vus ?

Naudin : J'ai vu les bâtons préparés : vous m'avez dit vous-même que c'étoit pour porter des pancartes.

---

(1) C'est ce qu'il a dit, par erreur sans doute. (*Note des sténogr.*)

Boudin : Il est venu quelqu'un chez moi. Il me demande si je veux lui faire des bâtons, je lui dis que je n'avois pas d'argent pour acheter du bois. Il me donne 400 livres. En effet, le lendemain je fus pour acheter du bois au chantier, je lui fis des bâtons, et je ne sais pas pourquoi c'étoit faire, je n'en sais pas davantage.

Le président : Avec qui avez-vous été chercher ces bois ?

Boudin : Avec ma belle-sœur Varret. Bien mieux que cela, ils étoient tous les deux, ma belle-sœur Varret et Cothereau.

Le président : Avez-vous dit à Naudin que ces bâtons étoient destinés à porter des planches sur lesquelles seroient des pancartes portant ces mots, *Constitution de 93* ?

Boudin : Il auroit fallu pour que je le lui eusse dit, que je le susse . . . . . mais il paroît qu'il y a des femmes qui lui ont dit bien des choses que je ne sais pas.

Le président : Naudin, persistez-vous à dire que c'est lui qui vous a déclaré que ces jalons étoient destinés à porter des pancartes ?

Naudin : Oui, je persiste, c'est la vérité.

Boudin : Il sait bien que je ne l'ai pas vu.

Naudin : Je réponds que c'est la vérité qu'il me l'a dit lui-même ; et je lui ai demandé ce qu'étoient devenus ces jalons, il m'a dit qu'ils avoient été brisés et brûlés chez le citoyen Cothereau. Il est impossible que je puisse dire une chose que je n'ai pas vue : c'est, par exemple, un mensonge ; je ne puis pas dire une chose que je n'ai pas vue.

(On rit.)

Boudin : Il faut être juste avec la justice. Il ne faut pas venir ici mentir. Moi, qui vous ai sauvé deux fois la vie : Vous savez l'affaire des petits beaux-hommes.

Naudin : Vous avez l'air de m'induire en erreur, et vous savez bien en votre intérieur que vous me l'avez dit.

Boudin : Non.

Naudin : Je suis appelé pour dire la vérité, je dirai la vérité. Et comment voudriez-vous que j'aie su cela ?

Boudin : Il y a des femmes qui vous ont dit que ma femme avoit reçu de l'argent d'un homme pour avoir des sabots, que c'est donc étrange ça ! Quand j'ai été arrêté, j'avois trois sous dans ma poche pour faire quarante lieues ; si on lui avoit donné de l'argent, en communiquant avec elle je l'aurois su.

Naudin : Vous croyez donc que j'ai rêvé cela ?

(On rit.)

Boudin : Probablement.

Naudin : Comment est-il possible que je puisse... que je n'aie aucune connoissance ? Nous avions des communications de travail ; vous m'avez conté cela ; moi, je l'ai conté à mon beau-frère.

Mon beau-frère s'est porté dénonciateur, je fus appelé pour témoin.

Boudin : N'avez-vous connu que moi ?

Naudin : Vacret, Cothereau.

Boudin : Est-ce qu'il n'y a que moi qui les connoisse ?

Naudin : Je ne tiens pas d'autres raisons de personnes que de vous.

Boudin : Je dis que tout ce que vous dites est faux, vous êtes un fourbe.

Le président : Vous a-t-il nommé quelques-uns de ceux qui prenoient part à la conspiration ?

Naudin : Je savois que son beau-frère Cothereau et Vacret étoient instruits de la conspiration.

Le président : Il ne vous en a pas nommé d'autres ?

Naudin : Non, citoyen.

Le président : De qui savez-vous qu'il y avoit une conspiration ?

Naudin : C'est le citoyen (en indiquant Boudin), puisqu'il venoit chez moi ; et quelquefois je me suis trouvé chez lui, chez Boudin, et son beau-frère Cothereau s'y est trouvé.

Boudin : Qu'est-ce qui l'a dit de nous ? est-ce moi ou eux ?

Naudin : C'est vous-même.

Boudin : Il n'y a pas le sens commun, je n'aurois pas pu dire ce que je ne savois pas. Mais puisque vous êtes un homme si vrai, si je venois dire que vous avez été gardien de la bibliothèque ? vous savez bien. Vous deviez dire ça aussi, et que vous tombiez du mal, que vous perdiez la tête de temps en temps, que je vous ai sauvé la vie ; cela, c'est sans reproche, je vous ai donné du pain et de l'argent.

Naudin : Nous nous sommes rendu des services réciproques.

Boudin : Si vous rendiez compte de tout au Tribunal ? Vous savez bien, vous avez été gardien d'une bibliothèque : vous me l'avez bien dit que vous ne vous étiez point endormi non plus.

Naudin : Où donc ? parlez.

Boudin : Que vous avez détourné des livres.

Naudin : Moi !

Boudin : Je vais donc devenir menteur à ce compte-là ?

Naudin : Pouvez-vous prouver cela ! Mais c'est un excès de vengeance, il n'y a rien de plus faux.

Boudin : Il est manifeste que vous mentez. Si vous disiez que j'ai fait des bâtons : oui, j'ai fait des bâtons, je ne sais pas pourquoi ; mon état de tourneur n'est-il pas de faire des bâtons ?

Naudin : Vous en saviez la disposition ; car vous-même vous avez tiré un plateau dans le coin de votre lit, et vous avez dit : Voilà sur lequel sera collé . . . . .

Boudin : Comment ai-je pu tirer des plateaux, puisque je ne suis ni menuisier ni ébéniste ? je n'ai aucun outil : c'est plutôt à un menuisier à faire de jalons qu'à moi (1).

Naudin : Mon camarade, vous cherchez tous les moyens de vous défendre, cependant c'est la vérité.

Rey-Pailhade, haut-juré : Je demande au témoin si lorsque le citoyen Boudin lui a parlé de la conspiration, il y a mis un air de mystère.

Naudin : Il m'a conté cela amicalement, tout uniment.

Rey-Pailhade : Vous n'avez pas apperçu qu'il y ait du mystère, du secret ?

Naudin : Non.

Rey-Pailhade : A-t-il cherché à vous faire entrer dans son parti ?

Naudin : Non, citoyen.

Boudin : Non, ni lui ni d'autres, je ne sais ce qu'on veut me dire.

Le président : Citoyen Naudin, avez-vous dit qu'il vous avoit montré un plateau ?

Naudin : Oui, citoyen.

Le président : Qu'est-ce que c'étoit que ce plateau ?

Naudin : C'étoit une planche quarrée.

Le président : A quoi étoit-elle destinée ?

Naudin : Elle devoit porter : *Constitution de 1793.*

Boudin : A la fin de tout cela, vous ne pouvez pas dire que vous ayez vu de jalons.

Naudin : J'ai vu des bâtons : je ne vous dis pas que j'ai vu autre chose que des bâtons.

Boudin : Pourquoi dites-vous des jalons ?

Naudin : C'est vous qui me les avez nommés vous-même.

Boudin : Il n'y a pas le sens commun.

Rey-Pailhade : Il paroit que vous nous dites que les pancartes et les jalons avoient été brûlés chez le citoyen Cothereau. A quelle époque ces pancartes et ces jalons ont-ils été brûlés ?

Naudin : Il m'a dit cela quand on a su que la conspiration étoit découverte.

Rey-Pailhade : Vous ne savez pas l'époque ?

Naudin : Non, précisément.

Rey-Pailhade : Est-ce lui qui vous a dit que le complot étoit découvert, ou l'avez-vous appris par le bruit public ?

Naudin : Oui, les pancartes ont été brûlées.

Le président : Le citoyen juré vous demande si vous avez ap-

---

(1) Cette réponse est parfaitement conforme. *Note du stenog.*

pris que le complot avoit été découvert, par Boudin ou par le public.

(*Nota*. Le témoin n'a pas répondu.)

Rey Pailhade : Je rappelle au témoin qu'il a dit dans sa déclaration que le citoyen Boudin lui avoit dit que les pancartes et les jalons avoient été brûlés chez le citoyen Cothereau ; je le prie de dire à quelle époque le citoyen Boudin lui a dit cela.

Naudin : Je ne m'en rappelle pas.

Un accusé : Il dit que c'est lorsque le complot a été découvert ; je lui demande s'il l'a appris par le citoyen Boudin ou par d'autres.

Naudin : C'est lui qui m'a dit que les jalons avoient été brûlés.

Boudin : Et comment pourrois-je lui avoir dit que la conspiration étoit découverte tandis que j'étois à l'Abbaye ? Je suis donc venu exprès de l'Abbaye pour le lui dire ?

Le président : Quand avez-vous été arrêté ?

Boudin : Le 21 floréal.

Le président au témoin : Le citoyen Boudin vous observe qu'il n'a pu vous instruire que la conspiration étoit découverte, puisque la connoissance n'en est venue que le 21 floréal, et que c'est ce jour-là même qu'il a été arrêté.

Naudin : Le citoyen Boudin n'a pas été arrêté le jour que la conspiration a été découverte.

Langlelot : J'ai vu le citoyen à l'Abbaye le 21 ; et comme nous venions d'arriver, il est arrivé.

Naudin : C'est dans la première décade de floréal qu'il m'a conté cela.... (à Boudin.) Vous voulez m'induire en erreur ; je ne peux dire que la vérité ; je n'ai pas inventé cela.

Le président : Qu'avez-vous appris pendant la première décade de floréal ?

Naudin : Ce que je viens de déclarer.

Rey-Pailhade Le brûlement des pancartes et des jalons ?

Naudin : C'est le citoyen Boudin qui me l'a dit ; et tout ce que je viens de déclarer là, c'a été dans le courant de la première décade de floréal.

Duffau, haut-juré : Veuillez demander au témoin s'il n'a pas dit que le citoyen Boudin lui avoit proposé de porter des pancartes.

Le président : Le citoyen Boudin vous a-t-il proposé de porter des pancartes ?

Naudin : Non, citoyen.

Bizuzat, haut-juré : Je demande au témoin dans quel lieu le citoyen Boudin l'a instruit que les bâtons et les plateaux étoient brûlés.

Naudin : Je ne me rappelle pas du quantième.

Biauzat : Dans quel endroit ?

Naudin : Je ne m'en rappelle pas.

Biauzat : Vous avez déclaré que c'étoit après la découverte de la conspiration ; la conspiration a été découverte le 21 : donc ce doit être plutôt le 21.

Naudin : Je m'en vais vous dire. C'est que dans le temps il devoit y avoir un mouvement. Ce mouvement n'a pas réussi. On a eu peur. On a commencé par brûler les jalons chez le citoyen Cothereau, où le citoyen m'a dit qu'ils avoient été brûlés.

Biauzat : Je crois devoir vous observer qu'on parle de simples cartons, et non pas d'écriteaux sur du bois.

Naudin : Qu'on parle de tout ce qu'on voudra. C'étoit une planche.

Le président : Y avoit-il un écrit sur cette planche ?

Naudin : Rien, citoyen.

Réal : Il faut pourtant bien sortir de la question qui lui a été faite.

Il a bien déclaré *qu'il n'avoit su que les jalons et les plateaux avoient été brûlés qu'après la découverte de la conspiration*. Pressé, il a d'abord dit que tout ce que l'on venoit de dire, il l'avoit su dans la première décade de floréal. Pressé encore, et sur l'observation que le 21 floréal Boudin avoit été arrêté, il a dit d'abord : *Vous n'avez pas été arrêté le 21 floréal*. Je prie le témoin de vouloir bien allier cette contradiction, savoir : qu'il a su que c'étoit après la conspiration découverte que le plateau avoit été brûlé, et cependant que le 21 floréal, jour où la conspiration prétendue a été découverte, Boudin étoit déjà à l'Abbaye.

Naudin : Je puis vous dire que cela m'a été dit avant son arrestation. Il m'a dit cela avant son arrestation.

(Bruit. Plusieurs accusés parlent à la fois)

Réal : Permettez. Si on vouloit me laisser parler ! *On vous a dit cela avant son arrestation*, il vous a dit cela avant son arrestation ! Rappelez-vous bien cependant que vous avez déclaré trois fois que vous n'aviez su ce brûlement qu'après la conspiration découverte; rappelez-vous encore que la conspiration prétendue n'a été prétendument découverte que le 21 floréal, jour où il fut arrêté. Conciliez cela.

Le président : Entendez-vous la difficulté qu'on vous fait ?

Naudin : Je l'entends bien, ce que vous me dites ; mais je ne peux pas me rappeler au juste, parce qu'il y a eu plusieurs mouvemens : on diroit que la chose étoit découverte, et c'est dans un certain mouvement auquel on a apporté ces pancartes chez le citoyen Cothereau. Je ne me rappelle pas véritablement le jour qu'il me l'a dit.

Buonarotti : Je rappelle au témoin que nous avons été tous arrêtés le 21 floréal. Cette arrestation a fait beaucoup de bruit à Paris, vous le savez ; vous en avez sans doute entendu parler. Vous n'avez pas entendu parler de la grande arrestation des grands conspirateurs ?

Naudin : J'en ai entendu parler le jour où Boudin fut arrêté.

Buonarotti : Vous avez entendu parler de l'arrestation de beaucoup de personnes ?

Naudin : Par après je ne fréquentois pas beaucoup de personnes.

Buonarotti : Les journaux le disoient.

Naudin : Par après il est certain qu'on en a entendu parler.

Buonarotti : Est-ce d'après cette connoissance que vous avez su que les jalons avoient été brûlés ?

Naudin : C'est avant, puisque c'est avant l'arrestation du cit. Boudin ?

Buonarotti : Ce n'est donc pas après la découverte de la conspiration.

Naudin : Je peux m'égarer dans ce moment, parce que je ne me souviens pas du quantième. La vérité est, qu'on m'a dit que ça avoit été brûlé chez le citoyen Cohereau.

Buonarotti : Vous avez donc su qu'ils avoient été brûlés avant l'arrestation ?

Le président : La déposition se réduit à dire qu'il a su qu'ils avoient été brûlés avant l'arrestation du citoyen Boudin.

Réal : C'est-à-dire actuellement, il a dit le contraire dans deux déclarations.

Le président : Il a encore dit qu'il le tenoit de lui.

Réal : Il n'a pas toujours dit cela ; il a dit : *On m'a dit, on a dit, on m'a fait savoir* ; ce n'est qu'après qu'il a dit *il m'a fait savoir*.

Naudin : J'ai dit que c'étoit auparavant son arrestation.

Buonarotti : Vous l'avez su par Boudin lui-même ?

Naudin : Oui, citoyen.

Buonarotti : Et vous êtes obligé de convenir que vous l'avez su avant la découverte de la conspiration, puisque cette découverte et l'arrestation de Boudin ont été simultanés.

Naudin : J'entends avant l'arrestation du citoyen Boudin.

Réal : Est-ce beaucoup de jours avant l'arrestation de Boudin ?

Naudin : Non, citoyen, c'est peut-être cinq ou six jours auparavant.

Réal : Cinq ou six jours avant l'arrestation de Boudin ! Nous verrons ce que c'est que ces cinq à six jours, ces jalons brûlés avant l'arrestation de Boudin.

J'ai quelques autres questions à faire au témoin.

Un des grands moyens de faire parvenir la conviction dans le cœur des jurés, est sans doute la moralité du témoin ; il lui a été fait tout-à-l'heure quelques petites questions, et il lui a été rappelé des souvenirs qui m'ont paru à moi, et je l'ai bien observé, le gêner considérablement ; et si le président avoit pu jouir comme nous du spectacle de la physionomie du témoin, il l'auroit vu entièrement décomposée, et je suis bien sûr que les jurés n'ont pas manqué de l'appercevoir : (au témoin.) On vous a parlé de certains livres que, lorsque vous étiez gardien d'une bibliothèque, et vous croyant dans le besoin, vous avez mis de côté, c'est-à-dire, que vous avez vendu pour vous en servir. Répondez-nous.

Naudin : Je ne connois pas cela.

Si c'est des moyens de défenses, ces moyens ne sont pas trop bons. Je n'ai jamais rien pris à autrui pour m'en servir.

Réal : Vous affirmez bien qu'il n'est jamais entré dans votre cœur de vous servir de ces livres de la bibliothèque ; vous n'en avez vendu aucun ?

Naudin : Je n'ai jamais vendu aucun livre.

Réal : C'est bien sûr ? vous êtes bien sûr de ce que vous dites là ?

Naudin : De ces livres ? De quels livres voulez-vous me dire ?

Réal (aux juges) : Je voudrois que vous le vissiez. (au témoin :) S'il n'est pas écrit sur votre visage.....

Naudin : Quels livres donc ?

Réal : Les livres que vous avez été chargé de garder.

Le président : Avez-vous été gardien d'une bibliothèque ?

Naudin : Non, citoyen.

Le président : Vous n'avez pas été gardien chez......

Naudin : Il auroit donc fallu que je lève les scellés. J'étois tout seul dans ma chambre. Il n'y avoit que mon petit établi sur lequel je travaillois. Puisque je travaillois, je n'avois pas besoin de prendre de livres.

Le président : Vous n'avez donc pas été gardien de bibliothèque ?

Naudin : Non, citoyen.

Le président : Qu'est ce qu'il vous fit donc, si vous n'avez pas été gardien de bibliothèque.

Naudin : J'étois gardien, mais non de bibliothèque. Il y avoit un autre cabinet sur lequel étoient les scellés mis dans ma chambre, il n'y avoit que mon établi.

La suite au prochain numéro.

A PARIS, chez BAUDOUIN, Imprimeur du Corps législatif.

(N°. 56.)

DÉBATS ET JUGEMENS
DE LA HAUTE-COUR DE JUSTICE.

Suite de la Séance du 2 germinal.
Continuation de l'audition des témoins.

LE PRÉSIDENT: Citoyen Réal, il ne faut pas traiter le témoin aussi mal que vous le faites.

Réal: Je ne le traite pas mal: je fais mes questions, je vois la justification; cela suffit.

Viellart: Si on interrogeoit les accusés avec le ton dont vous interrogez les témoins, ils auroient raison de se plaindre.

Réal: Je relirai votre discours en entier; ce sera ma réponse, et votre note sur vendémiaire sur-tout; je les relirai, je les ferai imprimer.

Le président: Autre question. Vous avez donc votre déclaration écrite, et vous venez de le répéter, que depuis l'arrestation de Boudin, vous avez su par sa femme, qu'un particulier à elle inconnu lui avoit donné une somme, en lui disant que c'étoit pour avoir des sabots à ses enfans, et en lui disant qu'il étoit instruit du malheur de son mari?

Réal: Quelle étoit votre intention en faisant cette déclaration?

Naudin: Puisque j'ai été appelé pour faire ma déclaration, il a bien fallu que je répète pour lors tout ce que je savois.

Après l'arrestation du citoyen Boudin, sa femme étoit venue chez nous et nous avoit dit qu'un particulier s'étoit accosté d'elle et lui avoit dit qu'il étoit instruit du malheur de son mari; et en lui remettant une certaine somme, lui avoit dit: Voilà de l'argent pour avoir des sabots à vos enfans.

Réal: Dans quelle intention l'avez-vous dit? Est-ce pour accuser celui qui avoit donné l'argent, ou celle qui l'avoit reçu?..... Cela peut faire rire l'accusateur national, mais cela ne me fait pas rire.

Naudin: Je n'ai accusé personne.

Débats & jugemens de la Haute-Cour. Tome II°. C c

Réal: Vous regardiez donc cela comme inutile?

Naudin: J'ai dit tout, comme il me l'a dit.

Réal: Si votre beau-frère n'avoit pas fait la déclaration, auriez-vous fait votre déposition?

Naudin: Si, j'aurois fait ma déposition, citoyen, si je l'avois trouvée assez importante pour la faire.

Réal: Je crois avoir lu que le témoin déposa: « Qu'il a fait la » déclaration de tout ce qu'il vient de nous déclarer à des personnes » sûres et honnêtes, qui n'auront sûrement pas manqué d'en faire » leur rapport, qui est tout ce qu'il a dit savoir. »

Naudin: Voilà le citoyen Boudin; nous étions grands amis: il y a certainement plus de vingt ans que je le connoi ; c'est par communication de travaux qu'il m'a conté tout cela. Je l'ai conté ensuite à mon beau-frère: on m'a appelé en témoignage; j'ai été obligé de dire mot pour mot ce qu'il avoit dit, ce qu'il avoit entendu de moi. Je n'ai pas cherché à mettre personne dans la peine.

Réal: Boudin vous a-t-il rendu service; vous a-t-il sauvé la vie deux fois?

Naudin: Sauvé la vie!

Réal: Oui; n'avez-vous pas voulu vous noyer et vous poignarder?

Naudin: Me noyer et me poignarder?

Réal: Certes, je ne le devinerois pas si on ne m'avoit chargé d'en faire la question.

Boudin: Vous savez que le soir que nous nous sommes trouvés chez le père *Leger*, nous étions à boire chopine quand vous y êtes venu. On vous demanda qu'est-ce que vous aviez; vous dites: Je n'ai pas la tête comme il faut; il y a quelque temps que mon mal m'a pris, je n'ai pas la tête à moi; je m'en vais aller me noyer. Est-ce que vous ne nous avez pas fait promener depuis neuf heures du soir jusqu'à une heure du matin, où je vous ai mené rue......? Est-ce que je ne vous ai pas déposé au corps-de-garde?

Naudin: Oui, citoyen.

Boudin: C'est ce que vous ne dites pas; je n'aurois jamais cru cela de vous. Je dis il ne faut que cela aille plus loin; il alla chercher sa femme, et nous vous avons ramené chez vous.

Naudin: Je ne le désavoue pas; je vous ai dit que nous nous étions rendu des services réciproques.

Boudin: Et lorsque nous sommes entrés dans la chambre, n'avez-vous pas été prendre un outil qu'on appelle......, et n'avez-vous pas voulu vous le porter dans l'estomach?

Naudin: Je vous demande si j'avois la raison dans ce moment

Boudin: Je vois aussi que c'est un manque de votre raison qui m'a fait venir ici de votre part.

Naudin: Je ne puis avoir inventé cela; quand cela seroit que j'aie voulu me noyer et me poignarder, cela n'empêche pas ce que vous m'avez dit.

Réal: Je n'ai qu'une dernière question à vous faire. Vous n'avez fait votre déposition que sur des propos et non sur des faits. Je vois que je suis obligé de parler très-haut (quoique vous soyez assez près de moi) pour me faire entendre de vous. Il me semble que quand on vous confie des secrets, on doit vous parler naturellement plus bas, et .....

Naudin: Si vous étiez ici à côté de moi, comme quand je travaille à mon établi, je vous entendrois bien.

Réal: J'observe qu'il est possible aussi que vous ayez mal entendu, ou pas entendu. J'observe qu'ici il s'agit de *propos*.

Un accusé: J'ai une observation à faire; c'est que toutes les fois qu'on a fait des pancartes pour les fêtes publiques, elles ont été faites de tout temps sur du carton. J'observerai que le citoyen Boudin a dit qu'il ne connoissoit pas celui qui avoit commandé les bâtons. Il est réellement possible qu'il ne le connût pas, parce qu'assez souvent les citoyens de l'intérieur de la commune font faire ces sortes d'ouvrages au fauxbourg, parce qu'ils ont meilleur marché. J'observe que tous les jours, des géomètres et arpenteurs font faire des jalons pour jalonner le terrein. Il est possible que ce soit un citoyen de cette profession qui ait commandé ces jalons, et qui lui ait même pu procurer des planches aussi. Tous les jours on profite du bon marché du fauxbourg pour y faire travailler.

Vergne: Je desire que le témoin s'explique aussi s'il connoît et s'il a nommé le particulier qu'il prétend avoir donné de l'argent à la femme Boudin?

Le président: Il ne l'a pas nommé, et il a déclaré qu'il ne le connoissoit pas.

Vergne: Mais un autre témoin a dit quelque chose. . . . .

Boudin: Tout cela me paroît drôle: je ne sais pas ce que tout cela veut dire; je crois que tout le monde a perdu l'esprit à présent.

Réal: L'observation que j'ai faite là-dessus, étoit pour faire sentir aux jurés qu'il y a une espèce de déloyauté à mettre, dans une déposition faite à charge, une somme modique donnée pour acheter des sabots. J'avoue que je n'ai pu m'empêcher de mettre en marge de sa déposition imprimée, l'*infame témoin!*

Vergne: Un autre témoin dit positivement, celui qui a donné l'argent, en disant que c'est Naudin qui le lui a dit. Vous voyez qu'aujourd'hui Naudin dit qu'il n'en sait rien.

Nadin : [illegible]

[illegible] : Cependant, son beau-frère nomme la personne[illegible]

[illegible] : Je viens d'entendre dire au témoin que souvent il [illegible] [illegible] je lui demanderai si ce n'est pas l'effet du vin, ou si ce n'est pas l'effet d'une infirmité périodique ?

Bodin : Il a dit cela, citoyen.

Le président : Citoyen Nadin, tout à l'heure vous avez dit à Bodin : Est-ce que [illegible] raison [illegible] Est-ce ivresse ou [illegible] ?

Nadin : C'était ivresse.

Le président : [illegible], êtes-vous sujet à quelque [illegible] ?

Nadin : Quelquefois [illegible] un mal qui me prend.

Le président : L'épilepsie ?

Nadin : Oui, [illegible] Mais [illegible], je n'en suis pas [illegible].

[illegible] : Citoyen [illegible] que vous reconnaissiez que vous n'avez pas [illegible] que c'est vraisemblablement par rapport au vin [illegible] par l'effet du vin que vous aviez [illegible] le citoyen [illegible] ?

Nadin : Je n'ai pas [illegible] le citoyen Bodin : c'est chez le citoyen Léger [illegible] avec le citoyen Bodin.

[illegible] : Est-ce [illegible] vous avait fait perdre la raison, [illegible] ?

Nadin : J'avais du chagrin [illegible] et par l'effet du vin cela a [illegible].

[illegible] : N'[illegible] votre chagrin au citoyen Bodin, [illegible] chez Léger ?

Nadin : Il [illegible].

[illegible] : Bodin a dit que vous [illegible] vous aviez [illegible] chagrin [illegible] Nadin, [illegible] Je vous demande si vous [illegible] par l'effet du vin que vous [illegible] la raison [illegible] ?

Nadin : [illegible] la raison après avoir [illegible] ce chagrin [illegible].

[illegible] : Expliquez-nous comment vous [illegible] ce chagrin [illegible] ?

Nadin : [illegible] n'avoir point d'ouvrage que j'avois [illegible] enfans, que je [illegible] dans le besoin, dans la [illegible].

[illegible] : Est-ce à la [illegible] des [illegible] plaintes que vous [illegible] ?

Nadin : Je n'ai pas [illegible] d'avoir dit que je [illegible].

noyer. (A Boudin.) Je ne vous ai pas dit cela étant à jeun ; il n'est pas possible que je vous ait dit cela étant à jeun. Quand, un suppose, je vous l'aurois dit, dans ce cas-là, c'est un service que vous m'avez rendu ; je n'ai aucun venin contre vous ; vous m'avez rendu service, puisque c'est ainsi que vous le dites : ce n'est pas un crime si je me suis trouvé dans cette foiblesse.

Boudin : C'est pour faire voir que vous avez déraisonné, en me faisant mettre ici ; ce n'est pas une charité.

Boudin : Vous n'avez pas vu personne chez nous qui ait parlé de révolution. Je suis un ouvrier ; vous savez que ma maison est bannale ; que je travaille pour trente ou quarante personnes : c'est comme un cabaret ; tout le monde y entre. Ne seroit-il pas possible qu'on ait parlé de cela dans ma boutique ? Cela ne dit pas de dire tout ce que vous avez dit.

Naudin : Tout ce que j'ai déclaré, vous savez que c'est vous ; c'est vous-même qui me l'avez dit ; je ne l'ai pas entendu dire par d'autres.

Boudin : Pourquoi avez-vous eu cette bonne charité de me faire mettre en prison, et de me faire venir ici dans une cage de fer comme une bête ?

Vous n'avez pas eu la même bonhommie pour la dame *Perot*. Vous êtes grand ami avec elle ; vous savez que c'est une femme qui est royaliste et fanatique. Vous m'avez dit que c'étoit une femme qui défendoit la religion ; qu'elle aimeroit mieux périr que d'adopter les prêtres assermentés ; qu'elle vous avoit dit que la République ne pouvoit pas subsister : vous m'avez dit cela. Pour lors, d'après cela, elle vous dit que son mari, avec un de ses amis, comme il attendoit un coup qui seroit décisif, avoit acheté une maison de campagne à Saint-Denis, et que, s'il voyoit du bruit, il se retireroit dans sa maison, de peur d'avoir des coups de fusil à Paris ; et que, s'il voyoit que la chose fût manquée, il viendroit chercher sa femme et ses enfans, et que les autres s'arrangeroient comme ils voudroient. Vous n'avez pas été dire cela au Bureau central.

Naudin : Est-ce que j'entre dans les opinions de personne.

Boudin : Pourquoi avez-vous entré dans la mienne ?

Le président : Cela est étranger au débat.

Réal : Pas tant. Prenez garde, citoyen président ; vous n'avez peut-être pas tout à fait saisi le commencement. Que dit Boudin ?

« Vous m'avez fait amener ici sur ce que j'avois tourné des jalons
» et des bâtons. Vous n'aviez à dire contre moi que des propos.
» Cependant, vous m'avez pourtant dit que vous aviez contre telle
» et telle personne des propos bien plus graves. »

(Il nomme la personne.) Cette dame *Lerat*, je ne la connois pas.

Permettez, citoyens accusateurs nationaux ; cela peut jeter du jour sur la cause.

Il a dit : « Cette femme vous a raconté telle ou telle chose qui tient à une conspiration : pourquoi n'avez-vous pas eu la même ferveur pour dénoncer cette conjuration qui vouloit mettre à feu et à sang toute la République, rétablir un roi et anéantir la constitution ? »

Nous verrons, dans une autre occasion, pourquoi on a écarté de ce procès, aussi certaines pièces qui ont trait à la conspiration royale, et je ferai là-dessus quelques questions même à l'accusateur national.

Je dis donc que l'homme qui, voyant dans sa main deux secrets, laisse de côté celui qui est entièrement favorable aux royalistes-contre-révolutionnaires, et qui vient ensuite poursuivre un malheureux, parce qu'il a fait des bâtons : je dis que ce témoin ne mérite aucune croyance.

Laignelot : L'observation de Réal est d'autant plus fondée, que c'est cette femme-là, cette femme fanatique qui, la première, a écrit au Bureau central pour lui dénoncer Boudin. Boudin a donc bien raison de dire que c'est une femme royaliste et fanatique ; une femme qui avoit la confiance de celui-ci.

Le président : Passons à Jean Boucher.

Blondeau : J'ai une observation à vous faire sur ce Jean Boucher.

On m'a écrit que c'étoit un homme qui avoit commis plusieurs assassinats. J'en attends aujourd'hui les nouvelles positives de Paris.

Le président : Si vous voulez les faire, vous le pourriez dans le cours de la déposition ; mais il n'est pas ici ; on n'a pu lui signifier l'assignation.

Réal : Je demanderai si on a fait contre lui un procès-verbal de perquisition ?

Le président : Oui.

Réal : Vous voyez ce qui résulte déjà de la déposition du témoin ; vous voyez ce qui résulte également de la grande déposition de Grisel ; ce témoin oral a cité sa déposition écrite. Eh bien ! le malheur est que si on avoit, sous les yeux des jurés seulement, mis la déposition de Naudin, elle auroit fait impression sur l'esprit des jurés. Il en sera sans doute de même de Boucher. Et sans insulter en aucune manière les jurés, ils doivent savoir que, comme on l'a dit, la conviction entre par tous les pores ; et la loi qui n'a pas voulu que cette conviction entrât succinctement que par la déposition orale, la loi auroit défendu qu'on imprimât ces dépositions-là.

Blondeau : Je demande un jugement, pour faire assigner le

témoin, qui prouvera que *Jean Boucher* a commis plusieurs assassinats.

Germain : Ils ont composé les témoins, comme le gouvernement a composé l'armée qu'il a envoyée en Angleterre.

Le président : Vous n'avez qu'à envoyer les noms et demeures.

Réal : Ce seroit une singulière gallerie, que la gallerie de ces témoins !

Le président : La femme Tisson n'a pas été trouvée ; elle étoit à la campagne, et on n'a pas déclaré à quelle campagne.

Germain : Qui voudroit être confondu avec des inspecteurs de police, des Gisel ?

Le président : Faites venir le citoyen *Thiébaut*.

Casin : Pendant cet intervalle, je dirai, quant à l'occasion du citoyen Boudin, que s'il y a eu des jalons, c'est moi qui dois les avoir commandés. S'ils avoient été pour être commandés, c'est moi qui les aurois commandés. Quand je serai à ma défense, je dirai cela : ce n'est ni lui ni Vacret.

(Thiébaut entre dans la salle.)

Le président : Votre nom ? — Charles-Jean Thiébaut. — Votre âge ? — Trente-trois ans passés. — Votre état ? — Portier de la maison de la Conception. — Votre demeure ? — Dans cette maison.

Vous promettez de parler sans haine et sans crainte ; de dire la vérité, toute la vérité, rien que la vérité ?

Thiébaut : Je le promets.

Le président : Connoissiez-vous quelqu'un des accusés présens avant les faits qui ont donné lieu à l'accusation ?

Thiébaut : Je connoissois Babeuf, le citoyen Didier, le citoyen Antonelle et le citoyen Duplay fils.

Le président : Êtes-vous parent ou allié de quelqu'un des accusés ou de la partie plaignante ?

Thiébaut : Non, citoyen.

Le président : Vous n'êtes attaché au service d'aucun d'eux.

Thiébaut : Non, citoyen.

Le président : Quelle connoissance avez-vous des faits mentionnés dans l'acte d'accusation ?

Thiébaut : Je ne connois rien de la conspiration qui a été dénoncée. Je sais que Babeuf, à l'époque de son deuxième numéro, a été arrêté faubourg Honoré, où il demeuroit, et que des forts de la halle étoient à la porte de l'Assomption pour décharger des grains, et que comme il passoit par-là, il a crié au mouchard, et s'est évadé par leur moyen. Il s'est sauvé dans la maison de la Conception, chez un nommé . . . . charron, tout au fond de la Conception, et y resta jusqu'à la chûte du jour. Tout cela a fait beaucoup de tumulte dans le quartier. Didier est rentré et a été chez le charron et l'emmena. La femme du charron a raccommodé l'habit de Babœuf, qui a été déchiré dans ce démêlé. A l'égard de Darthé, il avoit eu congé, on lui avoit donné congé, il devoit déménager; il s'étoit fait rayer sur l'inscription du rôle de la garde nationale; puis il a été demeurer chez Didier: au moyen de quoi je lui dis qu'il étoit défendu de loger personne, quand il n'étoit pas inscrit sur le rôle de la garde; et comme il s'en étoit fait rayer, je lui ai signifié que j'allois le faire inscrire. Il a reçu une lettre que j'ai déposée à l'accusateur public, depuis son arrestation. Il y a eu trois billets pour les nommés Darthé, Didier et un nommé Pinson, et qui étoient des billets en forme d'invitation. J'ai vu les citoyens Duplay fils et Antonelle venir chez Didier. Il en est venu beaucoup d'autres; je ne les connois pas tous.

— *Le président* : Les billets d'invitation que vous dites avoir reçus pour Didier, Darthé et Pinson, annonçoient-ils le lieu où ils étoient invités?

Thiébaut : Je ne les ai pas lus.

Le président : Etoient-ils cachetés?

Thiébaut : Ce n'étoit pas des billets de garde; ils n'étoient pas cachetés.

Didier : Je vais expliquer ce que c'est.

Le président au témoin : Vous n'avez pas autre chose à dire?

Thiébaut : On m'a demandé si les filles de Duplay père étoient liées avec Didier : j'ai dit que oui, et qu'elles venoient assez souvent les soirs; qu'elles y restoient fort tard, jusqu'à onze heures et demie, minuit; et que quand Darthé ou Didier étoient rentrés, ils alloient les reconduire.

Duplay : J'observe au témoin que sa porte restant toujours ouverte, il ne peut pas se rappeler des heures.

— *Thiébaut* : Ma porte étoit toujours fermée à dix heures, et je puis avoir le témoignage de tous mes voisins. Passé les onze heures, les demoiselles Duplay ont sorti de chez Didier.

Didier : Sur le deuxième numéro de Babœuf, voici le fait. C'étoit dans le mois de frimaire : je rentrai à six heures du soir, et je vis beaucoup de monde attroupé autour de la maison. Je demandai ce que c'étoit; on me dit : c'est un appelé Babœuf, auteur du *Tribun du Peuple*, qu'on vouloit arrêter, et que les Forts de la halle ont fait échapper. Je demandai : pourquoi vouloit-on l'arrêter; on me dit : c'est pour ses ouvrages. Alors je vous avoue que je pris intérêt à lui. On me dit : il est caché dans la maison. Je fus dans le fond; je demandai, je ne le trouvai pas. J'interpelle le témoin de dire s'il m'a vu avec lui?

Thiébaut : Je vous ai vu entrer ensemble dans votre escalier; je ne l'en ai pas vu sortir.

Didier : C'est faux ; je fus effectivement pour le trouver. J'avoue que j'y fus ; et toutes les fois qu'un écrivain sera poursuivi pour ses opinions, autant que je pourrai, je lui prêterai secours. Mais Babœuf n'y étoit plus. J'ai lu depuis, et vous l'avez vu par un registre, que Darthé a eu conjointement avec Babœuf, qu'alors il fut chez Darthé, et le témoin confond de chez Darthé chez Didier.

Darthé avoit une chambre à part dans la maison, et ce fut là où se réfugia Babœuf ; il y resta pendant dix jours, comme vous avez vu par le registre.

Il est encore un autre fait relativement aux billets. Après la fermeture du Panthéon, il étoit resté en arrière une certaine somme de due. Comme j'étois membre de la réunion, ainsi que Darthé, celui qui faisoit les fonctions de secrétaire envoya à tous les membres de la réunion un billet, par lequel ils se trouvoient devoir chacun 10 francs. On m'envoya mon billet pour payer ma part. Voilà ce que c'est.

J'ai une interpellation à faire au témoin. Je lui demanderai s'il n'a pas été porté à faire sa déclaration par le principal locataire de la maison, un nommé *Lemaire*. Le premier jour qu'il vint ici, une personne lui dit : Comment, vous venez déposer ; et qu'est-ce que vous avez à dire contre Didier ? Oui, dit-il ; je n'ai rien à dire contre lui ; j'ai seulement dit ce que Lemaire m'avoit dit de dire. Je lui demande s'il n'a pas dit cela.

Thiébaut : On est venu mettre les scellés chez vous ; je n'étois pas alors à la maison ; quoique portier, je n'y restois pas tout le long de la journée. On a monté chez M. Lemaire, chez le citoyen Lemaire : on lui a demandé des renseignemens ; ma femme tenoit une lettre pour Darthé, d'Avignon. Elle a donné des renseignemens, et le lendemain on m'a assigné. Je n'étois pas du tout en ce moment à la maison. J'ai été répéter ce qu'on avoit déjà dit, et ce que je devois dire.

Didier : Vous voyez qu'il convient du fait.

Quant au citoyen Duplay : j'étois serrurier de mon état ; je travaillois pour le citoyen Duplay. Vous savez que quand on travaille pour une personne, il peut se faire qu'il vienne à la maison. Au surplus, il y avoit la citoyenne Lebas qui avoit un petit garçon de deux ans, qui venoit quelquefois jouer avec mes cinq petits enfans. Je crois qu'on ne peut pas faire un crime de cela.

Quant au citoyen Antonelle, je ne sais s'il est venu à la maison ; cela se peut.

Antonelle : J'estime le civisme et la moralité de Didier : je suis venu chez lui.

Duplay fils : J'ai ici entre les mains un certificat de nos plus proches voisins, qui prouve que notre porte étoit fermée sous les jours à 9 ou 10 heures au plus tard. Il est impossible qu'aucune de mes sœurs ait été si tard chez le citoyen Didier. Ce n'est pas que j'attache à ce fait tant d'importance, parce qu'il est très-naturel que deux nourrices soient liées ensemble, que leurs enfans jouent ensemble.

Quant à moi, je dois dire que j'ai été quelquefois chez Didier; il travailloit pour nous, et j'allois le chercher quand on en avoit besoin.

Le président au témoin : Avez-vous vu le citoyen Babœuf demeurant avec le citoyen Darthé ?

Thiébaut : Non, du tout; je ne l'ai vu que le jour qu'il est entré; je ne sais quand il en est sorti, ni comment.

Le président : Vous ne saviez pas qu'il fût chez Darthé ?

Thiébaut : La maison de la Conception est très-grande; il a sorti sans doute par le petit passage de la cour : il n'est pas sorti par la porte cochère.

Ballyer père : Je n'ai qu'une observation. Comment avez-vous pu deviner qu'il alloit chez Didier ?

Thiébaut : C'est Didier qui l'a mené.

Didier : C'est faux. Si c'étoit vrai, je ne me cacherois pas. Je dis et je le répète, que, lorsqu'on m'eut dit qu'on poursuivoit Babœuf, je me suis transporté au lieu où on m'avoit dit qu'il étoit. S'il eût été là dans le moment, je l'aurois emmené chez moi, mais je n'aurois pas fait un crime.

Babœuf : Je restai dix jours chez Darthé, comme le registre l'atteste.

Réal : Le témoin est entré dans un détail bien minutieux; il a dit que la femme du charron avoit raccommodé l'habit de Babœuf. Je demande si on a arrêté la femme du charron.

Thiébaut : Non, citoyen, elle ne l'a pas été.

Didier : Il faut se reporter à cette époque. C'est dans le commencement de frimaire. Il n'étoit pas question alors de la grande conspiration.

Thiébaut : J'ai dit que je n'en connoissois rien du tout.

Plusieurs accusés : Il l'a dit. Oui, c'est vrai, il l'a dit.

Le président : Louis-Henri Sauzade a été assigné le 20 nivôse; il n'est pas venu, il a envoyé un certificat de maladie.

Germain : Je demande la parole sur Sauzade. Ce témoin est à ma charge : on l'a fait entendre à ma charge, et il se trouve que sa déclaration étoit à ma décharge. Quoiqu'il ne se trouve pas ici, je ne pourrai m'empêcher de relever des passages de sa déclaration.

Blondeau : Vous vous rappelez de ce que je vous ai dit lorsque l'on a épuré les témoins, j'ai dit qu'il y en avoit un des cinq qui étoit émigré. Je crois qu'il faut les vérifier tous les cinq pour savoir s'ils ne sont pas tous les cinq émigrés.

Lorsqu'on a formé la légion de police, l'on a eu des certificats des conseils d'administration, qui attestoient la quantité de temps qu'on avoit été dans le corps, et la moralité qu'on y avoit montrée.

Je demande qu'auparavant d'interpeller les témoins, vous leur demandiez à mesure leurs certificats, parce qu'on ne les a pas retirés : ils doivent les avoir.

Je me réserve toujours de montrer ce fameux émigré.

Le président : Antoine Lescot n'étoit pas présent lors de la lecture de l'acte d'accusation ; je vais les faire venir et leur faire donner lecture de la partie des actes d'accusation sur laquelle ils ont à déposer.

On lit les parties des actes d'accusation relatives à *Germain*, *Ficquet*, *Morel*, *Blondeau* et *Félix Lepeletier*.

Le président : Que les témoins qui n'ont pas été entendus se retirent, à l'exception du citoyen Lescot.

Le président : Votre nom ?

Lescot : Antoine Lescot.

Le président : Votre âge ?

Lescot : Vingt cinq ans.

Le président : Votre état ?

Lescot : Bourgeois, citoyen. Je n'ai aucun état. Je suis rentier.

Le président : Où demeurez vous ?

Lescot : A Chartres, et actuellement à Paris, dans la légion de police.

Le président : Vous êtes donc dans la légion de police ?

Lescot : Oui, citoyen.

Le président : Vous promettez de parler sans haine et sans crainte, de dire la vérité, toute la vérité, rien que la vérité ?

Lescot : Oui, citoyen.

Le président : Connoissiez-vous quelqu'un des accusés avant les faits qui ont donné lieu à l'acte d'accusation.

Lescot : Je connois le citoyen Blondeau. Je n'en connois pas d'autre.

Le président : Vous n'êtes pas parent, allié, ni au service du citoyen Blondeau.

Lescot : Non.

Le président : Ni des autres accusés.

Lescot : Non.

Le président : Quelle connoissance avez-vous des faits de l'accusation ?

Lescot : (1) Je me rappelle que le 6 messidor, étant invité par mes camarades à boire bouteille rue de la Tannerie, j'y allai. L'aubergiste nous dit de nous asseoir. Étant arrivés là, nous demandâmes s'il y avoit... un de mes camarades. Ce camarade avoit déja parlé au citoyen Blondeau. Après avoir parlé à l'aubergiste, il nous dit d'attendre un moment, que le citoyen Blondeau alloit venir. En attendant, je parlai avec l'aubergiste qui me montra plusieurs écrits qu'il avoit, me disant qu'il les tenoit de la part de Blondeau. Un moment après le citoyen Blondeau étant arrivé, nous nous retirâmes dans une chambre sur le derrière ; nous causâmes un moment ensemble, puis il me dit : Si je voulois être du parti, du parti dont on m'avoit déja parlé ; je lui répondis, oui ; que je ferois tout ce qui dépendroit de moi à cet égard. Après il me dit que si nous voulions, il ne dépendroit que de nous de gagner beaucoup de nos camarades, et faire notre possible pour que leur projet réussisse. Il me dit d'inviter plusieurs camarades à venir dîner avec lui dans l'après-midi, sur les une heure ; il nous fit prêter serment de lui être fidèle pour renverser la constitution de 1793 (2) ; il me demanda si je pouvois lui amener un trompette qui pût sonner la générale au quartier des Invalides ; je lui promis de lui amener 8 à 9 de mes camarades le lendemain matin. Voici ce qui s'est passé le 6.

Le 7, sur les une heure, je me suis transporté avec 8 à 9 de mes camarades. Nous nous sommes mis à boire. On nous a donné du jambon, du fromage de cochon, de la salade, du tabac, des pipes. Un moment après arrive le citoyen Blondeau avec quelques autres, et ils nous ont parlé de faire notre possible pour renverser la constitution de 1793 (1).

Un juré : Nous n'avons pas entendu.

Le président : Répétez. Parlez un peu plus haut.

Lescot : Le 7 messidor, étant arrivé avec huit de mes camarades, l'aubergiste nous fit passer sur le derrière, dans une salle, au fond d'une cour. Étant entré dans cette salle, sous prétexte de fumer ; étant arrivés, on nous a apporté du vin en quantité, du fromage de cochon et de la salade. Nous nous mîmes à boire. Un instant après est arrivé le citoyen Blondeau avec un nommé Curé et plusieurs autres ; il nous a demandé si nous étions contens du gouvernement ; nous avons répondu que non, que nous et nos camarades ferions notre possible pour l'aider dans son entreprise.

---

(1) Le témoin ayant la voix très-foible, il y a dans sa déposition plusieurs mots qui n'ont pas été entendus.

(2) Le témoin a sûrement voulu dire 1795.

(3) Idem.

Réal: On n'entend pas.

Lescot: Il nous a sollicités de prendre son parti: Nous avons promis de faire tout ce qu'il nous conseilleroit.

Il nous a fait prêter le serment d'être fidèles au parti, au parti qu'il nous avoit déja proposé; si nous voulions gagner beaucoup de camarades, et faire tout notre possible pour aller égorger le Pouvoir exécutif, les Cinq-Cents et l'État-Major; il a dit que lui-même il se rendroit aux Invalides; que tous les officiers qui seroient de son parti, se tourneroient de son côté, et que nous ferions mordre la poussière aux autres.

Il nous fit promettre, sur son pistolet, d'être fidèles à la constitution de 1793, de faire tout notre possible pour la rétablir, et que nous serions récompenses; il a dit qu'étant arrivés à la place des Invalides, nous nous rassemblerions, nous partirions de là nous emparer de l'État-Major, nous emparer du Pouvoir exécutif et de la Convention, excepté ceux qui étoient de son parti, dont il nomma plusieurs dont je ne me rappelle plus les noms.

Un juré: Et le serment?

Lescot: Il nous fit promettre, son pistolet à la main, d'être fidèles à la constitution de 1793, que nous ferions tout notre possible pour que la conspiration éclatât le plutôt possible, parce que plus ça tarderoit, plus mal ça iroit.

Il dit que tous les chefs de la conspiration auroient un ruban tricolor à leur chapeau, et qu'on les reconnoitroit par là. Nous nous retirâmes, et il y avoit plusieurs émissaires qui alloient voir ce que faisoient Babœuf et Drouet.

Réal: Vous parlez si bas qu'on ne peut rien entendre.

Biauzat: Voulez-vous répéter ce que vous venez de dire.

Lescot: Je viens de dire que je n'avois plus rien à dire.

Biauzat: Vous parliez de Babœuf et Drouet.

Lescot: Je dis qu'il y avoit des hommes pour apporter des nouvelles de ce qui se passoit à la séance contre Drouet. C'est le jour que Babœuf et Drouet ont paru à la Convention.

Un juré: Cela s'est passé le 6 et 7 messidor?

Lescot: Oui.

Un juré: Quelle année?

Lescot: L'année dernière. Il nous dit qu'on ne pouvoit pas décider si ce seroit pour cette nuit ou la nuit suivante; qu'il n'y avoit rien de décidé relativement à Babœuf et à Drouet; qu'ils alloient se retirer, et qu'ils nous invitoient à nous réunir le lendemain.

Le lendemain nous ne nous trouvâmes pas rue de la Tannerie, mais à côté de la Grève, au café de la *Levrette*.

Darthé: On le fait sortir d'un cachot pour déposer?

Le président : Est-ce que vous ne pourriez pas parler plus haut ? Que fîtes-vous le lendemain ?

Lescot : Nous allâmes au café de la Levrette. Blondeau y vint avec le nommé Martial, qui nous dit qu'il n'y avoit rien de décidé, et qu'il nous feroit avertir quand il en seroit temps.

Le 8 ou le 9 nous avons été conduits par le citoyen Martial au cabaret, rue Saint-Antoine. Nous les y trouvâmes ; nous nous mimes à boire avec eux. Le citoyen Blondeau arriva ; il envoya le citoyen Martial à une séance de jacobins qui se tenoit près de la halle aux bleds.

Le président : Quel fut le résultat de cette séance ?

Lescot : Il dit qu'ils alloient délibérer, et qu'on sauroit le soir ce qu'ils avoient délibéré ; on ne savoit encore rien.

Dans la suite, quelques jours après, je me trouvai encore au café de la Levrette. Le citoyen Blondeau me dit qu'il ne savoit pas quel parti on prendroit ; qu'il falloit espérer que cela ne seroit pas long.

Le président : Quelques jours après ?

Lescot : Oui, quelques jours après.

Le président : Avez-vous d'autres connoissances ?

Lescot : Non citoyen, rien du tout ; je ne l'ai pas vu depuis.

Le président : Est-ce bien là le citoyen Blondeau ?

Lescot : Oui, citoyen, c'est lui-même.

Blondeau : Je vous prie d'interpeller le témoin dans quel corps il étoit avant d'entrer dans la légion de police.

Lescot : Dans le 13.ᵉ bis régiment.

Blondeau : Le citoyen doit être porteur d'un certificat de son régiment.

Lescot : Non, citoyen, je ne l'ai pas ; il est resté au corps.

Blondeau : Cela est faux : je sais qu'on ne les a pas retirés.

Lescot : Mais comme j'ai eu mon congé, mes papiers ont été déposés chez le ministre de la police.

Darthé : Le Ministre de la police !

Lescot : Je veux dire le ministre de la guerre.

Germain : Je voudrois lui demander s'il est arrivé ici avec ses camarades, avec les autres dragons.

Le président : Il vous répondra que non, qu'il étoit en prison.

Germain : Pourquoi étiez-vous en prison ?

Lescot : Pour des faits qui m'avoient été imputés : j'ai été jugé, et je suis acquitté dans ce moment-ci.

Germain : Comment est-il possible qu'étant acquitté vous ayez été amené en prison.

Lescot : J'ai été condamné à six mois de détention, et je suis acquitté, parce que mon jugement est fini.

Germain : Le temps de votre condamnation est expiré ?

Lescot : Oui, citoyen.

Germain : De quelle époque est votre jugement ?

Lescot : Je ne m'en rappelle pas.

Germain : C'est une chose facile à vérifier. Son jugement doit être ici à la prison.

Le président : Non, il n'y est pas.

Germain : Comment ! il se rappelle de l'époque des 6 et 7 messidor, et il ne se rappelle pas d'une époque aussi frappante que celle de son jugement : Je lui demande encore de quelle époque est son jugement ?

Lescot : Mon jugement est du mois . . . . . je ne me rappelle pas du nom du mois.

Germain : Dites l'ancien style, si vous voulez. . . . . Etoit-ce bien long-temps avant qu'on vous fît venir à Vendôme ?

Lescot : Mon temps est fini le 21 du mois passé.

Germain : Citoyen, toutes ces réponses sont illusoires : on ne doit faire mettre en liberté qu'en vertu du jugement qui fixe l'époque à laquelle la condamnation expiroit. Est-ce vous, citoyen président, qui l'avez fait mettre en liberté ?

Le président : Non, citoyen.

Germain, au témoin : Qui vous a fait mettre en liberté ?

Lescot : C'est un ordre . . . . Mon temps étoit fini, on m'a mis en liberté.

Germain : En vertu de quel ordre ? l'ordre doit exister.

Le président : C'est un supérieur militaire qui l'a fait sortir.

Germain : Lorsqu'un militaire est en prison, qu'il y est pour un temps limité ; lorsque ce temps limité est expiré, il sort, et cela est constaté sur l'écrou : (au témoin) qui vous a fait mettre en liberté ici ?

Lescot : C'est mon brigadier qui est venu me chercher à la prison.

Germain : Lorsque votre brigadier sera ici, je le lui demanderai.

Réal : Je demande que le Tribunal se fasse délivrer (et j'en aurai besoin) l'écrou ou l'ordre en vertu duquel Lescot a été mis en liberté. Le geolier ne l'a pas délivré sans ordre écrit ; il est intéressant d'avoir cela tout de suite. Je demanderai que le Tribunal charge quelqu'un de faire cela, ou qu'il nous autorise, s'il le veut, à le faire.

Nayer : Je pense que le citoyen a dit qu'il avoit servi dans le treizième bis. Eh bien ! toutes les personnes qui ont servi dans un régiment ont toujours quelques certificats ou attestations du corps. J'observerai au Tribunal que le treizième bis, je puis en parler savamment, le treizième bis étoit devenu plus fort que complet. Il étoit venu à Arras, et il est venu un ordre de renvoyer tous les mauvais sujets du treizième bis : en conséquence, on a fait assembler le treizième bis, on a choisi tous les mauvais sujets et on les a renvoyés ; et ceux qu'on a ainsi renvoyés, on ne leur a donné aucun papier. Je demande au citoyen si c'est à cette époque qu'il en est sorti.

Lescot : n'ai pas été renvoyé de mon régiment, puisque je suis venu d............n de police.

Le président : Tout cela n'importe pas à l'affaire.

Réal : Nous voulons prouver qu'il a été chassé comme mauvais sujet.

Le président, au témoin : Je vous demande combien il y a de temps que vous êtes dans la légion de police ?

Lescot : Depuis sa formation, en thermidor an 3.

Le président : S'il étoit dans la légion de police, il ne pouvoit pas être dans le treizième bis.

Lambert : Je voudrois que le témoin nous dît quels sont les faits pour lesquels il a été condamné.

Lescot : Les faits seroient trop longs à dire, si on veut que je les dise tout entier. Je le dirai : j'ai été arrêté à Paris un soir, parce qu'un soir, on a trouvé sur moi un faux mandat de 500 livres, qui étoit faux ; j'ai été condamné à six mois de détention pour cela.

Réal : Quel Tribunal ? . . . . Permettez, je vois qu'il s'agit de faux mandats.

Un soir, dites-vous, vous avez été arrêté pour faux mandat de 500 livres : vous avez été condamné par un jugement, de quel tribunal ?

Lescot : De la commission militaire.

Le président : Vous dites que c'est un jugement de la commission militaire ou du conseil de guerre ?

Lescot : De la commission militaire séante à la rue Verte.

La suite au Numéro prochain.

A PARIS, chez BAUDOUIN, Imprimeur du Corps législatif.

(N°. 57.)

DÉBATS ET JUGEMENS
DE LA HAUTE-COUR DE JUSTICE.

Suite de la Séance du 3 germinal.
Continuation de l'audition des témoins.

Réal : J'observe que la commission militaire n'a jamais pu condamner sur un fait de faux mandat. Une commission militaire a été renvoyer pardevant les tribunaux, ainsi je vois une contradiction avec la loi. Vous devez dire quelles sont les causes : vous disiez que vous en aviez pour long-temps ; cependant s'il n'y avoit que cela....

Lescot : Voulez-vous que je vous dise tout mon jugement enfier ? je n'ai pas le temps.

Réal : Pardonnez-moi.

Lescot : Vous n'avez qu'à le faire venir.

Le président : Y a-t-il en autre chose ?

Lescot : J'ai rapporté comme quoi je l'avois acheté ; j'ai été jugé à six mois de détention ; j'ai donné des preuves comme quoi j'avois acheté le mandat.

Réal : Demandez-lui des détails là-dessus : je lui demande encore quelles sont les causes pour lesquelles il a été arrêté.

Lescot : Pour m'être trouvé à souper avec un mandat de 500 liv. qui s'est trouvé faux, on m'a mené en prison, et j'ai été jugé après.

Réal : Comme fabricateur de faux mandats ?

Lescot : J'ai été jugé comme étant prévenu d'avoir eu un faux mandat sur moi.

Réal : On ne condamne pas pour cela à six mois de détention. J'insiste au surplus pour qu'on nous fasse délivrer l'écrou, et que nous ayons la date du jugement qui l'a mis en liberté. Il n'y a personne qui ait pu prendre sur lui de mettre le citoyen en liberté, à moins qu'il n'ait vu le jugement qui le condamnoit et fixoit le temps de la détention ; il falloit que l'écrou le constatât ; il faut nous le donner, ou nous autoriser à l'aller chercher.

Débats et jugemens de la Haute-Cour, Tome II°. D d

Le président : On ne peut vous en refuser l'expédition.

Blondeau : J'interpelle le témoin de déclarer s'il n'y a pas un émigré dans ses camarades ?

Lescot : Je n'en connois pas.

Blondeau : Vous dites que chez la marchande de vin, le 7, on vous tint des propos séditieux, qu'on vous montra des écrits séditieux ? pourquoi n'avez-vous pas fait votre déclaration.

Lescot : Il me demanda si j'étois du parti de détruire la constitution de 95 ; j'ai fait déclaration des faits qu'on m'a demandé être à ma connoissance.

Blondeau : Je vous demande pourquoi vous n'en avez pas fait la déclaration sur-le-champ.

Lescot : La déposition, je l'ai faite sur-le-champ, comme celle-là.

Blondeau : A qui ?

Lescot : Lorsque nous avons été appelés par le jury.

Le président : Le citoyen Blondeau vous demande pourquoi le même jour où il vous tint des discours séditieux, où il vous montra ces écrits, pourquoi ce même jour vous n'avez pas fait votre déclaration à quelqu'un.

Lescot : Il y a eu un de nos camarades qui s'en est chargé.

Blondeau : Quel est celui qui s'en est chargé ?

Lescot : Il n'existe pas ici.

Blondeau : Je demande qu'on assigne le témoin qui a fait la première dénonciation : comment s'appelle-t-il ?

Lescot : C'est un nommé Romain.

Blondeau : Où demeure-t-il à présent ?

Lescot : Je n'en sais rien.

Blondeau : De quelle compagnie est-il ?

Lescot : Il n'étoit pas dragon.

Blondeau : Qu'étoit-il ?

Lescot : C'étoit un jeune homme de Paris.

Blondeau : Vous dites que le 7 je me suis trouvé dans une orgie, rue de la Tannerie, chez le marchand de vin ; que j'y ai entré avec plusieurs personnes. Citoyens, je vous déclare que le fait est faux. Le 8 je m'y suis trouvé en effet, et voici comment. Je rentrois ; un de mes amis qu'il y avoit trois ou quatre ans que je n'avois vu, me demanda si je voulois prendre un verre de vin : je l'acceptai ; et comme nous étions au coin de la rue, nous entrâmes dans ce cabaret. Nous voyons des militaires, nous nous mettons à côté d'eux : comme nous voulions fumer, nous entrâmes dans le fond. Mon camarade me demanda si j'avois dîné, je lui dis que non ; alors il fit venir du pain et du jambon : nous nous mîmes à manger, et nous demandâmes à ces camarades s'ils vouloient prendre un morceau de pain, après cela nous bûmes et nous nous en allâmes. Voilà tout le fait. Je ne crois pas que le citoyen puisse dire que j'aie parlé de mettre un ruban tricolor à mon chapeau : quand j'aurois eu la meilleure volonté pour enlever Drouet, Babeuf et ses compagnons, il eût fallu encore des moyens. Vous avez vu, dans la déclaration que j'ai faite au bureau central, que j'avois dans mon porte-feuille 75 livres en assignats; on ne peut pas faire une conspiration avec 75 livres, qui valoient peut-être six liards.

Le citoyen dit m'avoir vû le 10, le 11 et le 9 : cela est faux, j'étois à la campagne ; mais je crois que le Tribunal ne peut pas me comparer maintenant à Grisel pour déclarer les endroits où j'étois. C'est une chose qui est dans mon cœur et qui n'en sortira qu'avec mon existence. Je vous jure que je n'ai été qu'une seule fois au cabaret rue de la Tannerie : je crois qu'il seroit très-important, à cause des dénonciations qui vont suivre, de faire assigner le marchand de vin pour prouver qu'il ne m'a vu qu'une seule fois. Mais je crois que si on avoit trouvé la dénonciation bien réelle de ces hommes perfides, de ces assassins du camp de Grenelle, qui n'ont respiré qu'à boire le sang à la coupe, des malheureux patriotes, des hommes qui n'étoient vêtus que des haillons; si on l'eût cru, on se seroit empressé de faire assigner sur-le-champ le marchand de vin, qui auroit dit la vérité, qu'il ne m'a jamais vu ni connu.

Le président : Vous conveniez d'y avoir été une fois ; d'avoir fait servir des jambons, des salades, et d'en avoir fait part aux militaires qui étoient à côté de vous. Qui est-ce qui a payé ?

Blondeau : Chacun son écot, le vin n'est pas cher : nous avons fait venir les jambons, il n'auroit pas été honnête de les faire payer aux militaires.

Le président : Vous payâtes tous les jambons ?

Lescot : Je payai tous les jambons, une salade, et, je crois, quatre bouteilles de vin que nous avons fait venir pour moi et mon camarade ; ce n'est pas moi qui payai, c'est mon camarade.

Le président, à *Lescot* : Combien fut-il bu de bouteilles de vin ?

Lescot : Environ une soixantaine.

Le président : Combien étiez-vous?

Lescot : Une douzaine, dix à douze.

Le président : Quand vous avez sorti, qui est-ce qui a payé ?

Lescot : L'aubergiste ne nous demanda rien ; il dit que nous pouvions nous en aller, qu'il étoit content.

Le président : Y eut-il un serment ? Le citoyen Blondeau soutient qu'il n'y a pas eu de serment.

Lescot : Je dis qu'il a fait prêter le serment le pistolet à la main.

Le président : Etoit-ce lui qui tenoit le pistolet?

Lescot : C'étoit lui qui tenoit le pistolet.

Le président : Il ne fut pas passé de main en main?

Lescot : Lui-même a tenu son pistolet à la main.

Réal : Soixante bouteilles de vin à douze, cela fait six bouteilles par personne : seriez-vous de taille encore actuellement à boire six bouteilles de vin et à bien répondre sur ce que vous auriez vu après cela ?

Lescot : Je n'en sais rien.

Réal : Ni moi non plus, il faudroit l'essayer.

Lescot : Il nous a parlé avant d'entrer en boisson.

Le président : A quelle époque prêtâtes-vous le serment, avant, au commencement, au milieu ou à la fin du repas ?

Lescot : Avant le milieu du repas.

Réal : Il n'y en avoit que trente de bues.

Lescot : Nous avons commencé par jaser, nous avons bu ensuite jusqu'à onze heures du soir.

Le président : Combien fûtes-vous de temps ?

Lescot : Nous avons demeuré depuis une heure jusqu'à neuf heures du soir.

Un Juré, au président : Je vous prie de demander au témoin si, dans cet intervalle-là, il n'entra personne dans ce cabaret.

Le président répète la question.

Lescot : Il n'y avoit qu'un nommé Martial, qui alloit et venoit.

Le président : Cette chambre est-elle sur le derrière ou sur le devant du cabaret ?

Lescot : Dans le derrière ; il faut traverser une petite cour pour y entrer.

(On observe que le citoyen Blondeau avoit déjà observé que c'étoit dans une chambre sur le derrière, que pour y arriver il falloit traverser une cour.)

Le président, à Blondeau : Avez-vous quelque autre chose à dire sur les autres jours où il dit qu'il s'est trouvé avec vous au café ?

Blondeau : Non, citoyen, jamais je ne me suis trouvé avec lui au café de la Levrette, jamais je n'y ai été avec lui.

J'ai été arrêté en sortant du café de la Levrette, je crois y avoir apperçu le citoyen qui étoit avec moi dans le café et qui me demanda d'aller boire une bouteille de vin. Je fus boire une bouteille de vin avec lui. Le citoyen me conduisit dans un cabaret plus bas, et me demanda si je ne pouvois pas lui rendre un service. Je lui demandai lequel ? il me dit si je ne pourrois pas le conduire, parce que son idée étoit de déserter de la légion de police. Je lui dis que je ne connoissois pas d'endroit ; que je n'étois pas embaucheur ni recruteur de déserteurs. Il se trouva une bande de mouchards qui me sauta sur le cou. Je ne présumois pas que c'étoit pour une conspiration, je croyois que c'étoit sur le soupçon d'être déserteur.

Le président, à *Lescot* : Avez-vous proposé au citoyen Blondeau de vous procurer des facilités pour déserter ?

Lescot : C'est le citoyen Blondeau qui m'a proposé de quitter le régiment, et qui m'a dit qu'il me trouveroit un endroit pour me mettre, et deux chevaux si je pouvois lui en procurer.

Blondeau : Premièrement, il faut être de bonne foi, je n'avois pas de logement : comment voulez-vous que j'en aie pour d'autres ? Il falloit que je nourrisse deux chevaux et un homme, tandis que j'avois bien de la peine pour moi.

Lescot : Vous aviez encore trente mille livres à votre service.

Blondeau : Vous entendez la déclaration des trente mille livres à mon service : arrêté sur-le-champ, on ne m'a trouvé que soixante-quinze livres.

Le président : Quel jour vous l'a-t-il dit ?

Lescot : Je crois que ç'a été le 10 au fauxbourg Saint-Antoine, près de la place Saint-Antoine : qu'ils avoient encore de l'argent entre leurs mains, et que quand nous en voudrions, nous n'aurions qu'à dire.

Biauzat, juré : Je demande la parole. Témoin ; reconnoissez-vous vous être trouvé auprès du citoyen Blondeau, quand il a été arrêté ?

Lescot : Oui, citoyen.

Biauzat : Comment vous êtes-vous transporté auprès du citoyen Blondeau ?

Lescot : Citoyen, c'est lui qui m'avoit donné rendez-vous au café de la Levrette, deux jours avant.

Biauzat : N'êtes-vous pas allé avec des personnes qui l'ont arrêté ?

Lescot : Non, citoyen, j'ai été avec un autre dragon : nous étions deux.

Biauzat : Aviez-vous connoissance qu'on devoit l'arrêter ?

Lescot : Non, je n'en avois aucune connoissance.

Biauzat : N'avez-vous pas fait des déclarations antérieures à son arrestation ?

Lescot : Je ne me rappelle pas, citoyen.

Biauzat : N'aviez-vous pas fait des déclarations à quelqu'un sur Blondeau, avant le moment de son arrestation ?

Lescot : Non, je n'avois encore fait aucune déclaration.

Réal : Je lui demande s'il n'en avoit pas fait faire des dénonciations.

Lescot : Si j'avois fait faire des dénonciations contre Blondeau ? Je n'ai pas fait faire de dénonciations contre Blondeau.

Réal : Vous n'avez pas fait faire de dénonciations contre Blondeau ? Je vous le demande.

Lescot : J'ai fait le rapport de ce qui s'étoit passé entre moi et lui.

Réal : A qui ?

Biauzat : Voulez-vous nous dire à qui vous avez fait le rapport dont vous parlez ?

Lescot : A un officier de police.

Biauzat : Quel est cet officier de police ? où demeure-t-il ?

Lescot : Il demeure chez le ministre Cochon.

Biauzat : Vous rappellez-vous de son nom ?

Lescot : Je ne peux pas m'en rappeler.

Biauzat : Ne seroit-ce pas Limodin ?

Lescot : Non.

Biauzat : Dossonville ?

Lescot : Non.

Biauzat : Quel jour avez-vous fait cette déclaration ?

Lescot : C'étoit le 8 ou le 9.

Biauzat : Pourquoi ayant fait une déclaration contre Blondeau, et dans votre ame reconnoissant Blondeau pour criminel, le fréquentiez-vous encore le jour de son arrestation ?

Lescot : On m'avoit donné des ordres pour aller avec lui.

Blondeau : Vous avez donc été par ordre au café ?

Lescot : Oui.

Biauzat : Je vous ai demandé d'abord si vous n'aviez pas été là dans une intention particulière ; et actuellement vous répondez que vous aviez des ordres pour le suivre ; qui vous avoit donné ces ordres ?

Lescot : C'est le ministre Cochon.

Biauzat : Vous étiez donc employé par la police ?

Lescot : Non, citoyen, je n'étois pas employé ; mais il m'a dit de continuer d'aller avec lui.

Biauzat : Comment vous connoissoit-il ?

Lescot : Il me connoissoit pour avoir été dénoncer la conspiration.

Biauzat : C'est donc à lui que vous avez dénoncé la conspiration, et non à un officier de police ?

Lescot : J'ai dénoncé la conspiration avant d'aller boire avec eux.

Biauzat : Quand on vous a chargé de faire cette poursuite, ne vous a-t-on pas donné de l'argent, des assignats ?

Lescot : Je n'ai jamais rien touché, citoyen.

Buonarotti : Si c'est vous-même qui avez fait la déclaration au ministre de la police, comment se fait-il qu'il n'y a pas long-temps vous avez dit que ce n'étoit pas vous, que c'étoit un citoyen nommé Romain ? conciliez ces deux faits-là.

Le président : Vous avez dit tout-à-l'heure que vous n'aviez pas fait de déclaration, vous dites à présent que vous en avez fait une; pourquoi avez vous dissimulé la vérité?

Lescot: Le matin du 7, j'ai été avec deux de mes camarades chez le ministre Cochon.

Réal: Et vous avez été trois?

Le président: Pourquoi ne l'avez-vous pas déclaré d'abord?

Lescot: Je ne m'en suis pas rappelé.

Biauzat: J'ai encore une question à faire. Témoin, voulez-vous bien nous dire avec qui vous avez fait votre déclaration au citoyen Cochon?

Lescot: J'étois avec les citoyens Pelet et Rondeau, qui sont ici.

Biauzat: Ces citoyens étoient-ils avec vous au moment où Blondeau fut arrêté?

Lescot: Ils n'y étoient pas.

Biauzat: Furent-ils chargés, comme vous, de se mettre à la poursuite de Blondeau?

Lescot: Nous étions chargés d'être à la poursuite de la conspiration et des conspirateurs que nous pourrions découvrir.

Biauzat: Dès que vous étiez chargés de vous mettre à la poursuite de Blondeau, ne doit-on pas croire que vous fûtes chargés de conduire ceux qui devoient l'arrêter?

Lescot: Parmi nous, il y avoit un officier de police habillé en dragon qui avoit été chargé de l'arrestation du citoyen Blondeau.

Biauzat: Quel étoit cet officier de police?

Lescot: Un officier envoyé par le ministre.

Biauzat: Etoit-il aussi des bureaux du ministre?

Lescot: Il étoit des bureaux du ministre.

Biauzat: Savez-vous son nom?

Lescot: C'est Romain; je l'ai nommé: il a encore un autre nom; il est de Versailles.

Biauzat: Vous étiez donc avec Romain pour faire arrêter Blondeau?

Lescot: Je n'étois pas avec lui; j'étois avec deux autres citoyens à me promener le long du quai, quand le citoyen Blondeau a été arrêté à mes côtés.

Biauzat: Vous venez de dire qu'il y avoit une autre personne que le citoyen Rondeau; avec qui étiez-vous donc?

Lescot: J'ai dit que Romain étoit chargé d'arrêter le citoyen Rondeau. J'étois avec un autre dragon; je crois que j'étois avec le citoyen Blondeau.

Biauzat: Pourquoi ne vous êtes-vous pas rendu avec les mêmes personnes qui étoient avec vous, lorsqu'on vous a donné rendez-vous?

Lescot : Notre service n'exigeoit-il pas que nous fussions à la caserne ?

Biauzat : Les autres ne s'y rendirent pas avec vous ?

Lescot : Non, citoyen.

Biauzat : Comment les autres étant empêchés de se rendre là pour leur service, et vous ayant le même service, comment s'est-il fait qu'eux ne s'y soient pas rendus, et que vous vous y êtes rendu ?

Lescot : Je m'y suis rendu, parce que je n'étois pas de service. Nous ne sommes pas de service tous les jours ensemble.

Biauzat : Le service d'un individu dans la garde n'étoit pas aussi essentiel que la capture d'un conspirateur ; et alors les deux autres auroient pu s'y rendre.

Lescot : Je n'en sais rien. Je ne trouvai pas mes camarades, j'y allai seul.

Biauzat : Pour résultat de mes questions, je vous répète celle que je vous ai faite. N'étoit-ce pas vous qui aviez été chargé de conduire auprès du citoyen Blondeau ceux qui devoient l'arrêter ?

Lescot : Oui, citoyen, c'est moi.

Biauzat : Vous avez déclaré le contraire ; vous êtes donc tout-à-la-fois dénonciateur et témoin.

Lescot : Je ne suis pas dénonciateur . . . . . J'ai vu seulement que le citoyen Blondeau étoit d'une conspiration.

Biauzat : Déclarer qu'un homme est d'une conspiration, c'est bien être dénonciateur.

Taffoureau : Je demanderai au témoin si l'individu qu'il a désigné sous le nom de *Romain*, n'est pas le citoyen *Sandron-Romainville* de Versailles.

Lescot : Oui, citoyen, c'est lui-même.

Réal : Qu'on se rappelle de Grenelle, citoyens ! . . . Ceci fait trembler ! . . . Quand on se rappellera que Sandron-Romainville fut un de ceux qui menoient l'affaire de Grenelle, qu'il fut ensuite acquitté ; quand on se rappellera cela ; quand on se rappellera que c'étoit lui qui étoit l'agent de la police, on tremblera ! . . . Ce fait-là est épouvantable !

Je demande une chose, citoyen président, c'est à votre conscience que je la demande ; je ne demande pas que vous dressiez procès-verbal contre lui ; mais je demande que ce témoin ne soit pas réuni avec les autres témoins avant qu'il soit entendu. Je demande, si cela étoit possible, qu'ils fussent entendus sur-le-champ, et qu'ils ne puissent communiquer avec personne.

Des accusés : Il vaut mieux continuer la séance.

Réal : Je demanderai qu'on les entende tout de suite. La vérité jaillit de cette déclaration ! (A l'accusateur national Viellart) = Vous en riez, tant pis pour vous ! Je ne rirois pas à votre place.

Laignelot: Ce Sandron - Romainville me trouve avec Ricord et plusieurs députés à prendre du café après notre dîner. Il vient se mettre auprès de nous, nous dit qu'il en étoit instruit, et si vous voulez, dit-il, être en sûreté, il faut venir dans mon quartier. Je suis commissaire de police, et vous serez tranquilles ; je vous dirai ce qui en est, je vous mettrai au fait de tout.

Choudieu alla chez Cochon ; et dit à Cochon : Nous savons qu'il y a des mandats d'arrêt à lancer contre les ex-conventionnels, aussitôt qu'il y aura quelque mouvement. Cochon dit : Il y a ordre de vous surveiller. Je ne crois pas que vous conspiriez ; mais il y a du mouvement dans Paris. Vous voyez le mécontentement. La misère pèse sur le peuple. Nous craignons du mouvement ; et je vous avoue que, dans le cas où il y en auroit, vous êtes accusés d'en être les auteurs, et que le mandat d'arrêt sera exécuté contre vous.

Vadier: J'ai un autre fait à dire ici. Ce même Sandron - Romainville étoit alors commissaire de police de la section de la République. Il savoit bien qu'il y avoit un ordre de la police qui m'enjoignoit de sortir de Paris. Il prit le masque de l'amitié, et vint me dire : « J'ai entendu dire qu'il y avoit des ordres pour » faire sortir les ex-conventionnels de Paris. Je te fais un asyle » que tu pourras accepter, et certainement tu y seras en sûreté ». Je me défiai de cet homme. On l'avoit employé au comité de sûreté générale ; et j'eus, sur son compte, certains soupçons qui firent que je ne voulus pas profiter de son avis. Je me gardai de lui.

Il m'échappa de dire que je prenois la route de Versailles. Il me rencontra fortuitement à Saint-Cloud ; et, afin de pouvoir le tromper sur cela, je dis que je pourrois bien aller à Versailles : au lieu d'aller à Versailles, j'allai coucher chez un certain *Pons*, et je m'en fus à Bagneux. Voilà un fait qui vient à l'appui de tout ce qui vient d'être dit.

Germain: Romainville est arrêté dans ce qu'on appelle l'attaque du camp de Grenelle, et condamné à la déportation. Dernièrement on revise les jugemens de la commission militaire du Temple. Nous avions la bêtise de croire que c'étoit pour casser les jugemens qui avoient condamné les patriotes. Point du tout : c'est pour faire reviser et casser le jugement de Romainville ; car il est le seul qui soit sorti.

Réal: Je demande que Romainville soit entendu comme témoin dans cette affaire. Romainville vient d'être nommé comme étant chargé de l'arrestation, comme ayant surveillé la totalité de cette opération. Je demande que Romainville soit assigné comme témoin.

Lescot : Je n'assurerai pas que c'est ce Romainville.

Fyon : C'est le même Romainville qui a invité les patriotes, qui les a conduits au camp de Grenelle. Il leur disoit : *Venez embrasser vos frères les militaires.*

Cochet : Cochon avoit dit à Vadier de rester à Paris, pour le faire arrêter.

Le Tribunal se retire pour délibérer.

(Le bruit continue.)

Réal : Vous avez trop raison pour vous fâcher. Ne vous fâchez pas : taisez-vous.

Le Tribunal reprend séance, et le président prononce le jugement.

JUGEMENT.

« La Haute-Cour ordonne que Romainville sera assigné sur la
» désignation des prévenus, qui donneront son adresse positive. »

La séance est renvoyée à demain dix heures.

Réal : Permettez, citoyen. Seroit-il possible d'entendre Rousdean et Pelet ? Tout ce qui vient de dire le témoin, les contradictions, tout cela sera perdu pour demain. Au surplus, je laisse cela à votre prudence ; vous verrez quelle différence.

Il est trois heures un quart. Les détenus chantent un couplet avant de sortir.

Certifié, ICONEL et BRETON, *sténographes*.

Séance du 4 germinal.

Le président ouvre la séance à dix heures et demie. Il fait appeler le citoyen Lescot.

En attendant qu'il entre dans la séance, Maurice Roy demande la parole.

Maurice Roy : Citoyens jurés, depuis le premier jour de la session de la Haute-Cour, vous avez cherché avec soin et empressement de connoître la vérité ; vous avez désiré pénétrer dans ce chaos ténébreux, où elle ne perce qu'à travers le voile qui cache le poignard ensanglanté, toujours suspendu sur la tête des fondateurs de la République.

Déja dans plus d'une occasion, dans plus d'une circonstance, le génie de la liberté a soulevé un coin de ce voile funèbre.

Déja vous avez apperçu quelques-unes des victimes qu'on vouloit sacrifier à la fureur des ennemis de la patrie, et desquelles on osoit se flatter d'avance que vous seriez les immolateurs.

Mais, citoyens jurés, comme nous, vous ne voulez que ce que la justice commande; comme vous aussi, nous la réclamons. Nous l'appelons sans cesse : c'est par elle, et seulement par elle, que nous voulons voir nos fers se briser.

Enfin des rayons de lumière commencent à jaillir : ils ont pénétré jusques dans vos cœurs; vous les avez saisis, parce qu'ils doivent vous conduire par la voie de la vérité à l'heureux résultat que vous vous êtes promis, parce qu'ils doivent éclairer vos consciences dans la carrière pénible que vous avez à parcourir.

Depuis un an, nous gémissons dans les liens de la plus cruelle captivité; depuis un an, nos malheureuses familles sont la proie de la misère et du désespoir; depuis un an, tous les moyens d'oppression ont été réunis et dirigés contre nous : les efforts de nos ennemis n'ont point été épargnés pour nous peindre à vos yeux sous des couleurs bien noires et bien hideuses. Perfidie, mensonge, calomnie, fausses accusations, témoins suborneurs ou subornés, vendus ou prêts à se vendre, toujours corrompus et démoralisés, presque tous flétris, figurant tour à tour comme dénonciateurs et témoins; enfin tous les élémens fangeux semblent être jetés au milieu de nous pour s'attacher à nos chaînes, les resserrer davantage et en augmenter encore l'énorme fardeau.

Hier, citoyens jurés, vous vîtes un vieillard infortuné, respectable autant que vertueux, le citoyen Boudin, dont je m'honore de partager les fers; cet estimable citoyen dont la candeur et la chevelure blanche inspirent à mon cœur un sentiment respectueux, vous l'entendîtes accuser par un homme mal assuré, chancelant sur sa déposition, cherchant avec embarras les moyens de remplir une tâche qui sembloit lui être dictée pour opérer l'immolation de ce laborieux père de famille.

Ce témoin étoit d'autant plus animé par un sentiment étranger, qu'il est convenu lui-même que sa déposition lui avoit été suggérée par une femme fanatique, et que, sans la contrainte, il n'eût pas fait, de son propre aveu, cette déclaration dans laquelle il n'a pu néanmoins donner que des déclamations vagues, uniquement dictées par des instigations perfides et seulement établies sur la prévention.

Vous l'avez aussi entendu convenir qu'il devoit la vie aux soins généreux de ce vieillard, pour qui je rappelle aujourd'hui votre attention. Il vous a dit qu'il lui avoit effectivement, dans plus d'une occasion, rendu des services signalés; et c'est par reconnoissance qu'il cherche aujourd'hui à lui plonger le poignard dans le sein.

Citoyens jurés, vous aurez sans doute, en rendant justice au respectable Boudin, donné à la divagante déposition du témoin le degré de crédibilité qu'elle mérite; et à son immoralité, le juste châtiment de vos consciences irritées.

Le citoyen Lescot se présente.

Ballyer père : Citoyen témoin, les questions que je m'en vais vous faire ne sont point embarrassantes, ainsi votre réponse sera un oui ou un non.

Vous vous rappelez tout ce que vous avez dit hier, ainsi il vous sera aisé de me répondre. Je vous demande :

Pendant le temps que vous avez été ici à la maison d'arrêt, le citoyen Daude, concierge de cette maison-ci, ne vous a-t-il pas apporté une lettre cachetée ?

Lescot : J'ai reçu une lettre décachetée.

Ballyer : La lettre vous a été présentée cachetée. Il a dit qu'il ne pouvoit vous la remettre qu'il ne l'ait fait passer à la municipalité. Ne vous a-t-il pas présenté une lettre cachetée ?

Lescot : Oui.

Ballyer : Le citoyen Daude ne vous a-t-il pas dit qu'il ne pouvoit vous la remettre qu'elle n'eût été décachetée et vue à la municipalité ?

Lescot : Oui.

Ballyer père : Le citoyen Daude ne vous l'a-t-il pas rapportée décachetée ?

Lescot : Oui.

Ballyer père : Cette lettre ne renfermoit-elle pas quelques papiers ?

Lescot : Elle renfermoit une lettre.

Ballyer père : C'étoit donc une lettre sous enveloppe. Et cette lettre sous enveloppe ne contenoit-elle pas autre chose que la lettre et peu du papier ?

Lescot : Elle contenoit un papier.

(Rey-Pailhade invite le témoin à parler plus haut.)

(Il se fait un peu de bruit.)

(Le président invite le témoin à élever sa voix.)

Ballyer père : Vous venez de dire que cette lettre étoit une lettre sous enveloppe, et qu'elle contenoit un papier, outre la lettre. Ce papier étoit-ce votre écrou, ou votre jugement ?

Lescot : C'étoit mon écrou.

Ballyer : Qu'en avez-vous fait ?

Lescot : J'ai perdu mon porte-feuille et la lettre tout-à-la-fois quand je suis parti d'ici.

Ballyer : Qui vous l'a adressée, cette lettre ?

Lescot : C'étoit ma femme.

Ballyer : Quand vous êtes sorti de la maison d'arrêt, qui est-ce qui est venu vous chercher ?

Lescot : Deux gendarmes.

Ballyer : D'ici, de la maison d'arrêt ?

Lescot : Mon brigadier.

Ballyer : Comment s'appelle-t-il ?
Lescot : Rondeau.
Ballyer : En vertu de quel ordre ?
Lescot : Je n'ai pas regardé l'ordre ; je n'en sais rien.
Ballyer : Vous a-t-il dit, lorsqu'il vous a emmené, que vous étiez libre ?
Lescot : Il m'a dit que j'étois sous sa responsabilité, pour me conduire à Montoire.
Ballyer : Cependant voilà l'ordre du général Lestrange, qui ne porte pas que vous deviez aller à Montoire.

« Le général de brigade Lestrange, commandant à Vendôme, ordonne au concierge de la prison militaire de remettre en ce jour au citoyen Rondeau, brigadier au 21e régiment de dragons, le nommé Antoine Lescot, dragon au même régiment.
» Le général de brigade. *Signé*, Louis Lestrange. »

Ainsi le citoyen Lestrange vous remet bien en quelque sorte en liberté.

(Il faut lire l'ordre tout entier.)

Gourion, officier de l'état-major : Citoyen président, je donnerai l'explication.

Ballyer père : Citoyens, j'ai copié mot pour mot ; j'en ai fait une copie figurée à l'état-major, au quartier-général de Vendôme.

Germain : Pourquoi souffrez-vous que ce militaire-là nous insulte ? Pourquoi souffrez-vous qu'il vous demande la parole ?

Réal : Cela ne signifie rien du tout ; ô mon dieu ! qu'ils sont bêtes !

Darthé : Ce n'est pas risible, Gourion.

Germain : Vous laisserez-vous gouverner par des militaires ? ce n'est pas le gouvernement militaire qui est ici.

Le président : Non, mais cette discussion même est étrangère au Tribunal, parce que ce que les militaires font à leurs subordonnés, ne le regarde pas.

Blondeau : Cela vient sur la moralité du témoin.

Germain : Je vous dis que cela revient sur la moralité du témoin : vous êtes là pour nous rappeler à l'ordre, si nous nous en égarons.

Réal : Germain, tais-toi donc.

Amar : Il importe que la vérité se montre, se manifeste, par quelques canaux qu'elle soit conduite. Tout est bon, pourvu que l'impression se fasse, que les jurés puissent l'appercevoir. Je demande, en conséquence, que toutes les questions que le citoyen Ballyer père a à adresser au témoin, lui soient adressées, et que l'on continue en conséquence l'interrogatoire d'hier. Mais ce ne sera jamais l'opinion si la passion de quelques hommes qui pourra empêcher que la vérité perce. Il faut que ce mystère d'iniquité se découvre, que le voile qui le couvroit soit déchiré.

Je demande, en conséquence, que toutes les questions adressées au témoin, ou par les prévenus, ou par leurs défenseurs, continuent de l'être, conformément aux lois, et qu'il soit tenu d'y répondre. Vous avez vu comme la vérité commençoit à jaillir hier lorsqu'on a levé la séance. Il n'en doit pas être ainsi : nous demandons que la vérité perce, que le témoin soit tenu de répondre aux interrogations qui lui seront faites, car c'est le vœu de la loi.

Ballyer père: Je m'en vais répondre au citoyen accusateur national et lire l'ordre du général Lestrange, tel qu'il est copié.

« État-major au quartier-général à Vendôme, le 19 ventôse
» de l'an 5 de la République française, une et indivisible.
» Le général de brigade Lestrange, commandant à Vendôme;
» Ordonne au concierge de la prison militaire (je vous prie
» de peser les termes, *de la prison militaire*) de remettre en
» ce jour au citoyen Rondeau, brigadier au vingt-unième régi-
» ment de dragons, le nommé Antoine Lescot, dragon au même
» régiment.
» Le général de brigade, *signé*, Louis LESTRANGE. »

Mais pour donner des développemens à cet égard, je suis forcé, puisque l'accusateur national le demande, de vous donner lecture de l'écrou ; vous allez voir que l'écrou est bien différent de l'ordre.

« Aujourd'hui 14 *pluviôse* » (on a rayé *pluviôse*, et on a mis *ventôse*) « de l'an 5 de la République française, je soussigné, ai
» conduit et déposé à la maison d'arrêt » Ce n'est plus la *prison
militaire*) « le nommé Lescot, en vertu d'un réquisitoire du
» commissaire du pouvoir exécutif, et l'ai remis et confié à la
» concierge de la maison d'arrêt de Vendôme, pour y demeurer
» pendant le temps désigné par ledit ordre.
» Lequel gardien a signé avec nous.
» *Signé*, BELLIER, BOULIARD et POUSSIN. »

Alors je pourrois dire au citoyen Lestrange que peut-être il a passé au-delà des bornes de son ministère, parce que le citoyen Lescot n'étoit pas dans la *prison militaire*, mais dans la *maison d'arrêt*. Je crois qu'à cet égard, l'accusateur national doit être content. Je m'en vais maintenant continuer mes questions.

— En sortant, avec Rondeau, de la maison d'arrêt de cette commune, où avez-vous été?

— *Lescot*: A Montoire.

— *Ballyer*: Où avez-vous logé et mangé?

— *Lescot*: A la caserne de Montoire.

Ballyer : Quel jour y avez-vous été ?

Lescot : Je ne me rappelle plus le jour ; c'étoit, je crois, le 19.

Ballyer : Je ne vous demanderai plus maintenant en quelle auberge, vous venez de me dire à la *caserne* ? retenez bien ceci : c'est bien sûr à la caserne ? et il est bien sûr aussi que vous avez été à Montoire ? car si on prouvoit que vous n'y avez pas été....

Dans votre déclaration, vous avez dit que le ministre Cochon vous avoit chargé, avec plusieurs de vos camarades, de suivre le citoyen Blondeau et de l'épier. Puisque vous l'épiiez, très-sûrement vous deviez faire des rapports au ministre, parce que, quand une personne est chargée de suivre quelque chose, elle est tenue d'en faire son rapport. Faisiez-vous au citoyen Cochon, ministre de la police, des rapports de tout ce qui se passoit ?

Lescot : Comme je n'étois pas seul, il y avoit un agent du ministre de la police qui en faisoit le rapport.

Ballyer : C'étoit l'agent du ministre de la police ?... Cet agent, autant que je me rappelle, étoit Romainville, déguisé en légionnaire ?

Lescot : Oui.

Ballyer : Ces rapports étoient-ils écrits ?

Lescot : Oui.

Ballyer : Ces rapports étoient-ils faits en votre présence, puisque vous étiez tous ensemble ?

Lescot : Les rapports ? Il ne m'en rendoit pas compte.

Ballyer : Vous n'êtes pas allé avec lui chez le ministre Cochon, pour être présent aux rapports ?

Lescot : Non.

Ballyer : Vous venez de me dire tout-à-l'heure que ces rapports étoient écrits : qui est-ce qui les écrivoit ?

Lescot : C'est Romain.

Ballyer : Avez-vous signé ces rapports ?

Lescot : Non.

Ballyer père : Puisque le ministre Cochon vous chargeoit de suivre le citoyen Blondeau, étiez-vous payé particulièrement pour cette opération-là ?

Lescot : Non, je n'étois payé que comme légionnaire.

Ballyer : Vous n'aviez pas un surcroît de paye ?

Lescot : Non.

Ballyer : Je dois vous rappeler que vous étiez dix à douze dans l'auberge, que vous étiez dix à douze ; que vous aviez bu soixante bouteilles de vin ; que quand vous aviez été pour sortir et pour payer, l'aubergiste vous avoit dit qu'il étoit content et que vous n'aviez rien à payer.

Lescot : Oui.

Ballyer : Quand vous êtes sorti de l'auberge où vous étiez dix ou douze, et que l'aubergiste vous a dit qu'il étoit content, n'est-ce pas Romainville qui a payé ?

Lescot : Je n'en ai aucune connoissance.

Ballyer : Ce n'est aucun de vous qui a payé ?

Lescot : Non.

Le président : Romainville étoit-il à l'auberge ?

Lescot : Il étoit déja sorti avant nous quand nous sommes partis.

Ballyer : Il y avoit donc été, Romainville ?

Lescot : Oui, il y a été.

Ballyer : Il a dit que Romainville étoit déguisé en légionnaire.

Romainville est sorti avant eux ; il est plus que probable, puisqu'ils n'ont pas payé, que c'est Romainville qui aura dit à l'aubergiste : Ces gens-là sont francs. Toujours, citoyens jurés, vous vous rappellerez qu'il n'a rien payé et que l'aubergiste lui a dit qu'il étoit content.

Ce Romainville vous avoit été donné sans doute par le ministre Cochon pour seconder vos opérations et pour vous accompagner ? je crois que vous l'avez dit hier, je serois bien aise que vous le répétiez.

Lescot : Je l'ai dit et je le dis encore.

Ballyer : Ne vous a-t-on point promis votre liberté (écoutez bien ceci) à condition que vous déposeriez de telle ou telle manière ?

Lescot : Non.

Ballyer : Comment avez-vous été appelé à déposer, puisque vous étiez le dénonciateur, avec Romainville ?

Lescot : J'ai reçu une assignation, j'ai paru à l'endroit indiqué.

La suite au prochain numéro.

On souscrit chez BAUDOUIN, Imprimeur du Corps législatif, Place du Carrousel, N°. 662.

Le prix de l'abonnement pour soixante feuilles in-8°, petit caractère, est de 10 francs, pour les départemens, franc de port, et de 8 francs pour Paris.

A PARIS, chez BAUDOUIN, Imprimeur du Corps législatif.

(N°. 58.)

DÉBATS ET JUGEMENS
DE LA HAUTE-COUR DE JUSTICE.

Suite de la Séance du 4 germinal.
Continuation de l'audition des témoins.

Ballyer : Lorsqu'on vous a envoyé ici, ne vous a-t-on pas dit que quand vous seriez arrivé ici, vous auriez votre liberté ?

Lescot : Non.

Ballyer : Vous nous avez dit tout-à-l'heure que dans la lettre que vous avez reçue, votre écrou y étoit.

Lescot : Oui.

Ballyer : Vous avez dit que vous l'aviez perdu ; mais comment est-il possible que vous ayez pu assurer que votre temps étoit fini, lorsque vous ne vouliez pas dire aux jurés l'époque de votre jugement ?

Lescot : Je ne l'ai pas assuré, j'ai dit que je croyois que mon temps finissoit le 24.

Ballyer : Si votre temps étoit fini, vous avez donc cru être en liberté, on vous y a donc mis ?

Lescot : J'ai demandé ma liberté, parce que je croyois que mon temps étoit fini, et on l'a envoyée.

Ballyer : A qui avez-vous demandé votre liberté ?

Lescot : J'ai fait avertir les juges.

Ballyer : Quels juges avez-vous fait avertir ? les juges d'ici, puisque vous étiez ici en prison, préalablement ?

Lescot : J'ai écrit à mon camarade, qui vint me réclamer, qui fit des démarches.

Ballyer : Quel étoit ce camarade ?

Lescot : C'est Rondeau.

Ballyer : Vous avez écrit à Rondeau de réclamer votre liberté, parce que vous croyiez que votre temps étoit fini ?
Vous venez de dire tout-à-l'heure que vous vous étiez adressé aux juges : je vous demande si ce sont les juges de la Haute-Cour, les juges du Tribunal de la police correctionnelle.

Débats et jugemens de la Haute-Cour. Tome II°. E e

Lescot : Ce sont les juges de la Haute-Cour.

Ballyer : Est-ce à la personne du président ou aux accusateurs nationaux ?

Lescot : Aux accusateurs nationaux.

Ballyer : Comment les accusateurs nationaux ont-ils pu faire droit à votre demande, lorsque vous n'avez pas pu les convaincre que votre temps étoit fini ?

Lescot : Ils n'ont pas fait droit, puisqu'ils n'ont pas répondu.

Ballyer : Ah ! mais s'ils ne vous ont pas répondu, comment avez-vous donc pu dire ici que vous étiez libre, car vous l'avez dit hier, que Rondeau étoit venu vous chercher, et que vous étiez libre.

Je vais vous faire une autre question, pour vous prouver la date de votre liberté, et vous rappeler sûrement des faits que vous avez peut-être perdus de vue ; je vais rappeler les époques et vous allez sûrement vous en souvenir.

Quand vous êtes sorti, le 19 ventôse, de la maison d'arrêt de cette commune, vous êtes sorti avec Rondeau ; vous dites que Rondeau répondoit de vous, conséquemment Rondeau n'a jamais dû vous quitter.

Cependant, le même jour, 19, vous êtes revenu à la prison, voir vos camarades, et vous étiez gris : comment se fait-il que Rondeau répondant de vous vous ait quitté comme cela, et vous ait laissé aller à la prison ?

Lescot : Mon camarade est venu jusqu'à la porte avec moi. Il m'a attendu à la porte.

Ballyer : Cela paroît étonnant, car personne n'a vu Rondeau. Enfin c'est égal.

Lescot : Je n'étois pas gris, car je n'avois pas encore bu de vin.

Ballyer : Si Rondeau étoit à la porte, avez-vous été long-temps dans la prison, et Rondeau, en sortant de prison, vous a-t-il repris en sortant (1) ?

Lescot : Oui.

Ballyer : Où êtes-vous allé ensemble, à Montoire ?

Lescot : A Montoire.

Ballyer : Vous êtes allé le 10 à Montoire ?
A quelle heure avez-vous été à la prison, le soir ?

Lescot : Je ne me rappelle pas de l'heure.

Ballyer : A-peu près ; étoit-il quatre heures et demie, cinq heures, six heures du soir ?

Lescot : Sur les cinq heures.

---

(1) Cette question est parfaitement celle qui a été faite.

Bellyer : Et le même jour, sur les cinq heures, vous êtes parti pour aller à Montoire ?

Citoyens jurés, je vous prie de vous rappeler des circonstances ; d'autres éclaircissemens viendront par la suite.

Bailly : Je prends la parole, uniquement pour observer aux citoyens jurés combien il est étrange que l'on mette ainsi un témoin à la question sur des faits qui sont étrangers à ceux dont il s'agit.

Plusieurs accusés : Non, non.

Réal aux accusés : Ne vous fâchez-pas, au nom de Dieu.

Un accusé : Il n'étoit pas à la séance d'hier.

Un autre : Il cuvoit son vin.

L'accusateur national répond : Citoyen président, je ne conçois pas quel est le motif qui détermine les accusés à injurier constamment les accusateurs nationaux.

Darthé : Ce n'est pas à vous, citoyen.

Bailly : En ce cas, je demande au citoyen président de maintenir la parole aux accusateurs nationaux.

Le président : Je la leur maintiens, et je défends toute injure.

Bailly : J'observe donc aux citoyens hauts-jurés que toutes les questions qui ont été faites au témoin Lescot, sont étrangères au fond de sa déposition ; j'observe encore aux citoyens hauts jurés, que peu importe au fond de cette déposition que le témoin Lescot ait été ou n'ait pas été mis en liberté ; peu importe quelle seroit l'autorité qui l'auroit mis en liberté ; et qu'importe encore l'abus que celui qui l'auroit mis en liberté, auroit pu faire de ses pouvoirs ? car la Haute-Cour de justice n'est pas établie pour juger ces sortes de faits ; les hauts-jurés n'auront certainement pas à y délibérer ; cela ne deviendra l'objet d'aucune question posée par le président ; et sur cela, citoyen président, qu'il soit permis aux accusateurs nationaux de rappeler que la loi ne permet de faire au témoin que des questions, de ne leur demander que des éclaircissemens qui soient pertinens et relatifs à leurs dépositions. (des accusés et à sa moralité. Bruit.) Voilà une demi-heure qu'on a fait perdre à la Haute-Cour ; et pourquoi faire ? pour lire une copie d'un écrit que l'on prétend avoir été donné par le chef de la force armée, à Vendôme. Vous sentez que cela est absolument étranger à la conspiration de floréal, sur laquelle la Haute-Cour doit prononcer, et nous requérons formellement que la loi soit exécutée, que le citoyen président ne laisse pas divaguer dans des questions, et surtout que l'on ne tourmente pas les témoins. (les accusés rient.) Qu'on les questionne, mais qu'on les questionne avec la sagesse et la décence qui conviennent : c'est la vérité qui doit paroître ici ; nous la demandons, nous la désirons, et nous la procurerons de tous nos efforts ; mais ce n'est pas de cette manière que l'on paravient à découvrir la vérité. On ne doit point troubler les témoins; on doit encore bien moins les exaspérer; il faut qu'ils soient libres dans leurs dépositions comme les accusés et les défenseurs doivent être libres dans leurs questions.

Nous requérons formellement que la loi soit exécutée, et qu'il n'y ait plus de questions inutiles.

Réal: Citoyen président, je demande la parole sur cela.

Le président: La Haute-Cour va délibérer si on vous l'accordera.

Un accusé: On veut nous égorger.

(Bruit.)

Réal: Taisez-vous donc! on veut vous provoquer!

(Le tribunal reprend séance.)

Le président: La Haute-Cour n'accorde pas la parole sur cette motion d'ordre.

Réal: J'ai des questions à faire au témoin.

Le président: Vous avez la faculté de dire au témoin tout ce que bon vous semblera; mais n'allez pas le questionner sur toute son existence, où il dîne, où il soupe.

Réal: Si je puis prouver qu'il est un menteur! Il me semble que si je prouve qu'il est menteur sur un fait, je puis prouver qu'il a menti sur tout le reste. Si je prouve que ce qu'il vient de dire encore est un mensonge! si.... car je n'ai pas le don de deviner comme le citoyen Bailly n'a pas celui de la divination; le citoyen Bailly ne peut savoir si les questions que nous voulons faire sont étrangères à la discussion. J'ai à parler sur la moralité du témoin. La meilleure preuve qu'il est immoral, c'est de prouver qu'il a menti... On me dit de choisir des mots propres. Qu'on me donne donc le mot pour dire à un homme, honnêtement: Vous êtes un *menteur*.

Le président: Si vous avez des questions à faire, faites-les.

Réal: Il a dit hier qu'il étoit libre. L'a-t-il dit, oui ou non?

Lescot: Oui, je l'ai dit; j'ai dit que j'étois avec mes camarades.

Réal: Ce n'est pas cela. Vous avez dit hier que vous étiez libre, et la vérité est que j'ai vu l'ordre, et que j'ai vu par l'ordre que vous ne deviez pas l'être. *Premier mensonge*.

Vous dites que vous avez été conduit à Montoire: je vous prouverai, clair comme le jour, par les témoins qui viendront ici, que vous n'y avez pas été.

Germain: L'article de la loi est formel: Il dit que lorsqu'un témoin tire avantage de sa déclaration, il sera récusé, et on n'aura aucun égard à sa déclaration. Nous pouvons entrer dans des détails qui prouveront qu'on l'a mis en liberté pour déposer. Je prouverai qu'il a tiré avantage de sa dénonciation.

Viellart: Je dis que, dans cette hypothèse, ce ne seroit pas le cas de ne pas entendre son témoignage. Il a été amplement discuté pour prouver qu'il ne s'agissoit pas de tirer un avantage quelconque d'une dénonciation, mais de l'effet de sa dénonciation. Or, ici j'observe que l'accusé avoit fait sa première déclaration avant le jugement qui l'a condamné à six mois de prison; en sorte qu'on ne peut pas supposer que c'est sous la promesse d'une liberté qu'il n'avoit pas perdue, qu'on lui a fait faire des déclarations, encore une fois, antérieures à l'époque à laquelle il a été condamné, et je ne sais pas pourquoi : nous n'en savons rien et nous n'avons pas le droit de nous en informer : car je ne puis croire (malgré l'abus contre lequel je gémirai toujours des commissions militaires), je ne puis croire que l'on eût jugé Lescot pour un fait de faux mandat.

Germain : On l'eût condamné à la mort, ou acquitté.

Réal : Voici un fait que vient d'articuler l'accusateur national. Le jugement de Lescot est postérieur à sa dénonciation.

Viellart : Vous dites que je l'ai articulé. Je ne l'articule pas. J'ai dit simplement que cela me paroît être. Je proteste que je n'ai pris aucune espèce de renseignemens sur ce qui concerne Lescot. Je le fis assigner comme les autres. On répondit qu'il étoit à la Force. J'écrivis au ministre de la police, pour qu'il donnât des ordres pour qu'il fût amené à Vendôme, et nous n'en savons pas davantage. Je n'ai jamais su pourquoi. Le cours de sa procédure, sa déposition, ses premières déclarations, tout annonce qu'il n'étoit pas condamné.

Réal : On nous dit que sa dénonciation étoit antérieure à son jugement. Nous ne l'avons pas; elle n'a pas été imprimée, ni communiquée aux défenseurs; nous aurions besoin de la connoître; le citoyen Blondeau doit l'avoir.

Blondeau : Je l'ai particulièrement; j'en ai besoin pour ma défense; les défenseurs officieux doivent l'avoir.

Réal : Je craignois qu'il ne l'eût pas : je la demanderai, car il est probable que nous trouverons de plus grandes contradictions. Il est évident, d'après ce que nous avons vu hier et aujourd'hui, qu'il est tombé en contradiction.

Blondeau : Je reviens sur ce que le citoyen Viellart vient de nous dire, que le citoyen Lescot étoit à la prison de la Force. Le militaire n'est jamais abandonné de son corps, ou il est abandonné tout-à-fait. Quand il est abandonné de son corps, c'est pour un fait grave, c'est pour un fait de vol. Mais pour avoir manqué à la discipline, pour avoir manqué à un officier supérieur de son corps, il est regardé comme soldat, et puni par voie de discipline.

En conséquence le citoyen Lescot a donc été probablement convaincu de vol, pour être mis à la Force, et être abandonné de son régiment. Le citoyen Lescot nous a dit qu'il avoit acheté un mandat; que ce mandat se trouvoit faux: j'interpelle le témoin de dire pour quel effet il avoit acheté ce mandat.

Lescot: Je ne suis pas venu ici pour entendre mon jugement, mais pour faire ma déposition.

Buonarotti: Il est certain, par la déposition du témoin, qu'il y a eu un jugement qui le condamne. Si le témoin lui-même ne s'empresse pas de présenter au tribunal ce jugement, on aura alors lieu de douter de deux choses: d'abord que ce jugement existe tel qu'il le dit, et que ce jugement est de nature à porter une atteinte grave à sa moralité; secondement, on aura lieu encore de soupçonner que le jugement a été enfreint par sa mise en liberté. Je déclare au témoin que, s'il ne présente pas le jugement, j'aurai le droit de tirer toutes ces conséquences.

Vizillery: Voilà ce qu'on ne contredira jamais aux accusés; c'est qu'ils peuvent tirer contre le témoin toutes les inductions qui peuvent rendre son témoignage suspect. Mais, en vérité, je le répète, je ne crois pas que les accusés puissent pousser l'inquisition au point où elle a été portée dans la séance d'hier, entr'autres, vis-à-vis *Naudin*, à qui l'on a eu l'inhumanité de faire des questions par lesquelles on lui a arraché l'aveu d'une infirmité naturelle. On l'a retourné sur ce point-là avec une indécence extrême, j'ose le dire.

Sans doute les accusés, les défenseurs, ont le droit de faire des questions au témoin. Si le témoin ne répond pas ouvertement, ils peuvent le faire remarquer aux jurés; les jurés auront alors aussi peu d'égard qu'ils voudront au témoignage: mais on n'a pas le droit de fouiller jusques dans l'intérieur même des infirmités naturelles des témoins.

Pour éviter peut-être beaucoup de questions qui seront à faire sur les autres témoins, les compagnons de Lescot, je déclare que, les pièces de renseignement du procès, j'ai remarqué que, dans le fait, ces témoins-là avoient été à la police faire des déclarations. Mais voici l'explication.

Les premiers, à qui Blondeau avoit fait des propositions, furent à la police rendre compte des propositions qu'on leur avoit faites. On leur dit à la police: Hé bien! suivez et venez nous rendre compte de ce qui se passera. Les jurés, dans cette circonstance-là, auront plus ou moins d'égard à la déposition; sans doute, à mes yeux aussi, cela affoiblit la force de leur témoignage.

Cependant, je demande si jamais conspiration a été découverte autrement que par des intelligences qu'on se ménage dans le parti qui conspire. Voilà comment elles ont été toutes découvertes: c'est, ou par quelqu'un qui, après s'être engagé de bonne foi, pressé par les remords, a été tout déclarer, ou par quelqu'un à qui on a fait des propositions, et qui continue à se laisser engager, pour ensuite révéler tout ce qu'il sait. Je conviens que ce n'est pas là ce qu'il y a de plus pur : mais on ne peut se permettre là-dessus véritablement les expressions diffamatoires dont on abreuve sans cesse les témoins et le citoyen Vadier lui-même avoit déclaré qu'il avoit employés ce Romainville ; c'est sans doute parce qu'il l'avoit employé, qu'il se méfioit de lui : Il a su à quoi il l'a employé.

Réal : Si Lescot étoit hier venu à l'audience, avoit dit : J'ai fait ma dénonciation chez le ministre de la police ; j'ai suivi d'après ses ordres ; je vous assure que pas un de nous n'eût élevé aucune réflexion.

Je reconnois, de très-bonne foi, que lui, Mizot, avoit déposé avec une grande apparence de bonne foi. Mais autre chose est de voir d'abord cet homme qui cache ce fait-là ; qui, non seulement le cache, mais qui le nie, le nie effrontément pendant près d'une heure et demie, et qui ne l'avoue qu'après, que par des faits subséquens ; il est obligé enfin de le dire. S'il nous avoit dit : J'ai été condamné pour fait de discipline, nous aurions pris son jugement, et nous aurions tiré de ce jugement les inductions nécessaires : mais, non-seulement, il n'avoue pas ; mais il commence au contraire par nier le jugement, par dire que c'est un jugement de police. Cependant il est clair que c'est un jugement au *grand criminel* rendu contre lui. Je dois faire au tribunal une observation. Si quelques-uns des jurés, qui, dans cette affaire ont jeté une grande lumière, n'avoient pas adressé quelques-unes des questions, aurions-nous pu obtenir aucun des aveux qui rendent dans ce moment la déposition de Lescot si nulle et si contradictoire ?

Je lui fais une question : Avez-vous, oui ou non, été exposé sur le tabouret ?

Lescot : Non, je n'y ai pas été.

Viellart : Je vous déclare que j'ai demandé ce jugement.

Je me permettrai de vous observer que le ton avec lequel vous faites des questions au témoin, est véritablement effrayant ; que je ne serois pas étonné que les témoins se trompassent. Je vous dis, de bonne foi, que si vous me faisiez des questions de cette manière, sur ce que j'ai fait hier, vous me troubleriez et me feriez tomber en contradiction avec moi-même ; j'en suis sûr.

(On rit.)

Réal : J'ai de votre imperturbabilité une autre opinion que cela.

Ballyer père : C'est une suite de mes questions. Le citoyen accusateur national ne peut pas dire que nous intimidions, par nos questions, le témoin.

Viellart : On ne parle pas de vous.

Réal : C'est de moi.

Ballyer père : Le citoyen accusateur national a dit que ces gens avoient fait une première déclaration, et que le ministre Cochon leur avoit dit: Suivez, et que tous les jours ils venoient rendre compte. Cependant j'ai interrogé le témoin sur cette question, pour savoir si véritablement il rendoit compte tous les jours de sa mission, de ses démarches, de ce qu'il avoit appris et de ce qu'il savoir; il a dit que non, et hier il a dit oui. Cependant il faut qu'une déposition soit constante; il ne faut pas qu'on dise hier oui, aujourd'hui non. Voilà donc un témoin qui est prouvé menteur; et comme l'a très-bien dit le citoyen Réal, s'il est prouvé menteur dans quelques parties de sa déposition, il peut l'être dans toutes les autres. Les citoyens jurés se diront: c'est un homme dans lequel nous ne pouvons avoir confiance; ainsi sa déposition ne peut faire aucun effet sur notre conscience.

Buonarroti: Citoyen témoin, je vous demande dans quel temps vous avez été condamné?

Ballyer père: Il ne peut pas le dire.

Lescot: Je ne m'en rappelle pas.

Buonarroti: Etoit-ce un conseil ou une commission militaire?

Lescot: C'étoit une commission militaire.

Buonarroti: De quelle division?

Lescot: De la rue Verte.

Le président: Faites venir le citoyen Rondeau. Retirez-vous, citoyen Lescot.

(Le témoin se retire dans la chambre des témoins.)

Des accusés: Non, non, qu'il reste.

Le président: Faites rentrer le citoyen Lescot.

Réal: Vous avez le pouvoir discrétionnaire; il me semble que vous pouvez le mettre dans une autre des salles du Tribunal.

Le président: Je ne sais pas cela, moi. Le pouvoir discrétionnaire est à l'égard des accusés, et non des témoins.

Réal: Il est arrêté; prenez-y bien garde.

Le président: Son supérieur lui a donné une certaine liberté.

Vergne: J'observe que le témoin qui a déposé, ne doit pas rentrer dans la chambre des témoins à déposer.

(Lescot reste à la séance.)

On fait entrer Rondeau. Le président lui adresse la parole:

Votre nom!

Rondeau: Henri Rondeau.

Le président: Votre âge?

Rondeau: Vingt-cinq à vingt-six ans.

Le président: Votre état?

Rondeau: L'état militaire.

Le président: Où demeurez-vous, maintenant?

Rondeau: A Montoire.

Le président: Vous promettez de parler sans haine et sans crainte; de dire la vérité, toute la vérité, rien que la vérité?

Rondeau : Oui, je le promets.

Le président : Connoissiez-vous quelqu'un des accusés avant les faits qui ont donné lieu à l'accusation ?

Rondeau : Je connois Blondeau.

Le président : Êtes-vous son parent, son allié, ou de la partie qui a rendu plainte, ou attaché à leur service ?

Rondeau : Non.

Le président : Quelle connoissance avez-vous des faits de l'accusation ?

Rondeau : Je vais le dire.

Je déclare que le 7 messidor je me suis trouvé avec les citoyens Lescot, Pelé, et un autre de mes camarades. J'ai été invité, par mes camarades, à venir dans un cabaret rue de la Tannerie, n°. 2. Arrivé audit cabaret, la femme nous fit passer dans une chambre, au rez-de-chaussée, sur le derrière; une chambre très-sombre; il y fallut même de la lumière pour y voir clair. En arrivant à ce cabaret, nous y avons trouvé une table couverte de bouteilles de vin dessus, dans cette séance. Arrivé dans cet endroit, ledit Blondeau arrive un instant après avec Curé, dit Dubois, Maridi et un de ses camarades, au nombre de cinq à six. Nous restâmes à boire jusqu'à neuf heures du soir. Nous bûmes environ soixante bouteilles de vin, plus ou moins. On nous donna des jambons, des salades et même des pipes et du tabac pour fumer. Ledit Blondeau arriva dans l'intervalle. Un quart-d'heure après, plus ou moins, il nous fit un grand accueil; nous parla avec intérêt du représentant du peuple Drouet : nous dit qu'il falloit le sauver; que s'il ne l'étoit pas, la République étoit perdue; qu'il n'y avoit pas de relâche à mettre dans ce moment; qu'ils avoient beaucoup de monde à leur service, qui étoient le 14e (ou 83e, on n'a pas bien entendu,) régiment d'infanterie; le 2e régiment de chasseurs à cheval; qu'il falloit sauver ledit Drouet, Baboeuf et autres. Il nous dit qu'il n'y avoit pas de temps à perdre dans le moment; que Drouet étoit au Conseil des Anciens, et que, après l'arrêté, il partiroit pour la Haute-Cour, à Vendôme. Il dit qu'il y avoit cinq points de ralliement dans Paris.

Que le premier étoit de sonner le tocsin à la Ville, place de Grève. Il ne nomma pas les autres endroits. Qu'après le tocsin sonné à la Ville, il se porteroit aux quinconces des Invalides, au coin ci-devant de l'hôtel Bourbon.

Il nous dit qu'il porteroit à son chapeau un ruban tricolor pendant à la corne gauche; et qu'au moment de l'insurrection on se porteroit sur l'état-major, afin de couper toutes les communications avec les troupes du dehors, afin qu'il ne puisse pas envoyer des ordonnances aux troupes hors de Paris. Que delà on se porteroit sur le Directoire exécutif, excepté ceux dont ils avoient une liste.

Le président : Qu'entendez-vous par le Pouvoir exécutif ?

Rondeau : Qu'il devoit égorger l'état-major ; dela se porter au Directoire exécutif, pour couper toutes communications possibles.

Il nous fit faire un serment lui-même, le pistolet à la main, d'être fidèles à la cause de Drouet, Babœuf et autres, que je n'ai jamais vus.

Il nous dit ensuite qu'il passeroit la nuit avec le défenseur de Drouet, et qu'il nous diroit des nouvelles certaines le lendemain. Nous quittâmes, moi et mes camarades, ledit Blondeau sur les neuf heures du soir, en nous disant de revenir, dans ce même cabaret, le lendemain.

J'y fus le lendemain sur les neuf ou dix heures du matin. (Je ne sais pas précisément l'heure.) J'y trouvai le citoyen Blondeau et Curé, dit Dubois, affidé de Blondeau. Il nous fit promettre encore d'être fidèles à leur projet, comme la veille. Ledit Blondeau me dit qu'il avoit affaire ; il nous quitta avec ledit *Curé*, dit *Dubois*, le lendemain.

Germain : Est-ce le 8 ou le 9 ?

Rondeau : Le lendemain, je vous dis.

Vergne : Laissez le, la déposition est à lui.

Rondeau : Nous allâmes à un café au Port-au-Blé, à l'enseigne de la Levrette, où je trouvai le citoyen Martial, et un autre avec lui, dont le nom ne me revient pas. Il m'engagea à venir avec eux, dans un cabaret, près de la Place royale, faubourg Antoine, où il y avoit une société de leurs amis.

Arrivant audit cabaret, on nous fit boire avec les amis dudit Blondeau qui étoient à boire ; que peu de temps après ledit Blondeau arriva. Quand il vit ledit Martial present, il l'envoya à une de leurs séances à la halle, chef-lieu de leurs séances ; que ledit Martial partit à l'instant, revint en instant après, et dit qu'il falloit attendre, qu'on déliberoit ; que Blondeau et Martial nous dirent que s'il y avoit quelque chose de nouveau, qu'il se transporteroit aux Invalides, ou au café de l'enseigne de la Levrette. Que dans cette séance il se tenoit beaucoup de propos relativement à l'insurrection qui devoit éclater ; qu'ils avoient au moins trente mille ouvriers à leur service, qui, au moment de l'affaire, se transporteroient, la même chose que Martial me dit, dans cette séance (affidé de Blondeau), qu'il avoit vu les citoyens Bourdon, Lepeletier l'aîné, déguisés en savoyards ; qu'ils se consultoient ensemble pour l'affaire qui devoit avoir lieu.

J'ai oublié de dire que dans la séance du 7 messidor, il nous fut remis des imprimés *du brave la Terreur de l'armée de Sambre-et-Meuse*, et un imprimé des pièces justificatives. J'ai oublié de dire aussi que dans la séance, je crois du 8, que Martial, affidé de Blondeau, me dit, dans la séance tenue au cabaret, près la Place royale, faubourg Antoine, qu'ils avoient des ex-généraux destitués et même des députés prêts à montrer le signal du carnage, et dont je ne sais pas les noms. Voilà tout ce que j'ai à vous dire.

Buonarotti : Je vous prie de demander au témoin de quel pays il est ?

Rondeau : De Sedan, en Champagne, département des Ardennes.

Buonarotti : Depuis quel temps il sert ?

Rondeau : Depuis 1780 (vieux style.)

Buonarotti : Quel mois ?

Rondeau : Je ne connois ici personne autre que le citoyen Blondeau, qu'il me parle, et je lui répondrai.

Bodson père : Quoique vous ne nous connoissiez pas non plus, nous vous en ferons des questions ; nous ferons connoissance avec vous.

Le président : Les accusés et les défenseurs ont le droit de vous faire des interrogations.

Buonarotti : Le témoin a dit que dans la séance du 7, Blondeau avoit dit à lui, ou à ses camarades, qu'il n'y avoit pas de temps à perdre ; que le Conseil des Anciens alloit prendre un arrêté, et qu'alors Drouet et ses co-accusés seroient partis pour la Haute-Cour nationale de Vendôme. Il a répété cela deux fois. J'observe au témoin que le Corps législatif n'avoit pas alors arrêté que la Haute-Cour nationale se rendroit à Vendôme : comment est-il possible que Blondeau ait dit cela le 7 messidor ?

Rondeau : Je répète que le citoyen Blondeau nous a dit que le représentant Drouet, Babœuf et autres, devoient partir pour la Haute-Cour nationale : peut-être que le mot de *Vendôme* a été mis, parce que je l'ai su depuis.

Buonarotti : Le témoin a dit qu'à la séance du 9, tenue, d'après ce qu'il dit lui-même, au café de la Levrette, au Port-au-Blé, il y a trouvé le nommé *Martial*. Dans sa déclaration devant le directeur du jury, il dit qu'il y trouva *Curé*, dit *Dubois*, et *Chapelle*.

Rondeau : *Chapelle*, c'est vrai ; vous me rappelez le nom.

Buonarotti : Alors vous n'avez pas parlé de *Martial* ; vous en parlez aujourd'hui.

Avez-vous jamais entendu dire dans cette séance ou dans les autres, qu'on devoit présenter au Conseil des Anciens une pétition en faveur de Drouet ?

Rondeau : Je ne m'en rappelle pas.

Blondeau : J'interpelle le témoin de déclarer qui lui a donné cet écrit intitulé, *Le brave La Terreur ?*

Rondeau : Ce sera vous et vos camarades.

Le président : Savez-vous quel est l'individu qui vous l'a remis en main ?

Rondeau : Je crois que c'est *Curé*, dit *Dubois*.

Blondeau : N'avez-vous jamais été dans ce cabaret auparavant de m'avoir vu dans cette prétendue orgie ?

Rondeau : Jamais ; je n'y fus que le 7 messidor.

Buonarotti : Comment vous êtes-vous déterminé à y aller ce jour-là ?

Le président : Il seroit à désirer qu'on ne se croisât pas comme cela. Laissez parler Blondeau.

Blondeau : Qui vous a remis la défense de Drouet ?

Rondeau : La même chose. C'est peut-être *Curé*, dit *Dubois* ; je ne connois pas le nom de tous les cinq ; je pourrois les reconnoître de vue, mais cu de nom.

Blondeau : En reconnoissez vous quelqu'un ici ?

Rondeau : Je ne connois que vous ici.

Blondeau : Je demande que vous regardiez s'il y en a que vous connoissiez ?

Rondeau : Je n'en connois pas.

Blondeau : Qui vous a dit de venir le 7 messidor dans cette prétendue orgie ?

Rondeau : Lescot.

Blondeau : Pourquoi vous a-t-il dit d'y venir ?

Rondeau : Il ne nous le dit pas le soir de venir avec lui. Nous étions couchés ; et le lendemain, au pansement des chevaux, il nous dit qu'il avoit été boire dans un cabaret, rue de la Tannerie, n°. 2, et il demanda que nous y allions avec lui.

Blondeau : Il vous dit, le 6 au soir, en rentrant dans la caserne, à minuit ou une heure, de venir avec lui le lendemain dans cette prétendue orgie, pour prendre part à cette cabale que je faisois ?

Un accusé : Il l'a dit.

Le président au témoin : A quelle heure vous l'a-t-il dit ?

Rondeau : Il me l'a dit le lendemain matin. Il dit : J'ai été ce soir dans un cabaret avec des jacobins.

Réal : Ce soir !

Rondeau : Ce n'est pas le soir ; nous étions couchés ; c'est le lendemain matin. Il nous dit qu'il venoit de boire avec des citoyens qui vouloient soutenir Drouet, Babœuf et autres.

Blondeau : C'est le 7 que vous vous êtes rendu avec vos camarades dans cette orgie, rue de la Tannerie, à une heure de l'après-dinée ?

Rondeau : Oui, citoyen.

Blondeau : Quel jour avez-vous été chez le ministre de la police ?

Rondeau : Le 7 messidor.

Blondeau : A quelle heure ?

Rondeau : Je ne sais pas l'heure juste.

Blondeau : Qu'avez-vous été faire chez le ministre de la police ?

Rondeau : J'y avois affaire.

Blondeau : Quelle cause ?

Rondeau : J'y avois besoin. J'y fus avec mon camarade Lescot. Mon camarade a dit qu'il y avoit un complot, une insurrection, et qu'il vouloit dénoncer au ministre de la police l'endroit où elle étoit.

Blondeau : Je demande au témoin si, (non pas dans la séance où je ne me suis pas trouvé; je n'y ai jamais été,) si, le soir même, dans cette prétendue orgie, de déclarer s'il ne m'a pas dit qu'il y avoit un jeune homme, d'entre ses camarades, qui étoit émigré ; mais que c'étoit un excellent patriote ?

Rondeau : J'ignore cela.

Blondeau : Je le reconnoîtrai tout-à-l'heure.

Rondeau : Et quant à moi, si vous voulez voir mes certificats et mes cartouches, je vous les montrerai bien.

Crespin : Je vous prie de demander au témoin combien ils ont mis de temps cette orgie à boire les soixante bouteilles de vin.

Rondeau : Depuis une heure après dîner, jusqu'à neuf heures du soir.

Crespin : Je vous prie également de lui demander en quel état se trouvoit Blondeau, ainsi que tous les convives de cette prétendue orgie, lorsqu'ils ont bu les soixante bouteilles, et lorsqu'il fit prêter à ces mêmes convives, à ce qu'ils disent, le serment sur un pistolet.

Le président : Dans quel état d'ivresse étiez-vous ?

Rondeau : Je vous dirai que le citoyen Blondeau et ses camarades n'avoient pas pris de boisson.

Le président : Vous êtes-vous pris de boisson ?

Rondeau : Il est possible que parmi nous il y en ait eu.

Le président : A quelle heure eut lieu ce prétendu serment ?

Rondeau : Sur les quatre, cinq heures près de la nuit.

Le président : A-t-il présenté un pistolet ?

Rondeau : Lui-même.

Buonarotti : Demandez-lui combien il a bu de bouteilles.

Rondeau : Ma foi, peut-être bien deux, une et demie.

Buonarotti : N'avez-vous pas su, que parmi ceux qui portoient l'habit militaire, il y en avoit quelqu'un qui s'étoit déguisé ?

Rondeau : S'il y avoit un mouchard parmi nous, on nous l'avoit envoyé.

Buonarotti : Il y avoit donc un mouchard ?

Le président : N'y avoit-il pas avec vous quelqu'un qui n'étoit pas militaire ?

Rondeau : Peut-être il y en avoit un habillé en militaire.
Buonarotti : Savez-vous s'il y étoit, oui ou non ?
Rondeau : Il y étoit.
Buonarotti : Savez-vous son nom ?
Rondeau : Non.
Buonarotti : Savez-vous qui l'a envoyé ?
Rondeau : Qui l'a envoyé ?... Je ne l'avois pas demandé : Peut-être que le ministre l'a envoyé ; nous avons été chez lui le matin.
Buonarotti : Avoit-il le même uniforme que le vôtre ?
Rondeau : Oui.
Buonarotti : Mais sûrement vous connûtes la plupart de vos camarades ?
Rondeau : Un régiment de 12 ou 1500 hommes, je ne puis reconnoître tout le monde : à peine connoit-on même ceux de sa compagnie.
Buonarotti : Saviez-vous qu'il y avoit un mouchard ?
Rondeau : Je ne dis pas qu'il n'y en avoit pas un.
Germain : Est-ce immédiatement après que vous fûtes avertis, que vous vous rendîtes à ce cabaret ?
(Le témoin n'a pas eu le temps de répondre.)
Buonarotti : Combien étiez-vous de militaires là ?
Rondeau : Huit ou dix.
Buonarotti : Combien avez-vous été chez le ministre ?
Rondeau : Trois.
Buonarotti : En sortant, où trouvâtes-vous les sept autres ?
Rondeau : Nous avons été d'abord à notre caserne.
Buonarotti : Vous venez dire que vous avez été au cabaret en sortant de chez le ministre ?
Rondeau : C'est à une heure après dîner.
Germain : Laissez-moi parler.
Cito. président, vous avez entendu, tous tant que nous sommes ici nous avons entendus ce qu'il a dit tout-à-l'heure, qu'il étoit allé au cabaret immédiatement après sa sortie de chez le ministre de la police.
Rondeau : Nous fûmes chez le ministre le matin, et à une heure après-midi au cabaret.
Le président : A quelle heure fûtes vous chez le ministre ?
Rondeau : A sept ou huit heures.
Didier : Combien étiez-vous lorsque vous êtes allé chez le ministre de la police ?
Rondeau : Trois. Lescot, Pelé et moi.
Buonarotti : Le prétendu mouchard, où vous a-t-il joints ?
Rondeau : Au cabaret. Nous n'avons pas été tous ensemble au cabaret : nous avons été par deux ou trois ensemble.

Buonarotti : Vous avez dit tout-à-l'heure que vos camarades ne vous avoient pas quittés.

Rondeau : Nous fûmes au cabaret, moi, Lescot et Pelé.

Buonarotti : Fûtes-vous au cabaret avant d'aller chez le ministre ?

Rondeau : Non.

Buonarotti : Arrangez-vous donc ; vous avez dit que vos camarades ne vous avoient pas quittés de la journée, et cependant vous n'avez été que trois chez le ministre.

Rondeau : Nous fûmes le matin chez le ministre de la police, entre 7 à 8 heures, après le pansement des chevaux. Nous avons resté jusqu'à une heure après-dîner sans aller au cabaret. Nous allâmes au cabaret entre une ou deux heures.

Buonarotti : Est-ce là où vous trouvâtes vos camarades ?

Rondeau : Nous étions ensemble, et nous nous séparâmes pour aller au cabaret.

Buonarotti : Où vous rejoignirent-ils ?

Rondeau : Au cabaret.

Buonarotti : Je demande au témoin s'il a eu copie de la déclaration qu'il a faite devant le directeur de jury ?

Rondeau : Non.

Buonarotti : Je demande pourquoi, lorsqu'il a fait sa déclaration devant le haut-jury, il s'arrêtoit et se coupoit souvent ?

Rondeau : Depuis un temps fixe, on ne se rappelle plus de tout ; il est possible qu'il y ait du monde qui ait du front ; moi je n'en ai pas pour paroître devant vous autres tous.

Didier : Demandez au témoin qu'il nous répète s'il est venu beaucoup de monde pendant l'intervalle qu'ils ont bu les soixante bouteilles de vin ?

Rondeau : Il est venu des militaires au nombre de sept à huit, et cinq affidés de Blondeau.

Didier : Est-il venu d'autres personnes ?

Rondeau : Dans une chambre où il faut de la lumière, je ne peux pas dire s'il entroit du monde par la porte de l'escalier.

Germain : Est-il venu du monde boire avec vous ?

Rondeau : Il est venu d'autres bourgeois qui ont entré, et n'ont fait que paroître.

Germain : Est-il venu d'autres militaires boire que vous ?

Rondeau : Non.

Germain : Comment se fait-il que le témoin prétende qu'il n'est entré personne que les sept dragons qui étoient avec lui, et les cinq citoyens qui étoient avec Blondeau ; et qu'il dise qu'il y avoit un poste voisin dont plusieurs soldats s'étoient détachés ?

Rondeau : J'ai dit que dans cette séance du 8 on nous passa des bouteilles d'eau de vie qui n'ont pas été bues parmi nous, et ont été bues au poste de la Grève.

Crepin : Vous avez vu cela dans la chambre sombre ?

Rondeau : Oui, sur une table.

Crepin : Le témoin a dit qu'il y a eu plusieurs bouteilles de vin de portées au poste. Je prie le citoyen président d'interpeller le témoin de dire qu'est-ce qui a porté ce vin au poste; si c'est le marchand de vin, ou si c'est quelqu'un de ses camarades qui étoient à boire dans le cabaret?

Le président : Vous avez dit qu'il y avoit un poste voisin.

Rondeau : Près de la Grève, à trente pas de là.

Le président : Où on avoit porté du vin?

Rondeau : C'est de l'eau-de-vie.

Un camarade vient, il peut boire un verre de vin au cabaret; quelqu'un a pu mettre des bouteilles dans sa poche, et les aller porter au poste.

Le président : Etoit-ce vous qui portiez les bouteilles?

Rondeau : Non, jamais.

Crepin : Je demande si c'est le marchand de vin ou quelqu'un de ses camarades?

Rondeau : Non pas le marchand de vin.

Crepin : Vous ne savez donc pas à présent qui a porté?

Rondeau : Je sais que l'eau-de-vie a été dispersée dans le poste.

Crepin : Vous ne savez pas par qui?

Rondeau : Non.

Crepin : Qui vous a dit que c'étoit de l'eau-de-vie?

Rondeau : C'est vous, en versant dans les verres. Du vin à l'eau-de-vie il y a un peu de différence.

Réal : Dans le poste, qui vous a dit qu'on y avoit bu de l'eau-de-vie?

Rondeau : Les camarades qui l'ont portée. Nous avions deux ou trois camarades qui ont pris de l'eau-de-vie dans leurs poches.

Réal : Ces camarades étoient-ils à boire avec vous?

Rondeau : Oui.

Réal : Par conséquent, c'étoit des camarades qui étoient avec vous qui portoient l'eau-de-vie?

Rondeau : Oui.

Réal : Vous disiez tout-à-l'heure que vous ne saviez pas qui. Vous êtes-vous apperçu que quelques-uns de vos camarades avent pris quelques bouteilles dans leurs poches, pour les communiquer?

Rondeau : De mes camarades à moi, oui. Il y en a eu. Il y a eu un nommé Pillard qui est sorti avec, parce que pendant l'intervalle qu'on a bu de l'eau-de-vie, nous cachâmes l'eau-de-vie par terre, en disant : Est-ce qu'on veut nous enivrer; nous avons ici le poste, il faut en porter à nos amis. Les camarades ont porté les bouteilles au poste.

La suite au Numéro prochain.

A IS, chez BAUDOUIN, Imprimeur du Corps législatif.

(N°. 59.)

DÉBATS ET JUGEMENS

DE LA HAUTE-COUR DE JUSTICE.

Suite de la Séance du 4 germinal.

Continuation de l'audition des témoins.

MEYNIER, d'Ille, juré : Il me paroît, peut-être me suis-je trompé, que vous avez dit que le serment fut prêté entre quatre et cinq heures ; et vous ajoutez à l'entrée de la nuit : j'observe....

Rondeau : Permettez, je ne puis pas dire précisément l'heure, depuis cinq ou six mois ; je ne puis pas dire si c'est positivement dans le centre de la séance. Il fut fait à cinq, six heures, je ne sais pas au juste : ce qu'il y a de certain, c'est qu'il fut fait.

Meynier : C'est entre quatre et cinq heures ? J'observe que dans le mois de messidor, entre quatre et cinq heures, on est encore fort éloigné de la nuit.

Rondeau : Vous avez raison, citoyen ; mais il est possible que dans une chambre qui est très sombre, le jour ne paroisse pas clair. Le serment fut fait, je ne puis pas dire s'il a été fait à quatre, cinq, six heures. Le serment a été fait de la part de Blondeau et de ses camarades dans la même séance.

Meynier : Au commencement vous avez encore dit que vous n'étiez que cinq à six. Cependant, dans le cours de cette déposition, ce nombre s'est augmenté, puisque vous avez dit que vous étiez huit, neuf ou dix.

Rondeau : Je répète encore que, le 7 messidor, je me trouvai avec Lescot, Pelé, et plusieurs autres de mes camarades ; qu'arrivé dans ledit cabaret, on nous fit passer dans une chambre très sombre ; que peu de temps après arriva ledit Blondeau, Curé, dit Dubois, et autres de leur société, au nombre de cinq. Nous étions sept, huit ou neuf, je ne puis dire au juste.

Dubois, juré : Je demande au témoin s'il a connoissance par qui a été payée la dépense.

Rondeau : Je sais qu'on nous a dit en passant, et quand on a

Débats & jugemens de la Haute-Cour, Tome IIe. F f parlé de dépense : Allez, c'est payé ; nous avons ici des amis qui payent. Blondeau dit même, dans la séance du 9 messidor, qu'il avoit encore trente mille francs à son service.

Réal : Je n'ai pas bien entendu la réponse du témoin sur la première question ; n'avez vous pas dit que, lorsque vous passâtes, vous, au comptoir, on vous dit que c'étoit payé ?

Rondeau : Un de nous autres demanda, qui est-ce qui a payé ? On répondit : Tout est payé, les amis payent.

Réal : Vous dit on que c'étoit Blondeau, ou le mouchard qui étoit avec vous, qui payoit ?

Rondeau : Le mouchard n'étoit pas avec nous.

Réal : Je vous demande si on vous dit, au contraire, que c'étoit Blondeau qui payoit.

Rondeau : On dit : Allez-vous-en, les amis payent. Mais Blondeau dit, dans une autre séance, qu'il avoit encore quarante mille francs au service des amis.

Réal : Je vous demande seulement si on vous a fait entendre que c'étoit Blondeau et un autre.

Rondeau : On nous a dit que c'étoient les amis.

Buonarotti : Je demande au témoin si on a commencé de boire au commencement de la réunion.

Rondeau : Je vous dis qu'en arrivant au cabaret, nous avons bu depuis une heure jusqu'à neuf heures du soir.

Buonarotti : Le serment, à ce qu'il a dit, a été prêté au centre de la séance ; on avoit donc bu beaucoup déja.

Rondeau : Je ne sais pas ce qu'on avoit bu. Il y a eu du vin prodigué, renversé ; je ne sais combien les camarades ont bu.

Buonarotti : Puisqu'on a toujours bu, qu'on a commencé à une heure ; il est possible, il me semble certain, que vers la moitié du temps, on avoit déja beaucoup bu.

Rondeau : J'ai vu que dans la séance on a bu au moins soixante bouteilles de vin.

Germain : Ce citoyen qui étoit habillé en dragon, est-il sorti avec vous, ou avant vous ?

Rondeau : Je ne m'en rappelle pas. Il est peut-être sorti un instant avant.

Germain : Mais enfin est-il sorti avant ou après, à votre connoissance ?

Rondeau : Je ne m'en rappelle pas.

Germain : Lescot a dit qu'il étoit sorti avant eux.

Blondeau : J'interpelle le témoin de déclarer où il a été après la séance du 7, en se retirant.

Rondeau : Je fus au quartier me coucher.

Blondeau : Au quartier vous coucher !

Germain: Vous n'avez pas été, depuis le 7 messidor matin, chez le ministre de la police ?

Rondeau: Jamais, je n'y ai jamais entré.

Germain: Vous n'y êtes jamais entré depuis ?

Rondeau: Je ne m'en rappelle pas.

Germain: Cependant c'est une chose dont on doit se rappeler. Vous ne vous en rappelez pas du tout ?

Rondeau: Non.

Réal: Comment ! vous ne vous rappelez pas si vous y avez été une fois ou deux fois ?

Rondeau: J'y fus ce jour là le 7.

Réal: Vous n'y avez pas été le 8 rendre compte de ce qui s'étoit passé ?

Rondeau: Ce n'étoit pas à moi à y aller, puisqu'il y avoit un mouchard avec nous ?

Germain: On vous avoit donc dit qu'il y avoit un mouchard avec vous ?

Rondeau: Puisqu'on avoit été chez le ministre, il étoit possible qu'il y en eût un avec nous.

Germain: Lorsque vous avez été chez le ministre de la police, il vous dit de poursuivre cette affaire pour connoître les conspirateurs ; il vous dit de lui rendre compte de ce qui se passoit.

Rondeau: Ce n'étoit pas à moi à lui rendre compte.

Germain: Vous le dit-il?

Rondeau: Il est possible qu'il ait pu me le dire, d'autant plus qu'il y avoit avec lui un agent de la police.

Germain: Il vous donna donc alors un agent de la police?

Rondeau: Pas à nous mêmes. Il m'est impossible de me rappeler de tous les faits passés.

Germain: Vous vous transportâtes chez le ministre de la police ?

Rondeau: Ce n'est pas moi qui dénonçois, c'est Lescot.

Germain: Vous fûtes avec lui, et vous entendîtes très-bien la dénonciation qu'en fit Lescot ?

Rondeau: Oui.

Germain: Le ministre de la police dut vous dire de suivre cette conspiration pour la lui dénoncer.

Rondeau: Oui, je ne puis dire au juste, peut-être me dit-il d'aller au cabaret.

Germain: Vous ne pouvez pas assurer qu'il vous l'ait dit ; que le ministre de la police vous ait dit de poursuivre ceux qu'on lui dénonçoit comme conspirateurs pour savoir leurs démarches ?

Rondeau: Je ne connoissois personne.

Germain: Il falloit bien que vous connussiez quelqu'un,

que vous eussiez envie de connoître, puisque vous vous étiez associé à Lescot.

Rondeau : Pour vendre le projet, oui.

Germain : Eh bien ! puisque vous vouliez vendre ce projet et que vous vous associez au dénonciateur, le ministre de la police a dû vous dire de suivre ce projet, de suivre toutes les démarches, toutes les menées de ce projet.

Rondeau : Peut-être l'a-t-il dit, je ne m'en rappelle pas.

Jeaume : Je demanderai au témoin où il fut au sortir de chez le ministre de la police.

Rondeau : Aux quinconces des Invalides, dans mon quartier.

Jeaume : Je vous demanderai si, au mois de fructidor dernier, vous n'étiez pas campé au camp de Grenelle.

Rondeau : Oui.

Jeaume : Je vous demanderai si vous n'avez pas été appelé en témoignage à l'affaire du Temple.

Rondeau : Jamais.

Un juré : Lorsque vous prêtâtes le serment dont vous avez parlé sur le pistolet, fut-il question de la constitution de 1793 ?

Rondeau : De renverser le gouvernement et de reprendre cette constitution.

Réal : C'étoit un propos assez intéressant pour le dire d'abord.

Rondeau : Si ma mémoire étoit telle que la vôtre, peut-être qu'elle s'en rappelleroit sans difficulté. Il étoit question de renverser le gouvernement, de se porter à l'état-major, de l'égorger, et de là de se porter sur le Directoire exécutif pour l'égorger, excepté ceux dont il avoit une liste.

Réal : Vous ramenez mon attention sur ce propos, *excepté ceux dont il avoit une liste* ; vous l'a-t-il montrée ?

Rondeau : Non. Une liste a été montrée dans cette séance, mais je ne peux dire que je l'ai vue ; je sais seulement qu'elle a été montrée.

Réal : Y avoit-il beaucoup de noms ?

Rondeau : Je ne l'ai pas vue.

Réal : A qui a-t-elle été montrée ?

Rondeau : A une partie de la société.

Babœuf : A vous ?

Rondeau : Si je l'avois vue, je le dirois la même chose.

Le président : La vîtes-vous montrer, cette liste ? ou avez-vous entendu dire qu'elle le fut ?

Rondeau : La liste fut montrée dans la salle, je ne dis pas que je l'aie jamais vue.

Le président : L'avez-vous vu passer entre les mains ?

Rondeau : Il a été dit : *Nous avons une liste*. Je ne dis pas qu'on l'a montrée au moment qu'on en parloit. Quant à moi, je ne peux pas dire que je l'ai vue, cette liste; si je l'avois vue, je le dirois la même chose. Il fut mention, dans cette séance, d'une liste de députés.

Réal: Ce sont des députés?

Rondeau: Des députés dont ils avoient une liste.

Réal: Je dois observer, et le président se rappellera mieux que moi, que lorsqu'il eut prononcé trois fois de suite le nom de *Directoire exécutif*, le président lui demanda ce qu'il entendoit par *Directoire exécutif*: il n'a pas répondu, mais il a répété le nom de *Directoire exécutif*. Il avoit dit d'abord, *Pouvoir exécutif*; c'est sur la question du président qu'il dit *Directoire*: actuellement il ne s'agit plus de *Directoire*, ce sont des *députés*.

Rondeau: Je vous ai dit qu'ils se porteroient d'abord sur l'état-major et après sur le *Directoire exécutif*.

Le président: Qu'entendez-vous par le Directoire exécutif?

Rondeau: Sur les députés de la Convention, sur le gouvernement.

Réal: Il entendoit si peu cela, qu'il a répété ce qu'il avoit répété pour l'état-major: c'étoit pour empêcher toutes les communications.

Rondeau: Oui, leur projet étoit d'égorger l'état-major pour couper le cours de tout, et qu'après on se porteroit sur le Pouvoir exécutif pour égorger ceux dont il avoit une liste.

Réal: Vous avez dit qu'ensuite il avoit remis la séance au lendemain pour vous instruire de ce qui se passeroit, parce qu'il devoit passer la nuit avec le défenseur de Drouet. L'a-t-il nommé?

Rondeau: Non.

Réal: Il n'a pas dit s'il étoit député, oui ou non?

Rondeau: Il ne l'a pas dit.

Bailly, accusateur national: Il faut que le fait soit éclairci; on ne doit pas laisser subsister le moindre louche sur un fait important. Le citoyen vient d'appeler l'attention du témoin et des jurés sur un fait très-important. Le témoin a dit qu'ils devoient se porter d'abord sur l'état-major, afin de couper la communication de toutes les ordonnances; en second lieu, sur le *Directoire exécutif*. Il a dit depuis que c'étoit le *gouvernement*. Mais le Directoire fait bien une des parties essentielles du gouvernement. Le témoin a ajouté, *excepté ceux dont Blondeau annonçoit la liste*: après cela il a parlé de *députés* qui étoient sur cette liste.

Ainsi il paroît, d'après ce qu'a dit le témoin, que cette liste ne seroit pas uniquement relative à des membres du Directoire exécutif, qu'elle comprendroit des membres du Corps législatif. Il faut que cela soit clairement expliqué par le témoin. A-t-il entendu dire, oui ou non, s'il y avoit sur la liste des exceptions pour les députés?

Réal : Je connois d'avance la réponse. . . . la question amène la réponse.

Bailly : Il est bien étrange, citoyen président, qu'à chaque instant on empêche la vérité de jaillir !

Réal : Au contraire, je la demande toujours ; mais je dis que la question a amené la réponse.

Bailly : La manière de faire cette question est très-claire.

Blondeau : Citoyen président, je vous demande la parole.

Laignelot : On lui fait dire ce qu'il ne doit pas dire.

Rondeau : Il me semble que le Directoire, ce sont, selon moi, les députés.

Germain : Selon moi, les députés, c'est le Directoire exécutif. Il doit rapporter ce qu'il a entendu dire à Blondeau.

Bailly : C'est ce que je demande.

Didier : Quoi ! vous lui préparez ses réponses ?

Blondeau : J'interpelle le témoin de déclarer si j'ai montré des listes.

Rondeau : Je n'ai pas vu de liste, je dis qu'elle a été montrée.

Blondeau : Tout-à-l'heure, vous vous rappelez que le témoin vous a déclaré qu'il y avoit une liste pour égorger le Pouvoir exécutif.

Des accusés : Non, non, ce n'est pas cela.

Le président : La liste portoit des exceptions ?

Rondeau : Oui, à l'exception de ceux qu'on ne vouloit pas égorger.

Buonarotti : Je fais une observation : le témoin, d'après l'observation d'un haut-juré, déclare que le projet de ceux avec lesquels il a été réuni le 6 et le 7 messidor, étoit de renverser la constitution actuelle pour établir la constitution de 93. N'avez-vous pas dit cela au citoyens jurés ?

Rondeau : Oui, c'est vrai.

Buonarotti : Cependant vous n'avez pas dit cela devant le directeur du jury. Voici votre déclaration : Vous avez déclaré « qu'on » vous avoit fait prêter serment de ne pas trahir le secret ni la » cause de Drouet, Babœuf et autres. » Plus bas, il est dit « qu'il » vous fit faire le serment, chacun un pistolet à la main, d'être » fidèles, de bien garder le secret ; qu'il a été seulement question » de délivrer Drouet et Babœuf. » Cependant ce n'est pas la même chose que de renverser le gouvernement, vous le sentez vous-même.

Rondeau : On ne peut pas se rappeler de tout ce qui s'est passé, je ne me rappelle que d'un fait certain.

Buonarotti : Vous vous écartez du fait certain. Le projet, dites-vous, étoit de faire évader Drouet et Babœuf. Vous dites aujourd'hui une chose que vous n'avez pas dite alors.

Réal : C'est d'autant plus essentiel qu'il ne l'avoit pas dit aujourd'hui, qu'il ne l'a dit que sur l'observation d'un juré.

Rondeau : C'est Curé, dit Dubois, qui en parla le premier.

Buonarroti : Vous sentez vous-même que délivrer Drouet n'est pas la même chose que de renverser la Constitution.

Rondeau : Il en fut mention dans le temps : si je ne m'en suis pas rappelé dans mon interrogatoire, dans ma déposition de Paris, je ne l'ai pas dit, parce que je ne peux pas dire tout.

Crespin : Je vous prie de demander au témoin à quelle époque du repas on a bu les soixante bouteilles ; à quelle époque et à quelle heure Blondeau a-t-il montré la prétendue liste dont le témoin parle ?

— *Rondeau* : Je ne peux pas vous dire le nombre au juste ; je ne puis pas m'en rappeler ; cette liste fut montrée dans la séance. Je ne peux pas le dire : si j'avois vu la liste, je dirois : Je l'ai vue. Si Blondeau me l'avoit montrée, je l'aurois dit la même chose.

Germain : Voulez-vous me dire quel étoit le dragon qui étoit avec vous et Lesoot, lorsque vous avez été chez le ministre de la police ?

(Le témoin n'a pas répondu.)

Rondeau : J'interpelle le témoin de déclarer pourquoi et par quels moyens je présentai cette liste.

Rondeau : C'est toujours la même chose que vous me demandez : je vous ai déjà dit que ne l'ai pas vue, cette liste.

Blondeau : Je vous demande à quel motif j'ai présenté cette liste.

Rondeau : Je ne l'ai pas vue.

Biauzat : Citoyen témoin, vous dites n'avoir pas vu la liste ; avez-vous vu le paquet sur lequel étoit la liste ?

Rondeau : Citoyen, non, je ne l'ai pas vu ; je l'aurois dit.

Biauzat : Qui vous a dit qu'on avoit présenté la liste ?

Rondeau : Mes camarades qui étoient dans la société.

Biauzat : Quel est ce camarade ?

Rondeau : Nous étions plusieurs.

Lamberté : Je desirerois que le témoin dît si les propos tendant au renversement du gouvernement n'ont pas été tenus par le mouchard envoyé par le gouvernement sous l'habit de militaire.

Blondeau : Ce sont les affidés de Rondeau qui les ont tenus.

Buonarroti : Je demande si cet agent de la police qu'il dit avoir été avec eux n'a pas tenu aussi des propos à ce sujet ?

Rondeau : Je n'en sais rien, moi.

Rey-Paithade, haut-juré : Je demande au citoyen Blondeau s'il se rappelle avoir vu le citoyen témoin aux jours et aux lieux dont il est parlé, ou le 7 messidor.

Blondeau : Non, citoyen : je me suis trouvé, comme j'ai dit, par hasard, à un cabaret qui n'étoit pas celui qu'il a nommé.

Le président : Vous rappelez-vous de l'y avoir vu ?

Blondeau : C'est lui qui me dit : Voilà un émigré qui est un jeune homme ; mais c'est un bon garçon, un bon patriote.... j'aurai le plaisir de vous le montrer.

Bailly : Le témoin a parlé de deux sermens : il a dit que Blondeau en avoit fait faire un premier dans ce que le témoin a appelé la séance du 7 messidor ; que le lendemain ce serment a été réitéré sur les 9 à 10 heures du matin. Je ne puis pas me rappeler si le témoin a expliqué dans quel état étoit alors Blondeau. Cela est important ; cela peut venir à la décharge de l'accusé.

Rondeau : Blondeau n'étoit pas pris de boisson, ni aucun d'eux.

Réal : Citoyen président, je ferai aux jurés trois observations. Ils auront saisi par le cours de la déposition du témoin, qu'il ne parloit jamais à la première personne ; ce qui annonce le système d'une déposition écrite, dictée et communiquée, et nécessairement apprise par cœur.

La seconde observation, c'est l'extrême difficulté avec laquelle nous avons obtenu les vérités plus simples qui paroissent d'abord indifférentes, qui nous ont conduits à d'autres vérités très-importantes.

Vous l'avez vu se défendre avec une peine infinie de vous dire d'abord qu'il y avoit parmi eux un mouchard : *Cela pouvoit bien être.... que cela ne le regardoit pas*. A la fin, pressé par toutes les questions qu'on lui a faites, il en est convenu.

Il est très-bon, comme vous voyez, de faire des questions ; il a été obligé enfin d'avouer qu'il y avoit un mouchard.

Il s'étoit trouvé chez le ministre de la police : ce n'est qu'avec une peine infinie, et parce qu'il sait qu'il y a un témoin derrière lui, qui dira, Vous étiez avec moi, qu'il est obligé de convenir qu'il avoit été chez le ministre de la police. C'est un des moyens dont nous nous servirons dans notre défense.

Une question lui a été faite, c'est sur les soixante bouteilles de vin qui hier avoient répandu une espèce de gaieté sur la déposition. Ces soixante bouteilles de vin effraient d'abord l'imagination ; et quelque buveur qu'on soit, soixante bouteilles de vin dans une soirée peuvent laisser du doute sur le témoin qui vient déposer tout ce qui s'est passé dans une séance où il aura été bu soixante bouteilles de vin. Vous l'avez vu tantôt annoncer que peut-être on avoit passé au poste voisin plusieurs bouteilles, que peut-être on avoit perdu du vin sur la table ; et d'ailleurs, ajoute-t-il, peut-être que l'aubergiste...., il avoit commencé cette phrase ;

je sais sûr qu'il entroit dans son plan, lorsqu'il commençoit, de dire : L'aubergiste aura enflé le mémoire. Il a dit ensuite que Bondean et les cinq autres n'avoient pas bu. Pourquoi a-t-il dit cela ? Parce qu'il veut mettre de la culpabilité dans le fait de Blondean : il dit ensuite qu'il étoit venu plusieurs personnes ; qu'on avoit mis de l'eau-de-vie sous la table. Nous avons eu une peine infinie à savoir si c'étoient des camarades qui avoient pris les bouteilles.

Que résulte-t-il de l'ensemble de sa déposition ? C'est que de dix ou douze qu'on étoit, Blondean et les cinq autres n'avoient pas bu. Il faut bien que les cinq ou six autres aient bu les soixante bouteilles de vin dans la journée. Lui-même a dit qu'il n'en avoit bu qu'une ou deux. Voilà les quatre autres qui ont bu à eux seuls les soixante bouteilles ; c'est un peu trop fort.

Rondeau : Que j'aie bu trois ou quatre bouteilles de vin, ce n'est pas-là le sujet de ma déposition.

Réal : Et la moralité de votre déposition ? Vous avez déclaré positivement que vous n'aviez bu, vous, que chopine environ de vin ; et sans qu'il soit besoin de faire venir des experts buveurs, on sait bien qu'il n'est pas possible de boire à quatre ou cinq soixante bouteilles de vin et conserver sa raison.

Taffoureau : Je demanderai au témoin s'il sait le jour où Blondean a été arrêté.

Rondeau : Je n'en sais rien.

Taffoureau : Etiez-vous présent à son arrestation ?

Rondeau : Non.

Réal : Il faut prier le témoin qui a parlé hier de répondre sur ce fait-là, il a dit que Rondeau étoit à l'arrestation.

Le président : Lescot, avez-vous dit hier que Rondeau étoit avec vous ?

Lescot : Non, je ne l'ai pas dit.

Réal : C'est écrit : vous l'avez dit. Les jurés n'auront qu'à rappeler les notes, et ils le verront. Il l'a bien dit positivement. C'est un de plus du reste.

Un accusé : Il a dit qu'ils étoient trois, Rondeau, un autre que vous ; et même quatre ; car il a dit qu'il y avoit un mouchard appelé Romainville, à qui on avoit fait prendre l'habit de brigadier.

Réal : La vérité est quelquefois sortie d'un puits ; elle peut bien sortir d'un mensonge.

Babœuf : Je vous demande si vous avez connu le nom du mouchard qui étoit avec vous le 7 messidor.

Rondeau : Il est possible que ce nom m'ait été nommé dans le temps ; mais depuis six mois, je ne m'en rappelle pas.

Babœuf : Vous n'avez pas su qu'il s'appeloit Sandron de Romainville ?

Rondeau : Je n'ai eu aucune communication avec lui. Je n'ai pas eu le temps de savoir son nom ; je ne puis vous dire s'il est de Versailles.

Germain : Est-ce un jeune homme un peu plus haut que moi ?

Rondeau : Un homme de quarante ans environ.

Germain : Un homme de ma taille ?

Rondeau : C'est un homme qui a servi. Je ne puis vous dire son nom. Si je l'avois fréquenté plus souvent, je dirois son nom.

Babœuf : Lescot ne vous a-t-il pas dit son nom ?

Rondeau : Dans le temps je puis l'avoir su ; mais je ne m'en rappelle pas.

Germain : C'est un blond ?

Rondeau : Non, je ne crois pas.

Germain : C'est un homme de ma taille ?

Rondeau : Non, je ne crois pas.

Germain : Etes-vous sûr qu'il n'est pas blond ?

Rondeau : Que me demandez vous là ?

Germain : Je vous demande si ce citoyen habillé en dragon étoit blond.

Rondeau : Je ne le crois pas.

Blondeau : J'interpelle le témoin de déclarer s'il m'a vu plusieurs fois.

Rondeau : Trois fois.

Blondeau : Quels sont les jours ?

Rondeau : Le 7 messidor, au cabaret, rue de la Tannerie ; le lendemain dans le même cabaret ; et le surlendemain dans le cabaret près de la Place-Royale.

Germain : Combien de fois l'avez-vous vu ? trois fois : le 7, le 8 matin et le lendemain, dans l'endroit où vous étiez au cabaret de la Place-Royale, par conséquent le 9 ; vous ne l'avez pas vu le 10 ?

Rondeau : Je ne le crois pas.

Le président : Faites venir Pelet.

Ballyer père : J'ai des interpellations à lui faire, (à *Rondeau*) : Vous avez été ici à la prison militaire ; vous avez été y chercher le nommé Lescot.

Rondeau : Oui.

Ballyer : En vertu de quel ordre y avez-vous été ?

Rondeau : Par un ordre, pour le faire renfermer à Montoire.

Ballyer De qui est-il, cet ordre ?

Rondeau : Du général, pour le faire renfermer à Montoire.

Ballyer : Du général Lestrange?
Rondeau : Oui.
Ballyer : Quel jour avez-vous été à Montoire? est-ce le 19?
Rondeau : Oui, c'est le 19.
Ballyer : A quelle heure?
Rondeau : Dans la journée, au soir, entre cinq et six heures.
Ballyer : Vous a-t-il quitté?
Rondeau : Qui, lui?
Ballyer : Le 19, vous a-t-il quitté?
Rondeau : Il est venu avec moi à Montoire.
Ballyer : Il ne vous a donc jamais quitté?
Rondeau : Il a été en prison à Montoire. Cet homme a été malade depuis un certain temps.
Ballyer : Vous l'avez été chercher le 19 à la prison; le 19 vous avez été à Montoire. Cependant le même jour il est retourné à la prison voir ses camarades.
Rondeau : Nous y fûmes ensemble jusqu'à la porte; car il fallait un ordre pour y entrer.
C'est moi qui l'ai fait sortir de prison pour aller à Montoire.
Ballyer : Quand il est retourné après être sorti de prison pour aller voir ses camarades, étiez-vous avec lui?
Rondeau : Il fut toujours avec moi. Il peut se faire qu'au moment de partir, comme la prison est sur la route de Montoire, il fut prendre ses effets qu'il avoit oubliés. Mais il n'a été qu'un instant. Quand je l'aurois perdu de vue à trente pas; il n'est pas perdu pour cela.
Ballyer : En arrivant à Montoire, vous a-t-on donné en logement?
Rondeau : Nous sommes logés à Montoire; nous y restons.
Ballyer : Dans quel endroit?
Rondeau : Nous sommes casernés.
Le président : La Haute-Cour, citoyen Ballyer, vous prie de terminer.
Buonarotti : Je voudrois qu'on lui demandât pourquoi Lescot a été arrêté.
Rondeau : Pourquoi voulez-vous que je sache cela? C'est pour un mandat. J'ignore ce que c'étoit que ce mandat.
Buonarotti : Je demande si vous l'avez entendu dire.
Germain : Comment est-il possible qu'un de vos camarades it mis en jugement sans qu'on le sache? je ne le crois pas.
Rondeau : C'est pour un faux mandat trouvé sur lui.

Buonarotti : Il a été condamné : savez-vous à combien de détention ?

Rondeau : Je n'en sais rien ; je n'ai pas vu son jugement.

Audier - Massilion , juge : Je voudrois demander au citoyen Blondeau s'il n'a vu le témoin que dans la séance du 8, ou dans celle du 7, ou dans celle du 9.

Blondeau : Je ne l'ai vu qu'une fois dans la prétendue séance du 8.

Germain : L'intention du tribunal qui a jugé Lescot n'étoit pas qu'il fût dans une prison militaire. Il étoit ici à la Force.

Un juré au témoin Rondeau : L'avez-vous (Blondeau) entendu tenir des propos relativement à un projet d'insurrection qu'il devoit faire ?

Rondeau : Il a dit qu'il avoit trente mille hommes à son service, qu'au moment de l'insurrection ils se montreroient.

Un juré : Dans votre déclaration vous avez dit que le citoyen Blondeau étoit arrivé là ; et vous n'avez pas dit qu'il ait tenu aucun propos avec ceux qui étoient venus avec lui.

Rondeau : Ils ont parlé ensemble. Je vous ai parlé de Curé et Dubois, et de Martial.

Buonarotti : J'observe au juré qui a fait la dernière interpellation au sujet du propos qu'il prétend avoir été tenu dans le cabaret le 9, le 7 et le 8 messidor : voici ce qu'a dit Rondeau, et d'autres propos qu'il ne rapporte pas, parce qu'il ne se les rappelle pas. En rapportant cela des soixante bouteilles de vin, on verra bien quel est le fondement qu'il faut faire sur sa déposition.

La séance levée à une heure et demie.

Les accusés ont chanté la complainte de Goujon.

Certifié, IGONEL et BRETON, *sténographes*.

Séance du 5 germinal.

LE PRÉSIDENT : Faites venir le citoyen Pelet.

(Il entre.)

Le président : Votre nom ?

Pelet : Antoine Pelet.

Le président : Votre âge ?

Pelet : Vingt ans.

Le président : Votre état ?

Pelet : Militaire.

Le président : Votre demeure ?

Pelet : Natif de la Martinique.

Le président : Mais où demeurez-vous à présent ?

Pelet : A Montoire.

Le président : Vous promettez de parler sans haine et sans crainte, de dire la vérité, toute la vérité, et rien que la vérité ?

Pelet : Je le promets.

Le président : Connoissiez-vous quelques-uns des accusés avant les faits qui ont donné lieu à l'accusation ?

Pelet : Je connois le citoyen Blondeau.

Le président : Vous n'en connoissez pas d'autres ?

Pelet : Non, citoyen.

Le président : Vous n'êtes pas son parent, ni son allié, ni attaché à son service, non plus que de la partie plaignante ?

Pelet : Non, citoyen.

Le président : Quelle connoissance avez-vous des faits qui ont donné lieu à l'accusation ?

Pelet : Citoyen. Je me rappelle, le 7 messidor, dans l'après-midi, avoir été rue de la Tannerie, n°. 2, avec plusieurs de mes camarades, où étoient les citoyens Rondeau et Lescot. Arrivés là, la cabaretière nous dit de feindre d'avoir envie de fumer, ce qui servit de prétexte à cette femme pour nous faire entrer dans une chambre obscure. Arrivés à cette salle, on nous servit des bouteilles de vin, du jambon et de la salade, en attendant que Blondeau et ses camarades fussent arrivés, au nombre de quatre ou cinq.

Blondeau nous parla, lorsqu'il fut arrivé, du dessein qu'il avoit d'enlever le représentant du peuple Drouet, Babœuf et autres ; que si ce représentant partoit pour la Haute-Cour, la République étoit perdue. Il nous parla, disant qu'il avoit 30 mille ouvriers, qu'il avoit beaucoup de troupes, qu'ils avoient des ex-généraux et des députés qui étoient de leur parti ; que quand le mouvement auroit lieu, on se porteroit sur l'état-major, les députés, à l'exception de ceux de leur parti, dont il avoit une liste que je n'ai pas vue, dont il a cité un petit nombre.

Blondeau a dit qu'au moment de l'insurrection il auroit un ruban tricolor attaché à la corne gauche de son chapeau, et qu'on le reconnoîtroit par là.

On nous promit le même soir le *mémoire justificatif du représentant du peuple Drouet*.

Ayant envoyé pour savoir ce qui se passoit, et ayant appris qu'il ne se passoit rien de nouveau, on se donna rendez-vous au lendemain.

Blondeau, le 7 même soir, nous fit faire serment, le pistolet à la main, d'exterminer le premier qui trahiroit la cause de Drouet, Babœuf et autres.

Nous vînmes le lendemain rue de la Tannerie avec le nommé

Martial, affidé de Blondeau, qui étoit venu le matin et nous avoit priés à déjeuner. Je me retirai presque aussitôt.

Le 9, le surlendemain, je trouvai sur le Port-au-Bled le nommé Curé ou Dubois : il m'appela ; j'entrai avec lui dans le cabaret de la Levrette, où étoit Blondeau ; je causai un moment avec lui ; il ne se passa rien d'extraordinaire. Toute la dépense qui a été faite dans le cabaret a été à son compte.

Parmi beaucoup de propos, il a dit qu'il étoit question de faire sonner le tocsin dans tout Paris, et particulièrement à la place de Grève.

Le président : Avez-vous fini ? avez-vous autre chose à dire ?

Pelet : Non, je n'ai plus rien à dire.

Blondeau interpelle le témoin de déclarer combien de fois il a quitté la France depuis la revolution.

Pelet : Je ne l'ai jamais quittée.

Blondeau : Jamais ! . . . Dans quel régiment serviez-vous ?

Pelet : Dans le troisième régiment de chasseurs.

Blondeau : Vous devriez avoir un certificat du conseil d'administration lorsque vous avez entré dans la légion de police ?

Pelet : Cela n'est pas : j'ai passé avec une douzaine de mes camarades pour former la légion de police.

Blondeau : Lorsque vous avez été tiré de votre régiment pour entrer dans la légion de police, est-ce que vous n'avez pas obtenu de votre conseil d'administration un certificat qui attestoit vos mœurs, et la quantité de temps que vous avez servi dans le régiment ?

Pelet : Si fait. Ce certificat est déposé au conseil d'administration de notre régiment.

Blondeau : Maintenant j'invite le citoyen président à vouloir bien faire venir les certificats des citoyens qui déposent dans cette affaire, comme quoi ils n'ont jamais servi dans d'autres corps, et qu'ils n'ont jamais quitté la France.

Le président : Vous n'avez pas d'autres interpellations à lui demander.

Audier Massillon, juge : Je veux demander au citoyen Blondeau si les faits que dit le témoin sont véritables.

Blondeau : Je me réserve, lorsque ces scélérats auront déposé, de les arranger à ma manière : je vous instruirai quand ils auront déposé.

Le président : Citoyen Blondeau, il ne faut pas vous permettre de propos injurieux.

Blondeau : Quoi ! ces hommes qui se sont couverts à Grenelle du sang des républicains !

Réal : Cela ne vaut rien.

Ballyer père : Citoyen témoin, ne vous êtes-vous pas trouvé avec les nommés Pelet et Rondeau ?
Un accusé : C'est lui qui s'appelle Pelet !
Ballyer : Ah ! avec Lescot et Rondeau ?
Pelet : Tous les jours je me trouvois avec eux.
Ballyer : N'avez-vous pas été avec eux chez le ministre de la police ?
Pelet : Le 9.
Ballyer : A quelle heure ?
Pelet : Le matin, sur les onze heures ; je n'en suis pas bien sûr ; mais je me rappelle que c'est dans la matinée : il y a huit mois de cela.
Ballyer : Lorsque vous alliez chez le ministre de la police, qu'y alliez-vous faire ?
Pelet : Lescot nous ayant avertis, nous fûmes chez le ministre de la police avec lui, et l'accompagnâmes. C'est là qu'il fit sa dénonciation.
Ballyer père : Vous ne la fîtes pas ?
Pelet : Nous n'en savions rien.
Ballyer : Quel jour Lescot vous a-t-il averti de cette insurrection ?
Pelet : Le 7, le même jour matin.
Ballyer : Où l'avez-vous trouvé, Lescot, ce matin ?
Pelet : J'étois encore au lit lorsqu'il vint.
Ballyer : Vous avez été chez le ministre de la police avec Lescot et Rondeau : c'est donc Lescot qui a fait sa déclaration au ministre ?
Pelet : Oui.
Ballyer : Cette déclaration a-t-elle été transcrite devant vous ?
Pelet : Cette déclaration a été écrite.
Ballyer : C'est donc Lescot qui a fait par écrit la déclaration ?
Pelet : Oui ; c'est-à-dire, il a écrit ; ensuite on l'a fait passer près du ministre, où il a déposé.
Ballyer : Quand cette déclaration a été faite, que vous a dit le ministre ?
Pelet : Le ministre ?
Ballyer : Oui ; qu'est-ce qu'il vous a dit ?
Pelet : Je suis sorti avec Rondeau.
Ballyer : Le ministre ne vous a pas chargé d'épier Blondeau, de le suivre ?
Pelet : Le ministre ne m'a pas parlé de cela.
Ballyer : Lorsque vous êtes sorti de chez le ministre, le ministre ne vous a-t-il pas donné un étranger déguisé en militaire ?
Pelet : Dans le cabaret j'ai vu un étranger déguisé en dragon.

Ballyer : Connoissez-vous ce dragon ?

Pelet : Non.

Ballyer : Comment s'est-il trouvé dans cette auberge avec vous ?

Pelet : Je n'en sais rien.

Ballyer : Y étoit-il avant vous, ou bien après ?

Pelet : Comme nous entrions, un instant après.

Ballyer : Ce particulier a-t-il bu avec vous ?

Pelet : Oui.

Ballyer : Combien avez-vous bu de bouteilles de vin à ce cabaret ?

Pelet : Nous en avons bu beaucoup, depuis à peu-près deux heures, jusqu'à huit, neuf heures du soir ; on en a bu beaucoup.

Ballyer : Quand vous êtes sorti de l'auberge, et qu'il a fallu payer, que vous a dit l'aubergiste ?

Pelet : Il nous a dit que nous ne devions nous mêler de rien ; que c'étoit sûrement Blondeau ou autres qui avoient payé.

Ballyer : Vous a-t-il dit cela ?

Pelet : Il nous a cité le terme d'*amis*. Il a dit : Ce sont les amis qui paieront cela.

Le président : A-t-il nommé Blondeau ?

Pelet : Il a dit Blondeau, ensuite les amis.

Réal : Vous êtes bien sûr ? vous voilà bien sûr à présent ? vous ne l'étiez pas tout à l'heure.

Ballyer père : Pendant que vous étiez à cette auberge, qu'a dit ce militaire qui étoit déguisé ? qu'est-ce qu'il faisoit là ?

Pelet : Je ne faisois pas attention à ce qu'il disoit ; je m'amusois à boire.

Ballyer : Mais il buvoit avec vous ?

Pelet : Il ne nous regardoit seulement pas. Il est impossible que je puisse vous répéter les propos qu'il a pu tenir.

Ballyer : A-t-il dit quelque chose ? a-t-il tenu quelques propos ?

Pelet : Je ne m'en rappelle pas.

Ballyer : Quand vous êtes sorti, ce militaire est-il sorti avec vous ?

Pelet : Moi, j'ai sorti auparavant avec un nommé Pillard, et je me suis retiré aux casernes.

La suite au Numéro prochain.

L'abonnement étant près d'expirer, on invite les personnes qui ne voudront point souffrir d'interruption, de renouveller pour trente numéros seulement. Prix, 5 liv. pour les départemens ; 4 liv. pour Paris.

A PARIS, chez BAUDOUIN, Imprimeur du Corps législatif.

(N°. 60.)

DÉBATS ET JUGEMENS
DE LA HAUTE-COUR DE JUSTICE.

Suite de la Séance du 5 germinal.
Continuation de l'audition des témoins.

BALLYER : Quand vous avez été chez le ministre Cochon, avec Lescot et Rondeau, et que Lescot a fait sa déclaration de la prétendue insurrection qui devoit avoir lieu, savez-vous si celui qui s'est trouvé avec vous, et qui s'est trouvé ce militaire déguisé; savez-vous si Lescot, Rondeau, ou cet autre militaire, ont été faire leur rapport ?

Pelet : Je n'en sais rien.

Ballyer : Vous ne vous souvenez pas s'ils ont fait leur rapport ?

Pelet : Non.

Ballyer : Avez-vous vu le ministre depuis ?

Pelet : Non.

Ballyer : Vous ne l'avez jamais vu qu'une fois avec Lescot ?

Pelet : Qu'une fois avec Lescot.

Ballyer : Puisque vous étiez avec Lescot, et qu'il observe que vous étiez chargé de suivre la piste de la dénonciation que vous aviez faite, le ministre ne vous a-t-il pas donné cet ordre pour vous dispenser de votre service ?

Pelet : Du tout.

Ballyer : Avez-vous connoissance qu'il en ait donné à Lescot et à Rondeau.

Pelet : Non.

Queyroulet, juré : Je demanderai au témoin à quelle époque ou à quelle heure à-peu-près le serment fut prêté le 7 ?

Pelet : Le repas étoit assez avancé.

Queyroulet, juré : Êtes-vous présent au serment qui fut prêté le lendemain 8 ?

Pelet : Non.

Débats et jugemens de la Haute-Cour. Tome II. Gg

Buonarotti : Je prie le témoin de répéter quel âge il a.

Pelet : Vingt ans.

Buonarotti : Pourquoi avez-vous dit vingt-trois ans devant le directeur de jury ?

Pelet : Il se sera sûrement trompé ; j'ai dit vingt ans.

Buonarotti : De quel pays êtes-vous né ?

Pelet : De la Martinique.

Buonarotti : A quelle époque avez-vous quitté la Martinique ?

Pelet : Il y a cinq ans.

Buonarotti : Pourquoi avez-vous quitté ce pays-là ?

Pelet : La révolution étoit commencée.

Buonarotti : Vous êtes passé seul ?

Pelet : Je suis passé dans un vaisseau ; il y avoit beaucoup d'étrangers avec moi.

Buonarotti : Sur quel vaisseau ?

Pelet : Le Jean-André.

Buonarotti : Quel capitaine ?

Pelet : Chauvin.

Buonarotti : A Bordeaux ?

Pelet : A Bordeaux.

Buonarotti : Depuis quel temps serviez-vous dans le régiment duquel vous êtes sorti pour passer dans la légion de police ?

Pelet : Depuis cinq ans, depuis quatre ans.

Buonarotti : En quel endroit se trouvoit ce régiment, lorsque vous êtes venu à la légion de police ?

Pelet : A Lile en Flandre.

Jeaume : Êtes-vous entré dans ce régiment immédiatement après votre arrivée de la Martinique ?

Pelet : Non.

Jeaume : Combien de temps avez-vous resté avant d'y entrer ?

Pelet : J'étois dans le bataillon de la première réquisition de Bordeaux ; j'ai entré dans ce régiment-là à Nantes.

Jeaume : A quelle époque ?

Pelet : Je ne me rappelle pas de l'époque.

Le président : Combien avez-vous resté de temps auparavant de vous engager, depuis votre débarquement à Bordeaux ? Combien s'est-il écoulé de temps entre votre débarquement à Bordeaux et votre entrée au régiment ?

Pelet : Je ne puis fixer un terme ; je ne m'en rappelle pas. J'ai entré dans ce bataillon tout au plus sept à huit mois après ; je ne puis pas vous le dire précisément. J'ai entré dans un régiment de chasseurs à Nantes en Bretagne.

Le président : Vous avez donc été sept à huit mois sans être au service ?

Pelet : . . . . .

Le président : Restâtes-vous long-temps à Bordeaux, après y être débarqué ?

Pelet : Environ un an.

Le président : Pendant cette année, vous ne servîtes pas ?

Pelet : Non.

Le président : En sortant de Bordeaux, où allâtes-vous ?

Pelet : Je partis dans ce bataillon de Bordeaux, d'où je fus à Nantes, où je m'engageai.

Le président : Vous étiez dans un bataillon de Bordelais ?

Pelet : Je partis dans un bataillon qui se forma à Bordeaux.

Blondeau : Combien de temps avez-vous resté dans ce régiment ?

Pelet : A peu-près sept à huit mois.

Ricord : Vous êtes resté un an à Bordeaux après votre débarquement. Après cette année vous êtes entré dans le bataillon de Bordeaux. Vous êtes resté sept à huit mois à Nantes. . . . .

Pelet : Oui, à peu-près huit mois ; cela est compris dans l'année de Bordeaux.

Le président à Pelet : On vous observe que les différens temps entre lesquels vous distribuez votre séjour en France, semblent excéder le temps depuis lequel vous dites être arrivé. Combien y a-t-il que vous êtes dans la légion de police ?

Pelet : Depuis qu'elle est formée, dix-huit mois.

Le président : Quatre ans dans le régiment que vous avez quitté, cela fait cinq ans six mois ; et un an dans le bataillon de Bordeaux, et votre séjour à Nantes, cela fait six ans six mois.

Germain : Il se seroit engagé à treize ans et demi.

Pelet : Je ne me rappelle pas positivement ; j'ai dit à peu-près : il m'est impossible de me ressouvenir de tout cela.

Vergne : J'ai une autre observation. Le citoyen dit qu'il est parti de Bordeaux comme réquisitionnaire ; la réquisition n'a été levée qu'en 1793.

Pelet : Je vous l'ai dit ; je ne me rappelle pas.

Buonarotti : C'est en 1793 que vous êtes parti de Bordeaux ; vous avez resté huit mois dans le bataillon des chasseurs.

Pelet : Non pas, dans le bataillon de Bordeaux.

Buonarotti : Ensuite vous avez dit que vous aviez servi quatre ans à peu-près dans le régiment.

Pelet : J'ai dit quatre ans en tout.

Buonarotti : Les citoyens jurés jugeront cela.

Et puis dix-huit mois dans la légion de police : d'après votre calcul nous devrions être en l'année 1799.

Pelet : Je dis que je ne m'en rappelle pas.

Maurice-Roy : Je demande de quelle ville de la Martinique il est?

Pelet : De la . . . . . .

Maurice-Roy : Étiez-vous à la Martinique quand le vaisseau *la Ferme*, commandé par *Rivière*, étoit sous le fort Bourbon?

Pelet : Oui, je m'en rappelle.

Maurice-Roy : C'est qu'à cette époque la majorité des jeunes gens attachés à la caste nobiliaire, a émigré; je ne doute pas d'un seul instant que le citoyen ait été du nombre.

Taffoureau : Comment se fait-il que vous fussiez entré dans un bataillon comme réquisitionnaire en 1793, puisque vous dites que vous n'avez que vingt ans?

Pelet : Parce qu'en arrivant à Bordeaux je n'avois pas mon extrait de baptême : étant très-grand, je n'ai pu prouver l'âge que j'avois.

Le président : Faites venir le citoyen Lidon.

Réal : Nous avons encore des interpellations.

Cazin : J'observe que sur une interpellation, il dit qu'il est arrivé à Bordeaux sans papiers ; vous devez savoir qu'un homme qui vient de la Martinique à Paris, prend ses papiers de famille.

Pelet : Tous mes papiers sont à Bordeaux.

Amar : Comment êtes-vous parti de la Martinique sans papiers?

Pelet : Je suis venu en France pour mon éducation.

Amar : Si vos parens vous ont envoyé de la Martinique pour votre éducation, ils n'ont pas manqué de vous donner des recommandations et des papiers qui indiquoient qui vous étiez. A qui étiez-vous adressé?

Pelet : A monsieur Peyre, négociant.

Amar : S'il y avoit des lettres de recommandation pour vous à lui adressées, comment est-il possible que vos parens aient négligé d'envoyer votre extrait de baptême et les papiers nécessaires?

Pelet : Peu de temps après mon arrivée à Bordeaux, je n'ai plus reçu de nouvelles de mes parens, jusqu'à ce moment-ci.

Amar : Vous ne répondez pas, citoyen. Comment est-il possible que vous ayant adressé au citoyen Peyre, négociant, et vous ayant remis des papiers pour lui, on ait négligé de donner ce qui étoit essentiel pour vous, de constater votre nom par un extrait de baptême ou le contrat de mariage de votre père? On ne peut pas venir à Bordeaux avec une simple lettre de recommandation.

Pelet : Je ne sais pas si le citoyen Peyre a reçu des papiers; mais je . . . . .

Buonarotti : Avez-vous un passe-port de la Martinique?

Pelet : Oui.

Buonarotti : Il doit y avoir votre âge. Vous voyez bien que vous pouviez en justifier.

Pelet : Je n'ai pas pu en justifier, parce que je n'avois plus le passe-port.

Mussard : Citoyen, lorsque le capitaine vous a reçu à son bord, il n'a pu vous recevoir sans papier authentique. Je vous demanderai comment vous avez été embarqué au port.

Pelet : J'étois très jeune ; mon père m'a conduit au vaisseau.

Mussard : J'observe au Tribunal et aux jurés qu'il est défendu, sous peine corporelle, à un capitaine, d'embarquer aucun particulier sans qu'il ait ses papiers en règle, et sans qu'ils soient visés et enregistrés.

Viellart : Vous ne devez pas faire le procès au témoin.

Réal : Si nous voulons prouver qu'il est émigré !

Viellart : Vous n'avez pas le droit de prouver cela ici.

Réal : Comment ! je n'ai pas le droit de parler sur la moralité du témoin ? Dites que nous ne pouvons pas parler.

(Bruit.)

Laignelot : Vous voulez qu'un émigré vienne déposer contre des républicains ?

Réal : Je demande la parole. Ceci devient plus bizarre que jamais.

Germain, *au témoin* : Connoissez-vous le fils du citoyen Peyre ?

Pelet : Je ne le connois pas.

Germain : Comment ! vous ne connoissez pas le fils de Peyre ? Il est même parti dans le bataillon de la réquisition.

Jeanne demande la parole.

Bailly : Je demande la parole pour prouver aux citoyens jurés que tout cela est absolument étranger (Bruit. *Des accusés* : Ah! ah ! Oui.) à la compétence de la Haute-Cour ; car c'est une affaire qui ne concerne que l'administration, et les affaires d'administration sont étrangères à l'ordre judiciaire. Cela est également étranger à la déposition du témoin au fond, car cela n'atténue en rien les faits dont il a déposé à la charge de Blondeau.

Blondeau : Comment ! vous voudriez qu'un émigré vienne déposer contre un républicain, un défenseur de la patrie ? : Assassin ! en s'adressant au témoin. Bruit.)

Le président : Je rappelle à l'ordre le citoyen Blondeau.

Blondeau : Rappelez l'accusateur public à l'ordre. Voilà un homme qui est émigré : il est aisé de le prouver par la déclaration qu'il vient de faire. Eh bien ! laissez faire les interpellations qu'il faut.

Réal : On veut nous priver de ce bénéfice-là.

Bailly : Je dis que cela ne fait pas plus au fond de la déposition du témoin, que si on lui demandoit de quelle couleur étoient ses cheveux à l'âge de cinq ans, ou comment il étoit frisé le jour de son départ de la Martinique. (Éclats de rire.)

J'ajoute que cette manière n'est pas du tout celle qui peut disculper un accusé sur des faits dont un témoin dépose. Il faut contredire les faits; il faut prouver qu'ils ne sont pas exacts : voilà ce qui influe sur la déclaration a faire par le jury. J'ajoute qu'il est étrange que l'on abuse des momens de la Haute Cour pour faire des questions dont le résultat doit être de dire : *le témoin a émigré*.

Eh bien! on ne doit exiger qu'une sorte de preuve de l'émigration, et cette preuve doit émaner de l'autorité administrative ; c'est que le citoyen soit inscrit sur une liste d'émigrés. Tant qu'il n'est pas inscrit sur une telle liste, il n'est pas *émigré* aux yeux de la loi.

Blondeau : Mais, s'il étoit de bonne foi, il diroit qu'il l'a été.

Bailly : Nous demanderons et nous requerrons sans cesse que le débat ne soit pas entravé par des questions oiseuses, par des objets purement étrangers à l'ordre judiciaire : car nous sommes ici dans l'ordre judiciaire, et non pas dans une administration qui seule est compétente pour savoir si un témoin est venu ou non avec un passe-port, si un témoin avoit ou non des papiers, si un témoin a ou non émigré, de quelle manière il auroit émigré et quel seroit le cas de son émigration ; si c'est parce qu'on auroit décerné contre lui, par exemple, des *mandats d'arrêt*, ou s'il auroit été mis *hors la loi*.

Toutes ces choses ne regardent pas la Haute-Cour de justice, et ne peuvent pas regarder le haut-jury ; et nous requérons formellement que les questions qui n'ont aucun rapport au fond de la déposition, soient écartées du débat.

Amar : Je demande la lecture de la loi qui dit qu'on peut parler contre le témoin et son témoignage......

Réal : Je demande à faire des observations.....

(Le Tribunal se retire pour délibérer.)

JUGEMENT.

« La Haute-Cour, attendu que les témoins ne sont tenus de
» répondre qu'aux questions relatives à leur déposition ; que celles
» à raison desquelles est intervenue l'interruption, ne tendent qu'à
» prolonger inutilement le débat ;

» Ordonne qu'elles seront cessées, et que les accusés et leurs
» défenseurs officieux se circonscriront dans les questions relatives
» à la déposition, sauf à dire, contre le témoin et contre son
» témoignage, tout ce qu'ils jugeront convenable. »

Pelet : Je demanderai seulement l'intervalle d'un mois, pour donner toutes les preuves possibles que je n'ai pas émigré, ou seulement quinze jours pour écrire à Brest.

Pajot, juré : Je prie le Tribunal de m'instruire, moi en particulier, comment on peut concevoir, ou de demander à ceux des prévenus, particulièrement à Blondeau, comment il prétend que le témoin est émigré ; abstraction faite du témoin, j'aurois besoin, pour mon instruction, qu'on m'expliquât comment on conçoit qu'un homme soit considéré émigré, lorsqu'il quitte la Martinique ou une des isles de l'Amérique appartenant à la République, pour venir dans la République française, à la métropole ?

Réal : C'est que c'est justement ce qui n'est pas ; c'est qu'il n'a pas quitté la Martinique pour venir en France.

Le président, au citoyen Réal : Vous n'avez pas la parole.

Réal : Vous ne voulez pas que je réponde au juré, qui nous fait une question à nous et aux accusés ?

Le président : C'est à moi que la question est faite.

Réal : Je vous demande la parole.

Pajot : J'ai adressé la parole au président ou à Blondeau.

Réal : Je suis son défenseur officieux.

Blondeau : Il peut parler pour moi ; il est mon défenseur. Premièrement, je vais donner les premiers éclaircissemens.

Le président et le citoyen Viellart : Tout cela est absolument étranger.

Réal : Je vous le demande, un juré fait une question ; et quand on va pour répondre, vous dites que c'est étranger. Ce n'est pas dans votre cœur, citoyen président.

Jeaume : Je demande au témoin où il étoit, quand on a entendu son camarade Rondeau.

Pelet : Dans la salle des témoins.

Jeaume : Je vous demande s'il est entré un étranger dans la salle des témoins ?

Pelet : Non.

Jeaume : Est-il entré un officier qui vous a pris par la main, et vous a parlé en particulier ?

Pelet : Non.

Jeaume : J'offre de prouver au témoin qu'hier, quand on discutoit le débat, un officier, le citoyen Massé, est entré dans la salle des témoins et a pris Pelet par la main, et lui a rendu compte de ce qui se passoit dans la séance. Je demande comment il est possible qu'il y ait des personnes qui aillent rendre compte de ce qui se passe ici.

Pelet : Donnez la preuve.

Jeaume : Je demande que le citoyen Cuers soit appelé ici comme témoin.

Le président : Vous présenterez votre pétition ; la Haute-Cour délibérera. Ce n'est pas l'instant.

Jeanne : C'est une observation que je fais aux jurés. C'est pour faire voir quelle confiance on doit avoir en de pareils témoins.

Réal : Qui ne voit pas que c'est dicté, tout cela ?

Viellart : Par qui ? Voilà trop long-temps que vous insultez continuellement.

Réal : Je ne vous parle pas. Est-ce que vous prenez la question pour vous ? Je dis que cela paroît dicté.

Viellart : Quand on me regarde en grinçant les dents....

Réal : Je ne grince pas les dents. Cela me fait rire. Quelquefois il y a des atrocités qui me font rire.

Buonarotti : J'observe aux jurés que ces témoins, qui ont si bien recueilli ce que Blondeau a dit, d'après eux, dans ces prétendues orgies, n'ont pas fait la moindre attention à tout ce que Romainville, agent de police, disoit. Personne d'eux ne se rappelle ce qu'il disoit : cela paroît vraiment bien étonnant. J'observe que, pendant que ce témoin et l'autre avec lui ont déposé, j'avois, sous les yeux, les déclarations qu'ils ont faites devant le directeur du jury. Eh bien ! je puis attester aux jurés qu'ils ont répété les mêmes mots, en sorte que je dis et conclus qu'ils savoient leur déposition par cœur.

Blondeau : Citoyens jurés, comment est-ce que j'ai su que le citoyen étoit émigré ? Le voici. J'étois....

Le président : Citoyen Blondeau.

Darthé : Il répond au citoyen Pajot.

Blondeau : Dans cette prétendue orgie, j'étois assis à côté du brigadier Rondeau ; le citoyen étoit de l'autre côté, à la table en face de moi. Il me dit : Voilà un jeune homme ; il n'y a pas long-temps qu'il est dans la légion de police. Il a été émigré ; mais c'est un patriote enragé. Voilà les propres termes dont il s'est servi. Je ne peux vous en dire que cela. Si le citoyen Pelet ne s'étoit pas acharné contre les républicains, s'il ne soutenoit pas le crime....

Le président : Je vous rapp. à l'ordre.

Blondeau : Ce citoyen est émigré ; et si les témoins sont de bonne foi, ils peuvent le dire.

Un juré, à Blondeau : Ce particulier, qui vous dit que celui-ci étoit émigré, vous dit-il qu'il étoit de la Martinique ?

Blondeau : Non.

Pelet : Il ne m'a jamais connu que depuis que nous sommes dans la légion ensemble.

Le président, à Blondeau : Que dites-vous contre les faits qu'il avance ; que vous l'avez vu trois fois ?

Blondeau : Je vous dis que je me réserve la parole, pour quand tous les témoins auront déposé.

Le président : Il faut répondre aux questions que je vous fais.

Blondeau : Je me suis trouvé, le 8, au cabaret, par une occasion d'un ami qu'il y avoit quatre ans que je n'avois vu. Nous nous arrêtames au coin de la rue l'espace d'environ une demi-heure plus ou moins, et il me demanda si je voulois accepter un verre de vin. J'acceptai. Je me suis rendu au cabaret. Il me demanda si j'avois diné. Je dis que non. Il fit venir du pain, du jambon, de la salade, et quatre bouteilles de vin. Voilà le fait et la vérité toute entière.

Le président : Rondeau étoit à un de vos côtés : qui étoit à l'autre ?

Blondeau : C'étoit mon ami qui étoit à côté de moi.

Le président : Comment s'appeloit votre ami ?

Blondeau : Ah ! citoyen, ceci reste dans mon cœur . . . . ? Est ce que vous pouvez me comparer à un Grisel ?

Réal, au Tribunal : Vous en avez quarante, il y en a bien assez . . . .

Germain : S'il étoit possible de faire arrêter les trente mille ouvriers ! (On rit.)

Le président : La déclaration du citoyen Blondeau est qu'il ne s'y est trouvé qu'une fois le 8.

Audier-Massillon, juge : Je serai bien aise de demander au citoyen Blondeau s'il a pris part à la conversation des dragons qui étoient dans cette séance.

Blondeau : Non, citoyen, j'avois assez de choses à m'occuper avec mon ami ; peut-être que comme j'étois militaire, on m'adressoit quelques mots.

Le président : Cependant des militaires auxquels vous faisiez part de jambon, de salade, sans causer avec eux, lors sur-tout qu'on est assis à la même table, en ayant un à côté et l'autre en face de soi !

Blondeau : Je vous déclare que je suis militaire depuis 1783, je connois ce que c'est que le militaire, tout mon cœur a été franc pour eux ; je sais que quand le volontaire vient au cabaret, il a la monnoie des bouteilles et du pain, mais non celle du fricot, et nous y avons pourvu moi et mon ami.

Le président : Plus vous avez de franchise, plus vous devez avoir de facilité à parler avec des gens à qui vous offrez du jambon.

Blondeau : Pourquoi cela ? je ne vois pas cela.

Le président : Quand on est franc et à table, on parle.

Blondeau : Est-ce que je suis obligé de déclarer à des hommes que je n'ai jamais vus, tout ce que je pense ? Sur quoi voulez-vous que je leur aie parlé, sur quoi ?

Le président : Je ne puis dire sur quoi : mais vous convenez cependant qu'il est moralement présumable qu'un homme qui a la franchise d'offrir à des militaires du jambon, de la salade, et quatre bouteilles de vin, qui ne le fait même pas de sa bourse, doit entretenir une conversation quelconque avec ceux à qui il donne à boire et à manger.

Blondeau : Citoyen, je vous ai déjà dit que mon ami avoit payé ce qui nous regardoit, et les autres ont payé leur vin ; nous ne leur avons pas fait payer le jambon ni la salade. Nous avons payé ce nous avons demandé : mais je ne sais pas s'il est revenu du jambon, du vin, de la salade, je n'en sais rien, moi.

Audier-Massillon, juge : Y êtes-vous resté jusqu'à neuf heures, comme les dragons ?

Blondeau : Je me suis retiré à six heures.

Le président : Depuis quelle heure ?

Blondeau : Depuis environ deux heures, deux heures et demie.

Le président : Ainsi, pendant quatre heures, vous avez observé la plus grande discrétion avec des militaires.

Jeaume, défenseur : J'observe aux citoyens jurés qu'il n'a pas dit cela : il a dit qu'il a parlé de temps en temps, par intervalle ; mais il n'a pas eu de conversation suivie avec eux.

Morel : J'observe aux jurés que Blondeau a dit hier qu'il étoit avec son ami, et qu'il y avoit quatre ans qu'il ne l'avoit vu, et que la conversation a roulé principalement avec son ami, sur l'espace de temps pendant lequel ils ne s'étoient pas vus.

Blondeau : J'étois assis à côté de Rondeau, et il me dit : *Voilà un jeune homme qui a émigré, mais c'est un excellent patriote*. Après quoi j'ai repris la conversation avec mon ami.

Réal : J'ai encore quelque chose à dire. Il me semble avoir entendu le témoin dire que quelques-uns d'entre eux se mirent à fumer, ce qui servit de prétexte à l'aubergiste pour les faire entrer dans la salle du fond.

Pelet : Je n'ai pas dit cela. Quand nous entrâmes dans le cabaret, nous dîmes que nous avions envie de fumer, ce qui servit de prétexte à nous faire passer dans cette salle.

Réal : Saviez-vous qui avoit prêté au mouchard l'habit de dragon dont il étoit revêtu ?

Pelet : Non.

Réal : Vous avez dit que vous avez été chez le ministre de la police avec les citoyens Lescot et Rondeau, lesquels vous y avoient mené; que là ils avoient fait la dénonciation par écrit, lui Lescot: Lescot a dit précisément le contraire, que ce n'étoit pas lui qui avoit fait la dénonciation par écrit. Si Lescot est là, je prie le président de lui demander s'il est vrai qu'il l'ait dit.

Rondeau: Il est malade, il est à Montoire.

Réal: Il seroit pourtant bon qu'il fût ici aux audiences. Le Tribunal doit se rappeler que nous aurions desiré et que peut-être la justice l'eût voulu, qu'on eût entendu ces trois témoins tout de suite, parce que j'ai vu des arrangemens pris, si ce n'est entre eux, du moins de dictée avec quelqu'autre qui leur a fait leur leçon.

Ce qui me paroît frappant, c'est que le premier témoin qui dépose; c'est que Lescot dit qu'il ne pouvoit dire qui avoit payé l'écot; qu'il soupçonnoit que ce pouvoient être les amis de Blondeau. Après cela est venu celui d'hier; celui d'hier a affirmé un peu plus que c'étaient *certainement* les amis. Le troisième qui vient aujourd'hui, a enchéri sur les deux autres, et il dit que ce sont les *amis*, ou bien *Blondeau*.

Pelet: Je vous ai dit que c'étoit la femme du cabaret qui avoit dit les *amis* ou *Blondeau*.

Réal: Les citoyens jurés feront attention à ce qui me paroissoit d'abord très-léger, c'est la différence d'âge. Il a déclaré avoir 23 ans sur le premier procès-verbal; il déclare ici n'avoir que 20 ans. J'ai cru que cela ne meneroit à rien: mais il est évident d'après la discussion élevée tout-à-l'heure, qu'on voit pourquoi il ne se donne que 20 ans, et pourquoi la vérité lui faisoit dire il y a un an, qu'il en avoit 23.

On sent bien qu'aujourd'hui il se réserve une planche pour le naufrage, dans le cas où l'on voudroit prouver l'émigration.

Pelet: Je pourrai faire venir mon extrait baptistaire de mon bataillon, je l'ai eu à Paris au bureau des archives.

Réal: Il falloit le dire d'abord.

Le président: Huissier, faites venir le citoyen Fortaire.

Buonarotti: Vous avez donc des papiers?

Pelet: Oui, quinze jours avant que je partisse pour aller à Montoire.

Réal: Il y a eu plus de . . . . , émigrés de la Martinique, qui sont partis dans l'Amérique anglaise, et qui de là sont revenus ensuite en France.

(Le citoyen Fortaire entre dans la salle.)

Le président au témoin qui se présente: Votre nom?

Fortaire: François Fortaire.

Le président: Votre âge?

Fortaire: Trente ans.

Le président : Votre état ?

Fortaire : Brigadier du 21e. dragons, ci-devant légion de police générale de Paris.

Le président : Vous promettez de parler sans haine et sans crainte ; de dire la vérité, toute la vérité, rien que la vérité ?

Fortaire : Je le jure.

Le président : De quel pays êtes-vous ?

Fortaire : De la ci-devant Franche-Comté, département de la Haute-Saone, natif de Saint-Loup.

Le président : Depuis combien de temps êtes-vous audit régiment ?

Fortaire : Je suis dans la légion de police depuis le 9 messidor, depuis sa formation.

Le président : Dans quel corps avez-vous servi auparavant ?

Fortaire : Dans le 21e. de cavalerie.

Le président : Connoissez-vous quelqu'un des accusés avant l'accusation ?

Fortaire : Je connoissois le citoyen Blondeau.

Le président : Etes-vous son parent, son allié, attaché à son service, ou de la partie plaignante ?

Fortaire : Du tout.

Le président : Quelle connoissance avez-vous des faits de l'accusation ?

Fortaire : J'ai connoissance que, dans la journée du 7 messidor, je me suis rendu dans un cabaret, à l'entrée de la rue de la Tannerie, avec les nommés Pelet, Rondeau et Lescot, et plusieurs autres de mes camarades. Etant arrivé là, on me fit passer dans une chambre sombre, au rez-de-chaussée, sur le derrière, où je vis quantité de bouteilles de vin sur une table ; je me mis à boire et à parler. Dans l'intervalle, le nommé Blondeau survint et plusieurs autres de ses affiliés. Il nous accueillit, nous parla du dessein formé d'attaquer le Directoire, l'état-major, ainsi que le Directoire (1). Ensuite il nous dit qu'il falloit attendre la décision du représentant du peuple Drouet, pour voir si cette insurrection auroit lieu dans la nuit même, attendu que si on laissoit aller ce brave ami du peuple à la Haute-Cour nationale, la République étoit perdue. Il me dit en outre qu'il falloit enlever Baboeuf et autres de leur prison : qu'ayant les ouvriers, la majeure partie des ouvriers pour eux, ils feroient sonner le tocsin, se porteroient au camp, et que la victoire seroit à eux. Il nous fit jurer, le pistolet à la main, d'exterminer le premier qui trahiroit la cause de Baboeuf, Drouet et autres. Il nous dit qu'au moment de l'in-

---

(1) Ce sont ses propres expressions, comme tout le reste de ses dépositions.

surrection où le reconnoîtroit à un ruban tricolor attaché à la corne gauche de son chapeau. Il fut fait une dépense assez considérable, ayant été bu au moins soixante bouteilles de vin, mangé du jambon, de la salade, et on nous a donné du tabac à fumer pour garnir nos pipes. Je donnai, séance finie, mon adresse à un des amis dudit Blondeau, nommé Martial, qui étoit à ma droite. Il vint me trouver le lendemain au quartier des Invalides, m'emmena déjeûner avec plusieurs autres de mes camarades, dans un cabaret, à l'entrée de la rue Dominique, au Gros-Caillou. Nous sortîmes, et il m'emmena à l'enseigne de la Levrette, au Port-au-Bled; mais je n'y vis pas Blondeau, étant obligé de me retirer pour mon service; j'y vis seulement Curé, dit Dubois. Voilà tout ce que j'ai à dire.

Le président: Vous n'avez donc vu Blondeau que ce jour-là, le 7.

Fortaire: Je ne l'ai vu que ce jour-là.

Le président: Blondeau, qu'avez-vous à dire?

Blondeau: Rien.

Le président: Vous persistez à dire que ce n'est pas le 7 que vous avez été au cabaret?

Blondeau: Oui, citoyen.

Le président: Avoit-on servi le jambon quand vous arrivâtes?

Blondeau: Non, citoyen; il fut servi un instant après.

Le président au témoin: Les jambons furent-ils apportés avant que Blondeau arriva?

Fortaire: Le jambon fut apporté à l'instant où Blondeau arriva. Comme il y a fort long temps, je ne suis pas bien sûr si c'est un moment avant, ou dans le même instant, ou après. Blondeau a mangé sa part des jambons et des salades.

Le président: Savez-vous qui paya la dépense?

Fortaire: Je l'ignore.

Le président: On ne vous demanda rien?

Fortaire: Au contraire, en sortant on nous dit que, quand bon nous sembleroit, nous pourrions venir dans ce cabaret.

Blondeau: J'interpelle le témoin de dire où il étoit le 7 au matin.

Fortaire: J'étois dans la cuisine.

Blondeau: Mais, quand vous avez parti avec Lescot pour venir au cabaret, êtes-vous venu en droiture.

Fortaire: Je suis venu en droiture.

Blondeau: Avec Lescot?

Fortaire: Avec Lescot, et puis Bélet et Blondeau.

Baraitosi: Vous êtes partis ensemble de la caserne?

Fortaire: Je viens de le dire.

Buonarotti : Et vous êtes allé tout de suite au cabaret rue de la Tannerie ?

Fortaire : Je viens de le dire.

Buonarotti : Vous n'êtes pas allé nulle part avec eux ?

Fortaire : En chemin, en nous en allant, eux se sont arrêtés un instant ; moi, je suis allé dans un endroit où j'avois affaire. Nous nous sommes rejoints, et nous sommes entrés ensemble au cabaret.

Buonarotti : Vous ne savez pas où ils ont été ?

Fortaire : Ils ne m'ont pas dit où ils ont été.

Jeaume : Quelle heure étoit-il ?

Fortaire : Je crois vers trois ou quatre heures dans l'après-midi : Je sais qu'il étoit midi passé. Voilà tout ce que je puis vous dire.

Bailyer fils : Avez-vous eu connoissance qu'il y eût avec vous, dans ce cabaret, un étranger déguisé en militaire ?

Fortaire : Non, citoyen.

Buonarotti : Étoit-il venu auparavant vous ?

Fortaire : Quand je suis venu, il y avoit du monde à table ; j'ignore qui c'étoit.

Le président : Avez-vous connoissance que quelqu'un, dans cette séance du 7, ait prêté un serment ?

Fortaire : Je n'ai connoissance que du nommé Blondeau, qui tira un pistolet de sa poche, et commença par l'éprouver et nous faire jurer d'exterminer le premier qui trahiroit la cause de Drouet, Bœuf et autres.

Le président : A quelle heure étoit-ce à-peu-près ?

Fortaire : Je ne puis pas vous le dire, parce qu'il falloit de la lumière dans cette chambre ; c'étoit une chambre sombre ; c'étoit toujours dans l'après-midi.

Le président à Blondeau : Ne vous paroît-il pas étonnant que vous qui alliez avec un ami, seulement pour boire un verre de vin, et ensuite dîner, alliez vous retirer dans une chambre tellement sombre, qu'au mois de messidor il falloit de la lumière ?

Les accusés : C'est une tabagie.

Blondeau : Comme je vous l'ai dit, c'étoit le cabaret le plus proche où nous nous étions arrêtés. Il y avoit, je crois, deux tables à côté du comptoir ; et comme c'étoit dans une rue suspecte, nous ne voulûmes pas rester exposés aux yeux de tout le monde dans la boutique ; nous demandâmes s'il y avoit un autre endroit, on nous fit passer dans le fond.

Un accusé : J'observe que, dans cette rue, presque tous les cabarets ont leur salle sur le derrière.

Le président : Je l'ignore.

Un accusé : Lorsqu'on veut fumer sa pipe, on va fumer derrière.

Lamberté : J'observe que tous les cabarets ont une tabagie à part pour les fumeurs. On ne met pas les fumeurs avec les autres citoyens.

Réal : Vous vous rappelez que le premier témoin a déposé que la femme du cabaretier lui disoit : Faites semblant comme si vous vouliez fumer, afin que je puisse vous renvoyer sur le derrière.

Blondeau : J'interpelle le témoin de déclarer si c'est le 7 qu'a été prêté le serment.

Fortaire : C'est le 7 : je n'ai paru que cette fois-là ; et le lendemain, le 8, je n'ai vu que le nommé Martial. Vous même vous avez mis le pistolet à la main, et vous nous fîtes jurer d'exterminer le premier qui trahiroit la cause de Drouet, Babœuf et autres.

Vergne : Je vous prie de mander au témoin s'il a eu connoissance qu'il ait été montré une liste.

Le président : Avez-vous connoissance qu'il ait été montré une liste ?

Fortaire : Je n'en ai pas de connoissance. Je sais que Blondeau nous dit qu'il devoit y venir deux représentans du peuple dans cette séance ; il n'en vint pas.

(On rit.)

Vergne : Il y a un ruban tricolor qui joue un grand rôle : ce n'est pas du ruban que je veux parler, c'est de la déposition des témoins ; les uns prétendent qu'il devoit être à droite, les autres à gauche. Il faudroit s'expliquer là-dessus.

Le président : Il en résulte que ces témoins se contrarient dans cette partie de la déposition.

(On rit.)

Morel : Je prierai les citoyens jurés de ne pas oublier que le témoin a dit, le soir même, qu'on iroit délivrer le citoyen Drouet ; qu'il étoit décrété d'accusation.

Lamberté : Je prierai le témoin de nous déclarer s'il a connoissance du nom des représentans.

Fortaire : Non, citoyen.

Ballyer fils : Avez-vous connoissance que le 7 matin le citoyen Lescot, avec les citoyens Rondeau et Pelet, a été chez le ministre de la police faire une dénonciation ?

Fortaire : Non, citoyen.

Germain : Citoyen témoin, lorsque vous avez été au cabaret, vous y avez été avec quelqu'un de vos camarades ?

Fortaire : J'y étois avec Pelet, Lescot et Rondeau.

Germain : Vous avoient-ils dit pourquoi vous alliez au cabaret ?

Fortaire : Ils ne me l'ont dit qu'après.

Germain : Pourquoi donc, citoyen, lorsqu'on vous a voulu faire prêter serment, ne vous y êtes-vous pas opposé ?

Fortaire : Citoyen, je ne l'ai pas prêté ; je me suis retiré, et je n'y suis pas revenu le lendemain.

Germain : Cependant, à ce moment-là même, vous deviez voir qu'ils ne tenoient ces propos que parce qu'ils étoient dans un état d'ivresse ; vous qui étiez dans un sang rassis, vous auriez dû leur observer qu'ils déclamoient contre le gouvernement, et qu'il ne falloit pas cela.

Fortaire : J'ai su, quand je fus de retour à la caserne, quel étoit le projet de mes camarades, et qu'ils étoient dénoncés.

Germain : Il me semble qu'au moment même vous eussiez dû observer à vos collègues qu'ils parloient d'une manière indigne contre le gouvernement.

Fortaire : Je vous dis que je ne l'ai pas prêté.

Germain : Les autres l'ont ils prêté ?

Fortaire : C'est ce que j'ignore ; j'étois à côté de Blondeau : Blondeau étoit à ma gauche, Martial à ma droite. Mais je ne faisois pas attention à ce qui se disoit.

Le président : Citoyen Blondeau, vous étiez donc entre eux deux ?

Blondeau : Non, citoyen : Rondeau étoit à côté de moi ; mais ce n'étoit pas ce jour-là. Je vous déclare que je n'y étois pas ; je vous déclare que le 6 j'y étois, et non le 7.

Le président : Dans votre déposition par écrit, vous avez dit que c'étoit le 7.

Audier-Massillon, juge : Vous rappelez vous d'avoir vu le témoin ?

Blondeau : Non, citoyen.

La suite au prochain numéro.

L'abonnement étant près d'expirer, on invite les personnes qui ne voudront point souffrir d'interruption, de renouveller pour trente numéros seulement.

Prix, 5 liv. pour les départemens, 4 liv. pour Paris.

On souscrit chez Baudouin, imprimeur du Corps législatif, Place du Carrousel, N°. 662.

A PARIS, chez BAUDOUIN, Imprimeur du Corps législatif.

(N°. 61.)

DÉBATS ET JUGEMENS
DE LA HAUTE-COUR DE JUSTICE.

Suite de la Séance du 5 germinal.

Continuation de l'audition des témoins.

Bailly : Je demande au témoin si Blondeau a dit ce que contenoit la liste dont il vient de dire que Blondeau a parlé.

Fortaire : Je ne me suis pas rappelé qu'on ait parlé de liste, parce que c'est après beaucoup de propos ; je ne puis me rappeler de toute la conversation.

Réal : Je ne puis pas imaginer que ce soit une surprise qu'on ait voulu faire ; il n'a pas parlé de liste ; il a dit positivement que non.

Bailly : Je l'ai entendu comme cela, et je viens d'éclaircir le fait à la décharge de Blondeau. J'étois bien aise de savoir du témoin si Blondeau s'étoit expliqué sur ce que contenoit cette liste.

Réal : Quand c'est pour la décharge de l'accusé, on fait autrement la question.

Didier : Je desirerois que le témoin dît si c'est Blondeau qui fit tous les frais de la conversation.

Fortaire : C'est ce que j'ignore. Je ne sais si c'est Blondeau qui commença à nous parler : nous parlâmes du projet formé d'attaquer l'état-major, ainsi que le Directoire.

Didier : Le dragon déguisé a-t-il parlé dans la conversation ?

Fortaire : Je ne sais pas s'il y avoit un dragon déguisé, je n'en ai pas eu connoissance.

Blondeau : Citoyen président, je crois que le citoyen témoin dit qu'il n'avoit pas voulu prêter, soi-disant, le prétendu serment et qu'il s'étoit retiré à sa caserne.

Un accusé : Il n'a pas dit cela comme cela.

Le président : A quelle heure vous retirâtes-vous ?

Fortaire : Je ne peux pas me rappeler l'heure ; je me retirai pour me rendre à l'appel.

Réal : A quelle heure est l'appel ?

Débats & jugemens de la Haute-Cour, Tome II.

Fortaire : L'appel se faisoit dans ce temps à huit heures, huit heures et demie.

Blondeau : Quand vous avez su que cette prétendue conspiration étoit découverte, avez-vous fait votre déposition ?

Fortaire : Non, citoyen, parce que je savois qu'on l'avoit faite.

Buonarotti : Je vous demande si, au milieu de ce grand nombre de bouteilles, quelqu'un a eu l'intelligence troublée ?

Fortaire : Non.

Buonarotti : Cependant, soixante bouteilles !

Fortaire : Je ne me rappelle pas la quantité de monde qu'il pouvoit y avoir.

Réal : A-peu-près !

Fortaire : Je n'en sais rien ; je ne puis vous le dire s'il y en avoit un grand nombre.

Réal : Y en avoit-il sept, huit, neuf ?

Fortaire : Quand je vous dirois à-peu-près, je pourrois en mettre quatre de plus ou de moins.

Buonarotti : Combien y-avoit-il de militaires ?

Fortaire : Je ne puis vous le dire non plus.

Réal : Vous a-t-on versé de l'eau-de-vie ?

Fortaire : S'il y avoit de l'eau-de-vie, je n'en ai pas bu.

Réal : Combien de bouteilles ?

Fortaire : Je ne m'en rappelle pas ; je n'ai pas fait attention à tout cela.

Réal : Est-il arrivé beaucoup d'étrangers ou de volontaires pendant que vous étiez à boire ?

Fortaire : Il est arrivé plusieurs personnes avec Blondeau, je ne m'en rappellerois pas le nombre.

Réal : Une fois que vous étiez en train de boire, je vous demande si, outre la société que vous aviez formée entre vous, il est arrivé, pendant que vous buviez, d'autres soldats ?

Fortaire : Je ne m'en rappelle pas ; je ne puis pas vous dire cela.

Réal : Au moins vous rappelez-vous s'il en est entré beaucoup, par exemple.

Fortaire : Beaucoup, non : je vous dis qu'il y avoit une grande table, et à l'entour il n'y avoit plus de place ; la table étoit garnie.

Réal : Je crois m'être bien expliqué : je veux savoir du témoin si effectivement il est arrivé là des étrangers qui n'étoient pas de leur société, si ces étrangers se sont succédés et ont circulé dans le cabaret ?

Le président : Vous dites que vous ne vous rappelez pas s'il est entré quelqu'un dans la chambre où vous étiez ?

Fortaire : Citoyen président, le temps que nous étions là, il y avoit beaucoup d'individus qui entroient et qui sortoient ; je ne sais s'ils y étoient déjà depuis le commencement.

Réal : A quelle heure ?.... Avoit-on bu beaucoup de bouteilles au moment où le prétendu serment a été prêté ? En avoit on bu la moitié ?

Fortaire : C'étoit dans le milieu de la séance à-peu-près : voilà tout ce que je puis me rappeler ; nous avons resté encore quelque temps après que ce serment a été prêté.

Le président : Citoyen Blondeau, voici votre interrogatoire :

Ne vous êtes-vous pas réunis, notamment le 7 messidor présent mois ; c'étoit bien récent, c'étoit dans le même mois, le 13. Ne vous êtes-vous pas réunis, notamment le 7 messidor présent mois, dans un cabaret, rue de la Tannerie, n°. 2, au coin de la rue Planche-Mibray, avec trois ou quatre autres de ces militaires auxquels vous avez payé environ soixante bouteilles de vin et des comestibles ; et, dans cette réunion, n'avez-vous pas parlé des moyens d'exécuter ce projet et des espérances de le faire réussir ? — Vous avez répondu : Non, citoyen. Il est vrai que je me suis trouvé dans ce cabaret avec des soldats de la légion de police ; nous y avons bu et mangé, mais nous n'avons songé qu'à nous divertir, sans nous mêler d'aucune affaire politique. Vous voyez bien que ce n'est pas là une entrée que vous faites avec un seul ami, et que ce n'est pas par hasard que vous vous trouvez avec des militaires. Ensuite : dans ce même jour et dans cette même réunion, n'avez-vous pas dit que les patriotes se reconnoîtroient à un ruban tricolor attaché à leur chapeau, et n'avez-vous pas montré celui que je vous représente et qui a été trouvé dans votre porte-feuille ? — Voici votre réponse : Non, citoyen ; comme je l'ai dit, dans mes premiers interrogatoires, ce ruban appartient à une de mes maîtresses. — On vous a demandé le lendemain 8 : Ne vous êtes-vous pas encore réuni au même endroit avec lesdits militaires ; et dans cette séance ne leur avez vous pas fait prêter un serment, le pistolet à la main, d'exterminer le premier qui trahiroit la cause ? — Non, citoyen, car je n'y ai pas été le 8.

Blondeau : Je réponds que ma déclaration a été que j'avois été le 8 et non le 7.

Le président : Votre déclaration est cependant signée à toutes les pages.

Blondeau : Je ne vous dispute pas les signatures ; mais je n'en ai pas fait la lecture.

Germain : Vous aurez lieu de vous convaincre dans mon débat particulier, qu'il n'y a rien de plus faux que ces interrogatoires, lorsque je vois, dans l'original de mon interrogatoire, que Gérard dit que je me suis trouvé à une séance, le 21 floréal à quatre heures après-midi, quand j'ai été arrêté le 21 à dix heures du matin.

Réal : Il est clair, d'après l'interrogatoire que vous venez de lire, que, dans les questions faites pour avoir de lui un aveu qu'il s'y étoit trouvé le 7, celui qui l'interrogea s'y prit, je dirai plutôt avec finesse qu'avec le desir seul d'avoir la vérité. Il lui a trois fois fait la question : Y avez-vous été, oui ou non le 7 ? S'il avoit voulu savoir ce point de fait, il ne l'auroit pas analysé dans trois ou quatre questions, pour le perdre : il n'avoit qu'à lui demander, votre *non* ou votre *oui* s'applique-t-il à la date.

Le président : Je ne sais si votre observation est bien placée ; il ne lui a pas fait ces questions. Il lui demande : y avez-vous été le 7 ? il dit, oui.

Blondeau : C'est faux.

Réal : Il dit non, au contraire.

Le président : A quoi dit-il non, au fait ?

Réal : Je sais qu'on peut en induire....

Le président : On lui demande, y avez-vous été le 8 faire telle chose ? non, car je n'y ai pas été le 8.

Un accusé : Celui qui a fait l'interrogatoire avoit dans sa tête le plan formé de lui faire convenir qu'il y avoit été le 7.

Réal : Cet interrogatoire a été fait dans ce dessein : je soutiens qu'il y avoit une manière plus franche de venir au fait, c'étoit de lui faire la question, oui ou non ; de ne pas lui faire trois questions complexes, sans savoir sur quoi s'applique le oui ou le non.

Viellart : Interrogez-vous les témoins comme cela ?

Réal : Presque toujours par oui ou par non.

Si j'avois un tort comme défenseur pour sauver quelqu'un, il me semble qu'un juge devroit en avoir deux quand il s'agit de perdre des accusés.

Le président : Je ne crois pas qu'on puisse trouver quelque chose de blâmable dans les questions.

Réal : J'aurois été plus franc dans les questions.

Morard : J'ai une question à faire au témoin :

On a dit que Blondeau avoit fait passer de main en main le pistolet, lors de la prestation du serment : je vous demande si cela est vrai.

Fortaire : Non, citoyen, je ne me rappelle pas qu'on l'ait passé de main en main ; il n'y a eu que Blondeau qui l'a eu en main.

Réal : Je ferai la même question au citoyen Rondeau, s'il est vrai que l'on fit passer le pistolet de main en main.

Le président : Citoyen Rondeau, lors du serment, le pistolet passa-t-il de main en main ?

Rondeau : Le serment fut fait le premier par Blondeau ; il le fit jurer par ses camarades sur le pistolet. Ils répondirent tous ensemble, nous jurons d'être fidèles. Le pistolet ne fut pas passé de main en main, je ne le dis pas.

Le président : Faites entrer le citoyen Lidon.

Le président : Lidon, votre nom ?

Lidon, Juste Lidon.

Le président : Votre âge ?

Lidon : Vingt-neuf ans.

Le président : De quel pays êtes-vous ?

Lidon : Cahors, Lot-et-Garonne.

Le président : Depuis quel temps êtes-vous dans la légion de police ?

Lidon : Depuis sa formation.

Le président : Dans quel corps serviez-vous auparavant ?

Lidon : Quatrième dragon.

Le président : Combien y a-t-il de temps que vous êtes dans ce régiment ?

Lidon : Il y a cinq ans.

Le président : Vous promettez de parler sans haine et sans crainte ; de dire la vérité, toute la vérité, rien que la vérité ?

Lidon : Je le jure.

Le président : Connoissiez-vous quelqu'un des accusés auparavant les faits de l'accusation ?

Lidon : Je connois le citoyen Blondeau que voilà.

Le président : Êtes-vous son parent, son allié, ou attaché à son service ?

Lidon, Non, citoyen.

Le président : Quelle connoissance avez-vous des faits de l'accusation ?

Lidon : Je déclare avoir été le 7 messidor, dans l'après-midi, dans un cabaret, rue de la Tannerie, n°. 2, avec plusieurs de mes camarades, et en entrant dans ladite maison, la femme nous dit de passer de l'autre côté dans une chambre, sur le derrière au rez-de-chaussée. On nous apporta de la lumière en plein jour. Nous vîmes une table couverte de bouteilles de vin ; ensuite de cela ledit Blondeau est arrivé avec plusieurs de sa bande. On nous apporta du pain, du jambon, une salade, des pipes, du tabac. Nous avons mangé, fumé ; ensuite de cela, ledit Blondeau, ainsi que ses affidés, nous ont engagés à soutenir la cause du représentant Drouet qui, dans ce moment, étoit à la séance du Conseil des Anciens ; que l'on croyoit qu'il seroit envoyé à la Haute-Cour, et que si nous le laissions partir la République étoit perdue ; que pour cela il avoit pris des moyens pour l'empêcher de partir ; que s'il avoit seulement trois cents hommes de notre régiment, il répondoit de venir à bout de son dessein. Nous lui avons promis qu'il auroit la plupart de notre régiment, de notre opinion, mais ce n'étoit sûrement pas la sienne. Il dit qu'il n'étoit pas en peine du camp ; que le plupart du camp étoit pour eux. Il nous dit que si Drouet étoit pour partir cette nuit même, qu'il nous le feroit dire avant de nous quitter ; et qu'il viendroit lui même en personne, s'il étoit pour partir, dans un endroit proche des quinconces, où il seroit signalé d'un chapeau à trois cornes avec un ruban tricolor pendant sur la corne gauche, là où il y en auroit un autre qui lui correspondroit et qu'il lui diroit le mot de ralliement, et en même temps qu'il préviendroit ses camarades qui étoient de son opinion de monter à cheval, et qu'il feroit faire seller tous les autres chevaux ; qu'il seroit venu plusieurs généraux et représentans pour se mettre à la tête pour les commander, et qu'ensuite on auroit été au camp et on seroit bientôt venu à bout des pièces de canon ainsi que des munitions, et qu'ensuite de cela on auroit marché sur l'état-major pour l'égorger, et aussi sur le Directoire et tous ceux qui auroient mis des entraves à cette marche. Je n'ai plus rien à dire qu'à la fin de cette séance l'hymne des Marseillais a été chanté, et plusieurs chansons analogues à leur projet.

Le président : A quelle heure arrivâtes-vous ?

Lidon : A une heure après-midi, environ.

Le président : A quelle heure vous retirâtes-vous ? combien restâtes-vous de temps ?

Lidon : Je ne sais pas l'heure au juste, à-peu-près neuf heures du soir.

Le président : On ne fit pas de promesse dans cette séance ?

Lidon : Non.

Le président : Quelques sermens ?

Lidon : Des sermens ? oui, il a été fait un serment, le pistolet à la main ; je ne me rappelle pas des mots qui ont été dits à ce serment-là.

Le président : Combien étiez-vous à-peu près ?

Lidon : Ils étoient cinq à six, je crois.

Le président : Et des dragons ?

Lidon : A-peu-près huit.

Le président : En tout combien étiez-vous à-peu-près ?

Lidon : Treize.

Le président : Il n'arriva pas d'étrangers ?

Lidon : Il y en avoit qui entroient, qui sortoient ; je ne faisois pas beaucoup d'attention à cela.

Le président : Saviez-vous qu'il y avoit quelqu'un déguisé en dragon parmi vous ?

Lidon : Non, je n'ai aucune connoissance de cela.

Le président : Qui est-ce qui entretenoit la conversation ?

Lidon : Mais c'étoit Blondeau qui étoit à la tête, et les affiliés qui répondoient, chacun parloit de son côté.

Le président : Vous rappelez-vous auprès de qui Blondeau étoit placé ?

Lidon : Il étoit à un bout de la table, mais je ne sais de quel côté.

Le président : Vous ne vous souvenez pas qui était auprès de lui ?

Lidon : Fectaire dragon, qui étoit auprès de lui ; je ne me rappelle pas de l'autre.

Le président : Citoyen Blondeau, qu'avez-vous à dire ?

Blondeau : Quand il aura fini ; c'est toujours la même chose.

Le président, au témoin : Avez-vous autre chose à déclarer ?

Lidon : Je n'ai pas été témoin d'autre chose.

Blondeau : Voilà donc, citoyens juges et citoyens jurés, la famille du citoyen Grisel un peu sombreuse.

Actuellement, supposons que j'ai eu le projet, pour un moment, d'enlever le représentant du peuple Drouet, Babœuf et co-accusés ; voyons voir s'il ne faudroit pas être archi-bête pour avoir tenté un tel projet.

Premièrement, Drouet étoit à l'Abbaye : il y avoit cinquante hommes de garde à pied, trente hommes de garde à cheval, cinq ou six guichetiers et gardiens : pour arriver à la chambre de Drouet, il y avoit deux portes l'une sur l'autre ; et c'est parce que j'y ai été, que je connois la construction du bâtiment : pour monter à sa chambre, il y a deux escaliers ; pour s'introduire dans la prison, il y deux vedettes à cheval à la porte de la prison, deux sentinelles ; et en face du corps-de-garde, deux vedettes ; au coin de la rue à droite, l'une à droite et l'autre à gauche ; dans un petit jardin qui donne dans la prison, il y a deux factionnaires ; dans une autre cour, il y avoit quatre factionnaires.

Je crois, ma foi, que, pour arriver là, il falloit absolument avoir une force majeure comme diroit le témoin : mais je ne peux pas croire cependant que si j'ai eu ce projet là, je serois venu me jeter dans les bras d'inconnus pour vouloir enlever Drouet, Babœuf et autres ; quand j'en aurois eu la meilleure intention ; quand j'aurois eu les idées les plus fortes, il faut premièrement avoir des moyens physiques et moraux que je n'ai pas. Je ne connois que mon métier de soldat, mon ennemi pour me combattre avec lui et pour la liberté.

Voyons maintenant pour le Temple ; comment nous pourrions-nous introduire pour pouvoir alors enlever Babœuf et ses compagnons. Premièrement, à la porte de devant, il y avoit quinze hommes de garde : il y avoit trois cours pour arriver à la porte de la prison, un piquet d'une soixantaine hommes de grenadiers, des murs d'une petite hauteur d'environ soixante à quatre-vingt pieds de hauteur. Le citoyen Babœuf et ses camarades étoient dans une tourelle au secret, non pas l'un avec l'autre, mais séparés l'un de l'autre; ce qui auroit donné encore bien plus de mal.

Je vous demande un peu, un soldat qui vient de l'armée, qui a essuyé des blessures, qui n'est connu de presque personne dans Paris, auroit osé tenter un tel projet sans argent, sans ressources! obligé de vivre chez des amis où ils me donnoient la nourriture, le logement, et tout; je ne sais pas comment: il auroit fallu que j'aie perdu la tête; il falloit que je sois fou, archi-fou pour avoir voulu tenter un tel projet. Je ne peux pas concevoir comment un homme pourroit se figurer d'aller enlever un représentant du peuple.

Et d'ailleurs, pourquoi aurois-je enlevé Drouet? Est ce que je croyois Drouet coupable? Non: il ne le sera jamais aux yeux de tous les républicains. Je le déclare, s'il falloit que je visse Drouet dans un danger imminent, mon sang et ma vie seroient à lui; je sauverois Drouet lorsqu'il le faudroit.

Je ne crois pas que Drouet soit coupable: ce sont ses ennemis seuls qui sont coupables; ses ennemis qui ne lui font pas un crime d'avoir conspiré, mais d'avoir arrêté le tyran à Varennes. Voilà la conspiration, voilà la conspiration du gouvernement; vous le verrez par la suite des débats, que ce n'est pas pour une conspiration qu'on a arrêté Drouet, mais pour avoir arrêté le tyran à Varennes.

Vous verrez, citoyens jurés, que mon débat vous démontrera la calomnie de mes dénonciateurs, de ces hommes qui ont bu à Grenelle le sang des républicains; ils ont eu l'infamie d'assassiner peut-être leurs pères et leurs amis.

Voilà, malheureux! une femme (la veuve Mounard) qui viendra vous demander le trésor de son cœur; vous lui avez arraché sa subsistance, celui qui la nourrissoit! Vous, des républicains! Non: vous déshonorez l'habit militaire; vous ne l'avez jamais été.

Citoyens jurés, je vous prouverai, dans le cours des débats, que j'ai été obligé d'entrer dans la légion de police pour vivre, faute de moyens. J'avois une pension. Le gouvernement ne me la payoit pas. J'y suis entré par protection du citoyen Barras, qui avoit signé une pétition pour moi. J'y restai pour vivre pendant quelque temps, et j'observai qu'ils ne parloient que de pillage et de carnage à l'affaire du 13 vendémiaire. Ils disoient: Si nous avions été sous les armes, nous aurions pillé le Palais-Royal et assassiné les scélérats qui ont fait la révolution.

J'ai été obligé de quitter pour me sauver d'eux. Le capitaine et les officiers sont des contre-révolutionnaires. Ce sont tous émigrés rentrés. Je le prouverai dans le débat.

Réal: J'aurai une question à faire. Je demande au témoin: Qui est-ce qui vous a dit de vous trouver au cabaret de la rue de la Tannerie, le jour où vous vous y êtes trouvé ?

Lidon : Ce sont mes camarades.

Réal : Quels camarades ?

Lidon : Enfin, Rondeau, Lescot, Pelet, Fortaire.

Réal : A quelle heure vous l'ont-ils dit ?

Lidon : Le matin.

Réal : A quelle heure le matin ?

Lidon : Je ne m'en rappelle pas.

Réal : Est-ce avant ou après le pansement ?

Lidon : C'est avant ou après ; je ne m'en rappelle pas : dans la matinée.

Réal : Vous ne vous rappelez pas ?

Lidon : Non.

Réal : Ne seroit-ce pas pendant le pansement ?

Lidon : Non ; ce n'est pas pendant le pansement.

Réal : A quelle heure êtes-vous parti à-peu-près de la caserne ?

Lidon : Il étoit à-peu-près une heure après midi.

Réal : Rappelez-vous bien : je ne veux pas vous surprendre.

Lidon : Je m'en rappelle ou je ne m'en rappelle pas ; je n'avois pas la montre à la main.

Réal : Ainsi vous n'affirmez pas. Je ne veux pas vous surprendre, quoiqu'on dise que j'interroge les témoins avec beaucoup de dureté. Je vous demande si vous affirmez, ou si vous doutez ?

Lidon : Je doute.

Réal : Aviez-vous mangé la soupe ?

Lidon : Non.

Réal : C'étoit donc avant-dîner.

Lidon : Sûrement, si je l'ai mangée ; je ne m'en rappelle pas. Je descendois la garde.

Réal : Voilà une heure à-peu-près qu'il nous faut. Êtes-vous parti droit de votre caserne pour vous rendre à ce cabaret ? étiez-vous seul ?

Lidon : Non.

Réal : Avec qui étiez-vous ?

Lidon : J'étois avec ceux que j'ai nommés, Lescot, Rondeau, Pelet, Fortaire, et par deux autres que je connois de vue et non de nom. Ils n'étoient pas de la même compagnie.

Réal : Avez-vous été en droite ligne au cabaret ?

Lidon : Oui.

Réal : Vous ne vous êtes pas arrêté en chemin ?

Lidon : Non.

Réal : Aucun de vous ne s'est arrêté en chemin ?

Lidon : Je n'en sais rien.

Réal : Remettez votre mémoire.

Lidon : Je ne suis pas sûr qu'il en ait resté quelqu'un derrière.

Réal : Vous ne savez pas si vous êtes entrés tous dans le cabaret ?

Lidon : Nous sommes entrés tous ensemble.

Réal : Y auroit-il quelques-uns d'entre vous qui seroient allés chez le ministre Cochon, dans l'intervalle ?

Lidon : J'en ignore.

Réal : Ils ne se sont pas séparés de vous, dans l'intervalle ?

Lidon : Je ne m'en rappelle.

Blondeau : J'interpelle le témoin de déclarer s'il est de la même compagnie que Lescot.

Lidon : Oui.

Blondeau : Pourquoi Lescot a-t-il été condamné ?

Lidon : Je n'en sais rien. Je ne connois pas son procès.

Blondeau : Dans une compagnie où il y a cent dix hommes, on sait bien quand il y a un camarade à la chambre de discipline, et pourquoi il y est.

Lidon : Je ne sais pas pourquoi ; on a dit que c'étoit pour des mandats.

Germain : Ils sont bien scrupuleux sur le point d'honneur, ces soldats-là !

Blondeau : Citoyen président, je demande très-formellement que le marchand et la marchande de vin soient assignés.

Le président : Donnez leurs noms : les avez vous ?

Blondeau : Je ne sais pas leurs noms ; je sais bien la rue.

Le président : Je vous observe que si ce n'étoit plus le même marchand de vin, et qu'on aille assigner l'homme et la femme du n°. 2.

Blondeau : Cependant j'en ai de besoin pour ma justification.

Ballyer père : On s'informera auparavant. On leur demandera s'ils étoient cabaretiers à l'époque dont il s'agit.

Le président : On les fera assigner.

Blondeau : Il me semble que si naturellement cette prétendue conspiration, cette prétendue orgie avoit eu lieu, et ces citoyens faisant leurs déclarations, il est certain que le ministre Cochon les auroit fait arrêter.

Réal : Ceci est d'autant plus certain que, lorsque le ministre a fait arrêter Sophie Lapierre pour avoir conspiré en portant le plat de lentilles et l'omelette, certainement celui qui auroit fourni son vin, en disant : ce sont les amis qui paient, seroit encore bien plus coupable dans la grande conspiration. Et Breton n'est ici aussi que pour avoir fourni du vin.

Le président : Faites venir le citoyen Meunier. (Il entre.)

Le président : Votre nom ?

Meunier chante le couplet de la complainte de Gorjon : *Levez-vous, illustres victimes*, etc.

Le président: Il est défendu de chanter ; vous n'êtes pas venu ici pour chanter.

Meunier: Vous devez aimer cette chanson-là comme moi ; elle est patriote : c'est pour les amis de la liberté et de la sainte égalité.

Le président: Votre nom ? — Jean-Baptiste Meunier. — Votre âge ? — Vingt ans. — De quel pays êtes-vous ? — De Paris. — Combien y a-t-il de temps que vous êtes dans le corps où vous servez ? — Il y a six mois. — Aviez-vous servi auparavant ? — Oui. — Dans quel corps ? — Dans les chasseurs de Marat. — Vous promettez de parler sans haine et sans crainte, de dire la vérité, toute la vérité et rien que la vérité ?

Meunier: Rien que la vérité. Je le promets.

Le président: Connoissez-vous quelques-uns des prévenus ?

Meunier: Personne.

Le président: Vous n'êtes parent, ni allié, ni attaché au service d'aucun d'eux, non plus que de la partie plaignante ?

Meunier: Non.

Le président: Avez-vous quelque connoissance des faits de l'accusation ?

Meunier: Je vais vous dire rien que la vérité.

Citoyens jurés, que me demandez-vous ? que me voulez-vous ? Est-ce pour rendre hommage aux vertus humiliées, à l'innocence opprimée, au courage des amis du peuple ? Je les chéris tous ; et je déteste leurs oppresseurs.

Ma jeunesse est franche, est incapable de déguisement. Que ma langue se sèche dans ma bouche et s'attache à mon palais, avant que j'accuse les amis de leur cause, de la mienne : c'est celle de tout le peuple français républicain.

Hélas ! plutôt monter sur les gradins et partager leur gloire, que de me réunir à leurs lâches et cruels ennemis ! Il n'appartient qu'à un scélérat comme Grisel de . . . . . .

Le président: Je vous rappelle à l'ordre. (*Bruit*.)

Plusieurs accusés: Il a raison ! il a raison !

Réal aux accusés: Taisez-vous donc.

Germain: L'intrigue va se manifester tout-à-l'heure.

Meunier: C'est la vérité ! . . . . . . J'ai servi ma patrie. Eh bien ! devant un conseil d'égorgeurs et de bourreaux, j'ai fait ce que j'ai pu pour sauver mes jours.

L'espoir de la liberté dont on m'a flatté, les démarches qu'on a faites près de moi dans les prisons de Vendôme, n'ébranleront pas mon attachement aux patriotes, mon respect dû à l'innocence et à la vertu opprimées.

Je me récuse et je déclare au surplus que je n'ai rien à dire contre les accusés.

Le président: Avez-vous quelque connoissance des faits qui ont donné lieu à l'accusation?

Meunier: Aucune.

Le président: Comment avez-vous donc fait une déclaration chez le directeur du jury?

Meunier: C'est Gerard qui l'a dictée lui-même.

Le président: L'avez-vous souscrite? l'avez-vous signée, cette déclaration?

Meunier: Je l'ai signée. C'est un effet de foiblesse. Il me promettoit la liberté.

Le président: Où est donc votre probité? où est donc votre honnêteté?

Meunier: Mon honnêteté!.... La liberté. Y a-t-il rien de plus cher!

Le président: Est-ce une promesse que vous supposez que l'on vous a faite verbalement?

Meunier: Citoyens jurés, je vous découvre aujourd'hui ma conscience, elle dicte la vérité; quand il s'agiroit de monter sur l'échafaud: que dis-je, l'échafaud! c'est à la victoire et aux champs du triomphe.

Meynier d'Ille, haut juré: Il me paroît que le citoyen a dit qu'on avoit fait des démarches à son égard dans les prisons de Vendôme pour l'obliger à déposer.

Le président: Quelles sont les démarches qu'on a faites près de vous dans la prison de Vendôme?

Meunier: Citoyens, un accusateur national, une personne qui s'est dite accusateur national.... c'est-à-dire, je l'ai fait demander pour lui démontrer l'impossibilité que je ne pouvois pas témoigner dans cette affaire, parce que c'étoit Gérard qui avoit dicté cet écrit. Il m'a dit que si je ne me souvenois de rien, on alloit me donner la copie des pièces des prétendues déclarations.

Un accusé: Avez-vous eu ces copies?

Meunier: Non je ne les ai pas eues.

Un accusé: Il vous a dit cela?

Meunier: Oui, citoyen; et le président a la lettre comme quoi on nous les a offerts.

Un juré: Qu'es-ce qu'on vous a offert?

Meunier: On m'a offert copie des prétendues déclarations que j'ai faites.

Verneilh, haut-juré: On devoit avoir une intention en vous l'offrant?

Meunier: Il me l'a offerte. Je ne lui ai rien dit; j'ai prouvé l'impossibilité de témoigner dans cette affaire, parce que je ne connoissois rien.

Un juré: Vous ne savez pas pourquoi on vous a offert ces pièces ?

Meunier: Le fait de cela, c'est que le citoyen président a la lettre.

Le président: Quelle lettre ai-je ?

Meunier: Celle que moi et mon camarade vous avons envoyée.

Le président: Vous en avez écrit deux ou trois pour vous plaindre.

Meunier: C'est la dernière du 2 de ce mois. Je vous prouverai que je ne suis pas faux témoin.

Réal: Il peut revenir sur sa déclaration; il ne peut pas être considéré comme faux témoin.

Meunier: Ma conscience me dit que c'est Gérard qui a dicté tout: c'est un effet de foiblesse. Il s'agit de prononcer sur des hommes innocens.

Réal: J'ai une observation très-précieuse à vous faire là-dessus. Cette scène étrange qui se passe . . . . .

Un des accusateurs nationaux: Très étrange.

Réal: Oui, très-étrange et très-salutaire.

Meunier: Je me récuse.

Réal: Je l'appelle étrange et salutaire.

Sur une déclaration aussi formelle du témoin, qui articule deux faits, il me semble qu'on veut aller trop brusquement : quant à moi, je ne crois pas que le Tribunal doive le faire. Il parle de lettres écrites au Tribunal. Vous commencez, citoyen président, par lui déclarer, à cet homme qui parle ici, que vous le considérerez comme faux témoin, d'après l'article que vous allez lire. Si cette parole ne vous étoit pas échappée, je ne me serois pas permis de me lever. Je vais vous lire l'article de la loi, qui dit : Qu'un témoin peut se rétracter à l'audience, sans qu'on puisse le traiter comme faux témoin.

Certes, citoyen, j'admire la sévérité qu'on déploie contre les faux témoins : est-ce qu'il y auroit ici deux balances ? Et lorsque trois témoins, un entr'autres, celui qui a déposé le premier contre Blondeau, Lescot a été prouvé ici menteur, faux témoin, il accuse; on n'a pas pris contre lui la moindre précaution; on ne l'a pas même menacé, quoique sa déclaration fût celle d'un faux témoin; et lorsque cette déposition-ci n'est pas finie; lorsque nous n'avons eu aucune des pièces dont ce témoin parle; lorsque nous n'avons rien vu, lorsque nous demandons et que nous avons tous besoin de savoir la vérité, vous commencez par vous lever et annoncer que vous allez le traiter comme faux témoin ! cela n'est pas dans votre cœur.

Le président: Je consulte la Haute-Cour.

Réal : Cela en imposera au témoin ; cela l'empêchera de dire la vérité, s'il avoit envie de la dire.

Le président : La Haute-Cour ordonne qu'elle en va délibérer.

Meunier : C'est Gérard qui a dicté tout.

Le président : La Haute-Cour ordonne qu'elle en va délibérer.

Pajot, juré : Vous me permettrez de faire une question au témoin. (*Au témoin.*) Vous venez de dire que c'étoit Gérard qui avoit dicté votre déposition : quelle a été la promesse qu'il vous a faite ; il a fallu vous faire une promesse pour vous faire souscrire un faux. Dites-nous.

Meunier : Il m'a promis ma liberté.

Morel et autres accusés : Sa liberté ! il est condamné à dix ans de fers, par une boucherie, par la boucherie militaire.

Un juré : Pourquoi avez vous été privé de votre liberté ?

Meunier : Pour avoir lu les papiers des amis du peuple français.

Le président : Faites retirer le témoin dans la salle des témoins.

(Meunier, en s'en retournant, chante un couplet qu'on n'a pas pu saisir, et dans lequel on a remarqué le nom de Gérard.)

(Le Tribunal passe dans la chambre du conseil.)

Le Tribunal rentre en séance.

Le président ordonne de faire comparoître le témoin Meunier.

Le président lit :

« Ce jour, cinq germinal de l'an cinquième de la République française, une et indivisible, a été appelé à l'audience de la Haute-Cour, Jean-Baptiste Meunier, chasseur, témoin assigné à la requête des accusateurs nationaux. En entrant, ce témoin regardant les accusés, s'est mis à chanter. Rappelé à l'ordre, il a continué son couplet. Ensuite, interrogé par le président, il a répondu aux questions relatives à ses noms, âge, profession, etc., et il a fait la promesse exigée des témoins par la loi. Lui ayant été demandé s'il connoissoit quelqu'un des accusés avant les faits mentionnés dans les actes d'accusation, a répondu qu'il n'en connoissoit aucun. Invité de déclarer quelle connoissance il avoit desdits faits, a dit qu'il ne savoit rien. A lui représenté que cependant il a déposé devant le directeur du jury, et qu'il a souscrit sa déposition, a répondu que c'est le directeur Gérard qui a dicté sa déposition. A lui représenté qu'il lui en a été donné lecture ; qu'il l'a souscrite et signée à toutes les pages : a répondu qu'il l'avoit fait, séduit par les discours du citoyen Gérard, qui lui avoit promis que, pour prix de sa complaisance qu'il exigeoit de lui, il recouvreroit sa liberté. Sur quoi, la Haute Cour a ordonné qu'elle se retireroit en la chambre du conseil pour délibérer ; et après avoir délibéré, ordonne que Meunier sera rappelé à l'aurence; qu'il lui sera fait lecture des articles 366 et 367 du code des délits et des peines; qu'ensuite il sera interpellé de nouveau de déclarer s'il connoît quelqu'un des accusés, et quels sont les faits des actes d'accusation dont il peut avoir connoissance. »

La loi porte :

« Art. 366. Quant aux déclarations écrites que les témoins ont
» faites, et aux notes écrites des interrogatoires que l'accusé a subis
» devant l'officier de police, le directeur du jury et le président
» du tribunal criminel, il n'en peut être lu, dans le cours des débats,
» que ce qui est nécessaire pour faire observer, soit aux témoins,
» soit à l'accusé, les variations, les contrariétés et les différences qui
» peuvent se trouver entre ce qu'ils disent devant les jurés et ce
» qu'ils ont dit précédemment.

» Art. 367. Si, d'après les débats, la déposition d'un témoin paroît
» évidemment fausse, le président en dresse procès-verbal; et d'of-
» fice, ou sur la réquisition, soit de l'accusateur public, soit de la
» partie plaignante, soit de l'accusé et de ses conseils, il fait sur-le-
» champ mettre ce témoin en état d'arrestation, et délivre, à cet
» effet, contre lui un mandat d'arrêt, en vertu duquel il le fait con-
» duire devant le directeur du jury d'accusation de l'arrondissement
» dans lequel siége le tribunal criminel.

» L'acte d'accusation, dans ce cas, est rédigé par le président. »

Le président : Je vous demande, citoyen Meunier, si vous connoissez quelqu'un des accusés ?

Meunier : J'ai dit que je ne connois personne.

Le président : Comment pouvez vous dire que vous n'en connoissez aucun, lorsque devant le directeur de jury, le 29 prairial
dernier, vous avez dit : « Il y a environ quatre mois et demi, votre
» régiment étant à Versailles, vous avez eu occasion de faire con-
» noissance avec Blondeau, ex-légionnaire, à la maison de discipline
» appelée *Ripaille*, où ledit Blondeau étoit détenu pour soupçon de
» manœuvres anarchiques; qui, dans les confidences particulières,
» vous dit qu'il avoit connoissance que bientôt le gouvernement
» actuel seroit renversé; qu'alors lui, Blondeau, auroit une mission;
» qu'il connoissoit des personnes qui s'occupoient de ce projet; et
» qu'il lui donneroit des écrits, provenans de ces personnes, et que,
» quelque temps après ces première confidences, ils sortirent tous
» deux de la chambre d'arrêt, et se liérent plus particulièrement
» ensemble. Qu'alors Blondeau lui dit que pour réussir dans le projet
» dont il lui avoit fait confidence, le meilleur moyen étoit de former
» une réunion, afin d'avoir des correspondances avec ceux qui s'en
» occupoient à Paris et avec le corps. Qu'alors la réunion se forma
» du côté de . . . . sur une petite montagne en face ; que
» Blondeau présidoit cette réunion; qu'il leur assura qu'il existoit
» un bataillon campé près de Paris, qui avoit un comité révolution-
» naire et dont le parti étoit très-sûr; que Félix Lepelletier devoit

» venir présider l'assemblée de la Réunion qui se tenoit à Versailles,
» afin d'y mettre de l'ordre et d'avoir une correspondance certaine
» en cas d'alerte, mais que vous déclarant ne l'y avez pas vu.

Comment pouvez-vous dire que vous ne connoissez personne, lorsque vous dites dans un autre endroit, « qu'un jour, en allant
» aux Bains chinois, vous fites rencontre de Morel, dans la rue de
» Chartres; que ledit Morel vous accosta; et après être entré en
» pourparlers, avec lui, il vous remit des journaux de la même na-
» ture que ceux qui vous avoient déjà été remis aux Bains chinois;
» qu'ayant désiré connoître le domicile dudit Morel, celui-ci vous
» conduisit chez lui, rue Thomas du Muséum, ci-devant aux écu-
» ries d'Orléans, où ledit Morel avoit un dépôt de papiers; que
» vous avez vu plusieurs fois ledit Morel chez lui; qu'il vous montra
» une liste de conjurés des départemens, etc.

Comment pouvez-vous dire que vous ne connoissez personne lorsque vous avez dit « qu'ayant été chargé d'apporter une lettre à
» Félix Lepeletier-Saint-Fargeau, rue de Carême-prenant, vous
» vous rendîtes à cette invitation; que vous ne trouvâtes pas ledit
» Lepeletier-Saint-Fargeau; qu'un homme qui demeuroit au
» premier vous remit l'adresse positive de Lepeletier-Saint-Fargeau,
» dans une rue près de la place ci-devant Royale; que vous y fûtes
» et que vous ne trouvâtes pas alors ledit Lepeletier chez lui, mais
» que vous remîtes les lettres à un de ses confidens, homme de
» grosse corporance; qu'après avoir remis cette lettre, vous allâtes
» faire un tour, que vous revîntes, que vous le trouvâtes chez lui;
» qu'en ce moment Lepeletier-Saint-Fargeau vous dit qu'il suivoit
» les traces de ses frères; qu'il vous engageoit à beaucoup de discré-
» tion; que si vous reveniez chez lui, vous eussiez à n'y pas venir
» en habit militaire, cela pouvant donner quelque soupçon; que quand
» vous auriez quelque chose pour lui Lepeletier, vous eussiez à le
» porter chez le particulier, où vous avez d'abord été adressé rue de
» Carême-prenant; que cette conversation entre vous et lui eut
» lieu dans son anti-chambre au rez-de-chaussée; que vous vous
» quittâtes après vous être embrassés, et avec recommandation de
» beaucoup de discrétion. »

Comment pouvez-vous dire que vous ne connoissez personne.

Meunier: C'est Gérard qui a dicté tout; et la preuve de cela, c'est ce que j'ai dit au citoyen accusateur que voici, qui est venu à la prison (des accusés de citoyen Viellart): je ne sais pas si c'est le citoyen Viellart; j'ai dit au citoyen accusateur qui est venu, que je ne pouvois pas témoigner dans cette affaire, parce que je ne connoissois rien du tout.

La suite au Numéro prochain.

A PARIS, chez BAUDOUIN, Imprimeur du Corps législatif.

(N°. 62.)

DÉBATS ET JUGEMENS
DE LA HAUTE-COUR DE JUSTICE.

Suite de la Séance du 5 germinal.
Continuation de l'audition des témoins.

TAFFOUREAU : Je demande la parole.

Meunier : Je suis flétri par la loi, vous n'avez pas droit de me faire témoigner ici.

Le président : Vous ne connoissez personne ?

Meunier : Personne du tout, aucun des accusés.

Le président : Mais les faits ? vous connoissez pas davantage les faits ? vous ne savez aucun fait ?

Meunier : Rien du tout, c'est Gérard qui a dicté tout. C'est une foiblesse de ma part. J'avois dix-neuf ans. Je suis dans le malheur depuis onze mois ; c'est une nouvelle victime, faites-en ce que vous voudrez.

Babœuf : Il me semble que vous lui avez fait une question infiniment complexe.

Le président : Cela ne regarde personne.

Taffoureau : Je demande dans quelle intention l'accusateur national lui a offert copie de sa déclaration.

Viellart, accusateur national : Voici le fait.

La veille du jour que je partis pour Paris, on vint me dire que les deux témoins, Barbier et Meunier étoient arrivés et avoient quelque chose d'essentiel à communiquer aux accusateurs nationaux. Je me transportai (je ne me rappelle pas si cela fut écrit ou simplement verbal), je me rendis à la prison ; je trouvai les citoyens Meunier et Barbier. Ils me firent part du mauvais état dans lequel ils se trouvoient ; qu'ils étoient mal nourris, infiniment moins bien qu'à Bicêtre. Je leur dis qu'on y porteroit remède ; que, dès le même jour, j'irois à la municipalité. Je fus à la municipalité, et cela s'arrangea. Je n'ai su comment, un des deux citoyens, je ne sais si c'est celui ici présent ou Barbier, l'un des deux enfin me demanda à être mis au rang des accusés.

Meunier : C'est moi.

Débats et jugemens de la Haut-Cour. Tome II.

Viellart : Je lui observai que cela n'étoit pas en mon pouvoir, que la Haute-Cour jugeoit ceux qui avoient été mis en accusation, mais ne mettoit en accusation personne. Il prétend it que s'il étoit parmi les accusés, il parviendroit à se justifier ; qu'il expliqueroit les faits pour lesquels il étoit condamné. Je lui fis remarquer qu'il se trompoit très-fort s'il croyoit qu'en passant parmi les accusés et obtenant de la Haute-Cour un jugement qui l'acquitteroit de conspiration, s'il pouvoit conclure de là qu'il deviendroit quitte du jugement qui l'avoit condamné. J'ignore le fait pour lequel il a été condamné ; et, sans le savoir, je lui dis que puisqu'il avoit été condamné pour des faits, il étoit très-possible qu'ils n'eussent pas de rapport à la conspiration, et que cependant il eût commis des fautes contraires à la discipline militaire, en sorte que je dis que cela ne se pouvoit pas. Il me dit que les faits sur lesquels il devoit déposer étoient connus, qu'il ne savoit pas s'il se ressouviendroit bien de tout ; il me déclara là qu'il étoit toujours disposé à dire la vérité.

Meunier : Je vous dis la vérité.

Viellart : Comme il m'observoit qu'il seroit possible que la mémoire lui manquât, je lui dis que peut-être seroit-il possible + lui donner par exemple l'acte d'accusation : voilà ce dont il a été question. Au surplus, il a déclaré qu'il n'avoit rien vu ; par conséquent, je ne vois pas pourquoi on reviendroit sur cet objet : mais alors il annonçoit qu'il continueroit sa déposition, je ne lui fis aucune observation à cet égard-là.

Le président : Vous n'avez donc pas connu Blondeau en prison à Versailles ?

Meunier : Je peux avoir été avec Blondeau à la prison militaire.

Le président : Blondeau ne vous a pas parlé d'aucun projet de renverser le gouvernement ?

Meunier : Je vous dis que c'est Gérard qui a dicté tout, et je l'ai signé pour avoir ma liberté : c'est un effet de foiblesse ; mais à présent que c'est ma conscience, je dois dire la vérité.

Viellart : Je dois ajouter que le témoin me fit une autre déclaration à cet égard-là : il me dit qu'il étoit étrange qu'il ne fût pas regardé comme le véritable sauveur de la France, parce qu'il m'annonça que c'étoit sa déclaration faite, je crois, le 11 floréal, car je n'ai pas la date bien précise, qu'il me dit que c'étoit la déclaration qu'il avoit faite devant le conseil militaire qui avoit donné l'éveil ; qu'il étoit le sauveur de la France, par les notions qu'il avoit données sur la conjuration.

Meunier : Je ne vous ai pas dit cela, citoyen.

Réal : Je crois que cette dernière déclaration est au moins indiscrète.

Viellart : C'est un témoignage donné par l'accusateur national. Je le donne sur ma responsabilité.

Meunier : Mais je puis vous donner des preuves comme vous m'avez offert les copies des pièces des précédentes dépositions. Le citoyen président a ma lettre, qui est du 2 de ce mois.

Qu'on me montre la lettre, je demande à voir la lettre, elle est signée de moi et de mon camarade.

Le Tribunal se lève pour délibérer ; et rentré à l'audience, le président porte la parole et continue la lecture du procès-verbal par lui dicté.

« Et rentré à l'audience, le jugement prononcé, et lecture donnée des articles 366 et 367 du code des délits et des peines, le président a demandé de nouveau au citoyen Meunier s'il connoissoit quelqu'un des accusés. Meunier a répondu n'en connoître aucun. Le président lui a représenté que cette déclaration étoit contraire à celle par lui faite devant le directeur du jury, le 29 prairial dernier, dans laquelle il avoit dit avoir fait connoissance avec le citoyen Blondeau, dans la maison de discipline de Versailles, appelée Ripaille, avoir reçu de lui des confidences particulières, et avoir lié plus particulièrement connoissance avec lui, lorsque l'un et l'autre furent sortis de la maison d'arrêt, dans laquelle même déclaration il a dit qu'ayant rencontré un jour le citoyen Morel dans la rue de Chartres, après être entré en pourparler avec lui et desirant connoître son domicile, Morel l'avoit conduit chez lui, et y avoit vu plusieurs fois ledit Morel ; dans laquelle on lit encore qu'ayant été chargé de porter une lettre au citoyen Lepeletier Saint Fargeau, il parvint, après plusieurs courses, à le rencontrer dans une maison dont on lui avoit donné l'adresse, laquelle étoit située dans une rue, près la place ci-devant royale, avoir causé avec ledit Lepeletier en particulier, avoir reçu de lui l'invitation de ne pas revenir dans sa maison en habit militaire, et même de laisser ce qu'il pourroit avoir à lui remettre, au lieu où il avoit été adressé d'abord, rue Carême-prenant, n°. 21. Meunier à répondu que c'étoit le directeur Gérard qui avoit fait et dicté tout cela.

Meunier : C'est Gérard qui a dicté tout cela.

Le président : « Sans que lui ait prononcé aucune des choses qu'on lui met dans la bouche. » Qu'entendez-vous par dicter ?

Meunier : C'est lui qui l'a fait, qui l'a dicté, et qui me l'a fait signer.

Le président : Vous ne l'avez pas dit ?

Meunier : Non : j'ai dit que c'étoit le directeur du jury Gérard qui avoit fait et dicté tout cela.

Le président : Sans que vous l'ayez lu ?

Meunier: Il me l'a lu pour avoir ma signature : je l'ai signé, parce qu'il s'agissoit d'avoir ma liberté ; mais aujourd'hui qu'il s'agit de ma conscience, je dis la vérité.

Le président: Vous n'avez rien dit de tout cela, lors même que vous supposez qu'il vous a promis votre liberté ; vous n'avez pas prononcé les mots qui sont dans votre discours ?

Meunier: Du tout.

Le président dicte au greffier: « Qu'il est vrai que Gérard lui
» lut cette déclaration en présence de son secrétaire, mais que lui
» déclarant ne signa que sur la promesse de la liberté que lui faisoit
» Gérard ; que ce fut une foiblesse de sa part ; mais qu'aujour-
» d'hui rendu à sa conscience » . . . .

Le président: Vous affirmez que vous n'avez aucune connoissance de tout cela ?

Meunier: Je l'affirme, et je dis la vérité ; et j'aime à croire que les citoyens jurés ne me mésestimeront pas pour avoir dit la vérité.

Le président continue de dicter: « Il affirme n'avoir aucune
» connoissance de ce qui existe dans sa déclaration. »

Le président: Vous n'en avez pas fait devant une commission militaire ?

Meunier: Laquelle déclaration ? . . . Je vous ai dit qu'il m'étoit permis de dire tout ce que je voulois dans ce temps ; mais quand il s'agit de dire la vérité pour les accusés, je l'ai dit, c'est ma conscience. Il m'étoit permis de dire tout dans le temps devant un conseil d'égorgeurs et de bourreaux. J'ai fait tout ce que j'ai pu pour sauver mes jours ; cependant ils ne me sont pas chers, qu'on fasse de moi tout ce qu'on voudra : j'ai servi ma patrie avec loyauté.

Le président continue: « Lui ayant demandé s'il n'a pas fait
» devant un conseil militaire une déclaration où il a parlé du
» citoyen Blondeau, antérieurement à la déposition faite par le
» directeur de jury » . . . .

Le président au témoin: Vous avez répondu qu'alors vous étiez maître de répondre tout ce que vous vouliez ?

Meunier: Certainement il m'étoit permis de dire tout ce que je voulois pour ma défense.

Darthé: Il ne faut pas atténuer ce qu'il a dit.

Le président continue: « A répondu qu'alors il lui étoit permis
» de dire pour la défense de ses jours, tout ce qui lui sembloit y
» convenir, qu'aujourd'hui il ne veut dire que la vérité. »

Meunier: Citoyen président, faites la dictée comme je vous l'ai dit :

« Que j'étois devant une commission d'égorgeurs et de bourreaux. »

Le président : « Et ajouta qu'il étoit alors devant une commis-
» sion d'égorgeurs et de bourreaux. »

Meunier : « Et qu'il s'agit de dire la vérité. »

Le président : Citoyens, il y en a qui trouvent mauvais que je fasse insérer cela, d'autres qui l'exigent. Si on ne veut pas s'en rapporter à moi, il faudra que je prenne littéralement ce que dit le citoyen.

Meunier : Si vous voulez une nouvelle victime, en voilà une.

Le président : Je n'en veux point du tout.

Meunier : « Et qu'aujourd'hui qu'il s'agit de dire la vérité ; je
» me rétracte de tout ce que le citoyen Gérard a dicté. »

Le président : Faites bien attention que je vous parle de votre déclaration devant le conseil militaire.

Meunier : Cela ne regarde pas du tout le Tribunal. Il ne doit pas se mêler de ce que j'ai dit à la commission militaire, il doit parler de ce que le citoyen Gérard a fait.

Le président : Faites bien attention à ce que vous dites : vous voyez que mon objet est de vous convaincre que vous ne dites pas tant la vérité que vous l'imaginez, quand vous persistez à dire que vous ne connoissez pas Blondeau et que c'est Gérard qui en a parlé. Du reste, pour vous en convaincre, je vous rappelle qu'il est possible que dans une commission militaire vous ayez fait vous-même une déclaration qui sembleroit prouver le contraire.

Meunier : A la commission on m'a nommé ; on m'a dit tout et j'ai dit, oui.

Germain : Il est un fait qu'il est essentiel de rappeler. Lorsque le citoyen a été jugé, pendant 24 heures il a gardé le silence le plus morne ; ensuite on l'a long-temps enfermé dans une chambre: la séance a été ouverte le lendemain ou surlendemain, on l'a questionné, et il répondoit toujours affirmativement. On lui a fait croire qu'il servoit la faction d'Orléans.

Ballyer père : Je demande que le citoyen général soit assigné. (1)

Vergne : On connoîtra cette affaire dans le débat, je la connois.

Meunier : On a dit que j'ai été chez la duchesse d'Orléans ; rien de plus faux : je suis ennemi des rois, j'aime la liberté, la sainte égalité et la République. J'en ai montré des cicatrices sur mon corps.

Celui qui m'interrogeoit, tenoit un papier dans sa main, sur lequel il m'interrogeoit, et j'ai répondu à tout, oui.

Le président continue : « Et qu'aujourd'hui qu'il s'agit de dire
» la vérité, il déclare persister dans ce qu'il a déclaré dans

---

(1) C'est le général Lestrange.

» la présente audience ; que lorsqu'il comparut devant la com-
» mission militaire, celui qui l'interrogeoit avoit un papier sur
» lequel il l'interrogeoit, et qu'il se borna à répondre affirma-
» tivement sur chaque question, qu'il lui demandoit, Avez-vous
» été en tel ou tel endroit? et ajoutoit, Vous n'étiez pas un des
» derniers à vous y rendre. »

(Au témoin.)

D'après cela il semble résulter qu'alors, dès-à-présent, vous avez fait une fausse déposition.

Ricord : Il se rétracte de sa première.

Meunier : Faites attention à ce que j'ai dit. J'ai été forcé la première fois.

Le président : C'est ce qui restera à juger.

(Lamberté demande la parole, on la lui refuse.)

(Le greffier relit le procès-verbal en entier.)

Le président au témoin : Voulez-vous signer cela ?

Meunier : Oui.

Le président dicte : « Lecture à lui faite, il a reconnu que telle
» étoit sa déclaration qu'il a signée avec nous. »

Le témoin signe.

Le Tribunal, après s'être retiré en la chambre du conseil pour délibérer, rentre en séance et rend le jugement suivant :

JUGEMENT.

« La Haute-Cour, considérant que la contradiction qui existe
» entre la déposition faite par Meunier, devant le directeur du
» jury à Paris, et celle qu'il a faite en la présente audience,
» annonce évidemment que l'une ou l'autre est fausse ;

» Ordonne que par le président il sera délivré, aux termes de
» l'article 367 du code des délits et des peines, un mandat
» d'arrêt contre ledit Meunier, à l'effet de le faire conduire
» devant le directeur du jury d'accusation de l'arrondissement de
» Vendôme. »

Un accusé au président : Voulez-vous faire lecture de la lettre qu'il vous a écrite.

Réal : Une observation sur la déposition en général, sur la partie de la déposition qui paroît jetter un louche sur l'affaire en général.

Nous n'avons pas le droit de parler sur le procès-verbal ; c'est un fait particulier au Tribunal. Aucun des défenseurs, et, je crois, aucun des accusés, n'ont droit de parler sur le fait du procès verbal. Les accusés, comme les jurés, n'ont rien à dire : le président a cru voir dans ses réponses qu'il étoit un faux témoin, je n'ai rien à répliquer. Je demande seulement que l'on veuille déployer la même sévérité contre les menteurs. Il faut qu'il y ait au moins une seule balance pour tout le monde, et je demande ensuite que le Tribunal veuille ordonner que le premier témoin qui a menti ici dix ou douze fois, le témoin Lescot, veuille être présent aux audiences. Je demande pourquoi on nous en prive aujourd'hui: ne devroit-il pas être ici ?

Le président : Il est malade.

Réal : Je suis fâché qu'il ne paroisse pas.

Tuffoureau : Je demande au Tribunal . . .

Le président : Personne n'a la parole.

Réal : Les lettres de Meunier au Tribunal nous seront nécessaires.

Viellart : Quelles lettres ?

Le président : Il est convenu que Meunier a écrit.

Réal : Nous avons besoin de ces lettres ; il n'y a pas de papiers inutiles.

Le président : Si vous croyez que je conserve toutes les lettres que l'on m'écrit, j'en aurois, ma foi . . .

Réal : Me les refusera-t-on, ces lettres ?

Le président : Si elles existent, vous les aurez.

Germain : Puisque vous avez pu vous procurer le jugement du témoin que vous venez de renvoyer, vous avez pu également vous procurer celui de Lescot.

Viellart : Quel jugement ?

Germain : Ce jugement-là n'est pas ici ?

Viellart : Je vous déclare que le jugement n'est pas ici.

Germain : Vous le connoissez, vous l'interrogiez sur ce jugement.

Viellart : J'ai vu cette pièce-ci, qui est la quatrième de la deuxième liasse.

« Je ne sais si vous êtes instruits des déclarations du chasseur qui
» est traduit devant une commission militaire, et qui a déclaré que
» Blondeau, au café des Bains chinois, lui avoit remis des papiers,
» et que Lepelletier en étoit, et qu'il avoit été dans un comité.
» On l'a aussi questionné pour savoir s'il n'avoit pas été chez la du-
» chesse d'Orléans. On l'interroge maintenant secrètement. Qu'on
» se mette bien en mesure, et que l'on prenne garde s'il n'auroit
» pas été chez Didier et ailleurs. Antonelle a eu connoissance de ces
» faits chez Vatar. » C'est là-dessus.

Un accusé : Cette pièce n'est pas authentique.

Le président : Authentique ou non, elle existe.

Germain : J'observe au Tribunal combien cette déposition que Meunier prétend lui avoir été surprise, coïncide avec Gérard, qui prétend aussi que ce billet-là étoit de moi. En effet, c'est moi qui loge rue du Carême-prenant, n°. 21 : c'est moi qui *suis l'homme* mal bâti. Gérard prétendoit que ce billet étoit de moi ; il l'avoit soumis à Harger et Guillaume, comme pièce de moi.

Voilà ce que je sais.

Antonelle : Je puis vous déclarer positivement que cela est faux ; voilà le cas que je fais de cette pièce.

Le président : Faites venir le citoyen Barbier. (Il entre.)

Le président : Votre nom ?

Barbier : Jean-Noël Barbier.

Le président : Votre âge ?

Barbier : Vingt-trois ans.

Le président : De quel pays êtes-vous ?

Barbier : Morlaix, département du Finistère.

Le président : Combien y a-t-il de temps que vous êtes dans le corps où vous servez ?

Barbier : Depuis sa formation.

Le président : Auparavant, dans quel corps serviez-vous ?

Barbier : Dans le quatrième d'infanterie légère.

Le président : Vous promettez de parler sans haine et sans crainte ; de dire la vérité, toute la vérité, rien que la vérité ?

Barbier : Je le promets.

Germain : Pourquoi copie-t-on la déclaration ? le greffier l'écrit.

Réal : Cela se fait toujours, les noms seulement.

Le président : Connoissez-vous quelqu'un des accusés ?

Barbier : Non, citoyen, je n'en connois aucun.

Le président : Vous n'êtes ni leur parent, ni leur allié, ni attaché à leur service, non plus que de la partie plaignante ?

Barbier : Non, citoyen.

Le président : Avez-vous quelque connoissance des faits qui ont donné lieu à l'accusation ?

Barbier : Vous m'appelez pour témoigner sur les faits relatifs à la prétendue conspiration, il n'en est aucun à ma connoissance.

Je sais qu'on se fonde sur des déclarations qu'on prétend que j'ai faites, et un jugement qui me condamne pour faits relatifs à l'insurrection de la légion de police, mais ces soi-disant aveux ne peuvent avoir aucune force.

J'avois alors affaire à un conseil d'égorgeurs et de bourreaux. L'affreuse tyrannie me présentoit l'appareil de la mort et du supplice, j'ai employé les moyens que j'ai cru convenables pour m'y soustraire.

Je suis victime de la tyrannie ; j'ai gémi dans les fers ; et cette, en nouveau Grisel, on ne me verra pas avec une cruauté révoltante aller leur plonger le poignard dans le sein.

Le président : Vous parlez du temps où vous avez été devant une commission militaire.

Barbier : On a tout employé, citoyen, pour m'y amener. Jurés républicains, vous, amis de la République, qu'on veut égorger ; et vous, peuple, écoutez !

J'étois agonisant le 7 messidor quand le directeur du jury est venu me faire signer une déposition qu'il avoit rédigée lui-même. Il me flattoit de la liberté la plus prochaine ; il me fit à cette occasion extraire de la prison de . . . . . . où j'étois, me promettant de ne plus y rentrer. Il me semble que le substitut du commissaire du Pouvoir exécutif du département de la Seine, le citoyen Petit, me fit aussi les mêmes promesses.

Étant en prison à Vendôme, un des accusateurs nationaux est venu nous trouver d'après la demande que je lui en avois faite pour lui prouver l'impossibilité où j'étois de témoigner dans cette affaire. Il m'a offert la communication de la copie des pièces qui a été imprimée ; il m'a prié de rendre ce dernier service à la patrie, de rendre hommage à la vérité : il m'ajouta : Quels services rendriez-vous aux accusés ? ils sont déjà condamnés par les pièces de conviction.

Citoyens jurés ; je ne veux pas calomnier les principes de justice éternels, la morale et la probité m'en font un devoir, et je déclare n'avoir rien à dire contre les accusés.

Le président : En connoissez-vous quelques-uns ?

Barbier : Je n'en connois aucun.

Le président : Vous ne vous êtes jamais trouvé avec Blondeau ?

Barbier : Non, citoyen.

Le président : Vous avez dit le contraire dans cette déclaration.

Barbier : Faites attention que je n'ai rien dit. Gérard a tout dit, a tout fait. Il m'a fait venir étant à l'article de la mort, il n'a pas été possible de me transférer à Paris. Le chirurgien en a donné l'attestation. Ce fut neuf jours après que Gérard vint dans la maison où j'étois, à Bicêtre : ce fut là qu'il dicta à un secrétaire une déposition pendant que je souffrois et me plaignois ; ce fut là qu'il me la fit signer, ce fut là qu'il me promit la liberté, et quelques jours après il me fit transférer à Paris. Vingt-quatre heures avant ma déposition j'étois dans le délire, c'est ce que le concierge peut attester.

Le président : Vous rappelez-vous avoir signé plusieurs fois cette déposition ?

Barbier : Non, citoyen, j'ai signé ce que Gérard vouloit : il me promettoit la liberté. Que ne fait pas un Français pour la liberté ! mais aujourd'hui qu'il s'agit d'accusés, je serois coupable de prononcer contre eux, ma conscience me dicte que non.

Je me rétracte de tout, je ne connois rien ; je n'ai plus rien à dire, citoyen.

Laignelot : Il n'est pas surprenant qu'il y ait des Gérard, quand un accusateur national va dans les prisons suborner les témoins et leur dire que c'est rendre service à la patrie que de nous accuser.

Viellart : Vous ne le croyez pas, vous mentez à votre conscience.

Germain : On a long-temps traité d'insensées nos allégations.

Débats et jugemens de la Haute Cour, Tome II.

contre notre accusateur Gérard : on a même été jusqu'à vouloir insinuer que c'étoit pour le calomnier et en haine de ses actes que nous les produisions, ces allégations.

Cortes, ce qui vient d'être dit par les deux témoins, Meunier et Barbier, prouve cependant combien elles étoient justes et fondées.

Le président : C'est fini.

Germain : J'ai la parole sur cet objet-là.

Le président : Vous la prendrez demain.

Darthé : A moi aussi, il m'a offert ma liberté. — Si je voulois parler !

Le président : Citoyen greffier, écrivez ; nous allons dresser procès-verbal.

Barbier : S'il faut encore une victime, je suis prêt.

Le président : « Et de suite ayant fait entrer Jean-Noël Barbier,
» ex-soldat du deuxième bataillon de la légion de police, lequel,
» après avoir déclaré ses noms, âge et qualité, et avoir fait la pro-
» messe que la loi exige des témoins, interrogé s'il connoît quel-
» qu'un des accusés, a répondu n'en connoître aucun qu'il n'a pa-
» reillement aucune connoissance des faits référés dans les actes
» d'accusation ; que s'il paroît une déclaration de lui, donnée de-
» vant le directeur du jury Gérard, cette déclaration n'est point son
» ouvrage. »

— Est-elle dictée, cette déclaration, ou fut-elle écrite en tout ou en partie devant vous ?

Barbier : Je ne puis le dire positivement.

Le président (au greffier) Écrivez :

« Interrogé si cette déclaration fut écrite en tout ou en partie
» devant lui ;
» A répondu ne pouvoir dire positivement si elle fut écrite en
» totalité devant lui, que le directeur dictoit, que le secrétaire écri-
» voit, et que lui souffroit et se plaignoit ; qu'au surplus il ne la
» souscrivit que parce que le directeur Gérard lui promettoit sa
» liberté. »

Vous avez été condamné à dix ans de fers ?

Barbier : Oui, citoyen.

Le président : « A lui qui étoit condamné à dix années de fers. »

Vous dites que Gérard vous fit souscrire cette déclaration sous la promesse de votre liberté ; mais quand vous avez été devant le conseil militaire, n'avez-vous pas fait de déclarations, dans lesquelles vous avez parlé de Blondeau ?

Barbier : Je vous ai dit que les moyens que j'avois employés alors devant un conseil d'égorgeurs et de bourreaux ne pouvoient pas avoir de force, dans les circonstances présentes. J'ai dit au conseil militaire tout ce que j'ai voulu ; je l'ai dit, parce que l'appareil du supplice étoit là ; j'ai dit que je voulois servir et défendre la patrie, car j'espère encore la défendre, la patrie, quand les tyrans seront renversés.

Le président : « A répondu que les déclarations qu'il a faites alors ne peuvent avoir aucun effet dans la circonstance actuelle.... »

Un accusé : Il n'a pas dit cela.

Le président : D'ailleurs on le relira et on y fera les changemens nécessaires.

Barbier : J'ai répondu que ce que j'avois dit dans les prétendues déclarations que j'avois faites devant le conseil militaire ne pouvoit avoir aucun effet dans les circonstances présentes, parce que je l'ai dit pour me sauver du supplice de la tyrannie, parce que je l'ai dit pour me sauver de ses mains.

Le président : « A répondu que les déclarations qu'il a faites alors ne peuvent avoir aucun effet dans la circonstance actuelle, attendu qu'alors il étoit devant des bourreaux, aux mains desquels il vouloit échapper. »

Réal : Je voulois observer d'abord que c'est à Bicêtre, et qu'il a été attesté par le chirurgien qu'il ne pouvoit être transporté à Paris.

Blondeau : Je demanderai que la déclaration que le témoin a faite contre le citoyen Viellart y soit ajoutée.

Viellart : Je ne demande pas mieux.

Le président : Ajoutez « que nous avons omis d'exprimer qu'il étoit détenu à Bicêtre ; qu'il étoit si dangereusement malade, que les officiers de santé attestèrent qu'il étoit impossible de le transporter à Paris ; et qu'il lui seroit facile de reproduire les mêmes attestations. »

Taffoureau : Il a dit que vingt-quatre heures avant sa déposition il étoit encore dans le délire.

Barbier : Vingt-quatre heures auparavant j'étois dans le délire. Le directeur du jury fabriqua le lendemain ou le même jour la déposition ; et pour la trouver entièrement conforme avec ce qu'il avoit fait, elle fut datée du 9 messidor. Il vint vingt-quatre heures après que j'avois eu le délire.

Réal : Ces déclarations-là et la façon dont elles ont été faites sont extrêmement précieuses.

Babœuf : Il me paroîtroit convenable de permettre au témoin de dicter sa déposition, afin de lui donner les développemens dont elle est susceptible.

Le président : Nous n'avons pas besoin d'un rapport long comme un interrogatoire.

Réal : Il est bien intéressant de constater ce qu'il dit aujourd'hui.

Au moyen de ce que ce procès-verbal se fait à l'audience, dans une cause où nous avons besoin de conserver l'impression de ce qui a lieu en ce moment, nous sommes intéressés à ce que les faits soient écrits comme ils se passent.

Le président : Quant à la latitude à leur donner, c'est à nous d'en juger.

Barbier dicte : « Et cela le 29 prairial ; qu'alors le 7 messidor, » le directeur du jury Gérard, accompagné d'un secrétaire, se » transporta à Bicêtre, où il me fit traduire dans une des salles » faisant partie du local du concierge, où je me traînai à peine. » Le directeur du jury s'en apperçut tellement, qu'il me fit ap- » porter une chaise. Je déclare que vingt-quatre heures aupara- » vant j'avois encore le délire. Le directeur du jury Gérard m'a- » jouta que les nommés Meunier et Cogniant étoient déjà en li- » berté d'après leurs aveux, et que le même sort m'attendoit. » J'écrivis alors à Paris à ces deux compagnons d'infortune, qui » m'assurèrent le contraire. »

Réal : Il a parlé de différentes circonstances, de Petit.

Barbier : Oui, j'ai parlé du citoyen Petit, commissaire du pou- voir exécutif, qui me fit les mêmes promesses. Tout le monde s'entendoit. Il me sembloit qu'on m'alloit mettre à l'instant en liberté.

Il dicte : « J'ajoute que le jour que je fus transféré au palais » de justice, le substitut du commissaire du pouvoir exécutif, le » citoyen Petit, me fit les mêmes promesses de liberté quand l'af- » faire seroit finie. » Il me dit : Meunier va être libre, et vous aussi. On lui a demandé quelle prison il vouloit choisir.

Viellart : Il me semble qu'il y a deux époques qu'il faut dis- tinguer : la déclaration faite devant le directeur du jury à Bicêtre, ensuite il y a déclaration devant le jury d'accusation, qui a été le 23 messidor. Il en résulte qu'il a été conforme dans ses faits trois fois : une fois devant la commission militaire, une fois de- vant le directeur du jury, et une troisième fois devant le jury d'accusation.

Germain : Prétendez-vous que devant la commission militaire il a nommé Ficquet, Guilhem, Germain, etc. ?

Viellart : Je ne parle pas des détails.

Germain : Vous dites cependant . . . .

Viellart : Il ne nie pas avoir fait une déclaration devant la commission militaire. J'en conclus que c'est la même déclara- tion.

Réal : Ce sont des analogies. Il s'agit de faits.

Germain : Je ne souffrirai jamais que l'accusateur national in- sinue des perfidies.

Viellart : Je demande au témoin si on lui a fait deux fois la promesse d'être mis en liberté ; il a déclaré que, dans sa dépo- sition devant le directeur du jury, on lui avoit dit que ses deux collègues étoient en liberté. Est-ce lorsque le directeur du jury a reçu votre déposition; qu'on vous a dit que vos deux compagnons étoient en liberté?

Barbier: Oui.

Viellart: Quand vous avez su qu'ils n'y étoient pas, comment vous êtes vous exposé à vous laisser encore tromper devant le jury d'accusation?

Barbier: Je vous ai dit, dans mes déclarations, que c'étoit pour faire une répétition devant le jury d'accusation; que c'étoit pour faire la répétition de ces faits; que ce n'étoit qu'après la clôture de cette affaire.

Viellart: Le directeur du jury, suivant vous, après avoir reçu à Bicêtre votre déclaration, vous dit que vos deux compagnons étoient en liberté; vous avez écrit, et ils répondirent qu'ils n'y étoient pas. Vous saviez cependant que vos compagnons n'étoient pas en liberté, et vous avez répété votre déclaration devant le directeur du jury d'accusation.

Eh bien! de là moi je fais simplement cette observation au témoin; je dis que, puisqu'il y a un intervalle entre la déclaration reçue par le directeur du jury, et la déposition devant le jury lui-même, je dis qu'il me paroît difficile que le citoyen Barbier, prévenu qu'on lui avoit donné une fausse espérance, ait, sur la foi des mêmes promesses déjà éludées, eût une seconde fois déposé.

Devant le jury d'accusation il a répété à-peu-près les mêmes choses consignées dans sa déclaration, sur l'assurance que Petit lui a donnée, puisqu'il a dit que, rassuré par la promesse de Petit, il a consommé cette œuvre-là (Il s'est servi de cette expression.).

Il me paroît extraordinaire, je soumets cela à la conscience des jurés, il me paroît extraordinaire que le même témoin qui avoit déjà reconnu qu'on l'avoit trompé une première fois, se soit laissé tromper une seconde.

(Bruit.)

Réal: Si vous aviez voulu me laisser finir mon observation, vous auriez vu....

(Bruit.)

Réal aux accusés: Taisez-vous donc!

Le président: Quand il est question de recevoir la déclaration d'un seul, tout le monde parle pour lui.

Réal au citoyen Viellart: Vous avez parlé pendant trois quarts d'heure; vous avez induit tous les jurés en erreur. (Bruit.) Quel intérêt ai je dans cette affaire-là?

Amar: Soyez donc justes une fois.

Réal: On oublie un fait qui a été dit; je le relève, et on ne veut pas que je le relève!

— Voilà trois fois que vous me coupez la parole!

Il y a un faux matériel là-dedans. Où seront les moyens de l'attaquer? On me refuse toujours acte des aveux qui se font.

Le président au témoin: Voyez ce que vous voulez ajouter à votre déclaration.

Réal: Il y a une erreur de fait bien grave. Avec le silence on fait tout ce qu'on veut.

Barbier: « Le jour que je fus transféré au palais de justice, le » substitut du commissaire du pouvoir exécutif, le citoyen Petit, » me fit les mêmes promesses de liberté quand l'affaire seroit » finie. »

Laignelot: Je ne serois pas étonné qu'on le lui eût promis une troisième fois ici.

Viellart: Vous ne le croyez pas.

Barbier aux accusés: Faut-il ajouter ce que j'ai déclaré sur le citoyen Viellart?

(Bruit.)

Plusieurs accusés: Oui, oui.

Le président au greffier: Ajoutez cela, « que le citoyen Barbier » se tournant vers les accusés, leur a demandé s'ils vouloient... »

(Bruit.)

Barbier: Tout est ici mal interprété. Permettez. C'est aux jurés que je me suis adressé ainsi qu'au peuple; un peu plus par ici ou par là.

(Bruit, tumulte.)

Les accusés: C'est un faux.

Barbier: Voilà les citoyens jurés; c'est vers eux que je me tourne.

Le président: Écrivez que « c'est vers les jurés qu'il dit avoir » voulu se tourner. »

Darthé: C'est Cossinhal qui a dicté cela; ce n'est pas le président.

Une grande partie des accusés se lève; ils parlent à la fois et confondent leurs voix.

Le président: La Haute-Cour ordonne que le procès-verbal sera achevé et signé dans la chambre du conseil, et l'audience renvoyée à demain dix heures.

Séance levée à quatre heures moins un quart.

Les accusés se sont retirés sans chanter.

Certifié, ICOKEL et BRETON, sténographes.

PROCÈS-VERBAL.

Ce jour, cinq germinal de l'an cinquième de la République française, une et indivisible, a été appelé à l'audience de la Haute-

Cour, Jean-Baptiste Meunier, chasseur, témoin assigné à la requête des accusateurs nationaux. En entrant, ce témoin regardant les accusés, s'est mis à chanter. Rappelé à l'ordre, il a continué son couplet. Ensuite, interrogé par le président, il a répondu aux questions relatives à ses noms, âge, profession, etc., et il a fait la promesse exigée des témoins par la loi. Lui ayant été demandé s'il connoissoit quelqu'un des accusés avant les faits mentionnés dans les actes d'accusation, a répondu qu'il n'en connoissoit aucun. Invité de déclarer quelle connoissance il avoit desdits faits, a dit qu'il ne savoit rien. A lui représenté que cependant il a déposé devant le directeur du jury, et qu'il a souscrit sa déposition, a répondu que c'est le directeur Gérard qui a dicté sa déposition. A lui représenté qu'il lui en a été donné lecture; qu'il l'a souscrite et signée à toutes les pages : a répondu qu'il l'avoit fait, séduit par les discours du citoyen Gérard, qui lui avoit promis que, pour prix de sa complaisance qu'il exigeoit de lui, il recouvreroit sa liberté. Sur quoi, la Haute-Cour a ordonné qu'elle se retireroit en la chambre du conseil pour délibérer; et après avoir délibéré, ordonne que Meunier sera rappelé à l'audience; qu'il lui sera fait lecture des articles 366 et 367 du code des délits et des peines; qu'ensuite il sera interpellé de nouveau de déclarer s'il connoît quelqu'un des accusés, et quels sont les faits des actes d'accusation dont il peut avoir connoissance.

Et rentré à l'audience, le jugement prononcé, et lecture donnée des articles 366 et 367 du code des délits et des peines, le président a demandé de nouveau au citoyen Meunier s'il connoissoit quelqu'un des accusés; Meunier a répondu n'en connoître aucun. Le président lui a représenté que cette déclaration étoit contraire à celle par lui faite devant le directeur du jury le vingt-neuf brumaire, dans laquelle il avoit dit avoir fait connoissance avec le citoyen Blondeau dans la maison de discipline de Versailles appelée *Ripaille*, avoir reçu de lui des confidences particulières, et avoir lié plus particulièrement connoissance avec lui, lorsque l'un et l'autre furent sortis de la maison d'arrêt; dans laquelle même déclaration il a encore dit qu'ayant rencontré un jour le citoyen Morel dans la rue de Chartres, après être entré en pourparler avec lui, et désirant connoître son domicile, Morel l'avoit conduit chez lui, et y avoir vu plusieurs fois ledit Morel; dans laquelle on lit encore qu'ayant été chargé de porter une lettre au citoyen Pelletier Saint-Fargeau, il parvint, après plusieurs courses, à le rencontrer dans une maison dont on lui avoit donné l'adresse, laquelle étoit située dans une rue près la place ci-devant royale, avoir causé avec ledit Pelletier en particulier, avoir reçu de lui l'invitation de ne pas revenir dans sa maison en habit militaire, et même de laisser ce qu'il pourroit avoir à lui remettre, au lieu où il avoit été adressé d'abord, rue de Carême-prenant, N°. 21.

Meunier a répondu que c'étoit le directeur Gérard qui avoit fait et dicté tout cela, sans que lui ait prononcé aucune des choses qu'on lui met dans la bouche; qu'il est vrai que Gérard lui lut cette déclaration en présence de son secrétaire; mais que lui déclarant ne signa que sur la promesse de la liberté que faisoit Gérard; que ce fut une foiblesse de sa part, mais qu'aujourd'hui rendu à sa conscience, il affirme n'avoir aucune connoissance de tout ce qui existe dans sa déclaration.

Lui ayant demandé s'il n'a pas fait devant un conseil militaire une déclaration où il a parlé du citoyen Blondeau, antérieurement à la déclaration par lui donnée devant le directeur du jury:

A répondu qu'alors il lui étoit permis de dire, pour la défense de ses jours, tout ce qui lui sembloit y convenir, et ajoutant qu'il étoit alors devant une commission d'assassins et de bourreaux, et qu'aujourd'hui qu'il s'agit de dire la vérité, il déclare persister dans ce qu'il a dit dans la présente audience; que lorsqu'il comparut devant la commission militaire, celui qui l'interrogeoit avoit un papier sur lequel il l'interrogeoit, et qu'il se borna à répondre affirmativement sur chaque question; il lui demandoit: Avez-vous été en tel ou tel endroit? et ajoutait: Vous n'étiez pas un des derniers à vous y rendre.

Lecture à lui faite, il a reconnu que telle étoit sa déclaration qu'il a signée. *Signé*, Meunier, Gandon, Pajou, Cossinhal, Moreau, Audier-Massillon; et J. B. Jalbert, greffier.

Et de suite ayant fait entrer Jean-Noël Barbier, ex-soldat du second bataillon de la légion de police; lequel, après avoir déclaré ses noms, âge et qualité, et avoir fait la promesse que la loi exige des témoins, interrogé s'il connoit quelqu'un des accusés, a répondu n'en connoître aucun; qu'il n'a pareillement aucune connoissance des faits référés dans les actes d'accusation; que s'il paroit une déclaration de lui donnée devant le directeur du jury Gérard, cette déclaration n'est point son ouvrage; qu'il étoit hors d'état d'aucune application, étant malade à la dernière extrémité; que cette déclaration fut apportée toute faite par le directeur Gérard.

Interrogé si cette déclaration fut écrite en tout ou en partie devant lui:

A répondu ne pouvoir dire positivement si elle fut écrite en totalité devant lui; que le directeur dictoit, que le secrétaire écrivoit, et que lui souffroit et se plaignoit; qu'au surplus il ne la souscrivit que parce que le directeur Gérard lui promettoit sa liberté, à lui qui étoit condamné à dix années de fers.

A lui demandé si devant le conseil militaire il n'a pas parlé de Blondeau dans les déclarations qu'il y a faites:

A répondu que les déclarations qu'il a faites alors ne peuvent avoir aucun effet dans la circonstance actuelle, attendu qu'alors il étoit devant des bourreaux aux mains desquels il vouloit échapper. Ajoute que nous avons omis d'exprimer qu'il étoit détenu à Bicêtre; qu'il étoit si dangereusement malade, que les officiers de santé attestèrent qu'il étoit impossible de le transporter à Paris, et qu'il lui seroit facile de reproduire les mêmes attestations. (Ici Barbier a commencé à dicter lui-même comme suit :) Et cela le vingt-neuf prairial; qu'alors le sept messidor, le directeur du jury Gérard, accompagné d'un secrétaire, se transporta à Bicêtre, où il le fit traduire dans une des salles faisant partie du local du concierge, où je me traînai à peine; le directeur du jury s'en apperçut tellement, qu'il me fit apporter une chaise : je déclare que vingt-quatre heures auparavant j'avois encore le délir. Le directeur du jury Gérard m'ajouta que les nommés Meunier et Cogniant étoient déjà en liberté d'après leurs aveux, et que le même sort m'attendoit. J'écrivis alors à Paris à ces deux compagnons d'infortune, qui m'assurèrent le contraire. Ajoute que le jour qu'il fut transféré au palais de justice, le substitut du commissaire du Pouvoir exécutif, le citoyen Petit, lui fit les mêmes promesses de liberté, quand l'affaire seroit finie.

Le citoyen Barbier se tournant vers les accusés, il leur a demandé s'il vouloit qu'il ajoutât ce qu'il avoit déclaré relativement au citoyen Viellart.

Et à cet instant plusieurs accusés ont dit oui; d'autres en grand nombre ont élevé la voix de manière qu'on ne pouvoit plus s'entendre, en s'opposant à ce qu'il fût fait mention que Barbier s'étoit tourné vers eux et leur avoit fait cette demande; ajoutant que si elle étoit insérée, il ne signeroit pas le procès-verbal : Barbier a dit qu'il s'étoit tourné vers les jurés et le peuple, et que ce n'étoit pas eux qui lui avoient dicté sa déclaration. Le tumulte a recommencé; et n'ayant pas d'espoir de ramener le calme nécessaire, le président a prononcé que la Haute-Cour renvoyoit la séance à demain dix heures, et alloit se retirer en la chambre du conseil pour continuer son procès-verbal. Et y étant arrivée et y ayant fait venir Barbier, lecture du tout lui a été donnée, et il a été interpellé de s'expliquer sur ses précédentes déclarations, et d'y ajouter ce qu'il croiroit nécessaire : il a répondu persister dans les déclarations par lui faites ci-dessus, ne vouloir rien y ajouter, quoique sa déclaration ne soit pas finie, parce qu'un témoin doit être entendu publiquement devant les accusés et le Tribunal entier, et non secrètement dans la chambre du conseil.

A lui représenté qu'il s'agit particulièrement ici de constater s'il a faussement déclaré devant le directeur du jury avoir connoissance de plusieurs personnes et de plusieurs faits relatifs à l'affaire dont il s'agit, ou si au contraire il dépose faussement aujourd'hui en niant avoir aucune connaissance des mêmes personnes et des mêmes faits; qu'en ce point l'instruction lui est personnelle, et qu'ainsi il ne doit pas se dispenser de compléter les déclarations qu'il doit avoir à faire à ce sujet :

Répond persister à dire qu'il n'a rien à répondre quant à présent, et a déclaré ne vouloir signer après que lecture lui a été faite.

De tout quoi a été rédigé le présent procès-verbal, qui sera remis au président pour être par lui décerné un mandat d'arrêt aux termes de la loi.

Signé, Gandon, Paion, Coffinhal, Moreau, Audier-Massillon; et J. B. Jalbert, *greffier*.

Fin du second volume.

L'abonnement étant expiré, on invite les personnes qui ne voudront point souffrir d'interruption, de renouveller pour trente numéros seulement.

Prix, 5 liv. pour les départemens, 4 liv. pour Paris.

On souscrit chez BAUDOUIN, Imprimeur du Corps législatif, Place du Carrousel, N°. 662.

Dépôt légal : 4ème trimestre 1973

A PARIS, chez BAUDOUIN, Imprimeur du Corps législatif.

www.ingramcontent.com/pod-product-compliance
Lightning Source LLC
Chambersburg PA
CBHW051134230426
43670CB00007B/804